Theodor Bourquin

Grammatik der Eskimo-Sprache

wie sie im Bereich der Missions-niederlassungen der Brüdergemeine an der Labradorküste

gesprochen wird

Theodor Bourquin

Grammatik der Eskimo-Sprache
wie sie im Bereich der Missions-niederlassungen der Brüdergemeine an der Labradorküste gesprochen wird

ISBN/EAN: 9783743374355

Hergestellt in Europa, USA, Kanada, Australien, Japan

Cover: Foto ©Paul-Georg Meister /pixelio.de

Manufactured and distributed by brebook publishing software (www.brebook.com)

Theodor Bourquin

Grammatik der Eskimo-Sprache

Grammatik

der

Eskimo-Sprache,

wie sie im Bereich der Missions-Niederlassungen der Brüdergemeine
an der Labradorküste
gesprochen wird.

Auf Grundlage der Kleinschmidtschen Grammatik der grönländischen Sprache,
sowie älterer Labrador-Grammatiken
zum Gebrauch der Labrador-Missionare
bearbeitet von
Theodor Bourquin.

1891.
Zu beziehen durch die
Moravian Mission Agency, 32 Fetter Lane, London E. C. und durch
die Unitäts-Buchhandlung in Gnadau.

Mit Beihilfe schweizerischer und holländischer Missionsfreunde gedruckt auf Veranstaltung der S. F. G. (Society for the Furtherance of the Gospel) in London.

Vorwort.

Das vorliegende Werk, — für dessen Vollendung vor allem dem Herrn, dem Geber aller guten Gabe, auch der Arbeitskraft, demütiger Dank gebracht sei, — tritt nicht mit dem Anspruch an die Oeffentlichkeit, den Zwecken tieferer Sprachwissenschaft zu dienen. Dem genügt die treffliche Grammatik Kleinschmidts. (Grammatik der grönländischen Sprache von Samuel Kleinschmidt. Berlin 1851. G. Reimer.) Hier dagegen tritt der rein praktische Zweck, wie er auf dem Titel angegeben, in den Vordergrund, und dadurch ist auch der ganze Ton und die Fassung des Ausdrucks bedingt, der so gemeinverständlich, als es eben hierbei möglich ist, sein sollte; da ja gar mancher dieses Buch zu benutzen haben wird, der nicht eine vorhergehende tiefere Sprachbildung aufzuweisen hat. Für den Anfänger würde ein kurzer Auszug aus dem folgenden zunächst noch erwünschter und praktischer sein. Aber möge er nur mit gutem Mute trotz der hier stattfindenden größeren Ausführlichkeit nach den weiter unten gegebenen Winken ans Werk gehen!

Diese Ausführlichkeit ist zum Teil bewirkt durch die große Zahl der aufgenommenen Beispiele. Werden diese zunächst auch nur als Vokabeln gelernt, so wird dann später oft die darin zu Tage tretende Regel wie von selbst erkannt, ohne besonders auswendig gelernt zu sein. Und das ist gewiß kein Nachteil. Außerdem ist durch klare Anordnung und Zusammenstellung der Beispiele im Druck gesucht, die Regel in ihnen gewissermaßen körperlich erscheinen zu lassen und dem Blick sofort verständlich zu machen. Die Ausführlichkeit ist weiter dadurch veranlaßt, daß diese Grammatik nicht bloß dem Anfänger dienen, sondern auch dem noch ein steter Begleiter sein soll, der sich schon längere Jahre in Labrador befindet, und dem dann erst recht sprachliche Fragen in Beziehung auf dies und das aufzusteigen pflegen. Für solchen Fall möchte dies Buch ein willkommenes Nachschlagebuch, ein einigermaßen ausreichender und (verhältnismäßig) sicherer grammatikalischer Wegweiser sein, wie er uns bisher völlig mangelte. Dazu sollen auch die eingehenden Register und die häufigen Verweisungen im Texte auf andre §§ dienen. Wer es sich nicht verdrießen läßt, diese nachzuschlagen, dem wird manches in ganz neuem Lichte erscheinen, da der Zusammenhang zwischen ähnlichen Erscheinungen klarer zu Tage tritt. Weiter hat die größere Ausführlich=

keit auch darin ihren Grund, daß so manche Beziehung auf das unter uns gebrauchte Wörterbuch genommen, beziehungsweise manches daselbst Gesagte berichtigt werden mußte. Und endlich ist zu sagen, daß das zweite alphabetische Verzeichnis der Anhänge § 384—510 eigentlich nicht in die Grammatik, sondern in das Wörterbuch gehört. Aber grade dies würde niemand missen wollen. Ebendasselbe ist auch von dem letzten langen Anhang § 579 zu sagen.

Einige Winke für den Gebrauch mögen folgen. Allgemein bekannt ist, daß niemand durch bloßes Lernen der Grammatik sich Gewandtheit im Gebrauch einer Sprache aneignen wird. Dazu gehört lebendiger Verkehr mit dem Volke selbst. Und das gilt für jeden Anfänger in Labrador ebenso. Es wird sich auch fernerhin empfehlen, wie es bisher bei den Anfängern üblich war, bald an die Übersetzung eines eskimoischen Abschnittes z. B. der Kirchenlitanei zu gehen, was auch in anderer Beziehung vorteilhaft ist. Auch die von dem Schreiber dieses nach Muster neuerer Schulbücher ausgearbeiteten Übungshefte sind aufs neue zu empfehlen. Nur sollten sie von berufener Hand neu bearbeitet und verbessert, sowie der neuen Grammatik angepaßt werden. Dabei sollte aber das Treiben der reinen Grammatik nicht vernachlässigt werden. **Der Anfänger wird — nach vorläufigem Durchlesen der Einleitung und Einprägung von § 2 — zunächst hauptsächlich nur den ersten Hauptteil, die Formenlehre von § 31 an (das Hauptsächlichste des Großgedruckten) und da besonders die Paradigmen, d. h. die Deklinations- und Konjugationsbeispiele und Endungen (vom Dual nur die am meisten vorkommenden Formen) sich einzuprägen haben. Beim Verb gehe er von § 235 schnell zur Tabelle § 260 über, versäume aber ja nicht, sich über die vier Verbalklassen § 232 dauernd klar zu werden. In dem zweiten Hauptteil ist zunächst nur das Nötigste über die Anhänge und das erste Verzeichnis derselben § 360—383 zu lernen, sowie § 506 und 507; und aus dem dritten Hauptteil, der Syntax nur § 556 (die refl. Formen des Konj. und Subjunktiv) und etwa die wichtigen §§ 512 und 541.** Von den Beispielen in der Syntax könnten aber bald viele gelernt werden, da sie, z. B. bei den Kasus § 513 ff. und sonst meist recht einfach sind. In allen Fällen versäume man nicht, den Rat eines erfahrenen Mitarbeiters einzuholen, der nach seiner Erfahrung das Wichtige und minder Wichtige anzugeben vermag.

Was die Accente betrifft, so sehe der Anfänger hauptsächlich darauf, wenigstens die Längen der Vokale sich einzuprägen, und sie stets genau mit einem Dehnungszeichen zu versehen. Die anderen, weiteren Accentunterschiede sind ja in unsern gewöhnlichen Drucken auch nicht gemacht. In dieser Grammatik sind nun wohl die verschiednen Accente wenigstens an den Hauptstellen gebraucht (s. § 15), um dem Lernenden gleich die richtige Aussprache einzuprägen, wenn er diese Accente dann auch weiter nicht für seine Person in der Schrift anwenden sollte.

Wenn nun so der Hauptgrund gelegt worden ist, kann dann später allmählich das Uebergangene bedacht werden. Eine fortgehende Beschäftigung mit der Grammatik ist ja für alle spätere Zeit (auch dem in der Umgangssprache Gewandtesten) nur zu empfehlen, denn für manches erschließt sich das Verständnis doch erst ganz bei jahrelanger Kenntnis der Sprache.

Nun einige Worte von der Herstellung dieses Buches. Niemand ahnt, wenn ich so mit Dr. Luther reden darf, die Wacken und Klötze, die dagelegen haben, und über die man nun leicht dahingeht. Ueber vieles herrschte völlige Unklarheit und Ungewißheit. Wie sind da im Lauf der Jahre unzählige Zettel mit sprachlichen Fragen an unsrer Küste zu Eis und zu Wasser hin- und hergewandert, ja hinüber bis nach Grönland. Und das Ergebnis war dann oft nur das, daß etwa statt eines bestimmten „immer" oder „regelmäßig" ein „fast immer" oder „gewöhnlich" oder „scheint's immer" oder dgl. gesetzt werden mußte. Das Widerwärtigste bei solchen sprachlichen Arbeiten allhier ist das, daß man von den Eskimos selbst, sogar von den Bewohnern ein und desselben Ortes die verschiedenste, oft sich völlig widersprechende Auskunft erhalten kann, und man sich so in einem Zustand trauriger Ungewißheit bewegt. Vgl. z. B. Fußnote zu § 535.

Dies und das sich daraus ergebende Gefühl von der großen Unvollkommenheit der Arbeit, — ein Gefühl, das, wie unten gesagt werden wird, auch von einer andern Seite her sich regte, — brachte mich öfters auf den Punkt, fast an der ganzen Aufgabe zu verzweifeln, und nur das Pflichtbewußtsein und der Gedanke, daß „das Beste der Feind des Guten" sei, ließ immer wieder zu weiterer Arbeit Mut schöpfen. Allen lieben Kollegen, die mich dabei mit freundlicher Auskunft und Beratung unterstützt haben, sei hier aufrichtiger Dank ausgesprochen. Unter mehreren nenne ich besonders den sel. Br. Erdmann, Br. Elsner und Br. Weiz, mit welch letzterem ich bei unserm Zusammenwohnen in den letzten Jahren die Freude hatte, manches mündlich durchreden zu können.

Einen Dank ganz besonderer Art bin ich aber Br. S. Kleinschmidt schuldig, dem Meister in der grönl. Sprache. Einmal seiner Schriften wegen. Ohne seine Grammatik hätte ich die vorliegende gar nicht schreiben können. Wer nur das Inhaltsverzeichnis beider vergleicht, wird sehen, wie die Anlage im großen ganzen einerlei ist, — es werden ja dabei auch gleich die Verschiedenheiten in die Augen springen. Unsre ersten Labradorgrammatiken schon ruhten auf den grönländischen. Alle diese schlossen sich, wie es überhaupt früher Sitte war, ganz an die lateinische Grammatik an. Kleinschmidt nun hat die esk. Grammatik von diesen Fesseln gelöst, und im Geiste der Eskimosprache aufgebaut. Ihm war darin unbedingt zu folgen. Außerdem gibt er mit seiner bewunderungswerten Schärfe und Genauigkeit in kurzen Worten eine Fülle von Winken, die auch für uns in Labrador wichtig sind, und mir oft allein das erwünschte Licht gaben. Während meiner Arbeit erschien auch Kleinschmidts treffliches grönländisch-dänisches

Wörterbuch). Den zweiten Teil desselben, der die Affixa (Anhänge) enthält, ließ das Missions-Departement bereitwilligst ins Deutsche übersetzen, und es ist mir derselbe bei der Aufstellung unsrer Anhänge § 384—510 mittelbar und unmittelbar von großem Nutzen gewesen.

Aber auch in ganz persönlicher Weise bin ich dem verehrten Sprachmeister den wärmsten Dank schuldig. Seit 1865 hatte ich durch sein freundliches Entgegenkommen die Freude mit ihm im Briefwechsel zu stehn, wobei freilich seine Antworten von Grönland meist erst nur im zweiten Jahr hieher gelangen konnten. Mit der unermüdetsten Bereitwilligkeit und Sorgfalt, von Herzen der Sache dienen wollend, ging er auf die sprachlichen Fragen ein, und zumal die ersten Briefe waren Abhandlungen von größter Ausführlichkeit, wie z. B. sein Brief von 1868 ein Werk von 54 Seiten war.

Einerseits nun waren diese Kleinschmidtschen Schriften und Briefe von unschätzbarem Werte, da sie erst das rechte Licht über so manches gaben, andrerseits aber wurde dadurch meine Arbeit — freilich nicht zu ihrem Nachteil — überaus in die Länge gezogen, da es galt, den üblichen Labradorgebrauch an dem dort Ausgesprochenen zu prüfen, zumal da Kleinschmidt seine Urteile und Kritiken in sehr positiver Weise aussprach, unserm Labradordialekt viel Ungenauigkeiten zuschrieb (vgl. Syntax. Term. § 520—522) und ihn scherzweise etwa einem deutschen Dialekt verglich, in welchem man sagt: „Ich lebe vor mir und koche mich selber" (statt: „Ich lebe für mich und koche mir selber"). Auch glaubt er, „daß sowohl „im Labrador-Wörterbuch als Grammatik, als auch in der darauf begründeten „Schriftsprache sich viel Mißverständnisse und falsche Auffassungen geltend gemacht „haben." Wie oft habe ich gewünscht, über all dgl. hier an Ort und Stelle mit Kleinschmidt reden zu können; einmal, da sein Urteil hie und da vielleicht doch anders ausfallen würde als das aus weiter Ferne abgegebene, und dann, da trotz aller schriftlichen Auseinandersetzung mir volles Licht über manche Punkte doch noch nicht gekommen, so auch in Bezug auf einen Hauptpunkt:

Die Orthographie. Daß die bei uns übliche Schreibung sehr unvollkommen, in sich verschieden und inkonsequent ist, liegt am Tage (vgl. im Register: „Orthographie"). Ebenso, daß es wohl wünschenswert wäre, wenn wir eine so durchgebildete Schreibung besäßen, wie Klschm. sie seinerzeit in Grönland eingeführt hat. Trotz Kleinschmidts ernstlicher Auseinandersetzungen, trotz eignen Wunsches habe ich mich nach vielem Schwanken doch aus inneren und äußeren[*]) Gründen

---

[*]) Zu einer so umfassenden Reform gehörte eine umfassende sprachliche Begabung, desgleichen eine gründliche Kenntnis des ganzen Sprachschatzes, wie ich beides so nicht besitze. Ferner blieben mir, auch bei etwaiger Annahme der Kleinschmidtschen Schreibung, doch an manchen Punkten durchaus noch Unklarheiten übrig. So in Bezug auf ll, gll, tdl (vgl. § 12, 3 und Fußn.). Ebenso auch in Bezug auf den in Grld. as geschriebenen Laut (§ 8, bes. am Schluß) und dessen Verhältnis und Abgrenzung nach s und j hin. Dies die inneren Gründe. Was die äußeren betrifft, so werden unsre vorhandenen in der bisherigen Orthographie gedruckten Schriften und das Wörterbuch noch auf viele Jahrzehnte reichen; und es ist die große Frage, ob die notwendig entstehende Verwirrung wirklich durch größeren Vorteil andrerseits aufgehoben werden würde. Jedenfalls aber scheint mir die Einführung einer neuen Schreibung in der Grammatik unbedingt auch eine Neubearbeitung des Wörterbuchs zu erfordern, deren (vor allem auch Muße erfordernde) Ausführung gar nicht abzusehen ist. Außerdem könnte noch anderes genannt werden.

VII

nicht entschließen können, eine solche Aenderung zu versuchen. Ich habe so gehandelt, trotzdem daß mir nun der Vorwurf gemacht werden kann, die einzige Gelegenheit zu einer gründlichen Verbesserung vorbeigehen gelassen zu haben; und trotzdem daß mir selbst die ganze Arbeit verleidet, ja oft fast unerträglich gemacht wurde durch das niederdrückende Gefühl, nur auf einer ungenügenden Grundlage zu arbeiten.

Ich habe ja zwar durch die ganze Grammatik hindurch Hinweisungen auf das Unvollkommene und das eigentlich zu erstrebende Bessere gemacht (so sehr auch dadurch die Ausführlichkeit zunehmen mußte), doch ist mir freilich klar, wie wenig im Grunde dadurch erreicht ist — aber es kann das einmal gegen Selbstüberhebung im Blick auf unsre sprachliche Einsicht und Leistungen wirken, und kann vielleicht doch dem oder jenem Sprachbegabten als Ausgangspunkt zu weiteren erfolgreicheren Bestrebungen dienen.

Als in diesem Sommer die Nachricht von Kleinschmidts Erkrankung hieher gelangte, erfüllte mich dies nicht nur persönlich mit wehmütiger Teilnahme an den

---

Um zu zeigen, worum es sich hier handelt, sei noch einiges Weitere gesagt: zugleich um durch diese offenen Mitteilungen den Wert oder Unwert der vorliegenden Arbeit in das rechte Licht zu stellen. Vgl. Röm. 12, 3.

Ich hatte nämlich, den vorläufigen Entwurf des ersten Teiles dieser Grammatik zugeschickt. Darauf schrieb er sofort nach Empfang im Aug. 1879: „Ich kann mir nicht denken, daß trotz aller Mühe, die Du darauf verwendet hast, etwas wesentliches gebessert ist, so lange nicht vollständig mit der alten Unorthographie gebrochen wird. Einige der ärgsten Fehler in grammatikalischer und orthographischer Hinsicht will ich noch einmal zusammen stellen):

„Erstlich die Doppelschreibung der Konsonanten; die ist unbedingt zu verwerfen. Es ließe sich hören, die Konsonanten noch stumpfen Vokalen einfach, und nach scharfen doppelt zu schreiben, das läßt sich aber wegen ng und ss [über diesen Lent Labr. Gram. § 8] nicht durchführen; kann also davon keine Rede sein.

„Zweitens i und e, o und u. Die verschiedene Schreibung dieser Vokale geschieht um der Europäer willen, muß aber grade um ihretwillen nach durchaus bestimmten Regeln geschehn. Die von mir befolgte Regel e und o am Ende der Wörter und vor Gutturalen (so man nach langem und vielem Suchen und Versuchen gefunden hat) läßt sich ohne Schwierigkeit halten; will man aber weiter gehen und z. B. e und o auch nach Gutturalen oder für lange Vokale schreiben, so stößt man allenthalben auf Widersprüche oder Unnatürlichkeiten. [f. § 11.]

„Drittens ʒ, z, ʃ. Daß z und z bisher in Labrador gleichbedeutend gebraucht, und die scharfen Vokale überhaupt, sowohl die langen als die kurzen, in keiner Weise genügend bezeichnet worden, sind zwei grobe Fehler (Grundfehler), und solche in einer Grammatik zu adoptiren, ist ein noch gröberer Fehler. Eine Grammatik soll die Sprache darstellen, wie sie ist, nicht wie sie Menschen verhunzt haben. Die Länge und Schärfung der Vokale gehört ebenso zu den Bestandteilen eines Wortes, als die darin enthaltenen Konsonanten, müssen also nach bestimmter Regel überall gleichmäßig und correct ausgedrückt sein. [f. § 10.]

„Viertens l, ll, dl. Die verschiedene Schreibung des l (l zw. zwei Vokalen, dl nach einem Konsonanten) geschieht wieder um der Europäer willen, muß also, wenn man sie überhaupt anwenden will, durchaus consequent stattfinden. Wie man das l nach Kons. schreiben will, — ob ll od. dl ob. hl ob. sonst wie, — hat ja wenig zu sagen, nur daß es überall in gleicher Weise geschieht, und daß auch der Konsonant, der es bedingt, dasteht. Also nicht nunamillo, tikillugo und dgl., sondern (vorausgesetzt, daß man sich für dl entscheidet) nunamitdlo. Uebrigens scheint ja das in Grld. gewählte dl das passendste: nunamitdlo, tikitdlugo. (Ein engl. Ohr pflegt für vdl, gdl, tdl gleichmäßig dl zu hören.)

„Fünftens: k vor Konsonanten zu schreiben (z. B. malikpâ, kuksalaipok, aglakpok) muß als doppelter Fehler bezeichnet werden. 1) schreibt man in den Labr. schriften für das in dem Stück völlig analoge „K [vgl. § 2] in denselben Fällen immer (außer doch meist] r und 2) sieht man für k in ganz ähnlichen Fällen ebenso häufig g. Also nur malikpâ, agillagpok, kugsalaipok u. s. w. Oder, wenn man vor harten Konsonanten (p, t) k schreiben will, so muß man dasselbe auch mit K thun und also tussakpok, itekpok, klineskpâ rc. schreiben.

„Sechstens: ss. [§ 8.] Es ist mir kein Zweifel darüber, daß dieser Konsonant überall einerlei (und am passendsten wohl so: ss) zu schreiben ist. Ihm zwischen Vokalen j zu schreiben ist schon darum absolut verwerflich, weil j daneben für einen ganz andern Konsonanten, nämlich das wirkliche j in Gebrauch ist. Schreibungen, wie nunadja (vermutlich tanússa), -udjivox (für ússivox) u. dgl., wo das Verstärkungszeichen des l (dl) wieder in einer andern Bedeutung angewendet, also noch ein Verstoß gegen die Grundregel aller Schrift (nur ein Zeichen für denselben Laut) begangen ist, schlagen sich selbst oder den Schreiber auf den Mund.

ihm in seinem einsamen Greisenalter noch auferlegten Prüfungen, sondern ich bedaure auch für unsre Sache, daß wir so seiner Antwort und Beratung in Bezug auf manche besondere, ihm von mir noch vorgelegte Punkte, welche noch Unklarheiten boten, verlustig gehen. Es betrifft dies z. B. den Anhang sint und narpok, ferner den mit einem verneinenden Hauptverb verbundenen Infinitiv (§ 566), illâtigut (§ 168) u. a. m.

Zum Schlusse möchte ich endlich noch den dringenden Wunsch an das kommende Geschlecht aussprechen, daß bei etwa nötiger Neuherausgabe unsrer biblischen Bücher in Labrador der betreffende Hauptbearbeiter doch ja die sorgfältig revidierte grönländische Bibel gründlich vergleichen möge. Das wird unsern Arbeiten zu großem Vorteil gereichen, wenn auch nicht immer in unmittelbarer so doch in mittelbarer Weise.

Nain in Labrador, den 4. und 5. Dezember 1885.

"Endlich: b neben p im Eskimoischen ist ein weiterer Verstoß gegen diese Grundregel. Das p wird "dadurch, daß es am Ende des Wortes steht, nicht zu einem andern Laut."

Im folgenden Jahr 1880 nach Durchsicht jenes Entwurfs schrieb Kleinschmidt:

„— — — Mit Beibehaltung der bisherigen Unrechtschreibung und der unverändert eingemengten „Fremdwörter ist es geradezu unmöglich, eine wirkliche Grammatik zu schreiben; und will man das Unmög„liche versuchen, so kann offenbar nur eine Mißgeburt herauskommen. — — — So wie der Entwurf ist, „wird es ja, recht betrachtet, eigentlich nur eine Grammatik der (jetzigen) Labradorbüchersprache, das der „wirkliche Labradordialekt, wie viel oder wie wenig er übrigens verderbt sein mag, sich jedenfalls mit Bei„behaltung der bisherigen Unrechtschreibung schlechterdings nicht darstellen läßt. — — — Die Grammatik „kann so jedenfalls in einem oder anderen Punkt besser sein als die alte, aber im großen und ganzen bleibt „sie verfehlt. — — —"

Dann kommt Kleinschm. auf einiges zu reden, das auch ohne einen vollständigen Bruch mit der bisherigen Schreibung beachtet werden könnte. Davon ist auch vieles (z. B. in Bezug auf die Kasus) in dieser endgültigen Bearbeitung wirklich beachtet worden, und Kleinschm. würde dies mit Genugtuung bemerken. In zwei Punkten konnte ich mich aber doch nicht entschließen, die bisher hier üblichen, allen geläufigen gram. Ausdrücke zu verändern, trotz Kleinschmidts scharfen Angriffen. Er schreibt: „Daß Du solche rudera „aus der Zopfzeit, wie c. s. und s. s. nämlich und verba auch für die kommende Zeit bewahrst, macht, da es „ja nicht in antiquarischem Interesse geschieht, auf mich einen traurigen Eindruck. Warum nicht transitive „und intransitive Redewörter, Nennwörter ohne und mit Suffix? — — — Tabin gehört auch der „Transi„tiv" der Nennwörter. — — —"

Was das erstere betrifft, so ist im Wbch., das thatsächlich doch noch für lange Zeit im Gebrauch sein wird, überall der Ausdruck c. s. und s. s. (cum suffixo und sine suffixo) gebraucht, und es würde für die Benutzenden eine stete Verwirrung geben, wenn der Ausdruck der Grammatik davon abwiche. (Auch muß ich gestehen, daß der Kleinschmidtsche Ausdruck „halbtransitive Verben" vgl. § 224 mich eben auch nicht ganz befriedigt, ohne daß ich ihn deshalb grabe angreifen möchte.) Und was die Bezeichnung „der Transitiv und „Intransitiv" bei Nennwörtern anbelangt, die ja entschieden ihre Schwächer hat, so ist das dafür von Kleinschm. gewählte „der Subjektiv und Objektiv" auch nicht durchaus befriedigend. Klschm. selbst schrieb früher darüber: „Ueber die Benennung „Subjektiv" und „Objektiv" habe ich seiner Zeit viel spekulirt, auch „jetzt wieder, da ich mir einer darin liegenden Widerhaarigkeit wohl bewußt bin und war. Sollte man doch „wieder zu der früheren Benennung „transitiv" und „intransitiv" (nämlich Nominativ) zurückkehren? —" (Vgl. Gram. § 221—224.)

Im Mai 1884, nachdem er meine Antwort auf das erste erhalten, schrieb mein Kleinschm. abschließend, mit dem Bedauern, daß mir seine scharfe Kritik vielleicht weh gethan haben könne: „— — — An und für „sich glaube ich ja allerdings, daß, was ich in betreff dieser Grammatik an Dich geschrieben habe, im wesent„lichen mit der Wahrheit bestehen kann; aber die praktischen Schwierigkeiten, die Du schon früher teilweise „und gelegentlich erwähnt, in Deinem letzten vorjährigen Brief aber mir ganz besonders deutlich vor Augen „gelegt hast, wiegen allerdings schwer; vor denen muß ich mich zurückziehen, kann es auch gut verstehen, daß „unter solchen drückenden und so Gewalt überwiegend in Anspruch nehmenden Umständen, manches Dir sehr „nebensächlich und unbedeutend erscheinen muß, was es gewiß genommen nicht ist. Auch darin muß ich Dir „Recht geben, daß eine unvollkommene Verbesserung, die die Leute annehmen, besser angebracht ist, als eine „vollkommene, von der sie nichts wissen wollen. — — — Ich kann zum Schluß nur von ganzem Herzen in „Deinen Wunsch einstimmen, daß der Herr es Dir möge gelingen lassen, die Grammatik bald möglichst „„einigermaßen unter Dach zu bringen""; sie wird doch jedenfalls besser als die alte (wohl wesentlich besser), „und damit muß man in Betracht der Umstände zufrieden sein. Mit herzlichem Gruß Dein Bruder Sam. „Kleinschm.ot."

Bald nachdem obiges geschrieben, ward unser Br. Kleinschmidt am 9. Februar 1886 aus diesem Leben und seiner reichen Thätigkeit abgerufen. Ein dankbares Andenken bleibe ihm unter uns bewahrt!

Nach längerer Verzögerung ist nun der Druck dieses Buches ermöglicht worden. In ganz eigener Weise wurde die sonst so trockne Arbeit der Korrektur erfrischend belebt, indem überall bei den mitgeteilten sprachlichen Beispielen die Begebenheiten, wo ich sie vernommen, und die alten lieben Bekannten, aus deren Munde ich sie gehört, mir aufs lebendigste vor die Seele traten. Wie in solcher Weise diese Blätter freundlicher Grüße von dem teuren früheren Arbeitsfelde voll waren, so mögen sie — von dem Segen des Herrn begleitet — nun wieder hinübergehen über das Weltmeer zu Nutz und Frommen der lieben alten Mitarbeiter, sowie ihrer Nachfolger, und auch ihnen warmen Gruß und Segenswunsch vermitteln hinein in die — Glauben und Geduld übenden — Mühen ihrer ernsten Berufsarbeit!

Zum Schluß die Versicherung, daß jegliche Mitteilung von Bemerkungen, Ergänzungen und Berichtigungen, wie sie sich beim praktischen Gebrauch dieser Grammatik ergeben werden, mit aufrichtigem Dank willkommen geheißen werden wird.

Theodor Bourquin.

Berthelsdorf, den 25. März 1891.

Inhalt.

Einleitung.
§ 1—30.

A. Schrift und Aussprache.
§ 1—26.

§ 2—13. 1. Konsonanten.
§ 11—17. 2. Vokale (auch geschärfte und stumpfe).
§ 18—21. 3. Verbindung und Veränderung der Laute.
§ 22—26. 4. Betonung der Wörter.

B. Bestandteile der Sprache. § 27—30.

Erster Hauptteil.
Formenlehre.
§ 31—345.

§ 31. 1. Zahl oder Numerus. ⎱ Nenn- und Zeitwörtern gemeinsam.
§ 32. 33. 2. Suffixa. ⎰

Erster Abschnitt.
Nennwörter.
§ 31—180.

A. Im allgemeinen ob. unsre deutschen Hauptwörter u. Beiwörter (Adjektiva).
§ 34—101.

A. I. Die einfache Deklination (ohne Suffixen). § 34—70.
§ 34.   Einleitendes.
§ 35—50.   a) Kasus oder Beugungsfälle.
 § 36—39. Intransitiv und Transitiv.
 § 40—45. Die andern fünf durch Appositionen gebildeten Kasus: Lokalis, Ablativ, Vialis, Terminalis, Modalis.
 § 46. 47. Anhang. Die Apposition tut wie.
 § 48. 49. Anmerkungen zu den Appositionen.
 § 50.   Vokativ.

§ 51 70.   bb) Klassen der Nennwörter.
   § 52 63. Erste Klasse: Wörter ohne Lautversetzung.
   § 52 58. Die eigentlich hiehergehörigen (und Deklinationsbeispiele).
   § 59 63. Ursprünglich nicht hiehergehörige (und Deklinationsbeispiele).
   § 64—70. Zweite Klasse: Wörter mit Lautversetzung (und Deklinations=
               beispiele).
   A. II. Die Deklination der Nennwörter mit Suffix (sein, dein, mein). § 71—97.
§ 71—75. Vorbemerkungen. Vom Reflexiv.
§ 76. 77. Deklinationsbeispiele: nunanga, piulijinga.
§ 78 81. Wörter auf k und k (ernek, panik) u. s. w.
§ 82 87. Wörter mit Lautversetzung und Suffixen. (z. B. nulegak, okausek, uvinerok.
§ 88—97. Schlußbemerkungen:
§ 88.   Erstens. Beispiele.
§ 89—94. Zweitens. Verschiedene oder Doppelformen.
§ 95 97. Drittens. Bemerkungen und Beispiele zum Dual (z. B. ngak und gik).
   Anhang. Noch einiges vom deutschen Adjektiv und der Steigerung
           (Komparativ). § 98 101.

   B. Im besonderen, d. h. Zahl=, Orts=, Personwörter.
                     § 102—180.
              B. I. Zahlwörter. § 103—112.
§ 103—105. Die jetzt üblichen Zahlen.
§ 106—108. Die alten Zahlen.
§ 109.   Anmerkung.
§ 110.   Mehrfache Mehrheit.
§ 111.   Zahlwörter mit Anhängen.
§ 112.   Bruchzahlen.
              B. II. Ortswörter. § 113—136.
§ 113—115. Allgemeines und Deklinationsbeispiele.
§ 116—132. Uebersicht der hauptsächlichsten Ortswörter. Dazwischen § 127. Ortswörter
           ohne Suffix, im Terminalis.
§ 133—136. Anhang. Die Ortswörter mit dem Anhang dlok, -lok.
              B. III. Personwörter. § 137—180.
§ 137—139. a. uvanga, igvit.
§ 140—156. b. kissiat, tamât, illûnât (illûnâne, kissiane).
§ 157. 158. c. ingerĝǎt.
§ 159—162. d. nellint.
§ 163—168. e. illangu, illangit (illâne).
§ 169—175. f. ingme selbst (ingmigut, ingminik).
§ 176—178. g. nangminek.
§ 179. 180. h. assin.

                  Zweiter Abschnitt.
                  Deutewörter.
                     § 181—213.
              1. **Allgemeine Uebersicht.** § 182—184.
§ 183.   Bezeichnung der Weltgegenden.
§ 184.   Aussprache einiger dieser Worte.

2. **Oertliche Deutewörter.** § 185—196.

§ 185. Deklination derselben.
§ 186. mâne, ovane, tagvane.
§ 187. samunga.
§ 188—195. Das vorgesetzte ta, auch tâva, tagga, tagva, tamadja von § 192 an.
§ 196. nane wo.

3. **Persönliche Deutewörter.** § 197—206 (213).

§ 198. Deklination derselben.
§ 199—203. nna, tâmna dieser; imna, taimna jener.
§ 204. 205. mânna, tamânna dieses hier, makkoa diese hier.
§ 206. Bemerkung zu den eine Weltgegend bezeichnenden persönlichen Deutewörtern.
§ 207—213. kina wer und suna was.

Dritter Abschnitt.

Zeit= oder Redewörter, Verba.
§ 214—294.

A. Allgemeines, Person, Zahl, Modus, Zeit.
§ 214—220.

§ 214. 215. a. Die Person.
§ 216. b. Zahl oder Numerus.
§ 217. 218. c. Modus.
§ 219. 220. d. Zeit oder Tempus.

B. Zeitwörter ohne und mit Suffix (auch reflexive und passive).
§ 221—231.

§ 221. a. Erklärung dieses Ausdruckes.
§ 222—224. b. Bildung von s. s. Verben aus c. s. Verben.
§ 225. c. Bildung neuer Verben durch Anhänge.
§ 226. 227. d. Reflexivbedeutung der s. s. Endung an c. s. Verbalstamm.
§ 228. e. Passivbedeutung der s. s. Endung an c. s. Verbalstamm.
§ 229—231. f. Andere, gewöhnliche Bildung des Passivs.

C. Die vier Klassen und die Modusbildung der Zeitwörter.
§ 232—264.

C. I. Die vier Verbalklassen. § 232—234.
C. II. Der Moduscharakter. § 235—238.
C. III. Die verschiedenen Modi im einzelnen. § 239—259.

§ 240. 241. a. Der Indikativ.
§ 242. 243. b. Der Interrogativ.
§ 244. c. Der Konjunktiv und Subjunktiv.
§ 245—251. d. Der Infinitiv (auch pivluno und piluno, -givlugo und -gwllugo).
§ 252—259. e. Der Imperativ und Optativ. (§ 256. Imp. mit Ausdruck des Futuri.)

C. IV. Konjugationstabelle oder Uebersicht aller Verbalendungen und Erläuterungen dazu. § 260—264.

D. Die negativen oder verneinenden Zeitwörter.
§ 265—270.

E. Andre Endungen.
§ 271—276.

E. I. Die Wiederholungsformen -larme, -lât ⁊c. § 271.
E. II. Die Konjunktiv= und Subjunktivendungen gangat, gaikpat so oft als, jedesmal wenn. § 272—274.
E. III. mangât, mangâgo ob. § 275. 276. (§ 276. Von der abhängigen oder indirekten Frage.)

F. Pivok er thut — als Hilfszeitwort.
§ 277.

G. Anhang. Die Partizipien auf ok, e und ak (auch mit -ksak).
§ 278—294.

§ 279—282. 1. Das Nominal=Partizip auf ok (tok, -jok) und e (te, -je).
§ 283—287. 2. „ aktive „ „ e (te, -je).
§ 288—292. 3. „ passive „ „ ak (tak, -jak).
§ 293. 294. 4. Zusammensetzung dieser Partizipia mit -ksak (tuksak, tuksauvok ⁊c).

Vierter Abschnitt.

Partikeln.
§ 295—345.

A. Anhangspartikeln.
§ 296—306.

B. Freie Partikeln.
§ 307—343.

§ 307—312. a. Zeitpartikeln.
§ 313—322. b. Sonstige Adverbien.
§ 323—327. c. Konjunktionen.
§ 328—343. d. Interjektionen.
§ 344. Schlußanmerkung.
§ 345. Alphabetische Uebersicht der vorstehenden Partikeln.

Zweiter Hauptteil.

Zusammensetzungslehre
oder die Anhänge (Affixa) der Eskimosprache.
§ 346—510.

§ 346. Ableitung der Wörter.
§ 347. Zusammensetzung. Tragewort. Feste und bewegliche Anhänge.
§ 348. 349. Umbildende und fortbildende Anhänge.
§ 350—352. Andre Wörter mit Anhängen.
§ 353—355. Das Anfügen der Anhänge. Vokal oder Konsonant vor dem Anhang.
§ 356—358. Zahl und Reihenfolge der Anhänge.
§ 359. Pe (pik) und pivok als Tragewort.

Erste kurze Ueberſicht der Anhänge oder Affixa
nach der inneren Verwandtſchaft geordnet.
§ 360—383.

I. Anhangsnennwörter.
§ 360—362.

§ 360. 1. Umbildende.
§ 361. 2. Fortbildende: a. Adjektiviſche.
§ 362. „ b. Subſtantiviſche.

II. Anhangszeitwörter.
§ 363—383.

§ 363—371. 1. Umbildende.
§ 372—382. 2. Fortbildende:
§ 372—377. a. Neutrale: aa) mit Hilfsverben.
bb) mit Adverbialbedeutung.
§ 378—380. b. Anhänge nur mit s. s. Endung.
§ 381. 382. c. Anhänge mit nur s. s. Endung, die aber eine beſondere s. s. Form neben ſich haben.
§ 383. Anhang. Noch einige nur an Orts=, Deutewörtern und an Appoſitionen vorkommende Anhänge.

Zweites alphabetiſch geordnetes Hauptverzeichnis der Anhänge oder Affixa nebſt Anmerkungen.
§ 384—510.

§ 510. Verzeichnis der Anhänge, deutſch=eſtimoiſch.

Dritter Hauptteil.
Syntax oder Satzlehre.
§ 511—578.

Erſter Abſchnitt.
Verhältniſſe der Wörter im Satze.
§ 511—570.

A. Zum Nennwort.
§ 511—543.

I. Von den Kaſus und tut. § 511—528.

§ 511. 512. Erſtens: Vom eſt. Tranſitiv und dem deutſchen Genitiv.
§ 513—528. Zweitens: Von den fünf durch Appoſitionen gebildeten Kaſus und tut.
§ 514—516. 1. Der Lokalis.
§ 517. 2. Der Ablativ.
§ 518. 3. Der Bialis.
§ 519—522. 4. Der Terminalis.
§ 523—525. 5. Der Modalis.
§ 526—528. 6. Die Appoſition tut.

II. **Die rest. Formen des Nennwortes mit Suffix.** § 529 530.

§ 530. 1. Das Subjekt des einfachen Satzes nicht mit rest. Form.
§ 531. 2. Bei tut.
§ 532. 3. Bei passivischer Ausdrucksweise.
§ 533. 4. Suffix des Sing. statt Plur. beim Restexiv.
§ 534—539. In zusammengesetzten Sätzen (Haupt- und Nebensatz; auch bei -rkovlugo).

III. **Nennwörter mit Verbalbegriff, besonders die Partizipien (und unsre deutschen Relativsätze).** § 540—543.

B. Zum Zeitwort.
§ 544—567.

§ 544. 1. Ausdrücke mit Auslassung des Verbs.
§ 545. 2. Stellvertretende oder ersetzende Verbformen.
§ 546—555. 3. Konjunktiv und Subjunktiv (auch) unser: damit, auf daß, so daß § 548 und: wie wenn § 553).
§ 556—560. 4. Die Reflexivformen des Konjunktiv und Subjunktiv (ame, nne zc. Auch Ingikume § 560).
§ 561—567. 5. Der Infinitiv (luno, lugo zc.). (Verhältnis von luno und tillugo § 563.)

C. Beiordnung.
§ 568—570.

§ 568. 1. Subjekt und Zeitwort.
§ 569. 2. Substantiv und Adjektiv.
§ 570. 3. Frage und Antwort.

Zweiter Abschnitt.
Zusammenhang des Satzes.
§ 571—578.

I. Wortstellung. § 571—575.

§ 572. 1. Der einfache Satz.
§ 573. 574. 2. Der zusammengesetzte Satz.
§ 575. 3. Mehrgliedrige Sätze.

II. Verbindung gleichgestellter Satzteile. § 576—578.

§ 576. 1. Kopula zwischen Gegenstandswörtern.
§ 577. 578. 2. „   „   Zeitwörtern.

§ 579. **Anhang zu § 13.** Verzeichnis der hauptsächlichsten Wörter in Bezug auf die Schreibung mit k (r) oder k.

Register.

Abkürzungen.

Abl. Ablativ.
Adj., adj. Adjektiv, adjektivisch.
Adv., adv. Adverb, adverbial.
Akk. Akkusativ.
Akt., akt. Aktiv, aktiv.
akt. Part. aktives Partizip.
allg. allgemein.
alph. alphabetisch.
Anm. Anmerkung.
bde., bdr. beide, beider.
Beisp. Beispiel.
bes. besonders.
bezw. beziehungsweise.
c. s. cum suffixo (mit Suffix) § 33.
Dat. Dativ.
dgl. dergleichen.
d. h., d. i. das heißt, das ist.
eig. eigentlich.
entw. entweder.
Esk., esk. Eskimo, eskimoisch.
f. und der folgende.
ff. und die folgenden.
folg. folgende.
Fußn. Fußnote (eine am Ende einer Seite untenstehende Anm.).
Gen. Genitiv.
Gesb. Gesangbuch.
Gram., gram. Grammatik, grammatikalisch.
Grld., grld. Grönland, grönländisch.
Imp. Imperativ.
Ind. Indikativ.
Inf. Infinitiv.
Intr., intr. Intransitiv, intransitiv.
jmd. jemand.
Kap. Kapitel.
Kl. Klasse.
Kljchm. Kleinschmidt.

Konj. Konjunktiv.
Konj. Konsonant.
Labr., labr. Labrador, labradorisch.
Lok. Lokalis.
Mod. Modalis.
N. (im alph. Verzeichnis der Anhänge) bedeutet, daß der Anhang an einen Nennwortstamm zu treten hat. Ebenso
N. und V., daß er sowohl an einen Nennwort- als an einen Verbal-Stamm treten kann. § 384.
neg. negativ.
Nom. Nominativ.
Nom. part. Nominalpartizip.
od. oder.
Opt. Optativ.
Part. Partizip.
Pass., pass. Passiv, passiv, passivisch.
Pl. Plur. Plural.
Refl., refl. Reflexiv, reflexiv.
resp. respektive (beziehungsweise).
S. Seite (oder: siehe).
Sing. Singular.
s. o., s. u. siehe oben, siehe unten.
spec. speciell.
s. s. sine suffixo (ohne Suffix) § 33.
Subj. Subjekt.
Subjktv. Subjunktiv.
Suff. Suffix.
Synt. Syntax.
Term. Terminalis.
Trans., trans. Transitiv, transitiv.
u. a. unter anderm.
u. a. m. und andres (andre) mehr.
ungebr. ungebräuchlich.
u. s. w. auch 2c. und so weiter.
V. (im alph. Verzeichnis der Anhänge) be=

deutet, daß der Anhang an einen Ver=
balstamm zu treten hat. § 384.
verſch. verſchieden.
Verz. Verzeichnis.
vgl. vergleiche

Vial. Vialis.
Vok. Vokativ.
Wbch. Wörterbuch.
z. B. zum Beiſpiel.
zw. zwiſchen.

Bedeutung der Zeichen.

= gleich.

᷋ das allg. übliche Zeichen für einen kurzen Vokal (nur angewendet, wo einmal beſonders auf die Kürze hingewieſen werden ſoll).

Was Zeichen u. Accente betrifft, ſo iſt in den Labradorſchriften nur ein Deh=
nungszeichen gebraucht, und zwar unterſchiedslos = und ᷋. In dieſer Gram. ſind vielfach nach Kliſchm. folg. Zeichen verwendet, worüber Näheres in § 15. 16. zu finden:

⸴ Zeichen für einen langen und ſtumpfen Vokal, z. B. nā-vok.
⸰ " " " " ſcharfen Vokal, nach welchem der folg. Konſ. immer hörbar doppelt zu ſprechen iſt, z. B. mănŭ, ſprich măn-nŭ.
⸲ Zeichen für einen kurzen und ſcharfen Vokal, nach welchem der folg. Konſ. immer hörbar doppelt zu ſprechen iſt, z. B. áma, ſprich ám-ma.

Ferner vor den Anhängen (Affixen):

- (z. B. -laukpok) bedeutet, daß der Anhang an den letzten Vokal des Stammes tritt, ein etwaiger Konſ. alſo fortzufallen hat; ſ. § 353.
: (z. B. : erpâ ꝛc. § 366) bedeutet, daß der Anhang an die Wurzel des Wortes oder eine entſprechende verkürzte Form tritt; ſ. § 353 Fußn.
⸗ (z. B. ⸗rpok § 470) bedeutet, daß der Vokal vor dem Anhang ſtets lang ſein muß.
⸗ (z. B. ⸗ngilak) " " " " " " " geſchärft ſein, daß alſo der erſte Konſ. des Anhangs hörbar doppelt geſprochen werden muß; z. B. pingilak, ſprich ping-ngilak.

Berichtigungen und Ergänzungen.

Unwichtigeres, dessen Berichtigung dem Leser sofort von selbst klar ist, ist hier nicht mit aufgeführt.

Seite 12 § 31 Anm. Zeile 3 v. u. lies kollŏkka statt ŏ.
" 18 § 49 Z. 5 lies sivorlertut statt svi.
" 27 § 69 Mod. im Dual lies (kŏrŭngnik) statt u.
" 35 § 77, 2 Dual bei mein lies:
     wie meine Netter piulijŭptut statt ĭ.
" 56 § 114 beim Lokalis lies: in ihrem Oberen d. h.
     über ihnen statt über ihrem.
" " Fußn. Z. 2 v. u. lies kotdlivut statt kodtlivut.
" 75 § 149 Z. 9 lies: Dagegen ist illŭnănc statt ŭ.
" 80 § 158 Z. 6 v. u. lies ingergăt statt a.
" 86 § 177 Z. 1 lies nangminerijax statt k.
" 88 In der Tabelle noch Nr. 15 beizufügen. Dann ziehe man noch nach Nr. 4.
  8. 12 Querlinien, und die Tabelle wird bedeutend übersichtlicher werden.
" 95 § 201 Z. 5 lies kanočtokarungnacromărmat statt n.
" 98 § 210 Z. 2 lies sunatŭt? statt u.
" 108 § 236 Z. 2 füge hinzu: und erhält so d. h. (außer bei Nl. 1) nur vor den x.
" 118 In der Tabelle rechts unten Z. 8 und 7 v. u.
  hinzuzufügen: bei linga { möchte er mich! auch
         { möchten sie mich!
      bei litigut { möchte er uns! auch
         { möchten sie uns!
" 119 Z. 2 v. u. lies lieber pătit statt ătit.
" 120 Z. 2 v. u. in der Tabelle lies wir 2 statt wir.
" 122 bei Interrogativ ihr mich lies issingă? statt a.
" " Anh. I der sonstigen Schreibung gemäß lieber überall -jox, -je, -jax statt jok, je, jak.
" 159 § 339 Z. 8 lies niaikulluk in einem Wort.
" 173 Anm. Z. 8 lies Ilorpok statt ilorpok.
" " Fußn. Z. 1 lies in diesem statt diesen.
" 203 Z. 14 v. u. lies takonărosukpara statt a.
" 214 Z. 16 lies erwirbt statt er wirbt.
" 218 Z. 2 lies ungagijigăkput statt gijăkput.
" 224 § 431 Z. 10 lies innitigörpogut statt ŏ.

— XX —

Seite 239 Z. 5 lies **oĸaruŋnaerpoĸ** redet nicht mehr statt oĸaĸattaŋĭlak.
" 245 Anm. 1 Z. 14 nach Unterschiede setze: statt:
" 251 in der Mitte, im Kleingedruckten Z. 3, lies: so könnte man nicht so sagen.
" 263 Z. 3 lies: wie **unten** angegeben statt oben.
" 273 Zeile 15 lies ômateroĸtauvoĸ statt ô.
" " Z. 23—25 überall lies **nâmaksivoĸ** statt nâmaksivoĸ.
" 275 Fußn. Z. 3 lies mallugosugasârpoĸ statt jârpoĸ.
" 292 Z. 10 lies ijigikpoĸ statt igigikpoĸ.
" 295 Anm. 2 Z. 4 lies (dann = rĸortovoĸ) statt (dann - rĸortovoĸ).
" 298 Z. 1 v. u. ergänze nach vergibt es: **(doch auch: vergibt ihm).**
" 305 Z. 4 setze lieber **gegenseitig** statt miteinander.
" 306 Anm. 2 Z. 2 füge hinzu: **und nelliat § 162.**
" 320 Anm. 1 Z. 9 lies **aularlit** statt aularit.
" " Anm. 1 am Schluß füge nach § 536 noch **§ 564** hinzu.
" 337 Z. 8 v. u. lies **fünf** Jahre statt drei.
" 392 Spalte 1 Z. 16 v. u. lies: (nicht **nerikipoĸ**) statt nier.

Einleitung.

§ 1—30.

A. Schrift und Aussprache. § 1—26.

Wie im Vorwort eingehender bemerkt, haben wir es in diesen Blättern § 1. mit einer von mancherlei fremden Einflüssen betroffenen Sprache und einer unvollkommenen Orthographie zu thun, welche die Lautverhältnisse der Sprache nicht klar zum Ausdruck bringt. Es ist also eigentlich ein vergebliches Unternehmen, in den folgenden ersten §§ von diesen Lauten etwas zu sagen, da hierbei doch nur eine ideale, der Sprache ganz angemessene Rechtschreibung, wie sie etwa in Grönland durch Kleinschmidt eingeführt ist, vorausgesetzt wird. Trotzdem aber sei doch einiges bemerkt, da es bei aller Unvollkommenheit von Nutzen sein wird und vielleicht manchen zu weiterer Forschung anregen kann. Hierzu bieten auch die Grammatik von Kleinschmidt, sein Buchstabierbüchlein (sowie seine in Labrador aufbewahrten Briefe) tiefer gehende Anleitung. Im folgenden sind die durch „— —" bezeichneten Stellen eigene Worte Kleinschmidts.

Die Laute der Eskimosprache sind zum Teil dieselben wie im Deutschen, zum Teil aber nur ähnlich oder ganz verschieden.

1. Konsonanten. § 2—13.

	Kehllaute.	Gaumenlaute.	Lippenlaute.	Zungenlaute.	
harte:	к	k	p	t	§ 2.
weiche:	r	g	v	s; ts (ob. ds, tj, dj, *grld.* ss); l; j	
nasale:	(rng)	ng	m	n	

Merke: Für das est. Organ besteht also kein Unterschied zwischen p und b, ebenso nicht zwischen t und d.

Aussprache. Vgl. Klschm. § 1 und bes. auch das Vorwort zum est. bibl. Fragebuch.

„к" existiert im Deutschen nicht. Dies Kehl-к wird ganz hinten im Munde § 3. an der Kehle gebildet mit dem hintersten Teil der Zunge, wie k mit dem mittleren Teil der Zunge und t mit dem vordersten. Es hat daher einen gewissermaßen krächzenden Laut*): klingt nach langen oder scharfen oder betonten Vokalen fast wie rк".

„k, p, t wie bei uns, nur ohne die mit diesen Buchstaben in europäischen § 4. Sprachen verbundene starke Hauchpressung; daher nähern sie sich dem g (am

---

*) An unser ch streifend, vgl. окагрок, рекагрок, S. mehr auch § 579 Einl. und Zusn. daselbst.

Anfang der Wörter) b und d, ähnlich wie in manchen Gegenden Deutschlands Kopf. Pein, Topf fast wie Gepf, Bein, Dopf ausgesprochen wird." Z. B. kautak, maniub kaunga, dagegen inúb kaunga.

§ 5. „**r** wird ganz mit derselben Stellung der Sprechorgane gebildet wie к, ist also ein Kehllaut und nicht das deutsche r, das in der Regel viel weiter vorn im Munde gebildet wird. Doch wird es auch im Deutschen von manchem so tief im Munde gesprochen, daß es dem est. r jedenfalls nahe kommt." Zur Ergänzung vgl. ja das bei -ráluk § 385 Fußn. über r und g (Gesagte, sowie § 395 Fußn.

„Dem verdoppelten r: **rr** kommt das deutsche ch nach a (z. B. in Nacht, lachen) einigermaßen nahe, doch liegt es tiefer im Munde." Dieser Laut wird leider in Labr. nie mehr so geschrieben (wie früher ab und zu, z. B. Vnl. 2, 34. 3, 5), sondern entweder durch das estnische ganz barbarische **ch** gegeben, z. B. machak, nachovok (eig. marrak, narrovok), oder durch **rg**, z. B. in ergortorpa = errortorpá, кemergová = кemerrová. Vgl. § 6.

§ 6. „**g**" — sagt Kleinschm. weiter — „ist weicher als das deutsche g in legen, biegen, fast wie die Berliner es aussprechen." So aber doch wohl bloß zw. zwei i Lauten, z. B. pigivá. Sonst, bei a und u Lauten, aber doch durchaus härter, etwa wie im Deutschen: Lage (nie aber wie in Gabe, geben), sich dem est. Kehl r stark nähernd. Mehr s. Fußn. bei -ráluk § 385 und § 395 Fußn.

„Verdoppelt: **gg** wird es dem helleren deutschen ch (z. B. in sich, Fächer) ziemlich gleich, aber der Unterschied zwischen rr und gg ist bedeutend größer als der des ch in „Nacht" und „sich": da unser ch, auch wenn es nach a im Munde etwas zurückweicht, doch lange nicht den к Punkt hinten an der Kehle erreicht." Dies halte man fest, wenn auch dem deutschen Ohre anfangs, besonders nach a, der Unterschied nicht gleich hörbar ist, z. B. in maggatá und machak (= marrak). Das gg wird eben nicht hinten an der Kehle gebildet.

Anm. Braucht man überhaupt das üble ch nicht im Est., so sollte man es wenigstens nur zum Ausdruck jenes tiefen Kehllauts rr § 5 verwenden. Aber es ist leider öfters auch für g, gg gebraucht, wo letzteres wieder zu setzen ist, z. B. in nagvárpok, kuggimiovik. Umgekehrt ist g in maggúk eig. unrichtig, das früher auch machuk geschrieben wurde. Hier ists der Kehllaut marrak, wie auch die Vergleichung mit dem grld. mardluk ergibt. Vgl. § 185 Schluß.

§ 7. „**v** entspricht wohl unserm w, wird aber nicht wie dieses mit Hilfe der Zähne, sondern durch die Lippen gebildet, mit derselben Lippenstellung wie p und m. Es ist also unserm w nicht ganz gleich, sondern ähnelt eher dem engl. w; nur wird es auch nicht wie das engl. w mit Verlängerung des Mundkanales gebildet."

§ 8. Ein dem Estmoischen ganz eigentümlicher, wenigstens in den europäischen Sprachen wohl nicht so vorkommender Laut ist der, der in Labrador auf die verschiedenste Weise, nämlich durch **ts, ds, tj, dj** auch bloß durch **j** oder **s** (im Grld. überall nur **ss**) bezeichnet wird. Die Aussprache ist bald härter, bes. nach Konsonanten, ähnlich unserm sch, doch auch hier schon weicher: bald, besonders zw. Vokalen, noch weicher, — welcher Unterschied auch auf unsern Stationen zu spüren ist, ohne daß man sagen kann, daß eins das richtigere sei. Hier in Labr. scheint der Gebrauch auf die weichere Aussprache zuzusteuern, wofür z. B. die frühere Schreibung siksak, uksuk und die jetzige sikjak, ukjuk (grld. sigssak, ugssuk) spricht. Vgl. ebenso tamadsa, tamadja; tunitsivigivá, tunitjivigivá und die Endung utjivok, udjivok, udsivok; desgl. argjat, kargjok, orksok (grbl. arssat, karssok, orssok). Auch § 477 Fußn.

„Der Laut, den ich mit ss bezeichne, liegt tiefer hinten im Munde als s; er wird mit dem breiteren Teil der Zunge*) am Gaumen gebildet, wogegen s mit der Spitze der Zunge an den Zähnen. Diesen Laut kann man nun bedeutend verstärken und abschwächen, vom deutschen sch bis zum franz. j in jeune und beinahe, aber auch nur beinahe bis zu unserm j. Doch bleibt es noch immer vom j unterschieden dadurch, daß bei letzterem die Verengerung des Mundkanals weiter nach hinten liegt." So seien, meint Mhschm., in Labr. viele Worte, z. B. die Partizipiendungen auf -jok, -jak fälschlich mit j geschrieben. So sehr er glaubt, daß dieses scheinbare j (ss) und das wirkliche j zwei versch. Laute sind, so gibt er doch die Möglichkeit zu, daß dieser Unterschied „nicht bloß dem europäischen Ohre unfaßbar, sondern vielleicht selbst den Esk. in Labr. entschwunden sein kann."

„s, l, j, m, n, ng, sind wie im Deutschen." Ueber ll, j. § 11. § 9.

ng (und vng) ist durchaus als ein Laut zu sprechen, wie im deutschen „Zunge, lange." Z. B. uvanga ja nicht getrennt uvan-ga wie in „An-gabe," sondern uva-nga.

Hier sei auch auf die richtige Aussprache von mg (wohl grbl. vng, vrng) hingewiesen, da die Europäer sehr oft dabei irren. Es ist eig. mng, wie man es wohl besser auch schriebe; jedenfalls ist es so zu sprechen. Also imgerpok, ermgusek und die Endung umga ja nicht wie im deutschen „Um-gang, um-geben": im-gerpok, erm-gusek, um-ga, sondern nur mit nasalem ng hinter dem m: im-ngerpok, erm-ngusek, um-nga (grbl. evrngusek, uv-nga). Dabei ist noch zu beachten, daß nach § 12 das m oft kaum gehört wird und so mg fast wie ng lautet.

h kommt nur in einigen Partikeln, bes. Zurufen vor, sonst nicht. § 10.

Verschiedene Lautabstufungen der Konsonanten. § 11. 12.

a) „Alle Konsonanten klingen stärker, wenn sie unmittelbar nach § 11. einem andern Konj. stehen": so z. B. s wie unser sz, z. B. in illitarsivok, ersigivá. Besonders zu erwähnen ist l, das nach einem Konj. immer etwa wie dl lautet (wie in Labr. auch oft, freilich nicht regelmäßig geschrieben wird), „aber nicht wie ein deutsches dl z. B. in Ad=ler, sondern etwa, wie wenn man statt dessen A-dler sagt, indem man die Zunge fester und länger an den Gaumen legt als beim einfachen l." Z. B. inangerdlugo, tikitdlugo.

b) Umgekehrt klingen die Konsonanten schwächer, wenn ein andrer § 12. Konj. unmittelbar darauf folgt, ja man hört sie oft kaum in diesem Falle. Die Weichheit dieser Aussprache wiederzugeben ist für den Ausländer bes. schwer. Z. B. in nunamut, nunapsingmut, uvlok hört man oft kaum das m, p und v. So auch bes. ng: aglangnik, ikligungnok, pangna und ähnliche (§ 182) klingen ähnlich wie aglánik, ikligúnok, pána (vgl. § 354). Die Zeitwortendungen ípok, ikpok, ja ebenso ápok, akpok, árpok scheinen einem oft ganz gleichlautend nur ípok und ápok zu sein (wie denn auch in der That manche dieser Formen selbst bei den Esk. ineinander übergehn — vgl. § 234 Anm. 3), und man kann erst nur durch Bildung abgeleiteter Formen, wie z. B. durch Anhängung der Konj. Endung ame, darauf kommen, wie man richtig zu schreiben habe. Im besonderen sei noch erwähnt:

---

*) Ein andermal schreibt Klschm.: ss unterscheidet sich von s und engl. th dadurch, daß die Zungenspitze nicht die Zähne, sondern den Gaumen berührt.

1) „**r** vor andern Konsonanten lautet bei härterem Dialekt wie ein halbverschlucktes к oder rк", z. B. tussarpâ, itiplersoak. Drum findet man grade bei diesem Punkte in Labr. beständig Verschiedenheit der Schreibung, z. B. illitarsivok (tarksivok), tártok (táktok), angijoksoak (jorsoak), tessersoak (tesseksoak). Vgl. okarpok, orksok (grld. orssok). Wie es aber auch geschrieben sein mag, ob r, к oder rк, es ist an solcher Stelle überall der gleiche Laut.

2) **Das eigentliche rк** (wirklicher Doppelkonsonant) ist eig. ganz = кк und lautet wie dieses. Vgl. im Esk. Wbch: kakkójak, wo der dazu gehörige Stamm karko geschrieben ist. Dagegen kann **rk** nie vorkommen, z. B. von tussarpâ nicht tussarkit, sondern tussákkit (§ 253).

3) **gl (gdl) und tl (tdl)** = -ll: Zumal g und t (auch v) vor l, das hier nach § 11 also immer dl ist, werden ungemein weich, oft fast unhörbar ausgesprochen, so daß z. B. nunamiglo und nunamillo (mitlo) ziemlich einerlei klingt. Man hüte sich also, das g an solcher Stelle wie ch auszusprechen, es lautet etwa, wie in „Gabe, biegen." Also in iglo, igvit, kigligiutsivok ja nicht ichlo u. s. w.

In vielen Worten ist dieser vorhandene Konsonant (g, t) ganz unhörbar. Man hört da nur ein längeres Ruhen auf dem verstärkten l Laut, und diese Verdickung des l Lauts (oder die Schärfung der vorhergehenden Silbe § 16) ists allein, was auf das Vorhandensein eines nicht gehörten t oder g (wohl auch v) hinweist. In Labr. sind solche Worte meist mit ll geschrieben, z. B. killak, kollek, was sehr unvollkommen, da man dasselbe ll unnötiger Weise zur Bezeichnung der bloßen Vokalkürze verwendet hat, z. B. sillame für si-la-me. Wir schreiben hier in der Gram. für jenes erste wenigstens -ll, wiewohl Kleinschm. diese Bezeichnung angreift, da eine Schärfung des eigentlichen l Lauts nicht stattfände.*)

---

*) In bezug auf eine die Aussprache wirklich wiedergebende und doch die Ableitung berücksichtigende Orthographie bieten die hierher gehörigen Worte doch einige Schwierigkeit. Kleinschm. zwar fordert je nach der Abstammung überall tdl ob. gdl (ob. vdl, z. B. in avdla ein anderr). Ob aber in Grld. alle diese Worte ganz gleichmäßig ausgesprochen werden mögen? In Labr. läßt sich nicht leugnen, daß neben einzelnen Vermischungen u. Schwankungen oft ein deutlicher Unterschied stattfindet, den nämlich — nicht verschiedene, sondern — ein u. dieselben Eskimos in manchen Wörtern das g ob. t einigermaßen hörbar aussprechen, in andern dagegen durchaus nicht, sondern nur jenen verdickten l Laut, u. daß diese beiden bestimmten Unterschied beider Aussprachen behaupten (besonders wohl, wo g in Betracht kommt, weniger bei t). Beispiele:

a) **tl (tdl) und -ll**. Man hört wohl oft tikitdlugo neben tikillugo, sonst meist nur -ll, wie killek (kitdlek), killersoak der östliche. Aber den Anhang -dlarpok (-tdlarpok) sprechen nur, mit stets stark hörbarem t Laut, während im Anhang -llakpok ein wenig, kurz (§ 435) nur -ll gesprochen wird, z. B. sillaludlarpok es regnet sehr u. sillalillakpok (Javok) es regnet ein wenig. (Grld. ganz gleich geschrieben: -tdlarpok und -tdlakpok.

b) **gl (gdl) und -ll**. Bei manchen der hierher gehörigen Wörter wird der k Laut gar wohl gehört, freilich nur äußerst weich, wie in iglo, kigligiutsivok, kigdlornut, kigdlingauit, agdlait (f. o.). Ganz eigentümlich ist nun aber die Erscheinung, daß doch in einzelnen Wörtern dieser k Laut ganz anders scharf hörbar, fast ganz wie unser hartes k erscheint, (oder was dasselbe ist, daß die folgende Verschärfung des l zu all viel hörbarer ist,) so in issuklek (grld. kugdlok), tiklak (grld. sigdlak), kiklo, aklak, ganz anders lautend als in aglait Schriften, weshalb in Labr. hier k geschrieben worden ist. (Grld. aber ganz einerlei geschrieben agdlak und agdlak, agdlait).

Diesen beiden Fällen gegenüber ist in andern Wörtern das g ganz unhörbar geworden, so daß von dem gdl nur das -ll (also noch fast ein t Laut) gehört wird, meist aber noch abgeschliffener nur jener von uns -ll bezeichnete Laut. So besonders bei vielen mit dem Anhang -ilek gebildeten Wörtern, wie källek, eig. kagdlek (mehr von diesen f. § 184 ff.). Weiter in killak Loch, wo der Esk. durchaus kein g spricht, (wie etwa in kigdlngault oder gar tiklak), aber etwa sagt, daß die Vorfahren g gesprochen hätten, daß diese Verschiedenheit stattgefunden u. auch jetzt noch vorkomme, beweist die Thatsache, daß im Wbch. das jedenfalls ganz gleiche Wort kiklak „Sägenzahn" aufgeführt wird, das richtiger die Bertiefung (litterausgedr?) zwischen den Zähnen bedeutet. Auch in diesem Sinn wird wohl von den meisten jetzt ebenso killak ohne irgend hörbaren k Laut gesprochen, während in der Ableitung kiglopait viele doch das g hervortreten lassen. Vgl. auch das in Labr. jetzt schon fast unbekannte köllok - kigdlok Landaas. Mt. 24, 28.

c) Welch ein Konsonant liegt in ulla Indianer verborgen? ists avdla? oder gar -- dem grld. avdla ein andrer (verwandt mit grld. ablussak, bei welchem Wort auch in Grld. das v völlig unausgesprochen zu bleiben scheint?

Nach allem ist wohl klar, daß auch dieser Punkt für eine Reform der Rechtschreibung Schwierigkeiten böte (vgl. Vorwort Fußnote). Leider ist eine Rückäußerung Kleinschmidts auf die Darlegung dieser Verhältnisse durch seinen für uns zu frühen Heimgang unmöglich geworden.

A Schrift und Aussprache. 5

Unterschied des Kehl к vom andern k. Daß hierauf zu achten nicht § 13. unwichtig ist, können u. a. folg. Beisp. zeigen (von denen manche auch noch in andrer Weise verschieden sind, was aber unsre übliche Schreibung nicht ausdrückt):

к.	k.
кȧк Unterbett	kȧk Hunger.
кȧrpoк, кȧкpoк er plagt . . .	kȧkpoк er hungert.
кallut (von кalluvoк) Schöpfgefäß	kallut (von kallipȧ) Schlepptau.
иtaккivoк er wartet	takkivoк ist lang.
кennerpoк er sucht	kinnerpoк ist dünn, etwas Flüssiges.
кennȧvoк sucht scharf ɪc. . .	kinnȧvoк macht naß, läuft aus.
кaкivoк steigt aus Land ɪc. . .	kakkivoк sticht sich.
аккеartorpoк ist gesättigt . . .	akkerartorpoк er widersteht.
аккunarpoк verletzt sich innerlich	akkungnarpoк (akkunnarpoк) ist dazwischen, ist weder dies noch das.
кingmeк Hund . . .	kingmik Ferse.
кannaк Zeltstange . .	kannȧк Schienbein.
кappuк Schaum . . .	kappoк Stichwunde, kapput Spieß.
кauк Stirn . . .	kauk Walroßhaut, und: das Weiße des Eies.
кau ob. кauк Tageslicht .	
кȧttaк Eimer	kattak der untere Teil der Thür (etwa Schwelle) in einem Eskimohaus.
кilaк Himmel	killaк (kigdlaк § 12) Loch.
кingoк, кingua sein hinteres Ende	kinguk Seesich.
кingoк die Stelle zw. den Augenbrauen	
soккaк Walbarte, Fischbein . . .	sukkaк Stütze.
кorvik Nachtgeschirr	kogvik (v. kȯkpoк) Fließstelle, z. B. Rinne, Graben.
кassungavoк ist windstill . . .	katsungaipoк ist ernstlich darauf gestellt, ist eifrig.
коaкsȧrpoк fährt zusammen, erschrickt	
кuksalaipoк ist leichtsinnig ɪc. . .	kuksasukpoк ist besorgt, ist ernst ɪc.
кippiluкpoк schlägt etwas ab . .	kippivȧ er schneidet es ab.
кuttaкpoк ist blaß	kattakpoк fällt herunter.
кongmut (grld. кȯmut) hinauf . .	kongmut zum Flusse.

Die Unterscheidung der К-laute ist auch für die Ableitung der Worte wichtig. So darf also nach dem Obigen кippiluкpoк nicht so direkt von kippivȧ, кennȧvoк nicht von кȯnaк hergeleitet werden, wie das Wbch. thut.

Leider sind die Esk. selbst nicht immer ganz sicher. Ein älterer Mann allein gab früher die Formen кiккertaк (wie grld. кeкertaк) und nollonerkutaк an, während sie sonst kikkertak, nollonaikutaк fordern. Ferner wird angegeben nangmakpoк und nangmarpoк, siarкlerpoк (= siarȯllerpoк) und sinklerpoк, кaumarpoк und кnumaкpoк, auch кollakpoк, кellaкsorpȧ, wo doch кellarut auf кellarpȧ (кollaкpȧ) schließen läßt; кȯroк, wo grld. кȯroк.

S. hierzu den ausführlichen Anhang § 579.

2. Vokale. § 14—17.

Deren gibt es nur drei, die Grundvokale aller Sprachen: **a, i** (e), § 14. **u** (o). Dem Eskimo ist **i** und **e, u** und **o** einerlei, er kann sie so allein für sich nicht verschieden aussprechen. Nur wenn bestimmte Einflüsse statt finden, tritt Senkung des **i** und **u** Lauts ein, d. h. sie klingen mehr als e und o. Besonders

1) am Schluß der Wörter, z. B. iglo, tukto, sitte:
2) wenn ein Kehllaut, d. h. κ oder r folgt, z. B. erneκ, aber pannik.
3) auch einigermaßen, wenn ein solcher vorangeht, z. B. κoppaκ, κujagivä, κennerpoκ, κilak (unsre Orthographie schreibt dann auch öfters aber nicht immer e u. o; in Grld. wird nur in den 2 ersten Fällen e und o geschrieben);
4) endlich auch einigermaßen durch die Dehnung des Vokals, so daß i (e) und u (o) nicht wie klares ih und uh lauten, sondern wie ein Mittellaut zwischen e und i, und zw. o und u; z. B. nelinut (nelénut), mânepoκ, pijarialit, inuksuktût. pêtóvoκ. (Endlich vgl. auch noch die ähnliche Wirkung in geschärften Silben § 17.)

Man darf richtig also nicht sagen: Der Est. spricht in erneκ ein e, in pannik ein i, sondern: er spricht in ersterem ein Kehl κ, in pannik ein Gaumen k, und das hat dann, ihm selbst unbewußt, seinen Sprachwerkzeugen gemäß die unmittelbare Folge, daß die Silben für uns eκ und ik lauten: (iκ und uκ zu sprechen, wäre fast unmöglich, jedenfalls sehr unbequem, da das eine, i und u, vorn, das κ und r dagegen ganz hinten im Munde gebildet werden.)

Beim **u** Laut findet oft eine Hebung statt, d. h. es wird fast wie unser kurzes ü (e) oder das engl. kurze a z. B. in hat gesprochen, daher in Labr. auch oft w oder e geschrieben, z. B. nellovoκ, nennoκ (grld. naluvoκ, nanoκ). Besonders wenn das a scharf (§ 15. 16.) oder betont ist, oder ein t oder k folgt: also -tsängilaκ. pat, pata, nunat, κaitaksaκ mit ganz kurzem a zu sprechen, etwa wie pät (pet), pätta, nunaët, κaitëksaκ.

Anm. Da unsre Schreibung der Vokale nicht nach bestimmten Regeln verfährt, so ist es gerade bei diesem Punkte ein völlig undankbares und unnützes Unternehmen, einem Est. diese unsre Schreibung, wie sie sich zufällig festgesetzt hat, beibringen zu wollen.

Weiter: Da es dem est. Organ also ganz zuwider ist, unser klares i und u vor r, oder wenn es gedehnt ist, so zu sprechen, verwandeln sie z. B. folgerichtig unser Bier in bëre oder biare. Ebenso sagen sie, um unsern e-Laut in Emma wiederzugeben, richtig: ëma. Wollten sie die Kürze des Vokals und zugleich unseren tieferen e-Laut wiedergeben, so müßten sie erma sagen, da bei ihnen das Kehl r diesen Laut bewirken würde.

Noch ein anderes Beispiel: Was den Gebrauch europäischer Buchstaben betrifft, so ist es also nach dem oben u. § 2 Anm. Gesagten für den Eskimo einerlei, ob man z. B. Sonnabendeme (am Sonnabend) oder Sunapinrüne schreibt: er spricht beides einerlei aus. Letztere Schreibung entspricht übrigens der Kleinschmidtschen Orthographie, erstere der älteren und in Labrador noch üblichen.

Länge, Kürze und Schärfung der Vokale (Silben). § 15—17.

§ 15. Die Länge der Vokale wird in unsern Drucken unterschiedsloß durch die in Grld. verschiedenen Zeichen $\bar{}$ $\hat{}$ ausgedrückt. Die Doppelvokale ai, au sind ihrer Natur nach lang. Treten zwei Vokale aneinander, so entsteht ein langer, una-âluk wird unâluk, nunаme-ipoκ wird unnаmêpoκ. Soll im folgenden einmal besonders auf die Kürze des Vokals hingewiesen werden, so wird das bekannte Zeichen derselben $\breve{}$ angewendet.

Eine Bezeichnung der dem Eskimoischen so charakteristischen **scharfen Vokale** (in offnen Silben), wobei der Anfangskonsonant der nächsten Silbe wirklich doppelt gehört wird, mit klarem, eigentümlichem Ruhen der Stimme auf demselben, ist bei der üblichen Orthographie leider auch nicht vorhanden. In dieser Grammatik ist wenigstens hier und da (also in sehr unvollkommener Weise), besonders bei gram. Formen, wie z. B. den Anhängen, auf solche geschärfte Silben hingewiesen durch die Zeichen ´ und ˝, welche also stets eine wirklich hörbare Verdoppelung des folg. Konf. bedeuten: z. B. ernĭkut ernĭk-kut, mána mán-na.

Da diese Vokal- und Silbenverhältnisse für richtige Aussprache und Betonung durchaus **§ 16** wichtig sind, sei nach Kleinschm. noch folg. Nähere gesagt, zugleich mit Angabe der klaren Regel. Bezeichnung für die vorhandenen Verschiedenheiten. Es gibt

1) **stumpfe Vokale.** Diese finden sich nur in offenen Silben, d. h. solchen, die mit einem Vokal enden. Der Anfangskonsonant der folg. Silbe wird nicht doppelt gesprochen:

a) kurze und stumpfe Vokale (Silben). Hier steht kein besonderes Zeichen. z. B. i-te-ra-me, na-lu-vok (Labr.=Schreibung: itterame, nellovok). Der Laut wie im deutschen „immer, Wasser, Anna, betten".

b) lange und stumpfe. Dafür das Zeichen ˉ, z. B. pā-me, nā-vok.

2) **scharfe Vokale** (Silben). Der Anfangskonsonant der folg. Silbe wird hörbar doppelt ausgesprochen.

aa) **geschlossene Silben** d. h. solche, die mit einem Konf. schließen.

a) kurze und scharfe, z. B. | Hier keine besondere Bezeichnung des
iter-pok, er-sivok, er-ká. | Vokals, daher bei der Länge ganz wie
b) lange und scharfe, z. B. pār-sivok. | oben ˉ.

Also auch hier nach Kleinschm., wenn langsam gesprochen, lautend: i-terp-pok, ers-sivok, erk-ká, pārs-si-vok. Ob wirklich auch bei den Labr. Esk. so? Ganz unzweifelhaft aber ist die hörbare Verdoppelung in folgendem:

bb) **offene Silben.**

a) kurze und scharfe Vokale (Silben). Zeichen ´. z. B. pingilak, tikipok, ánaivā, sprich klar: ping-ngi-lak, ti-kip-pok, an-naivā. Der Laut ist nicht wie oben in „immer, Wasser, Anna, betten", sondern ähnlich wie in „an-nageln, um-machen, Eß-sache, Bett tuch".

b) lange und scharfe. Zeichen ˜. z. B. sāpā, sātok, mā́na, sprich klar sáp-pā, sát-tok, mún-na, etwa wie in „Vor recht, Reichs-sache, Lahm-machen, Hoi seff." Oft (ob immer?) ist diese Schärfung offener Silben Folge einer Assimilation, ähnlich wie im lateinischen immineo aus in-mineo, z. B. tikipok aus tikitpok, pérumik aus pérutmik.

Um das Gefühl für diese Unterschiede auszubilden, achte man zunächst auf die kurzen und stumpfen, im Gegensatz zu den kurzen und scharfen (offenen) Silben, wo die Verschiedenheit am klarsten zu Tage tritt und lasse sich Worte wie folgende von einem Esk. vorsprechen: ákun (Plur. von una) und ákna (Plur. von ungna), ánore und ánorāk, ánauvā und ánaivā. túno (Rücken) und túnok (Talg), illiniarpok (= junniarpok) (wird hingelegt, gesetzt) und illiniarpok (lernt), silikpā und simorpā, sllámut (an die Luft) und sĭlámut (hinauswärts). Die in Labr. übliche Schreibung setzt hier überall unterschiedslos kk, nn, mm, da sie meist (aber durchaus nicht immer) auch die Kürze eines stumpfen Vokals, dem Deutschen folgend, durch Verdoppelung bezeichnet, während doch das Fehlen eines Dehnungszeichens schon ganz klar die Kürze angibt. Vgl. § 23, b.

Vgl. auch igloe (Küche) und iggák (Schneebrille). In beiden ist das i kurz, im ersteren aber stumpf, im zweiten scharf. In mána (dieses) und mā́na (jetzt) ist beidemal die Silbe scharf, also hörbares Doppel n. im ersteren nur kurz, im zweiten lang.

Anm. Der Ausländer glaubt oft eine Länge des Vokals zu hören, wo **§ 17** doch nur eine Schärfung des kurzen Vokals vorliegt, besonders bei u und i. das nach gedehntem o und e hin lautet, z. B. in pérumik. Es ist dann öfters dann fälschlich sogar ein Dehnungszeichen gesetzt, z. B. -ēnak, -ēnarpok für -inak, -inarpok, kanoērpok für kanoērpok, sikoērpok für sikoerpok. Belehrend ist die Vergleichung z. B. zw. kairtuinak und ikkilēnak (aus ikkili-inak), zwischen sikoerpok und pérpok (aus pe-erpok) und zw. -nginarpok und -ngénarpok (s. § 413, Anm.), wo nur in je zweiten Beisp. eine Länge vorhanden ist.

3. Verbindung und Veränderung der Laute. § 18—21.

Bei den im Eskimoischen so häufigen Zusammensetzungen treten oft zwei Konsonanten aneinander, was Veränderungen zur Folge hat:

§ 18.   a) Steht ein κ oder k an der ersten Stelle, so wird dieser harte Konsonant in den verwandten weichen oder nasalen verwandelt. Man halte also die Kehllautreihe κ, r, (rng,) und die Gaumenlautreihe k, g, ng (§ 2) gut im Gemüt. 3. B. -
uvloκ (Tag), uvlormut, uvlorlo.
erneκ (Sohn), ernermik, ernerlo, ernerminut.
pannik (Tochter), panningmik, panniglo, panningminut.
tussarpoκ (hört), tussarneκ, tussarmat, tussarame.
aglakpoκ (schreibt), aglangneκ, aglangmat, aglakkame ob. aglagame.
attorpoκ (braucht), attorneκ, attormat, attorame.
pisukpoκ (geht), pisungneκ, pisungmat, pisukkame ob. pisugame.
kâk (Hunger), kâkpoκ, kângneκ, kângmat.
tâκ (Finsternis), târpoκ, târneκ, târmat.

§ 19.   b) Steht ein t an dieser ersten Stelle, so fällt es entweder weg, wodurch dann die Silbe geschärft wird (§ 15. 16.), oder es wird ein Hilfs=vokal eingeschoben (meist i, [o], manchmal a; vgl. § 34 und § 234). 3. B.
ōmat (Herz), ōmámik (=ōmatimik), ōmatiuik.
aput (Schnee) apúmut ob. aputemut, aputitut (wie Schnee).
okaúpâ (er sagt ihm) aus okaut-vâ, ob. dasselbe mit Hilfsvokal okautivá.

§ 20.   c) Der Konsonant fällt ganz fort, wenn ein Anhang daran tritt, der keinen Konj. vor sich duldet, s. § 353: wie z. B. -ngilaκ, -lerpoκ, -lârpoκ, -kit du sie:
tussarpoκ (er hört), tussángilaκ (nicht tussarngilaκ) hört nicht: tussa-lerpoκ (nicht tussarlerpoκ) fängt an zu hören.
itterpoκ (geht hinein), ittilârpoκ (nicht itterlârpoκ) wird hineingehn.
unatarpa (schlägt ihn), unatákkit (nicht unatarkit) schlage du sie, § 253.

§ 21.   Am Ende der Wörter werden manchmal die harten Konsonanten gegen ihre verwandten Nasenlaute vertauscht, wenn ein mit einem Vokal beginnendes Wort ohne Pause darauf folgt: κ fällt entw. ganz weg, oder wird unregel= mäßig grade wie k zu ng (eig. rng). 3. B.
p (b): Jésub attingane oft: Jésum attingane (in Jesu Namen).
t: tigliktotut-ipoκ oft: tigligtotun-ípoκ (ist wie ein Dieb).
k: péruk una oft: pérung-una (nimm diesen hinweg).
κ: κanoκ-ípoκ wird κanoépoκ (er ist wie, er ist nicht wohl 2c.).
tikípoκ-ai wird tikípung-ai (eig. tikiporng-ai) (er ist gekommen, nicht wahr?)
Vgl. § 243 u. 257 u. 301.

4. Betonung der Wörter. § 22—26.

Es kommt dabei zweierlei in Betracht: „Das Gewicht der Silben, auf dem der Rythmus des Wortes beruht, und der eigentliche Wortton, der das Wort als ganzes zusammenhält und von andern scheidet":

§ 22.   **1. Das Gewicht der Silben.** „Eine Silbe hat mehr Gewicht, ist schwerer als eine andre, wenn sie aus mehreren Bestandteilen zusammengesetzt ist und daher mehr Zeit zur Aussprache erfordert. Also ist eine geschlossene Silbe (die auf einen Konf. ausgeht) schwerer als eine offne (die auf einen Vokal ausgeht), wenn übrigens der Vokal in beiden von gleichem Gewicht ist.

A Schrift und Aussprache.

Ferner ist eine Silbe mit scharfem Vokal schwerer als eine mit stumpfem Vokal von gleicher Länge, eine mit langem Vokal schwerer als eine mit kurzem." Hier kommt die Verschiedenheit der Silben in Betracht, wie sie § 16 ausführlicher angegeben worden.

„Da das relative (Gewicht) der Silben ausschließlich auf der Zeit beruht, die ihre Bestandteile zur Aussprache erfordern, so kann man bei einer der Sprache angemessenen Orthographie wie wir sie in Labr. eben nicht haben jedem Wort, ohne es gehört zu haben, ansehn, wie es betont ist, ja es läßt sich) dies geradezu aus den Buchstaben abzählen. Um dies zu veranschaulichen, bezeichne ich das (Gewicht (die Dauer) eines kurzen stumpfen Vokals durch) 2, einen langen Vokal durch 4, einen die Silbe schließenden Kons. durch 1, die Schärfung eines Vokals (die dieselbe Gewichtsvermehrung hervorbringt) ebenfalls durch 1. Z. B. in isumakarpunga (ich denke) sind 5 kurze Vokale ohne Schärfung und ohne Schlußkons., sind also alle einerlei schwer, nämlich = 2: die drittletzte Silbe hat auch einen kurzen Vokal, aber einen Kons. am Schluß, ihr (Gewicht ist also $2 + 1 = 3$; sie ist somit die schwerste des Worts und hat den Ton. Dies schreiben wir, das betreffende Gewicht über die Silben setzend, so: i-su-ma-$\overset{3}{\text{kar}}$-pu-nga." S. mehr § 23.

2. **Der eigentliche Wortton** ist nun von diesem natürlichen Gewicht der Silben zu unterscheiden: § 23.

a) Der Hauptton sucht auf der drittletzten Silbe zu ruhen: also bei kürzeren (2- und 3-silbigen) auf der Anfangssilbe. Der reine Wortton ist als solcher eigentlich nur ganz klar zu erkennen, wo die Silben alle gleich schwer sind, ihr verschiedenes Gewicht also keinen Einfluß übt (s. unt. b). Z. B. $\overset{2}{\text{su}}$-le, $\overset{2}{\text{ar}}$-nak, $\overset{2}{\text{nag}}$-lik-pok, $\overset{2}{\text{ag}}$-ger-pok, $\overset{2}{\text{pi}}$-vu-nga, $\overset{2}{\text{tu}}$-ni-ga-mi-uk, $\overset{2}{\text{pi}}$-jo-ma-ga-lo-a-ra-ma.

Bei längeren Worten gibts dann noch einen Neben- oder Gegenton, der auf der ersten und letzten Silbe zu ruhen sucht, so in den zwei letzten Beisp. auf tu und uk, pi und ma. Vierfilbige Wörter haben durch Zusammenfallen dieses Anfangsnebentones und Hauptones letzteren auch auf der ersten Silbe, wie die zwei und dreisilbigen. Z. B. in $\overset{2}{\text{a}}$-ni-ga-$\overset{2}{\text{me}}$ verteilt sich der Ton auf die erste und letzte Silbe: ebenso in $\overset{2}{\text{a}}$-ngi-jo-$\overset{2}{\text{mik}}$.

b) Neben der obengenannten Tonstelle stehende schwerere Silben (§ 22) ziehen den Ton auf sich ab (sodaß in längeren Wörter auch) auf der viertletzten oder zweitletzten, vierfilbige Wörter auch auf der drittletzten oder zweitletzten Silbe betont sein können). Z. B. $\overset{2}{\text{pi}}$-ni-$\overset{2}{\text{a}}$-ngi-la-$\overset{3}{\text{nga}}$, sa-juk-pi-$\overset{3}{\text{luk}}$-pok, ti-$\overset{3}{\text{ki}}$-pu-nga, a-mu-$\overset{3}{\text{ar}}$-pâ, ki-$\overset{3}{\text{lang}}$-me-tok. Ebenso ag-$\overset{3}{\text{lât}}$, i-$\overset{3}{\text{ter}}$-pok, a-$\overset{3}{\text{nger}}$-pok, to-$\overset{3}{\text{kung}}$-nut, ki-$\overset{3}{\text{lang}}$-mut (zum Himmel vgl.) kil-la-mut eig. kigdlamut § 12 Fußn. (zum Loch), sak-$\overset{3}{\text{sâr}}$-pok, si-$\overset{3}{\text{mer}}$-pâ, si-$\overset{3}{\text{mik}}$-pâ, ka-$\overset{3}{\text{tak}}$-pok, si-$\overset{3}{\text{tor}}$-pok (streckt seine Beine aus).

Grade bei solchen dreisilbigen Verben, wie in den letzten 4 Beispielen, tritt die Unvollkommenheit unsrer üblichen Orthographie klar hervor. Da in derselben überall in den ersten Silben der Kons. verdoppelt werden, so könnte man danach ebensogut falsch lesen: simmi$\overset{3}{\text{pâ}}$, katta$\overset{3}{\text{kpok}}$ und simmer$\overset{3}{\text{pâ}}$, sittor$\overset{3}{\text{pok}}$; pinnar$\overset{3}{\text{pok}}$ kann richtig gelesen werden pi-$\overset{3}{\text{nar}}$-pok, aber ebensogut auch falsch pi-$\overset{3}{\text{nar}}$-pok. Vgl. § 16 Schluß.

Anm. Von den zwei bei der Betonung in Betracht kommenden Stücken, dem Wortton und dem Gewicht der Silben, „ist der Wortton das Untergeordnete, da er gegen das natürliche Gewicht der Silben fast verschwindet," so daß z. B. in a-mu-$\overset{3}{\text{ar}}$-pâ, ma-$\overset{3}{\text{lik}}$-pâ § 24.

man glauben könnte, der Ton läge allein auf der letzten, schwersten Silbe pā, während doch die vorletzte den Wortton hat. Ebenso in kĭ-lang-mḗ-tok, wo mē die schwerste Silbe ist.

§ 25. Bei ausrufsweise gebrauchten Wörtern kommt der Ton auf das Wortende, wobei der Vokal u. zwar oft sehr bedeutend gedehnt wird (vgl. mŏk § 303). Z. B. ernik mein Sohn! umiät ein Boot! umiaksuit das Schiff! ānanaudlartōk wie schön! (vgl. § 314 Anm. 1.)

Dies findet ebenso meist bei Fragen, d. h. hauptsächlich bei dem letzten Wort des Fragesatzes statt. Z. B. sunamik was? tikikát sind sie gekommen?

§ 26. NB. Man hüte sich ernstlich, kurze Vokale lang zu sprechen, welcher Fehler leider sehr häufig ist. Man spreche nicht pívlugo, -rkóvlugo, --lúgolo, núnamut, kéjungme, úvlok, kótsiktome, kŏngmut (hinauf), was so ausgesprochen dem kongmut zum Flusse sehr ähnlich wird, sondern kurz: pivlugo, -rkovlugo, --lugolo, nunamut, kejangme, uvlok, kotsiktome, kongmut. Der lang gesprochene Vokal beleidigt das Ohr ebenso, als wenn ein Franzose Ebehne statt Ebene sagt.

Umgekehrt spreche man keinen langen Vokal kurz, wie häufig in folg. Worten geschieht: sērkortorpok, uvlákut, annoráne, nagvárpok, nāmakpok, kingnuváret, nellágorpok. Man suche dann von Anfang an zum allerwenigsten auf die Länge und Kürze der Vokale zu achten, und das Dehnzeichen richtig anzuwenden.

B. Bestandteile der Sprache. § 27—30.

§ 27. Zur Vergleichung setzen wir zunächst die zehn Wortarten der deutschen Sprache her:
1. Das **Substantiv** oder **Hauptwort, Dingwort**, z. B. Mann, Haus.
2. Der **Artikel** oder **Geschlechtswort**: der, die, das, einer.
3. Das **Adjektiv** oder **Beiwort, Eigenschaftsw.**: gut, schön, faul.
4. Das **Numerale** oder **Zahlwort**: eins, zwei, der erste.
5. Das **Pronomen** oder **Fürwort**: er, sie, es, wer, dieser.
6. Das **Verbum** oder **Zeit- oder Redewort**: lachen, gehen.
7. Das **Adverb** oder **Umstandswort, Nebenwort** bestimmt das Verbum näher: immer, nirgends, sehr, schön, brav (d. h. in schöner, braver Weise).
8. Die **Präposition** oder **Verhältniswort, Vorwort**: an, zu, für, unter, in.
9. Die **Konjunktion** oder **Bindewort**: und, oder, weil, daß.
10. Die **Interjektion** oder **Ausrufungswort**: o, pfui!

§ 28. Im Eskimoischen dagegen nennen wir nur drei Hauptwortklassen:
1. Die **Nennwörter** (§ 34—180), unsre Hauptwörter, Adjektive, Zahlwörter und zum Teil Fürwörter umschließend. Mit ihnen eng verbunden: die **Deutewörter** (181—213; dieser, jener, hier, dahin u. dgl.). Diese beiden Arten d. h. Nenn- und Deutewörter werden von Kleinschmidt zusammenfassend auch „Gegenstandswörter" genannt, im Gegensatz zu den folgenden.

2. Die **Zeit-** oder **Redewörter, Verba** (§ 214—294). Diese zwei Klassen, d. h. Nennwörter und Verba können verändert werden, sowol durch die Beugung (Deklination und Konjugation) als durch Zusammensetzung (f. § 29). Sie machen den lebendigen, bildsamen Teil der Sprache aus. Ihnen gegenüber stehen als der tote, starre Teil der Sprache

3. Die **Partikeln** (§ 295—345), Wörter, die unveränderlich sind. Sie bilden den bedeutend geringeren Teil der Sprache. Einige unsrer Adverbia, Konjunktionen und Interjektionen werden durch sie ausgedrückt.

B Bestandteile der Sprache. 11

Das Charakteristische der Eskimosprache ist nun die staunenswerte § 29.
Zusammensetzungsfähigkeit, die die Nenn- und Zeitwörter haben. An
ihren Stamm können nämlich in ungemein mannigfaltiger Weise andre An=
hangsstämme, Anhänge treten, durch welche u. a. alle unsre sog. Hilfsverba:
werden, können, sollen ꝛc. u. viele unsrer Adjektiva und Adverbia ausgedrückt
werden (s. von § 346 an). Unsre wenigen Anhänge wie z. B. —sam, —heit
—lich, —nis u. s. w. sind nur ein ganz schwaches Abbild davon. Denn während
diese nur an ganz bestimmten Wörtern vorkommen, sind die allermeisten
esk. Anhänge überaus beweglich und können nach Belieben angehängt werden.
Als Beweis diene folg. Beispiel, wo zwei Wörter von 22 und 11 Silben
zwei vollständige deutsche Sätze ausdrücken: kanoéngitsiarmaritsainarung-
nakaungikalloaruptalonélle, kujagénarasuadlarlavuttòk! zu deutsch: Aber
wenn wir uns auch nicht immer haben völlig wohl befinden können, o so laßt
uns doch uns bestreben, ihm immer sehr dankbar zu sein!

Zum Schluß sei noch bemerkt, daß von all unsern Wortarten nur der § 30.
Artikel nicht durch besondere esk. Worte ausgedrückt wird. Durch Wahl
verschiedener Art von Zeitwörtern (s. n. oder r. n. § 32) kann dagegen
manchmal der bestimmte oder unbestimmte Artikel beim Objekt bezeichnet
werden (s. § 223 und 523, 2) z. B.

ujarak tiguvá (meist:) er nimmt den Stein;
ujarkamik tigusivok (immer:) er nimmt einen Stein.

Erster Hauptteil.

Formenlehre.

§ 31—345.

§ 31. **Nenn= und Zeitwörtern gemeinsame Eigentümlichkeiten** sind:
1. Die **Zahl** oder der **Numerus**. Abweichend vom Deutschen wird auch die Zweizahl, Dualis, ausgedrückt.

Singularis.	Dualis.	Pluralis.
iglo Haus	igluk 2 ob. beide Häuser	iglut Häuser
kaivok er kommt	kaivuk sie 2, beide kommen	kaivut sie kommen.

Anm. Im Esk. werden einige Gegenstände, die wir als Einheit betrachten, manchmal als Mehrheit (einige auch als Zweiheit) behandelt, z. B. umiak Boot, umiaksoak Schiff: umiat, umiaksuit ein Boot, Schiff in seiner Ausrüstung, mit den Menschen darin; pappik Schwanzfeder, pappit Schwanz, weil aus einzelnen Federn bestehend; torkssók, meist aber nur im Dual torkssûk: der Hausgang; nûgik sein Leib, wie nángu, eig. seine zwei Leiber. Ebenso andere Leibesteile: von kattigak Dual: kattigákka mein Oberleib, Rumpf: von kollek Dual: kollákka mein Rücken (seltner dafür kattigaga, kollega Sing. Letzteres ursprünglich und auch jetzt noch bei vielen nur die eine Rückenhälfte bezeichnend.) Vgl. § 95 zum Dual.

§ 32. 2. **Suffixa**. Nach dem Ebräischen, wo eine ähnliche, freilich nicht ganz gleiche Erscheinung vorkommt, hat man gewisse kleine Anhängsel Suffixen genannt. Durch diese werden sowohl bei Nenn= als bei Zeitwörtern immer zwei Gegenstände angedeutet, und zwar
  beim Nennwort: Besitzer und Besitz,
  beim Zeitwort: Thäter (Subjekt) und Thatziel (Objekt).
Auch drücken die Suffixen zugleich aus, in welcher Person*) beide Gegenstände stehn. (In den folg. Beisp. drücken die kleinen Zahlen diese Personen aus.)

Solche Suffixa sind u. a.: a sein's oder: er — ihn; ga oder ra mein's oder: ich — ihn (es). Beim Nennwort werden so unsre Fürwörter: mein, dein x. ausgedrückt. Z. B.

Nennwort: nunanga sein Land. Hier ist er Besitzer und der Besitz ist das Land.

Zeitwort: takkova er sieht es. „ „ er Thäter, d. h. der da sieht, und That=
              ziel d. h. Ziel des Sehens ist es.

Ebenso: nunaga mein Land. „ „ ich Besitzer: der Besitz: das Land.

        takkovara ich sehe es. „ „ ich Thäter; Thatziel: es.

Ausführlicheres s. später § 264.

---

*) In der Grammatik redet man bekanntermaßen von drei Personen. Die erste ist: ich, mein; die zweite: du, dein; die dritte: er, sie, es, sein, ihr.

Nur das sei noch gesagt, daß die Suffixa im Esk. eine sehr große Rolle §33. spielen, und ferner, daß, wie Nennwörter ohne Suffix vorkommen (z. B. nuna Land), so es auch Zeitwörter ohne Suffix gibt, z. B. takkovok er sieht, kaivok er kommt. Als Abkürzungen werden von alters her gebraucht:
 c. s. = cum suffixo d. h. mit Suffix,
 s. s. = sine suffixo d. h. ohne Suffix.
Sehr wichtig ist es endlich festzuhalten, daß c. s. Worte, sowohl c. s. Nennworte als c. s. Verba, nur in Verbindung mit einem (wenn auch oft nicht ausgedrückten, aber doch stets dazuzudenkenden) Transitiv vorkommen können. Von diesem Trans. s. sogleich näheres in § 36—39.

Erster Abschnitt.

Nennwörter.
§ 34—180.

A. Im Allgemeinen, oder unsre deutschen Hauptwörter und Adjektiva. § 34—101.

I. Die einfache Deklination. § 34—70.

Einleitendes: Die Nennwörter in ihrer Stammform, dem Intransitiv §34. (oder auch *Nominativus intransitivus* genannt) endigen nur auf viererlei Weise, nämlich auf einen Vokal oder k oder k oder t. (Ebenso bei den Zeitwörtern § 232.) Bei der Deklination wird k und k entweder ausgestoßen oder verändert (s. § 18), nach t wird meist ein Hilfsvokal (i, seltner a) eingeschoben. Vgl. das § 19 Gesagte.

Weiter kommen bei der Deklination wie in andern Sprachen in Betracht einmal die *Casus* oder Beugungsfälle, von denen mehr in den folg. §§. Sodann die Zahl oder der *Numerus*. Der Dual endet immer auf k, der Plural immer auf t, z. B.

 nuna Land, nunak zwei (beide) Länder, nunat Länder.

Wie schon früher bemerkt, umschließen die esk. Nennwörter unsre Hauptwörter und einen Teil unsrer Beiwörter. Der Artikel wird nicht, wie dies bei uns der Fall ist, ausgedrückt. Ebensowenig das Geschlecht (*genus*), d. h. ob ein Gegenstand männlich (*masculinum*), weiblich (*femininum*) oder sächlich (*neutrum*) ist. Z. B. heißt

 ajungitok der, die, das Gute; ein Guter, eine Gute, ein Gutes; ebenso aber bloß: gut; z. B.
 ajungitok nertoraksauvok der Gute (ein G., das G.) ist zu rühmen.
 angut ajungitok der gute Mann, ein guter M.
 arnak „ die oder eine gute Frau.
 sorusek „ das gute Kind, ein gutes K.

aa) Kasus oder Beugungsfälle. § 35—50.

Es gibt zwei selbständige Kasus, den Intransitiv und Transitiv; §35. und fünf unselbständige oder abhängige, die durch angehängte Silben,

Appositionen*), d. h. Ansätze gebildet werden, nämlich den Lokalis, Ablativ, Vialis, Terminalis und Modalis. Diese nun im einzelnen:

Der Intransitiv und Transitiv**). § 36.—39.
Vgl. Syntax 511. 512. 516.

§ 36.　1. **Der Intransitiv.** In dieser Form werden die Wörter genannt und im Wbch. angeführt, z. B. arnaᴋ Weib, ᴇput Ruder.

a) Der Intransitiv mit einem s. s. **Verb** (§ 32. 33) drückt unsern *Nominativ* auf die Frage wer? aus. Z. B.
　　　sorusᴇᴋ pingoarpoᴋ das Kind spielt.
　　　iklᴇrvik pijarérpoᴋ der Kasten ist fertig.
　　　arnaᴋ oᴋarpoᴋ uvamnut das Weib sagt zu mir.

b) Der Intransitiv mit einem c. s. **Verb** (§ 32. 33) drückt unsern *Accusativ* auf die Frage wen? was? aus. Z. B.
　　　teriænniaᴋ takkovā Fuchs, er sieht ihn d. h. er sieht den Fuchs.
　　　sorusᴇᴋ takkovara ᴋind, ich sehe es d. h. ich sehe das Kind.

§ 37.　2. **Der Transitiv** („der übergehende" d. h. auf etwas anderes übergehende) kommt nur in Verbindung mit einem c. s. Nennwort oder c. s. Zeitwort vor, und endet immer auf b (p). Er wird so genannt, weil das Besitzen oder Handeln des im Trans. stehenden Gegenstandes, als auf einen andern, durch ein c. s. Wort dargestellten Gegenstand sich beziehend, (übergehend) ausgedrückt wird.

a) Der Transitiv mit einem c. s. **Verb** drückt unsern *Nominativ* auf die Frage wer? was? aus. Z. B.
　　arnab oᴋautivāŋa die Frau (sie) sagt mir.
　　teriænniab takkovā der Fuchs (er) sieht ihn.
　　teriænniab sorusᴇᴋ takkovā der Fuchs sieht das Kind (§ 36, b).

b) Der Transitiv mit einem c. s. **Nennwort** drückt unsern *Genitiv* auf die Frage wessen? aus. Z. B.
　　atātab iglunga (von iglo Haus) Vater sein Haus, d. h. des
　　　　　Vaters sein Haus, d. h. des Vaters Haus.
　　arnab ᴋitorŋanga Frau ihr Kind, d. h. der Frau ihr Kind,
　　　　　d. h. das Kind der Frau.
　　uvlub ᴋaumaninga des Tages (seine) Helligkeit, Tageslicht.
　　únnuab ᴋetterarninga der Nacht (ihre) Mitte, Mitternacht.
　　sorutsit pingoaᴋsangit der Kinder (ihre) Spielsachen.

§ 38.　**Anm.** Stehn mehrere deutsche Genitive hintereinander, so muß man auch mehrmals den Trans. und das c. s. (d. h. das „sein") setzen:
　　Gûdib *(Trans.)* ᴋitorŋangata *(Trans.)* inōsinga *(Intr.)*
　　Gottes　　　seines Kindes　　　sein Leben
　　d. h. das Leben des (oder eines) Kindes Gottes.
　　Gûdib *(Trans.)* ᴋitorŋangata *(Trans.)* inōsingata *(Trans.)* nuggatā *(Intr.)*
　　Gottes　　　seines Kindes　　　seines Lebens　　　sein Ende
　　d. h. das Ende des Lebens (Lebensende) eines Kindes Gottes.

---

*) Der Ausdruck Apposition hier also mit anderem Sinn, als in der deutschen ꝛc. Grammatik.
**) In Kleinschmidts Gram. wird der Transitiv: Subjektiv, der Intransitiv: Objektiv genannt. Vgl. das im Vorwort Jußn. darüber Gesagte.

Transl., Intr. und Kasus mit Appositionen. 15

Noch einiges vom Transitiv im allgemeinen: Im Sing. also endet er § 39.
bei den einfachen Nennwörtern immer auf b (p), das vor Vokalen in m verwandelt werden kann (§ 21.) Darum vermeiden die Esk. im Intr. Jákob, Abraham zu sagen, weil dies transf. Formen sind: sie sagen deshalb Jáko, Abraha.

Im **Dual** und **Plur.** dagegen ist der Intr. und Transf. — z. B. nunak, nunat — ganz gleich. Nur in der Zusammensetzung mit den Fürwörtern mein, dein, sein ꝛc., (d. h. c. s. Nennwörtern) ist auch im Dual und Plural der Intr. und Transf. verschieden, z. B. erningit (*Intr.*) und erningita (*Trans.*) seine Söhne. (s. § 71.)

Die andern fünf durch Appositionen gebildeten Kasus. § 40—45.

Diese Appositionen d. h. „Ansätze" sind: § 40.

Am Sing.	Am Dual. u. Plur.		
mo	ne	bilden den	*Localis.*
mit	nit	„ „	*Ablativ.*
-kut	tigut*)	„ „	*Vialis.*
mut	nut	„ „	*Terminalis* (oft = unserm Dativ).
mik	nik	„ „	*Modalis* („ „ „ Akkusativ).

*) **Zum Vialis:** -kut bedeutet also einmal nach § 15. 16, daß die vorhergehende Silbe immer geschärft ist, ferner daß -kut immer an einen Vokal zu treten hat, z. B. von ernek: ernikut = ernikkut, nicht: ernerkut; tigut besteht aus dem t des Plur., der Appos. gut und dem eingeschobenen Hilfsvokal i. — Im Dual wird sowohl -kut als tigut gebraucht: manche ziehen dies, manche jenes vor. Vgl. tut oder titut im Dual § 46.

In der bisherigen Gram. war eine andre Reihenfolge der Kasus angenommen, ganz dem Lateinischen oder Deutschen folgend (*Nom.* der, *Gen.* des, *Dat.* dem, *Acc.* den, *Abl.* von dem). Man kann da leicht in den Fehler, den esk. *Trans.* ganz = dem *Gen.*, den *Term.* ganz = dem *Dativ*, den *Mod.* ganz = unserm *Acc.* zu setzen, da sie sich doch nur sehr zum Teil entsprechen, und noch in anderer Weise gebraucht werden.

Die obige Reihenfolge ist die der Sprache angemessene, wie das Folg. zeigt, das in Kürze die sichvolle Auseinandersetzung Kleinh. § 17 wiedergibt. Die vier erstgenannten Kasus stehen alle dem letzten, dem *Modalis* gegenüber. Sie drücken alle ein Orts verhältnis aus (und Richtungsverhältnis, d. h. wo, woher, wodurch, wohin, z. B. ich rede in der Kirche, rede zu Menschen), während der *Modalis* ein Artverhältnis angibt, d. h. wie die Handlung geschieht, z. B. ich rede mit Worten oder Worte, er redet Eindringliches oder in eindringlicher Weise.

Dies übersichtlich mit Voranstellung der Fragen:

Orts verhält nis.	wo?	(Ort, wo)	*Localis:*	z. B.	nuname an, auf, in dem Lande.
	woher?	(Ausgang)	*Ablativ:*	„ „	nunamit vom Lande.
	wodurch?	(Weg)	*Vialis:*	„ „	nunákkut üb. L, zu L., durchs L.
	wohin?	(Ziel)	*Terminalis:*	„ „	nunamut zum Lande, ans L.
Art verhältnis.	wie? womit?	(Art, wie)	*Modalis:*	„ „	nunamik mit Land (Lande).
				„ „	okautsinik mit Worten (Worte).

Durch diese fünf Kasus sowie durch Anwendung der sog. Ortswörter (Vorderes, Oberes § 113 ff.) können wir all unsre Präpositionen ausdrücken.

NB. Im Labr. Dialekt ist freilich besonders beim *Term.* mancher fehlerhafte, eigentümliche Gebrauch eingerissen. Schon deshalb, aber auch überhaupt sei bei der folg. Aufzählung der Kasus auf das in der Syntax ausführlicher Gesagte § 514—528 hingewiesen.

16   I. Formenlehre. Abschn. 1. Nennwörter.

§ 41.   **1. Localis** (mo. ne; den Ort, wo angebend) auf die Frage wo? in, bei,
an, auf wem? S. Syntax § 514 ff.
    koŋgme nagvârtauvok bei oder im Flusse ist es gefunden worden.
    kejuŋme senniŋajoliŋme niviŋavok er hängt am Kreuze.
    ukkiome keujanarpok im Winter ist's kalt (eig. zum frieren).

§ 42.   **2. Ablativ** (mit, nit; den Ausgang, woher angebend) auf die Frage
woher? von wem her? S. Syntax § 517.
    Okamit kaivok er kommt von Olaf.
    kablunâmit pilaukpara von einem Europäer habe ich es bekommen.
    uvlâmit vom Morgen an.
    nenok tuktumit aŋginersauvok der Eisbär ist vom Renntier
         (ausgegangen) größer, d. h. ist größer als das R.
    naglinguek tokkomit sôŋonersauvok die Liebe ist vom Tode (aus=
         gegangen) stärker, d. h. ist stärker als der Tod. Vgl. § 99 c.

§ 43.   **3. Vialis** (-kut, tigut; den Weg angebend) auf die Frage woburch?
auf welchem Wege? vermittelst wessen? S. Syntax § 518.
    nunâkkut durch das Land, zu L., über L.
    imâkkut zu Wasser, umiâkkut zu Boot.
    kemuksíkkut zu Schlitten, kakkákkut über den Berg.
    kakkab senniagut an des Berges Seite hin, d. h. am Berg hin.
    sikjákkut am Strand entlang, längs der Küste.
    igalâkkut pullavok er kriecht durchs Fenster hinein.
    ômatiptigut durch unsre Herzen hin, in unsern Herzen.
    kiksarnartókkut durch (betrübendes,) Trübsal.
    kiksanartutigut *Plur.* durch Trübsale.
    (Gûdib) sillaksoak piŋortipâ Kristusíkkut Gott schuf die Welt
         durch (vermittelst) Christum.
    Anernikkut ajuŋinikkut ajokertorpâtigut durch den h. Geist
         (vermittelst) lehrt er uns.

NB. **mut** und **-kut**. Da auch der *Term.* (mut) in Labr. auf die
Frage woburch? steht (s. § 44), und zwar sehr häufig, so berührt sich -kut
und mut manchmal, und kann beides gesetzt werden. Man kann wohl keine
klare, bestimmte Regel dafür aufstellen und vielleicht nur sagen, daß -kut
gewählt wird, wenn die Vermittelung stärker hervorgehoben werden soll; und
dies vielleicht am meisten, wenn kein sachliches Mittel, sondern ein persönlicher
Vermittler angegeben wird, wie es in den obigen zwei letzten Beisp. „Christus"
und „der h. Geist" ist. Und dies wohl besonders bei passiver Konstruktion.
(S. mehr Syntax § 518,4. 520,7.) Z. B.
    sillaksoak Kristusemut pingortisimavok die Welt ist durch Christum
(von Chr.) geschaffen. Hier wird nicht ausgedrückt, ob er der ursächliche oder
der vermittelnde Schöpfer ist. Das Nächstliegende aber ist, an das erstere zu
denken. Dagegen:
    sillaksoak [Gûdemut] Kristusíkkut pingortisimavok die Welt ist [von
Gott] durch Christum (durch seine Vermittelung) geschaffen.

§ 44.   **4. Terminalis** (mut, nut; das Ziel angebend) auf die Frage wohin?
zu wem? u. so oft unserm *Dativ* auf die Frage wem? entsprechend. S.
Syntax § 519.

nunamut aivok er geht ans Land, zum Lande.
Okamut aullarpok er reist ab nach Okak.
arnamut okarpok er spricht zu dem Weibe, sagt dem Weibe.
atâtaminut aglakpok er schreibt seinem, an seinen Vater.

In an sich fehlerhafter Weise, aber durchaus allgemein wird dann der *Term.* auch gebraucht auf die Frage a) wodurch? durch wen? (= von wem?); b) wodurch? (= weswegen?); c) wodurch? (= womit?). S. Syntax § 520—522.

a) atâtaminut ajokertortauvok er wird durch seinen, von seinem Vater belehrt.
    inungnut takkojauvok er wird von den Menschen gesehn.
    sillalungnut agviartauvok er wird durch den Regen verhindert.
b) sillalungnut kaijungnangilak durch, vor, wegen Regen kann er nicht kommen.
    ajoksarnermut inôjungnaerpok wegen, aus, vor Mangel starb er.
    tuavinut wegen Schnelligkeit, aus Eile.
c) ajaupiamut (öfter als ajaupiákut s. § 43. NB.) annauvara mit einem Stock schlage ich ihn.
    naglingnermut illaliorpâ er nimmt ihn mit Liebe auf. Könnte auch nach No. b) heißen: aus Liebe. Vgl. § 522.

5. **Modalis** (mik, nik; die Art und Weise angebend,) auf die Frage § 45. wie? in welcher Weise? Und daraus hervorgehend bei *s. s.* Verben unsern Akkusativ ausdrückend auf die Frage wen? was? S. Syntax § 523—525.

Die ersten 5 der folg. Beisp. können veranschaulichen, wie auch wir in manchen Fällen unsern Akkusativ in gleicher Weise wie den Ausdruck durch „mit" anwenden oder angewendet denken können.

pillipâ allupsaumik er versieht, beschenkt ihn (womit?) mit einem Löffel, oder: er schenkt ihm (wen? was?) einen Löffel.
tunitjivigivâ savingmik er gibt ihm ein Messer (begabt ihn mit einem M.).
illumerpâ kuviasungnermik er erfüllt ihn mit Freude (füllt ihm Fr. ein).
Gûdemut illumertauvok kuviasungnermik er wird von Gott mit Freude erfüllt (G. füllt ihm Fr. ein).
ujarkanik milloriutjivok er wirft mit Steinen, oder: er wirft Steine.
pakkojanik ikkitsivok er zündet Lichter an.
kikianik (kikitjanik) pijomavunga ich will Nägel haben.
nâmaktomik gut, genügend d. h. in genügender Weise.
nutâmik in neuer Weise, aufs neue.
piluartomik in besonderer Weise, besonders.
NB. Unser deutscher Akkusativ wird also doppelt ausgedrückt: bei *e. s.* Verben durch den *Intr.*, bei *s. s.* Verben durch den *Mod.* z. B.

atâtane *(Intr.)* takkovâ *(e. s.)*
atâtaminik *(Mod.)* takkovok *(s. s.)* } er sieht seinen Vater.

Anhang: **Die Apposition tut.** § 46—48.

Zu diesen 5 Appositionen kommt noch eine sechste, nämlich **tut** *Plur.* § 46. **titut** wie, gleichwie; *Dual.* sowohl tut als titut (scheint's ganz gleich gebräuchlich, gerade wie beim Vialis des Dual auch sowohl -kut als tigut antreten kann). Dies tut wird wie die andern Appositionen -mut, nut u. s. w. angehängt (vgl. auch § 48). Ueber die Formen tunak, titunak — tut, titut s. Deuterow. § 197. Mehr über tut s. Syntax § 526 ff. 531. Beispiele:

I. Formenlehre. Abschn. 1. Nennwörter.

Berg	kakkak	kakkamut	kakkatut wie ein B.	kakkatitut wie Berge.
Mensch	inuk	inungmut	inuktut wie ein M.	inuktitut wie Menschen.
arm	aklujok	aklujomut	aklujotut wie ein A.	aklujutitut wie Arme.
Grab	illuvek	illuvermut	illuvertut wie ein Gr.	illuvertitut wie Gräber.
Säugling	nutarak	nutakkamut	nutakkatut wie e. S.	nutakkatitut wie Säuglinge.
		(nutaramut)	(nutaraktut)	(nutaraktitut)
drei	pingasut	pingasunut		(pingasotut) pingasutitut
Schnee	aput	aputemut	aputitut wie Schnee	wie drei; s. § 527.
Ruder	eput	eputemut	eputitut wie ein R.	eputititut wie Ruder.

§ 47.   **Anm. 1.** Wenn im Deutschen mehrere Worte vom „wie" abhängig sind, muß tut bei allen wiederholt werden (s. Smt. § 569). Z. B. eputitut piungitutut serkomisimajotut- ipok er ist wie ein schlechtes, (wie ein) zerbrochenes (wie ein) Ruder. Vgl. Mt. 22, 2. 25, 1. Ap. 2, 3.

§ 48.   **Anm. 2** zu allen Appositionen und tut insbesondere. Beim Plural hüte sich der Anfänger vor einem häßlichen Fehler. Man geht nämlich leichtlich von der Pluralendung aus, z. B. inuit, uvlut, sunatuinait, setzt an diese die Pluralappositionen (nut, tigut ꝛc.) und sagt

falsch: inuinut zu den Menschen,
inuititut wie die Menschen,
sunatuinaitigut durch mancherlei;

während man durchaus von der Singular (Stamm-)form ausgehen muß, also von inuk, uvlok, sunatuinak und richtig sagen: inuktitut, uvloktitut (uvlortitut), sunatuinartigut. Freilich wird dann sehr oft doch das k (r) abgeworfen [weniger häufig k, z. B. Ap 2, 3], und man hört fast mehr uvlutigut, sunatuinatigut u. s. w.
Wie in § 58 zu sehen, findet dies überhaupt oft statt, auch im *Singular* z. B. uvlomut, uvlutut neben uvlormut, uvloktut. Doch scheint, daß vor t (tut, titut, tigut) der Endkonsonant doch noch mehr festgehalten wird, als selbst vor m (mut u. s. w.) u. zwar wohl besonders bei den Wörtern der zweiten Klasse (s. § 67—70). Z. B. neben nutaramut doch nutaraktut wohl noch mehr üblich als nutaratut.

§ 49.   **Anm. 3.** Zwei Appositionen hintereinander kommen auch vor, z. B.
uvlomētut wie heute, uvlomemut bis heute.
uvlomemit von heut an oder: gegen, im Vergleich mit heute.
nunamētut wie auf Erden. [NB. nunamētut die auf Erden seienden].
sivorngankutut wie früher, eig. wie in seinem früheren [mit ganz gleichem Sinn: sviokertut eig. wie das frühere].

Wir erwähnen gleich hier, daß auch bei den Deutewörtern (§ 213) ähnliches vorkommt, auch sogar mit Verdoppelung der gleichen Apposition, z. B. taipsomanemit (nit) von damals her:

taipsomangat *(Abl.)* von jenem; davon, mit noch einer zweiten Ablativendung (mit oder nit): taipsomangamit (oder nit) von damals her, auch im Vergleich mit damals. § 517,4.

Vokativ.

§ 50.   Endlich kann man noch als besonderen Kasus den der Anrede, den Vokativ nennen. Dieser kommt aber eigentlich nur bei den Verwandtschaftsnamen vor. Es wird mit Wegfall eines etwaigen Schlußkonsonanten ein k angehängt und der Endvokal gedehnt. Z. B.

atāta Vater, atātāk o Vater! Vater!
ernek Sohn, ernik Sohn! mein Sohn!
erngutak Enkel, erngutāk Enkel! mein Enkel!

Danach kann man auch bilden piulijik o mein Heiland! wiewohl piulijiga mein H. ebenso gut ist. Für den Plural ist ohnehin letztere Ausdrucksweise, die mit dem Suffix, die allein mögliche, z. B. nagliktakka tussartikka meine lieben Zuhörer!

Klasse 1. Ohne Lautversetzung.   19

bb) Klassen der Nennwörter. § 51—70.

Es gibt deren zwei: Wörter ohne und Wörter mit Lautversetzung. § 51.
Bei letzteren wird der Endvokal, d. h. der Vokal der letzten Silbe versetzt, bei
ersteren nicht.

Erste Klasse. Wörter ohne Lautversetzung. § 52—63.

Hier kommen alle beim Nennwort überhaupt möglichen Endungen vor, § 52.
wie in der folg. Uebersicht an den Intransitiven zu sehen. Wir geben dem
Dual ein Dehnungszeichen, da er wohl fast durchgängig bei dieser ersten
Klasse gedehnt gesprochen wird. Sonstiges s. am Schluss in § 57. 58.

Endung:	Bedeutung:	Singularis		Dualis	Pluralis
		Intrans.	Trans.		
Vokal	Raub	numa	numab	nunäk	numat.
	Wunde	ikke	ikkib (§ 57.)	ikkik	ikkit.
	Haus	iglo	iglub	iglûk	iglut.
K.	Berg	kakkak	kakkab	kakkâk	kakkat.
	Hund	kingmek	kingmib	kingmik	kingmit. §57.59.
	Winter	ukiok	ukiub	ukiûk	ukiut.
k.	Himmel	kilak	kilaub	kilâk	kilait.
	Schneeeule	nkpik	ukpiub	ukpîk	ukpit.
	Mensch	inuk	inûb (inuub)	inûk	innit.
t.	Herz	ômat	ômatib	ômâk	ômatit.
mit Hilfs- vokal. § 19.	Wetzstein	sillit	sillitib	sillitik	sillitit.
	Flinte	kukkiut	kukkiutib	kukkiutik	kukkiutit.

Declinationsbeispiele der ersten Klasse.

1. kivgak der Knecht.   § 53.

	Singular.	Dual.	Plural.
Intransitivus	kivgak der, ein K.	kivgâk die 2 K.	kivgat die Knechte
Transitivus	kivgab (der, des K.)	„ (die, der 2 K.)	„ (die, der „)
Localis	kivgame im, beim K.	kivgângne in, bei den 2 K.	kivgane in, bei den K.
Ablativus	kivgamit vom K. her	kivgângnit von den 2 K. her	kivganit von den K. her
Vialis	kivgákkut durch d. K.	kivgákkut [*) durch kivgáktigut] die 2 K.	kivgatigut durch die K.
Terminalis	kivgamut zum K.	kivgângnut zu den 2 K. (durch)	kivganut zu den K. (durch)
Modalis	kivgamik den K. (Accus.)	kivgângnik die 2 K. (Accus.)	kivganik die K. (Accus.)
tut, wie	kivgatut wie ein K.	kivgáktitut [*) wie die kivgáktut] 2 K.	kivgatitut wie Knechte

Merke: Dies Wort wirft also das k ganz ab, und wird decliniert, als ob es kivga
hieße. Andre auf k behalten dies öfters als r vor m (mik :c.), seltner auch) vor n
(nik :c.). S. § 58. So das folgende

---
*) Ueber die Doppelform im *Vialis* u. bei tut s. § 40. 46.

2*

I. Formenlehre. Abschn. 1. Nennwörter.

§ 54.   **2. uvlok der Tag.**

	Sing.	Dual.	Plur.
Intr.	uvlok der, ein Tag	uvlûk 2 Tage	uvlut die Tage
Trans.	uvlub	„	„
Localis	uvlorme, uvlome § 58	uvlûngne	uvlune
Abl.	uvlormit (uvlomit)	uvlûngnit	uvlunit
Vialis	uvlúkkut	{uvlûkkut*) uvlûktigut}	uvloktigut (uvlutigut)
Term.	uvlormut (uvlomut)	uvlângnut	uvlunut
Mod.	uvlormik (uvlomik)	uvlângnik	uvlunit
tut	uvlortut=uvloktut(uvlutut)	{uvlûktut*) uvlûktitut}	uvloktitut, (uvlutitut)

3. B. okak Zunge, okartitut Ap. 2, 3 wie Zungen.

§ 55.   **3. kilak der Himmel.**

	Sing.	Dual.	Plur.
Intr.	kilak der H.	kilâk die 2 H.	kilait die H.
Trans.	kilaub	„	„
Loc.	kilangme	kilângne	kilângne
Abl.	kilangmit	kilângnit	kilangnit
Vialis	kilákkut	{kilâkkut*) kilâktigut}	kilaktigut
Term.	kilangmut	ki...gnut	kilangnut
Mod.	kilangmik	kilângnik	kilangnik
tut	kilaktut	{kilâktut*) kilâktitut}	kilaktitut

Merke: 1. Das k wird in der Regel nicht abgeworfen (anders als k § 53, 54), sondern nur verändert, z. B. kilangmut. Dabei wird in Formen wie aglangne das ng oft kaum ausgesprochen, sondern etwa wie aglanno (§ 12). Doch beim Anhang gôk, gêt (§ 398) fällt das ng im *Plur.* zur Unterscheidung von *Dual.* völlig fort, also illagône *Pl.*, illagôngne *Dual.*
2. Die Wörter auf k haben im *Trans.* ub, im *Plur.* it; daher bei den Wörtern auf uk und ik Dehnung, z. B. inûb (inuub), panît (paniit). Vgl. § 57 und 66 (kikiak).

§ 56.   **4. ōmat das Herz.**

	Sing.	Dual.	Plur.
Intr.	ōmat	ōmatik	ōmatit
Trans.	ōmatib	„	„
Loc.	ōmatime ob. ōmâme	ōmatingne	ōmatine
Abl.	ōmatimit ob. ōmâmit	ōmatingnit	ōmatinit
Vialis	ōmatikkut	{ōmatîkkut*) ōmatiktigut}	ōmatitigut
Term.	ōmatimut ob. ōmâmut	ōmatingmut	ōmatinut
Mod.	ōmatimik ob. ōmâmik	ōmatingnik	ōmatinik
tut	ōmatitut wie ein Herz	{ōmatiktut*) ōmatiktitut}	ōmatititut wie Herzen

*) Ueber diese Doppelform im *Vialis* und bei tut s. § 40, 46.

Klasse 1. Ohne Lautversetzung.

Werke: 1. Im *Sing.* haben die Wörter auf at und ut, wie oben zu sehen, mit Abwersung des t und ohne Hilfsvokal auch kürzere Formen. Siehe § 19.
2. Man beachte die Pluralbildung im *Dual* u. bei tut (titigut, tititut).

Anm. 1. a) **Die Endung** ub im *Trans.* **und** it im *Plur.* hängen eng zusammen: **§ 57.** wo ub gebraucht wird, muß auch im *Plur.* it stehn, nicht bloß t. Beide Endungen gehören ursprünglich zu k, nicht zu к, wie z. B. kilak. kilaub. kiluit. Also sollte eig., wo к zu Grunde liegt, nicht ub und it gebraucht werden.

b. Doch gibt es von altersher **Ausnahmen.** So die Anhangswörter
-inak (nur): -inaub, -inák, -inuit. § 413.
soak (groß): sub, snák, suit. § 477.
Außerdem einige andre Wörter wie
sokkak Walbarte, Fischbein, sokknit.
machak Lehm, Thonwaare, machuit.
nochuk Kalb, nochuit und einige andre."

c) **Neuerdings** scheint bei den Esk. die Neigung überhand zu nehmen, in dieser Weise bei к und auch sonst **ub und it** zu setzen, und man hört immer häufiger aub, ait: inb, it statt ab, at: ib, it. S. bes. § 66, wo es wirklich völlige Regel geworden. Aber sonst sollte man dieser Neigung nicht allzusehr Raum geben, jedenfalls diese Endungen wenigstens nie bei Wörtern brauchen, die mit einem Vokal schließen. Diese Neigung hängt nahe mit der andern zusammen, in Intransitiv-Wörtern auf o noch ein k, und solchen auf t ebenfalls ein e oder ik anzuhängen, z. B. neben Jósefe auch Jósepik, statt kallut kallute, statt supórut supórutik zu sagen.

d) Von den **Wörtern** auf eк, die zwar wohl auch ub und it (it) annehmen, was aber seinen eignen Zusammenhang hat, wird gleich § 59 die Rede sein.

Anm. 2. In § 53 ist schon gesagt, daß **manche Worte das к nicht abwerfen, § 58.** sondern es als r, bes. vor m, aber auch vor n und tut behalten. Der Gebrauch scheint aber durchaus nicht überall derselbe. Bei denen mit **ub und ox** scheint die Abwerfung das Vorherrschende z. B. von kiksarnartox: kiksarnartomut, kiksarnartutigut. Auch beim oben durchstellinierten uvlok sind jetzt die Formen ohne r, also uvlomut, wohl häufiger; u. es schwindet so im Lol. der frühere r nd im Norden vielleicht noch übliche Unterschied zw. **uvlome heute** und uvlormi an dem Tage, z. B. uvlorme ipsomane an jenem Tage (vgl. § 48).

Bei den gleich zu behandelnden **Wörtern auf eк** dagegen scheint das r (к vorherrschend nicht abgeworfen zu werden. S. die folg. Deklination von attanek § 62. Nur die auf **leх** (alles) scheinen öfters im *Plur.* das r abzuwerfen. S. die Detl. von sivorlek: sivorlermut, sivorliuut (ob. lernut), sivorlitigut § 63. Vgl. auch § 74, b.

Erste Klasse, Fortsetzung: Wörter, die ursprünglich nicht hierher gehören
(auf ik und bes. auf eк). § 59—63.

In unserm Wbch. finden wir noch Spuren einer selbständigen Wortklasse **§ 59.** **mit sehr starker Lautversetzung,** z. B. imeк Wasser, *Plur.* ermgnit; ipeк Schmutz, *Plur.* epkit, in welchen Pluralformen der ursprüngliche Wortstamm erscheint.*) Der *Dual.* lautet dann meist auf ak (kurz), z. B. erneк, ernak. Während nun in Grlb. diese Wortklasse in ihrer Eigentümlichkeit noch durchaus vorhanden, sind die Labr.-Eskimos dem Zuge nach Vereinfachung gefolgt, u. bilden fast durchgängig diese Worte ohne irgendwelche Unregelmäßigkeit nach den bisherigen Beispielen. Das einzige, was aus der früheren Zeit herüber gekommen ist, ist bei den hierhergehörigen Wörtern auf eк die *Trans.*- und *Plur.*-Endung auf erub (ob. meist iub) und erit (meist zusammengezogen it).**)

---
*) Sind diese Formen jetzt in Labr. auch nicht mehr im Gebrauch, so kommen doch manche unmittelbar vom **Stamm** abgeleitete Bildungen vor, z. B. von ipeк, epkit: epkéjarpâ er befreit ihn von Schmutz; von imeк, ermngit: ermngusek Trinkgeschirr, Becher; ferner ermugtox — mit -ipoк, "ist ohne" § 414 gebildet, ganz — dem nur vom *Iabr.* Imeк gebildeten imerox —) das Wasserlose, Name einer bei Kain liegenden Insel, die von Europäern fälschlich Ermiktok genannt wird.
**) So ausgedrückt ist wohl das Richtige in Bezug auf den jetzigen Gebrauch getroffen. Im Wbch

22   I. Formenlehre. Abschn. 1. Nennwörter.

§ 60. Anm. Zur Veranschaulichung diene folg. Nebeneinanderstellung der betreffenden Trans.-, Dual- und Plural-Formen einiger der hauptsächlichsten hierher gehörigen Wörter.

		Aeltere Formen.	Jetzige Formen.
Welle	mallik	maggit	mallit.
Barthaar	umik	umgit	umit.
Staub ꝛc.	sannik	sangit	sannit.
Wasser	imek	ermgit	imit.
Name	attek	arkit (akkit)	attit.
Sohn	ernek	ernak *Dual.*	ernik.
Harpunriemen	allek	alläk	allik.
Walroß	aivek	aivak	aivik.
Sonne	sekinek	sekerngub, sekinak	sekiniub, sekinik.
Herrscher	attanek	attangub, attanak	attaniub, attanik.
Fell, Haut	amek	amäk, arngit	amik, amit.
Zelt	tuppek	tuppäk, torkit	tuppik, tuppit.
Schmutz	ipek	ipak, epkit	ipik, ipit.

Deklinationsbeispiele.

§ 61. Für die wenigen **Wörter auf ik** bedürfen wir keiner solchen, da diese ganz wie pannik, kilak § 55 gehn, also z. B. mallik Welle, malliub, mallik, mallit.

Anm. Im besonderen ist nur der Anhang -lik mit dem und dem versehen (§ 412) zu erwähnen. Hier sind (mit Ausnahme des jetzt ganz seltenen Duals auf lak) die älteren und neueren Formen wohl noch ziemlich gleichmäßig im Gebrauch, nämlich):
-lik, -ggub, -ggik, -ggit und
-lik, -liub, -lik, -lit.
Z. B. nektoralik Adler: nektoragguh und nektoraliub, nektoraggik u. nektoralik (auch nektoralak) die 2 Adler, nektoraggit und nektoralit Adler.

§ 62. Für die häufigeren **Wörter auf ek** mögen hier dagegen zwei Beispiele stehen. Beachte, was vom Stehnbleiben oder Wegfallen des End k (r) § 58, und über erub (iub) und erit (it) § 59 gesagt ist.

5. attanek Herrscher.

	Sing.	Dual.	Plural.
Intr.	attanek	attanik	attanerit, mehr: attanit
Trans.	attanerub, mehr: attaniub	„	„
Loc.	attanerme	attaningne	attanerne
Abl.	attanermit	attaningnit	attanernit
Vialis	attanikkut	{ attanikkut { attaniktigut	attanertigut
Term.	attanermut	attaningnut	attanernut
Mod.	attanernik	attaningnik	attanernik
tut	attanertut	{ attaniktut { attaniktitut	attanertitut

ist bei diesen **Wörtern auf ek** der *Dual.* und *Plur.* meist ik, it angegeben, ohne Dehnung, während ik, it in Labr. doch die Regel zu sein scheint. Ober, was leicht möglich, wäre es im Norden anders? Denn grade bei den vorliegenden Formen (*Trans.* und *Plur.*) scheint allerwärts eine leidige Un-

Klasse 2. Mit Lautversetzung. 23

Merke: Die von Verben abgeleiteten Nennwörter auf -nek, wie naglingnek Liebe, gehören hierher. Bei ihnen werden wenigstens in der Schriftsprache die Formen auf -erub, -erit ebenso häufig gebraucht, als -ib und -it. — Deklinire genau nach attunek durch: arvek Walfisch.

6. sivordlek, sivorlek der erste, auch: der frühere, vorhergehende. § 63.

	Sing.	Dual.	Plur.
Intr.	sivorlek	sivorlik	sivorlit
Trans.	sivorliub	„	„
Loc.	sivorlerme	sivorlingne	sivorline
Abl.	sivorlermit	sivorlingnit	sivorlinit
Vialis	sivorlīkkut	{ sivorlīkkut / sivorlīktigut }	sivorlitigut(lertigut)
Term.	sivorlermut	sivorlingnut	sivorlinut
Mod.	sivorlermik	sivorlingnik	sivorlinik
tut	sivorlertut	{ sivorlīktut / sivorlīktitut }	sivorlititut (lertitut)

Merke: Die Wörter auf lek (vgl. den Anhang lek § 133) haben im *Trans. Sing.* sowie im *Plur.* immer iub, it (nicht erub, erit). Ferner scheint bei ihnen das End κ (r) im *Plur.* ziemlich allgemein abgeworfen zu werden, vgl. § 58.

Zweite Klasse der Nennwörter: Wörter mit Lautversetzung. §§ 64—70.

Diese enden alle auf κ, z. B. auf raκ, gaκ, seκ u. a. m. Das ihnen § 64. Eigentümliche ist also (§ 51), daß der Endvokal, d. h. der Vokal der Endsilbe ganz an das Ende versetzt wird und das κ vorantritt. Z. B.

siorak: siorκa. Davon *Plur.* siorkat (Stamm siork)
nutaraκ: nutarκa.   „   „   nutaκkat („   nutarκ)
nålegaκ: nålekka.   „   „   nålekkat („   nålekk)
     (aus nålegκa)
tœsseκ: tætse.   „   „   tætsit   („   tæts)
οκauseκ: oκautse.   „   „   οκautsit („   οκauts).

Anm. Wie die zwei letzten Beisp. zeigen, wird in manchen Worten das κ nicht als κ versetzt, sondern dabei mit andern Kons. vertauscht, die in der Wurzel liegen.
Die vorletzte Silbe in all diesen Wörtern mit Lautversetzung ist immer offen, d. h. endet auf einen Vokal. Einige wenige auf k gehören auch hierher, s. § 65 am Schluß: κuttigak, kikiak, (ujarak, in Labr. aber meist ujaraκ).

Sicherheit und Verschiedenheit zu herrschen, vgl. § 57c. So z. B. bei dem zur eigentlichen ersten Klasse gehörigen kingmek (§ 52): Neben kingmiub — und zwar noch mehr: kingmiub; im *Plur.* kingmit, unterschieden von kingmit dein Hund (während manche diesen Unterschied nicht machen und überall nur kingmit sagen). Ebenso takkek Mond: neben takkib mehr takkiub; im *Plur.* manche takkit, andre takkit.

24   I. Formenlehre. Abschn. 1. Nennwörter.

§ 65. Das Gesagte wird an folg. Beisp. weiter ersichtlich sein.

NB. Die **Endung** des **Dual** ist hier **kurz** (ak, ik, uk), im Gegensatz zu § 52 und 66.

Formen mit Lautversetzung.

	Intr. Sing.	Trans. Sing.	Dual.	Plur.
Samkorn	siorak	siorkab	siorkak	siorkat
d. Kind	nutarak	nutakkab	nutakkak	nutakkat
das Junge	piarak	piarkab	piarkak	piarkat
Dorsch	ogak	okkab	okkak	okkat
Rabe	tulugak	tulukkab	tulukkak	tulukkat
Herr	nalegak	nalekkab	nalekkak	nalekkat
Thal, Schlucht rc.	korok	korkub	korkuk	korkut
Wort	okausek	okautsib	okautsik	okautsit
Bitte	tuksiarusek	tuksiarutsib	tuksiarutsik	tuksiarutsit
eins	attausek	attautsib	attautsik	attautsit
Teich	tessek	tetsib	tetsik	tetsit
* Hase	ukalek	ukatdlib	ukatdlik	ukatdlit
* Haar	nujak	nutsab	nutsak	nutsat
* Schwär	ajuak	ajutjab	ajutjak	ajutjat
Netz	nulluak	nullutjab	nullutjak	nullutjat
Vogel	tingmiak	tingmitjab	tingmitjak	tingmitjat
Stern	uvloriak	uvloritjab	uvloritjak	uvloritjat
* Fenster	igalâk	igalatjab	igalatjak	igalatjat
* Anführer	angajokâk	angajokajab	angajokajak	angajokajat
Stein	ujarak	ujarkab	ujarkak	ujarkat
* Oberleib	kattigak		kattikkak	
* Eisen	kikiak	kikitjab	kikitjak	kikitjat
* Kajak	kajak	kainab	kainak	kainat

§ 66. Aber auch hier (vgl. § 59) findet ein Streben nach Vereinfachung (oder „ein Hinschwinden des richtigen Verständnisses" Kleinschm.) statt. Alle diese Wörter werden jetzt von den Eskimos häufig, ja wohl meist, auch ohne Lautversetzung, ganz einfach nach der ersten Klasse gebildet, oder auch nur einzelne Formen von ihnen. Bei manchen Worten sind die Formen mit, bei andern die ohne Lautversetzung mehr gebräucht. Z. B. werden bei nalegak die oben angegebenen Formen die üblichen sein (nur wohl bei tut: nâlegaktut ebenso häufig als nâlekkatut). Dagegen sind die oben u. in diesem § mit einem * bezeichneten Wörter etwa die, wo die einfachen Formen durchaus vorherrschen, z. B. igaläk, nkaliub, und die oben angegebenen kaum mehr angewendet werden.

Doch ist der Europäer zu warnen, daß er die doch ursprünglichen Formen mit Lautversetzung nicht ganz aufgebe, und ausschließlich die einfachen Formen anwende, weil ihm sonst schnell das Verständnis für die Lautversetzung verloren gehen wird, die eben doch noch völlig in Gebrauch ist.

Nach diesen Bemerkungen geben wir noch einmal das obige Verzeichnis, aber diesmal mit den einfacheren: nach der ersten Klasse ohne Lautversetzung gebildeten Formen.

Klasse 2. Mit Lautversetzung. 25

Dabei merke man, wie hier das End-к im *Trans. Sing.* uh, und it im *Plur.* hat (vgl. § 57), wenn nicht ein Doppelvokal oder, was dasselbe ist, ein langer Vokal vorhergeht, wie in tingmiaк, ajuaк, igalâк. Dies Vorhergehen eines Doppelvokals ist wohl auch der Grund, daß selbst in kikiak das k sich nicht in uh wandelt, wie es nach § 55. 57 die Regel wäre, sondern kikiah gesagt wird.

Dieselben Wortformen ohne Lautversetzung.

Intr. Sing.	Trans. Sing.	Dual.	Plur.
sioraк	sioraub	sioràk	siorait
nutaraк	nutaraub	nutaràk	nutarait
piaraк	piaraub	piaràk	piarait
ògaк	ògaub	ògàk	ògait
tullugaк	tullugaub	tullugàk	tullugait
kòroк	kòrub	kòrùk	kòruit
окausoк	окausiub	окausik	окausit
tuksiarusoк	tuksiarusiub	tuksiarusik	tuksiarusit
attausoк	attausiub	attausik	attausit
tæssoк	tæssiub	tæssik	tæssit
* ukaloк	ukaliub	ukalik	ukalit
* nujaк	nujaub	nujàk	nujait
* ajuaк	ajuab	ajuàk	ajuat
nulluaк	nulluab	nulluàk	nulluat
tingmiaк	tingmiab	tingmiàk	tingmiat
uvloriaк	uvloriab	uvloriàk	uvloriat
* igalâк	igalâh	igalâk	igalât
* angajoкâк	angajoкâh (кaub)	angajoкâk	angajoкât (кait)
ujaraк	ujaraub	ujaràk	ujarait
* кattigaк		кattigàk (m. Suffigen nur i. Dual. s. § 31.)	
* kikiak	kikiab	kikiàk	kikiat
* кajaк	кajaub	кajàk	кajait

§ 67. **Declinationsbeispiele zur zweiten Klasse (mit Lautversetzung).**

Alle Appositionen kommen hier also an den versetzten Endvokal (§ 64), nur -kut *(Sing.* und *Dual)* meist nicht: wenigstens nicht bei den Wörtern auf gaĸ, raĸ, roĸ, wohl aber bei andern, z. B. auf seĸ; also z. B. oĸautsíkut, tʋetsíkut neben oĸausíkut, tʋessíkut: aber nicht nâlekâkut, sondern nur nâlegákut. Die rechts, meist eingeklammert stehenden Formen sind die nach § 66 mehr oder weniger häufig neben den andern auch gebrauchten ohne Lautversetzung.

7. piaraĸ, piarĸab das Junge (von Tieren).

	Sing.	Dual.	Plur.
Intr.	piaraĸ	piarĸak (piaråk)	piarĸut (piarait)
Trans.	piarĸab (piaraub)	,,	,,
Loc.	piarĸame (piarame)	piarĸangne (piarångne)	piarĸane (piarane)
Abl.	piarĸamit (piaramit)	piarĸangnit (piarångnit)	piarĸanit (piaranit)
Vialis	piaråkkut	{ piarĸåkkut { piarĸaktigut (piaråktigut)	piarĸatigut (piaraĸtigut)
Term.	piarĸamut (piaramut)	piarĸangnut (piarångnut)	piarĸanut (piaranut)
Mod.	piarĸamik (piaramik)	piarĸangnik (piarångnik)	piarĸanik (piaranik)
tut	piarĸatut (piaraĸtut)	{ piarĸaktut (piaråktut) { piarĸaktitut (piaråktitut)	piarĸatitut (piaraĸtitut)

Merke also: nuttaĸĸatut, aber auch nutaraĸtut wie ein Kind: nutaĸĸatitut wie Kinder.

§ 68. ### 8. nâlegaĸ, nâlekkab der Herr.

	Sing.	Dual.	Plur.
Intr.	nâlegaĸ	nâlekak (nâlegåk)	nâlekat
Trans.	nâlekab	,, -	,,
Loc.	nâlekame	nâlekangne (nâlegångne)	nâlekane
Abl.	nâlekamit	nâlekangnit (nâlegångnit)	nâlekanit
Vialis	nâlegåkkut	{ nâlegåkkut { nâlekaktigut (nâlegåktigut)	nâlekatigut
Term.	nâlekamut	nâlekangnut (nâlegångnut)	nâlekanut
Mod.	nâlekamik	nâlekangnik (nâlegångnik)	nâlekanik
tut	nâlekatut (nâlegaĸtut)	{ nâlekaktut (nâlegåktut) { nâlekaktitut (nâlegåktitut)	nâlekatitut (nâlegaĸtitut)

Merke also: Die Wörter auf raĸ haben ĸab, ĸat; die auf gaĸ dagegen kab, kat.

Klasse 2. Mit Lautverseßung. 27

9. **kôroĸ. kôrĸub Thal, Schlucht, Aut** (grld. kôroĸ). § 69

	Sing.	Dual.	Plur.
Intr.	kôroĸ	kôrĸuk (kôrûk)	kôrĸut (kôruit)
Trans.	kôrĸub (kôrûb)	„ -	„ „
Loc.	kôrĸume (kôrome)	kôrĸungne (kôrûngne)	kôrĸune (kôrune)
Abl.	kôrĸumit (kôrômit)	kôrĸungnit (kôrûngnit)	kôrĸunit (kôrunit)
Vialis	kôrúkkut	{ kôrûkkut kôrĸuktigut (kôrúktigut)	kôrĸutigut (kôroĸtigut)
Term.	kôrĸumut (kôromut)	kôrĸungnut (kôrûngmut)	kôrĸunut (kôrunut)
Mod.	kôrĸumik (kôromik)	kôrĸungnik (kôrungnik)	kôrĸunik (kôrunik)
tut	kôrĸutut (kôroĸtut)	{ kôrĸuktut (kôrûktut) kôrĸuktitut (kôrûktitut)	kôrĸutitut (kôroĸtitut)

So z. B. amaroĸ,•rĸub, Wolf; auch die auf goĸ, wie: kunnigoĸ, kkub Eiderdune, alligoĸ, kkub Krystall.

10. **oĸauseĸ, oĸautsib Wort.** § 70.

	Sing.	Dual.	Plur.
Intr.	oĸauseĸ	oĸautsik (oĸausîk)	oĸautsit (oĸausit)
Trans.	oĸautsib (oĸausiub)	„ -	
Loc.	oĸautseme (oĸauserme)	oĸautsingne (oĸausingne)	oĸautsine
Abl.	oĸautsemit (oĸausermit)	oĸautsingnit (oĸausingnit)	oĸautsinit
Vialis	oĸautsikkut (oĸausîkkut)	{ oĸautsîkkut (oĸausîkkut) oĸautsiktigut (oĸausiktigut)	oĸautsitigut
Term.	oĸautsemut (oĸausermut)	oĸautsingnut (oĸausingnut)	oĸautsinut
Mod.	oĸautsemik (oĸausermik)	oĸautsingnik (oĸausingnik)	oĸautsinik
tut	oĸautsitut (oĸausertut)	{ oĸautsiktut (oĸausiktut) oĸautsiktitut (oĸausiktitut)	oĸautsititut

I. Formenlehre. Abschn. 1. Nennwörter.

A. II. Die Deklination der Nennwörter mit dem Suffix
(sein, dein, mein ꝛc.).
§ 71—97.
Abweichung von der Deklination der einfachen Nennwörter.

§ 71. Wie § 32 erwähnt, werden durch Anhängsel an die Nennwörter, *Suffixe* genannt, unsere Fürwörter mein, dein, sein, ausgedrückt. Bei den so verlängerten Wörtern findet die Deklination ebenso statt, wie bei den einfachen, bisher besprochenen. Siehe die folg. Tabellen. Nur ist auf zweierlei Abweichung aufmerksam zu machen:

a) Während bei den Wörtern ohne Suffix im *Plur.* die Formen für *Intr.* und *Trans.* einerlei sind (z. B. nunat) gibt es bei den Suffixen auch für den *Plur.* verschiedene Formen. Z. B.

Intr. ᴋugvikka, ᴋugvitit, ᴋugvingit | meine, deine, seine Thränen.
Trans. ᴋugvinna, ᴋugvivit, ᴋugvingita |

§ 72. b) Während bei den Wörtern ohne Suffix im *Sing.* die Appositionen mit m (me u. s. w.) antreten, im *Plur.* dagegen mit n (ne u. s. w.) kommen hier bei den Suff. nur die Formen mit n vor, auch im *Sing.* Z. B. nunanganut (nicht nnut) zu seinem Lande.

Und im Dialis ist hier die Grundform, welche antritt, nicht ᴋut, sondern **gut**, das dann allerdings, wenn es mit einem k zusammentritt, ᴋut wird. Z. B.
nunangagut durch sein Land (aus *Intr.* nunanga und gut).
nunangatigut durch ihr Land (aus *Intr.* nunangat und gut mit einem Hilfsvokal hinter t).
nunamigut durch sein (eigen) Land (aus *Trans.* nunamė und gut).
nunamikkut durch ihr (eigen) Land (aus *Trans.* nunamik und gut).

Weitere Bemerkungen formeller Art.

§ 73. Wenn auch im folgenden mehrere Deklinationsbeispiele gegeben werden, so wäre nuna allein schon genügend für alle Wörter (außer die mit Lautversetzung). Man hat nur überall statt des a (in nuna) bei andern Wörtern mit Abwerfung des Endkonsonanten den betreffenden Endvokal zu nehmen, wobei die auf t wieder den Hilfsvokal i (§ 19) ansetzen. Also:

nuna Land,   nunanga sein Land,
kivgaᴋ Knecht,   kivganga sein Knecht,
erneᴋ Sohn,   erninga sein Sohn,
nuvuk Spitze,   nuvunga seine Spitze,
auk Blut,   aunga sein Blut,
ōmat Herz,   ōmatinga sein Herz.

§ 74. Doch hat der Endkonsonant auch Einfluß, wird auch manchmal nicht abgeworfen, nämlich:

a) In der ersten Person für „mein" haben die Wörter auf einen Vokal, auf t und k **ga**, die auf ᴋ dagegen **ra**. Z. B.

illa (Genosse ꝛc.) illaga mein G.   Dagegen: kivgaᴋ: kivgara m. Knecht.
iglo Haus iglunga mein H.   aipaᴋ: aipara m. Gefährte.
kikiak Eisen kikiaga mein E.   niaᴋoᴋ: niaᴋora m. Haupt.
pe (od. pik) Ding piga meine Sache.
kukkiut Flinte kukkiutiga m. Fl.

b) **Manche Wörter** auf к (bes. die auf ek) und auf k behalten doch den Endkonsonanten (als r, k, ng) und zwar vor m bei (in den Endungen ma, me, mik, minut u. s. w. auch vor vit), doch nicht als feste Regel. Z. B. ernerminut zu seinem Sohn, paningminut zu seiner Tochter, ernivit oder ernerpit deines) Sohnes); saumivit oder saumikpit deiner) Vinkels, von eruck, panik, saumik. Vgl. § 58.

Vom Reflexiv.

Im Eskimoischen nimmt die dritte Person (er, sein) überhaupt einen § 75. hervorragenden Platz ein (vgl. § 113. 215. 511 Schluß. 515c.) Deshalb steht auch sie, und nicht die erste Person (ich, mein) in den folg. Tabellen stets zuerst. Für diese dritte Person (sein, ihr) gibt es nun je zwei Formen, von denen die eine das *reflexivum* (sich zurückbeziehende) genannt wird, z. B. unnanga und nunane (refl.) sein Land. Die refl. Form steht, wenn das „sein" sich auf den Thäter (das Subjekt) im Satz zurückbezieht. Die andre Form steht, wenn das „sein" sich auf jemand anders als den Thäter bezieht, und wir oft statt sein „desselben" sagen können. Z. B.

iglunga nutaungilak sein Haus ist nicht neu = das Haus desselben (nicht
                                                                                            „er" sondern „Haus" ist Subjekt).
iglunga takkovā er sieht sein (eines andern) Haus = das Haus desselben.
iglune (refl.) „ „ „ (eigen) Haus.
iglunganut itterpok er geht in sein (eines andern) Haus = in d. H. desselben.
iglominut (refl.) „ „ „ „ (eigen) Haus.
iglungata karmanga serkomipā er zerstört die Wand seines (eines andern)
                                                                                             Hauses.
iglome (refl.) „ „ „ zerstört die „ „ (eignen)
                                                                                             Hauses.

In beiden letzten Beispielen steht karmanga (nicht refl.), weil die Wand sich nicht auf den Thäter, den Zerstörer, sondern auf Haus bezieht („des Hauses seine Wand").

NB. Eine gute Prüfung, ob refl. zu stehn hat, kann man auch in folg. Weise vornehmen: Man setze den Satz aus der dritten in die erste Person um, d. h. statt „er" setze man „ich" und danach so weiter. Wo dann „mein, meines" zu setzen ist, hat refl. zu stehen. Also in den obigen Sätzen: Wo man umbilden kann: Ich sehe mein Haus, ich gehe in mein Haus, ich zerstöre die Mauer meines Hauses (meines Hauses seine W.) hat refl. zu stehen. Wo man aber umbilden kann: Ich sehe sein Haus, ich gehe in sein Haus, ich zerbreche die Mauer seines Hauses (seines Hauses seine W.) darf nicht refl. gesetzt werden.

30   I. Formenlehre. Abschn. I. Nennwörter.

Deklinationsbeispiele. 1. nuna

§ 76, 1.

sein, d. h. eines anderen, als des Thäters.

sein	Sing. (des Besitzes).	Dual.	Plur.
Intrans.	nunanga sein L.	nunägik***) seine 2 L.	nunangit seine Länder
Trans.	nunangata (od. ngat)*)	nunäkita seine, seiner 2 L.	nunangita seine, seiner L.
Localis	nunangane**) in, auf s. L.	nunägingne in s. 2 L.	nunangine in s. L.
Ablativ	nunanganit von s. L.	nunägingnit von s. 2 L.	nunanginit von s. L.
Vialis	nunangagut durch s. L.	nunäkikkut durch s. 2 L.	nunangitigut durch seine
Term.	nunanganut zu s. L.	nunägingnut zu s. 2 L.	nunanginut zu s. L.
Modalis	nunanganik sein L. (Acc.)	nunägingnik seine 2 L.	nunanginik seine L.
tut	nunangatut wie s. L.	nunäkitut wie s. 2 L.	nunangititut wie seine L.
ihr *(Plur.)*			
Intr.	nunangät ihr Land	nunägik***) ihre 2 Länder	nunangit ihre Länder
Trans.	nunangata ihr, ihres L.	u. ebenso alle	u. ebenso alle
Loc.	nunangänne**) i. ihrem L.	andern Kasus	andern Kasus
Abl.	nunangännit v. ihrem L.	wie oben	wie oben
Vialis	nunangatigut durch ihr L.	„seine 2 Länder".	„seine Länder".
Term.	nunangännut zu ihrem L.		
Mod.	nunangännik ihr L. (Acc.)		
tut	nunangatitut wie ihr L.		
ihrer beider			
Intrans.	nunangük ihrer beider (ein) L.	nunägik***) ihrer beider 2 Länder	nunangit ihrer beider L.
Trans.	nunangata	Weiter ganz wie oben „seine und ihre 2 Länder".	Weiter ganz wie oben „seine und ihre Länder".
Loc.	nunangangne u. s. w.		

---

*) Beide Formen nunangata und nunangat gleich gut, erstere aber jetzt wohl gebräuchlicher. § 92.

**) Achte auf den Unterschied von nunangane in seinem L. (aus nunanga-ne) und nunangänne zu ihrem L. (aus nunangat-ne).

***) Jetzt scheint für „seine 2, ihrer bdr. 2, ihre 2 Länder" nur eine Form im Gebrauch, nämlich nunägik u. s. w. (manchmal ohne Dehnung nunagik bes. in den weiteren

Mit Suffix. (Reflexiv.) 31

das Land — mit Suffixen.

sein, d. h. des Thäters.   **Reflexiv.**

sein (refl.)	Sing.	Dual.	Plur.
Intrans.	nunane sein Land	nunängne seine 2 Länder	nunane seine Länder.
Trans.	nuname sein, seines L.	nunängme seine, seiner 2	Alle Kasus
Localis	nunamine in, auf s. L.	nunängmine in	ganz wie im Sing.
Ablativ	nunaminit von s. L.	nunängminit von	„sein Land";
Vialis	nunamigut durch s. L.	nunängmigut durch	nur kann je nu-
Term.	nunaminut zu s. L.	nunängminut zu	namitut sondern
Modalis	nunaminik sein L. (Acc.)	nunängminik seine 2	mehr
tut	nunamitut wie s. L.	nunängmitut wie	nunamititut wie seine L.

ihr (refl.)

Intr.	nunatik ihr Land	nunäktik ihre 2 Länder	nunatik ihre Länder.
Trans.	nunamik*) ihr, ihres L.	nunängmik ihre, ihrer 2	Alle Kasus
Loc.	nunamingne in ihrem L.	nunängmingne in	ganz wie im Sing.
Abl.	nunamingnit v. ihrem L.	nunängmingnit von	„ihr Land";
Vialis	nunamikkut durch ihr L.	nunängmikkut durch	nur kann je nu-
Term.	nunamingnut zu ihrem L.	nunängmingnut zu	namiktut, sondern
Mod.	nunamingnik ihr L.(Acc.)	nunängmingnik ihre L.	mehr
t.t	nunamiktut wie ihr L.	nunängmiktut wie ihre 2	nunamiktitut wie ihre L.

ihrer beider (refl.)

Intr.	nunatik ihrer beider Land.	nunäktik ihrer beider 2 L.	nunatik ihrer beider L.
	Alles ganz wie oben	Alles ganz wie oben	Alles ganz wie oben
	„ihr Land".	„ihre zwei Länder".	„ihre Länder".

Kasus z. B. nunagingne). Früher scheint für „ihre 2 L." nunakit in Gebrauch gewesen zu sein. Man hört noch jetzt abweichende Formen, so manchmal k statt g und umgekehrt: nunäkingnut statt nunägingnut und: nunägikkut statt kikkut, nunägitut statt kitut.

*) Zu nunamik s. § 93.

1. Formenlehre. Abschn. 1. Nennwörter.

§ 76, 2.   Fortsetzung: 1. nuna das

dein	Sing.	Dual.	Plur.
Intr.	nunat (nunait)*) dein L.	nunäkik deine 2 Länder	nunatit deine Länder.
Trans.	nunavit**) dein, deines L.	nunäkpit**) deine, deiner 2 L.	Alle andern Kasus
Loc.	nunangne in deinem L.	nunängne in	wie im Sing.
Abl.	nunangnit von deinem L.	nunängnit von	„dein Land";
Vialis	nunakkut durch dein L.	nunäkkut durch	nur doppelt:
Term.	nunangnut zu deinem L.	nunängnut zu	
Mod.	nunangnik dein L. (Acc.)	nunängnik deine 2	nunaktut wie deine
tut	nunaktut wie dein L.	nunäktut wie deine 2	nunaktitut Länder
euer			
Intr.	nunase euer L.	nunäkse eure 2 Länder	nunase eure Länder.
Trans.	nunapse euer, eures L.	nunäpse***)	
Loc.	nunapsingne in eurem L.	nunäpsingne	
Abl.	nunapsingnit v. eurem L.	nunäpsingnit	Alle Kasus ganz
Vialis	nunapsigut durch euer L.	nunäpsigut	wie im Sing.
Term.	nunapsingnut zu eurem L.	nunäpsingnut	„euer Land";
Mod.	nunapsingnik euer L.	nunäpsingnik	auch:
	(Acc.)		
tut	nunapsitut wie euer Land	nunäpsitut	nunapsitut wie eure L.
euer beider			
Intr.	nunatik euer beider Land	nunäktik euer br. 2 Länder	nunatik euer br. L.
Trans.	nunaptik	nunäptik	alles ganz wie im Sing.

Die übrigen Kasus weiter entweder mit t:
nunaptingne ꝛc. ganz gleich wie unten bei „unser Land"; oder mit s:
nunapsingne ꝛc.   „   „   „   oben bei „euer Land".

---

*) Zu der fast mehr gebrauchten Form nunait s. § 91.
**) Zu nunavit, nunäkpit glaubt der Europäer oft eine Dehnung der Endsilbe (vit, pit) zu hören. Vielleicht wird sie von manchen Eskimos auch) gedehnt gesprochen.
***) Andere: nunäptik eure, eurer zwei Länder.

Land — mit Suffixen.

§ 76, 3.

mein	Sing.	Dual.	Plur.
Intr.	nunaga mein L.	nunäkka meine 2 Länder	nunakka meine L.
Trans.	nunama mein, meines L.	nunängma	
Loc.	nunamne in, auf m. L.	nunämne	Alle andern Kasus
Abl.	nunamnit von m. L.	nunämnit	wie im *Sing.*
Vialis	nunapkut durch m. L.	nunäpkut	„mein Land";
Term.	nunamnut zu m. L.	nunämnut	nur doppelt:
Mod.	nunamnik mein L. *(Acc.)*	nunämnik	nunaptut ⎱ wie meine
tut	nunaptut wie m. L.	nunäptut	nunaptitut ⎰ Länder
unser			
Intr.	nunavut unser Land	nunäkput unsre 2 Länder	nunavut unsre L.
Trans.	nunapta unser, unsres L.	nunäpta	
Loc.	nunaptingne in	nunäptingne	
Abl.	nunaptingnit von	nunäptingnit	Alle Kasus ganz
Vialis	nunaptigut durch	nunäptigut	wie im *Sing.*
Term.	nunaptingnut zu	nunäptingnut	„unser Land",
Mod.	nunaptingnik unser L. *(Acc.)*	nunäptingnik	auch:
tut	nunaptitut wie unser L.	nunäptitut	nunaptitut wie unsre L.
unser beider			
Intr.	nunavuk unser bdr. Land	nunäkpuk*) unser bdr. 2 Länder	nunavuk**) unser bdr. Länder
Trans.	nunamnuk	nunämnuk	
	Alles andre wie oben bei „unser Land".	Alles andre wie oben bei „unsre 2 Länder".	alles ganz wie im *Sing.* „unser beider Land".

---

*) Andere: nunâvuk unser bdr. 2 Länder (auch nunavuk? s. § 96a).
**) Andere: nunavut unser bdr. Länder.

I. Formenlehre. Abschn. 1. Nennwörter.

§ 77, 1.   **2. piulije welcher errettet, Retter, Erlöser.**

Die nicht mit aufgeführten Kasus sind ganz regelmäßig nach den andern zu bilden wie bei nuna § 76. NB. Wichtig die Vergleichung mit dem pass. Partizip: piulijak der Gerettete. Je nachdem i oder a steht, ist der Sinn aktiv oder passiv. Z. B. piuli-

	Sing.	Dual.	Plur.
sein			
Intr.	piulijinga sein Retter	piulijigik seine 2 R.	piulijingit seine R.
Trans.	„ jingata (or. jingat*)	„ jikita	„ jingita
Loc.	„ jingano*)	„ jigingne	„ jingine
Vialis	„ jingagut	„ jikikkut	„ jingitigut
tut	„ jingatut wie sein R.	„ jikitut	„ jingititut
ihr (Plur.)			
Intr.	piulijingät ihr Retter	piulijigik") ihre 2 R.	piulijingit ihre R.
Trans.	„ jingata	Alles ganz wie	Alles ganz wie
Loc.	„ jingienne*)	oben	oben
Vialis	„ jingatigut	„seine 2 Retter".	„seine Retter".
tut	„ jingatitut wie ihr R.		
ihrer beider			
Intr.	piulijingäk ihrer btr. (ein) R.	piulijigik") ihrer btr. 2 R. Alles ganz wie oben „seine 2 Retter".	piulijingit ihrer btr. R. Alles ganz wie oben „seine Retter".
Trans.	„ jingata		
Loc.	„ jingangne u. s. w.		
sein (refl.)			
Intr.	piulijine sein (des Thäters) R.**)	piulijingne seine 2 R.	piulijine seine R. Alles wie im Sing. „seine Retter"; nur statt piulijimitut mehr piulijimititut wie seine R.
Trans.	„ jime	„ jingme	
Loc.	„ jimine	„ jingmine	
Vialis	„ jimigut	„ jingmigut	
tut	„ jimitut wie sein R.	„ jingmitut	
ihr (refl.)			
Intr.	piulijitik ihr R.	piulijiktik ihre 2 R.	piulijitik ihre R. Alles wie im Sing. „ihr Retter"; nur statt piulijimiktut mehr piulijimiktitut wie ihre R.
Trans.	„ jimik*)	„ jingmik	
Loc.	„ jimingne	„ jingmingne	
Vialis	„ jimikkut	„ jingmikkut	
tut	„ jimiktut wie ihr R.	„ jingmiktut	
ihrer beider (refl.)			
Intr.	piulijitik ihrer btr. R. wie oben „ihr Retter" (refl.)	piulijiktik ihrer btr. 2 R. wie oben „ihre 2 Retter".	piulijitik ihrer btr. R. wie oben „ihre Retter".

*) Siehe bei all diesen Formen die bei nuna § 76 gemachten Bemerkungen.
**) Z. B. inüb piulijine nujagivä der Mensch dankt seinem Retter, der ihn den Menschen (Thäter im Satz) rettet. In die erste Person umgesetzt: ich danke meinem R. § 75.

Mit Suffix. 35

(Aktives Partizip von piulivâ er rettet ihn.) §77,2.

jiga, jinga, jivut der, der mich, ihn uns rettet; dagegen piulijara, janga, javut der, den ich, er, wir retten, der von mir, ihm, uns Gerettete. Ebenso von naglikpâ: nagliktiga mein Liebender, der mich liebt, nagliktara mein Geliebter.

dein		Sing.	Dual.	Plur.
	Intr.	piulijit*) dein Retter	piulijikik deine 2 R.	piulijitit deine R.
	Trans.	„ jivit*)	„ jikpit*)	Alles sonst wie Sing.
	Loc.	„ jingne	„ jingne	„dein Retter"; nur doppelt:
	Vialis	„ jikkut	„ jikkut	piulijiktut } wie deine R.
	tut	„ jiktut wie dein R.	„ jiktut	piulijiktitut }
euer				
	Intr.	piulijise euer R.	piulijikse eure 2 R.	piulijise eure R.
	Trans.	„ jipse	„ jipse (jiptik)*)	Alles wie im Sing.
	Loc.	„ jipsingne	„ jipsingne	„euer Retter";
	Vialis	„ jipsigut	„ jipsigut	auch
	tut	„ jipsitut wie euer R.	„ jipsitut	piulijipsitut wie eure R.
euer beider				
	Intr.	piulijitik euer bdr. R.	piulijiktik euer bdr. 2 R.	piulijitik euer bdr. R.
	Trans.	„ jiptik	„ jiptik	Alles ganz wie
	Loc.	„ jiptingne (od. jipsingne) u. f. w.	„ jiptingne (od. singne) u. f. w.	im Sing.
mein				
	Intr.	piulijiga mein R.	piulijīkka meine 2 R.	piulijikka meine R.
	Trans.	„ jima	„ jingma	Sonst wie im Sing.
	Loc.	„ jimne	„ jimne	„mein Retter"; nur doppelt:
	Vialis	„ jipkut	„ jipkut	piulijiptut } wie meine R.
	tut	„ jiptut wie m. R.	„ jiptut	piulijiptitut }
unser				
	Intr.	piulijivut unser R.	piulijikput unsre 2 R.	piulijivut unsre R.
	Trans.	„ jipta	„ jipta	Alles wie im Sing.
	Loc.	„ jiptingne	„ jiptingne	„unser Retter",
	Vialis	„ jiptigut	„ jiptigut	auch
	tut	„ jiptitut wie unser R.	„ jiptitut	piulijiptitut wie unsre R.
unser beider				
	Intr.	piulijivuk unser bdr. R.	piulijikpuk*) unser bdr. 2 R.	piulijivuk*) unser bdr. R.
	Trans.	„ jimnuk	„ jimnuk	Alles ganz wie im Sing.
		Alles andre wie oben bei „unser R."	Alles andre wie oben bei „unsre 2 R."	

*) S. bei all diesen Formen die bei nuna § 76 gemachten Bemerkungen.

3*

3. Wörter auf к und k:

ernek, nerub, nik (nak) nerit (nit) **Sohn** und **pannik,** iub, ik, it **Tochter.**

§ 78. Diese zwei Wörter mögen als Beispiele zu dem § 74 Gesagten dienen, indem an einigen Stellen, besonders vor m das End к oder k (als r. k, ng) für gewöhnlich (doch auch nicht immer) stehn bleibt. Wir setzen bloß diese Formen her (sein, ihr (refl.), dein, mein). Alle andern Formen ganz wie nuna und piulije, als ob die Wörter erne und panne lauteten.

Sing. und Plur.	**ernek** Sohn.	**pannik** Tochter.
sein, e (refl.)		
Intr.	ernine sein S., seine Söhne	pannine seine T., seine Töchter
Trans.	ernerme (auch ernime)	panningme
Loc.	ernermine	panningminut
Vialis	ernermigut	panningmigut
tut	ernermitut, Plur. mehr erner-mititut	panningmitut, Plur. mehr: panningmititut
ihr, e (refl.)		
Intr.	ernitik ihr S., ihre Söhne	pannitik ihre T., ihre Töchter
Trans.	ernermik	panningmik
Loc.	ernermingne	panningmingne
Vialis	ernermikkut	panningmikkut
tut	ernermiktut, Plur. mehr: erner-miktitut	panningmiktut, Plur. mehr pannıgmiktitut
dein, e		
Intr.	ernerit or. ernit dein S., er-nitit deine Söhne	pannit deine T., pannitit deine Töchter
Trans.	ernivit oder ernerpit	pannivit oder pannikpit
Loc.	ernerne (seltner erningne). § 80b	panningne
Vialis	ernikkut	pannikkut
tut	ernertut (erniktut), Plur. da-neben auch ernertitut	panniktut, Plur. daneben auch panniktitut
mein, e		
Intr.	ernera m. Sohn, ernikka m. Söhne	panniga m. Tochter, pannikka m. Töchter
Trans.	ernerma (auch ernima)	panningma
Loc.	ernimne	pannimne
Vialis	ernipkut	pannipkut
tut	erniptut, Plur. daneben auch er-niptitut	panniptut, Plur. daneben auch panniptitut

§ 79. Anm. 1. Von den Wörtern auf k. (Einsilbige mit kurzem Vokal behalten aber nicht das k (ng). Z. B. pik (oder pe, wie Kljchn. in späterer Zeit als Stammform setzt) Ding, Sache, Eigentum; piminut, nicht pingminut. Aber doch neben pivit auch pikpit Trans. dein Eigentum, deines E.

Wenn dagegen der Vokal lang, geht das Wort wie oben. Z. B. auk Bnul, agguk, Plur. aggut) Blut; aukpit dein Blut, deines Bl., aungma mein, meines Bl., aungme jem, jeines Blutes, aungminut durch jein eigen Blut. Nebenbei jei hier noch neben uns die ältere Form aggut *Intr.* dein Blut erwähnt.

Anm. 2. Von den Wörtern auf к. § 80.
a) Die auf ок besonders gehn wie oben ернек, z. B. näpkiningnerminut durch jein Erbarmen, näpkiningnivir oder   nerpit. Außerdem wohl einige Anhangswörter, wie z. B. soak groß. Während also von kivgaк: kivgaminut ohne r, wird wohl meist gebildet näpkiningnersoarminut, näpkiningnersoarnut durch jein, dein großes Erbarmen; desgl. näpkiningnersoarpit dein, deines e.

b) besonders ist dabei die zweite Person „**dein**" zu erwähnen. Alle Wörter auf к insgesamt haben hier auch vor ne ac. meist r, doch ist auch ng möglich. So z. B. kivgarnut zu deinem Diener, deinen Dienern (aber manchmal auch kivgangnut); ernernut zu deinem Sohn, deinen Söhnen, aber auch, wenn auch seltener, erningnut.

Bei den gleich folgenden Wörtern mit **Lautversetzung** (von § 82 an) richtet sich aber, ob r oder ng genommen wird, danach, ob man die Form mit oder ohne Lautversetzung bildet, z. B. Nálogarnu (ohne) und Nálogangnu (mit), beides: bei deinem Herrn, deinen Herren; inósernut (ohne) und inótsingnut (mit Lautv.) beides: durch dein Leben. Im Dual (deine zwei) bleibt natürlich überall nur ng.

Anm. 3. Zu ернек mit Suffixen. Neben den jetzt ganz regelmäßig gebildeten § 81. Formen, gibt es noch einige ältere, die man zumal noch in Büchern findet, bei folgende:
   ернäкка neben ернiккn meine zwei Söhne,
   ернäксе neben ернiксе eure zwei Söhne,
   ернäкit, ернäкita neben ернigik, ернiкita ihre zwei Söhne.

4—6 Wörter mit Lautversetzung und Suffixen,
z. B. nálogaк, окаusек, uvinerок.

In § 64 war von der Lautversetzung die Rede. In nálogaк, окаusек, § 82. uvinerок z. B. findet sie also statt, wenn man sagt: nálekka, okautsi, uvinerкo. Diese Erscheinung kommt auch nun hier bei den Suff. in Betracht. Ursprünglich waren da einige Formen nur ohne, die bei weitem größere Zahl aber nur mit Lautversetzung im Gebrauch. Aber wie wir es bei den einfachen Nennwörtern sahen, so werden jetzt daneben auch die Formen ohne Lautversetzung sehr häufig gebraucht, z. B. neben nálekapta auch und wohl mehr: nálogapta (unser Herr, unsers Herrn). In den folg. Tabellen ist durch die Stellung, Aufeinanderfolge u. Klammern anzudeuten gesucht, welche Formen die ersten, ursprünglichen sind, und ob die zweiten häufig oder weniger häufig gebraucht werden. Doch scheint es bei den verschiedenen einzelnen Worten von dem zufälligen Sprachgebrauch abzuhängen, welche Formen grade vorherrschen.

Anm. 1. Will man nähere Anhaltspunkte, so merke man folgendes: § 83.
a) Formen, wo nie Lautv. stattfindet, sind: mein (*Intr.*), jein, e (nicht *refl*.), ihr, e (nicht *refl*.). Also nálogaru (nie kara), окаuseru (nie tsera), nálogaлga (nie каnga), окаusingit (nie tsingit).
b) Die Form „dein" (*Intr.*) auf t ist ganz wie der einfache Plural (Herren, Worte) also ursprünglich mit Lautversetzung: Nálekkat.
c) merke man, daß im allgemeinen die *Intr.* Formen von unser, euer, ihr (*refl*.) vorherrschend ohne Lautv. lauten: nálogavut (gavuk), nálogase (gutik), nálogatik; während
d) die Trans. Formen von mein, unser, euer ursprünglich vorherrschend Lautv. hatten. Also nálekkama, nálekkapta (jetzt meist gapta) nálekkapse (doch auch) gapse).
e) Zu der Form „dein" к. s. o. § 80), b.

Anm. 2. Den Dual führen wir in den folg. Tabellen zum Teil nicht mit auf. § 84. Braucht man ihn durchaus einmal, so bilde man ihn nach den früheren Beispielen, und beachte dabei, daß hier überall die Lautv. eintreten kann, oder auch nicht, z. B.

Schluß von § 84 folgt Seite 42.

4. nålegak, kab, kak. kat Herr

§ 85,1.   Die nicht mit aufgeführten Kasus — *Abl. Term.* und *Mod.* —

	Sing.	Plur.
fein *Intr.* *Trans.* *Loc.* *Vialis* *tut*	nåleganga (nie kanga) fein H. „ gangata, nålegangat „ gangane „ gangagut „ gangatut wie fein H.	nålegangit (nie kangit) feine Herren „ gangita „ gangine „ gangitigut „ gangititut wie feine H.
ihr *(Plur.)* *Intr.* *Trans.* *Loc.* *Vialis* *tut*	nålegangät (nie kangat) ihr H. „ gangata „ gangienne „ gangatigut „ gangatitut wie ihr Herr	nålegangit ihre Herren. Alles wie oben „feine Herren".
ihrer beider *Intr.* *Trans.* *Loc.*	nålegangäk (nie kangak) ihrer bcr. H. „ gangata „ gangangne u. f. w.	nålegangit ihrer bcr. Herren. (Ganz wie oben „feine Herren".
fein *(refl.)* *Intr.* *Trans.* *Loc.* *Vialis* *tut*	nålegane (kane) fein Herr „ kame „ kamine (gamine) „ kamigut (gamigut) „ kamitut (gamitut)	nålegane (kane) feine Herren. Wie im *Sing.* „fein Herr"; nur ftatt tut mehr titut
ihr *(refl.)* *Intr.* *Trans.* *Loc.* *Vialis* *tut*	nålegatik (felten katik) ihr H. „ kamik „ kamingne (gamingne) „ kamikkut (gamikkut) „ kamiktut (gamiktut)	nålegatik ihre Herren Wie im *Sing.* „ihr Herr"; nur ftatt tut mehr titut
ihrer beider *(refl.)* *Intr.*	nålegatik ihrer bcr. Herr Alles wie oben bei	nålegatik ihrer beider Herren „ihr *(refl.)* Herr".

Mit Suffix. 39

- mit Suffixen (Lautversetzung).

ganz regelmäßig nach den andern zu bilden wie bei unna § 76.

§ 85, 2

	Sing.	Plur.
dein *Intr.* *Trans.* *Loc.* *Vialis* *tut*	nalekat (nalegait oder gat) dein H. „ kavit oder nalegarpit „ kangne oder nalegarne „ käkkut oder nalegäkkut „ kaktut oder nalegartut	nalekatit (gatit) deine Herren. Alles sonst wie im *Sing.* „dein Herr"; nur neben tut auch titut (gartitut)
euer *Intr.* *Trans.* *Loc.* *Vialis* *tut*	nalegase (selten kase) euer Herr „ kapse (gapse) „ kapsingne (gapsingne) „ kapsigut (gapsigut) „ kapsitut (gapsitut)	nalegase eure Herren. Alles, auch bei tut, ganz wie im *Sing.* „euer Herr".
euer beider *Intr.* *Trans.* *Loc.*	nalegatik (selten katik) euer btr. Herr „ kaptik (gaptik) „ kaptingne (gaptingne) oder „ kapsingne (gapsingne) u. s. w.	nalegatik euer btr. Herren. Alles wie im *Sing.* „euer beider Herr".
mein *Intr.* *Trans.* *Loc.* *Vialis* *tut*	nalegara (nie kara) mein H. „ kama (kaum je gama) „ kamne (selten gamne) „ kapkut (gapkut) „ kaptut (gaptut) wie m. Herr	nalekakka, öfter gakka meine Herren. Alles sonst wie im *Sing.* „mein Herr"; nur neben tut auch titut (gaptitut).
unser *Intr.* *Trans.* *Loc.* *Vialis* *tut*	nalegavut (selten kavut) unser H. „ kapta (gapta) „ kaptingne (gaptingne) „ kaptikut (gaptigut) „ kaptitut (gaptitut)	nalegavut unsre Herren. Alles, auch bei tut, ganz wie im *Sing.* „unser Herr".
unser beider *Intr.* *Trans.*	nalegavuk unser beider Herr nalekamnuk (seltner gamnuk)	nalegavuk unser btr. Herren ganz wie im *Sing.* „unser btr. Herr".

Die übrigen Kasus wie oben bei „unser Herr".

§ 86, 1.   5. oĸauseĸ, tsib, tsik, tsit Wort

	Sing.	Plur.
sein *Intr.* *Trans.* *Loc.* *Vialis* *tut*	oĸausinga (wie tsinga) sein W. „ singata oder singat „ singane „ singagut „ singatut	oĸausingit (wie tsingit) seine W. „ singita „ singinut „ singitigut „ singititut
ihr *(Plur.)* *Intr.* *Trans.* *Loc.* *Vialis* *tut*	oĸausingät (wie tsingat) ihr W. „ singata „ singännut „ singatigut „ singatitut wie ihr W.	oĸausingit ihre Worte. Alles wie oben „seine Worte".
ihrer beider *Intr.* *Trans.* *Loc.*	oĸausingäk (nicht tsingak) ihrer br. W. „ singata „ singangne u. s. w.	oĸausingit ihrer beider Worte. Alles wie oben „seine, ihre Worte".
sein *(refl.)* *Intr.* *Trans.* *Loc.* *Vialis* *tut*	oĸautsine (serne) sein W. „ tsime (serme) „ tsimine oder sermine „ tsimigut oder sermigut „ tsimitut oder sermitut	oĸautsine seine Worte. Wie im Sing. „sein Wort", nur statt tut mehr: titut.
ihr *(refl.)* *Intr.* *Trans.* *Loc* *Vialis* *tut*	oĸautsitik (sitik) ihr W. „ tsimik (sermik) „ tsimingne oder sermingne „ tsimikkut oder sermikkut „ tsimiktut oder sermiktut	oĸautsitik ihre Worte. Wie im Sing. „ihr Wort", nur statt tut mehr: titut.
ihrer beider *(refl.)* *Intr.*	oĸautsitik ihrer beider Wort Alles ganz wie oben bei „ihr Wort".	oĸautsitik ihrer beider Worte

So u. a. illuseĸ, tsib Gewohnheit. Z. B. illusingatut wie (es) seine Gewohnheit (ist); ittervigivait illutsimitut Ap. 17, 2 er ging zu ihnen hinein, wie (es) seine G. (war), nach seiner G.

— mit **Suffixen** (Lautversetzung). §86.2

	Sing.	Plur.
dein		
Intr.	oκautsit oder oκausit dein W.	oκautsitit deine Worte.
Trans.	„ tsivit (sivit, serpit)	Alles sonst wie im *Sing.*
Loc.	„ tsingne oder serne	„dein Wort",
Vialis	„ tsikkut (sikkut)	nur neben
tut	„ tsiktut oder sertut	tut auch titut
euer		
Intr.	oκausise oder tsise euer W.	oκausise eure Worte.
Trans.	„ tsipse oder sipse	Alles, auch bei tut,
Loc.	„ tsipsingne oder sipsingne	ganz wie im *Sing.*
Vialis	„ tsipsigut oder sipsigut	„euer Wort".
tut	„ tsipsitut oder sipsitut	
euer beider		
Intr.	oκausitik oder tsitik euer bdr. W.	oκausitik euer bdr. Worte.
Trans.	„ tsiptik	Alles ganz wie
Loc.	„ tsiptingne oder siptingne oder	im *Sing.*
	„ tsipsingne oder sipsingne u. s. w.	„euer beider Wort".
mein		
Intr.	oκausera (nie tsera) mein W.	oκautsikka (sikka) meine Worte.
Trans.	„ tsima (serma)	Alles übrige wie im *Sing.*
Loc.	„ tsimne (simne)	„mein Wort",
Vialis	„ tsipkut (sipkut)	nur neben tut
tut	„ tsiptut (siptut)	auch titut (siptitut).
unser		
Intr.	oκausivut oder tsivut unser W.	oκausivut unsre Worte.
Trans.	„ tsipta oder sipta	Alles, auch bei tut, ganz
Loc.	„ tsiptingne oder siptingne	wie im *Sing.*
Vialis	„ tsiptigut oder siptigut	„unser Wort".
tut	„ tsiptitut oder siptitut	
unser beider		
Intr.	oκausivuk (tsivuk) unser bdr. W.	oκausivuk unser bdr. Worte
Trans.	„ tsimnuk (simnuk)	ganz wie im *Sing.* „unser bdr. Wort".

Die übrigen Kasus wie oben bei „unser Wort".

§ 87. 6. **uvinerok.***) kub, кuk. кut **Hemd** — mit Suffixen (Lautversetzung).

	Sing. (Intr. und Trans.)	Plur. (Intr. und Trans.)
sein	uvinerunga kurz: uvineroa (nicht rkoa) „ rungata oder rungat	uvinerungit seine Hemden „ rungita
ihr	„ rungat (kurz roat) „ rungata	„ rungit ihre H. „ rungita
ihrer beider	„ rungak ihrer beider ein H. „ rungata	„ rungit ihrer beider H. „ rungita
refl.		
sein	uvinerкume (rume) sein H. „ rкume (rume)	*Sing.* seine H.
ihr und ihrer beider	„ rutik (rкutik) „ rкumik (rumik)	*Sing.* ihr, ihrer beider H.
dein	uvinerкut (rutt) dein H. „ rкuvit (ruvit)	uvinerкutit (rutit) deine H. — *Sing.*
euer	„ ruse (rкuse) „ rкupse (rupse)	*Sing.* eure H.
euer beider	„ rutik (rкutik) „ rкuptik (ruptik)	*Sing.* euer beider H.
mein	uvinerora mein H. „ rкuma (ruma)	uvinerкukka oder rukka meine H. *Sing.*
unser	„ ruvut (rкuvut) „ rкupta (rupta)	*Sing.* unsre H.
unser beider	„ ruvuk (rкuvuk) „ rкumnuk (rumnuk)	— *Sing.* unser bdr. Hemden.

Schluß von § 84.

nálekákka und —gákka meine 2 Herren.
окnutsikka „ —sikka „ „ Worte.
nálekúgik „ —gágik „ „ Herren.
окnutsigik „ —sigik „ „ Worte.
nálekákik „ —gákik deine 2 Herren.

Von isaroк: isаrкûkka und isarûкku
„ kûma „ rûma } meine 2 Flügel.
„ kûkik „ rûkik } deine 2 Flügel.
„ kûkpit „ rûkpit
„ kûgik „ rûgik } seine Flügel.
„ kûkitа „ rûkitа

*) *Dual:* **uvinerкogik, uvinerógik** } ihrer beider zwei Hemden. § 84.
„ **rкokita,** „ **rókita**

Schlußbemerkungen zu den Nennwörtern mit Suffixen. § 88–97

Erstens. Zur Uebung. § 88.

Gib nach obigen Tabellen an, welche zwei oder dreifachen Bedeutungen folg. Est. Formen haben können: nunama, nunavit, nunase, nunapta, nunapse, nunamik, nunaptingnut, nunåkkut, nunapsingnit, nunatik, nunangat, nunangata, nunanginik, nunâgik, nunane, nunaine, nunamigut, nunamik, nunamingnut, nunaptitut, nunaptut.

Die Formen nunat, nunane, nunaine, nunamik, nunåkkut sind auch ganz gleich wie einige Formen des einfachen Nennworts ohne Suffixen.

Zweitens. Verschiedene oder Doppel=Formen. § 89.

In den vorstehenden Tabellen sind die Endungen nach erneuter sorgfältiger Prüfung aufgestellt. Es herrscht bei manchen Formen besonders im Dual auch unter den Esk. nicht Sicherheit und Uebereinstimmung, wie dies auch schon in unsern ältesten Grammatiken zu Tage tritt. In den Anmerkungen unter nuna § 76 sind die Hauptabweichungen und Verschiedenheiten angegeben. Uebersieh nicht, was dort von der Länge oder Nichtlänge des Vokals in nunavit (dein Land, deines L.) u. in nunâgik, nunagik (seine 2 Länder) gesagt ist. Anknüpfend an jene Bemerkungen, besprechen wir noch einiges davon im einzelnen, die Apposition tut vorannehmend, die Suffixendungen selbst folgen lassend:

1) Bei tut lassen in den Pluralbildungen: „wie meine, deine, seine § 90. (refl.), ihre (refl.)" einige nur tut, andre nur titut gelten, manche beides. Das bei tut in den obigen Tabellen Bemerkte trifft wohl den Thatbestand. (Außerdem herrscht noch gr. Verschiedenheit in Bezug auf den Gebrauch des refl. S. Syntax Fußn. § 535.) Des praktischen Gebrauchs wegen seien hier die Hauptformen mit tut noch einmal kurz zusammengestellt:

nunatut wie das, ein Land   nunatitut wie Länder.
3. nunangatut wie sein L.
    nunangatitut wie ihr L.
    nunangititut   wie seine, wie ihre Länder.
    nunamitut (refl.) wie sein L. und: wie seine Länder; letzteres aber wohl meist: nunamititut.
    nunamiktut (refl.) wie ihr L. und: wie ihre Länder; letzteres aber wohl meist nunamikitut.
2. nunaktut wie dein L.   und: wie deine Länder; letzteres aber doch auch: nunaktitut.
    nunapsitut wie euer L.   und: wie eure Länder.
1. nunaptut wie mein L.   und: wie meine Länder; letzteres aber doch auch nunaptitut.
    nunaptitut wie unser L.   und: wie unsre Länder.

Beisp. illusokangilak inuktut assimitut und: inuktitut assimititut er hat nicht Gewohnheiten wie ein (eig. sein) andrer Mensch, und: wie (seine) andre Menschen. Zu „wie deine" s. 1 Kön. 22, 4. 2 Könige 3, 7. und dagegen 2 Sam. 7, 23.

2) „Dein" Intr. endet also auf t und ist ursprünglich überall dem einfachen Plur. § 91. (ohne Suff.) gleich (Länder = dein Land). In Labr. wohl ausnahmslos so bei den Wörtern mit Lautversetzung (auch denen § 59 ꝛc.) Man beachte, was § 59–63.,

I. Formenlehre. Abschn. 1. Nennwörter.

§ 65. 70) über die Pluralbildung gesagt ist, u. man hat auch die Form für „dein." Vgl. § 85, 86. Darnach wird also bei wirklicher Lautversetzung nur t angehängt (d. Vokal kurz), wenn die Form aber ohne Lautv. gebildet wird, dagegen it. ;. B. ujunginerit (oder nit) dein Heiliger Pj. 16, 10. Ap. 2, 27; okautsit oder okansit Worte und: dein Wort; nälekkut oder nälegnit Herren und: dein Herr; uvinerkut oder uvinerait Hemden und: dein Hemd.

Wie hier also bei den ohne Lautv. gebildeten Formen it, nicht bloß t anzuhängen so gut wie feste Regel geworden, so findet auch bei der eigentlichen ersten Klasse (Wörter ohne Lautv. § 52) diese Neigung statt, und zwar wird meist nur die Form „dein" mit it gebildet, grade zum Unterschied vom einf. Plur. der bloß t erhält. Das ist der vorherrschende Sprachgebrauch, wenn auch in beiden Fällen durchaus die andern Formen daneben gelten gelassen werden. Man hört z. B.

 atâtait dein Vater mehr als atâtat.
 piulijit „ Erlöser „ „ piulijit.
 piksait für dich Bestimmtes mehr als piksat.
Ferner: igluit (iglut) dein Haus, dagegen iglut Häuser.
 nunait (nunat) „ Land, „ nunat Länder.
 kingmit (mit) „ Hund, „ kingmit (mit) Hunde; s. § 59) Fußnote **.

§ 92. 3) „Sein" Trans. lautet also auf **ngata** oder **ngat**; beide Endungen gleich gut, erstere jetzt wohl mehr gebraucht, also ebenso lautend wie „ihr" (Plur.) ;. B. iglugata anginingu kann heißen: ihres, aber auch: seines Hauses Größe, letzteres == iglungat a***ninga. Die Form ngat erscheint mehr in den älteren Büchern, ist übrigens die allein g*...chte in kissiat, tamât, illûnât, ingerŋât (§ 140, 157).

§ 93. 4) „Ihr" Trans. der Reflexivform, z. B. nunamik ihr L., ihres Landes, bilden einzelne Esk. auf **me** also == nunamе sein L., seines Landes. ;. B. inuit nkkua pudlarpât kitorngamik (manche eben kitorngame) kuksaluirut nivningat diese Menschen strafen ihrer leichtsinnigen Kinder (ihre) Ungezogenheit. Doch ist dies durchaus nicht nachzuahmen. Das k der Endung mik erscheint ja auch in den andern Kasus z. B. nunamingne in ihrem L., von nunamik; dagegen nunamine in seinem L., von nunаme.

§ 94. 5) Besonders sind dann zu erwähnen **Doppelformen die entstehn, indem in der dritten Person (sein, ihr) bei den a Formen auf nga, ngat** und den damit zusammenhängenden Kasus (nicht aber bei ngit) **bei vielen Wörtern oft das** (in Grld. überhaupt nicht gebrauchte) **ng weggelassen und nur a, at** ꝛc. **angehängt wird.** Z. B.

a) inúlervik | inúlervinga | oder inúlervia seine Geburtszeit (tag).
 tikkivik | tikkivingat | „ tikkiviat ihre Kommenszeit.
 nerchevik | nerchevingânnut | „ — viannut zu ihrer Eßstelle, Krippe.
 saunik | sauningata | „ sauniata seine Linke, seiner Linken.
 aipаk | aipanga | „ aipâ (==a-a) sein Gefährte.**)
 (erkak) | (erkanga) | nur erkâ seine Umgegend.**)
 igluk | (iglunga) | meist iglua sein anders, bei 2 zuf. gehörigen Dingen.

**) Weil in Wörtern wie aipâne, erkâne, attâne ein richtiges langes â sich findet, so wird oft von Nichteskimos auch in einigen Worten, wo gar keine Zusammenziehung zweier a stattfindet, sondern starke Lautversetzung (§ 50) fälschlich ein langes a geschrieben.
Z. B. akkа keine Name, akkane nicht; nykâne, von attek == attingane.
 kerkа keine Mitte, kerkâne von (kettek (sktew) == kettingane.
 erkа, erkâne auf seinem Grund (Meer, Fluß).
Wenn Eskimos, wie das stark der Fall ist, Formen wie kerkanga keine Mitte, erkauga sein Grund bilden, so ist das ein Mangel an Verständnis, denn so ist in dem Wort das Suffix „sein" doppelt enthalten. Der Stamm zu erkâ ist, wie oben angegeben, richtig erkak (wie z. B. auch die Form erkapitugno in unserer Umgegend, Nähe beweist). Was aber ist der Stamm zu erkâ? Man sollte eigentlich auf itex schließen. Doch ist dies nicht anzunehmen, vgl. d. Wbch. Alsdenn s. Vermutung ist vielleicht richtig, ob es nicht eine Verbildung aus grld. narka von untеn, ihr, nettek Fußboden ꝛc. sein möge (= nottinga), welches Wort in Grld. auch für den Meeresboden gebraucht wird. Es wäre dann ein ähnlicher Vorgang wie bei opinnarano § 341.

Kemerdllok kemerdllungarnut oder kemerdluanut auf seinen Rücken.
inuk   (inunga)   meist inua sein Besitzer, Herr (Mensch).
nelle   (nellingat)   nur nelliat ihrer welcher, d. h. einer von
                                ihnen.

Hierher gehören dann auch die Formen in § 141,1 wie
  illûnât,   kisséta,   illûnaita,   tamainnut ans:
  illûna(ng)at,   kissi(ng)ita,   illûna(ng)ita,   tauna(ng)innut.

b) Manche Wörter verbinden mit diesem **Weglassen des ng noch** einen **Vokalwechsel.** Zuerst zu nennen sind da gewisse Wörter auf e, die manchmal, manche immer, a statt des e setzen, woran dann a, at (sein, ihr) tritt, was zusammengezogen â, ât gibt z. B.

nippe   nippinganut   oder nippânut durch seine Stimme.
        nippingaunut   „   nippânut   „ ihre „
time   timinga   „   timâ(tima-a) sein Leib: auch das Höher, land-
                                        wärts von ihm Gelegene. § 122,17.
kolle   kollinga   „   kollâ sein über ihm Liegendes, der Raum über
                                        ihm. § 116.

c) Die Wörter auf t verhalten sich ganz ähnlich, indem sie oft, manche immer, statt i als Hilfsvokal a annehmen und dann das ng weglassen*). Z. B.

ômat   ômatinga   oder ômatâ (ta-a) sein Herz.
siut   siutinga   „   siutâ   sein Ohr.
pitjut pitjutinganik „   pitjutânik   seine Ursache ꝛc.
at   (attingane)   nur attâne   in seinem Unteren d. h. unter ihm.

Drittens: Bemerkungen und Beispiele zum Dual. § 95—97.

Bei den Grönländern wird, wo die Zweizahl sich von selbst versteht, wie § 95. bei den Gliedmaßen des Körpers, fast durchgängig die Pluralform angewendet, u. das ist die Brücke, auf der man dort den Dual überhaupt in den Büchern und sonst außer Gebrauch setzen kann. Leider gibt es für uns keine solche Brücke, da in Labr. umgekehrt grade in solchen Fällen (wo, wie bei den Gliedmaßen, die Zweiheit sich von selbst versteht, ja auch bei sonstigen Teilen des Körpers) der Dual in lebendigem Gebrauch ist, und nie der Plural gehört wird. Vgl. § 31. Anm. Daher, wie § 81. 84. hier noch einige Beispiele:

ije | ijîkka, ijikik, ijigik meine, deine, seine (zwei) Augen.
siut | siutîkka, tikik, tigik   „   „   „   Ohren.
tallek | tallîkka, likik, ligik   „   „   „   Arme.
nio | niûkka, ûkik, ûgik   „   „   „   Beine.
nâk | nâkka, nâkik (natjakik) nâgik, m., dein, sein Leib.

Ebenso: kattigîkka m. Oberleib, kollôkka m. Rücken, angajokâkka
        meine Eltern.
ijingma, ijikpit, ijikita sângangne vor meinen, deinen, seinen Augen
        (eig. in ihrer beider Vorderem).
kattangutikput akkunaptingnētuk ,unsre unter uns seienden (zwei)
        Geschwister.

---

*) Bei diesen Wörtern findet auch im Trans. der zweiten Person („dein") Zusammenziehung statt, doch jetzt wohl sehr selten; z. B. ômavit für ômativit, u. ist wohl kaum nachzuahmen.

kattangutipta sáptingnŭtuk ĸitorngangak (ĸitorngangangnik) unjrer
vor uns seienden (zwei) Geschwister (ihr) Kind.*)

§ 96. **Anm. 1.** Wenn bei zwei Besitzern (d. h. bei „**ihrer-, euer-, unterbeider**") der Besitz ein einiger, beiden gemeinsamer ist, z. B. unser beider Kind, unser beider zwei Kinder, — so findet keine Schwierigkeit statt. Man folge einfach der Tabelle. Hat aber jeder dieser zwei Besitzer (Fall a) je ein, oder (Fall b) je zwei Stücke für sich besonders im Besitz, so kann Zweifel über die zu wählende Form, was den Numerus betrifft, — auch bei dem damit verbundenen Verb — entstehn. Z. B.

    a) Unser beider Herz (was 2 Herzen — Dual ergibt).
    b) Unser beider Augen (was 4 Augen Plur. — ergibt).

Obgleich die Est. selbst hierbei nicht ganz sicher sind, ist wohl die folg. Regel zutreffend: zwar sind doppelte Ausdrucksweisen möglich, der Sprachgebrauch aber wählt ganz vorherrschend — in Fall b) wohl ausschließlich — den Dual (beim Besitz). Wie man dabei bei der einen Reihe der Ausdrücke vom einzelnen Besitzer in seiner Einzahl ausgehn muß, zeigt das bei den folg. Beisp. in Klammern stehende:

Fall a) ŭmatigik ŭnarsilermanik als ihrer beider zwei Herzen entbrannten. Luk. 24, 32.
    ŭmativuk †) oder⎫
    ŭmutikpuk   ⎭ „   „ unser „   „   „   „

Dies kann auch allenfalls so gegeben werden:
    ŭmatingāk, ŭmativuk ŭnarsilermat als ihrer bdr., unser bdr. (jedes einzelnen sein ein) Herz entbrannte.**)

Fall b) ijigik uititauvuk ihrer bdr. (eines jeden einzelnen seine 2) Augen wurden aufgethan.
    ijivuk †) oder⎫
    ijikpuk   ⎭ „ unser bdr. „   „   „   „   „

So Luk. 24, 31. Mt. 10, 33. 34 (ijikikknt).
Hier wohl nie der Plural: ijingit uititauvut ihre (4) Augen ꝛc.

§ 97. **Anm. 2. Ihrer beider ein (ngāk) — ihrer beider zwei (gik)**, als Anhang zu Anm. 1 a. Der Unterschied dieser zwei Formen tritt zwar oft klar hervor, besonders bei sichtbaren, greifbaren Gegenständen, z. B.
kattangutipta nutarārsungangnut den (einen) Kindlein unsrer (zwei) Geschwister.
kattangutipta nutarārsugingnut den zwei Kindlein unsrer (zwei) Geschwister.
Mariab Martablo aningak Marias und Marthas Bruder.
    „   „   anigik   „   „ zwei Brüder.
annorib imablo nâlegangak des Windes u. Meeres Herr.
tamarmik nellavigingne an beider Lager (eig. zwei Lagern).
Hier würde nellavigangno zunächst heißen: an dem einen, gemeinsamen Lager beider. Dann könnte es aber nach Anm. 1 a allenfalls auch heißen: an beider (d. h. jedes einzelnen seinem einen, gesonderten) Lager.

Doch zieht, und das soll hier hervorgehoben werden, in Fällen, wo nur irgendwie eine doppelte Auffassung möglich, der Sprachgebrauch bei diesen Formen (**ngak, gik**) die letztere, **gik**, den Dual des Besitzes durchaus vor, auch wenn von etwas gemeinsam Gefühlten, Erfahrenen die Rede ist, wo uns im Deutschen vollends jeder Gedanke an eine Zweiheit fern liegt. S. die folg. Beispiele: beim letzten beachte auch das Verb.

Ananiasib Safirablo tokonigingnik (seltener ningangnik) den Tod des A. und der S. (eig. ihre zwei Tode).
najâkita utternigingnut (seltner ningangnut) durch die Rückkehr (zwei Rück= tehren) seiner zwei Schwestern.
Paulusib Barnabasiblo avinigingnut oder aviningangnut durch die Trennung des P. und B. Im ersten Fall als zwei Trennungen gedacht.

---

*) Längere Stellen im Dual zur Uebung: 1 Mose 40. 41, 10 ff. 4 Mose 12. Mt. 11. Mt. 28. Luk. 19, 29 ff. Kap. 24. Joh. 1, 35 ff. Ap. Gesch. 3. 4. 8, 14 ff. Kap. 13. 14. 15. 16. Ofb. 11.
†) Diese Formen in der Tabelle nicht als die ersten angegeben.
**) Ebenso beim Plural. Es wird vorherrschend wohl gesagt: ŭmativut kuvisaukput unsere Herzen freuen sich. Aber doch auch grade wie im Deutschen: ŭmativuk kuvisaukpok unser Herz (das eines jeden einzelnen) freut sich. Eine ähnliche Erscheinung ist's, wenn ingmiuk statt ingmingnik steht; s. § 170. 174. Syntax § 533.

Mit Suffix. 47

aiparêk ukkua kuviasungningak angijôngmat } beides: daß die Freude dieser
    -    -   nigik - munik*)
   (2) Eheleute groß ist, war.
Vgl. auch unser est. Trauungsformular.

Anhang.
Noch einiges vom deutschen Adjektiv, insbesondere von der Steigerung oder Komparation.
§ 98—101.

Unser deutsches **Adjektiv** (Beiwort, Eigenschaftswort z. B. gut, schön) § 98.
gehört also ganz wie die Hauptwörter unter die bisher behandelten Nennwörter,
wie § 28 und 34 schon gesagt ist, z. B. ajungitoĸ der Gute und: gut.
Außerdem wird ein Teil der Adjektiva durch Anhänge ausgedrückt. Vgl. § 29
und später von § 346 an.
    Bei unserm Adjektiv nun findet die sog. **Steigerung** statt. Es gibt drei
Stufen der Vergleichung oder Komparation:
    1. Der **Positiv**, die Grundform, die Eigenschaft schlechthin bezeichnend,
       z. B. gut.
    2. Der **Komparativ**, einen höheren Grad ausdrückend, z. B. besser.
    3. Der **Superlativ**, den höchsten „ „ „ „ der Beste.

    Dies wird im Est. durch **Anhänge** ausgedrückt, gehört also eigentlich § 99.
nicht an diese Stelle der Grammatik. Doch sei das Nötigste schon hier erwähnt, nämlich:
    a) **Der Anfang** nek (statt der Zeitwortendung an den Zeitwortstamm
gehängt) drückt sowohl Komparativ als Superlativ, bes. aber diesen
letzteren aus (s. mehr § 452). Z. B.

Verb.	Positiv.	Comp. und Superl.
ajungi-laĸ	ajungitoĸ	ajunginek
er ist gut.	gut, der Gute	der Bessere oder Beste.
mikki-voĸ	mikkijoĸ	mikkineĸ (ob. mingneĸ)
er ist klein	klein, der Kleine	der Kleinere ob. Kleinste.

    Z. B. mingneĸ nâlegauvingme kilangmêtome der Kleinste im
        Himmelreich.
        auerneĸ ajunginek der beste Geist d. h. der heilige Geist.
        tamainit ajuninerôvoĸ (s. gleich No. b) entweder:
            er ist besser (Komp.) als alle, oder:
            er ist der Beste (Superl.) von allen.
    b) Von diesem neĸ und uvoĸ er ist (s. § 497) kommt das Verb ne-
rôvoĸ u. weiter das Particip nerôjoĸ; also ajuninerôjoĸ eig. der der
Beste seiende, kurz wie der Beste, ganz wie ajunineĸ. Z. B.
        ajoĸertui-voĸ | ajoĸertuijoĸ   ajoĸertuinerôjoĸ
          er lehrt   Lehrer (Prediger) | oft für: Hoherpriester.
    c) Nun aber wird die Form neĸ, und ebenso nerôjoĸ nicht überaus

---
*) Wenn die Est. auch in diesem zweiten Fall ebenso den Sing. (angijôngmat) für durchaus gut er-
klären, so kann man das wohl nur als einen Fehler ansehn. Vgl. die ersten Beisp. in dieser Anm. 2.

1. Formenlehre. Abschn. 1. Nennwörter.

häufig so allein gebraucht. Oefter noch tritt für den Komp. der Anhang -sak, für den Superl. -päk (unserm „aller" entsprechend, an nek: nersak, nerpäk. Z. B.

Verb.	Positiv.	Comparativ.	Superlativ.
angi-vok er ist groß	angijok groß	anginersak größer	anginerpäk der allergrößte.
ananau-vok er ist schön von ananäk	ananaujok schön = ananäk s. Anm. 1.	ananaunersak schöner	ananaunerpäk der allerschönste.

Z. B. kingmek pusemit anginersauvok der Hund ist von der Katze (ausgegangen) größer d. h. größer als die Katze; vgl. § 42.
tamainit mikkinerpängovok (ob. pauvok) er ist von allen der Kleinste.
erningita ananaunerpängat seiner (ob. ihrer) Söhne (ihr) allerschönster.
nukkanganit nagliginersarivara (§ 455) ich bedaure ihn, liebe ihn mehr als seinen jüngeren Bruder.
tamainit nagliginerpärivara (§ 453) ich liebe ihn am meisten von allen.

§ 100.   Anm. 1. Der Anfänger begeht leicht den Fehler, wie im Deutschen vom Adjektiv statt vom Verb auszugehn, z. B. von ananäk, und falsch zu bilden: ananânersak, ananânerpäk. Wie oben gesagt, darf nek aber nur an den Verbalstamm gehängt werden, also z. B. nur an ananau (von ananauvok er ist schön): ananaunerpäk; —ananânerpäk muß dem Est. ohr etwa so klingen, als wenn wir im Deutschen allerschöenster sagten. Ebenso bilde man nicht von angajuklek der ältere, älteste: angajuklonersak rc. sondern vom Zeitwort angajukliovok er ist der ältere nur: angajuklionersak der ältere, angajuklionerpäk der allerälteste.

§ 101.   Anm. 2. In anderer Weise ist die Steigerung noch möglich mit den Anhängen -luarpok in besonderem (höheren) Grade § 444 und -rkejak der in höherem Grade so ist § 468 z. B.
angajungminit angiluarpok er ist größer als sein älterer Bruder,
   oder: sie „   „   „   „ ihre ältere Schwester.
angerkejara mein größerer, d. h. der größer ist als ich.

Nennwörter

B. Im Besonderen d. h. **Zahlwörter, Ortswörter, Personwörter.** § 102—180.

Nachdem von § 34 an die Nennwörter im allg. behandelt worden, sind §102. nun noch im besonderen drei Arten derselben zu nennen mit besonders zu erwähnenden Eigentümlichkeiten, nämlich 1. die **Zahlwörter**. 2. Die **Ortswörter** (z. B. das Untere, unter ihm zc.) 3. **Personwörter** (z. B. ich, du, ich allein zc.).

I. Zahlwörter.
§ 103—112.

Unsre Grund- oder Kardinalzahlen.

„Man zählt im Grld. (Est.) nicht wie bei uns bis 10 sondern nur bis §103. 5, d. h nur eine Hand zu Ende. Dann fängt man mit denselben Zahlwörtern an der andern Hand an, und darauf ebenso erst an einem und dann am andern Fuß. Sind alle Finger und Zehen ausgezählt, so ist „ein Mensch zu Ende," und man fängt am zweiten Menschen an; wenn auch der zu Ende, am dritten u. s. w." Kleschm. § 42.

Auf unsern Stationen haben sich die deutschen Zahlen eingebürgert. Aber dabei sind die esk. Zahlen bis 5, ebenso für 6, 8, 10 (mit der Bedeutung 3, 4, 5 zweimal genommen) noch in Gebrauch. Sie sind attausek (mit *Dual* und *Plur.*) magguk, pingasut u. s. w. und können die Kasusendungen annehmen. Der Vialis atautsikkut heißt: auf einmal, in einem Male.

Unsre Ordnungszahlen:.

Der erste, zweite zc. werden durch das Suffix ngat (ihr) an ebenge= §104. nannten Zahlen angehängt, ausgedrückt. Nur für der erste braucht man sivorlek, der vorhergehende, für der zweite von aipaᴋ (Gefährte: aipanga oder aipâ, eig. sein, nämlich des ersten Gefährte. Der dritte heißt dann pingajungak (juak) *Dual.* ihr (der zwei ersten) britter; der vierte: sittamangat ihr (nämlich der 3) vierter. Ueber den Modalis (erstens ob. zum erstenmal zc. s. Syntax § 525).

NB. Der *Dual* pingajuak scheint durchaus das Ursprüngliche z. B. uvluk pingajuangne an der 2 Tage ihrem dritten, d. h. am dritten Tage. Neuerdings wird der *Plur.* von vielen durchaus vorgezogen, ja als allein richtig erklärt, z. B. uvlut pingajuánne = an der Tage ihrem dritten.

§ 105. Danach stehe folg. Uebersicht.

Unsre Grundzahlen 1, 2, 3, ꝛc.	Unsre Ordnungszahlen der erste, zweite ꝛc.
1: attausek	sivorlek der erste.
2: magguk*) (*Dual.*)	aipanga der zweite (sein anderer).
3: pingasut	pingajuak der dritte (der 2 ihr dritter), oder *Plur.* pingajuat (ihr dritter).
4: sittamat	sittamangat der vierte (ihr vierter).
5: tellimat	tellimangat der fünfte.
6: pingasôjortut oder 6 it	pingasôjortuat oder pingasôjuat oder 6 ingat der sechste.
7: 7 it	7 ingat der siebente.
8: sittamaujortut oder 8 it	sittamaujortuat oder sittamanjuat oder 8 ingat der achte.
9: 9 it	9 ingat der neunte.
10: tellimaujortut oder 10 it	tellimaujortungat oder tellimanjuat oder 10 ingat der zehnte.
11: 11 it	11 ingat der 11te.

u. s. w. mit deutschen Zahlen.

§ 106. **Anm. 1. Die alten Zahlen bis 20.** Für solche, die sich noch weiter für die ursprüngliche Zählungsweise interessieren, oder mit Nordländern in Berührung kommen sollten, siehe noch folg. Ausführlicheres nach Kljschm. und unseren älteren Grammatiken: „Neben den eigentlichen Zahlwörtern von 1 - 5 gibt es noch sog. „Teilwörter", welche angeben, an welchem Gliede, d. h. an welchem Fünfer man zählt. Solche Teilwörter sind grld. atfinek (labr. arvingat, arvinek) an der andern Hand, arkanek (labr. arkangat) am ersten Fuß, arfersanek (labr. arvertangat) am zweiten Fuß. Vgl. § 103. Diese Teilwörter werden dann wieder mit den Zahlen von 1—5 zusammengesetzt:" s. u. Dies im Grld. ganz kurz: arfinek-mardluk zweite Hand 2 = 7. Im Labr. Dialekt mit mit (Abl.): arvinemit aggârtut von der andern Hand (ausgehend) 2 = 7. Die unten folgenden Formen aggârtut, sittamârtut heißen eigentlich „die 2, 4 seienden" von der im Norden gebräuchlichen Form aggârput, sittamârput (bei uns sittamauvut) es sind 2, 4 u. s. w.

Dann gibts noch ein Teilwort **ungna** oder **ungnijut** für 21 (eins am andern Menschen.) Die alten Grammatiken sagen: Wenn 20 schlechtweg genannt wird, ohne daß weiter gezählt wird, so heißt ungnijut 20 (nicht 21). So habe ich es auch hier in Nain angeben hören.

Außerdem gibt es endlich für 10 ein Zahlwort (wie pingasut, sittamat) nämlich **kollit**, das im Grld. noch vollständig im Gebrauch ist (kulit), ebenso aber auch noch bei unsern Nordländern, wie z. B. in Nagvak.

Danach folgen hier die ursprünglichen Grundzahlen bis 21:

---

*) Der Laut in **magguk** ist eigentlich tiefer in der Kehle als gg und wäre richtiger marruk oder marguk zu schreiben. S. § 6 Anm.

B. I. Zahlwörter. 51

Labrador	Grönland
1. attausek	atausek
2. magguk oder agga	mardluk
3. pingasut	pingasut
4. sittamat	sisamat
5. tellimat	tatdlimat
6. arvingat	arfinek-atausek (od. arfinigdlit)
7. arvinemit*) aggärtut	„ -mardluk
8. „ entw. pingasut od. pingajuartut	„ -pingasut
9. „ „ sittamat „ sittamärtut	„ -sisamat
10. „ „ tellimat „ tellimärtut	„ -tatdlimat
oder kollit	oder kulit
11. arkangat (od. arkangärtut)	arkanek-atausek (od. arkanigdlit)
12. arkangamit aggärtut	„ -mardluk
13. „ entw. pingasut od. pingajuartut	„ -pingasut
14. „ „ sittamat „ sittamärtut	„ -sisamat
15. „ „ tellimat „ tellimärtut	„ -tatdlimat
16. arvertangat (arvertangärtut) (arvertinitut?)	arfersanek-atausek (od. arfersanigdlit)
17. arvertangamit aggärtut	„ -mardluk
18. „ entw. pingasut od. pingajuartut	„ -pingasut
19. „ „ sittamat „ sittamärtut	„ -sisamat
20. „ „ tellimat „ tellimärtut	„ -tatdlimat
21. ungna oder ungnijut (f. u.)	ungna oder ungnissut

Auch scheinen statt der oben genannten Teilwörter folgende vorzukommen:
igluane an seinem andern (von zwei zuj. gehörigen Dingen), nämlich der Hand
oder des Fußes; und
itikkane am Fuß (von itigak. Plur. itikkat) z. B.
igluane magguk an der andern (Hand) 2 = 7.
itikkane „ „ dem Fuß 2 = 12.

Anm. 2. Die alten Zahlen über 20 hinaus. Statt des eben Angegebenen sagt § 107.
man auch nach § 103 für 20: inuk nâvlugo (Inf. von nâvâ er macht ihn, es zu Ende,
einen Menschen zu Ende, oder inûk avatingit nâvlugit eines Menschen Glieder zu Ende,
oder kurz avatit Glieder. Beim Weiterzählen sagt man dann:
avatillo attauserlo 21.
- magguglo 22.
inúk magguk nâvlugik 2 Menschen zu Ende
inúk magguk avatingit nâvlugit 2er Menschen Glieder zu Ende } = 40.
oder bloß inúk magguk avatingit zweier Menschen Glieder
inuit pingasut (auch mit avatingit) nâvlugit } = 60.
oder bloß inuit pingasut avatingit
Oder mit unsern Ordnungszahlen:
inûb aipanga nâvlugo den zweiten Menschen zu Ende } = 40.
inûb aipangata avatingit des zweiten Menschen Glieder
u. s. w.

---
*) Man sieht, die Form arvingat 6 und die Bildung arvinemit find nicht folgerichtig. Folgerichtig
wäre arvingamit, wie ich's in der That, zwar nur einmal geschrieben gefunden habe. Dann stimmte es schön
in der Bildung von 12 und 17. Wird arvinemit gesagt, so liegt eben das noch in Grdb. gebrauchte arvinek,
nicht aber arvingat zu Grunde.

4*

§ 108. **Anm. 3.** Unfre **Ordnungszahlen** heißen dann von „der sechste" an so: arvininga: (ihr) sechster, arvinimit aggartuat (ihr) siebenter, arvinimit pingajuat ihr achter, arkaːngartuat ihr elfter, arkangamit aggartuat ihr zwölfter, arvertangartuat ihr sechzehnter. Es mögen aber viel Abweichungen von dem in § 106 108 Angegebenen vorkommen.

§ 109. **Anm. 4. Für unsern jetzigen Gebrauch** sei noch bemerkt:

a) **Grundzahlen** in deutscher Form werden öfters (beim Datum immer auch da angewendet, wo wir die Ordnungszahlen brauchen, z. B. Januareme 5me am fünften Januar.

neben: kapiteleme 1me, 2me, 4me im ersten, zweiten, vierten Kapitel kapiteleme sivorlerme oder kapitelit sivorlingäːnne, kapitelib aipangane, kapitelit sitamangäːnne.

b) **Abkürzung** bei **Anführung** von **Schriftstellern** mache man so: Sivorlit Korinteminunut kap. 2 = 1 Kor. 2. aus: Paulusib aglangit sivorlit Korinteminunut.

Aipangit (oder aipaingit § 110) Timótensemut = 2 Tim. aus: Paulusib aglangita aipaingit Timótensemut.
Sivorlit Pétrusib = 1 Petri aus: Pétrusib aglangit sivorlit.
Johannesib pingajungine kapiteleme 2me attuarsivogut in 3 Joh. 2 lesen wir, aus: Johannesib aglärsungita pingajungine.

Anm. 5. Beachte auch die Verbindung der Ordnungszahlen mit -givä, -rivä, s. die Beisp. § 404 a.

Mehrfache Mehrheit.

§ 110. a) Wenn von Gegenständen, die selbst schon eine Mehrheit in sich schließen und von vorneherein in der Pluralform gebraucht werden, die Mehrheit ausgedrückt wird, so werden folg. Formen gebraucht: maggnit, pingasuit, sittamait, tellimait, ja auch attausit. Worte wie amisut (Pl. von amisok) ein Trupp Seehunde, kattimajut eine Herde (Renntiere ꝛc.), kemuksit ein bespannter Schlitten mit Menschen und Hunden, werden ähnlich behandelt: amisuit, kattimajuit, kemuksit mehrere Trupps, Herden, Schlitten. Ebenso von unuktut viele: unuktuit, in Bezug auf solche Gegenstände in Pluralform wie Herden, Schiffe, Schlitten gebraucht."*)

Z. B. kemuksit, amisut attausit ein Schlitten, ein Trupp Seehunde.
kemuksit, amisui magguit zwei   „   zwei   „   „
kemuksinik atausinik einen Schlitten.
kemuksinik magguinik zwei   „
umiaksuit pingasuit drei Schiffe.
tuktunik kattimajunik attausinik eine Renntierherde.
„   „   juinik (ob. junik) tellimainik fünf Renntierherden.

Anm. Bei nur im Dual vorkommenden Wörtern wie kiktitautik Wage, kamutik Schlitten (2 Kufen) wird auch bei attausok der Dual gebildet. Bei den weiteren Zahlen lassen manche das Wort im Dual, andere setzen Plural, z. B.
kamutik attausik ein Schlitten.
kamutik (ob. tit) magguit zwei Schlitten.
kamutit (ob. tik) pingasuit drei   „
kamingnik attausingnik ein Paar Stiefeln.
kamingnik (ob. mingnik) tellimainik fünf Paar Stiefeln.

b) Ebenso gibt es bei den Suffixen (d. h. unsern **Ordnungszahlen**) für die mehrfache Mehrheit aipaingit, pingajuingit, sittamaingit ꝛc.

---

*) Das t wird auch in den andern Kasus beibehalten, z. B. sittamainnt. Selbst bei attausok, wo die Leute scheints fast nur attausit und sogar attausinik ꝛc. sagen, während doch hier, wie man denken sollte, attausit, attausinik ganz gerechtfertigt wäre; s. auch § 66. Beachte auch Bildungen wie pingasuingovut sittamaiugovut, uuuktuingovut; eben'o sittamaitinait, sittamaitutinarnik nur vier ꝛc.

B. I. Zahlwörter. 53

Doch werden da auch die einfachen Formen aipangit, pingajungit gebraucht. Z. B.
aglangita aipaingit (aipangit) sein zweiter Brief, eig. seiner Schriften ihre zweiten.
pingasuinik inokatigéksoarnik taisiniarpunga: sivorlit κακοrput; aipaingit (pangit) κernerput; pingajuingit (jungit) akkungnarput drei Völker werde ich nennen: das erste ist weiß; das zweite ist schwarz; das dritte ist bazwischen (zw. weiß und schwarz).

Zahlwörter mit Anhängen.

Dgl. gibt es einige, z. B. -rárpoκ s. § 467. Besonders aber sei § 111. hier angeführt der Anhang für die Vervielfältigung einmal, zweimal ꝛc.:
-ertorpoκ s. s. er thut so viel mal,
-ertorpá r. s. er thut ihm, nimmt ihn so viel mal;
attauseκ aber nimmt -arpoκ*) an. Besonders werden diese im Infinitiv gebraucht, wie folgt:

s. s.   r. s.
attausiarluno er, man einmal thuend   attausiarlugo man ihm einmal thuend,
                                      ihn   „   nehmend.
magguertorluno „ zweimal „   magguertorlugo „ zweimal „
pingasuertorluno „ dreimal „   pingasuertorlugo „ dreimal „
6 ertorluno „ sechsmal „   6 ertorlugo „ sechsmal „

Und so auch in anderer Zahl und andern Personen:
sittamaertorluse ihr viermal „   sittamaertorluse man euch viermal „
tellimaertorlutik sie fünfmal „   tellimaertorlugit „ sie fünfmal „

Z. B. pingasut tellimaertorlugit 3 fünfmal = 5 × 3.
Eine andere Weise der Vervielfältigung bei einigen Zahlen ist mit -κattarpoκ öfters (§ 424). Z. B.
100 coκattartut die öfters 100 seienden d. h. mehrere, viele hundert.

Bruchzahlen.

Für diese d. h. ein drittel, viertel ꝛc. werden dieselben Ausdrücke gebraucht § 112. wie für der dritte, vierte ꝛc. Also heißt z. B.
tellimangat sowohl der fünfte (ihr fünfter)
               als ein fünftel (ihr fünftel).
Doch muß die Teilung aus dem Zusammenhang klar sein. Vgl. auch Wbch. bei halb, Hälfte, viertel, achtel. Beispiele:
perkutime tellimangat morvgutigivá   } er verhandelt das
      „   „   ngit   „   vait } Fünftel seiner Güter.
perkutingita tellimaujoánnik tigusivoκ } er nimmt den Zehnten ih-
    „   tinginit   „   „   } rer Güter, von ihren G.

---

*) Dieser Anhang -κrpá, -arpoκ wird auch noch bei 2 und 3, nicht aber von 4 an gebraucht, doch immer mit dem andern Anhang terpá, terpoκ (s. § 482 = tipá) also -arterpá, -arterpoκ, z. B. magguarterlinuga ich oder mich zweimal, pingasuerterdluno er dreimal.
Wie ist der obige Anhang -ertorpá zu erklären? Das torpoκ bedeutet Wiederholung (§ 484b) aber das er davor? Aufschluß gibt vielleicht, daß in den alten Grammatiken neben -ertorpoκ auch -artorpoκ geschrieben wird: magguartorluno, pingasuartorluno, sittamartorluse. Dies wohl das Ursprüngliche. Darnach wäre dies orpoκ hier nur aus arpoκ entstanden, wie es in attausiarluno noch gebraucht wird.

I. Formenlehre. Abschn. I. Nennwörter.

Anm. Zum klareren Ausdruck der Teilung kann man die gleichbedeutenden Anhänge **-ulivä** er macht es so und so vielfach, teilt es in so viele Teile oder **-ilivä***) er teilt es in so viele Teile — brauchen. z. B. (vgl. o.)
perkutine tellimaulivlugit (od. —mailivlugit) tellimangut niorgutigivä seine
                (Güter in 5 Teile teilend, verhandelt er ihr sünftes, Fünftel. Vgl.
                Nehem. 9, 3.
tellimaujortôlivlugit (od. —tnilivlugit) sie in 10 Teile teilend.
sittamaulimajok (—mailimajok) Plur. jut in 4 Teile Geteiltes. Danach:
pingasôlimajub } pingajuat ein Drittel von einem Ganzen, Zusammenhängenden.
  suilimajub
      NB. Man beachte die eigentümliche Verbindung der Sing.-Endung jub und des Plur.
Suff. at (ihr)! (Eigentlich: des Dreigeteilten (seiner Teile) ihr dritter.
pingasôlimajut } pingajuingit ein Drittel von vielen Dingen.
  suilimajut

B. II. Ortswörter.
§ 113—136.

§ 113. „Darunter verstehn wir gewisse Nennwörter, die einen Ort oder Raum mit Bezug auf seine Lage zu einem andern Gegenstand ausdrücken." Sie kommen hauptsächlich nur mit Suff. (sein, dein ꝛc.) vor; und dadurch werden dann unsre **Ortspräpositionen** z. B. vor, neben, zwischen ꝛc. ausgedrückt. Z. B.
    von at das Untere: attâ sein Unteres,
    attâne, attimne in seinem, meinem U., d. h. unter ihm, mir.

Man merke dabei auf die Eigentümlichkeit der esk. Sprache (vgl. § 75), daß überaus viel mit dem Suff. der dritten Person (sein) allein geredet wird, ohne daß der Gegenstand, worauf sich das „sein" bezieht, genannt wird. Er muß dazu gedacht werden, wie es der jedesmalige Zusammenhang ja klar angibt. Wir brauchen im Deutschen in solchen Fällen oft ganz ähnlich statt der Präposition die **Adverbien**, z. B. oben (statt über ihm), drüben (statt jenseits desselben) ꝛc. Beispiele:
    akkianit von drüben (Europa), eig. von seinem Jenseitigen her,
        d. h. imarbiub akkianit zu denken = von jenseits
        des Meeres.
    kollâne oben oder über ihm, eig. in seinem Oberen, sei es z. B.
        eines Hauses sein Oberes (d. h. entw. der Boden, oder
        der Raum in der Luft über dem Haus) sei es z. B.
        eines Schrankes sein Oberes (d. h. entw. der oberste
        Schaft desselben oder der Raum über dem Schrank.)
    sillatâne draußen = in seinem Äußeren (eines Hauses, Lagers,
        Zimmers, Leibes oder andern Gegenstandes).

Ohne Suffix kommen die Ortswörter wenig vor (s. § 127). Manche haben mit der Bedeutung unsrer Hauptwörter außerdem noch eine ganz bestimmt abgegrenzte Bedeutung, z. B. **sâ** Vorderes, Tisch, **akke** Entgegengesetztes, Bezahlung, **tuno** Hinteres, Rücken u. s. w.

---

*) Der erste dieser Anhänge **-ulivä** ist jedenfalls zus. gesetzt aus **-uvok** er ist und **-livä** er macht es (s. § 449 Anm.) z. B. pingasu-u-livä = pingasôlivä er macht es 3 sein, d. h. entweder er macht es dreifach oder teilt es in 3 Teile ein.
Wie aber **-ilivä** zu erklären? **-livä** jedenfalls wie im Vorigen, aber das davorstehende i? Ist es etwa, indem durch **-livä** der Wegfall des Konf. r bedingt wird, = dem **-eryok**, wie in **-ortoryok**, in der Bedeutung von **-aryok** (s. d. Fußnote zum vor. § 111)? Doch wohl. Danach hieße dann pingasu-i-livä er macht es (-livä) drei (pingasuit) mal seiend (i aus eryok, aryok).

B. II. Ortswörter.

Deklinationsbeispiele.

Man sieht aus denselben, daß keine Abweichung von der früher gegebenen § 114. Dekl. der Nennwörter (z. B. nuna) stattfindet. Die nicht mit aufgeführten Kasus *Mod.* und *Abl.* ergeben sich von selbst.

a) sà das Vordere (auch: der Tisch).

		Reflexiv.	**sein**	**dein**	**mein**
Intr.	sànga sein Vorderes	sàno sein V.	sàt dein V.	sàga mein V.
Trans.	sàngata (sàngat)	sàme	sàkpit	sàma
Loc.	sàngane in seinem V. d. h. vor ihm	sàmine vor sich	sàngne vor dir	sàmne vor mir
Vial.	sàngagut durch sein V. hin d. h. vor ihm durch, hin, vorbei	sàmigut vor sich durch, hin	sàkkut vor dir durch, hin, vorbei	sàpkut vor mir durch, hin, vorbei
Term.	sànganut zu seinem V. d. h. vor ihn	sàminut vor sich	sàngnut vor dich	sàmnut vor mich

		Reflexiv.	**ihr**	**euer**	**unser**
Intr.	sàngat ihr V.	sàtik ihr V.	sàse euer V.	sàvut unser V.
Trans.	sàngata	sàmik	sàpse	sàpta
Loc.	sàngienne in ihrem V. d. h. vor ihnen	sàmingne vor sich	sàpsingne vor euch	sàptingne vor uns
Vial.	sàngatigut durch ihr V. d. h. vor ihnen durch, hin, vorbei	sàmikkut vor sich durch, hin	sàpsigut vor euch hin, durch	sàptigut vor uns durch, hin, vorbei
Term.	sàngiennut zu ihrem V. d. h. vor sie	sàmingnut vor sich	sàpsingnut vor euch	sàptingnut vor uns

b) **kolle das Obere*).**

	sein	*Reflexiv.*	**dein**	**mein**
Intr.	kollä sein Oberes	kolline sein O.	kollit dein O.	kolliga mein O.
Trans.	kolläta (kollät)	kollime	kollikpit	kollima
Loc.	kolläne in seinem O.	kollimine	kollingne	kollimne
	d. h. über ihm	über sich	über dir	über mir
Vial.	kollägut durch s. O. hin	kollimigut	kollikkut	kollipkut
	d. h. über ihn hin	über sich hin	über dich hin	über mich hin
Term.	kollänut zu seinem O.	kolliminut	kollingnut	kollimnut
	d. h. über ihn	über sich	über dich	über mich

	ihr	*Reflexiv.*	**euer**	**unser**
Intr.	kollät, kollingat ihr O.	kollitik ihr.	kollise euer O.	kollivutuuserO.
Term.	kolläta	kollimik	kollipse	kollipta
Loc.	kollännue in ihrem O.	kollimingne	kollipsingne	kolliptingne
	d. h. über ihnen	über sich	über euch	über uns
Vialis.	kollätigut durch ihr O. hin	kollimikkut	kollipsigut	kolliptigut
	d. h. über sie hin	über sich hin	über euch hin	über uns hin
Term.	kollännut zu ihrem O.	kollimingnut	kollipsingnut	kolliptingnut
	d. h. über sie	über sich	über euch	über uns

§ 115. Anm. Die hier nicht angeführten **Pluralformen** (Plur. des Besitzes) seine, deine, meine ꝛc. ergeben sich aus dem früheren. Sie kommen auch hier kaum zur Anwendung. Nur die Pluralform „ihre" ist noch anzuführen, da auch sie neben der Singularform „ihr" verwendet wird:

Intr.	sängit ihre vorderen (Räume, Dinge)	kollingit ihre oberen (Räume)
Loc.	sängine in ihren vorderen (Räumen)	kollingine in ihren oberen R.
	d. h. vor ihnen	d. h. über ihnen
Vial.	sängitigut durch ihre vorderen R.	kollingitigut durch ihre oberen R.
	d. h. vor ihnen hin	d. h. über sie hin
Term.	sänginut zu ihren vorderen R.	kollinginut zu ihren oberen R.
	d. h. vor sie	d. h. über sie

Neben den obigen Singularformen (sängat ihr Vorderes ꝛc.) werden oft auch diese Pluralformen in ganz gleicher Bedeutung, nur mit verschiedener Auffassung gebraucht, z. B.

Inuit sängwnne } beides: vor den Menschen.
    sängine

Im ersten Fall denkt man sich den Raum vor ihnen als einen, allen gemeinsamen („in ihrem Vorderen"); im zweiten Fall als einen geteilten, so daß auf jeden ein besonderes Vordere kommt („in ihren Vorderen").

Uebersicht der hauptsächlichsten Ortswörter. § 116—132.

Wir stellen dabei immer zuerst den also für sich allein meist nicht vorkommenden Stamm, daneben die Form mit Suff. der dritten Person nga

---

*) Unter kollek Lampe wird im Wbch. gesagt, daß davon gebildete Formen, wie kollivut unsre Lampe ganz gleich aussehen wie die obenstehenden von kolle das Obere, also z. B. wie kollivut der Raum über uns: daß aber im ersteren Fall das l ganz anders scharf ausgesprochen werde. Unsre unvollkommene Orthographie drückt aber den Unterschied nicht aus. Im ersten Fall ist die Silbe geschärft, denn das Wort ist zusammengesetzt aus kŭl (der zweiten neben kolle = köle bestehenden Stammform s. § 118 Fußnote) und dlek, also kuldlek, mit abgeschliffner Aussprache kŏllek. Also auch kudlivut, kŏllivut unsre Lampe. Dagegen in kolivut unser Oberes ist die erste Silbe nicht geschärft, sondern nur kurz, da es von köle kommt.

B. II. Ortswörter.

(sein) auf. Statt nga wird aber grade hier vielfach nur a angesetzt, öfters mit vorhergehendem Vokalwechsel. S. darüber § 94.

1. at, davon **attâ** sein Unteres, der Raum unter ihm. § 116.
  kilaub attâne in des Himmels seinem Unteren = unter dem H.
  majutit attâne unten an der Treppe, oft kurz: unten.
  ittigangita attât seiner Füße Unteres = der Raum unter seinen Füßen.
  attinne, attingne in meinem, deinem U. = unter mir, dir.
  attânit von seinem U. her = von unten (§ 113).

2. xolle (kot § 118,9), davon **kollâ** sein Oberes, der Raum über ihm (§ 114).
  iglub kollânut zu des Hauses seinem Oberen d. h. entw. auf den
    Boden, oder: in den Raum (ganz) über dem Hause.
  kollâne in seinem O. = über ihm, auch kurz: oben (§ 113).
  kakkab, imab kollâne über dem Berg, dem Wasser (Meer).

3. sâ (sak § 118,9), davon **sânga** seine vordere (breite) Seite, auch sein Vorderes, d. h. was (in der Richtung der Breite) vor ihm ist (§ 114. 115).
  sâmut (ohne Suffix) illilauruk lege es auf den Tisch.
  sâmnut illilauruk lege es zu meinem V. = vor mich hin.
  ijikpit, ijikita sângangne in deiner, seiner zwei Augen ihrem V.
    = vor deinen, seinen Augen.

4. tunno oder **tunnuk,** davon **tunnua** seine hintere (breite) §117.
Seite, Rückseite, Rücken: auch: was hinter ihm ist (in der Richtung der Breite).
  tunnuane an seinem Rücken oder auch: hinter ihm.
  tunumnut zu meiner Rückseite = hinter mich.
  tunupsingnit von hinter euch her.

5. sivo das nach vorn hin Liegende (in der Längsrichtung), davon **sivua** sein vorderes Ende, Vorderteil.
  umiab sivuanèpok ist auf dem Vorderteil des Bootes: oder: ist
    am Vorderteil, nicht auf dem Boot, aber ganz nahe davor.

6. kingo das nach hinten hin Liegende (in der Längsrichtung) davon **kingua** sein hinteres Ende, Hinterteil, Gegensatz zu sivua. Kommt in Labr. nur ohne Suffix: kingumut § 127 und in Zusammensetzungen wie kingorngane § 124 vor. Sonst wird es nicht gebraucht (während in Grld. des Kajaks, aber nur des Kajaks Hinterende kingua heißt). Als Gegensatz zu sivua wird in Labr. **akua,** und zwar bei allen Fahrzeugen, auch Schlitten gebraucht (von ako; sprich ziemlich wie acho, achoane wie in okarpok, pekarpok).
  akoanèpok, auch ohne Suff. akomèpok er, es ist hinten (im Boot,
    Kajak, Schlitten).
  Mit diesem Worte (kingo) nicht zu vermengen ist:

7. xingox, davon **kingua** sein der Mündung entgegengesetztes Ende, bloß bei einem länglichen, eingeschlossenen, nur vorn eine Oeffnung, Mündung habenden Raum. Wird eig. nur gebraucht vom Ende einer Bucht, eines Flintenlaufes und Rohres, das hinten zu ist, einer Höhle, einer Fuchsgrube, kinguane nunakarpogut wir haben Land == wohnen hinten (in der Bucht). S. auch I Sam. 24, 4.

§ 118. **8. senne**, davon **sennia** sein Nebiges, der Raum neben ihm.
    senniane in seinem Nebigen == neben ihm, oft kurz: daneben.
    sennimine „   „   „   == neben sich.
    sennipkut durch mein N.   neben mir her, durch.
    senniatigut „ ihr „   „ ihnen „   „
    sennigingne neben ihnen beiden.

   9. kâ (und kak*), davon **känga** seine Oberfläche, auch: was oben an, auf ihm ist, es berührend.
    iglub kängane auf des Hauses Oberseite   auf dem Dache.
    niakorma (kakkab) kängane oben auf meinem Kopfe (auf dem Berge).
    ikkekarpok uviniub kängane er hat eine Wunde auf der Oberfläche des Fleisches (außen am Leib in der Haut).
    käptingne ullekarpok oben auf uns hat es (liegt) eine Decke.
    kängauut auf seine O. — auf ihn; kurz: oben drauf (§ 113).
    kängagut auf seiner O. hin, kurz: drüber hin (es berührend).
    imab kängagut pisukpok er geht auf dem Wasser hin.
    dagegen kollâgut drüber hin, oberhalb, es nicht berührend.
    kejuit kängænne |
    kejuit kängine | § 115, oben auf dem Holz (eig. den Hölzern).

   10. illo oder **illuk**, davon **illua** sein Inneres, sein innerer Raum.
    illumine refl. in seinem Innern   in sich selbst.
    avalut (Pl. von avalok) illuenne in des Zaunes zu innern innerhalb des Zaunes.

§ 119. **11. sillat**, davon **sillatâ** sein Aeußeres, Außenseit.   sein äußerer Raum.
    iglub sillatâne an des Hauses Außenseite, entw. am Haus selbst, oder auch draußen, außerhalb.
    sillatânut nach seiner Außenseite: kurz: hinaus (§ 113).
    mingoarut upkuab sillatâne persimavok die Farbe an der Außenseite der Thüre ist abgegangen.
    upkuab sillatânepok oder auch: er ist außerhalb der Thüre.
    sillatimepok er ist draußen von mir, z. B. vor meiner Thüre;
    ebenso auch: es ist außerhalb an mir.
    sillatâtigut (Sing.) |
    sillatingitigut (Plur.) | § 115, außerhalb von ihnen hin.

   12. avat, davon **avatâ** sein Aeußeres an ihm herum (Glieder) oder: das außerhalb um ihn herum.
    avatâne an seiner Außenseite herum, um ihn herum.
    avatimine in meinen Gliedern oder: um mich herum.
    avatimingnut (refl.) takkosarput sie blicken um sich herum. Mt. 9, 8.
    iglugasaksuit avatâne um die Stadt herum (wo?)
         „ avatâtigut „   „   „   „   (wo hindurch?).

---

*) Bemerkung zu No. 2, 3, 9. Während an die längeren Stammformen kollo, sä, kä die Suffixe gehängt werden, werden andre Ableitungen durch Anhänge häufig von den zweiten Stammformen kot, sak, käk gebildet, z. B. kotdlek, kollek Lampe, sotaikpok (neben kolangkarpâ von kolle) sangnivok von sak (neben sardlek, sängerpâ von sä), kallek (aus kagdlek), kägvarpâ rc.

Anm. Der angegebene Unterschied in der Bedeutung von sillatā und avatā ist festzuhalten, obwohl manche Esk. avatā auch nur in der Bedeutung von sillatā „außerhalb" zu brauchen scheinen, ohne den Begriff „rings um, um herum" zu betonen.

13. nelle, davon **nellā** sein (d. h. das ihm) grade oder genau § 120. Treffendes, das was grade, genau vor, über oder unter ihm ist.

nellāne in seinem genau Treffenden — grade vor, über oder unter ihm.

nellānörpok (= nellānut pivok) er geht, kommt grade vor, über oder unter ihm.

tingmiak iglub nellānörpok d. Vogel kommt grade vor oder über das Haus.

kiaksautib nellānit kusserpok von gerade über dem Ofen her tropft es.

nelliptingne in dem, was grade vor uns trifft, liegt, ist. (Vgl. Wbch.?)

nellāgut grade vor, über od. unter ihm hin od. durch. Davon geistig: grade so wie es sich verhält, der Wahrheit gemäß.

tullugak iglub nellāgörpok (nellāgut pivok) der Rabe kommt grade vor od. über dem Hause durch, hin.

nellāgut okarpotit grade so wie es sich verhält, redest du (durch das den Sachverhalt Treffende hin).

Anm. Da im Wbch. dies nelle nicht klar als nur ein Wort erscheint, so sei kurz hier folg. gesagt: Die Grundbedeutung von **nelle** ist: das mit etwas Zusammentreffende, Gleiche.* Davon also

1) gleich, zusammentreffend, was Richtung und Lage betrifft. Hier also die Bedeutung des Ortswortes nellāne wie eben oben angegeben:

2. gleich, zusammentreffend, was Wert, Begabung, Geschicklichkeit ꝛc. betrifft. In dieser Bedeutung z. B.

nelligivā hat ihm zum gleichen, ist ihm gleich.

nelligēkput sie sind einander gleich, einerlei.

nellekārpok er hat seinesgleichen.

nellekangilak er hat nicht seinesgleichen.

3. Mit Suffix **nelliat** (= nellingat) ihr Gleicher, ihrer ein Gleicher, ein Gleicher von ihnen, d. h. irgend jemand von ihnen, irgend einer von ihnen, gleichviel welcher. Man denkt sich nämlich eine Mehrheit in gleiche Teile, Einheiten zerfallend, wobei man freilich gar keinen Nachdruck darauf legt, ob diese Einheiten einander ganz genau gleich sind oder nicht; wie dies bei unserm Deutschen „und dergleichen" grade so der Fall ist: nelliat bezeichnet nun also einen dieser verschiedenen, unter sich etwa gleichen Teile: „ihrer einer, irgend einer von ihnen, einer dergleichen." Mehr § 150. Hiervon abzuleiten ist:

nellikārput s. s. sie kommen hintereinander.

nellikārpoit e. s. er macht (behandelt, nimmt) sie hintereinander.

14. mikse, davon **miksā** sein nah vor ihm Liegendes, ihm Zu= § 121. gewandtes [sein Diesseitiges, dem Redenden Zugekehrtes].

miksāne vor ihm, auf ihn zu, in seiner Nähe [nach der auf uns zugewandten Seite, diesseits auf uns zu.]

miksivut maujakarpok das nah vor uns liegende, uns zugewandte [Land oder Eis] hat weichen Schnee.

Jordanib miksāne auf den Jordan zu, nahe bei ihm [auf uns zu, diesseits des Jordans].

kakkab miksāne auf den Berg zu, nah beim B. [auf uns zu, diesseits des Berges].

kakkab miksiptingne diesseits des Berges [nach dem Wbch. näher auf uns zu, als beim vorigen Ausdruck].

---
*) Auch das Wort nelliutivok (grld. nagdliupok) hängt hiermit zusammen. S. mehr Grld. Wbch.

Anm. NB. Wie es bei mancher dieser Ortswörter schwer ist, den Grundbegriff scharf zu bestimmen, so besonders hier bei **miksā**. Gewöhnlich wird **miksāne** mit der Bedeutung: „diesseits von ihm dem Gegenstand (auf den Redenden zu)" angegeben. Das oben in eckigen Klammern stehende gibt diese Auffassung, wie sie auch vorherrschend in Ebch. auftritt, und in Grld. wohl ähnlich stattfinden mag. Aber mag dieser Gebrauch vielleicht auch in früherer Zeit hier der ursprüngliche gewesen sein, jetzt ist es nicht mehr der Fall, und man hat sich wohl allein an die oben nicht in eckigen Klammern stehende Bedeutung zu halten.

miksā nämlich heißt jetzt bei den Est. scheint's durchaus zweifellos: „sein **ihm** (nicht uns) Zugewandtes und zwar Nahes" (der Begriff der Nähe wird hierbei immer von den Est. betont). Also кaккab miksāne ganz allgemein: in des Berges ihm Zugewandten d. h. nahe vor, bei dem Berge, mag es nun, von uns aus genommen, diesseits oder jenseits, nördlich oder südlich, östlich oder westlich des Berges sein. Man kann völlig richtig sogar sagen: Jordanib. (кaккab) ungatāne miksāne auf der andern Seite des Jordans (des Berges) vor ihm, nahe bei ihm, auf ihn zu.

Will man das diesseits, auf **uns** zu wirklich klar ausdrücken, so kann man es jetzt durchaus nicht anders thun, als durch miksiptingne == in dem auf uns Zugewandten, auf uns zu. Dieser Ausdruck ist sehr häufig unter den Est., auch grade in der Form des letzten Beispieles oben: кaккab miksiptingne diesseits des Berges (näher auf uns zu). Diese den ersten Blick ungeheuerlich scheinende Verbindung erklärt sich aber doch wohl sehr einfach, indem man sich hinter кaккab ein den *Trans.* forderndes *r. s.* Wort ausgelassen denkt, z. B. erkäne: also кaккab erkäne miksiptingne == in der Umgegend des Berges (u. zwar) in dem uns Zugewandten d. h. diesseits auf uns zu.

Obwohl miksiptingne eig. nur auf das uns Nahe sich bezieht, so kann es doch auch bei weiteren Entfernungen gebraucht werden, wenn dies nur durch noch einen andern Zusatz klar gemacht wird. z. B.

Jordanib erkäne miksiptingne in des J. Umgegend auf uns zu
„ senniane „ neben dem J. „ „ „ beides kurz:
      diesseits des Jordans (nahe bei ihm).
nuvub senniane miksiptingne neben der Landspitze auf uns zu d. h. diesseits der
      Spitze, aber nahe bei ihr.
Vgl. die obige beide Auffassungen wiedergebende, verschiedene Uebersetzung von dies-
„seits des Jordans" in 4 Mos. 32, 19 und 32.

§ 122. **15. akke,** davon **akkia** sein Entgegengesetztes, Gegenüberliegendes Jenseitiges.

    kôb akkiane auf des Flusses seinem Gegenüberliegenden d. h. jenseit
        des Flusses (nah bei demselben).
    akkianut ikârniarpogut wir werden hinüberfahren, eig. nach
        seinem (des Meeres, Flusses, der Bucht) Jenseitigen.
    perorsêviub akkianêpoк er ist auf der entgegengesetzten Seite,
        jenseit des Gartens.
    akkime in meinem Gegenüberliegenden mir gegenüber z. B.
        auch beim Sitzen am Tische.

  16. ungat davon **ungatā** sein Jenseitiges, Drüberhinausliegendes,
      hinter ihm (nicht dicht daran) Liegendes.
    kôb ungatāne jenseits des Flusses, über ihn hinausliegend, nicht
        dicht daran.
    perorsêviub ungatānut auf die andre Seite des Gartens, über
        ihn hinaus.
    кaккab ungatāne jenseit des Berges, über ihn hinaus.

  17. time. Grundbedeutung: Das feste, Konzentrierte im Gegensatz zu der äußeren Umgebung. Davon
    a) **der Leib** im Gegensatz zu den Gliedern: timinga (auch timâ) sein Leib.
    b) was hier als Ortswort in Betracht kommt: **das Innenland** im Gegensatz zu dem von Buchten durchschnittenen Außenland. Da dieses Strand-

gebiet tiefer liegt, als das mehr nach innen zu Gelegene, so bedeutet dann in
Labr. time hauptsächlich das **höher Gelegene** (und zwar in der Nähe) ganz
abgesehen davon, ob es in der Richtung des Binnenlandes liegt, oder nicht.
In diesem Sinn immer nur

    timä (nicht timinga) sein **Höhergelegenes** (vom Strand oder von
                irgend einem sonstigen Standpunkt ausgegangen).
    timiptingne an unserm Leibe oder: etwas höher gelegen als wir
            (dicht neben uns oder in geringer Entfernung).
    sikjab timäne etwas höher als der Strand, landaufwärts.
    кôb timänĕpок er ist etwas höher hinauf am Fluß oder als der
             Fluß, gleichviel an welchem Ufer.
    какkаb timänĕpок er ist etwas höher hinauf als der Berg (etwa
             auf einem andern daneben liegenden, höheren, gleichviel
             in welcher Richtung).
    timäne kurz: etwas höher oben, landaufwärts.

Es folgen nun vier die **Weltgegend** bezeichnende:

18. kit, davon **kittä** seine See (oder Ost)gegend, das von ihm § 123.
seewärts Gelegene; daher auch: das von ihm flußabwärts Gelegene
(vgl. § 184. Anm. 3. unane).
    kittäne in seiner (des Landes, Berges 2c.) Seegegend, seewärts von
        ihm, kurz: seewärts; auch: flußabwärts.
    kittimne seewärts, auch: flußabwärts von mir.
    kittivut sikkoerpok die Gegend seewärts von uns ist eisfrei ge=
        worden, wird eisfrei.

19. kange, davon **kangia** seine Land-(West)gegend, das von ihm
landwärts Gelegene; daher auch: das von ihm flußaufwärts Gele=
gene. (vgl. § 184 Anm. 3 päne).
    kangianut nach seiner Landseite zu, westwärts.
    perorsĕviub kangianĕpok er ist am westlichen Ende des Gartens
        oder: er ist westlich vom Garten. (Dieser Unterschied
        noch deutlicher gemacht, wenn man im ersten Fall dazu
        setzt illuane drinnen (No. 10), im zweiten sillatäne
        draußen No. 11).
    kangivut aputekalerĕrpok das Land westlich von uns hat schon
        Schnee.

20. tachax Schatten, davon **tachä** seine Schatten-(Nord)seite,
Nordgegend.
    tachäne auf seiner Nordseite, nördlich an oder von ihm, kurz: nördlich.
    tachapsingne in eurer Schattenseite, im Norden von euch.
    tachavut itjekarnersauvok unser Nördliches (Land, Gegend) hat
        mehr Kälte d. h. nördlich von uns ist es kälter.

21. sexinex Sonne, davon **sekerngä** (= sekininga) seine Sonnen=
(Süd)seite, — Südgegend.
    какkаb sekerngäne auf der Südseite des Berges, südlich am oder
        vom Berg aus.
    sekiniptingne auch: } auf unsrer Sonnenseite, südlich von uns.
    sekinaptingne § 124 }

sekinivut puijoĸadlarpoĸ unſre Südgegend hat viel Seehunde,
d. h. im S. gibt es viel Seehunde. Aber ebenſo auch:
sekinaptingne puijoĸadlarpoĸ dasſelbe; eig. in unſrer Südgegend
gibt's viel Seehunde.
Anm. NB. Man achte auf dieſen im Eſt. häufigen Gebrauch von seki‑
nivut, tachavut, kangivǎ, kittivut ꝛc. ebenſo bei andern Ortswörtern wie
miksivut ꝛc. Denn dieſe Ausdrucksweiſe liegt dem Deutſchen nicht nahe.
Vgl. ebenſo sekinerdlivut ꝛc. § 133 b. § 206.

§ 124—126. Es folgen nun drei nicht einfache, ſondern durch Zu‑
ſammenſetzung mit sivo No. 5, kingo No. 6 und akko gebildete Ortswörter.
Dabei iſt zu bemerken, daß bei ihnen, wie auch bei sekinoĸ No. 21, in
manchen Formen neben der Endung nek auch naĸ zu Grunde gelegt wird,
mit übrigens ganz gleicher Bedeutung.

§ 124. **22. sivunex** (naĸ), davon **sivornga** (— sivuninga) ſein Vorderes
(auch „Ziel"), Vorheriges, der Raum oder die Zeit vor ihm.
(mattoma) sivorngagut durch (dieſes) ſein V. hin | vor dieſem, früher,
(") sivorngane in (dieſes) ſeinem V. | vorher. S. Anm.
umiab sivorngan̄eᴘoĸ (sivuningan̄eᴘoĸ) er iſt vor dem Boote.
māna nāmanersauvoĸ sivorngan̄emit (oder sivorlermit) jetzt iſt
es beſſer als früher (§ 49).
sivunimne (namne) vor mir, räumlich und zeitlich.
sivunerne (narne) vor dir, vor deiner Zeit.

23. kingunex (naĸ), davon **kingornga** (— kinguninga) ſein Hin‑
teres, Nachheriges: der Raum oder die Zeit nach ihm.
(taipsoma) kingorngagut, kingorngane nach jener Zeit, nach‑
her. S. Anm.
umiab kingorngn̄eᴘoĸ er iſt hinter, nach dem Boot.
tápkua kingorngǣnne kinguningǣnne (Sing.) | hinter, nach
oder kinguningine (Plur.) | dieſen § 115.
kingunerne nach dir, nach deiner ' it (auch z. B. nachdem du
fortwarſt).
kingornga od. kinguninga oĸumailanĸpoĸ uvaptignut das nach
ihm, die Zeit nach ihm (oder ſächlich: nachher) war
ſchwer für uns.

§ 125. **Anm.** Unterſchied von **sivorngagut** und **sivorngane**, **kingorngagut**
und **kingorngane**. Beide Kaſus drücken kurz unſer vorher, früher, nachher, ſpäter aus.
„Der Lokalis (ne) bezeichnet aber ein Sein, Weilen am Ort oder in der Zeit; der
Vialis (gut) dagegen ein Hindurchgehn, eine Berührung mit dem Genannten.
Nun können, wo nicht von einem Ort, ſondern von der Zeit die Rede iſt, mancherlei Fälle
eintreten, wo man (der eine auf dieſe, der andre auf eine andre Weiſe) ſich eine Begeben‑
heit, Handlung oder einen Zuſtand als in der Zeit ſeiend, weilend, oder aber als dieſelbe
durchgehend, berührend denken kann. In vielen oder den meiſten Fällen wird eins von
beiden das entſchieden Richtigere und alſo vorzuziehen ſein. Es iſt aber klar, daß in
andern Fällen der Unterſchied ein ſehr feiner ſein kann."
Als Muſter ſiehe hier Joh. 1, 15: kingunipkut sniniarpoĸ sivunimn̄elauktoĸ nach
mir (nur einen kürzeren Zeitraum durchgehend) wird kommen, der vor mir war (immer,
in der ganzen Zeit ſeiend, von Ewigkeit her).

§ 126. **24. akkunex** (naĸ) das, was zwiſchen oder darunter iſt, entw.
der Zwiſchenraum oder: das darunter Seiende, darunter Gemiſchte
ſelbſt. Davon **akkorngat** (akkuningat) ihr dazwiſchen, darunter

Seienbes; das, was zwischen ihnen oder: unter ihnen (zu ihnen gehörig) ist.
akkorngawne arvertarpok er wandelt unter (zwischen) ihnen, in ihrem Dazwischenseienden.
akkunapsingne (seltner nipsingne) unter euch.
kiksartunik akkunaptingnêtokarpok es hat, gibt unter uns Betrübte.
akkunermingne (refl.) unter ihnen selbst. Luk. 22, 24.
akkorngatigut aularpok mitten durch sie hin ging er fort. Luk. 4, 30.
Kêrubik akkunigingnit (Dual.) oder (Sing.) akkuningangnit akkorngangnit (§ 97) (Gude okarpok von zwischen den Cherubim her redet Gott. 2 Mos. 25, 22.

Die Ortswörter ohne Suffix.

Ohne Suffix kommen sie nur im Terminalis (mut) vor, wo sie dann § 127. unsern mit hin- und wärts zusammengesetzten Adverbien entsprechen. Es folgen die hauptsächlichsten, deren Nummern den obigen Nummern entsprechen. In Bezug auf die Aussprache achte man darauf, daß manche (durch Einfluß des Endkonsonanten) vor dem mut eine geschärfte Silbe (ungmut oder -immut) haben*). Man spreche z. B. klar aus: avám-mut, anders als sivu-mut, wo das u auch kurz ist. Vgl. § 15. 16.

1. ámmut, mehr aber úngmut abwärts, hinunter.
2. kóngmut (kann je kommut) hinauf, aufwärts.
5. sivumut vorwärts, nach vorn. S. Anm. 3.
4. tunungmut, mehr wohl tunúmut (seltner auch tunumut) rückwärts, nach hinten. S. Anm. 2. und 3.
6. kingumut rückwärts, nach hinten. S. Anm. 2. und 3.
   akomut nach hinten, dem Hinterende (eines Kajaks, Schlittens, Bootes u. dgl.) Sprich ziemlich: achomut; vgl. ággomut § 130 dagegen.
8. sonnimut seitwärts, in die Quere. S. § 128,26 und Anm. dort.
10. illungmut, mehr aber illúmmut hinein, nach innen. S. Anm. 3.
11. sillámmut hinaus, nach außen. S. Anm. 3.
12. avámmut (takkusarpok er blickt) herum, nach allen Seiten herum.
16. ungámmut weiter weg (von jemand, der fest steht).
    namungarkâ? wohin geht er? (kommt er näher oder nicht?)
    ungámmuarpok er geht weiter weg, entfernt sich.
17. timmut öfter wohl tingmut vom Strand hinauf, überhaupt: höher landaufwärts, höher hinauf.
18. kimmut, mehr aber kingmut seewärts (ostwärts).
19. kanginmut landwärts (westwärts; in Grld. ostwärts).
20. tachamut nordwärts. 21. sekinormut südwärts.

Anm. 1. An all diese kann der Anhang -arpok § 148 treten, z. B. kóngumarpok er geht, fährt hinauf, kingumarpok geht, fährt seewärts.

---

*) In Labr. ist hierbei mancherlei Ungenauigkeit eingetreten, wie das obige Verzeichnis zeigt. Einmal assimiliert sich das ng mit dem m so daß aus ngmut immut wird; statt tunungmut, illungmut (von tmuk, illuk): tunúmmut, illúmmut. Ebenso aber das noch Unregelmäßigere, daß ng eintritt, wo kein k sondern t zu Grunde liegt. So immer kongmut, und meist auch angmut, kingmut, wo kommut, ámmut, kímmut (aus kotmut, atmut, kitmut) die richtigen Formen wären. Das eigne ist, daß diese unregelmäßigen Formen grade die gebräuchlichsten zu sein scheinen.

Anm. 2. Unterschied von tunúmmut und kingumut. Bei letzterem wird also von der Längsrichtung ausgegangen. Auf dem Kajak schießt der Mann kingumut an die Längsrichtung des Kajaks und seiner Bewegung gedacht. Auf dem Lande schießt er tunúmmut (an den Rücken des Menschen gedacht). Ebenso: tunúmmut takkusaρoκ er blickt rückwärts, in der Ruhe, z. B. auch auf einem geankerten Schiffe; auf einem fahrenden wäre es kingumut. Ferner kingumut aivoκ er geht rückwärts (sei's unser „rückwärts gehn" mit dem Gesicht nach vorn, oder auch mit umgewendetem Gesicht das gewöhnliche „zurückgehn"), hier wohl an die Längsrichtung des Weges gedacht. Ob freilich diese klaren Unterschiede überall gemacht werden, ist die Frage. Jedenfalls wird tunúmmut viel weniger gebraucht.

Anm. 3. Bei drehender Bewegung des Körpers oder z. B. einer Schraube ɛc. heißt
links herum, von rechts nach links; illámmut (nach innen) oder kingumut (rückwärts);
rechts herum, von links nach rechts; sillámut (nach außen) oder sivumut (vorwärts).

Anm. 4. sillámmut und sillamut. Das erstere mit geschärfter Silbe (aus silat-mut) ist nicht dasselbe wie silla-mut (von silla) an die Luft, ins Freie vgl. sillame im Freien. z. B.
sillamut pita laßt uns hinaus gehn (aus dem Haus ins Freie)!
sillámmut „ „ „ „ (z. B. nach außerhalb des Zaunes, wenn man schon im Freien, aber innerhalb des ɛc. gewesen).

Noch einige andre, weniger häufig oder nur in einzelnen bestimmten Formen vorkommende Ortswörter. § 128—132.

§ 128. **25. tunge** davon **tungâ** (ähnlich oder ziemlich gleich sennia) sein Nebiges, das was dicht neben ihm zu seiner Seite ist (es zwar nicht berührend, aber ziemlich nahe). Auch von der Zeit.
κaκκab tungâne dicht neben dem Berge.
saumiata tungâne neben seiner Linken, zu seiner L.
tungimnêρoκ (sennimnêρoκ) er ist neben mir.
oκâlaviub tungâne oder tungâgut gleich nach der Predigt.

26. tukke[*]) oder tukkik, davon **tukkia** seine Längsrichtung (auch die selbe nach vorn verlängert gedacht).
umiab tukkianêρoκ er ist vor dem Boote (in dessen Längsrichtung) hinter ihm würde sein: aκoata tukkiane.
pâne tukkiptingne oben d. h. im Westen grade vor uns hin (wohl hauptsächlich, wenn sich eine Einsenkung, Thal, Bucht ɛc. vor uns dorthin zu ziehn). Ohne einen solchen näheren Zusatz wie hier pâne:
tukkivut gewöhnlich auf die Ostgegend bezogen: das, was vor uns nach der See, nach Osten zu liegt.
tukkianit „von seiner Endseite her, längs an ihm, oder in ihm hin."
(Gegensatz sennerangánit von seiner Seite her.

---

[*]) Dies Wort ist nicht etwa als ein ganz anderes zu unterscheiden von tukko Sinn, Verstand, sondern es ist ein und dasselbe. Die geistige Bedeutung ist nur aus der räumlichen hergeleitet; „tukkisivâ er versteht es, heißt eigentlich: er findet ihm (einer Sache, einem Wort ɛc.) eine Längenrichtung, d. h. findet heraus, entdeckt, in welcher Richtung die Sache liegt." Höchst interessant ist, daß in Grld. ebenso, wenn auch nicht dasselbe Wort gebraucht wird, doch genau dieselbe Uebertragung vom räumlichen aufs geistige Gebiet stattfindet. Für verstehen hat man dort folg. zwei Wörter: „sujumersivâ er findet ihm (der Sache, dem Wort ɛc.) ein Voranstehendes (sujunek — labr. sivunek No. 22): ein Ziel, eine Absicht ɛc. Oder pâsivâ er findet ihm einen Eingang (pâ) d. h. findet einen Eingang in sein Inneres, d. h. versteht es."
Uebrigens beachtet der Sprachgebrauch bei Anhängung des Suff. der dritten Person den Unterschied der Bedeutung. Man sagt nur
tukkînga sein Sinn, seine Meinung (geistig) und nur
tukkia seine Längsrichtung (räumlich).

kórub tukkianit von hinten her an oder in der Schlucht,
Nut entlang.

Dann ohne Suffix im Terminalis:

tukkimut „der Länge nach (in Verhältnis zu einem andern oder
von einem selbst fort)".
tukkimut illilauruk lege es der Länge nach hin.
sennimut „ „ „ Quere „ „
tukkimut tessiteruk behne es in die Länge z. B. ein Fell.
sennimut „ „ „ „ Breite.

Anm. Ableitungen sind: tukkimuarpok es geht in gerader Richtung, Linie hin,
wie nellimuarpok von nelle No. 13, z. B. eine Kugel. Dann eine ganz wunderbare
Bildung, indem der *Term.* mut wie ein Nennwort angesehn wird (oder liegt ein solches
auf mok zu Grunde?):
tukkimua sein der Länge nach Sein = seine Länge, wie takkininga.
sonninua „ „ Breite „ „ „ Breite, „ sillingninga.
Ebenso tukkimununinga von tukkimutuvok. Vgl. Wbch. Seite 274 und 331, sowie
2 Chron. 3, 8 ꝛc. 4, 1 und (Geographiebuch): London mailititut Sititut tukkimututigivut,
mailititullo sittamatitut sennimututigivut.

27. sáxxax (sarkak), davon **sakká** sein Sichtbares d. h. das von ihm §129
aus Sichtbare (gleichviel in welcher Richtung), sein Gesichtskreis, soweit
er sehen kann, nicht nur grade vor sich hin, sondern überall hin rings umher.
kakkab sakkäne in des Berges Gesichtskreis, überall vor dem
Berge, was zu sehen ist.
sakkamnépok es ist (vor mir), in meinem Gesichtskreis.
sakkara mein Gesichtskreis, alles was ich sehen kann.
sakkat dein „ „ „ du „ kannst.
nunalit sakkäne im Gesichtskreis der Leute auf dem Lande (eig.
der Landhabenden).

28. sivorax (von sivo), davon **sivorá** das vor ihm Seiende, alles,
was er vor sich hin sehen kann. Vgl. dagegen No. 27.
sivorara meine Aussicht, alles was ich vor mich hin sehn kann.
sivorkat deine „ „ „ du „ dich hin „ kannst.
sivorarne in deiner Aussicht, vor dir.
köb sivoráne (ganz ähnlich wie tukkiano) vor dem Fluß hin,
(nicht neben, vor der Mündung in der Längsrichtung des Flusses.)

29. ággox, davon **ággou** seine Windseite, wo der Wind her kommt. §130.
kakkab aggoanit von des Berges Windseite her.
aggopkut pilerit geh auf meiner Windseite durch, vorbei, auf der
Seite von mir, die dem Winde ausgesetzt ist.
aggunune inekarit halte dich (eig. habe Raum) auf meiner Windseite (= aggordliolerit von aggordlek §136).

Dann ohne Suffix im Terminalis:

ággomut gegen den Wind (vgl. dagegen akomut §127,6).
aggomut ingergavlune ajornalaukpok dem Wind entgegen zu
fahren, gehu ꝛc. war unmöglich.

Anm. Ableitungen sind: ággorpok er hat den Wind entgegen, ággornarpok es
ist zum den Wind entgegen haben d. h. der Wind ist entgegen; aggornamut kinguraivo-
gut durch (wegen) Gegenwind kamen wir zu spät.

I. Formenlehre. Abschn. I. Nennwörter.

30. ókkok (orkok), davon **ókkoa** seine Schutzseite, die vom Winde abgewandte Seite.
 okkoanit von seiner (des Hauses, Berges, Schiffes ꝛc.) stillen Seite her.
 okkopkut pilerit geh auf meiner stillen (vom Winde abgewandten) Seite vorbei.
 okkomnélerit sei (halte dich) auf meiner stillen Seite (okkordliolerit von okkordlek § 136).

Dann ohne Suffix im Terminalis:
 ókkomut vor dem Wind her, nach der Schutzseite zu.
 okkomut umiaktulaukpogut wir fuhren Boot vor dem Winde her, hatten den Wind von hinten.

 Anm. Häufig gebrauchte Ableitungen sind:
 okkemikpok er hat (beim Gehn, Fahren) den Wind von hinten.
 okkoalinek oder linâk } ein vor dem Wind geschützter Ort im Freien.

§ 131. **31. kiglox, kigdlox** eig. die verkehrte Richtung. Dann davon und zwar jetzt allein gebräuchlich: das (dem Früheren oder Erwarteten) Entgegengesetzte, das Gegenteil, ob es nun an sich schlecht oder gut ist Dies Wort könnte, da es räumlich eig. nicht gebraucht wird, auch bei den Partikeln stehn. Kommt nur ohne Suffix im Terminalis vor:
 kigdlormut (eig. nach der verkehrten Seite, dann aber) nach der entgegengesetzten Seite, dagegen, umgekehrt, im Gegenteil.
 kiglormut såpok er wendet sich zum Gegenteil (d. h. war er vorher schlecht, so wird er gut, wenn vorher gut, dann schlecht ꝛc.)
 naglingnekartuksangalloardlune kiglormut ómisukpok ob er wohl Liebe haben sollte, haßt er im Gegenteil.
 ómisuktuksaukôralloarlune kiglormut nagligosukpok ob es wohl scheint, daß er hassen sollte, ist er im Gegenteil liebevoll.

§ 132. **32. uttimut** zurück (ganz dahin, oder nur dahin zu, wo man hergekommen) von dem ungebräuchlichen utte Rückweg.

33. Von **asse** ein andrer (Ort oder Mensch) kommen hier ohne Suffix folg. drei Kasus des Plural vor:
 assine in, bei andern (Orten, Menschen) d. h. anderwärts, auswärts.
 assinépok er ist anderwärts, auswärts.
 assinut aimiarkét wirst du auswärts hin (weg von hier) gehn?
 assinit tikipunga ich bin von auswärts gekommen.
 Mit Suffix (assia sein andrer, ein andrer als er) gehört dies Wort zu den Personwörtern § 179.

B. II. Ortswörter.

Anhang.
Die Ortswörter mit dem Anhang dlek, -lek.
§ 133—136.

a) Zwar in das Gebiet der Anhänge (§ 437) vorausgreifend, erwähnen § 133. wir um der Uebersicht willen, daß vor allem diese Ortswörter häufig mit dem Anhang **dlek** (d. h. -rdlek, -gdlek, -tdlek, letztere zwei meist -llek gesprochen, s. mehr § 12, 3), auch manchmal -lek vorkommen.*) Die Bedeutung dieses Anhangs ist: „was in der und der Richtung hin ist," und manchmal, aber nur, wenn es aus dem Zusammenhang folgt: „der äußerste in der und der Richtung, in der Reihe."

b) Wie schon § 123 Anm. darauf aufmerksam gemacht war, achte man auch hier auf den Gebrauch mit dem Suffix (unser u. s. w.), wo wir im Deutschen andre Ausdrucksweisen brauchen;

z. B. tachardlivut   } *Sing.* das von uns nach N. S. O. W. zu
  sekinerdlivut   }   Liegende, oder
  killivut   } *Plur.* die von uns nach N. S. O. W. zu
  kangillivut   }   sich Befindenden, Wohnenden.

Vgl. auch Deutewörter § 206 (183).

c) **Uebersicht.** Die Nummern entsprechen denen oben in § 116—130. § 134.
1. úllek (atdlek) der untere, unterste (auch Lampe, aber nicht die Hauptlampe in der Nähe der Leute, sondern etwa an der Wand oder bei der Thüre). Der Aussprache wegen vgl. allek d. h. ä-lek Harpunriemen.
2. kóllek (kotdlek) der obere, oberste, auch: Lampe. Vgl. § 118 Fußnote.
3. sârdlek der vordere, vorderste.
4. tunúllek (tunudlek, aus tunugdlek) der, das hintere. Wbch. S. 337.
5. sivordlek, sivorlek der vordere, vorhergehende, erste.
6. kingordlek, kingorlek der hintere, nachherkommende, letzte.
8. sennillek (andre nur **sennilek**) der danebenseiende. sennillia, sennilia der, das neben ihm befindliche.
9. kúllek**) (aus kagdlek) der das obere, oberste; was auf etwas ist, liegt.
10. illúllek (aus illugdlek) der innere, innerste.

NB. Das Wort **illulek** Inhalt, speziell: Kugel ist nicht dasselbe. Hier ist die Silbe lu nicht scharf. Z. B.

---

*) -rdlek kommt hier nur in wenigen Wörtern vor, und zwar wird das r, hauptsächlich nach kurzem a, manchmal nicht ausgesprochen, so daß man nur dlek hört (aber an dem Lokalis klar; -rdlek wie z. B. änerdlek); Bei -gdlek wird nur in Issuklek der k Laut klar gehört, sonst schwindet das g ganz und der Anhang klingt wie dlek oder mehr wie -llek (z. B. kúllek = kagdlek), in das ebenso auch -tdlek übergeht (z. B. kóllek = kotdlek) s. § 12 Fußnote. Was die Form -lek betrifft, so sind die Esk. nicht einig, da manche überall nur geschärft sprechen (-llek), andre einzelne bestimmte Wörter nur (oder auch) ohne Schärfung (-lek) brauchen. Eine unangenehme Unbestimmtheit. Der versch. Gebrauch ist in der obigen Uebersicht angedeutet gesucht. Vgl. auch § 118 Fußnote.
**) Anm. zu No. 1. 2. 9. In einem Hause sagt man von denen, die unter uns wohnen allivut (was auch „unsre Gegenfüßler" bedeuten kann), von denen, die über uns wohnen kóllivut. Bei Häusern dagegen, die unten am Strande und drüber auf der Höhe liegen, werden die unteren allit, die oben liegenden (oder ihre Bewohner) aber kullit genannt, wie die Ufer z. B. sich so zu unterscheiden pflegen.

upkuejûb, amujûb illulingit des Schrankes, des Schubfaches (sein) Inhalt. Aber:
upkuaĸ illúlleĸ die innere Thüre (einer Doppelthüre).

§ 135. 11. **silláleĸ** – sillatdleĸ (andre auch sillaleĸ) der äußere, nach außen zu seiende.
upkuaĸ silláleĸ die äußere Thür (einer Doppelthüre).
sillállikka meine Nachbarn.

12. **aváleĸ** – avatdleĸ (andre auch avaleĸ) der weiter hinaus, herum ist.
avállivut die um uns herum sind. So werden in Nain z. B. die im Norden und Süden wohnenden Olater ꝛc. und Zoarer ꝛc., sowie in Hoffenthal die auswärtige Gemeine genannt.

14. **mikleʳdleĸ** (einzelne schlechter: mikliseĸ) der, das auf uns zu, der diesseitige.

15. **akkíleĸ** (aus akkigdleĸ, akkerdleĸ?) der gegenüber.
akkíllera der mir gegenüber ist.
nunab ôma akkíllia das diesem Lande gegenüberliegende, durch eine Bucht ꝛc. getrennte.

16. **ungatdleĸ, ungáleĸ** (falsch ungardleĸ) der über etwas hinaus liegt, weiter hinaus ist.
ungállera, ungatdlera der über mir hinaus ist, auf mich folgt.
ungatdliovoĸ er ist der äußere, weiter oder am weitsten hinausliegende.
uvlub aipangata ungállia der dritte Tag, eig. des zweiten Tages sein darüber hinausliegender.

17. **timeʳdleĸ** (auch tipleĸ) der, das höher landaufwärts ist, wohnt.
timeʳdlivut (tiplivut) die höher als wir wohnen.
iglut timeʳdlivut die höher (als wir) gelegenen Häuser.

§ 136. 18. **kíleĸ** (kitdleĸ) der, das nach der See zu liegende, östliche (im Estimohause das nach der Thüre zu). Ganz dasselbe ist unnaneʳdleĸ, kananeʳdleĸ § 182.
kíllia (kitdllia) was von ihm nach der See zu liegt.
kíllivut (wie ki†tivut § 123) sikkoeʳpoĸ die Gegend seewärts von uns ist eisfrei geworden, wird eisfrei.
kíllivut angutsialauĸput die seewärts von uns Stehenden haben gut erworben.

19. **kangíleĸ** (wohl aus kangigdleĸ; andere: kangileĸ) der, das landwärts, westlich gelegene, befindliche. Dasselbe ist páneʳdleĸ vgl. § 182.
kangíllivut das ober die westwärts von uns (auch im Hause).
kangíllivut (wie kangivut § 123) aputeĸaleʳeʳpoĸ die Gegend westlich von uns hat schon Schnee.
kangíllivut tuktudlaʳput die westlich von uns Stehenden bekamen viel Renntiere.

20. **tachaʳdleĸ** der, das nordwärts gelegene, befindliche. Dasselbe ist avaneʳdleĸ vgl. § 182.
tachaʳdlivut (wie tachavut § 123) itjeĸaʳneʳsauvoĸ die Gegend nördlich von uns hat mehr Kälte.
tachaʳdlivut ĸanimavut die im Norden von uns Wohnenden, Befindlichen sind krank.

21. **sekkinerdlek** (dasselbe ist **ánerdlek** § 182. 437) der, das südwärts gelegene, befindliche.

sekkinerdlivut (wie sekkinivut § 123) puijekadlarpok unsre südliche Gegend hat viel Seehunde d. h. im S. gibts viel S.

sekkinerdlivut arvilaukput die südlich von uns Stehenden, Wohnenden haben einen Walfisch (ob. Walfische) bekommen.

24. **akkúllek** (akutdlek, sollte wohl eig. akugdlek sein) der das mittlere, mittelste.

akkulliovok er ist der mittlere, ist darunter, dazwischen.

29. **aggordlek** (auch aggutdlek?) der, das nach der Windseite zu s. die Beisp.

30. **okkordlek** (auch okkutdlek?) „ „ „ „ Schutz „ „ } § 130.

B. III. Personwörter
(ich, allein, ganz, alle, er von jeher, irgend welcher, einige, selbst, anderer).

§ 137—180.

a. Ich, du uvanga, igvit. § 137.

Es findet im Esk. meist keine andre Bezeichnung der Person (ich, du, mein, dein rc.) statt als durch Suffixen und Endungen, z. B. igluga mein Haus, aulasarpotit du angelst. Nur für die erste und zweite Person gibt es daneben selbständige Wörter*) uvanga, igvit rc. Wo schon die Person durch die Endung ausgedrückt ist, wie in den eben angeführten Beispielen, werden diese Personwörter nur dann hinzugesetzt, wenn sie mehr hervorgehoben werden sollen, z. B.

uvanga igluga mein Haus.
igvit aulasarniarpotit du wirst fischen.

Für die dritte Person (er rc.) gibt es kein besonderes Wort. Dafür treten, wenn nötig, die Deutewörter una, tâmna dieser oder inna, taimna jener ein.

---

*) Nach Kleschmidts Vermutung (s. mehr bei ihm § 48) liegt aber selbst in diesen Wörtern noch ein Suffix verborgen, und uvanga wäre eig. meine Hierheit, igvit deine Dortheit, entsprechend z. B. dem illunarma meine Ganzheit = ich ganz. Der Stamm von uvanga: uvak wird neuerdings besonders im Süden öfters für ich = uvanga gebraucht.

70   1. Formenlehre. Abschn. 1. Nennwörter.

ich	Sing.	Dual.	Plur.
Intr.u.Trans.	uvanga ich (mich)	uvaguk wir (uns) 2	uvagut wir (uns)
Localis	uvamne in, bei mir	uvaptingne in, bei uns 2	uvaptingne in, bei uns
Ablativ	uvamnit von mir	„ tingnit von uns 2	„ tingnit von uns
Vialis	uvapkut durch mich	„ tigut durch uns 2	„ tigut durch uns
Terminalis	uvamnut zu mir, durch mich	„ tingnut zu, durch uns 2	„ tingnut zu, durch uns
Modalis	uvamnik mich	„ tingnik uns 2	„ tingnik uns
tut	uvaptut wie ich (mich) § 526 Anm.)	„ titut wie wir 2 (uns 2)	„ titut wie wir (uns)

du			
Intr. u. Tr.	igvit du (dich)	illiptik ihr (euch) 2	illipse ihr (euch)
Loc.	illingne in, bei dir	„ tingne in, bei euch 2	„ singne in, bei euch
Abl.	illingnit von dir	„ tingnit von euch 2	„ singnit von euch
Vialis	illikkut durch dich	„ tigut durch euch 2	„ sigut durch euch
Term.	illingnut zu dir, durch dich	„ tingnut zu, durch euch 2	„ singnut zu, durch euch
Mod.	illingnik dich	„ tingnik euch 2	„ singnik euch
tut	illiktut wie du (dich) § 526 Anm.)	„ titut wie ihr 2 (euch 2)	„ situt wie ihr (euch)

§ 138. **Anm. 1.** Im Dual der ersten Person (wir 2) findet vielleicht ebenso oft keine Dehnung statt, so daß er dann = dem Plur. wird, und z. B. uvaptingnut zu uns, aber auch zu uns beiden heißt.

§ 139. **Anm. 2.** Diese Worte haben keine besondere Form für den Transitiv. Darum ist neben ich, du ꝛc. auch mich, dich ꝛc. eingeklammert; und ebenso kann diese eine Form unter Umständen darum die Bedeutung von mein, dein ꝛc. haben. Z. B.
kia *(Trans.)* kingminga una? igvit *(Tr.)?* wessen (sein) Hund (ist dies? deiner? ahnila uvanga *(Trans.)* ja, meiner.
kia una? illipse? wessen dies? d. h. wem gehört dies? euch? uvagut uns. kina pilitsivigilagâ? uvanga wen soll ich beichten? mich).
uvanga perkutigna mein (betont) Eigentum.
illipse kingmipsingnut zu euren Hunden.

b. Allein, ganz, alle kissiat, tamät, illûnät. § 140—156.

§ 140.   Diese drei Wörter haben ganz dieselben Eigentümlichkeiten gemein. An den sonst ungebräuchlichen Stamm kisse Alleinheit, tamak Gesamtheit, illûnak Ganzheit treten Suffigierungen, z. B.
            kissima meine Alleinheit   ich allein,
            illunarpit deine Ganzheit   du ganz.

    Zunächst folge in § 142 die Zusammenstellung dieser Worte nur in den Hauptformen ohne Appositionen, (wir nennen sie mit Fleiß nicht *Intr.* und *Trans.*, weil Form und Bedeutung hier oft eigentümlich auseinandergeht f. § 141,1); sodann die Deklination derselben § 143, endlich dazugehörige Bemerkungen und Beispiele. — NB. Wo in den kommenden Tabellen ein leerer Raum gelassen ist, kommen die Formen nicht vor. Und die in eckigen Klammern [—] stehenden Bildungen sind jetzt auch nicht in Gebrauch, waren es aber vielleicht früher.

B. III. Personwörter. 71

Anm. Zum tieferen Verständnis dieser Worte sei noch folgendes bemerkt, da ihre § 141. Eigentümlichkeiten fast geeignet sind, die Gedanken zu verwirren.

1) Man sollte doch überall zunächst die Jntr. Form der Suffixen erwarten, wie nunaga mein Land, so kissiga m. Alleinheit = ich allein. Dies ist aber nicht der Fall, sondern fast überall (doch s Nr. 2) wird nur die Transitivform gebraucht: kissima, kissivit, kissiat (= kissingat), tamät (= tamangat), illûnät (= illûnangat, kissime nicht kissine = alles Formen wie nunama, nunavit, nunangat, nuname. Ebenso im Plur. kisséta (= kissingita = kissi-ita), tamaita (= tama-ng-ita), illûnaita (= illûnu-ng-ita) wie nunangita. Aber diese Transitiv**form** bleibt ganz unberücksichtigt, und das Wort hat je nach dem Zusammenhang oft beides, sowohl Transitiv- als Jntransitiv**bedeutung**. 3. B. (§ 36, 37)

kissima (= Intr.) knivungu (c. s.) ich allein komme.
kissima (= Trans.) takovara (c. s.) „ „ sehe ihn.
kissima (= Intr.) takovängn (c. s.) mich „ sieht er.

2) Nur bei illûnat sind nicht überall die Transitivformen der Suffixa genommen, wie die Uebersicht zeigt. Früher waren wohl auch diese (unten in eckigen Klammern stehenden) Formen üblich. Statt des sind jetzt die entsprechenden Jntransitivformen im Gebrauch; also statt illûnarmo: illûname (wie nuname), statt illûnapu (nur etwas un- regelmäßig): illûnata, statt illûnapse: illûnase (wie nunase), statt illûnarmik: illûnatik (wie nunatik).

3) Dann hat in der dritten Person die nicht reflexive Form (kissiat, illûnaita ꝛc.) eine andre Anwendung als die reflexive (kissime, illûnatik ꝛc.). Darüber mehr § 151, 152.

Fortsetzung Seite 74.

1. Kurze Uebersicht. § 142.

		(kisse Alleinheit.)	(tamak Gesamtheit.)	(illûnak Ganzheit.)
Sing.				
3.	ihn	kissiat ihn allein *Acc.* beim c. s. Verb.	tamät (ihn, es ganz) meist nur adverbial: immerwar, jederzeit.	illûnät ihn ganz *Acc.* beim c. s. Verb.
	er	kissime er allein *Nom.*		illûname [illûnarme] er ganz. *Nom.*
2.	du	kissivit du or. dich allein		illûnarpit du or. dich ganz.
1.	ich	kissima ich or. mich allein		illûnarma ich or. mich ganz.
Plur.				
3. sie	*Acc.*	kisséta sie allein *Acc.* beim c. s. Verb.	tamaita sie alle *Acc.* beim c. s. Verb.	illûnaita sie alle *Acc.* beim c. s. Verb.
	Nom.	kissimik sie allein *Nom.*		illûnatik [illûnarmik] sie alle. *Nom.*
2. ihr		kissipse ihr or. euch allein	tamapse ihr or. euch alle	illûnase [illûnapse] ihr or. euch alle
1. wir		kissipta wir or. uns allein	tamapta wir or. uns alle	illûnata [illûnapta] wir or. uns alle
Dual.				
3. sie 2		kissimik (kissingmik) sie 2 allein. *Nom. u. Acc.*	tamarmik (tamangmik) sie beide. *Nom. u. Acc.*	
2. ihr 2		kissiptik ihr or. euch 2 allein	tamaptik ihr or. euch beide	
1. wir 2		kissimnuk wir or. uns 2 allein	tamamnuk wir or. uns beide	

I. Formenlehre. Abschn. 1. Nennwörter.

§ 143. **2. Ausgeführte Deklination von kissiat, tamät, illūnät.**

Die Appossitionen (no, gut (kut), aut ꝛc.) treten ganz regelmäßig an, wie bei nunanga, nunat, nunaga § 76.

Sing.				
3. **er**	kissiat ihn	allein	tamät (ihn, es ganz)	illūnät (= nangat) ihn ganz
	kissime er	„	meist:	illūnäne er ganz
*)*Loc.*	kissiane in, bei ihm „		immer, jederzeit	„ näne (= nangane) in ihm ganz, überall, auch wohl: jederzeit.
Abl.	„ nit von ihm „			„ nänit von ihm ganz, von überall
Vial.	„ gut durch ihn „			„ nägut durch ihn ganz
Term.	„ nut zu ihm, durch ihn „		tamänut zu, durch ihn ganz	„ nänut zu ihm, durch ihn ganz
Mod.	„ nik ihn „			„ nänik ihn ganz
2. **du**	kissivit du od. dich allein			illūnarpit du od. dich ganz
Loc.	kissingne in, bei dir „			„ narne (nangne) in, bei dir ganz
Abl.	kissingnit von dir „			„ narnit (nangnit) von dir „
Vial.	kissikkut durch dich „			„ nakkut durch dich „
Term.	kissingnut zu dir, durch dich „			„ narnut zu dir, durch dich „
Mod.	kissingnik dich „			„ narnik dich „
1. **ich**	kissima ich od. mich allein			illūnarma ich oder mich ganz
Loc.	kissimne in, bei mir „			„ namne in, bei mir „
Abl.	kissimnit von mir „			„ namnit von mir „
Vial.	kissipkut durch mich „			„ napkut durch mich „
Term.	kissimnut zu mir, durch mich „			„ namnut zu mir, durch mich „
Mod.	kissimnik mich „			„ namnik mich „

---

*) Man könnte hier, und dann ebenso im Plur. ein Reflexiv erwarten z. B. kissiminut zu, durch sich allein u. s. w. Dies aber scheint kaum gebräuchlich, und man sagt lieber etwa nangminerminut kissiane zu, durch sich selbst allein.

B. III. Personwörter.

Plur.			
3. **fie**	kisséta fie allein. *Acc.* kissimik fie allein. *Nom.*	tamaita fie alle. *Acc.* beim *v. s.* Verb.	illûnaita fie alle. *Acc.* „ natik fie alle. *Nom.*
Vial.	kissétigut u. kissiatigut durch fie allein	tamaitigut durch fie alle, wenig gebräuchlich)	„ naitigut durch fie alle
Term.	kissénut zu ihnen, durch fie allein	tamainut zu ihnen, durch fie alle	„ nainut zu ihnen, durch fie alle
Mod.	kissénik fie allein	tamainik fie alle	„ nainik fie alle
tut	u. f. w.	(tamaititutkann gebräuch= lich)	„ naititut wie alle
2. **ihr**	kissipse ihr od. euch allein	tamapse ihr od. euch alle	illûnase ihr od. euch alle
Vial.	„ sigut durch euch allein	„ sigut durch euch alle	„ napsigut durch euch alle
Term.	„ singnut zu, durch euch allein	„ singnut zu, durch euch alle	„ napsingnut zu, durch euch alle
Mod.	„ singnik euch allein	„ singnik euch alle	„ napsingnik euch alle
tut	u. f. w.	„ situt wie ihr (euch) alle	„ napsitut wie ihr (euch) alle
1. **wir**	kissipta wir od. uns allein	tamapta wir od. uns alle	illûnata wir od. uns alle
Vial.	„ tigut durch uns allein	„ tigut durch uns alle	„ naptigut durch uns alle
Term.	„ tingnut zu, durch uns allein	„ tingnut zu, durch uns alle	„ naptingnut zu, durch uns alle
Mod.	„ tingnik uns allein	„ tingnik uns alle	„ naptingnik uns alle
tut	u. f. w.	„ titut wie wir (euch) alle	„ naptitut wie wir (uns) alle
Dual.			
3. **fie 2**	kissimik (kissingmik) 2 allein	tamarmik (tamangmik) fie beide	
*) *Term.*	kisséngnut zu ihnen 2 allein	tamangnut zu beiden, durch beide	
Mod.	kisséngnik fie 2 allein u. f. w.	tamangnik fie beide	
2. **ihr 2**	kissiptik ihr od. euch 2 allein	tamaptik ihr od. euch beide	
Term.	kissiptingnut zu, durch euch 2 allein u. f. w.	tamaptingnut zu (durch) euch beiden	
1. **wir 2**	kissimnuk wir od. uns 2 allein	tamamnuk wir od. uns beide	
Term.	kissiptingnut zu, durch uns 2 allein u. f. w.	tamaptingnut zu (durch) uns beiden	

---

*) Diese Dualformen kisséngnut, nik, tamangnut u. f. w. find im Verhältnis zu den sonstigen Formen ganz unregelmäßig, da gar kein Suffix in ihnen enthalten ist. (Ganz entsprechend, nur im *Plur.*, ist das grdl. tamanut = dem labr. tamainut, an den bloßen Stamm tamak ohne Suffix.)

4) Endlich sollte man meinen, daß das Verb nun an diese Worte in der dritten Person treten müßte, z. B. kissima kaivok = meine Alleinheit kommt. Der Sinn aber überwindet die Form und das Verb stimmt ganz mit der Person im Deutschen, z. B. kissima kaivunga ich allein (in meiner Alleinheit) komme.

Nur bei illûnât kommt daneben auch manchmal das andere vor, daß nämlich illûnak wie ein gewöhnliches Nennwort (nuna ꝛc.) behandelt wird, und man mit der dritten Person des Verbs z. B. sagt: illûnara kuviasukpok mein ganzes (Wesen) freut sich, neben: illûnama kuviasukpunga. Gûdib kiblikpâ illûnara Gott durchdringt mein ganzes (Wesen) neben kiblikpânga illûnarma. Vgl. § 156. Es scheint dies aber nicht in allen Personen, besonders der zweiten nicht, gebräuchlich zu sein. Vgl. Geib. No. 280, 3.

5) In illûnât ꝛc. ist die zweite Silbe scharf § 15. 16), es ist also klar ein Doppel n zu sprechen: illûn-nât.

Ueber die Formen kissiat, illûnât aus kissingat, illûnangat s. mehr § 91. Ebenso daß diese Formen auf at, nicht atu lauten § 92.

§ 144. **Anm.** Ueber **kissiatigut** neben **kissêtigut** im *Plur.* s. auch § 115. Ersteres, das übrigens wohl häufiger gebraucht werden mag, ist *Sing.* == durch ihre Alleinheit. Das andre ist *Plur.* (= kissi-ng-itigut) = durch ihre Alleinheiten.

Die Zusammensetzungen von **kissime** und **-uvok** s. im Wbch. z. B. kissimauvunga, kissimeovunga ich bin allein. Nur ist zu sagen, daß die dort angegebene Form kissiovunga kaum je vorkommt, dagegen noch eine andere Zusammensetzung mit -tovok (-tuak einzig und -uvok er ist) anzuführen ist: kissimatôvunga, kissimetôvunga ich bin ganz allein. Nach der Aussage mancher Esk. würde der Konj. und Subjunktiv hauptsächlich nur von diesem gebildet, also kissimatôguma, kissimetôguma, aber nicht kissimeoguma. Vgl. 197 Anm. 2.

Wichtigere Bemerkungen zu diesen drei Wörtern. § 145–156.

§ 145. Erstens: illûnata ꝛc. und tamapta ꝛc.

Im *Plur.* wird illûnata, nase, naita und tamapta, pse, ita ganz gleichbedeutend für wir, ihr, sie alle gebraucht. In der ersten und zweiten Person wird illûnata, nase wohl häufiger gebraucht als tamapta, pse. Z. B. illûnata perkutivut und tamapta perkutivut unser aller Eigentum — ist ganz dasselbe (ja das erstere wird, wie im Gegensatz zum Wbch. zu sagen ist, an manchen Orten vorgezogen).

§ 146. **Anm. 1.** Man sieht also, daß im Plur. bei illûnata ꝛc. (= wir alle, nicht = wir ganz, wie letzteres in Grld.) der Begriff der Ganzheit sich nur auf die Zahl beschränkt. Will man dabei die Ganzheit der Einzelnen auch ausdrücken, so braucht man das mit illûnât verwandte Verb

    x. x. illuéngarpok er ist ganz, unvermindert, oder
    e. x. illuéngarpâ er thut, nimmt es ganz. Z. B.
illûnata (od. tamapta) tunivogut Nâlekamut wir alle geben uns dem Herrn;
illuéngardluta   "   wir (alle) geben uns dem Herrn
    ganz (ganz seiend — umfassender als das erste).
(Gûdib illûnase (od. tamapse) pijomavâse (Gott will euch alle haben);
    - illuéngardluse - (Gott will euch (alle) ganz (euch) ganz
    thuend, nehmend) haben.
Im *Sing.* kommt es auf eins heraus, z. B.
    illûnarpit | Gûdemut tunilerit gib dich ganz Gotte.
    illuéngardlutit |

§ 147. Zweitens: Ganz — im Singular und tamât.

Im Sing. werden für das **Adjektiv** „ganz" jetzt eigentlich nur die Formen von illûnât genommen. (Zwar kann man auch den Leuten verständlich die Formen von tamât bilden, selbst in der ersten und zweiten Person, wie z. B. (Weib. No. 573) illupkut tamapkut durch mein ganzes Innere, durch mich ganz steht.| Der Term. tamänut kommt vor besonders in dem Ausdruck õmamut tamänut (aber auch hier vielleicht öfter illũnänut).

tamät allein ohne Appositionen kommt jetzt wohl nicht oft adjektivisch vor — ihn ganz, sondern fast nur **adverbial** — es ganz (sie, die Zeit ganz) d. h. jederzeit, immerdar"*). Z. B.

   una tamät takovara ich sehe dies immerdar *(adv.)* oder allenfalls
      auch: ich sehe dies ganz *(adj.)*.

Anm. Vielleicht ist **dieser adjektivische Gebrauch des tamät** im Norden noch § 148. mehr üblich als im Süden. Die letzten Uebersetzungen im A. T., wo es viel so verwendet, könnten darauf schließen lassen. Vgl. auch (Weib. 817, wo silla tamät (s. auch § 152) auch von den Est. im Süden als „die ganze Welt" aufgefaßt wird.

Aber durchaus falsch ist es, tamät für: er ganz zu setzen. (Es ist umsomehr davor zu warnen da tamät und illũnät von Europäern oft nicht bloß in dieser Weise, sondern zu jedem beliebigen durch Appositionen gebildeten Kasus mit der Bedeutung ganz gesetzt worden ist!) Also z. B.

   õmatingu tamät kuviasukpok nur: sein Herz freut sich immerdar;
   õmatingata tamät tamanno kuviasütigivä nur: sein Herz freut sich immerdar
      darüber.
Man übersetze ja nicht falsch: Sein ganzes Herz freut sich (darüber). Dieser Sinn kann nur gegeben werden durch
   õmatinga illũnäne kuviasukpok und
   õmatingata illũnäne tamanna kuviasütigivä.

Auch im letzten Beispiel oben § 147, wo tamät zwar in adj. Bedeutung zulässig, wird jeder Zweifel ausgeschlossen, wenn man sagt
   una illũnät takovara ich sehe dies ganz.

Drittens: illũnane und illũnäne. § 149.

Für den Unterschied dieser zwei ganz verschiedenen Formen war dem jetzigen Geschlecht der Europäer das Verständnis durchgängig entschwunden. In der alten Gram. von 1800 aber ist dieser Unterschied, wenn auch noch nicht ganz klar verstanden, deutlich ausgesprochen, wie er in der That vorhanden ist:

illũnäne (= nangane) ist Lokalis: in seinem ganzen, d. h. überall,
      allerwärts, auch: allezeit. Z. B.
   nuname illũnäne auf dem ganzen Lande, überall im Y.
Dagegen ist **illũnane** Nominativ der dritten Person: er ganz. Z. B. õmatinga illũnane sein ganzes Herz.

Es verhält sich dabei illũnane zu illũnät wie kissime zu kissiat, wie illũnalik zu illũnaita. Ferner verhält sich illũnane zu illũnäne, wie illũnamarine zu illũnamariane, wie nunane (sein Land) zu nunangane (in seinem Lande,) oder wie illane zu illäne (= illungäne), oder wie timine zu timäne (= timingane).

Daß der Gebrauch dieser Wörter einen verschiedenen Sinn gibt, manchmal aber doch ziemlich auf eins herauskommen kann, zeigen folg. Beispiele:

1. illũnano (od. illũnät § 152) takojanvok er wird ganz gesehen.
   illũnäne takojanvok er wird überall gesehen.
2. illũnano tumekarpok es (nämlich das Land) ganz hat Spuren: soviel wie: es
      gibt überall Spuren.
   illũnäne tumekarpok es hat, gibt in seinem ganzen d. h. überall Spuren.

---

*) In dieser Bedeutung kommt bei Vergleichungen ein eigner .lbl. (§ 99. c) mit mit, nicht nit vor = denn je, als je. Z. B. anlakarpok tamämit er hat vom immerdar (ausgegangen) mehr Schmerzen d. h. er hat mehr Schmerzen denn je.

§ 150. **Viertens: Beispiele zur ersten und zweiten Person** (von **allein, ganz, alle**).

kissima, illūnarma кuviasukpunga ich allein, ich ganz freue mich.
tigulaunga (*c. s.)* illūnarma ⎫
tigusilerit (*s. s.)* illūnamnik ⎬ nimm mich ganz.
kissipse окаutivapse *(c. s.)* ⎫
kissipsingnut окаrpunga *(s. s.)* ⎬ zu euch allein sage ich.
oder illipsingnut kissiane § 155 ⎭
kissivit ajungitovotit du allein bist gut.
kissivit opigivagit *(c. s.)* ⎫
kissingnik opigosukpunga *(s. s.)* ⎬ dich allein verehre ich.
od. illingnik kissiane § 155 ⎭
kibliktauvunga illūnapkut ich bin ganz durchdrungen (eig. durch mein ganzes Hin).
illūnata *(= Intr.;* seltner tamapta) perkutigivatigut er hat uns alle zum Eigentum.
illūnata *(= Trans.)* oder tamapta perkutigivavut wir alle haben ihn zum Eigentum.
illūnaptingnut (seltner tamaptingnut) окаusекаrpoк zu uns allen hat er Worte.
tamaptingnut (zu uns allen oder mehr): zu uns beiden oder zu euch beiden.

§ 151. **Fünftens: Unterschied der zwei Formen der dritten Person**

d. h. von **kissime** einerseits und **kissiat** andrerseits
„ **kissimik** „ „ **kisseta** „
„ **illūnane** „ „ **illūnät** „
„ **illūnatik** „ „ **illūnaita (tamaita)** andrerseits.

Die erste Reihe: **kissime, mik, illūnane, tik** haben aktiven Sinn und drücken den Thäter aus mit der Bedeutung unsers Nominatives: er allein, er ganz, sie alle (dem *Trans.* bei *c. s.* u. dem *Intr.* bei *s. s.* Verben entsprechend).

Die Wörter der anderen Reihe dagegen **kissiat, eta, illūnät, naita** und **tamaita** haben passiven Sinn und darum eingeschränkteren Gebrauch. Sie stehen nur (dem *Intr.* bei *c. s.* Verben entsprechend) für unsern deutschen Accusativ beim *c. s.* Verb: ihn allein, ihn ganz, sie alle. Bloß in einigen besonderen Fällen können sie auch, dem *Intr.* bei *s. s.* Verben entsprechend, auf die Frage wer? mit der Bedeutung: er allein, er ganz, sie alle stehen. Davon A:m. 1.

Uebrigens achte man, weil viel hiergegen gefehlt wird, darauf, daß **tamaita** im Gebrauch nur dem illūnaita, nicht aber dem illūnatik entspricht.

§ 152. Anm. 1. Es gibt Fälle, wo ein Gegenstand der Form nach auf die Frage wer? Thäter (Subjekt) im Satze ist, dagegen dem Sinn nach doch nur passiv oder leidend (Objekt der Handlung.) Dies ist besonders der Fall, wenn das Verb im Passiv steht. Vgl. ähnliches § 508 und Syntax § 532. 558. Zu solchen Fällen kann sowohl die Reihe kissime ꝛc. als auch die andre Reihe kissiat ꝛc. stehen, indem man bei diesen letzteren, die also ja nur passiven Sinn haben, mehr auf den Sinn, als auf die grammatikalische Form sieht. Z. B.

kissime tillijuvoк er allein wird gesendet (er allein ist der gesendete, Form aktiv: wer?).
kissiat   „   „   „   „   „ (man sendet wen? ihn allein: Sinn passiv.)

B. III. Personwörter. 77

illûnâne und illûnât kanimatitauvok er wird ganz krank gemacht, man macht ihn
 ganz krank.
illûnatik und illûnaita (tamaita) anaulertauvut alle werden geschlagen, man schlägt
 sie alle.
nâlckama ômigijingit illûnaita illingajuksauvut nukappiab ôma illinganingatut
 2 Sam. 18, 32. es müssen allen Feinden meines Herrn geben, wie es
 diesem Knaben gebet.
 Hier sind „sie alle" als leidend gedacht: „man möge sie alle (Acc.) so strafen!" Aber
es könnte auch illûnatik stehen.

Anm. 2. Die obige Regel § 151 ist so gegeben, wie sie nach dem ursprünglichen § 153.
und noch vorherrschenden Gebrauch zu geben ist. Man kann aber nicht verschweigen,*daß
sehr viele Estimos die Reihe kissime ꝛc. gerade so wie kissiat ꝛc. für: ihn allein, ihn ganz,
sie alle in passivischem Sinn brauchen. Sie sehen also in den § 154 mit einem * bezeichneten Beispielen unbedenklich auch die eingeklammerten Formen. Doch ist dies nicht nachzuahmen.

Beispiele zu § 151—153.

Sing.
Thäter (— Intr.)
beim s. s. Verb.

| tâmna kissime (nicht kissiat) kaivok dieser allein kommt. § 154.
| ōmatinga illûnane (nicht illûnât) kuviasukpok sein ganzes
| Herz freut sich.

Thäter (— Trans.)
beim c. s. Verb.

| tâpsoma kissime (nicht kissiat) (Gude nertorpâ dieser
| allein preist Gott.
| ōmatingata illûnane (nicht illûnât) „   „ sein
| ganzes Herz preist Gott.

*Leidend (Intr.)
beim c. s. Verb.

| tâmna kissiat (nicht kissime) takovara diesen allein sehe ich.
| perkutine „ („   „) kamagivâ er beachtet allein
| sein Eigentum.
| ōmatinga illûnât (nicht illûnane) Gûdib pijomavâ Gott
| will sein ganzes Herz haben.
| ōmatine illûnât (nicht illûnane) Gûdemut tunivâ er
| gibt Gott sein ganzes Herz.

Plur.
Thäter (Intr.)
beim s. s. Verb.

| kissimik (nicht kissêta) manêput sie allein sind hier.
| illûnatik (nicht {illûnaita} „   „ alle „   „
| {tamaita})

Thäter (Trans.)
beim c. s. Verb.

| kissimik (aber nicht kissêta) aivigivât sie allein gehen zu ihm.
| illûnatik (nicht illûnaita, tamaita) aivigivât sie alle gehen
| zu ihm.

*Leidend (= Intr.)
beim c. s. Verb.

| kissêta (aber nicht kissimik) pijomavakka ich will sie
| allein haben.
| illûnaita, tamaita (nicht illûnatik) ..   „   „
| alle haben.
| ôma perkutine kissêta (aber nicht kissimik) piulivait
| dieser rettet allein seine Güter.
| ôma perkutine illûnaita, tamaita (nicht illûnatik) piu-
| livait dieser rettet alle seine Güter.

Mit anderen Kasus:

perkutiminik kissianik (ob. kissiane § 155) kamavok er beachtet
 allein sein Eigentum.
Gûde inûb ōmatinganik illûnânik (nicht tamânik) pijomavok
 Gott will das ganze Herz des Menschen haben.

tâpkoninga kissênik (ob. kissiane § 155) pijomavunga biefe allein
will ich haben.
tâpkoninga illûnainik ob. tamainik   „ alle
will ich haben.

§ 155.   **Sechstens: kissiane nur, allein.**

Der Lokalis von kissiat: kissiane — in seiner Alleinheit (ober
kissiäne *Plur.* = in ihrer Alleinheit vgl. § 322) b. h. adverbial: nur,
allein, bloß wird viel gebraucht. (Auch öfters am Satzanfang besonders
mit le: kissianele = unserm: allein, aber.) Z. B.
 tainak kissiane akkilertauniarpotit so nur wirst du bezahlt werden.
 sappingikunna kissiane nur wenn ich nicht unvermögend bin.
 Dem Anfänger liegt es nahe, dies kissiane allzuoft zu brauchen. Aber
wenn das „nur" sich nicht auf eine Partikel oder ein Verb, wie in den obigen
Beisp., bezieht, sondern auf ein Nenn- (ob. Person- ob. Deute-)wort, so braucht
man in manchen Fällen wohl ausschließlich, in andern doch neben kissiane
die betreffenden Kasus von kissiat. Die genauere Regel über den Sprach=
gebrauch dabei scheint folgende zu sein (wiewohl manche Csk. abweichen mögen):
 1) Neben dem Intr. und Transf., mag er unserm deutschen Nom.
ober Akk. entsprechen, wird kissiane in der Regel **nicht** gebraucht. Z. B.
 uvanga kissinna (nicht kissiane) manepunga ich allein, nur ich bin hier.
 „   „   („   „   ) passivarma mich allein beschuldigst du.
 tâmna kissiat („   „   ) tættigivara nur auf diesen, ihm vertraue ich.
 tâpsomakissime(„   „   ) ikujorpânga dieser allein hilft mir.
 illipse kissipse („   „   ) manepose ihr allein seid hier.
 puijit kissimik („   „   ) taimaitunik illuseKarput nur die See=
           hunde haben solche Gewohnheiten.
 puijit kissêta („   „   ) takovakka nur Seehunde sehe ich.
 pivlutit kissivit („   „   ) Kuviasugungnarpogut nur um deinet=
           willen können wir uns freuen.
 uvagut kissipta („   „   ) pivluta allein um unsertwillen, nur für uns.
 2) Dagegen kann in den andern durch Appositionen (nut, nik ic.)
gebildeten Kasus sowohl der betreffende Kasus von kissiat, als
auch das adverbiale kissiane gebraucht werden. Z. B.
 puijinik kissênik (oder kissiane) takovunga nur Seehunde sehe ich.
 uvamnik kissimnik(„   „) passiklerpotit nur mich beschuldigst du.
 ôminga kissianik („   „) tættekarpunga auf ihn allein ver=
          traue ich.
 Gûdemut kissianut(„   „) soKKosijuititarjungnarpogut nur
          durch Gott können wir fest (unver=
          änderlich) gemacht werden.
 kangusûtiksanik kissênik (ober kissiane) takovogut nur Ursache zur
             Scham sehen wir.
 kiksarnartutigut kissêtigut(„   „) nur durch Trübsale.

Anm. Die im Wbch. S. 143 gegebene Regel scheint nicht zutreffend. In allen
dort angeführten Beispielen kann doch immer auch der entgegengesetzte Ausdruck gebraucht
werden. Vielleicht ist's aber an manchen Orten Gebrauch, wenn mir, dir, ic. durch ein
besonderes Wort ausgedrückt wird, dann mehr kissiane zu brauchen?

B. III. Perjonwörter. 79

Siebentens: „Ganz, alle" mit Anhängen. § 156.

Zur Verstärkung des Begriffs kommen folg. Formen mit den Anhängen -suak groß, -nnarsiak, -nnarik völlig vor. Ebenso mit -kasak fast.

illûnammarine er ganz, illûnammariat ihn ganz.
illûnarsoatik (auch) soangit Luk. 11, 50)
illûnamatsiatik (auch) tsiangit)   } sie alle.
illûnammaritik (auch) maringit)
illûnarsoata, sonse,
illûnammatsiata, tsiuse } wir, ihr alle.
illûnammarita, marise
illûnakasatik, kasase, kasata sie, ihr, wir sait alle.

In der dritten Person (sie alle, ihnen allen) können diese Formen (außer die des Nom. auf tik), da in allen ja doch ein Suffix liegt, auch an den Trans. angefügt werden, wie folg. Beisp. zeigen (§ 141,6):

kappiasungniptingne }
od. kappiasungnipta } illûnamatsiangine in allen unsern Mengiten:
      wie auch das einfache kappiasungnipta illûnangine möglich.
erningit (nur so) illûnamatsiatik   }
erningita und erningit illûnamatsiangit } seine Söhne alle.
erningiut }
od. erningita } illûnamatsianginut zu seinen Söhnen allen:
      wie auch erningita illûnanginut od. nunab illûnanganat
      2 Kön. 17, 5.)
tamanna illûnammarinat (nicht maria) okperivara dies alles glaube ich.
illûnammarinut (aus maringinut) zu allen.
illûnakasainik (= kasanginik) sie sait alle.

Anm. Der Anfänger hüte sich, eine Form wie illûnamatsiamut zu bilden. In all diesen Formen liegen Suffixendungen (darum illûnamatsianginut), wie das ja auch im einfachen illûnainut (= nanginut), tamainut -tamanginut), kissiunut (= kissinginut) der Fall ist.

e. Von Anfang an (bis jetzt immerfort), von jeher, von vorn herein § 157. (bis jetzt immerfort), sofort, von Natur -ingergât.

Dies Wort hat genau die gleichen Eigentümlichkeiten wie das eben behandelte kissiat, illûnât, tamât. Die Grundform ist ingergak (nicht ingergarnek Wbch.), das aber nur mit Suffixen vorkommt, außer wenn es mit dem Anhang -inak vor steht, nämlich ingergainak (eine Verstärkung der oben angegebenen Bedeutungen).

Die Form ingergât eig. **ihn, es von jeher** ec. wird übrigens wie tamât § 147 nur adverbial gebraucht, und kann darum wie ingergainak zu allen Personen und Kasus treten, in der ganz allgemeinen Bedeutung: von jeher, sofort ec.

Sing.	3.	ingergât *ihn*	von jeher (bis jetzt), von Natur, sofort u. s. w.				
		ingergarme er	von jeher, von Natur u. s. w.				
	2.	ingergarpit du	"	"	"	"	"
	1.	ingergarma ich	"	"	"	"	"
Plur.	3.	ingergarmik sie	"	"	"	"	"
	2.	ingergapse ihr	"	"	"	"	"
	1.	ingergapta wir	"	"	"	"	"
Dual.	3.	ingergarmik sie 2	"	"	"	"	"
	2.	ingergaptik ihr 2	"	"	"	"	"
	1.	ingergamnuk wir 2	"	,	"	"	"

Beispiele (s. auch Wbch.):
ingergät (ingergainak) iglomut álauruk bring es sofort in's Haus, ohne es vorher wo anders hinzuthun ꝛc.
ingergät (ingergainak) nagligivara ich liebe ihn von vorn herein, und von da an immerfort.
ingergapse (auch ingergät, gainak) ajorpose ihr seid von jeher, von Natur schlecht, unvermögend.
ingergapta (ob. ingergät, gainak) piunginivut unser von jeher Schlechtsein, unsre natürliche Schlechtigkeit.
ingergarmik (ob. ingergät, gainak) akkeröjut die von vorn herein, immerfort Aeste seienden d. h. die natürlichen Zweige Röm. 11, 21.
ingergainak (ingergät ob. gapta) tikilaukpogut wir sind sofort, in einem Strich (ohne zu schlafen ꝛc.) gekommen.

§ 158. **Anm.** Die Bedeutung dieses interessanten Wortes kann man sich etwa in folg. Weise klar machen, wobei das vorstehende letzte Beispiel besonders als gute Brücke zum Verständnis dienen kann: Es hängt zusammen mit ingergavok er bewegt sich fort, reist. Ingergak also: das (ungeirörte) Sichfortbewegen, der (ununterbrochene) Gang; ingergarma mein (ununterbrochenes) Michfortbewegen, ich (ununterbrochen) gehend, ich) immerfort. Z. e. das letzte Beisp. Da nun der Begriff des „immerfort, fortgehends", des „ununterbrochen" auf einen länger dauernden Zustand zurückweit, so knüpft sich daran leicht die Bedeutung sofort*), von jeher, von Anfang an, von Natur, wobei also freilich immer der Gedanke eingeschlossen ist: „und von da an so fort, von da an fortgehends bis jetzt. Ingergapta ajorpogut wir sind fortgehends, immerfort schlecht, also von Anfang an, von jeher, von Natur.
Was die Schreibung von ingergät, ebenso von ingergavok und ähnlicher Wörter wie angergarpok, kemergovok, ergorpâ betrifft, so schreibe man nicht mit einfachem r (statt rg, ob. eig. rr § 5) ingerät ꝛc. Wenn auch selbst manche Eskimos in dgl. Wörtern ein einfaches r sprechen, so ist das nicht das ursprüngliche und richtige. Die Silbe vorher ist scharf, was nicht durch das einfache r ausgedrückt wird. Vgl. die grld. Worte, die hier râl haben, z. B. ingerdlavok, mardluk.

§ 159. **d. Irgend welcher (von ihnen); welcher (von ihnen)? nelliat.**

Das Stammwort ist das für sich allein ungebräuchliche nelle, worüber schon § 120 Anm. Auskunft gegeben worden ist. Man vergesse bei den folg. Formen nie, daß überall Suffixe (sein, dein, mein) in ihnen liegen, z. B.

nelliat (= nellingat) ihrer irgend einer d. h. irgend einer (von mehreren).
nelliak zweier ihr irgend einer, d. h. irgend einer von zweien.
nellit (= nellingit) ihrer irgend welche d. h. irgend welche.
nellivut unser irgend welcher, oder *Plur.* welche, d. h. irgend einer oder *Plur.* irgend welche von uns.

Was die Bedeutung von nelliat betrifft, so ist sie also

1) die des unbestimmten Fürworts: irgend einer. Und da es dabei gleichviel ist, welcher von den mehreren es sei, so kann die Bedeutung oft mit der unsers deutschen: „ein jeglicher**), allerlei" zusammentreffen, wie die Beisp. unten zeigen, besonders mit dem Anhang lönet.

---

*) Bei unserm deutschen sofort findet ja eigentlich ganz genau der gleiche Gedankengang u. die gleiche Uebertragung der Bedeutung statt: aus dem so fort das sofort.
**) In dem Sinn: ein jeglicher der Art, ein jeglicher solcher. Aber jeglicher mit stärkerer Betonung: jeder, alle ohne Ausnahme kann wohl kaum gut durch nelliat gegeben werden, sondern in andrer Weise, wie z. B. Gal. 6, 4. 5. Eph. 5, 33. 1 Kor. 3, 8. Ebr. 3, 4. Pred. 3, 1.

2) die des **Frageworts**: ihrer welcher? welcher (von mehreren)? Hier
dann, wenn das Wort am Ende des Satzes steht, Dehnung der letzten Silbe,
z. B. nelliáunút?

Tabellen folgen nächste Seite.

Beispiele:

inuit *(Trans.)* nelliat kaile der Menschen ihrer einer d. h. irgend
    einer der Menschen komme!
inuit *(Trans.)* nellit kailit irgend welche von den Menschen mögen
    kommen!
kingmit nellit kemukattauniangilat der Hunde ihrer welche d. h.
    welche von den Hunden werden nicht mit ziehen (den
    Schlitten).
nellikennik (nelliangnik) pijomavét welches von mehreren (von
    zweien) willst du?
nelliptingnik takovét welchen von uns (ob. uns beiden) siehst du?
iglut nelline in der Häuser irgend welchen, d. h. in allerlei Häusern,
    hin u. her in den H. Ap. 5, 42.
uvlut nelline an irgend welchen, manchen, allerlei Tagen.
uvlut nellikenne issumagigupkit, kuviasukpunga wenn ich an
    irgend welchem der Tage dein gedenke, d. h. an jeglichem
    Tage, da ich dein gedenke, freue ich mich.
nellise ob. nelliselônét kamatsiartok wer von euch, jeglicher von
    euch, der wohl aufmerkt.
  „ „ nelliselônét kamatsiartut welche von euch, alle unter
    euch, die gut aufmerken.
kaujimavok, nellit okpingimatta, nelliatalo pititsomármago er
    wußte, welche nicht glaubten, und welcher ihn überliefern
    (verraten) würde. Joh. 6, 64.

Anm. 1. Mit Negation dann oft = niemand. Nelliat uivériniarane nang- § 160.
minerminik (oder ingminik) irgend welcher, ein jeglicher betrüge sich nicht selbst, d. h.
niemand betrüge sich selbst. 1 Kor. 3, 18.

Anm. 2. Mehr Beispiele zum obigen s. z. B. Mt. 7, 19. 12, 11. 25. 21, 31. § 161.
Ap. 1, 24. 8, 19. 24. Gal. 1, 9. 3, 10. 13. Eph. 5, 3. 6, 8. 1 Thess. 4, 2. Ebr.
4, 1. Jak. 1, 5. 1 Petr. 5, 8. 1 Joh. 5, 10. 16. 1 Mos. 41, 44. (2 Mos. 19, 12.
21, 7. 14. 20. 26; nur überall nelliata). Hes. 18, 4. 5. Offb. 3, 7.

Anm. 3. Nelliat mit dem Anhang -uvok er ist. z. B. § 162.
nelliangova (údih annerijanga? wer ist Gottes Erwählter?
nelliangovat oder nellingovat angerntingit? welches sind seine Verheißungen?

c. Ein Teil von ihm, einige (von ihnen) illanga, illangit. § 163.

Das Wort illa Angehöriger, sei er angehörig als 1) Verwandter oder
2) Begleiter oder 3) Teil einer Sache oder von Personen wird viel ge=
braucht. Bloß in der letzten Bedeutung „Teil" führen wir es hier im Zu=
sammenhang auf, da es sich so etwas mit dem vorigen nelliat berührt. Da
die Deklination ganz regelmäßig nach nuna § 76, so seien nur die Hauptformen
angegeben:
    illanga, *Trans.* illangata sein Teil, ein Teil ob. etwas von ihm.
    illangat, *Trans.* illangata ihrer einer, einer von ihnen.

I. Formenlehre. Abschn. 1. Nennwörter.

illangit, *Trans.* illangita einige (von ihnen), ein Teil von ihnen.
illagik, *Trans.* illakita ihrer zwei Teile, d. h. zwei von ihnen.
illase, *Trans.* illapse einer od. einige von euch.
illavut, *Trans.* illapta „   „   „   „   uns.

NB. Statt der letzteren zwei ist auch folgende ausführlichere Ausdrucksweise sehr häufig:

für illavut { illapta illangat eig. unsrer Teile od. Angehörigen ihr Teil, od.
              einer von einigen von uns, d. h. kurz: einer von uns.
              illapta illangit einige (von einigen) von uns.

für illase { illapse illangat einer von euch.
             illapse illangit einige von euch.

Beispiele:

ôma illanga pijomavara einen Teil von diesem, etwas davon will ich haben.
illăgik Emausennut aivuk zwei von ihnen gingen nach E. Luk. 24, 13.
illapta (od. illapta illangita) illuvek nellipsarpât einige von uns gingen zum Grabe. Luk. 24, 24.
illama illangita neksarniarpât einige meiner Verwandten werden ihn, es mitnehmen.
illase attausek tillisiuk einen von euch sendet. 1 Mos. 42, 16. Joh. 6, 70.
illapse (od. illapse illangata) pitilârpânga einer von euch wird mich überliefern (verraten). Mat. 26, 4.

S. auch 2 Thess. 3, 11. Kol. 4, 12. 1 Kor. 15, 12. Luk. 15, 4. 22, 26.

Fortsetzung von Seite 81.

Dritte Person:
von ihnen *Sing.* *Intr.* nelliat irgend welcher (von ihnen); welcher?
Trans. nelliata { irgend welcher od.
                  { *Gen.* irgend eines; welcher od. welches, wessen?
Loc. nelliănne in, bei irgend welchem in, bei welchem?
Abl. nelliănnit von „   „   von   „
Vialis nelliatigut durch „   welchen; durch welchen?
Term. nelliănnut zu (durch) irgend welchem; zu (durch) welchem?
Mod. nelliănnik irgend welchen; welchen?

Plur. *Intr.* nellit irgend welche; welche?
Trans. nellita irgend welche od. *Gen.* welcher; welche od. *Gen.* welcher?
Loc. nelline in bei irgend welchen; in, bei welchen?
Abl. nellinit von „   „   von welchen?
Vialis nellitigut durch „   welche; durch welche?
Term. nellinnut zu (durch) irgend welchen; zu (durch) welchen?
Mod. nellinik irgend welche; welche?

B. III. Personwörter.

von ihnen beiden	*Intr.*	nelliak irgend einer von zweien; welcher von beiden?
	Trans.	nelliakita*) einer ok. *Gen.* eines von zweien; welcher, welches von beiden?
	Loc.	nelliangne in, bei ꝛc.
	Vial.	nelliakkut oder nelliaktigut durch ꝛc.
		u. s. w.
Zweite Person:		
von euch	*Intr.*	nellise**) irgend welcher ok. *Plur.* welche von euch; wer ok. welche von euch?
Sing. und Plur.	*Trans.*	nellipse
	Loc.	nellipsingne in, bei welchem ok. welchen von euch
	Vial.	nellipsigut durch ꝛc.
		u. s. w.
von euch beiden	*Intr.*	nellitik irgend einer von euch zweien; wer von euch beiden?
	Trans.	nelliptik
	Loc.	nelliptingne
		u. s. w.
Erste Person:		
von uns	*Intr.*	nellivut**) irgend einer ok. *Plur.* einige von uns; wer ok. welche von uns?
Sing. und Plur.	*Trans.*	nellipta
	Loc.	nelliptingne in, bei welchem ok. welchen von uns
	Vial.	nelliptigut durch ꝛc.
		u. s. w.
von uns beiden	*Intr.*	nellimnuk irgend einer von uns zweien; wer von uns beiden?
	Trans.	nellipta
	Loc.	nelliptingne
		u. s. w.

---

*) nelliakita eine unregelmäßige Form; man sollte nelliata oder doch nellikita erwarten. Siehe o. bei nunanga § 76,1 und piulijinga § 77,1.

**) Diese Formen der ersten und zweiten Person (nellivut, nellise ꝛc.) vom Personwort nelle treffen genau zusammen mit den von nelle als Ortswort (s. Wbch.). Nur in der dritten Person werden die Suffixen an das gleiche Wort nelle in verschieden abgekürzter Weise (§ 94 a und b) angehängt: nellâ, nellânut ꝛc. Ortswort, und nelliat, nelliânnut ꝛc. Personwort. Mehr § 120. Anm.

§ 164. **Anm. 1.** Das im Wbch. angeführte **illaita** = illangita scheint im Süden gar nicht gebraucht zu werden.

§ 165. **Anm. 2.** Sehr häufig ist die **Zusammensetzung mit -inak** nur: illainanga nur etwas, nur ein Teil von ihm, illainangit nur einige von ihnen. z. B. illuinernb illânapknt (*Vial.*) illainapkullônet kivgarikpânga, adsigèkpox wenn (ob) mich die Sünde ganz (eig. durch mein ganzes hin) oder nur zum Teil (eig. durch nur einen Teil von mir) zum Knechte hat, ist einerlei. (Gesb. 280, 2.
illainara âniavox nur ein Teil von mir leidet.

§ 166. **Anm. 3.** Nach dem letzten Beisp. zu schließen, könnte man auch vom einfachen illu zu bilden versucht sein: illaga, illat ein Teil von mir, von dir. Dies scheint aber bei der ersten und zweiten Person nicht möglich, und der Eskimo sagt z. B. nicht: illaga tinemik, illaga tarnemik taijauvok ein Teil von mir wird Leib, ein Teil Seele genannt. Dafür etwa mit inuktâk: inuktâma illanga tinemik, illanga tarnemik taijauvok.

§ 167. **Anm. 4.** Der Lokalis **illangænne** zusammengezogen **illâne** (nämlich abgekürzt aus uvlut illangänne in einem Teil der Tage) mit der Bedeutung bisweilen, manchmal ist sehr gebräuchlich. In der Bedeutung einmal, unmal (an der Tage ihrer einem), die ja auch darin liegen könnte, kommt es in Labr. nicht vor, sondern nur für: zuweilen. Dabei wird dann das Verb gewöhnlich (wenigstens viel öfter, als dem Europäer nahe liegt) mit dem Anfang -kättarpox „öfters, nicht einmal" versehen. z. B.
illânne kiksarpunga od. kiksakattarpunga ich bin zuweilen, manchmal betrübt.
illainangänne kuviasukpox od. kuviasukattarpox nur bisweilen ist er vergnügt.

§ 168. **Anm. 5.** illätigut heißt: wir teilweis od. einige von uns; kommt nur mit der ersten Person Plur. vor, wobei außerdem zu beachten, daß der Redende immer als bei diesen „einigen" mit einbegriffen gedacht werden muß. z. B.
angutir angulauralloarput illätigulle pilaugilugut die Männer haben wohl erworben, aber einige von uns (darunter auch der Redende) haben nichts bekommen.
assinêdluta illätigut angalaupkogut als wir auswärts waren, haben einige von uns (auch der Redende) erworben.
Bei Versöhnungsversuchen: issumakukattigêlungilagut sulle; illätigut nämaksigalloarpogut wir haben noch nicht einerlei Gedanken: einige von uns (auch der Redende) sind zwar zufrieden.

Dies illätigut mit seiner auf die erste Person eingeschränkten Bedeutung ist ein eigentümliches Wort. Es scheint doch ganz l'*inlis* (illangatigut, was so nicht gebraucht wird) zu sein und ließe dann wörtlich: durch ihren Teil, durch einen Teil von ihnen, einen Teil von ihnen nach — hätte also die allgemeine Bedeutung: teilweis, zum Teil. Weshalb es nun nicht bei allen Personen gebraucht wird, sondern nur heißt „wir zum Teil", ist nicht ersichtlich.

§ 169. **f. Er selbst, sie selbst ingme, ingmik.**

Dies Wort (aus dem Stamm ik und Suffix gebildet wie kissime) kommt so allein nicht vor, sondern nur mit Appositionen.

	Sing.	Plur.
	(ingme er selbst)	(ingmik sie selbst)
Loc.	ingmine (er) in, bei sich selbst	ingmingne (sie) in, bei sich selbst
Abl.	„ nit von, aus sich selbst	„ nit von sich selbst
Vial.	ingmigut (kut) durch sich selbst	ingmikkut durch sich selbst
	oft: für sich selbst (getrennt, allein)	auch: für sich selbst
Term.	ingminnut zu sich selbst	ingmingnut zu sich selbst
Mod.	„ nik sich selbst	„ nik sich selbst
	oft: er von sich selbst	
tut	ingmitut (er) wie sich selbst	ingmiktut (sie) wie sich selbst

Z.B. ingminik (ob. nangminerminik) illitarivok er kennt sich selbst.
ingminingnik illitarivut sie kennen sich selbst.
ingmine issumakarpok er denkt bei sich selbst.
ingminik okarpok er redet 1) über sich selbst; 2) von selbst, nach
    seinem Belieben, etwa = issumaminik.
ingminik tokkuvok er ist von selbst gestorben (ohne von außen
    kommende Veranlassung).
ingmigut illijaule laß es für sich, abgesondert hingelegt werden!

Anm. 1. Oefters werden die **Singularformen statt des Plur.** gebraucht, z. B. § 170.
ingmiingnik aber auch ingminik illitarivut sie kennen sich selbst. Wird letzteres gesagt,
so ist der Gedanke etwa so: sie kennen sich, ein jeder (*Sing.*) sich selbst. Vgl. u. Anm. 5.
— § 96. Syntax § 533.

Anm. 2. Im *Dual.* scheint die Sing.- und Plur.-Form **ingmigut** und **ingmikkut** § 171.
von vielen gar nicht genauer unterschieden zu werden. So wird auch nur mit kut durch
Beifügung eines Anhangs folg. Verb gebildet:
    ingmikkörpâ *e. s.* er thut ihm für sich allein.
    ingmikkörpok *s. s.* er ist, wird für sich allein, getrennt von andern.

Anm. 3. Dies **ingmigut** (od. kut) „**getrennt für sich**" kann wie ein völliges § 172.
Adverb auch bei der ersten und zweiten Person gebraucht werden:
    ajokertortanniarpotit ingmigut (= ingmikörlutit) du wirst besonders, für dich
      allein gelehrt werden.
    kamutekorpogut ingmikkut od. gut (= ingmikörluta) wir haben einen Schlitten
      für uns.
    akpangerniarpotit ingmigut du wirst allein für dich, getrennt von andern, laufen.
    siningniarpunga ingmigut ich werde für mich allein schlafen.

Anm. 4. Bei den andern Kasus außer diesem *Vialis* aber hüte man sich, sie mit § 173.
der ersten und zweiten Person (ich, du, wir, ihr) zu verbinden. (Ganz besonders leicht verfällt man in diesen Fehler bei **ingminik** indem man es ganz allg. = unserm **von selbst**
anwendet. Es heißt aber nur: er, sie von selbst. Also
    nicht: ingminik (sondern issumaptingnik od. uvaptingnik) knivogut wir kommen
      von selbst;
    nicht: ingminik (sondern issumapsingnik od. illipsingnik) knivose ihr kommt
      von selbst;
    nicht: ingminik (sondern illingnik) tamattominga okarkĕt? redest du das von
      dir selbst? Joh. 18, 34.

Anm. 5. Die Plur.-Formen können dann auch die Bedeutung: **einander** haben; § 174.
besonders der Term. mit dem Anhang -utivok, in welchem auch das einander enthalten
ist (§ 496). Z. B.
    ingmingnut od. ingminut Anm. 1) akkerartôtivut sie widerstehen einander.
    ingmingnut tussautingilat od. tukkisintingilat sie verstehen einander nicht.

Anm. 6. Die im Wbch. S. 79 zuerst stehende Form ingmut zu mir u. s. w. ist § 175.
grammatikalisch kaum zu erklären. Im Süden Labradors werden diese Formen wohl von
manchen verstanden, aber kaum gebraucht. Ob im Norden?
Die bei ingme fehlenden Formen werden durch das folg. nangminek ersetzt.

e. Selbst, eigen nangminek. § 176.

a) nangminek tritt entweder ganz unverändert zu den verschiedensten
Formen, auch dem Transitiv. Den Nenn-, Personal- und persönlichen Deutewörtern wird es in der Regel nachgesetzt. Z. B.
    uvanga nangminek, illipse nangminek ich selbst, ihr selbst.
    nangminek (oder igvit nangminek) tikkikĕt? bist du selbst ge-
      kommen?

I. Formenlehre. Abschn. 1. Nennwörter.

uvamnut nangminek kailit I) zu mir selbst mögen sie kommen od. 2) zu mir mögen sie selbst kommen. Ersteres klarer: kailit uvamnut nangminek. Letzteres klarer ohne Zweideutigkeit: nangminek kailit uvamnut.
Gûde *(Intr.)* nangminek okarpok Gott selbst redet.
Gûdipta *(Trans.)* nangminek okautivâtigut unser Gott selbst sagt uns.

b) oder aber nangminek nimmt wie ein gewöhnliches Nennwort Suffixen (sein, dein, mein ꝛc.) an. Z. B.

nangmininga sein selbst, sein eigen
nangminit dein „ dein „
nangminera mein „ mein „ u. s. w. Z. B.
saviga nangminera (od. nangminek saviga) mein eigen Messer.
issumavut nangminivut (od. nangminek issumavut) unsre eignen Gedanken.
nangminipsingnik (od. wie oben: illipsingnik nangminek) pijomavok euch selbst will er haben.
nangminimnut (od. uvamnut nangminek) kailit laß sie zu mir selbst kommen.
aumnut nangminimnut durch mein eigen Blut.
nangminiptingne ajungitokangilak in uns selbst gibt es nichts Gutes.
ûniavok ajornine nangminine pivlugit er leidet um seiner eignen Sünden willen.
annoránginik nangmininginik attitipât sie zogen ihm seine eignen Kleider an. Mt. 27, 31.
nangminiptingnit pillipavut von uns selbst, aus unserm eignen beschenken wir ihn.

§ 177. **Anm. 1.** Für nangminek in der Bedeutung eigen wird ebenso oft **nangminorijak** das zu eigen gehabte (von nangminerivâ) gebraucht. In den drei letzten Beispielen könnte eben auch stehn: nangminerijane, janginik, japtingnit.

§ 178. **Anm. 2.** In der dritten Person sind diese zwei Wörter für selbst ganz einerlei, so ingminut = nangminerminut ꝛc. ;). B. Jêsuse nangminerminik od. ingminik (= pivlune, nangminek pivlune) okalaukpok ajortokanginane I. hat in Bezug auf sich selbst oder von sich selbst gesagt, daß er keine Sünde habe. Daneben kann dann ingminik okalaukpok zweitens auch die Bedeutung haben: er hat von selbst gesagt. § 173.

§ 179. h. **Ein anderer (als er)** assia.

Das schon als Ortswort § 132 aufgeführte asse kann endlich hier auch als Personwort genannt werden. Es kommt aber nur (mit Anhängen wie assekarpok, assetârpok oder) mit Suffixen (sein, dein, mein) vor, was nie beim Uebersetzen aus dem Deutschen zu vergessen ist. Denn wir sagen kurz: ein anderer, der andere, andere, der ꝛc. aber immer mit Suffix:
assia, *Trans.* assiata sein anderer: ein anderer als er.
assit, *Tr.* assivit dein „ „ „ „ du.
assiga, *Tr.* assima mein „ „ „ „ ich.
assingit, *Tr.* assingita seine, ihre anderen, andre als er od. sie:
u. so regelmäßig weiter.
Zusammensetzung mit -uvok: assiangovok er ist ein anderer, s. § 497
Anm. 2. Beispiele:

assianut ailerit geh zu einem andern (seinem andern, einem andern als ihn).
sapperpunga; assimnut ailerit ich bin unvermögend: geh zu einem andern (meinem andern).
sapperpotit, assingnut ainiarpunga du bist unvermögend: ich werde zu einem (deinem) andern gehn.
mingnerpängungilatit iglugasangnit assingnit du bist nicht die kleinste unter den (deinen) andern Städten. Mt. 2, 6.
assiata illinniartimarpätit ein anderer (als er) wird dich lehren.
assima „ „ „ „ (als ich)
illipse uvanétuaritse, assise angergarlit ihr, bleibet ihr hier, die (enre) andern mögen nach Hause gehn.
illangit kuviasukput, assingit taimaitinnagit einige freuen sich, während andere (ihre andern) nicht so sind.
nangminek issumakangilak, assine (refl.) mallituinarpait er selbst hat keine Gedanken, er folgt nur (seinen) anderen.

Anm. Den Labrador Eskimos ist das in énè. noch und zwar ohne Suffix ge- **§ 180.**
bräuchte avdla (abla) für: ein anderer verloren gegangen. Ein Rest davon findet sich
in den zusammengesetzten Formen ablatsäk, ablatsauvok ic. S. Wbch.

Zweiter Abschnitt.

Deutewörter.

§ 181—213.

Nachdem wir bisher die Nennwörter mit den zu ihnen gehörigen Zahl-, **§ 181.**
Orts- und Personwörtern abgehandelt, folgen nun die Deutewörter. Sie
werden so genannt, weil sie auf etwas hinweisen, hindeuten: und enthalten
zum Teil einige unsrer deutschen Adverbien (hier, da ic.) zum Teil einige unsrer
Fürwörter (dieser, jener ic.) u. a. m.

1. Allgemeine Uebersicht. § 182—184.

Von der für sich allein ungebräuchlichen Wurzel werden durch Anhängung **§ 182.**
einiger Kasusendungen (Appositionen) — im Lokalis ane ic. § 185 — die
örtlichen Deutewörter gebildet. Ebenso durch Anhängung der Silbe na die
persönlichen, wie die folg. Zusammenstellung zeigt, in der auch gleich die
Transitiv- und Pluralformen mit aufgeführt werden.

Wurzel.		Oertliche=		Persönliche Deutewörter.	
				Intrans.	Trans. und Plur.
1.	ma	mane hier f. § 186		männa* dies hier	mattoma, makkoa
2.	u (uv)	ovane hier f. § 186		una dieser	oma, ukkua
3.	tagv (?)	tagvaneta, dort, hier § 186		fehlt	
4.	im	imane neulich		imna jener	ipsoma, ipkoa
5.	av	avane im Norden		amna (avna) der, das im N.	apsoma, apkoa
6.	a (ak)	äne im Süden		angna der, das im S.	aksoma, akkoa
7.	pa (pak)	päne landwärts, im Westen auch: oben		pangna* der, das im W., oben	paksoma, pakkoa
8.	un (uk)	unane seewärts, im Osten, auch: unten		ungna der, das im O., unten	uksoma, ukkua
9.	ing	ingane hier (da) nördlich, im N.		ingna der, das hier (da) nördlich	iksoma, ikkoa kann gebraucht
10.	ik	ikane hier (da) südlich, im S.		ikingna (unregelm.), der, das hier (da) südlich	ikiksoma, ikikkoa
11.	pik	pikane hier (da) oben, auch im W.		pingna der, das hier (da) oben, auch: im W.	piksoma, pikkoa
12.	kan	kanane hier (da) unten, auch im O.		känna* der, das hier (da) unten, auch: im O.	kattoma, kakkoa
13.	kam	kamane drinnen		kamna der, das drinnen	kapsoma, kapkoa
14.	ka	käne draußen vor der Thüre, oder ganz		kangna der, das draußen	kaksoma, kakkoa
15.	ki (kig)	kiane draußen silame		kingna	kiksoma, kikkoa

§ 183.   Anm. 1. Man sieht, es gibt mehrfache Bezeichnungen für die Weltgegenden. Die erste Reihe No 5–8 (avane, äne, päne, unane und alle damit zus. hängenden Bildungen) wird bei allen Entfernungen, sowohl den weitesten als den nächsten gebraucht. Die anderen, No. 9–12 (ingane, ikane, pikane, kanane u. s. w.) werden dagegen nur bei näheren (oder näher gedachten) Entfernungen gebraucht. In vielen Fällen kann man da verschieden wählen, je nachdem man sich die Sache denkt. Im Bereich unsrer Stationen z. B. wird man auch die allein eine nähere Entfernung bezeichnenden Worte No. 9 12 brauchen können, wenn man den Gegensatz des Weiterhinausliegenden im Gemüt hat. So kann man (zumal ein besuchender Hoffenthaler selbst) in Nain, wenn man von Hoffenthal erzählt, ikane, taikane. taikikkoa (ebenso gut wie äne, tagane ꝛc.) brauchen, während das weiter entfernt Liegende nur mit äne ꝛc. gegeben werden dürfte. — Aber manche Estimos scheinen doch überhaupt nicht diesen Unterschied in Bezug auf nähere und weitere Entfernung zu machen.

§ 184.   Anm. 2. Man achte bei den mit * bezeichneten Formen auf die Schärfe oder Stumpfheit (§ 15. 16) der ersten Silbe. In männa, känna hat man das Doppel n klar zu hören, so klar, ja noch klarer als in unserm an=nageln, anders als in uma, wo das u auch kurz ist, wie in unserm: Brunnen. (Vgl. auch männa jetzt, § 16). Ebenso ist ukkua „diese" eigentlich ū-kua. Dagegen mit scharfem Vokal ūk-kua „die hier unten, da östlich". Unsre übliche Schreibung kann den Unterschied nicht ausdrücken. Zur Aussprache von pangna, ikingna und ähnlichen vgl. § 12.

Anm. 3. päne, unane auch für: flußaufwärts, abwärts f. kittá, kangia § 123.

2. Oertliche Deutewörter. § 185–196.

§ 185.   Sie haben vier Kasus. Statt der Appositionen des Nennworts me, mit, -kut, mut stehn hier äne, ängat, üna, unga. Nach folgenden Beisp. werden alle andern § 182 genannten örtlichen Deutewörter gebildet:

Deutewörter.

Loc.	mane hier	tagvane da, dort, hier	ikane dort fürlich er. nur: dort.	ane im Süden	avane im Norden
Abl.	mangat von hier	tagvängat von hier	ikängat von dort fürlich her	ängat von S.	avängat von N.
V...	mauna hier durch	tagvuna da, hier durch	ikôna da fürlich durch	auna fürlich durch	avuna nördlich durch
Term.	maunga hieher	tagvunga da (hier) hin	ikunga dort nach S. hin	aunga nach S.	avunga nach N.

Anm. 1. mane, ovane tagvane und andre. Für „hier" wird vom Eol. § 186. unterschiedslos mane und ovane gebraucht, wiewohl ursprünglich mane das Allgemeinere („wo ich bin" Kl[ichm.]), ovane das Speziellere („wohin man zeigt") ausdrückt. Doch scheint dieser Gegensatz von manchen noch gefühlt zu werden, wie ein älterer Eol. draitisch folg. Erklärung gab: „mane" mit der Hand über die ganze Stube zeigend, „ovane" mit dem Finger einen Punkt des Klaviers berührend; vgl. das ganz Aehnliche § 201. Doch sagte ebenderselbe, es sei völlig einerlei, was man brauche: z. B. beim Finden eines gesuchten Wortes in einem Buch, worauf man mit dem Finger hinweist, ebenso gut wie ovane auch mane, tagvane! hier is's! Und ebensogut wie mane nuname doch auch ovane, tagvane nuname = hier auf Erden.

Ebenso bedeutet **tagvane** („wo du bist, oder wovon man spricht") nicht bloß ein ferneres da, dort, sondern oft ein ganz nahes = hier. Es heißt: da, hier, auf der und der Stelle, die man genannt hat, oder meint, oder auf die man hinweist, auch ganz in der Nähe.

Ueber die Bedeutung von **ikane** (taikane) **ingane** (taingane) und des vom ersteren kommenden **ikingna** f. § 189 u. 203.

Anm. 2. samunga. Ein in Labr. nur teilweis noch gebrauchtes Wort ist samane. § 187. In (Grld. bedeutet es: „dort im Westen u. a. in Labrador" und „dort unten". In Labr. kommt wohl nur noch der Term. samunga vor, und zwar nicht von der Weltgegend (Osten) sondern nur = hinunter, und zwar = ganz hinunter ins bloße Wasser, ohne daß eine Eisschicht darunter (= unungamarik: tungavekangitomat), nur bei schlechtem Eis gebraucht, worin Löcher; kannutik samunga kattulaukpuk oder samungalaukpuk der Schlitten brach ein, geriet ganz ins Wasser (ohne daß Eis unter ihm war).

Das vorgesetzte ta. § 188.

„Wenn der zu bezeichnende Ort entfernt ist, oder schon von ihm die „Rede war, oder wenn überhaupt mehr Nachdruck beabsichtigt wird, wird all „diesen Wörtern (außer tagvane) noch ein die Deutekraft verstärkendes ta „(tak, tau) vorgesetzt." (Kl. § 21.) Die Bedeutung bleibt dieselbe.

1. tamane hier.
2. (tava = ta-uva § 192)
4. (taimma jener § 198
   taimane ungebräuchlich)
5. tavane im Norden
6. tagane (von âne) im S.
7. takpane oben, im W.
8. taunane im Osten.

9. taingane da nördlich, im N.
10. taikane da südlich, im S.
11. takpikkane da oben, im W.
12. takamane da unten, im O.
13. takkamane da drinnen.
14. takkane ⎫
15. tukkiane ⎭ da draußen.

Anm. Nach Wbch. S. 307 wird **taikane** und **taingane** ganz in der Nähe von § 189. allen Richtungen gebraucht, einfach für: da, dort, wie auch das einfache ikunga dorthin, im Gegensatz zu ovunga hierher. Und in der That brauchen es wohl die meisten so, während andre strenger die Bedeutung: da im S., da im N. allein festhalten. Das gleich in § 190 zu nennende kurze taika dagegen wird ganz allgemein in dieser weiteren Bedeutung gebraucht, nicht bloß von der südlichen Richtung. Vgl. das von ikingna § 203 Gesagte.

I. Formenlehre. Abschn. 2.

Fortsetzung.

§ 190. a) Außerdem kommen die meisten dieser mit ta Zusammengesetzten in kurzer Form (bloß die Wurzel mit angehängtem* a / ausrufsweise, als Interjektionen vor, in der Bedeutung: da . . . ! da . . . . ist er, es! da . . . . sind sie! vgl. Partikeln von § 328 an. Z. B.

taika! dort (südlich)! u. überaus gewöhnlich beim Hinzeigen auf etwas Nahes: da! da ist's! § 189.
tainga! da im N. (ist's)!
innk takkiga (nicht takkia) da (ist) ein Mensch draußen!
napärtut täva! od. tainga! da (sind) Bäume im Norden!
„ täga od. taika! „ „ „ „ Süden!
„ takpaga od. takpika! „ „ „ „ Westen!
„ taungna od. takänna!*) da „ „ „ „ Osten!
tingmint takpaga od. takpika! dort oben (sind) Vögel!
ujarkat taungna od. takänna! „ unten „ Steine!

§ 191. • **Anm.** In gleicher Weise werden von den nicht mit ta zusammengesetzten einfachen Wurzeln gebildet: Von No. 2 u (uv) mit verstärktem v: **ubva**. Im Gchld. mit der dem Stamm nabeliegenden Bedeutung: hier! hier is's! Im Est. dagegen: oder s. § 327.
Von No. 3 tagv: **tagva**, wovon gleich in § 192.
Von No. 4 im: **ima, imak** (taima, taimak) so: s. Part. § 315. 316.
Es ist interessant, sich diese Herkunft der vielgebrauchten Wörter auszusprechen.

§ 192. b) Dann sind folgende dem Sinn noch untereinander verwandte mit ta anfangende Wörter zu nennen. (Das hier stehende **täva** ist wohl aus ta-uva No. 2 entstanden. Ueber **tagva** § 191).

täva da, so, nun ist's vorbei! nun ist's fertig!
tagga da, da ist's! das ist er, es! (wenn man auf etwas hinweist oder etwas gibt**)
tagva da, dann, alsdann, das ist.
tamadja (tamadsa) dieser ist's, diese sind's, das ist's, das ist.

In Bezug auf die drei letzteren (die in Sätzen auch als deutende Verbindungsglieder gebraucht werden s. Synt. § 576 ff. Kl. § 1000) s. außer den folg. Beisp. noch besonders § 194. 195.***)

tävale männa! so, jetzt ist's gut! (geh jetzt fort x.!)
pijareruvit, (tagva) kainiarpunga tagva (vor- oder nachgestellt) wenn du fertig bist, dann werde ich kommen.
pijareruvit, kainiarungnaerpunga täva (auch **tagva**) wenn du fertig bist, dann werde ich nicht mehr kommen (dann hat m. Kommen ein Ende).
tagga Gúdib okausingit! das hier (sind) Gottes Worte!
**tamadja Gúdib okausingit dies (sind) „ „
tagga uvagut! siehe da (sind) wir!

§ 193. **Anm 1.** **täva** und **tagva**. In unsern Schriften wird manchmal täva fast ganz gleich tagva für: da, alsdann gebraucht. Doch lassen genauer sprechende Est. es nur

---

*) Man sollte eigentlich wohl nur tauna, takana — mit einem u — erwarten.
**) Eine ähnliche nur beim Geben gebrauchte Partikel sei nebenbei erwähnt, nämlich akka! da! da nimm's! Vgl. den Unterschied der Ausspache in tagga und akka.
***) Wie diese drei Wörter sich zum grld. tässa, tauva verhalten mögen? Ob nicht sowohl tagva als tagga dem grld. tässa entspricht? Grld. tauva wäre unser täva, dessen Sinn aber scheint etwas einge schränkter, während die Bedeutung vom grld. tauva sich doch auch mit der unsers tagva (dann, als dann) berührt. Vgl. § 191.

gelten, wenn wirklich etwas zu Ende, fertig ist. Danach wären die eben gegebenen Beisp. als Muster anzusehn. Vielleicht ist aber an manchen Orten der Gebrauch von tâva freier? Tagva mit -inak nur: tagvainak heißt: plötzlich, auf einmal.

Anm. 2. tagga, tagva, tamadja. Die richtige Anwendung dieser ineinander § 194. greifenden Wörter muß man dem Esk. abzulauschen suchen. Folgendes kann wohl als ein Wegweiser dienen:

1. **tagga** ist jedenfalls das auf etwas Sichtbares (oder gleichsam sichtbar vor uns Befindliches) in der Gegenwart hindeutende.

2. **tamadja** wird nur bei einer Vielheit gebraucht. Also bei Dingen, die in Einz. Form stehn, nur, wenn man sie sich als eine Mannigfaltigkeit in sich schließend denkt, z. B. Flinte, Kajak, weil sie aus verschiedenen Teilen bestehn. Lehre, Wunsch, weil diese verschiedne Lehren, Wünsche in sich fassen können. Findet man eine gesuchte Spur, so kann man rufen: tamadja! dies sind sie! hier sind sie (die verschiedenen Eindrücke und Fußstapfen). Darin liegt, daß in Bezug auf ein lebendes Wesen tamadja gewöhnlich nicht stehen kann.

3. **tagva** und **tamadja** (auch tagga) können also oft an derselben Stelle gebraucht werden. So treffen dann beide Wörter in der Bedeutung: das ist (das heißt, nämlich) oft ganz mit imaipok das ist (eig. es ist so) zusammen.

4. Beispiele. Manche Esk. scheinen nicht gern nach einem Fürwort (tâmna dieser, tainma jener ꝛc.) diese 3 Worte zu setzen. (?) Vgl. die vier ersten Beispiele:
taggu perkutituara! das da (was ich hier zeige) ist mein einziges Eigentum.
savik tâmna ⎫ perkutituara dies Messer da (ist) m. ein-
(aber doch auch savik tâmna tagga) ⎭ ziges Eigentum.
savit taipkoa ⎫ perkutituakka jene (hier nicht befindlichen)
(aber doch auch savit taipkoa tagva) ⎭ Messer (sind) m. einziges E.
ujarak tainma (aber doch auch u. tainma tagva) agviarutigilauktavut jener Stein das (war) unser Hindernis.
tagga pijomajara! das ist, was ich will (mein Gewolltes)!
tamadja pijomajara das ist, was ich will (an die Mannigfaltigkeit des Gewollten gedacht).
tamadja Jakob erningit dies sind Jakobs Söhne (mögen die Namen eben genannt sein oder erst genannt werden sollen).
Taube tagva (od. imaipok aber nicht tamadja) tingmiak akigiojârtok Taube d. i. oder d. h. ein Schneeschuh-ähnlicher Vogel.
Zolle tamadja (od. tagva od. imaipok) tunergutiksat kônaujut soll d. i. oder d. h. in Geld bestehende Gaben.
silaksub Gûdingata, tagva (od. imaipok, nicht tamadja) Sâtanasib takpêtipait der (Gott der Welt d. h. oder d. i. der Satan hat sie verblendet.
pilloringnek âksiksimavok akpangtisiartunut tamadja (oder tagva od. imaipok) takpaûetok issumagilugo pijunut Seligkeit ist bereitet denen, die sie schön laufen, nämlich (od. d. i.) denen, die das droben Seiende bedeuten.

Vgl. auch 1 Mos. 42, 21. Joh. 2, 11. Eph. 1, 7. 1 Tim. 3, 15. 1 Petr. 1, 25. In diesen Stellen zurückweisend; dagegen vorausweisend in 2 Sam. 23, 8. Jes. 21,1. 11. Pred. 1, 1. 1 Tim. 1, 15.

Anm. 3. Weiteres über **tamadja**. § 195.

a) Es wird ferner auch wie **tamanna** § 204 nur für: dieses gebraucht. Sogar kommt tamadja tamanna zusammengestellt vor.
ajokertûsek tamadja (wie tamanna) miksekârtôvok diese Lehre ist wahr. Vgl. Jes. 22, 14. (nicht aber gut nuvujak tamadja 5 Mos. 31, 15.)
tamadja miksekârnênauvok dieses ist nur (völlige) Wahrheit.
ânanauningu tamadja inornarpok diese seine Herrlichkeit ist unfaßlich.
tamadja tamanna taimaipok dieses (eine Mannigfaltigkeit in sich schließend) ist so, verhält sich so.

b) Auch mit **-uvok** er ist kommt es vor (wie tamannauvok, tamakkoangovut) u. hat dann grade wie das einfache tamadja sowohl rück- als vordeutende Kraft. (*Im

---
*) Kleinschm. aber schreibt doch selbst 1808 über das § 101 von dem „stark rückdeutende Kraft haben" Gesagte: „Uebrigens gilt dies nicht so unbedingt, wie es sich hier ausnimmt."

I. Formenlehre. Abschn. 2.

(Gegensatz zu Alschm. § 101. Anm.) vgl. auch § 200a tămna und n⁊n § 315 taimak und imak).

tamadjauvut Jakob erningit das sind Jakobs Söhne (seien sie nun eben genannt, oder sollen sie jetzt erst genannt werden).
tamadjauvok tuss. kattartase das ist das (mehreres in sich Schließende), wovon er oft hört.
tämmauvok ..ssnkattartase das ist der (oder das, ein einheitliches), von dem ihr oft hört.
ei tamadja, vor oder nachgestellt, wird auch gebraucht, wenn verächtlich von etwas geredet wird, wozu natürlich der betreffende Ton der Stimme gehört. Z. B.
kukkim tamadja oder tamadja kukkim! das ist eine Flinte!
kajak tamadja! das ist (mal) ein Kajak! ein schöner Kajak!
tamadja nunu! ein Land das! z. B. wenn man beim Gehen über unebenes Land müde oder verdrießlich ist.)

Nane wo? irgendwo.

§ 196. Die Formen dieses Wortes sind ganz unregelmäßig. Die Bedeutung ist 1) die des Fragewortes wo? wobei dann die letzte Silbe des Wortes gedehnt wird, zumal wenn es zuletzt im Satze steht: und 2) die des unbestimmten Adverbs irgendwo. (Vgl. nauk § 323 für: wo ist er, es?)

Loc.	nane wo?	irgendwo
Abl.	nakit woher?	irgendwoher
Vial.	naukut wodurch?	irgendwodurch
Term.	namut wohin?	irgendwohin

Beispiele:

nakit pivêt? woher kommst du? nanêkä? wo ist er?
nanêninga nellovara sein Wosein d. h. wo er ist, weiß ich nicht.
nanêngmangät nellovunga wo er ist, weiß ich nicht.
namut aijaranguma kamulârpänga so oft ich irgendwohin gehe
  (= wohin ich auch gehe), begleitet er mich ein wenig.
nanêngmangäptalōnêt ob wir wo sind | = wo wir auch immer
nanêtarangaptalōnêt so oft wir wo sind | sind.
nanêgalloaruma, Gûdib tautukpänga (wenn ich zwar wo bin)
  = wo ich auch bin, sieht mich Gott.

3. Persönliche Deutewörter. § 197–206 (213).

§ 197. Diese weisen nicht auf einen Ort im allgemeinen, sondern auf eine dort befindliche Person oder Sache, z. B. inna jener, jenes, pangma der, das im Westen ob. oben. Die antretende Endung na entspricht ganz unserm —er in dies-er, jen—er. § 182 finden sich diese persönlichen Deutewörter aufgezählt. Die Appositionen sind auch hier nicht die der Nennwörter (mo, mut ꝛc.) sondern die nämlichen wie § 185, unterscheiden sich aber doch wie die ersteren im Sing. und Plur. durch ein voranstehendes m oder n. Außerdem erhält tut (wie) hier den Anhang ak, wodurch es tunak, Plur. titunak wird.

Auch diese persönlichen Deutewörter nehmen wie die örtlichen (§ 188) das die Deutekraft verstärkende ta an, z. B.
  1. manna und tamanna dies hier.
  2. una und tauna (aus ta-una) dieser, dieses.
  4. inna und taimna jener, jenes.

5. amna und távamna (etwas unregelm.) der, das im Norden*).
6. angna und tágangna („ „) „ „ „ Süden.
7. pangna und takpangna der, das oben od. im Westen; u. so alle
   andern ganz regelmäßig.

Als **Dellinationsbeispiele** für alle mögen dienen: § 198.

1. **una und támna (ta-una) dieser, diese, dieses.**

	Sing.	Dual.	Plur.
Intr.	una dieser	ukkua diese zwei	ukkua diese
Trans.	óma dieser, dieses	„ diese, dieser 2	„ diese, dieser
Loc.	ómane in bei diesem	ukkung-nane oder „ -nangne in, bei	ukku-nane in, bei
Abl.	ómangat von diesem her	„ nangat von	„ nangat von
Vialis	ómúna durch diesen	„ núna durch	„ tigúna seltner: ukkunúna
Term.	ómunga zu (durch)	„ nunga zu, durch	„ nunga zu, durch
Mod.	óminga diesen	„ ninga diese 2	„ ninga diese
tut	ótunak wie dieser	ukkutitunak wie diese 2	„ titunak wie diese

Intr.	támna dieser	tápkua diese 2	tápkua diese
Trans.	tápso-ma	„ diese, dieser 2	„
Loc.	„ mane in, bei	tápkung-nane od. „ nangne in, bei	tápku-nane
Abl.	„ mangat von	„ nangat von	„ nangat
Vialis	„ múna durch	„ núna durch	„ tigúna seltner: tápkunúna
Term.	„ nunga zu, durch	„ nunga zu (durch)	„ nunga
Mod.	„ minga diesen	„ ninga diese 2	„ ninga
tut	„ tunak wie	tápkutitunak wie diese 2	„ titunak

2. **imna und taimna jener, jene, jenes.**

Intr.	imna jener	ipkua jene 2	ipkua jene
Trans.	ipso-ma jener, jenes	„ jene, jener 2	„
Vialis	„ múna durch	ipkung-núna	ipku-tigúna seltner ipkunúna
Term.	„ munga zu, durch	„ nunga	„ nunga
tut	„ tunak wie	ipkutitunak wie	„ titunak

---

*) távamna u. amna hat auch interessanter Weise die Bedeutung: der eben erst (vor kurzem) hinausgegangen ist, aus dem Haus, aus der Stube.

I. Formenlehre. Abschn. 2.

3. männa und tamänna dieser hier.

	Sing.	Dual.	Plur.
Intr.	männa dieses hier	makkua diese 2 hier	makkua diese
Trans.	mattoma	..	..
Valis	.. mäna durch	makkung-nüna	makku-tigüna seltner makkonüna
Term.	.. munga zu, durch	., nunga	.. nunga
Int	.. tunak wie	makkutitunak	.. titunak

Una, tämna (männa) dieser — imna, taimna jener. § 199—203.

§ 199. Ueber den Gebrauch dieser Wörter kann freilich nur einiges sehr Unvollkommene gesagt werden, das aber doch vielleicht zur richtigen Anwendung derselben leiten, jedenfalls zur Anregung dienen kann, dem verschiedenen Gebrauche derselben weiter nachzuspüren. Da diese Worte auch unser Fürwort er, sie, es vertreten (s. § 137), so kommen sie um so häufiger vor. Die angegebenen Bedeutungen dieser und jener entsprechen wohl ziemlich, aber doch nicht ganz den obf. Worten. Man halte fest:

a) vor allem: **imna, taimna** drückt zwar das Entferntere aus, wie „jener", kann aber — anders als das deutsche jener — **nie von gegenwärtigen uns sichtbaren Personen und Dingen gebraucht werden.** Das ist unumstößliche Regel. Vgl. § 203.

b) Dagegen wird aber **una und tämna**, besonders letzteres, obwohl es wie unser „dieser" das uns Nahescienbe ausdrückt, doch auch sehr oft angewendet, wenn man sich Fernes näher oder gegenwärtig denkt. — Es erhellt daraus, daß man an vielen Stellen verschieden wählen kann, jenachdem man sich eben die Sache denkt. Z. B.

Israélikut Gúde κujagidlarlugo pijuksaulauκput; sunaκajuitome täpsomunga (od. taipsomunga, nicht ipsomunga) tessiortaungmatta die Israeliten mußten Gott sehr dankbar sein, denn sie wurden von ihm in der Wüste geführt.

κattangutivut ipkua od. taipkua (auch täpkua, ukkua, nicht makkua) achäne angergarsimajut puigortauniangilat jene (od. diese) unsre Geschwister, die voriges Jahr heimgegangen, werden nicht vergessen werden.

oκaumalavut oκautsit ipkua od. taipkua oκauserilauκtangit laßt uns an jene Worte gedenken, die er geredet hat (auch ukkua, täpkua, makkua wenn sie eben angeführt waren oder gleich werden sollen).

takpäne Engelinik takojomärpogut, adsigijomärpavut aglát taipkua od. ipkua (nicht täpkua, ukkua, makkoa) droben werden wir Engel sehen, wir werden sogar ihnen gleich sein.

§ 200. **Anm. 1.** a) Kljchm. im grld. Wbch. S. 103 und 95 gibt die Bedeutung dieser Wörter so an:

{ „una er, sie, es, der da (vor deinen Augen, od. worauf man zeigt, od. welches ich jetzt nennen will).
{ „tämna er, sie, es (wovon die Rede ist).

„inna jener, jenes (Ferne, Abwesende, Vergangene, Zukünftige, welches ohnehin
    dem, zu dem man spricht, bekannt ist); jenes, von dem du weißt.
„taimna jener, jenes (der früher genannt ist, od. den man jetzt in der Erinne
    rung hat)".
    In Labr. findet aber scheint's nicht mehr ganz diese genaue Unterscheidung statt.
Denn einmal wird taimna auch auf die Zukunft gehend gebraucht: j. z. B. § 201. Und
auch tämnu scheint in Labr. doch auch die Bedeutung zu haben wie una „der, den ich
jetzt nennen will." (?) Vgl. tamadjauvox § 195 b und imak und taimak § 315 Anm
    b) In unserer bisherigen (Freitagschen) Grammatik ist über **inna**" und **taimna**
gesagt: „Inna ist ein Abwesender oder Unbekannter, dessen Umstände uns nicht völlig be
kannt sind. Bei einem Entschlafenen z. B. sagt man taimna wenn man sich seinen Zustand
jetzig (im allg.) also bekannt denkt; zugleich aber kann man inna sagen, wenn von
seinem näheren uns unbekannten Zustand die Rede ist. Für Gott kann man nicht
taimna setzen (?? j. o. § 199) das erste Beispiel u. die zwei unten gleich folgenden), weil
er allgegenwärtig ist, und wir ihn kennen. Inna ist nur in gewissen Fällen auf ihn an
wendbar, insofern wir uns sein Wesen nicht denken können; besonders können die Heiden
ihn so nennen, als ein ihnen unbekanntes Wesen."
    Diese gewiß auf Aussage der Eingeborenen beruhende Auseinandersetzung mag wohl
im großen ganzen nicht unrichtig sein. Jedenfalls scheint das stärker hinweisende ta (in
taimna) uns den Gegenstand näher zu rücken. Vgl. auch:
Gädib täpsoma (od. taipsoma, nicht ipsoma) kivgartorlangitupse pinlijomaväse-
    dieser (od. jener) Gott, dem ihr nicht dient, will euch erretten.
Güde tämna (od. taimna, auch inna) nellomahauktox nellomarungnuerpox
    dieser (jener) Gott, der unbekannt war, ist nicht mehr unbekannt.

Anm. 2. Taipsomane (l.or.), allein gebraucht, geht wohl meist besonders auf § 201.
die **Vergangenheit**; damals, in jener (vergangenen) Zeit. Aber doch auch auf die
Zukunft, wenn dies aus dem Zusammenhang klar ist, z. B.
kilangmötsomarupta suvianarmük! (mit oder ohne nellintome) taipsomane
    od. ipsomane (nicht täpsoma) kanostokarangnaeromärmut welche
    Freude, wenn wir im Himmel sein werden! denn dann od. zu der
    Zeit wird es keinen Unfall x. mehr geben.
tikkigiamik Pentekosteme kollarmarikpunga; nellomailärpox taipsomane od.
    ipsomane (mein) Herkommen zu Pfingsten bezweifle ich durchaus;
    es wird dann (zu jener Zeit) klar werden.
Taimangat, kurz = taipsomangat (Abl.) heißt: von damals her, von da an.
    Aehnliche Wörter f. im Wbch.

Anm. 3. Mit **-uvox** er ist, wird gebildet: § 202.
tämnauvox dieser, ist's, das ist er, das ist der.
täpkoangovut diese sind's, das sind diese (die).
taimnauvox (taipkoangovut) jener ist's, das ist jener.

Anm. 4. Für unser „**jener, jenes**" bei sichtbaren, vor uns befindlichen § 203.
Gegenständen darf man also durchaus nicht inna, taimna wählen, wenn wir z. B.
sagen: gib mir jenes da (nicht dieses hier) her" oder: „jener Berg dort (nicht der nähere)".
In diesem Falle ist das gewöhnliche Wort (wohl allgemein, nicht bloß von Weibern so
angewendet): **ikingna** eigentlich: der da südlich, dann aber ganz allgemein, bei jeder
Richtung: jener da; wie ja auch taika ganz in dieser allgemeinen Bedeutung verwendet
wird i. § 189, 190. Siehe auch Wbch. S. 65 unter iksoma.

Mánna, tamánna dieses hier, — makkoa, tamakkoa diese hier.
    § 204—205.

Grundbedeutung: Mánna im Gegensatz zu una weist auf etwas § 204.
Näheres von einiger Ausdehnung (Breite, Länge, Mannigfaltigkeit) hin,
während man bei una das in sich Abgeschlossene, Begrenzte bezeichnet. Eine
eskl. Frau gab durch Zeichen kurz aber klar folg. Erklärung: „mánna! indem

---
*) Ein entsprechender Gebrauch des inna ist, wenn einem etwas, bes. ein Name nicht gleich einfällt,
— pe): „wer ist's, wie heißt er doch gleich". S. mehr pe § 359 Fußn.

sie vor sich hinweisend die ausgestreckte Hand über eine weitere Fläche hin und her bewegte." (ganz wie sie es auch bei tamadja that,) während man bei una mit dem Finger auf einen Punkt, Gegenstand (als einheitlichen gedacht) zeigen müßte. Vgl. § 186, wo die ganz gleiche Erklärung eines andern Estimo in Bezug auf die genau entsprechenden örtlichen Deutewörter mâne und ovane angeführt ist.

Aus dieser Grundbedeutung ergibt sich klar der Gebrauch:

a) **der Plur. makkoa** ꝛc. wird ohne Einschränkung sowohl bei Personen als bei Sachen (und Begriffen) gebraucht. (Der im Wbch. S. 159 angegebene Unterschied, daß ukkua auf eine geringere Entfernung hinweise, als makkoa ist nicht haltbar!. Z. B.

innit makkoa (od. tâpkua, ukkua) diese Menschen.
saviksoarmut, okautsimut tamakkonunga (od. tâpkununga, ukkununga) durch diese Schwerter, Worte.

b) **der Sing. mânna** ꝛc. dagegen wird nur bei leblosen Gegenständen gebraucht: so auch bei (abstrakten) Begriffen; ferner wo das „dies" sich nicht auf ein einzelnes Wort, sondern auf den Inhalt eines ganzen Satzes bezieht. In diesem allerletzten Falle kann una und tâmna nicht gebraucht werden. Beispiele:

1. auf abstrakte Begriffe und ganze Sätze sich beziehend:

mattoma sivorngagut vor diesem, vorher.
kuviasungnek tamânna od. mânna (auch tâmna, una) diese Freude.
okautsemut mattomunga (auch ômunga ꝛc.) durch dies Wort.
Dagegen:
tamânna (nicht una, tâmna) tussaramiuk, aullarpok als er dies hörte, ging er fort.
mattomunga (nicht ômunga ꝛc.) maksuatitauvok dadurch (durch dies) wurde er ermutigt. (Omunga, tâpsomunga würde hier heißen: durch ihn, einen Menschen oder einen sonstigen Gegenstand.

2. bei sichtbaren, greifbaren Gegenständen.

Man achte nur auf die oben angegebne Grundbedeutung, und man wird bald das richtige Gefühl bekommen, wo mânna angewendet werden kann und wo nicht.

Nicht: saviksoarmut mattomunga, sondern ômunga, tâpsomunga durch dieses Schwert.
Nicht: pêrut tamânna sondern una, tâmna dieser Schlüssel.
Aber wohl: kôrub mattoma (auch ôma) tukkianit aus der Längsrichtung dieses (sich hier ausdehnenden) Thales her.
kakkab mattoma (auch ôma) kângane auf der Oberfläche, Höhe dieses Berges.
kôksûb mattoma (auch ôma) takkininga die Länge dieses großen Flusses.
angna (§ 182, 206.) kassungavok, mânna anorderpok das (Land, die Gegend) im Süden ist still, das hier hat Wind
= im Süden ist's still, hier ist Wind.

mânna (auch unə) āniavok dies hier, dieser Teil meines Leibes hier (die Hand darauf legend ꝛc.) leidet, hat Schmerzen.

Anm. Der Lokalis **mattomane, tamattomane** in, an diesem heißt: §205.
a) von der Zeit: jetzt oder diesmal.
b) vom Ort: hier, an diesem Orte; oft auch im Gegensatz zur zukünftigen Welt: hier auf Erden.

Schlußbemerkung und Beispiele
zu den persönlichen Deutewörtern, die eine Weltgegend bezeichnen.

Das am Meer lebende Jagdvolk der Eskimos hat grade den Teil der Sprache, der §206. sich auf die Weltgegenden bezieht, ungemein ausgebildet, wie wir schon oben bei den Ortswörtern sahen. § 113—136. Der Esk. bezeichnet auch nächstliegende Gegenstände nach der Weltgegend, wo dies einem Europäer gar nicht in den Sinn kommen würde. Dazu kommt noch die Eigentümlichkeit, daß er nicht nur den Ort angibt, sondern dies oft in einer persönlichen Weise thut, wie § 123, 21. Anm. und § 133, b schon erwähnt ist. Deshalb werden auch ebenso hier nicht nur die örtlichen, sondern auch grade die persönlichen Deutewörter viel gebraucht. Vgl. ähnliches Anm. 3 bei -karpok, § 420. z. B.

pangna aputekarpok das (Land) im Westen hat Schnee.
pakkoa aputekarput die (Länder) im N. haben Schnee.
pakkoa tuktulaukput die (Menschen) im N. haben Renntiere bekommen.
apkoa die im Norden (Hebroner oder Nordländer).
takakkoa iglotâlaukput die da unten, im Osten (von unsern Nachbarn gemeint) haben ein neues Haus gebaut.
takpikununga itterpok er gibt zu denen (unsern Nachbarn) da oben, im Westen ein.
taukkoa sulle tikitsungnangilat die im Osten (sind, ihr Land haben) können noch nicht kommen.
taukkoa sulle sikkolungilat die (Gegenden) im Osten haben noch nicht Eis.
taungna sulle sikkolungilak die (Gegend) im Osten ist noch nicht mit Eis belegt.
taikikkoa ajoksarput die da (von Nachbarn am selben Orte) leiden Mangel.
raikingna suliaksakadlarpok der da (im Süden) hat viel Arbeit, z. B. in einer (südlich, doch am) am gleichen Orte gelegenen Böttcherei. Vgl. § 203.

Anhang.
kina wer? irgend wer; suna was? irgend was.

§ 207—213.

Endlich stehen hier noch diese zwei Wörter, weil sie mit der gleichen §207. Endung wie die persönlichen Deutewörter, nämlich na gebildet werden. Die andern Kasus weichen freilich ganz von jenen ab. Suna kommt von dem sehr häufig vorkommenden Stamm so was, ein Etwas. Bei kina wird der Plur. mit dem Anhang -kut § 434 (für: Gesellschaft, Familie) gebildet.

Wie neliat § 159 und nane § 196 sind diese Wörter mit (besonders wenn sie am Ende des Satzes stehn) gedehnter Schlußsilbe Fragewörter: kinâ? kikkût? wer? welche? ꝛc., sonst unbestimmte Fürwörter z. B. kina irgend wer, suna, sunat was, welche, etliche. — Wie in der folg. Tabelle zu sehn, kommen im Sing. verkürzte Formen vor, die eingeklammerten wohl nur ganz selten.

98   I. Formenlehre. Abschn. 3.

		Sing.	Dual.	Plur.
kina	*Intr.*	kina wer? irgend wer	kikkŭk welche zwei? irgend welche zwei	kikkut welche? irgend welche
	Trans.	kia wer? wessen?	kikkŭk	„ welche, welcher
	Loc.	kiname (kime) in, bei wem	kikkŭngne	kikkune bei, in welchen
	Abl.	kinamit, kimit von wem	kikkŭngnit	kikkunit von welchen
	Vial.	kinăkut (nie kikut) durch wen	kikkŭkt, ut od. kikkŭkut	kikkutigut durch welche
	Term.	kinamut, kimut zu durch	kikkŭngnut	kikkunut zu, durch
	Mod.	kinamik, kimik wen	kikkŭngnik	kikkunik welche
	tut	kinatut wie wer	kikkŭktitut kikkŭktut	kikkutitut wie welche
suna	*Intr.*	suna was? irgend was	sunăk was (sind) diese 2? irgend zwei	sunat was (sind) diese? welche, etliche
	Trans.	sunab was? wessen?	sunăk	„
	Loc.	suname (sume) in, bei was	sunăngne	sunane in, bei welchen, was für Dingen
	Abl.	sunamit (sumit) von was	sunăngnit	sunanit von
	Vial.	sunăkkut (sŭkkut) durch was	sunăktigut sunăkkut	sunatigut durch welche, was für Dinge
	Term.	sunamut, sumut zu, durch	sunăngmut	sunamut zu, durch
	Mod.	sunamik, sumik was	sunăngnik	sunanik welche, was für Dinge
	tut	sunatut wie was	sunăktitut sunăktut	sunatitut wie was, wie welche Dinge

Beispiele s. genügend im Wbch. bei kia S. 129. kikkut S. 134 und bei suna S. 298. 299.

§ 208. **Anm. 1.** Mit lônêt tritt (wie bei neliallônêt, nanelônêt) Verstärkung oder Verallgemeinerung ein. s. § 297.
kinalônêt irgend wer, jemand, wer es auch sei.
sunalônêt, irgend was, was es auch immer sei.
Ist im Verb. eine Verneinung, so wird dadurch unser: **niemand, keiner, nichts** ausgedrückt. Vgl. § 160.
kinalônêt kaile irgend wer möge kommen.
kinamiglônêt takungilango ich sehe gar niemanden.
sunamut od. sunamullônêt sangutitauniangilax er wird durch nichts, gar nichts (eig. nicht durch etwas) veränderlich gemacht werden.

§ 209. **Anm. 2.** Mit **-uvox** er ist und **-tuinax** nur:
kinauvâx wer ist er? d. h. wie heißt er?
sunaungilax er, es ist nichts (nicht etwas), hat keinen Wert.
sunatuinax („nur was") irgend was, verschiedenes, allerlei.
sunatuinakut sunatuinatigut } tessiortauvose durch mancherlei (hindurch) wurdet ihr geführt.
NB. Nicht wie oft falsch gebildet wird: sunatuinaitigut. § 48.

§ 210. **Anm. 3. Beim Kaufen** ist der gewöhnliche Ausdruck:
sunatût? (wie was =) wie viel kostet's?
shillingetut (wie ein Schilling =) einen Schilling. S. mehr § 527.

§ 211. **Anm. 4.** Hier seien auch nebenbei die Formen **suaᴘ** und **suvâᴘ suvêtᴘ sujôxᴘ** (s. mehr Wbch. S. 300) erwähnt. **Suaᴘ** was, wie? (wenn jemand nicht recht verstanden, was ein anderer gesagt,) ist so mit Suffix (sein), also eigentlich: sein was? (Kljschm. Wbch.)

Dies suna wird ziemlich wie schna, schwa ausgesprochen.
Die andern drei Formen kommen von suvox thut was, bekommt was. Das Nominalpartizip sujòx? was thuend (ist er)? *Ihr.* sujat wird ungemein häufig gebraucht: „was
thut er?" (was ist mit ihm? woher kommt das? was soll das? what is the matter with
him, it? what is he doing?) z. B. wenn jemand lang ausbleibt: sujòx? was ist nur
mit ihm? warum kommt er mir nicht? Auf Verwundungen hinweisend: sujat ukkuä?
was ist's, woher kommen denn die? Wenn ein Glas Bier jemandem hingestellt wird: sujòx?
was soll's? (ist's für mich? soll ich's jemand anders bringen? seltner in dem Sinn: was
ist es, dieses Getränk, das ich noch nicht kenne? Denn, wenn man etwas zum erstenmal
sieht und wissen will, was es ist, wird mehr gesagt: suna una? Doch brauchen manche,
besonders im Norden, auch in diesem Falle sujòx?] 1 Sam. 11, 5.

Anm. 5. Endlich sei auf einen nur bei Wörtern wie una, tämna, tamänna, suna § 212.
vorkommenden **Anhang -kutsex** hingewiesen, der viel gebraucht wird. Er bedeutet: „die
Stelle an". Also
 ukutsia, täpkutsia eig.: „sein dies da", diese Stelle an ihm.
 tamakutsera ániavox mein dies da, d. h. diese Stelle an mir hier schmerzt.
 sukutsia*) sein was d. h. 1) irgend was (wo) an ihm. 2) was (wo) an ihm?
  (Genügend Beisp. s. Wbch. S. 223. 313. 299).
Sukutsiane der Lokalis = „in seinem was" hat einmal örtliche Bedeutung: irgendwo an, in, auf ihm (seinem Menschen, Land, Gegenstand) oder: wo an, in, auf ihm? Dann
in Beziehung auf die Zeit ebenso: „in seinem (d. h. der Zeit) was", = irgend einmal. Dabei
geht es sowohl auf die Zukunft als auf die Vergangenheit (wiewohl letztere Anwendung von manchen scheint's gemieden wird, doch eig. ohne inneren Grund; vgl. Wbch.
299).
 sukutsiane kailárput sie werden einmal kommen.
 sukutsiano takolaukpalukpar du hast ihn vermutlich einmal gesehn.

Anm. 6. Von doppelten Appositionen auch an den Deutewörtern, wie z. B. § 213.
in tnipsomanganit war schon in § 49 die Rede.

Dritter Abschnitt.

Zeit= oder Redewörter, Verba.

§ 214—294.

A. Allgemeines: Person, Zahl, Modus, Zeit. § 214—220.

Die Zeitwörter drücken die Handlung oder den Zustand, das Thun oder § 214.
das Leiden einer Person oder Sache aus, z. B. lesen, schlafen, schlagen, geschlagen werden. Die Art die Zeitwörter zu verändern (zu „konjugieren")
weicht vom Deutschen sehr ab. Dies zeigt sich, wenn wir die vier bei der
Konjugation in Betracht kommenden Dinge näher ins Auge fassen, nämlich:
die Person, die Zahl (Numerus), den Modus (Art, Redeform) und die
Zeit (Tempus).

---

*) Im Wbch. S. 289 ist diese Form vom Biatis súkkut hergeleitet. Aber die oben nach Hschm.
gegebene Ableitung ist die richtige: einmal, weil bei ukutsex die Ableitung vom Biatis (súnna) nicht trifft.
Es ist vielmehr der Stamm u (Stamm von *vane*, *una*) mit -kutsex, und ebenso so (sein was) mit -kutsex.
Zweitens zeigt sich der Unterschied auch darin, daß in súkkut die erste Silbe geschärft ist, in sukutsiane
dagegen nicht.

a) **Die Person.**

Im Deutschen setzen wir die die verschiedenen (drei) Personen ausdrückenden Fürwörter (ich, du, er ꝛc.) vor das Zeitwort. Im Dak. dagegen werden diese verschiedenen Personen durch Veränderung der Endsilben ausgedrückt, z. B. ĸaiv-unga ich komme, ĸaiv-oĸ er kommt.

(Außerdem gibt es Endsilben, die sog. Suffixa, welche zwei Personen ausdrücken, z. B. takov-ara ich sehe ihn. Davon s. mehr § 32 und 221.)

§ 215.   **Anm.** Wie im Hebräischen, so ist auch im Dak. die dritte Person Sing. die (kürzeste) Grundform, mit der man auch das Verb anzuführen pflegt, z. B. takovoĸ er sieht, takova er sieht ihn; während wir im Deutschen den Inf. brauchen, z. B. „sehen, hören".

§ 216.   b) **Die Zahl oder der Numerus.**

Wie die Nennwörter (§ 31) so haben auch die Zeitwörter neben der Einzahl (Singular) und Mehrzahl (Plural) auch die Zweizahl (Dual), z. B. ĸaivoĸ er kommt, ĸaivuk sie 2, ĸaivut sie kommen.

§ 217.   c) **Der Modus oder die Redeform** (vgl. Dsch.)

I. Selbständige Redeformen, einen Hauptsatz bildend:

   1. **Indikativ**, Anzeigeform; besagt Geschehenes mit Gewißheit, z. B.
     takovoĸ er sieht od. sah; takova er sieht, sah ihn.
   2. **Interrogativ**, Frageform, z. B.
     takova? sieht er? takovauk? sieht er ihn?
   3. **Imperativ**, Befehlsform: in der ersten u. dritten Person Optativ, Wunschform genannt; z. B.
     takkuit siehe! takolo möge er sehen!
     takoguk sehet ihn! takoliuk möge er ihn sehn!

II. Abhängige Redeformen, einen Nebensatz bildend.

   4. **Konjunktiv**, für Geschehenes oder Gewisses; z. B.
     takungmat weil, als, daß er sieht oder sah.
     takungmago „ „ ihn sieht oder sah.
   5. **Subjunktiv**, für Ungeschehenes oder Ungewisses: z. B.
     takukpat, wenn er sieht, takukpago wenn er ihn sieht.
   6. **Infinitiv**, z. B. takovlune er ihn sehend, sehen, zu sehen.
     takovlugo ihn sehend, sehen, zu sehen.

Außerdem führen wir schon hier (auf der Konjugationstabelle § 260 Anh. I) an, obwohl es eig. erst bei den „Anhängen" zu erwähnen, das

   7. **Partizip**, z. B. pluliklertoĸ der Errettende, piulijo der ihn (mich ꝛc.) Errettende, piulijaĸ der Errettete.

§ 218.   **Anm. Die Namen: Infinitiv und Partizip** sind hier wie in unsern älteren Grammatiken und bei Dsch. gebraucht. In unsern neueren ward der Infinitiv Partizip genannt, aber fälschlich, wie ein Blick auf die Bedeutung der Worte ergibt. Participium heißt „teilhabend", nämlich teilhabend sowohl an der Natur des Zeit- als des Nennwortes. Wie z. B. „sehend", das vom Zeitwort sehen kommt, aber doch auch ein Nennwort: „der Sehende" sein kann. Dieser Name gehört also richtig zu den obigen Formen pluliklertoĸ ꝛc. (Mehr davon s. § 278—292.)

   Infinitivus dagegen heißt „der Unbegrenzte, Unbestimmte" im Gegensatz zum verbum finitum, dem bestimmten, begrenzten. Wenn man z. B. sagt: „weil ich ihn sah"

Zeitwörter. Perion, Zahl, Modus, Zeit.

(verb. fin.), so tritt uns die Handlung des Sehens in einer ganz bestimmten, klar abgegrenzten Form vor Augen. Dagegen tritt in takoshune „er sehend, sehen" der Begriff des Sehens unbestimmt vor uns, und muß noch durch andre Zusätze nähere Bestimmung bekommen, um klar verstanden zu werden.

Das bleibt freilich wahr, daß man den est. Inf. in der Übersetzung meist zunächst durch die eine Form unseres Partizips auf -end wiedergibt. z. B.

Güde missigivlugo inuk kuviasukpok (Gott spürend, fühlend ist der Mensch vergnügt. Daneben

Güde missigivlugo kuvianarpok (Gott zu fühlen ist erfreulich.

d) **Die Zeit oder das Tempus.** § 219.

Die Lateiner haben durch eigentliche Beugung des Verbs für (Gegenwart, Vergangenheit u. Zukunft verschiedene Formen (amo, amabam, amavi, amabo), wir im Deutschen nur zwei (z. B. ich sehe, sah), die Eskimos dagegen gar keine. Die einfachen Formen (des Ind. u. Konj.) dienen für Gegenwart und Vergangenheit. „Diese Ausdrucksweise ist aber dennoch deutlich „(sagt Kleinschm.), weil, wenn das Erzählte nicht grade vor Augen geschieht, „man vernünftiger Weise nicht anders annehmen kann, als daß es bereits ge„schehen ist." Der größte Teil der neutestamentischen Erzählungen z. B. ist in dieser Weise abgefaßt.

„Dagegen wird der Stand der Handlung, bei uns:
„ich sehe (währende ob. unvollendete Handlung),
„ich habe gesehn (vollendete "),
„ich werde sehen (bevorstehende "),
„allerdings erforderlichen Falls ausgedrückt, aber nicht durch Beugung des „Zeitworts selbst, sondern durch „Anhänge"" (von denen später die Rede sein wird). Z. B.

Währende Handlung:	takova er sieht, sah ihn. takolerpa § 439 er fängt an ihn zu sehn.
Vollendete Handlung:	takosimavā § 474 er hat ihn gesehn. (sein Sehn ist jetzt ob. war damals beendet, s. Anm.).
Bevorstehende Handlung:	aglagnularpok er wird schreiben (sofort, bald, ist im Begriff) § 459. aglalārpok " " (etwas fernere Zukunft) § 435. aglagomārpok " " (noch) § 461.

In Bezug auf nähere oder fernere Zukunft wird die Grenze immer flüssig bleiben; s. mehr Anm. bei omārpok § 461.

Anm. In simavok wird klar die Vollendung der Handlung ausgedrückt, sei § 220. von der Vergangenheit, sei von der Gegenwart die Rede. Nicht ganz ebenso scheinen einige verwandte Anhänge -lauxpok zu sein, die, scheint's*), ohne die Vollendung der Handlung besonders zu betonen, dieselbe als eine in der Vergangenheit geschehene bezeichnen. Z. B. takolaukpa er sah*) ihn, hat ihn gesehn (in vergangener Zeit): takorsuvā oder tokolerpā hat ihn (jetzt ganz vor kurzem, auch eben erst) gesehen; takolunjuvā hat ihn (vor längerer, ziemlich langer Zeit) gesehen. Dagegen takosimavara ich habe ihn gesehen (entw. damals, aber ebensogut auch; eben jetzt, z. B. wenn man sich eben nach jemand umgewendet hatte. In diesem allerletzten Falle auch) takorkauvara.

_____
*) Wir enthalten uns mit Fleiß einer bestimmteren, spezielleren Behandlung in Bezug auf die eigentliche Bedeutung dieser Anhänge (z. B. was das Vollendetsein der Handlung betrifft), weil dies leicht zu unhaltbaren Vermutungen führen würde. Doch würde man jedenfalls irre gehn, wenn man -lauxpok als unserm erzählenden Präteritum (sah, schrieb, kam) ohne weiteres ganz entsprechend hinstellen wollte.

B. Zeitwörter ohne und mit Suffix
(auch reflexive und passive).
§ 221—231.

§ 221.   a) Man kann alle Zeitwörter einteilen*) in

1. **Verba sine suffixo** (*s. s.*) d. h. ohne Anhängsel, auf ᴏᴋ endend. Dies sind solche, in deren Endung nur eine Person enthalten ist (ich ob. du ob. er ꝛc.), z. B.
    návoᴋ es ist zu Ende, ᴋuviasukpotit du bist froh.
2. **Verba cum suffixo** (*c. s.*) d. h. mit Anhängsel, auf á endend. Dies sind solche, in deren Endung immer zwei verschiedene Personen enthalten sind, z. B.
    annauvá er schlägt ihn, annauvánga er schlägt mich.
3. **Verba sine suffixo und cum suffixo** (*s. s.* u. *c. s.*) sind solche, die — mit gleichem Wortstamm und gleicher Bedeutung — alle Endungen, sowohl die der *s. s.* als die der *c. s.* Zeitwörter annehmen können, z. B.

naglik-poᴋ *s. s.* er liebt	tussar-poᴋ *s. s.* er hört
„ pá *c. s.* „ „ ihn	„ pá *c. s.* „ „ ihn
senna-voᴋ *s. s.* er arbeitet	tako-voᴋ *s. s.* er sieht
„ vá *c. s.* „ „ ihn	„ vá *c. s.* „ „ ihn

In der Konjugationstabelle § 260 sind alle Endungen der *s. s.* und *c. s.* Verben aufgeführt.

NB. Wie der *Trans.* und *Intr.* bei den *s. s.* und *c. s.* Verben zu brauchen s. o. § 36. 37.

§ 222.   b) Es gibt aber viele Verba, bei denen der ganz gleiche Stamm nicht so ohne weiters für die *s. s.* und *c. s.* Bildung dienen kann, sondern eine kleine Veränderung erfahren muß. Da gilts eben die verschiedenen Formen der *s. s.* und *c. s.* Verben gründlich dem Gedächtnis einzuprägen. Zur Erleichterung dabei sei nur noch bemerkt: Es gibt einige Anhangsstämme, (§ 379), die nur dazu dienen, *c. s.* Zeitwörter in *s. s.* Wörter zu verwandeln, ohne irgend welche Veränderung des Sinnes des Verbi zu bewirken. (Klschm. § 132.) Solche sind:

-ivoᴋ (öfters rivoᴋ)	ng-nikpoᴋ oder nikpoᴋ
-jivoᴋ, (tjivoᴋ, tsivoᴋ)	rdlerpoᴋ
sivoᴋ	klerpoᴋ u. a. m.

„Diese können jedoch nicht beliebig angewendet werden, sondern jedes *c. s.* Zeitwort hat seine — im Wbch. anzugebende — ihm eigentümliche und allein anwendbare (in einzelnen Fällen eine doppelte) *s. s.* Form."

---

*) Im folgenden sind trotz Klschm. die Ausdrücke der alten Gram. (*s. s. c. s.*) beibehalten. Vgl. darüber Vorwort Fuhn. gegen das Ende.

Zeitwörter, ohne und mit Suffix. 103

Beispiele:

-ivok (bei erpâ, ârpâ, auch orpâ öfters -rivok):	kaumaksarpâ c. s. „ saivok s. s.	er erleuchtet (c. s. ihn)
	asserorpâ c. s. „ roivok s. s.	er verbirkt (c. s. ihn)
	niakôserpâ c. s. „ sêvok s. s.	er versieht (ihn) mit einem Reifen, Kranz, Krone
	tunganilivâ c. s. „ lêvok s. s.	er macht (ihm) Grund
	sivôrasârpâ c. s. „ sârivok s. s.	er macht (ihn) sich fürchten
	innerterpâ c. s. „ terivok s. s.	er verbietet (ihm), warnt (ihn)
-jivok (-tjivok, -tsivok):	perkovâ c. s. „ kojivok s. s.	er befiehlt (ihm or. es)
	tunnivâ c. s. „ nijivok (tsivok) s. s.	er gibt (es)
	annerutivâ c. s. „ utjivok s. s.	er beneidet (ihn)
sivok:	attuarpâ c. s. „ arsivok s. s.	er geht drauf, dran hin, liest (es)
	sêmikpâ c. s. „ ksivok s. s.	er quetscht (ihn)
	nakkappâ c. s. „ katsivok s. s.	er haut (ihn) ab
	kippivâ c. s. „ pisivok c. s.	er schneidet (ihn) ab
nikpok u. Doppelformen:	tessiorpâ c. s. „ pok „ nikpok } s. s.	er führt (ihn)
	mallikpâ c. s. „ pok „ mallingnikpok } s. s.	er folgt (ihm)
	pattikpâ c. s. „ ksivok „ ngnikpok } s. s.	er legt die flache Hand (kurz) auf (ihn)
rdlerpok bei Kl. 4: klerpok:	nertorpâ c. s. „ rdlerpok s. s.	er preist, lobt (ihn)
	uivêrivâ c. s. „ klerpok s. s.	er betrügt, verführt (ihn)
	aivâ c. s. aiklerpok seltner aitsivok } s. s.	er holt (ihn)
Andere Bildungen:	annerivâ c. s. „ rosukpok s. s.	er erwählt (ihn); vgl. -gosukpok. Anm. § 407.
	okumaigivâ c. s. okumaiksarpok s. s.	er hat (es) zum Schweren.

§ 223. **Anm. 1.** In vielen Fällen ist es ganz einerlei, ob man die *e. s.* oder *s. s.* Form braucht, z. B.

napârtok una nakkappara *e. s.*
napârtomik ôminga nakkatsivunga *s. s.* } beides: ich haue diesen Baum ab.

okautivâtit *e. s.*
illingnut okarpok *s. s.* } beides: er sagt zu dir.

Sonst aber, wenn nicht dgl. näher bestimmende Wörter dabei stehn, entspricht (wie schon § 30 bemerkt, s. auch § 523, 2) die *e. s.* Form (mit dem Intr.) meist unserm bestimmten Artikel (der, die, das) **beim Objekt,** und die *s. s.* Form (mit dem *Mod.* mik) immer dem unbestimmten (einer, e, es). Z. B.

napârtok nakkappara (meist:) ich haue den Baum ab.
napârtomik nakkatsivunga (immer:) ich haue einen Baum ab.

§ 224. **Anm. 2.** Die hier § 222 erwähnten von *e. s.* Formen abgeleiteten *s. s.* Verben werden in der Kisichm. Gram. § 59. 60 „**halbtransitive**" genannt („die, obwohl sie kein Suffix haben können, ihrer innern Natur nach nichtsdestoweniger transitiv sind. § 132."), während die *e. s.* Verben „**transitive**" und die übrigen *s. s.* Zeitwörter „**intransitive**" genannt sind.

Die zwei ersteren Arten (grtd. transitive und halbtransitive) entsprechen den deutschen transitiven („übergehenden", d. h. ein Objekt habenden, wie lieben, sehen), die letzteren (grtd. intransitive) sind ganz = den deutschen intransitiven (die kein Objekt haben, wie gehen, laufen).

§ 225. c) Etwas anderes, was aber doch hier kurz erwähnt sei, ist es, wenn durch **Anhangsverben mit Veränderung der Bedeutung** (was § 222 eben nicht der Fall) aus *s. s.* und *e. s.* Verben wieder andere Verben gebildet werden. Das ganze Kapitel von der Zusammensetzung und den Anhängen (§ 346—510) wird dazu reichliche Beispiele liefern. Hier vorläufig nur einige:

Stammwort:	Davon abgeleitet:	
ômigivâ *e. s.* er haßt ihn	ômigidlarpâ *e. s.* er haßt ihn sehr.	
kikkarpok *s. s.* er steht stille, thut nichts, hat nichts vor.	kikkarpakpok *s. s.* er pflegt nichts vor zu haben. kikkarkovâ *e. s.* } er heißt (*e. s.* ihn) stille kikkarkojivok *s. s.* } stehn, ruhn. kikkarutigivâ *e. s.* } er hat (es) zur Ur- kikkarutekarpok *s. s.* } sache des Nichtsthuns.	
takojauvok *s. s.* er wird gesehen	takojautipâ *e. s.* } er macht, läßt (ihn) takojautitsivok *s. s.* } gesehen werden.	
tunijivok (tjivok) *s. s.* er gibt	tunitjivigivâ *e. s.* } er hat (ihn) zur Gebe- tunitjovekarpok *s. s.* } stelle, d. h. gibt (ihm).	

§ 226. d) **Reflexivbedeutung der** *s. s.* **Endungen am** *e. s.* **Verb.**

Werden bei einem *e. s.* Verb statt der *e. s.* Endungen die *s. s.* Endungen gesetzt, so bekommt es reflexive (d. h. sich zurückbeziehende) Bedeutung*). Die Endungen ok, otit, unga ꝛc. drücken dann also nicht aus er, du, ich, sondern: er sich, du dich, ich mich ꝛc. Man kann dabei das: sich, dich ꝛc. auch noch besonders ausdrücken durch ingminik oder nangminerminik (§ 169. 170. 176), illingnik ꝛc., was häufig geschieht. Z. B.

---

*) Diese Bedeutung hat auch von piulivok „er errettet sich" die Form piulijok „der sich selbst Errettende". Den Heiland, den Erretter anderer, so zu nennen, hat, wie man sieht, keinen Sinn. Das Wort sollte nie so gebraucht werden, selbst wenn gedankenlose Eskimos nicht dagegen protestieren. Man sage dafür entweder von piulije mit Suffixen: piuliîga mein Erretter, oder ohne Suffixen: piulikîerte (ob. tok) oder von der neben piulikîrpok seltener vorkommenden *s. s.* Form piulòvok: piulòjok.

c. s. Verb. | s. s. Endung mit Reflexivbedeutung.
toĸĸupâ er tötet ihn | toĸĸupoĸ (ohne ob. mit ingminik ob. nang-
                       minerminik) er tötet sich selbst.
passivâ er beschul= | passivunga (ohne ob. mit uvamnik) ich beschul=
digt ihn   dige mich.
                      passivogut (ohne ob. mit uvaptingnik ob. nang-
                       miniptingnik) wir beschuldigen uns selbst.
                      passivut (ohne ob. mit ingmingnik ob. nang-
                       minermingnik) sie beschuldigen sich selbst.
kamillarpâ er zieht | kamillárpoĸ er zieht (sich) die Stiefeln aus.
ihm die Stiefeln
aus

In dem Fall, daß man ingminik, uvamnik ꝛc. dazusetzt, wählt der Esk. auch allenfalls die nach § 222 aus dem c. s. gebildete s. s. Form und sagt z. B. auch passikler-
punga uvamnik, passiklerput ingmingnik. Doch ist das wohl nicht das Beste.

Anm. Ganz derselbe Vorgang findet bei vielen Verben statt, wo wir nicht grade § 227.
mit Reflexivform übersetzen. Z. B.

pêrpâ er hat es losge= | pêrpoĸ es ist los (eigentlich hat sich losgemacht).
macht
ĸangattarpâ er hebt es | ĸangattarpoĸ es steigt, geht in die Höhe, ab vom Boden.
auf, in die Höhe   (eig. hebt sich).
manigorpâ er hat ihn ge= | manigorpoĸ er ist getrost (hat sich getröstet).
tröstet
ĸamippâ er löscht es aus | ĸamippoĸ es löscht, geht aus, ist ausgelöscht (auch vom
                           Menschen: ihm löscht seine Lampe, sein
                           Feuer aus).

c) **Passivbedeutung der s. s. Endungen am c. s. Verb.**   § 228.
Nur ein kleiner Schritt von dem in den zwei vorigen §§ Gesagten ist es,
wenn viele c. s. Verba bei Gebrauch der s. s. Endungen **passive** (leidende)
Bedeutung annehmen. Solche Formen kann man (freilich nur im Gegensatz
gegen die ausführlichere Ausdrucksweise des Passivs, wovon gleich § 229)
Formen mit zerstecktem Passiv nennen. Z. B.

c. s. Verb. | s. s. Endung mit Passivbedeutung.
avikpâ er zerteilt es | avikpoĸ es teilt sich d. h. wird geteilt, ist
                          geteilt worden (= aviktauvoĸ § 230).
attorpâ er gebraucht es | attorpoĸ*) es braucht sich d. h. wird ge-
                          braucht (= attortauvoĸ § 230).
neksarpâ er nimmt ihn | neksarniarpoĸ*) es wird mitgenommen wer=
mit   den.
âpâ er bringt es hin, | âpoĸ es ist hingebracht (worden) eig. es bringt
fort   sich hin, hat sich hingebracht.
ĸemaĸpâ er verläßt ihn | ĸemangniarput sie werden zurückgelassen
                          werden, eig. sich zurücklassen.
mattuvâ bedeckt es, thut | mattulárpoĸ es wird zugedeckt werden, eigent=
einen Deckel drauf   lich sich zudecken.

---

*) Dabei ist attorpoĸ, neksarpoĸ auch die gewöhnliche s. s. Form zu attorpâ,
neksarpâ mit aktivem Sinn: er braucht, nimmt mit (irgend etwas). Der Zusammenhang
zeigt, wie es aufzufassen.

c. s. Verb.   *n. s.* **Endung mit Passivbedeutung.**
imuserpâ er wickelt es   imuserpok es ist eingewickelt (worden).
ein (u. so bei allen   imuserniarpok wird eingewickelt werden.
Verben auf -serpâ)
illivâ er legt es hin,   ukkusingmut illiniartôk? wird's d. h. soll
thut es hinein   es in den Kessel gethan werden?

Dieser Gebrauch ist in der Umgangssprache sehr häufig. Vgl. auch § 230. In andern Sprachen gibts ähnliche Erscheinungen, wo bei rest. Form der Sinn doch eigentlich passiv ist. (Z. B. unser deutsches: es macht sich gut (ist gut gemacht worden, erscheint gut); das französische il se vend es verkauft sich, d. h. wird verkauft, geht ab.

§ 229. f) Bildung des Passivs.

Wie das Aktivum ein Thun ausdrückt (ich schlage, gehe), so das Passivum einen leidenden Zustand (ich werde geschlagen, gesehen). Das Passiv wird in ausführlicher Weise folgendermaßen gebildet: Man setzt an das (NB. nur von *c. s.* Verb abgeleitete) passive Partizip (§ 288) auf -jak (von vá) und tak (von på) den Anhang -uvok er ist, so daß das (natürlich nur *n. s.* Endung habende) Passiv also auf -jauvok, tauvok endet. Z. B.

Aktiv (handelnd).   Passiv (leidend).
sunnavâ er arbeitet es   sunnajak das Gearbeitete.
    sunnajauvok es wird gearbeitet (eig. ist ein Gearbeitetes).
attuarpâ er liest es   attuartak Gelesenes.
    attuartauvok wird gelesen (ist ein Gelesenes).
tillivâ er beauftragt,   tillijauvok er wird gesendet.
schickt ihn
opingarp... er kommt   opingartauvok er wird überrascht.
ihm unvermutet
kikkipâ er übergeht ihn   kikkitauvok er wird übergangen.

§ 230.

Anm. 1. Man gewöhne sich zunächst an diese ausführlichere und jedenfalls deutlichere Ausdrucksweise des Passivs. Später kann man bei mehrerer Kenntnis auch die oben § 228 angeführte kürzere Ausdrucksweise (so weit sie eben der Sprachgebrauch bei vielen Wörtern eingeführt hat) anzuwenden lernen. Die § 228 gegebenen Beispiele könnten alle auch so lauten:

aviktauvok, attortauvok, neksartauniarpok, ûtauvok, komaktauniarput, mat-
    tujaulârpok, imusertauvok, illijauniartok.

Die kürzeren Formen mit Weglassung des tau, jau nannten wir Formen mit verstecktem Passiv. Bei einigen Anhangszeitwörtern werden wir später finden, daß ein (r. s. Stamm, wenn sie an einen solchen treten, grade so wie hier, auch ohne tau, jau passive Bedeutung haben kann, z. B. bei -rková (§ 502) und simavok (§ 474).

§ 231.

Anm. 2. Die Verba auf utivâ haben statt des längeren tijauvok im Pass. noch häufiger tjauvok (tsauvok). Z. B.

okautivâ er sagt ihm   okautjauvok es wird ihm gesagt
takpaungautivâ er schafft es hinauf   takpaungautjauvok es wird hinaufgeschafft.

Vgl. § 283 die Beispiele.

C. Die vier Klassen und die Modusbildung der Zeitwörter.
§ 232—264.

C. I. Die vier Verbalklassen.
§ 232—235.

Grade so wie bei den Nennwörtern § 34 enden die Stämme der Verben § 232. auch nur auf к, k. t oder einen Vokal, welche Laute dann beim Antreten der Endung (ροκ, voκ) in den verwandten Laut (r ꝛc. § 2 und 18) verwandelt werden. Danach gibt es vier Klassen:

1 Kl. (к) auf -гроκ, -грá (-кроκ, -крá).
2 Kl. (k) „ -кроκ, -kpá.
3 Kl. (t) „ -роκ (= ppoκ aus tpoκ), -рá d. h. auf ροκ mit vorhergehendem scharfen Vokal.
4 Kl. (Vokal) auf -voκ, -vá d. h. auf voκ mit vorhergehendem, nicht geschärftem Vokal.

Beispiele:

		Stamm
1 Kl.	tuksiarpoκ er bittet	к: (tuksiaκ)
	sángerpá er tritt vor ihn	u. s. w.
	attorpá er braucht es	
2 Kl. (s. Anm. 1)	aglakpoκ er schreibt	k: (aglak)
	silikpoκ es ist breit	u. s. w.
	pisukpoκ er geht	
3 Kl. (s. Anm. 2)	nakkáppá er haut ihn ab	t: (nakkat)
	tikíppoκ ist gekommen	(tikit)
	annerúpá er beneidet ihn	(annerut)
	okaúpá er sagt zu ihm	(okaut)
4 Kl.	sennavoκ er arbeitet	Vokal: (senna)
	pairivá er pflegt ihn	u. s. w.
	kaitauvoκ er wird hergebracht	

Anm. 1. In Bezug auf die zweite Klasse. Die eingebürgerte Schreibung kpoκ § 233. ist eigentlich inkonsequent. Besser wäre g vor folg. Konsonant, also z. B. aglagpoκ, aglagkune, oglagle. Diese Inkonsequenz gehört mit zu den Unvollkommenheiten unserer Labradorschreibung. Vgl. das im Vorw. zu den bibl. Fragen und Antw. 1872 S. 12 und 13 Gesagte.

Anm. 2. In Bezug auf die dritte Klasse. §234.
a) Was die Aussprache betrifft, so spreche man die Silbe vor poκ ja scharf, z. B. nungusuipoκ (= ippoκ), ganz anders als assorvoκ; ebenso nungusuitomik anders als assoroijomik, wo Deutsche häufig falsch auch assoroijomik sagen.
b) Bei den oben zuletzt stehenden annerúpá, okaúpá (sowie allen andern Verben auf úpá) kann grade wie bei den Nennwörtern (s. § 19. 34. 56.) nach dem t des Stammes entweder ein Hilfsvokal eintreten oder nicht. Wie man sagen kann kukkiámik und kukkiutemik so auch entw. okaúpá, annerúpá (aus okaut-pá, annerut-pá) oder mit dem Hilfsvokal nach dem t: okautivá, annerutivá, wo dann diese Worte in die vierte Kl. gehören. Letzteres ist in Labr. bei den Verben das Gewöhnlichere.

Anm. 3. Der Esk. vermischt oft die versch. Klassen. Vornehmlich bildet er oft Wörter der ersten und bes. der zweiten nach der dritten (§ 12), z. B. nipáppoκ aus nikparpoκ. Ganz barbarisch sind aber Bildungen (vierte Kl. statt der ersten) wie pitaκavoκ, pévoκ für pitaκarpoκ, pérpoκ!!

C. II. Der Moduscharakter.

§ 235—238.

§ 235. Die in der Konjugationstabelle § 260 aufgeführten Endungen treten nicht in allen Modis gleich an den Stamm des Verbs, sondern zwischen den Stamm und der Endung tritt meist noch ein Konsonant, den man den Charakter nennt. Man unterscheidet:

1) **den Hauptcharakter.** Dieser ist v und p*), woran die Endung des Indikativ oĸ, â kommt, was poĸ, pâ, voĸ, vâ gibt. Dieser Hauptcharakter gilt auch für den Interrogativ. Nur wird hier das p (nicht aber das v) sehr häufig gegen ĸ oder k vertauscht. Näheres s. § 240. 242.

2) **den Bindecharakter,** an den alle für den Konjunktiv und Subjunktiv angegebenen Endungen kommen. Der Bindecharakter ist eigentlich g, das aber oft zu r, -k oder -n wird, worüber mehr gleich in Anm. 1 und in § 244.

§ 236. Anm. 1. Dieser Bindecharakter g verbindet sich nämlich mit dem Endlaut des Stammes, und erhält so d. h. ĸnur vor den mit einem Vokal beginnenden Endungen wie am r. die eben angegebenen Veränderungen. Vor m wird das g zu ng (senangmat) s. § 18. (Sonst wird zu Ende der Silbe in Labr. statt g, k geschrieben, z. B. senakput. Vgl. § 233.)

	Stamm= endung	Hauptcharakter mit Endung	Bindecharakter g	Beispiele
Kl. 1	ĸ	rpoĸ, rpâ	r (aus ĸg)	tuksiarmat weil er bittet „ rpat wenn „ „
Kl. 2	k	kpoĸ, kpâ	-k (d. h. kk aus kg) auch ungenauer bloß g	sillikkama (silligama) weil ich breit bin aglangmat weil er schreibt aglakpat wenn er schreibt
Kl. 3	t	-poĸ, -pâ	-k (d. h. kk aus tg) ungenauer auch nur g. Im Konj. auch -n vor Vokalen	tikikkuŋa (tikiguŋa) wenn er gekommen ist tikikkama (gama) u. tikinnama weil ich gekommen bin tikingmat weil er gekommen ist tikikpat wenn er gekommen ist
Kl. 4	Vokal	-voĸ, -vâ	g	senagama weil ich arbeite senangmago weil er es arbeitet senakpago wenn er es arbeitet

§ 237. Anm. 2. Von der Aussprache beim Konj. und Subjunktiv. Wenn man sich die eben gegebenen Beisp. ansieht, so beachte man, daß ng vor mat, ebenso k vor pat ɔc. meist (bes. in der dritten Klasse, also auch nach der Verwmung ngi) sehr abgeschliffen ausgesprochen wird, so daß man nur mehr ein doppeltes m oder p (mit vorhergehender scharfer Silbe) hört, weshalb es auch oft so gedruckt wird. Z. B. senangmago und sonámmago, tikikpat und tikippat, perkokpattigut und perkoppattigut, kaukpat und káupat, aglangimat (aglangingmat), aglángipat (aglangikpat). Vgl. § 12.

---

*) Nach Kleinschm. eig. nur v, das dann aber nach den Konsonanten (ĸ, p, t in den drei ersten Klassen) p wird. In der dritten Kl. bewirkt das eig. vorhandene t, daß p gesetzt wird.

Anm. 3. Hat man nur eine Konj. oder Subj.-Form vorliegen, so kann man §238.
freilich nicht sofort wissen, woher sie kommt, d. h. zu welcher Kl. sie gehört. So
könnte aglakpat grade so wie von aglakpok eben auch von aglápok oder von aglavok
kommen. Man muß dann eben noch andre Formen, auch etwa Zusammensetzungen mit
Anhängen zu Hilfe nehmen, um das Stammwort richtig zu finden.

C. III. Die verschiedenen Modi im einzelnen.
§ 239—259.

An eine der drei genannten Grundformen, d. h. den Hauptcharakter oder §239.
Bindecharakter oder den bloßen Stamm kommen nun alle in der Tabelle §260
angegebenen Endungen. Sie treten

im Indikativ u. Interrogativ:	an den	**Hauptcharakter** (v, p)
„ Konjunktiv u. Subjunktiv:	„ „	**Bindecharakter** (g, r, ÷k, ÷n)
„ Infinitiv u. Imperativ:	„ „	**bloßen Stamm.** Nur in der vier-
(Optativ)		ten Kl. kommt die Endung im
		Inf. auch an den Hauptchar. v.

Wir gehen nun in den folg. §§ die Modi der Reihe nach durch, und
geben von einem Teile die ausgeführte Konjugation, so daß genügend Beisp.
vorhanden sind für die Anhängung aller übrigen Endungen der Tabelle. Die
Einrichtung der unten folgenden kleinen Tabellen wird klar sein. Man hat
nur an die 4 linksstehenden Wörter (welche Beispiele aus den vier Klassen
sind) der Reihe nach die rechtsstehenden Endungen zu setzen.

Fortsetzung auf nächster Seite.

§ 240. **a) Der Indikativ.** Die Endungen treten also an den Hauptcharakter
(p oder v).

Indikativ.

K. s.

Stamm mit dem Hauptcharakter				Endungen
Klasse 1	Kl. 2	Kl. 3	Kl. 4	
(er hört)	(er folgt)	(ist gekommen)	(er arbeitet)	
tussarp	mallikp	tikip	sennav	ok er hört, folgt u. s. w.
"	"	"	"	uk sie zwei, beide hören
"	"	"	"	ut sie hören
"	"	"	"	otit du hörst
"	"	"	"	otik ihr zwei hört
"	"	"	"	ose ihr hört
"	"	"	"	unga ich höre
"	"	"	"	oguk wir zwei hören
"	"	"	"	ogut wir hören

c. s.

"	"	"	"	å er hört ihn, folgt ihm c.
"	"	"	"	ak sie zwei hören ihn
"	"	"	"	åt sie hören ihn
"	"	"	"	at (et) du hörst ihn
"	"	"	"	atik (attik) ihr 2 hört ihn
"	"	"	"	ase (asse) ihr hört ihn
"	"	"	"	ara ich höre ihn
"	"	"	"	avuk wir zwei hören ihn
"	"	"	"	avut wir hören ihn

Und hiernach alle übrigen Formen des Indikativ mit der Tabelle § 260.

§ 241. **Anm.** In der Umgangssprache wird sehr häufig der Hauptcharakter (p u. v)
gegen einen verwandten к oder k Laut (§ 2) vertauscht. z. B.

Kl. 1	окагкок, окагкотit	statt окагрок, окагротit	er sagt, du sagst.
	åkingniarkara	"	åkingniarpara ich werde es instandsetzen.
Kl. 2	mallikkoк	"	mallikpoк er folgt.
Kl. 3	tikikkoк*)	"	tikippoк er ist gekommen.
Kl. 4	sennagoк	"	sennavoк er arbeitet.
	nungugoк	"	nunguvoк es ist zu Ende.

---

*) Und hier wird eig. falsch statt k oft к gesprochen, z. B. ovanèrкoк statt ovanèkoк.

111

b) Der Interrogativ oder die Frageform. §242.

Die Endungen kommen zwar auch an den Hauptcharakter (p oder v). Aber bei p (nie bei v) ist die eben § 241 erwähnte Vertauschung in к und k fast das Gewöhnlichere, wenigstens beim s. s. Verb. Steht das Verb am Ende des Fragesatzes, so wird die Endsilbe gedehnt, wie unten geschrieben ist. Steht es in der Mitte des Satzes, so findet die Dehnung meist nicht statt; beim Negativ aber doch auch da wohl immer.

Interrogativ

s. s.

Stamm mit dem Hauptcharakter				Endungen
Klasse 1	Kl. 2	Kl. 3	Kl. 4	
(hört)	(folgt)	(ist gekommen)	(arbeitet)	
tussarK od.	mallikk od.	tikikk od.	nur:	
tussarp	mallikp	tikipp	sennav	á? hört, folgt ꝛc. er?
"	"	"	"	ak? hören sie zwei?
"	"	"	"	at? hören sie?
"	"	"	"	ét (ît)? hörst du?
"	"	"	"	itik? hört ihr zwei?
"	"	"	"	isé? hört ihr?
"	"	"	"	ok (ik)? höre ich?
"	"	"	"	inûk? hören wir zwei?
"	"	"	"	itá? hören wir?

c. s.

"	"	"	"	aûk? hört ꝛc. er ihn?
"	"	"	"	akkö? hören sie zwei ihn?
"	"	"	"	utsûk? hören sie ihn?
"	"	"	"	iûk? hörst du ihn?
"	"	"	"	itikkö? hört ihr zwei ihn?
"	"	"	"	issiûk? hört ihr ihn?
"	"	"	"	igö? höre ich ihn?
"	"	"	"	itigö? hören wir zwei ihn?
"	"	"	"	itigö? hören wir ihn?

Und hiernach alle übrigen Formen des Interrogativ mit der Tabelle § 260.

Anm. ingâ = ik. Die erste Person des s. s. Interrogativs auf ik kommt mit ange- §243. hängtem a (s. § 21 u. vgl. § 257) ohne Veränderung der Bedeutung vor. Z. B. pêrtaulärkingâ? (= lärkík) werde ich fortgethan werden? Auf die Frage ivjangovôt? bist du engbrüstig? sagt etwa der Angeredete: ivjangovingâ? bin ich engbrüstig? (fragst du) ob ich engbrüstig bin?

112 I. Formenlehre. Abschn. 3.

§ 244. c) **Der Konjunktiv und Subjunktiv.**

Die Endungen kommen also hier an den Bindecharakter (g, r, ⁓k, ⁓n), sowie dies näher aus § 235—237 und den hier folg. Formen zu sehen ist.

I. Konjunktiv.

s. s.

Stamm mit dem Bindecharakter				Endungen	
Kl. 1	Kl. 2	Kl. 3	Kl. 4		
(hört) tussar	(folgt) malling	(ist gekommen) tiking	(arbeitet) sennang	mat weil (als, daß) er hört, hörte ꝛc.	
"	"	"	"	mannik weil sie zwei hören	
"	"	"	"	matta weil sie hören	
3	mallikk mallig	tikikk tikig tikinn	sennag	ame weil er hört, hörte ꝛc.	Reflexiv
	"	"	"	amik " sie 2 hören	
	"	"	"	amik " sie hören	
2	"	"	"	avit " du hörst, du hörtest	
	"	"	"	aptik " ihr 2 hört	
	"	"	"	apse " ihr hört	
1	"	"	"	ama " ich höre, hörte	
	"	"	"	amnuk weil wir 2 hören	
	"	"	"	apta " wir hören	

c. s.

	malling	tiking	sennang	mago weil (als, daß) er ihn hört ꝛc.	
	"	"	"	makko " sie 2 ihn hören	
	"	"	"	matsuk " sie ihn hören	
3	mallikk mallig	tikikk tikig tikinn	sennag	amiuk weil er ihn hört, hörte	Reflexiv
	"	"	"	amikko " sie 2 ihn hören	
	"	"	"	amitsuk " sie ihn hören	
2	"	"	"	angne " du ihn hörst	
	"	"	"	aptikko " ihr 2 ihn hört	
	"	"	"	apsiuk " ihr ihn hört	
1	"	"	"	apko " ich ihn höre, hörte	
	"	"	"	aptigo " wir 2 ihn hören	
	"	"	"	aptigo " wir ihn hören	

NB. Ueber den Gebrauch der Reflexivformen ame ꝛc. f. Syntax § 556.

II. Subjunktiv.

N. N.

Stamm mit dem Bindecharakter				Endungen	
(hört) tussar	(folgt) mallik	(ist gekommen) tikik	(arbeitet) sennak	pat wenn er hört, folgt 2c. pannik wenn sie 2 hören patta wenn sie hören	
3					
"	"	"	"		Reflexiv
"	"	"	"		
"	mallikk mallig	tikikk tikig	sennag	une wenn er hört, folgt 2c. unik wenn sie 2 hören unik wenn sie hören	
"	"	"	"		
"	"	"	"		
2	"	"	"	"	uvit wenn du hörst uptik wenn ihr 2 hört upse wenn ihr hört
"	"	"	"		
"	"	"	"		
1	"	"	"	"	uma wenn ich höre umnuk wenn wir 2 hören upta wenn wir hören
"	"	"	"		

c. s.

	mallik	tikik	sennak	pago wenn er ihn hört 2c. pakko wenn sie 2 ihn hören patsuk wenn sie ihn hören	
3	"	"	"	"	
	"	"	"	"	Reflexiv
	mallikk mallig	tikikk tikig	sennag	uniuk wenn er ihn hört 2c. unikko wenn sie 2 ihn hören unitsuk wenn sie ihn hören	
	"	"	"	"	
	"	"	"	"	
2	"	"	"	"	ungne wenn du ihn hörst uptikko wenn ihr 2 ihn hört upsiuk wenn ihr ihn hört
	"	"	"	"	
	"	"	"	"	
1	"	"	"	"	upko wenn ich ihn höre 2c. uptigo wenn wir 2 ihn hören uptigo wenn wir ihn hören
	"	"	"	"	

NB. Ueber den Gebrauch der Reflexivformen une 2c. s. Syntax § 556. Nach diesen Beisp. bilde alle übrigen Formen des Konj. und Subj. mit der Tabelle § 260. In Bezug auf die Aussprache (z. B. tikikpat, tikippat, tikingmago, tikimmago) s. § 237.

114   I. Formenlehre. Abschn. 3.

§ 245.   d) Der **Infinitiv** (auf luno, lugo).

Die Endungen treten also nach § 239 an den bloßen Stamm des Verbs:
außer bei der vierten Kl. (auf -vok, -vâ), wo sie ebenso auch an den Hauptcharakter (v) kommen können, was das Ursprüngliche.

Infinitiv.   *s. s.*

Reiner Stamm; nur Kl. 4 auch mit Hauptcharakter (v).				Endungen
Klasse 1	Kl. 2	Kl. 3	Kl. 4	
(hören)	(folgen)	(gekommen sein)	(arbeiten)	
tussar	mallik tikitd		sennav	
3 (tussard) § 217	(tikil) § 217	et.senna	lune er hörend, folgend 2c.
	"	"	"	lutik sie 2 (Nom.) hörend
	"	"	"	lutik sie (Nom.) hörend
	"	"	"	lutit du hörend
2	"	"	"	lutik ihr 2 hörend
	"	"	"	luse ihr hörend
	"	"	"	lunga ich hörend
1	"	"	"	lunuk wir 2 hörend
	"	"	"	luta wir hörend

c. s.

3	"	"	"	"	lugo ihn hörend, ihm folgend 2c.
	"	"	"	"	lugik sie 2 (Acc.) hörend
	"	"	"	"	lugit sie (Acc.) hörend
	"	"	"	"	lutit dich hörend
2	"	"	"	"	lutik euch 2 hörend
	"	"	"	"	luse euch hörend
	"	"	"	"	lunga mich hörend
1	"	"	"	"	lunuk uns 2 hörend
	"	"	"	"	luta uns hörend

§ 246. Man beachte: 1) Die meisten Formen der *s. s.* und *c. s.* Endungen sind
einerlei, nur in der dritten Person sind sie verschieden. 2) Bei den *c. s.*
Formen kann jeder mögliche Thäter hinzugedacht werden. So kann tussarlugo (man) ihn hörend, je nach dem Zusammenhang heißen: er ihn hörend,
aber ebenso auch: du, ich, sie, ihr, wir — ihn hörend u. s. w.

§ 247. **Anm. 1.** Was die **Aussprache** betrifft, so hört man bei Kl. 3 das t oft gar nicht,
so neben tikitdlugo auch tikillugo (§ 12). Die Formen werden also denen der Kl. 4,
wenn sie ohne v gebildet werden, sehr ähnlich (pigilugit neben givlugit). In der Schrift
wähle man darum lieber die Formen mit t (d), und mit v, da so die Abstammung gleich
klar ist. Schreibt man so z. B. annidlugo (anitdlugo) und anivlune, so weiß man sofort,
daß ersteres von annipâ, letzteres von anivivok kommt.

Die Schreibung dl neben l in Kl. 1 (tussardlune, tussarlune 2c.) bedeutet nur die
verdickte Aussprache des l nach Konsonanten § 11.

Zeitwörter. Modi im einzelnen. 115

Anm. 2. pivlune und pilune (pivlugo). §248.
Bei Kl. 4 ist der Inf. des Verbs pivok er thut, pivä er thut es von allen möglichen Arten der Thätigkeit anzuführen. In der viel vorkommenden Bedeutung „bedenken, beachten, berücksichtigen" (vgl. Syntax § 567) wird es stets mit dem Hauptcharakter v gesprochen. Z. B.
tamanna pivlugo dieses thuend, bedeutend d. h. deshalb, in Bezug darauf.
pivlune sich bedenkend d. h. für sich, in Bezug auf sich.
pivluta uns bedenkend d. h. für uns, unsertwegen.
Wenn es dagegen mit anderer Bedeutung, z. B. für „kommen" gebraucht wird, so werden von vielen Eskimos aber scheint's doch nicht von allen) die Formen ohne v genommen. Z. B.
pilune er kommend; s. auch 2 Kor. 3, 18.
tagvunga piluta wir bis dahin kommend.
Vgl. ähnliche Erscheinung bei -rkovlugo, -rkolugo. § 500.

Anm. 3. -givlugo und -grollugo. In Kl. 4 gibt es bei den Verben auf -givä, §249.
-rivä (vok) im Inf. noch eine Nebenform:
aiparivlugo daneben aiparællugo ihn zum Gefährten habend = mit ihm.
illagivlugit „ illagællugit sie zu Genossen habend = mit ihnen.
pijärivlune „ pijärællune er mit Fleiß thuend.
Dies ist ein Ueberbleibsel einer in Grld. noch vorhandenen, in Labr. aber verschwundenen fünften Verbalklasse. S. Klschm. § 52. Anm. 3.

Anm. 4. Der Inf. wird viel gebraucht, u. tritt da seiner unbestimmten Natur §250.
wegen, wenn er mit andern Modis (besonders auch durch lo) verbunden ist, in deren Sinn ein. S. Syntax § 565.
Außerdem wird er alleinstehend oft im Sinn des Interrogativ u. Imperativ gebraucht. S. § 545 c. Z. B.:
neksarlago? es mitnehmen? d. h. soll ich es mitnehmen?
neksarlugo una' dies mitnehmen! d. h. nimm dies mit!
kailutit! du kommen! d. h. komm!

Anm. 5. Der Inf. mit pivok i. § 270, 4 und 277. §251.

e) Der Imperativ (2te Person) und Optativ (1te und 3te Person) oder die §252.
Befehls- und Wunschform.

Die Endungen treten hier also nach § 239 an den bloßen Stamm. Dabei ist aber im eig. Imp. bei den vokalisch anlautenden Endungen (it, itik, itse und uk) der vorhergehende Konsonant zu beachten. Man lerne zu dem Behuf die folg. Worte als Mustervokabeln:

	s. N.	c. N.
Kl. 1	tussar-it höre!	tussar-uk höre ihn!
Kl. 2	(*nälag-it gehorche, horche!	näleg-uk gehorche ihm!
Kl. 3	(von ingipok:) ingit-it setze dich!	(von kaipä:) Kaits-uk auch: Kaig-uk } bring's, gib's her!
Kl. 4 Sing.	pit (= pi-it) ob. pi-g-it } thue!	piuk ob. pi-g-uk } thue es, nimm es ıc.!
	Kait ob. Kai-g-it } komme!	senna-uk ob. senna-g-uk } arbeite es!
Dual.	Kai-g-itik kommt ihr 2!	
Plur.	pi-t-itse seltner: (pi-g-itse) } thut!	
	Kai-t-itse kommt!	

*) Von nälekpok, eig. nälakpok. Die Aussprache des a ist allerdings sehr abgeschliffen, — e; aber grade im Imp. wird das a deutlicher gesprochen, weshalb auch in unsern bisherigen Drucken immer nälagit neben nälegit zu finden ist.

8*

I. Formenlehre. Abschn. 3.

Man sieht hieraus: In Kl. 1 und 2 wird das Stamm k u. k in r u. g erweicht. In Kl. 3 tritt das t des Stammes klar hervor, und wird im c. s. d. h. vor uk zu ts (oder auch g). In Kl. 4 wird im Sing. häufig ein g eingeschoben, im Plur. immer ein t (seltner ein g, das aber im Dual zu stehn hat).

Nun folge die ausführlichere Konjugation des Imperativs:

Imperativ u. Optativ.   s. s.

Reiner Stamm				Endungen
Kl. 1	Kl. 2	Kl. 3	Kl. 4	
(hören)	(schreiben)	(f. setzen)	(arbeiten)	
tussar	aglak	ingi	sonna	le*) möchte er hören! laß ihn hören! er höre ꝛc.!
"	"	"	"	lik möchten sie 2 hören! laß sie 2 hören!
"	"	"	"	lit " " " " "
"	aglag	ingit	sonna(g)	it höre! schreibe u. f. w.
"	"	"	sonnag	itik hört ihr 2!
"	"	"	sonnat	itse hört!
"	aglak	ingi	sonna	langa möchte ich hören! laß mich hören!
"	"	"	"	luk möchten wir 2 hören! laß uns 2 hören!
"	"	"	"	ta möchten wir hören! laß uns hören!

*) Diese Endsilben werden nicht unbetont, dabei öfters ziemlich gedehnt gesprochen.   c. s.

(gehorchen)	(herbringen)			
"	nâlek	кai	"	liuk möchte er ihn hören, ihm gehorchen ꝛc.!
"	"	"	"	likko möchten sie 2 ihn hören, ihm gehorchen!
"	"	"	"	litsuk möchten sie ihn hören, ihm gehorchen!
"	nâleg	кaits(g)	sonna(g)	uk höre ihn! folge ihm ꝛc.!
"	nâlek	кai	sonna	tikko höret ihr zwei ihn!
"	"	"	"	siuk hört ihn!
"	"	"	"	lago möchte ich ihn hören, laß mich hören!
"	"	"	"	lavuk möchten wir 2 ihn hören, laß uns 2 ihn hören!
"	"	"	"	lavut möchten wir ihn hören, laß uns ihn hören!

Und hiernach alle übrigen Formen des Imp. auf der Tabelle § 260.

Beispiele: кaile möge er, es kommen! laß ihn, es kommen! Dem Sinn
nach oft so viel als: rufe ihn oder gib's her!
oкat takolago möchte ich deine Zunge sehn, laß mich deine
Zunge sehn!
„ takoliuk möchte er deine Zunge sehn, laß ihn deine
Zunge sehn!
d. h. zeige mir, zeige ihm deine Zunge!

Zeitwörter. Modi im einzelnen. 117

Anm. 1. Die Imp Formen -ᴋik (d. h. -kkik) du sie zwei, -ᴋit (-kkit) du § 253. sie und -nga du mich
haben immer einen scharfen Vokal vor sich, und deshalb muß der etwaige Endkonsonant des Stammes ausgestoßen werden. Z. B.
    attûnga nicht attorᴀga brauche mich!
    tussakkit nicht tussarᴋit höre sie!
    akkilikkit nicht akkilerᴋit bezahle sie!
    manigukkit nicht manigorᴋit tröste sie!

Anm. 2. Die ebengenannten Formen -ᴋik u. -ᴋit werden nach dem Anhang § 254. mivoᴋ (ivoᴋ s. § 406, Kschm. § 131, 13) „auch, wieder" in gik und git erweicht.
    tussarmigit } höre sie auch, wieder! § 255.
    tussalaungmigit

Anm. 3. Beim Imp. werden häufig noch einige Anhänge gebraucht, oft bloß der § 255. bequemeren Form wegen mit starker Abschleifung ihrer eigentlichen Bedeutung. So -lerpoᴋ er fängt an, und das eine Milderung des Befehls ausdrückende höfliche -laukpoᴋ. Z. B. ᴋait, ᴋailerit komm! ᴋailaurit komm doch! sei so gut und komm!
Auch ist hier **-givoᴋ, -rivoᴋ, mivoᴋ** „auch, wieder" § 406 zu nennen, das viel beim Imp. gebraucht wird, und besonders auch noch in Verbindung mit dem ebengenannten -laukpoᴋ. Kschm. sagt von diesem Anhang § 131. Anm. 13: „Er wird beim Imp. gebraucht, um einen Befehl zu mildern, oder ihn mehr als Bitte erscheinen zu lassen." Aehnlich ist's wohl auch hier in Labrador, so daß die Bedeutung „auch, wieder" oft ziemlich zu verschwinden scheint. Freilich kommen die Est. bei Erklärung solcher Formen immer doch auf die Bedeutung „auch, wieder" zurück: z. B. tussalaungmitigut höre uns (entw. „taipkutitunaᴋ" wie jene d. h. höre uns) auch oder („sorlo peᴋattalauravit" wie du oft gethan hast d. h. höre uns) wieder. Jedenfalls aber halte man fest, daß dieser Anhang von den Est. viel mehr gebraucht wird, als wo es uns im Deutschen nahe läge, „wieder" oder „auch" zu setzen. Ebenso halte man ferner fest, daß in dieser Bedeutung der Anhang durch alle Formen des Imp. u. Cpt. durchgängig mivoᴋ, mivâ (mit vorhergehendem r oder ng) lautet, was wichtig ist im Gegensatz zu dem gleich § 256 zu nennenden -givoᴋ.

Kl. 1 tussar-mile (ob. tussa-laungmile) er möge auch, wieder hören!
Kl. 2 malling-mile („ malli- „) „ „ „ folgen!
Kl. 3 tiking-mile („ tiki- „ „) „ „ „ kommen!
Kl. 4 sennang-mile („ senna- „ „) „ „ „ arbeiten!
Ferner: tussarmit (ob. migit ob. laungmigit) höre doch wieder, auch!
    attormiliuk möchte er es wieder, auch brauchen!
Desgl. tussarmiuk (du es), tussarmisiuk (ihr es),
    attormilugo (ich es), attormilakka (ich sie) s. o. § 254.

Anm. 4. Imperativ mit Ausdruck des Futuri oder der Zukunft. § 256.
Während die einfachen Formen des Imp. auf die Gegenwart gehn, kann der Eskimo auch, wenn er fort will, die Beziehung auf die Zukunft ausdrücken, indem er den obengenannten Anhang -givoᴋ (s. n. und e. s.) anwendet: NB. hier aber nie in der Form mivoᴋ, sondern nur in der Form -rivoᴋ, -givoᴋ (givoᴋ, -kivoᴋ).*)

Die Zukunft, an die man denkt, kann eine ganz nahe oder auch fernere sein, je nach dem Zusammenhang. Wenn wir im Deutschen ein „später" oder „dann" mit hinzusetzen, werden wir wohl den Sinn ziemlich richtig treffen.**)

Z. B. tussartigut höre uns — jetzt oder dann!
    tussaritigut höre uns, dann, später! (Dagegen:
    tussarmitigut höre uns auch, wieder! § 255).
Ein gutes Beispiel 2 Kön. 6, 32 (auch Mol. 4, 16 atnarisigiᴋ):
    tillijak tikiniarpat, ajagisiuk wenn der Bote kommen wird, (dann) stoßt
        ihn zurück. Von dem schon Anwesenden müßte es heißen: ajaksiuk
        stoßt ihn (jetzt) zurück!

---

*) In Kl. 3 ᴋivoᴋ scheint's vorherrschend, z. B. egikki- von egippa. Bei Wörtern, wo nicht wie in egippa in der vorangehenden Silbe ein g sich findet, wie in pitipa, wohl auch -givoᴋ: also pitikki- und pitigi-. Bei Klasse 2 scheint im Süden mehr -givoᴋ üblich. Z. B. von mallikpoᴋ: malligivoᴋ, während im Norden öfter -ᴋivoᴋ: mallikkivoᴋ.
**) Der Est. erklärt diese Formen des Imp. mit -givoᴋ als „ovatslarounut tillngajut" oder „männa- luatslanguluugitoᴋ". Die einzelnen Formen werden dann von ihm mit dem die Zukunft ausdrückenden -larpoᴋ „er wird" verdeutlicht. Z. B. tussarink = tussalârᴋat du wirst es hören, tussarillit = tussalârᴋatit er wird dich hören u. s. w.

I. Formenlehre. Abschn. 3.

Ebenso: itterniarune, ingikkile wenn er herein kommen wird, (dann möge er
sich setzen! Von den schon Anwesenden aber nur ingile er möge sich (jetzt)
setzen!
Ebenso das Schächterswort Lul. 23: erkaringa gedenke (dann) an mich!
Vgl. auch 2 Tim. 2, 2: pitikkigit (oder auch) pitigikkit, beides aus pitikkik-
kit – = das besiehl, überliefere (dann)! Dem gegenüber pitingmigit (statt
pitingmikkit § 251 – = das befiehlt auch, wieder!
Wir geben hier zum Nachschlagen eine II. Tabelle, nach der man mit Vergleichung
der gr. Tabelle alle übrigen Formen bilden kann. Es sind freilich nicht alle Formen gleich
gebräuchlich. Besonders die mit der ersten Person des Thäters (ich, wir) scheinen
selten oder kaum je gebraucht, weshalb sie auch hier (sowie der Dual) gar nicht angeführt worden. Dabei achte man nur bei der Endung -kit du sie auf die etwaige Veränderung in git (vgl. auch § 254).

Imperativ u. Optativ mit -rivok, -givok
s. s. u. c. s. auf die Zukunft gehend.   s. s.

	Kl. 1	Kl. 2	Kl. 3	Kl. 4	
	(hören)	(folgen)	(s. setzen)	(arbeiten)	
er	tussari	malligi | malliкки }	ingikki	sennagi	le er möge (dann od. später) hören ec.!
du	tussari-g-	mallikki-g-	?	?	it. höre, folge du (dann, später)!

			(hinwerfen)		c. s.
ihn	tussari	malligi | (mallikki) }	egikki	sennagi	liuk möchte er ihn (dann, später) hören! uk höre du ihn (dann, später)! siuk höret ihn (dann, später)!
sie					ligit möchte er sie (dann, später) hören! kit (git) höre du sie (dann, später)! (tussarigit, malligigikkit ec. mallik- kigit, egikkigit, sennagikkit) sigit höret sie (dann, später)!
dich euch mich					litit möchte er dich (dann, später) hören! lise möchte er euch (dann, später) hören! linga möchte er mich (dann, später) hören! *auch: möchten sie mich!* hören! nga höre du mich (dann, später)! singa höret mich (dann, später)!
uns					litigut möchte er uns (dann, später) *auch: möchten sie uns!* hören! tigut, höre, höret uns (dann, später)!

§ 257. **Anm. 5.** Die Endung ina statt it (d. h. it mit angehängtem a § 21) im Imperativ des s. s. Verbs drückt ebenfalls eine (sei's ganz nah, sei's ferner gedachte) Zukunft
aus, und kommt wohl viel häufiger vor als die eben angeführte auf igit (z. B. tussari-g-it).
Vgl. § 243.
tussarina höre du (dann, später)!

§ 258. **Anm. 6.** Der Optativ wird öfters mit fragender Betonung auch als Frage verwendet. Z. B. kailanga möchte ich kommen, laß mich kommen: kailangā? soll ich kommen?
s. § 545.

Anm. 7. ait = augit im Imp. des Passivs. Manchmal, aber sehr selten, und §259. von vielen wohl nicht mehr verstanden, kommt eine Form auf ait ganz im Sinn des pass. Imp. vor. (als Abkürzung? oder wie zu erklären?) z. B.
nertortait = nertortaugit sei gepriesen. Pf. 119, 12.
nakorijait = nakorijaugit ebenso.
erskartortait = erskartortaugit. Av. 8, 20 sei gerichtet.

C. IV. Konjugationstabelle oder Tabellarische Uebersicht aller Verbalendungen und Erörterungen dazu.

§ 260—264.

Nach dem Bisherigen wird es klar sein, wie die folg. Endungen anzuhängen sind. Die negative d. h. verneinende Form, wovon gleich ausführlicher in § 265, findet sich zum Teil auch auf der Tabelle. In Anhang I stehen auch die Partizipien. Der Anhang II -rkovlugo u. s. w. gehört eigentlich gar nicht auf die Tabelle, und ist nur um des praktischen Zweckes willen dazugesetzt. In unseren früheren Grammatiken erschien freilich wie mit bestem Bürgerrecht -rkovlugo als „Supinum" und tillugo als „Gerundium". Denn wie überhaupt früher die Grammatiken fast aller Sprachen der lateinischen Grammatik nachgebildet waren, so war dies auch in Grld. und Labr. der Fall.

Was nun die Endungen selbst betrifft, so herrscht bei gar manchen derselben, zumal im Dual, auch unter den Esk. selbst nicht völlige Uebereinstimmung, weshalb öfters mehrere Formen angegeben sind. Sonst ist gesucht worden, die Formen so genau als möglich aufzustellen. Es lagen dazu drei nicht ganz übereinstimmende Tabellen vor, u. a. eine von dem seligen Br. Erdmann eigens durchgesehene. Und die wenigen in den gedruckten Büchern erscheinenden, aber auf den Tabellen anders angegebenen Formen wurden auch berücksichtigt.

Für das Lernen der Tabelle sei noch bemerkt:
1) Man nehme öfters auch einzelne ganze Modi miteinander vergleichend durch. So den Konj. und Subjunktiv: aber auch z. B. den Interrog. mit dem Imp. (wo einige Formen sich nur durch ein vorgesetztes i unterscheiden); den Opt. mit dem Inf., wo manche Formen einander sehr ähnlich sind (nur i statt u).

2) Man versäume nie, genau in der Aussprache zu sein. Wo kein Dehnungszeichen steht, spreche man ja den Vokal kurz, mag man die Form nun mit einem Doppelkonsonanten geschrieben finden oder nicht. Es ist der verschiedenen Bedeutung wegen wichtig. Vgl. besonders:

at (et) du ihn.			Dagegen	åt sie ihn.
ak (so besser als åk)		er sie 2		åk sie 2 ihn
atit (attit) du sie				åtit er dich
ase (asse) ihr ihn,	ihr sie			åse er euch
ngilånga ich nicht				ngilånga er mich nicht
tussar-panga wenn er mich				—pånga er mich
„ -pattigut	„	„ uns		—påtigut er uns
„ -pattit	„	„ dich		—påtit er dich
„ -passe	„	„ euch		—påse er euch (Vgl. Anm. 3).

I. Formenlehre. Abschn. 3.

§ 260.   **Konjugations=**

		An den Hauptcharakter: p, v (к, k) § 239–242.			An den Bindecharakter:	
		Indikativ.	Interrogativ.		Konjunktiv. § 244.	
		§ 240.	Negativ. § 265.	§ 242. 267.		Reflexiv. § 556.
Eine Zahl 3	er sie 2 sie	ок uk ut	ngil-ак „ -ak - -at	á? ák? át?	mut mannik matta	ame amik „
2	du ihr 2 ihr	otit otik oso	„ -atit „ -arik „ -aso	it (ót?) itik? isó?	avit aptik apso	
1	ich wir 2 wir	unga oguk ogut	„ -anga „ -aguk - -agut	ik (ók)? inúk? itá?	ama amnuk apta	
Mit Suffix (r. s.) 3	er sie 2 sie	ihn „ „	á ák át	ngil-á u. s. w.	aúk? akkó? atsúk?	mago makko matsuk	amiuk amikko amitsuk
2	du ihr 2 ihr	„ „ „	at (et) attik asse		iúk? itikkó? isiúk?	angne aptikko apsiuk	
1	ich wir 2 wir	„ „ „	ara avuk avut		igó? itigó?	apko aptigo	
der dritten Person: ihn, sie 2, sie 3	er sie 2 sie	sie 2 „ „	ak (ák) akike (ákik) akit (-)	ngil-ak u. s. w.	ugik? akik (ákik)? akit („)?	magik mattikik „	amigik amikik „
2	du ihr 2 ihr	„ „	akik attik asso		igik? isikik? itikik? isigik?	angne apsigik, aptikik apsigik	
1	ich wir 2 wir	„ „	ákka avuk avut		ákká? itigik (avúk)? - (avút)?	apkik aptikik, aptigik - (aptikit)?	
3	er sie 2 sie	sie „ „	ait „ „	ngil-ait u. s. w.	agit? attigit? { attigik und { agit?	magit mattikik { mattigik oder { magit	amigit amikik { (amigik) mehr: { amigit
2	du ihr 2 ihr	„ „	attit attik asse		igit? isikik (gik)? itikik? isigik?	angne apsigik	
1	ich wir 2 wir	„ „	akka avuk avut		akka? (itigik) avúk? itigik (avút)?	apkit aptigik „	

NB. Der Neben= od. Gegenton auf der letzten Silbe, von dem § 23 a
₴. z. B. mattá, amá, uptá, assé, avút, nasé u. s. w.

Zeitwörter. Konjugationstabelle.

Tabelle. Anfang.

g. -k, r, -n. § 235. 237. 244. An den Stamm (ob. Al. 4 im Inf. auch an den Hauptcha". v).

Subjunktiv. § 252.   Imperativ u. Optativ.   Infinitiv.

Nexerio. § 556. § 252. Negativ. § 270. § 245. Negativ. § 269. Wiederholungsformen. § 271.

pat	une	le	ngilaule, niarane	lune	nane	-larme
pannik	unik	lik	ngilaulik, niaratik	lutik	natik	-larmik
patta	"	lit	ngilaulit.	"	"	"
uvit		it	niarnak od. nak	intit	nak	-larpit
uptik		itik	niaratik	lutik	natik	-laptik
upse		itse	niarase	luse	nase	-lapse
uma		lunga	niarnanga	lunga	nanga	-larma
umnuk		luk	niaranuk	lunnk	nanuk	-lumnuk
upta		ta	niarata	luta	nata	-lapta
pago	uniuk	link	niaraniuk (naniuk)	lugo	nago	-lût
pakko	unikko	likko	niaranikko	"	"	"
patsuk	unitsuk	litsuk	niaranitsuk	"	"	"
ungne		uk	niarnago	-	-	-
uptikko		tikko	niaratikko	-	-	-
upsiuk		siuk	niarasiuk	-	"	"
upko		lago	ngilago	-	-	-
uptigo		lavno	niaratigo	-	-	-
"		lavut	-	-	-	-
pagik	unigik	ligik	niaranigik	lugik	nagik	-lânik
pattikik	unikik	likik, ligik	- (kik)	"	"	-
"	"	likit	" (kit)	-	"	"
ûngne		-kik	niarnagik	-	"	"
upsigik, uptikik		tikik	niaratikik	-	"	"
upsigik		sigik	niarasigik	-	"	"
upkik		lakka	ngilaulâkka	"	"	"
uptikik, uptigik		lavuk	ngilaulavuk	"	"	"
uptikik (uptikit)		lavut	ngilaulavut (niaratigik)	-	"	"
pagit	unigit	ligit	niaranigit	lugit	nagit	-luita
pattikik	unikik	ligik, ligit	- (gik)	"	"	-
{ pattigik u. { pagit	(unigik) mehr: { unigit	{ littigik und { ligit				
ungne		-kit	niarnagit	-	"	"
upsigik		tikik (sikik, sigik)	niaratikik	-	-	-
		sigik	niarasigik (nasigik)	"	-	-
upkit		lakka	ngilaulakka	-	"	"
uptigik		lavuk	ngilaulavuk	"	"	"
"		lavut	ngilaulavut (niaratigik)	-	"	"

→ die Rede, wird bei diesen Verbalendungen oft besonders stark gehört, ✗

(Suk 120
  wulen.)

Konjugations=

			An den Hauptcharakter.		An den Binde=
			Indikativ.	Interrogativ.	Konjunktiv.
			Negativ.		Reflexiv.

3	er/sie 2/sie	dich	átit	ugil-átit und	átit?	mattit	amitit
1	ich/wir 2/wir	„	agit aptigit	so überall regel	agit? ittigit?	apkit aptigit	
3	er/sie 2/sie	euch	átik	mäßig weiter	átik?	mattik	amitik
1	ich/wir 2/wir	„	aptik		aptik?	aptik	
3	er/sie 2/sie	euch	áse		áse?	masse	amise
1	ich/wir 2/wir	„	apse		apse?	apse	
3	er/sie 2/sie	mich	ánga		ángá?	mánga	aminga
2	du/ihr 2/ihr	„	arma aptinga apsinga		ingá? ittingá? issingá?	amga (= amnga) aptinga apsinga	
3	er/sie 2/sie	uns	átiguk		átigúk?	mattiguk	amitiguk
2	du/ihr 2/ihr	„	aptiguk		ittigúk?	aptiguk	
3	er/sie 2/sie	uns	átigut		átigút?	mattigut	amitigut
2	du/ihr 2/ihr	„	aptigut		ittigút?	aptigut	

Anhang I.

Vom r. r. abgeleitet: **Nominalpartizip** auf ok (tok⋅jok) und e (te⋅je). Z. B.
piniklertok der Errettende; pinliklorte der Rettende, Retter dessen Geschäft es ist.

Vom e. s. abgeleitet: **Aktives Partizip** auf e (te, je), eig. nur immer mit Suffix: mein, sein ꝛc. Z. B.
§ 217. 218. und mehr piulije welcher errettet, pinljiga der mich errettet, mein Retter.
§ 278 ff. **Passives Partizip** auf ak (tak⋅jak). Z. B.
piulijak der gerettet ist, der Gerettete; pinljijara den ich rette, mein (von mir) Geretteter.

Zeitwörter. Konjugationstabelle.

Tabelle. Fortsetzung.

Charakter.	An den Stamm (od. Kl. 4 im Inf. auch an Hauptchar. v).					
	Subjunktiv.	Imperativ u. Optativ.		Infinitiv.		
	Reflexiv.		Negativ.		Negativ.	Wiederholungsformen.
pattit	unitit	litit	niaranitit	lutit	nak	-larpit
upkit		lagit	ngilanlagit	-	-	"
uptigit		laptigit	ngilanlaptigit	-	"	"
		"		-	"	"
pattik	unitik	litik	niaranitik	lutik	natik	-laptik
uptik		laptik	ngilanlaptik	-	"	"
passe	unise	lise	niaranise	luse	nase	-lapse
upse		lapse	ngilanlapse			"
panga	uninga	linga	niaraninga	lunga	nanga	-larma
unga(= uninga)		-nga	niarnanga	"	"	"
uptinga		tinga	niaratinga	-	-	"
upsinga		singa	niarasinga (nusinga)	-	"	"
pattiguk	unittiguk	littiguk	niaranitiguk	lunuk	nanuk	-lamnuk
uptiguk		tiguk	niaratiguk	-	-	-
pattigut	unittigut	littigut	niaranitigut	lutu	natu	-laptu
uptigut		tigut	niaratigut			

Anhang II. Häufige mit dem Inf. gebrauchte Anhänge, wodurch unsre Konjunktionen damit (auf daß, um zu), indem, während, und ehe, bis ausgedrückt werden:

1. mit -rkovū er heißt ihn: -rkovlugo *e. s.* damit er (wörtlich: ihn heißend).
   f. § 506 f. -rkovlune *s. s.* „ „ (wörtlich: sich selbst heißend); dafür mehr: omavlune er wollend.
   -rkonuago *e. s.* damit er nicht (wörtlich: ihn nicht heißend).
   -rkonnane *s. s.* —, „ „ (wörtlich: sich selbst nicht heißend ; dafür mehr: omannane er nicht wollend.

2. mit tipā er läßt ihn, macht ihn: f. § 506 f. tillugo *e. s.* indem, während er (wörtlich: ihn — — — laßend, machend).
   tillune *s. s.* „ „ (wörtlich: sich selbst — — laßend, machend).
   tinnago *e. s.* indem, während er nicht: (wörtlich: ihn nicht laßend).
   tinnane *s. s.* „ „ „ „ (wörtlich: sich selbst nicht laßend).

4. mit -rkárpok vorher: -rkártinuago *e. s.* ehe oder bis er (wörtlich: ihn vorher nicht laßend).
   f. § 506 f. -rkártinnane *s. s.* „ „ „ (wörtlich: sich selbst vorher nicht laßend).
   Aber auch ohne tipā:
   -rkáraue *s. s.* ehe oder bis er (wörtlich: er vorher nicht).
   -rkárnago *e. s.* ehe, bis (man) ihn (wörtlich: ihn vorher nicht).

§ 261. **Anm. 1.** a) Bei der Form **er, fie 2, fie — fie** ist die Endung im Ind. ganz einerlei, nämlich ᴧit. Dem entsprechend scheint die Neigung im Sprachgebrauch vorhanden, auch in den andern Modis die Verschiedenheit anzugeben und nur eine Form zu brauchen. Darum mag it neben mattigik, ag it neben attigik. Z. B. sullijatik nollungᴧagit oder nollungmattigik denn fie wissen nicht, was fie thun.

b) Die Endungen a×e, apse, ātigut, aptigut sind für alle drei Numeri des Thäters (er, fie 2, fie u. f. w.) gebräuchlich. So ist's oben in der Tabelle angegeben und jedenfalls das Befte (nebenbei im Grld. auch so. Einzelne alte Tabellen zeigen hier aber für den Dual des Thäters (im Ind., Interrog. und Opt., nicht aber im Konj. und Subj.!) andre Formen, nämlich: ātik fie 2 euch, aptik wir 2 euch, ātiguk fie 2 uns, aptiguk ihr 2 uns, und dem entsprechend auch im Interrog. und Opt. Dadurch würden aber dann diese Formen ganz gleich den andern oben in der Tabelle angegebenen: ātik und aptik euch 2, ātiguk und aptiguk uns 2.

§ 262. **Anm. 2.** In der **Umgangssprache** hört man oft, bes. von Weibern statt manga, panga, mattigut (weil, wenn er mich, uns lang: manga, panga, matigut. Ebenso auch statt mugo (weil er ihn): mauk. für magit: mait, was aber alles nicht nachzuahmen ist. Vgl. § 260 ganz am Schluß.

§ 263. **Anm. 3.** Da das Erlernen der Verbalendungen eine schwere Sache ist, so wird es sich für den Anfänger sehr empfehlen, gewisse bekannte Worte als **Merkworte** zu sammeln, fie als Vokabeln tüchtig zu lernen, und dadurch sich die Endungen einzuprägen. Z. B. kikiaktoruk kreuzige ihn, ᴋomaksinga weichet von mir (= verlaßt mich), nakoksititsomavapse ich will euch erquicken, nangmautara ilipsingnut pisiuk nehmt (thut) mein Joch auf euch, suna takojartorpisiuk was seid ihr hinausgegangen zu sehen? Hat man diese Worte fest im Gemüt, so weiß man dann auch, daß uk du — ihn Imp. ist; ebenso singa ihr — mich Imp., apse ich euch Ind., siuk ihr — ihn, es Imp., isiuk ihr — ihn? Interrog. Und so bei den andern Endungen in gleicher Weise.

§ 264. **Anm. 4.** Für den, der etwas tiefer in die Sprache einzudringen wünscht, sei hier nur in der Kürze gesagt (was Kleinschmidt § 52—57 ausführlicher), daß auch die auf der Tabelle stehenden Endungen eig. noch zerlegt werden können in einen festen Bestandteil (von Kleinschmidt Modus zeichen genannt) u. die darantretenden eigentlichen Endungen (Personzeichen und Suffixe). Beim Inf. auf lu-no, na-ne ꝛc. tritt dies am deutlichsten hervor, wo wir die Endungen im, ik, ×e schon bei den Nennwörtern in gleicher Anwendung fanden. Ebenso deutlich, nur mehr mit den Endungen verschmolzen, ist im ganzen Ind. des c. s. Verbs dieser festere Teil (das Moduszeichen) ᴋ (eig. ak), woran die Suffixa kommen. Also ā, āk, āt ist entstanden aus a-a, a-ak. a-at, a-t u. f. w. Dies sei bemerkt, um das Folgende klar zu machen.

Denn so erst können wir noch deutlicher zeigen, was § 32 kurz gesagt war, wie nämlich das Antreten der Suff. sowohl an Nennwörter als an Zeitwörter einander ganz entsprechend ist. Die unten gegebene Uebersicht zeigt dies in interessanter Weise. Im Sing. u. Plur. der dritten Person (ihm, fie — Land, Länder) sind die Suff., wie man sieht, beim Zeit- und Nennwort ganz dieselben. Beim Dual (fie 2 — u. 2 Länder) sind schon Ungleichheiten eingetreten. Die kleinen Zahlen unten bezeichnen die Personen. Also z. B. 3: die dritte (Land, Länder, er, ihn, sein) u. s. w. Daß bei nunanga noch ein ng eingeschoben ist, ist wieder etwas für sich und nur eine Eigentümlichkeit des Labradordialekts.

Zeitwörter. Zur Endigungstabelle.

Die dem Zeit- u. Hauptwort gleichen Suffixa	Zeitwortverbindung: ein Gegenstand Thatziel (Objekt) des andern			Hauptwortverbindung: ein Gegenstand Besitz des andern		
	3 Sing.			*3 Sing.*		
a	er ihn³	„	an³ a-a	sein Land		nunang-a
ak	sie 2	„ ak	„ a-ak	ihrer beider	„	-ak
at	sie	„ at	„ a-at	ihr	„	-at
t	du²	„ at	„ a-t	dein²	„	nuna-t
tik	ihr 2	„ atik	„ a-tik	euer beider²	„	-tik
se	ihr²	„ ase	„ a-se	euer²	„	-se
ra, ga	ich¹	„ ara	„ a-ra	mein¹	„	-ga
vuk	wir 2	„ avuk	„ a-vuk	unser beider¹	„	-vuk
vut	wir¹	„ avut	„ a-vut	unser¹	„	-vut
	3 Plur.			*3 Plur.*		
it	er sie ait	„	a-it	seine Länder		nunang-it
it	sie 2	„ ait	„ a-it	ihrer btr.	„	-it
it	sie	„ ait	„ a-it	ihre	„	-it
tit	du²	„ atit	„ a-tit	deine²	„	nuna-tit
tik	ihr 2²	„ atik	„ a-tik	euer btr.²	„	-tik
so	ihr²	„ ase	„ a-se	eure²	„	-so
-kka	ich¹	„ akka	„ a-kka	meine¹	„	-kka
vuk	wir 2¹	„ avuk	„ a-vuk	unser btr.¹	„	-vuk
vut	wir¹	„ avut	„ a-vut	unfre¹	„	-vut

D. Die verneinenden oder negativen Zeitwörter.

§ 265—270.

a) **Allgemeines und vom Indikativ.** Die Verneinung wird ausgedrückt § 265. durch das Anhangswort -ngi eig. -ngit. Mit Endungen lautet es dann nicht -ngipok sondern abweichend: -ngilak u. s. w., wie die Tabelle § 260 zeigt. Im *e. s.* Verb bleiben die Endungen überall ganz dieselben wie beim bejahenden Zeitwort, z. B. takungilātit, takungilātigut er sieht dich, uns nicht.

Dies -ngilaĸ tritt, wie die Schreibung andeutet, nur an einen Vokal (wie sonst viele Anhangszeitwörter § 353). Deshalb muß ein etwaiger Endkonsonant des Stammes fortfallen, wobei statt o u und statt e i zu schreiben ist. Z. B.

ĸajaktorpoĸ er fährt ĸajak   ĸajaĸtúngilaĸ er fährt nicht ĸ.
akkilerpâ er bezahlt es   akkilíngilâ er bezahlt es nicht.
neriukpoĸ er erwartet (hofft)   neriúngilanga ich erwarte nicht.

§ 266. Ungemein häufig wird dies -ngilaĸ ohne Veränderung des Sinns mit 2 andern Anhängen verbunden in der Form:

-lúngilaĸ (von -lukpoĸ schlecht § 445, wobei aber die Bedeutung schlecht ganz verloren geht) und
-tsángilaĸ.*) Z. B.

Von ikajorpâ: | ikaju-ngilâ (ob. -lungilâ ob. -tsangilâ) er hilft ihm nicht.
| ikaju-laungilâ (ob. -lautsangilâ) er hat ihm nicht geholfen.

Von itterpoĸ: itti-ngilaĸ (ob. ittilungilaĸ) er geht nicht hinein.

Anm. Außerdem gibt es noch andre Anhangsverba, die einen neg. Sinn ausdrücken, wie tailivâ, vok § 479, -ípoĸ § 114, -erpoĸ § 392, ungnaerpoĸ § 492, -jnipoĸ § 418, -jnipoĸ § 415.

§ 267. b) **Der Interrogativ des verneinenden Zeitworts.**

Bei s. s. Verben kommen die eigentlichen Endungen des *Interrog.* in der Regel nicht vor. Dafür werden meist die Endungen des *Ind.* nur mit fragend betonter, gedehnter Endsilbe gebraucht. Z. B.

takkungilâĸ (nicht lâ)? sieht er nicht?
„ ngilatit? siehst du nicht?

Beim e. s. Verb dagegen werden sowohl die Endungen des *Ind.* (diese vielleicht häufiger?) als auch die eigentlichen *Interrog.* endungen (u. zwar diese meist wohl mit dem Hauptchar. p?) für die Frage verwendet. Z. B.

takkungilâ? sieht er ihn nicht?   oder { takkungilaûĸ?
takkungilût siehst du ihn nicht?   „ { „ ngipaûĸ?
   takkungipiûĸ?

§ 268. c) **Der Konjunktiv und Subjunktiv des neg. Verbs** ist auch ganz regelmäßig. Man beachte nur, daß -ngilaĸ (Stamm eig. -ngit auf t) zur dritten Verbalklasse gehört, also auch den Bindecharakter wie diese hat (§ 235. 244). Doch merke man sich dabei, daß im Konj. bei den vokalisch anfangenden Endungen nur -n (nicht g oder -k) genommen wird, u ebenso im Subjunktiv nur -k (nicht g).

Z. B. nur takkunginnama weil ich nicht sehe, sah.
nur takkungikkuma wenn ich nicht sehe.

Zur Aussprache von Formen wie takkungimmat, takkungippat s. § 237. Und über den Gebrauch der Subjunktivform -ngikkune zum Ausdruck unsers „vielleicht" s. Syntax § 560.

---

*) Wohl von einem für sich allein nicht vorkommenden -tsarpoĸ herzuleiten. Dafür spricht, daß im neg. Inf. neben -tsaunana ꝛc. auch -tsarane gebraucht wird, welches letztere als das Ursprüngliche zu betrachten. Ferner, daß auch neben ungnaerpoĸ ebenso mit ganz gleicher Bedeutung -tsarungnaerpoĸ vorkommt — „nicht mehr", § 186.

d) **Der Infinitiv des verneinenden Zeitworts** wird nicht mit -ngi ge- §269. bildet, sondern mit der Silbe na (vgl. den Anhang sårpoĸ bald, schnell u. nasårpoĸ § 472), an welche die gleichen Endungen treten, wie an das lu in lu-ne, lu-go ɛc. Nur ist in der zweiten Person dem lutit entsprechend nicht etwa gebräuchlich: natit, sondern dafür der bloße Stamm: nak.

Bei Kl. 4 (auf -voĸ) wird statt na häufig ga gebraucht, das sich scheint's auch in Kl. 3 eindrängen will.

Nach r oder k (g), also in Kl. 1 und 2, wird in einzelnen Formen das n ausgestoßen, nämlich bei nane, natik, nanuk, nata. Statt oĸarnane, mallingnane z. B. sagt man (eig. so gut wie immer): oĸarane, malligane ɛc.

In Kl. 4 wird der Endvokal des Stammes geschärft, z. B. senánnago es nicht bearbeitend, -rkónnago ihn nicht heißend.

Wie im Ind. -lungilaĸ und -tsangilaĸ, so wird auch der Inf. -lugane und -tsænnane oder -tsarane (s. Fußnote zu § 266) ungemein oft gebraucht, besonders -lugane. — Den neg. Inf. können wir oft mit unserm „ohne" übersetzen. Z. B.

Kl. 1 oĸarpoĸ   oĸarase ob. oĸalugase ihr nicht redend, ihr ohne
                         zu reden.
       tussarpâ   tussarnago, tussatsænnago es nicht hörend, ohne
                         es zu hören.
Kl. 2 mallikpâ   mallingnago ihm nicht folgend.
                   malligata, mallilugata uns nicht folgend.
       pisukpoĸ   pisugane, pisulugane | er nicht gehend.
                   pisutsænnane, pisutsarane |
Kl. 3 tikípoĸ   tikinnane (allenfalls: tikigane) er nicht gekommen
                         seiend.
Kl. 4 pivoĸ   pinnase oder pigase ihr nicht thuend.
       pigivâ   piginnago es nicht habend, ohne es zu haben.

e) **Der Imperativ und Optativ des verneinenden Zeitworts.** §270.

Wie auf der Tabelle § 260 zu sehn, werden die Formen sehr verschieden gebildet. Die Unbestimmtheit, die in Bezug auf manche, bes. Dualformen, auch unter den Est. herrscht, ist wieder groß. Man merke:

1. Mit -ngi kommen die Endungen nur selten vor, und sind wohl nur in einzelnen Formen des Opt. (also der ersten u. dritten Person) gebräuchlich. Dabei wird das -ngi sehr selten direkt mit der Endung zusammengestellt, sondern man läßt (entw. niar vorangehen oder) -lauk folgen, so daß dieses zwischen -ngi und die Endung tritt. Z. B.

akkilertaungile, mehr: taungilaule | es möge nicht bezahlt werden!
oder akkilertauniarane s. u. Nr. 3 |
kiksartiniangilapsetôĸ | o daß ich euch doch nicht betrübte!
kiksartingilaulapsetôĸ |

2. wird auch hier die Silbe na = „nicht", wie wir sie beim Inf. § 269 fanden, zur Bildung der meisten Formen verwendet. An dies na treten dann meist die Endungen des bejahenden Imp. und Opt. (manchmal wie in niaratigo ɛc. auch etwas anderes). Z. B. na-liuk

wird naniuk, oder wieder mit vorgesetztem niar: niaraniuk. Da dies niarpok gewöhnlich gebraucht wird, führen wir die Formen meist mit niar auf.*)

3. tritt sehr oft der Infinitiv statt des eig. Imp. (2. Person) ein, beim s. s. Verb auch statt des Optativ. (Gewöhnlich wird auch er mit niarpok verbunden. Beim e. s. Verb wird aber fast noch mehr der Inf. von tailivû § 479) verwendet.

Z. B. kεnniaranε er möge nicht weinen (eig. er nicht weinen)!
kεanak od. kεaniarnak weine nicht (eig. du nicht weinen)!
serkominiarnago   } zerbrich es nicht (eig. es nicht zerbrechen)!
serkomitailivlugo
asseror-niarnagit (ob. -taililugit) verdirb sie nicht!

4. Nur ein Schritt weiter ist die oft beliebte Umschreibung mit dem Inf. des Hauptverbs und pivok, wovon mehr § 277. Bei zweifelhaften Formen dient sie trefflich dazu, völlige Klarheit zu schaffen. Dies thut auch die sehr viel gebrauchte futurische Ausdrucksweise statt des Imperativs: „du wirst das thun" statt: „thue das" ꝛc. Z. B.

kiksartinnase pilaulangatok o daß ich euch doch nicht betrübte
    (eig.: euch nicht betrübend o daß ich doch thäte)!
ipkua kiksartilugik piniaratik mögt ihr beide jene 2 nicht betrüben
    (eig.: jene 2 betrüben mögt ihr beide nicht thun)!
serkominiarnago pit zerbrich's nicht (eig.: es nicht zerbrechend
    thue)! vgl. o.
{serkominiaraniuk er zerbreche es nicht!
{serkominnago pilo er zerbreche es nicht! (es nicht zerbrechen thue
    er)!
{serkomidlugo piniarane er zerbreche es nicht! (es zerbrechen thue
    er nicht)!
itterniangilatit du wirst nicht hineingehn = gehe nicht hinein!
pêjalângilase ihr werdet's nicht wegnehmen = nehmt's (dann, später)
    nicht weg!

Beisp. der verschiedensten Art s. viele in den Sprüchen Salomonis. Vgl. auch zu Nr. 3 und 4 § 545.

---

*) Führt man sie ohne niar auf, so ist es falsch, wie auf einigen Tabellen geschehn, sie mit r beginnen zu lassen, z. B. ratigut, rasinga statt natigut, nasinga. Denn es ist die Silbe na, die vorgesetzt wird, die nur bei der ersten Verbalklasse sich in ra, bei der zweiten in ga durch Wegfall des n gestaltet. Vgl. o. § 269. So: tussarnasigik hört sie nicht! mallignsigik folgt ihnen nicht! tikinasigik kommt nicht zu ihnen! senanasigik (od. gasigik § 269) arbeitet sie nicht! Doch meist alle diese Formen mit niar, wo dann das n also ausgestoßen wird: mallingniarasigik (aus niarnasigik)! u. s. w. — Wie die Endungen in der Tabelle aufgeführt sind, dürften sie wohl am häufigsten vorkommen. Doch sind auch die andern Bildungen daneben möglich, bes. im eig. Imp. auch für die 2 andern Numeri (ihr 2, ihr) der Infinitiv. — Die auf der Tabelle in der Rubrik des negativen Imp. u. Opt. rechts stehenden, durch den verschiedenen Druck kenntlich gemachten Formen sind eig. Infinitivformen. Siehe oben Nr. 3.

E. Andre Endungen.
§ 271—276.

E. 1. Die Wiederholungsendungen des Infinitivs: -larme, § 271. -lät 2c.

Folgen in einem Satze mehrere Verba mit gleichem Thäter aufeinander, so werden gewöhnlich nicht dieselben Formen und Endungen (sei es des Ind., Konj., Subjunktiv, Interrog., Imp.) wieder gesetzt, sondern entweder tritt der eben behandelte Inf. lune, lugo 2c. an die Stelle, z. B.

Kennerpunga nagvárlungalo ich suche und finde,
nagvárlutalo Kennermattigut weil er uns sucht und findet:

oder es treten besondere Wiederholungsendungen ein, die nur so vorkommen, und wohl bloß des Wohlklangs wegen gebraucht werden. Sie entsprechen ganz den Endungen des Inf., wie in folgendem zu sehn. Nur kommen sie (anders als die des Inf.) bloß an einen Verbal, stoßen also einen vorhergehenden Konj. aus. Z. B. von tussarpok wohl: tussardlune aber tussalarmelo.

		s. s.			c. s.	
3	er	-larme	= lune	ihn	-lat	= lugo
	sie 2	-larmik	= lutik	sie 2	-länik	= lugik
	sie	-larmik	= lutik	sie	-laita	= lugit
2	du	-larpit	= lutit	dich	-larpit	= lutit
	ihr 2	-laptik	= lutik	euch 2	-laptik	= lutik
	ihr	-lapse	= luse	euch	-lapse	= luse
1	ich	-larma	= lunga	mich	-larma	= lunga
	wir 2	-lannuk	= luta	uns 2	-lannuk	= lunuk
	wir	-lapta	= luta	uns	-lapta	= luta

Also nur in der dritten Person unterscheiden sich auch hier die s. s. und c. s. Endungen.

Beispiele, in denen übrigens überall auch die gewöhnlichen Formen des Inf. stehn könnten:

s. s. Kaivunga takkolarmalo (od. lungalo) ich komme und sehe.
Kaigama .. i .. , .. weil ich komme u. sehe.
Kaivut takkolarmiglo sie kommen und sehen.
Kanok okalavitik kiksalaptiglo wie redet ihr 2 und seid betrübt? Luk. 24, 17.

c. s. Kennerpáse tillilapselo er sucht und sendet euch.
Kennermanga tillilarmalo als er mich suchte und sandte.
tamaita kennmalaukpavut mallilarpillo wir haben alles verlassen u. sind dir nachgefolgt. Matth. 19, 27.
Kairkovapse, takkojomavluse okautsomalapselo ich hieß
euch kommen, um euch zu sehen und mit euch zu
reden. Ap. 28, 20.
takkovara kujagilállo*) ich sehe ihn und danke ihm.

---
*) Ueberall -lállo zu schreiben. Der Unterschied unter alten Drucken zwischen -lálo er ihn und -lállo sie ihn, ist falsch. Man ist da dem Ind. gefolgt, wo allerdings palo (aus pa-lo) und pállo (aus pát-lo) sich unterscheidet. Hier liegt aber überall nur die eine Form -lát zu Grunde, also stets -latalo, -lállo.

I. Formenlehre. Abschn. 3.

takkuvá **kujagilâllo** er sieht ihn und dankt ihm.
takkuvât „ sie sehen ihn und danken ihm.

Auch ohne lo:

uivigivara ômumut (od. ômumullo) kujagilât ich gehe zu ihm und danke ihm
von Herzen.
pekanginek sungisimavara, pekaiaurnerlo sungintingmilât das Nichthaben
bin ich gewohnt u. das Vollauihaben bin ich auch gewohnt.
Phil. 4, 12.
pairitsilauxpara ujarkamik tullerârtexattalât ich habe ihn gut gepflegt,
und ihn seine Füße öfters auf einen (warmen) Stein setzen
lassen.
tuksiat-uinarpunga inôsera piulijankolât ich bete immer, mein Leben errettet
werden heißend, d. h. um die Errettung, Erhaltung meines Lebens.

§ 272. E. II. **Die Konjunktiv- und Subjunktivbildungen gangat
und gaikpat so oft als, jedesmal wenn.**

§ 272—274.

a) **gangat** s. s. (gangago c. s.) so oft als besteht aus dem Stamm
ang, woran ganz regelmäßig die Konj. endungen gehängt werden, nur mit
Wegfall des m, also aus ang-mat: angat. Dem ang voraus geht wie beim
einfachen Konj. der Bindecharakter (§ 235. 244) u. zwar überall g, nur in
Kl. 1 r, also rangat, gangat.

Sehr oft (z. B. 2 Kor. 6, 5. 8) kommt auch die Form **turangat** (bei
Verben auf -pok, aber nur bei denen von Kl. 3) u. **-jurangat** (bei allen
Klassen, selbst der dritten, am meisten wohl aber doch bei Verben auf -vok)
vor, mit gleichem Sinn. Ebenso **-lerangat**, mit -lerpok er fängt an (§ 439),
wenn die Anwendung dieses Anhangs dem Sinn nicht ganz widerstrebt.

	s. s.	Reflexivform	
Kl. 1 tussar	angat	angami	so oft als er hört, schreibt, kommt, arbeitet
Kl. 2 aglag	angamik	angamik	„ „ „ sie 2
Kl. 3 tikig	angata	„	„ „ „ sie
Kl. 4 sennag			
	angavit		„ „ „ du
	angaptik		„ „ „ ihr 2
	angapse		„ „ „ ihr
	angama		„ „ „ ich
	angamnuk		„ „ „ wir 2
	angapta		„ „ „ wir
c. s.	angago	angamiuk	„ „ „ er ihn hört 2c.
	angakko	angamikko	„ „ „ sie 2 ihn
	angatsuk	angamitsuk	„ „ „ sie „
	angangne		„ „ „ du
	angaptikko		„ „ „ ihr 2
	angapsiuk		„ „ „ ihr „
	angapko		„ „ „ ich
	angaptigo		„ „ „ wir 2
	„		„ „ „ wir „

Ebenso alle andern Formen, z. B.

angattigut   angamittigut   so oft als er uns
angaptigut   „   „   „   du uns
angasse   angamise   „   „   „ er euch u. s. w.

Beispiele s. sogleich zu Ende des nächsten §.

b) **gaikpat** s. s. (**gaikpago** c. s.) **jedesmal wenn, so oft als** wird § 273 ganz regelmäßig mit den Endungen des Subjunktiv*) weiter gebildet. Das im vor. § bei gangat über den vorhergehenden Bindecharakter (g, r) Gesagte gilt auch hier. Ebenso kommen auch hier die Formen **tarnikpat, -jarnikpat, -lernikpat** ganz unter denselben Bedingungen wie dort vor.

		s. s.	Reflexivform			
Kl. 1	tussar					
Kl. 2	aglag	aikpat	aiguno	jedesmal wenn	er	
Kl. 3	tikig	aikpanik	aigunik	„	„	sie 2
Kl. 4	sennag	aikpatta	„	„	„	sie
		aiguvit	„	„	„	du
		aiguptik	„	„	„	ihr 2
		aigupse	„	„	„	ihr
		aiguma	„	„	„	ich
		aigumnuk	„	„	„	wir 2
		aigupta	„	„	„	wir
	c. s.	aikpago	aiguniuk	jedesmal wenn	er	ihn
		aikpakko	aigunikko	„	„	sie 2	„
		aikpatsuk	aigunitsuk	„	„	sie	„
		aigungne		„	„	du	„
		aiguptikko		„	„	ihr 2	„
		aigupsiuk		„	„	ihr	
		aigupko		„	„	ich	„
		aiguptigo		„	„	wir 2	„
		„		„	„	wir	„ u. s. w.

Beispiele zu § 272 und 273.

idluarsuijok tokkolaurangat, sangulerput, so oft als ein Richter starb, fingen sie an sich abzuwenden. Richt. 2, 19.
tuksiarvio-gangame (jarangame) | tussarniarpatigut, so oft er ge-
„   -gaigune (jaraigune) | beten wird, wird er uns
                                 | hören. Resl. § 556.
tuksiarvio-gangat (jarangat) | so oft zu ihm gebetet wird (z. B.
„   -gaikpat (jaraikpat) | freuen wir uns).
tiki gangaptigo (tarangaptigo oder jarangaptigo) so oft wir zu ihm kommen.
nanetarangama (auch mit lönet) wo ich auch immer bin (eig. so oft als ich irgendwo bin); vgl. das ganz gleiche Beisp. § 275.
illuversijokarangat so oft ein Begräbnis ist, eig.: so oft es Be-grabende (oder einen Begrabenden) hat.

*) Auch, aber wohl seltner mit denen des Konj., also z. B. guiguma neben guiguma jedesmal wenn ich. So vorherrschend in Ltak; ob im Norden überhaupt?

I. Formenlehre. Abschn. 3.

unnugangat kauteraugallo so oft es Abend und Morgen ist (anfängt zu sein). Mart 4, 27.

uttertilorangagit ⎫
„ leraikpagit ⎭ jedesmal wenn er sie zurückführt (anfängt).

§ 274. **Anm.** Dies **gangat** und **gaikpat** wird scheint's von manchen nicht gern mit den die Zukunft ausdrückenden Anhängen (niarpok, -lärpok, omärpok) verbunden. Danach also nicht: tussaromärangama so oft ich hören werde, sondern etwa: tamät (immer) tussaromärma. Nach andern ist aber der beanstandete Gebrauch durchaus gut und sie sagen unbedenklich z. B. illaulärangatta, illauläraikpatta so oft als, jedesmal wenn sie mit geben werden. S. auch Jos. 1, 6. 1 Kön. 8, 44. 46.

§ 275. **E. III. mangät** s. s. **mangägo** e. s. **ob.**

Diese wieder andere Erscheinungen bietende Veränderung des Konjunktiv wird für unser **ob**, aber überhaupt in jeder abhängigen Frage (s. darüber die Anm.) gebraucht, also nicht bloß, wo wir ob sagen. Dies mangät tritt genau so wie die Konj. endung mat an den Bindecharakter (in Kl. 1 also an r, sonst überall an ng, für dessen Aussprache alles § 237 Gesagte auch gilt). Was dann die Endungen betrifft, so werden an das mang die des Konj. gesetzt, nur mit Weglassung des ersten Konj. m (mangät, mangägo aus mang-mat, mang-mago). Dabei findet durch Einfluß des Fragetons überall eine Dehnung des a in ä statt. (Das scheint wenigstens doch bei den kürzeren Formen die Regel zu sein.) Nur einige Formen, die mit * bezeichnet sind (bes. alle Reflexivformen) bieten das Besondere, daß vor m ein r und vor n ein ng eingeschoben wird.

		s. s.	Reflexivform	
Kl. 1 tussar		mangät	*mangärme	ob er hört, schreibt ꝛc.
Kl. 2 aglang		*mangängnik	*mangärmik	ob sie 2
Kl. 3 tiking		mangätta	..	ob sie
Kl. 4 sennang		mangärpit		„ du
		mangäptik		„ ihr zwei
		mangäpse		„ ihr
		*mangärma		„ ich
		mangämnuk		„ wir 2
		mangäpta		„ wir
e. s.		mangägo	*mangärmiko	ob er ihn
		mangäkko	*mangärmikko	„ sie 2 ihn
ihn, sie		mangätsuk	*mangärmitsuk	„ sie „
		mangängno		„ du „ u. s. w.
		mangägit	*mangärmigit	ob er sie u. s. w.
dich, euch		mangätit	*mangärmitit	ob er dich u. s. w.
		mangäse	*mangärmise	ob er euch u. s. w.
		mangängma†	*mangärminga	ob er mich
mich, uns		mangämga†		„ du „ u. s. w.
		mangätigut	*mangärmitigut	ob er uns u. s. w.

† Bei diesen zwei Formen für ob er mich, ob du mich herrscht bei den Est. große Unbestimmtheit. Neben den oben angegebenen regelmäßigen Formen hört man und wird in allen Grammatiken auch angegeben: mangängma ob er mich (1 Joh. 14, 12), mangärma ob du mich, welches letztere dann ganz ob ich e. s. sein würde.

Zeitwörter: mangât ob. 133

Beispiele:
aperivagit, nanêlaungmangârpit ich frage dich, wo du gewesen bist.
„   tikiniarmangât „ „ „ ob er kommen wird.
nellovok, tikiniarmangârme *resp.* er weiß nicht, ob er (der nellojok) kommen wird.
nellovunga, nakit pingmangâpse ich weiß nicht, woher ihr kommt.
takkotuinaromalaukpunga kanok illinganekatsiarmangât ich habe
    nur sehn wollen, wie es sich schön verhält, wie's dort
    aussieht.
kaujititsomavara, kanok angijomik kappiasuktitaujomârmat ob.
    jomârmangât ich werde ihn wissen lassen, wie großes
    er wird ausstehn. Ap. 9, 16.
kollalerpunga nukkama ikajorungnarmangânga od. ungnarmanga ich fange
    an zu zweifeln, daß ob mein jüngerer Bruder mir helfen kann.
unipkârpok, sunamut annititaulaungmangârma (od. laurama) er erzählte,
    wodurch ich befreit (herausgeholen gemacht) worden sei. So könnte
    Ap. 9, 27. 14, 27 auch mangâgo stehn.
unertuivok usamaut, kanok tukkekarmangât (od. karmat) er zeigte mir,
    was es bedeute.
tussaritse, sumik okausiksukarmat (oder karmangât) hört, was er für Worte
    hat. Amos 3, 1.
tussarpunga, kanga tikilaungmat (laungmangât) ich höre, wenn er gekommen ist.
kaujimavunga kanoetunik issumakarmangârma (oder karama) ich weiß, was
    für Gedanken ich habe. Jer. 29, 11.
issumaksarsioritse, suna pivlugo illagêktunik taijaungmangâpse oder tai-
    jangapse überlegt, weshalb ihr eine Gemeine genannt werdet.
kajusimajuksauvogut, nelliangnut perkutaujomangmangâpta oder jomagapta)
    wir müssen uns entscheiden, wem von beiden wir angehören wollen.
nanêngmangâpalônêt (= nanêtarangaptalônêt § 275) wo wir auch immer
    sind, eig.: ob wir auch irgendwo sein mögen.

Anm. Von der abhängigen oder indirekten Frage. § 276.
Ist ein Fragesatz von keinem andern Verb abhängig, so nennt man dies eine unab-
hängige oder direkte Frage. z. B. kommst du? sieht er ihn? Wird aber ein solcher Fragesatz
von einem andern Zeitwort (nicht bloß solchen, die ein Fragen, sondern auch solchen, die
ein Sagen, Fühlen u. dgl. ausdrücken) abhängig gemacht, so nennt man das eine indirekte
oder abhängige Frage. Dabei stellen wir im Deutschen das Subjekt (den Thäter)
wieder vor das Zeitwort, während es in der direkten Frage nachsteht. z. B.: Ich frage
dich, ob du ihn siehst (direkt: siehst du ihn?); ich möchte hören, wohin ihr geht, wie es bei
ihm sieht (direkt: wohin geht ihr? wie sieht es bei ihm? In allen solchen Fällen, also
nicht bloß bei unserm „ob," steht mangât. Oft wird aber der bloße Konj. statt dessen
gebraucht, wie die obigen Beisp. zeigen, besonders, wenn das regierende Verb nicht grade
den Begriff des Fragens stark ausdrückt.

F. Pivok *s. s.* u. *e. s.* er thut (ihn) — als Hilfszeitwort.

§ 277.

Da pivok alle möglichen Arten des Thuns ausdrückt und deshalb an § 277.
Stelle verschiedenster anderer Verben (wie geben, kommen, haben, meinen,
nehmen u. a.) gebraucht werden kann, dient es auch öfters zur Umschreibung anderer Verba, indem man es mit dem Inf. derselben verbindet,
wie das englische to do (z. B. I do not understand), oder wie in der
deutschen Umgangssprache, z. B. ich thu mich waschen. So im Eskimoischen:

annaulugo pivok ihn schlagen thut er   }
ob. annaulugo pivâ ihn schlagend thut er ihn } d. h. er schlägt ihn.

I. Formenlehre. Abschn. 3.

Wenn man sich auch hüten muß, diese Ausdrucksweise überall anwenden zu wollen, so ist sie doch nicht ungewöhnlich und trägt in manchen Fällen sehr zur Verständlichkeit und Einfachheit bei, hilft auch Wiederholungen zu vermeiden. Wir haben dessen schon beim neg. Imp. Erwähnung gethan (s. dort die Beisp. § 270, 4). Auch bei Sätzen mit -rkovlugo (damit, auf daß § 506), besonders längeren Sätzen der Art, kann man sich oft vorteilhaft so ausdrücken, (indem man e. s. Verba statt der den Mod. mik regierenden n. s. Verba nimmt und mit pivok verbindet, wodurch eine Häufung des mik vermieden wird, und -rkovlugo nur einmal zu stehn hat). Z. B.

> nagligijaksarivavut nertoraksarilugolo wir sollen ihn lieben und sollen ihn ehren. Dafür auch:
> nagligilugo nertorlugolo pijuksauvogut ihn lieben und ehren sollen wir thun.
> ominga illitarsilerkovlutit pitsiarninganiglo opigosulerkovlutit damit du ihn erkennst und damit du seine Güte verehrest. Dafür auch:
> una illitarilerdlugo pitsiarningalo opigivlugo perkovlutit damit du ihn erkennen und seine Güte verehren thust.
> inungnik ingmingnik illitarititserkovluta ajornermingniglo mamaiksartitserkovluta damit wir die Menschen sich selbst erkennen machen und damit wir ihnen ihre Sünden schlecht schmecken machen. Dafür auch:
> inuit ingmingnik illitaritillugit ajornermingniglo mamaiksartillugit perkovluta damit wir — — — — thun.

G. Anhang.

Die Partizipien auf oĸ (e), e und aĸ (auch mit der Endung -ksaĸ).

§ 278—294.

§ 278. Wir nennen hier einige von den Verben abgeleitete Nennwörter, obwohl sie eig. erst in das Kap. der Anhänge gehören. Nur im Vorübergehn erwähnen wir den Anhang neĸ, durch den unser als Hauptwort gebrauchter Inf. ausgedrückt wird. Z. B.

Kl. 1 tussarpoĸ er hört   tussarneĸ das Hören.
„ 2 pisukpoĸ er geht   pisungninga sein Gehen.
„ 3 tikípoĸ ist gekommen   tikininga sein Gekommensein.
„ 4 nertortauvoĸ wird gepriesen nertortauninga sein Geehrtwerden.

Wir verweisen aber, da noch andere Bedeutungen des neĸ in Betracht kommen, auf das Ausführlichere in § 452.

Hier behandeln wir nur die auch auf der Tabelle § 260 angegebenen drei Partizipien, über deren Natur § 218 zu vergleichen ist, nämlich: 1) das Nominalpartizip, 2) das aktive, 3) das passive Partizip. Durch alle diese werden u. a. häufig unsre Relativsätze (mit welcher, e, es) ausgedrückt. § 541. Nun Spezielleres:

§ 279 -282.

1. **Das Nominalpartizip auf oĸ (toĸ. -joĸ) der thuende, welcher so § 279. thut oder ist. Nebenform auf e (te. -je) der, dessen Geschäft es ist, so zu thun, der so zu thun pflegt.*)**

Dies Nom. part. kann nur von der s. s. Form der Verben abgeleitet werden, indem man das poĸ in toĸ, te, und das -voĸ in -joĸ, -je verwandelt. Viele unsrer Adjektiven werden so ausgedrückt, s. u. klein, breit. Ebenso unsre Relativsätze (s. Synt. § 541), auch Sätze mit daß (§ 547). „Ferner dienen außer dem gewöhnlichen Gebrauch die Nom. partizipien auch öfters als eigentümliche Benennungen ganz bestimmter Gegenstände" (Kleschm. § 111. Anm. 4). S. u. z. B. nellajoĸ, ónajut.

Beispiele:

niuverpoĸ er handelt	niuvertoĸ welcher handelt: niuverte der zu handeln pflegt, Kaufmann.
sennavoĸ er arbeitet	sennajoĸ der Arbeitende: sennaje*) der Arbeiter, dessen Geschäft es ist.
puivoĸ kommt an die Oberfläche, taucht empor	puijoĸ der emportaucht, hervorkommt, z. B. Ausschlag: puijut. puije der emporzutauchen pflegt, der Seehund.
pivoĸ er thut	pijoĸ einer, der etwas thut: pije der zu thun, besorgen pflegt, Diener im Hause.
pairsivoĸ pflegt, hütet	pairsijoĸ der Pflegende, Hütende: pairsije Pfleger, Hüter, Wärter (dauernde Thätigkeit).
inuarpoĸ er mordet	inuartoĸ der mordet, mordete (sei's nur einmal): inuarte Mörder von Profession, z. B. der Teufel.
passiklerpoĸ klagt an, beschuldigt	passiklertoĸ der Anklagende: passiklerte der Verkläger von Profession, z. B. der Teufel.
mannigoivoĸ er tröstet	mannigoijoĸ welcher tröstet: mannigoije der Tröster, der immer tröstet, z. B. der h. Geist.
ilinniarpoĸ er lernt	ilinniartoĸ der Lernende: ilinniarte der (dauernd) Lernende, Schüler, Jünger.
pisukpoĸ er geht	pisuktoĸ welcher geht: pisukte der zu gehen pflegt, daher speziell ein 4füßiges Landtier, im Gegensatz zu Fischen, Vögeln, Insekten.

---

*) Die Form auf e wird scheint's auch gebraucht, wenn jemandes Vortrefflichkeit in der und jener Thätigkeit ausgedrückt werden soll, z. B. sennaje — sennajsaluk, sennalloriktoĸ. Sennaje una! das ist mal ein Arbeiter! der versteht's!

omavok ist lebendig omajok welcher lebt, z. B. Giüle
                     omajok der lebendige Gott
                     im Gegensatz zu einem toten.
                     Speziell: omajok, omajut
                     Tier, Tiere (lebende Wesen).
nellavok liegt auf dem Rücken nellajok ein auf dem Rücken Liegender;
                     insbesondere: ein Querbeil,
                     Dexel.
mannêpok ist uneben mannêtok höckricht, das Höckrichte;
                     insbesondere von bgl. Eis.
mikkivok ist klein   mikkijok klein, ein Kleiner.
sillikpok ist breit silliktok breit, ein Breiter.
tussangilak hört nicht tussangitok ein nicht Hörender.
illitarivok erkennt sich selbst illitarijok der sich erkennt.
§ 226.

§ 280. **Anm. 1.** Dies Partizip auf ok kann aber, trotzdem, daß es vom s. s. Verb abgeleitet, doch auch, wenn nötig Suffixa annehmen, besonders bei Formen, die schon mehr den vollen Begriff unsrer Hauptwörter erhalten haben, z. B.

nunab napártungit, perortungit, pisuktingit der Erde Bäume, Gewächse, vierfüßige Tiere.
ajokertuijuvut neben ajokertuijokotivut § 426 Anm. 1) unsre Lehrer.*
äniajuptingnik (neben äniajokotipringnik) naglidlarpogut unsre leidenden (z. B. Familienglieder) bedauern wir sehr.
niuvertivut unser Kaufmann.
seunajiga (neben seunajekottiga § 426 Anm. 1 mein Arbeiter, der bei mir arbeitet. Vgl. hiezu aber § 285.

§ 281. **Anm. 2.** Ferner nimmt **das Nom. part. auch die Personzeichen** des Indikativs: ok, otit ꝛc. an. Also:

pisuktok	der, welcher geht;	er der Gehende
„ tuk	die 2, die gehn;	die 2 Gehenden
„ tut	die, welche gehen;	die Gehenden
„ totit	du, der du gehst;	du Gehender
„ totik	ihr 2, die ihr geht;	ihr 2 Gehende
„ tose	ihr, die ihr geht;	ihr Gehende
„ tunga	ich, der ich gehe;	ich Gehender
„ toguk	wir 2, die wir gehn;	wir 2 Gehende
„ togut	wir, die wir gehn;	wir Gehende

§ 282. **Anm. 3. Dies Nom. part.** (ebenso vgl. das passive § 289) wird in der Umgangssprache ungemein häufig **für die entsprechenden Formen des Ind.** gebraucht, besonders auch beim Negativ. Vgl. Synt. § 514 f. z. B.

pisulauk-tunga (ganz = punga) ich bin gegangen, eig.: ich (nämlich: bin) ein (Gegangenseiender).
niplilaungi-tullonêt (ganz = tallonêt sie haben nicht einmal gesprochen, eig.: sogar nicht gesprochen habende (sind) sie.
tussarmijunga (ganz = tussarivunga) ich höre wieder, eig.: ich (bin) ein Wiederhörender.

---

* So bediente sich auch der lahme Moses in Kain des Ausdrucks: „omajokottuvut unsre kleinen Tierchen", damit in zarter Weise das Ungeziefer der Eskimos bezeichnend.

Zeitwörter. Partizipia. 137

§ 283—287.

2. Das aktive Partizip auf -e (-te, -je) der (ihm) so thut, der (ihm) so thuende.

Dies kann nur vom r. s. Verb abgeleitet werden (doch s. Anm. 1), in **§ 283.** dem pä sich in te, -vä in -je verwandelt. Kommt eig. nur mit Suff. (mein, dein, sein) vor, oder mit -катрок er hat, -givä er hat es (s. u. Anm. 4). z. B.

Akt. Part.	mit Suffixen (Deklin. s. § 77).
ajoкertorpä lehrt ihn	ajoкertorte	ajoкertortiga der mich lehrt, mein Lehrer.
sennavä arbeitet es	sennaje	sennajinga der es arbeitet, sein Verfertiger.
окautivä er jagt ihm	(окautije) окautje	(окautjiga) окautjiga der mir sagt, mein mir Sagender.
piniutivä er erwirbt (was) für ihn	(piniutje) piniutje	(piniutjinga) piniutjinga sein ihm was Erwerbender, der für ihn etwas erwirbt.

Vgl. zu den gebräuchlicheren kürzeren Formen in den 2 letzten Beisp. das tjauvок — tijauvок. § 231.

Anm. 1. Aktives Part. auch von s. s. Verben. Das akt. Part. wird aber doch **§ 284.** häufig so gebildet, daß dem r.—Verb erst die s. s. Form gegeben wird durch einen der § 222 angeführten Anhänge, bei s. Verben der Kl. 3, z. B. bei tipä. Dieser in Ghld. scheint's noch häufigere Gebrauch findet sich aber ebenso auch in Labrador. Vgl. unten weiter § 286. z. B.

pitsartutipä er stärkt ihn	pitsartutite	Kristusemе pitsartutitsijimne Phil. 4, 13 in Christo, der mich kräftig macht (wird vom Esk. lieber noch gesagt als das vom r. s. kommende pitsartutitimne.)
„ titsivок er	pitsartutitsije stärkt	
токкорä er tötet ihn	токкоte	tagga токкоtinga da ist sein Mörder! (letzteres gebräuchlicher).
токкоtsivок er tötet	токкоtsije	„ токкоtsijinga
каirkovä er ruft ihn	каirkоje	Güdib каirkојjipta I Petri 5, 10. Gott, der uns ruft (lieber als vom r. s. каirkojipta).
„ kojivок er ruft	каirkоjije	
aulatipa bewegt, lenkt es	aulatite	annorib nuvujallo aulatitingat Gsib. 176: des Windes und der Wolken Lenker (lieber aber doch: aulatsijingat).
aulatsivок er lenkt, regiert	aulatsije	

Anm. 2. Forts. Man sieht, daß so diese Form des akt. Part. (§ 284) und jene **§ 285.** e Form des Nom. part. (§ 279) ganz dieselbe ist. Dies ist vollends der Fall bei Verben, die von vornherein r. s. und s. s. Form haben (§ 221. c), wie z. B. sennavä. Hier ist sennaje sowohl die e Form des Nom. part. (neben sennajок) als auch das ganz regelmäßig gebildete akt. Part. von sennavä. Der Zusammenhang muß klar machen, welche Bedeutung zu nehmen ist. z. B.

sennajovок er ist ein Arbeiter (dauernd). *Nom. part.*
sennajinga kann zweierlei bedeuten:
1) der es arbeitet, sein Bearbeiter, Verfertiger. *Akt. Part.*
2) (= sennajenottinga § 426 Anm. 1) sein Arbeiter, den er beschäftigt. *Nom. part.* § 286.

§ 286. **Anm. 3. Fortf.** Was aber jene ersteren Verba (§ 284) betrifft, wo die vom r. s. und s. s. abgeleitete Part. Form auf e verschieden lautet, so ist doch, näher besehen, ein der Natur des r. s. und s. s. entsprechender Unterschied auch hier vorhanden. „Bei der Ableitung vom r. s. ist der Besitzer und Thatziel (Objekt) eins, z. B. mein Lehrer, der mich lehrt (wo „ich" der Besitzer, und auch das Ziel des Lehrens ist). Bei der Ableitung vom s. s. kann das Thatziel (Objekt) auch ein anderes sein, z. B. mein Lehrer — der jemanden, mich) oder andere lehrt." Darnach im Anschluß an einige Beisp. von § 284:

{ pitsartutitiga vom r. s. mein Stärker, der mich stärkt.
{ pitsartutitsijiga vom s. s. mein Stärker, der jemanden (mich oder andre) stärkt.
{ pnirijinga vom r. s. sein Pfleger, Wärter, der ihn pflegt.
{ pnirsijinga vom s. s. sein Pfleger, der jemanden (ihn oder andre) pflegt.

Daraus erhellt, daß, wenn die vom s. s. abgeleiteten Formen nach § 284 bei manchen Verben vorgezogen werden, sich dies gar wohl rechtfertigen läßt, da der Zusammenhang immer klar machen wird, auf wen die Thätigkeit, die das Part. angibt, zu beziehen ist.

§ 287. **Anm. 4.** „Die **Anhänge -karpok er hat und -givâ er hat es zum** — schließen den Begriff eines Suffixes in sich. Denn wenn man z. B. sagt: er hat ein Haus, so rede ich da von „seinem" Hause. Darauf beruht die Verbindung dieser Anhänge mit dem akt. Partizip in allen Fällen (s. den vor. §), wo der Besitzer und das Thatziel (Objekt) eins sind." ;. B.

{ pînlijigivara ich habe ihn zum Retter, er ist mein Retter, der mich errettet (ich Besitzer und Thatziel).
{ pairijigivara ich habe ihn zu meinem Pfleger, der mich pflegt.*)
{ pairsijigivara ich habe ihn zum Pfleger, der jemanden, mich oder die Meinen pflegt. Von Gott, von meinem Krankenwärter kann ich beides brauchen: von dem bei mir dienenden Kindermädchen nur das letztere.

ajorpunga nipara kemaktigivlugo (ziemlich == aipamuut kemaktaunermik) ich bin's unvermögend, daß meine Frau mich verläßt (wörtlich: sie zur mich (nicht bloß: überhaupt judn) Verlassenden zu haben).
opingartigivara ich habe es zu dem, das mich überrascht (nicht bloß: allgemein überraschend ist == ich werde dadurch überrascht.
pullârtigijomavâtit er will dich zum bei ihm Besuchenden (pullârte) haben, d. h. will von dir besucht werden. S. auch 1 Kor. 9, 1.
{ pattangaititekangilut, aber lieber nach § 284
  - titsijokangilat sie haben keinen Versorger, der sie versorgt.
  Mit dem Nom. part. auf ok wäre es allgemeiner:
{ pattangaititsijokangilat „sie haben keinen Versorger (abgesehen vom Objekt).
  Darum kann es, je nach dem Zusammenhang, oft ganz so viel bedeuten wie das Vorige, eigentlich aber: sie haben unter sich keinen Versorger, keiner von ihnen ist ein Versorger (sie leben alle durch die Versorgung andrer)."

(S. mehr § 405, 1).

§ 288—292.

§ 288. **3. Das passive Partizip auf ak (tak, -jak) der Gethane; der, welchem er so thut; der, dem so gethan wird.**

Kann ebenfalls nur von r. s. Verben gebildet werden, indem aus pâ: tak, aus -vâ: -jak wird. Dies Part. kommt auch meist nur mit Suffixen (mein, dein, sein) vor. Eine Nebenform (aber wohl bloß in den zwei ersten Klassen), die an einen Vokal treten muß, weshalb ein etwaiger Konf. auszustoßen ist, lautet:

-gak dem dauernd, immer so gethan wird.

---

*) Vbch. S. 33. Wäre bei annigortigivâ die wörtliche Uebersetzung besser diese: er hat es zu dem, das ihm vorbeigegangen ꝛc. ist?

Zeitwörter. Partizipia.

З. B.
nénerpå er drückt es
noksarpå er nimmt es
    mit
кellaksorpå er bindet
    ihn
nangmarpå er trägt es

ajakparpå stützt sich mit
    der Hand auf ihn
nålekpå er folgt, gehorcht
    ihm
majorpå er ist ihm nahe,
    ist bei ihm (bei
    einem Menschen od.
    an einem Ort).
Vgl. § 291 Fußn.

kallipå er bugsiert es
    (Holz, Seehund ꝛc.)
sennavå arbeitet es

pivå er thut ꝛc. es

nénertaк das Gedrückte:
  nénigaк was öfters, immer gedrückt wird,
    speziell: ein Klavier.
noksartara mein Mitgenommenes:
  noksagara was ich immer mitnehme, bei
    mir führe.
кellaksortaк der Gebundene:
  кellaksugaк der (dauernd) Gebundene,
    z. B. 2 Tim. 1, 8.
nangmartaк das Getragene:
  nangmagaк was dauernd getragen wird,
    Last.
ajakpartanga (sein) auf den er sich stützt:
  ajakpaganga auf den er sich zu stützen
    pflegt. 2 Kön. 7, 2.
nåloktaк dem gefolgt wird:
  nålegaк dem stets gefolgt wird, ein Herr.
majortanga (sein) wo er (grade) ist:
  iglo majortara das Haus, in dem
    ich mich befinde:
  inuk majortara der Mensch, bei
    dem ich mich befinde.
najugå (= najuganga § 94) sein wo er
  (dauernd) ist, sein Aufenthaltsort:
  anânama najugånut dahin, wo
    meine Mutter ist:
  najugamnétuksauvotit wo ich
    bin, sollst du sein.
kallitanga sein Bugsiertes, was er bugsiert.

sennajanga was von ihm gearbeitet wird,
  wurde.
pijanga sein Gethanes, Gekriegtes ꝛc.

Anm. 1. Wie vom Nom. part. § 282 bemerkt, so wird **auch dies pass. Part. § 289.**
sehr häufig für die entsprechenden Formen des Ind. gebraucht. Vgl. Sunt. § 544 f.
З. B.
  tussaкattar-tara (ganz = para) ich höre es öfters, eig. mein öfters Gehörtes
    (nämlich): ist es).
  tussalaungmijara (= lunrivara) ich hab's wieder gehört, eig.: mein wieder
    Gehörtes (nämlich): ist es).
  кauppat ålårtangit (= ålårpait) morgen wird er sie hinbringen, eig.: seine
    morgen hingebracht werden sollenden (sind es).

Anm. 2. Fortsetzung. Nur noch ein weiterer Schritt ist's dann, daß nicht nur § 290.
solche vom Part. auf taк und -jaк abgeleitete Formen (entsprechend dem Suff. der dritten
Person des Objekts: ihn, sie) vorkommen, sondern daß ebenso auch zu den andern Verbformen (mit Suff. der ersten und zweiten Person: mich, uns, dich, euch) parallele,
d. h. ebenso wie jenes Part. mit t und j statt p und v gebildete Formen gebraucht werden.
Diese sind als Partizipien, darum zunächst als Nenn- (Haupt-) wörter aufzufassen, treten
dann aber ebenso auch (nach) dem vor. §) ganz an die Stelle der Ind. formen. З. B.

140   I. Formenlehre. Abschn. 3.

pituarivagit ich habe dich zum   piinarijagit du mein Einziger (zum Einzigen
      Einzigen   Gehabter). Gesb. Nr. 40,5. 47,1. 322,1.
naglikpagit ich liebe dich   nagliktagit du mein Geliebter. Mt. I, 11.
Apostetigivâtigut er hat uns   uvagut Nâlekab Apostetigijâtigut wir, die
zu Aposteln.   wir sind A. des Herrn -- wir des Herrn
                                     zu A. (Gehabte). 2 Petri 3, 2.
  Ebenso sei. 16, 3 -japse, tapse „ihr meine --; ihr, die ich --". Weiter dann
tapse, -japse für papse, -vapse Mt. 11, 17. 2 Mor. 2, 9; tapsinga für papsinga und
lapsinga Phil. 1, 16. 2 Mor. 11, 1: tàngu für pàngu Hiob 30, 28.

§ 291. **Anm. 3.** Wie das akt. und pass. Part. mit Suffixen sich nur durch das
i und a unterscheidet, darauf ist schon am Anfang von § 77 hingewiesen worden.
(z. B. von najorpâ*) hält sich bei ihm auf, ist ihm nahe, ist bei ihm (einem Menschen od.
an einem Orte):

  | najortiga der mich zum Aufenthalt hat, der bei mir ist (ein Mensch. Werk-
  | zeug u.)
  | najortara den ich zum Aufenthalt habe (m. Gehabter): der od. das, bei dem
  | oder wo ich bin.
  | sennajinga sein Arbeiter: der ihn, es arbeitet.
  | sennajanga sein Gearbeitetes.

§ 292. **Anm. 4. Ein pass. Part.** von s. s. **Werden** kommt auch vor, wie z. B. tuk-
tutunga sein erlegtes Renntier. Davon mehr später unter pos 1. § 166. Anm.

4) Zusammensetzung aller dieser Partizipia mit dem Anhang -ksak**).
§ 293. 294.

§ 293. 1. Diese ist sehr häufig, darum schon hier das Nötige. Der Anhang
-ksak (s. später § 432) heißt: eine Sache zu etwas; etwas, das dazu
bestimmt ist: woraus das werden soll oder kann. Danach:

a) Das Nominalpartizip mit -ksak:

tuksak, -juksak (tiksak, -jiksak) der thun soll, muß: ein
thun sollender. ikajortok der Helfende: ikajortuksak der zu helfen bestimmt ist: der helfen muß oder soll.

ikajorte der (dauernd) Helfende   ikajortiksak der ein Helfer sein soll.
pijok einer der thut   pijuksak einer, der etwas thun soll.
nerrijok welcher ißt   nerrijuksak der essen sollende.

b) Ebenso das aktive Partizip mit -ksak:

piulije der (ihn) rettet piulijiksak der ein (ihn, uns) Errettender sein
                          soll, wird (z. B. Joh. 4, 22: „d. Heil").
                          piulijiksavut unser (künftiger) Retter: der
                          uns retten soll, wird.
                          ikajortiksak auch hier wie unter a) zu nennen:
                          hier nur vom e. s. ikajorpâ.

―――――――――
*) Obwohl nicht in diesen Zusammenhang gehörig, sei als Ergänzung zum Abschn. (vgl. auch in § 288)
hier noch folg. zu najorpâ gesagt: Erstens hält man bei der dort angegebenen Bedeutung: „ist ihm nahe"
ja nicht zu sehr an dem Begriff der bloßen Nähe. Es heißt: er ist bei ihm, ist da. Dann wohl z. B. ebort
ist uns nahe, d. h. bei uns, mit uns. Weiter: Die s. s. Form ist nicht etwa najorpok, wie manchmal gemeint wird, sondern najornikpok (mit -nik, mik ist bei ihnen, ist zugegen bei jedem, ist sudun nahe. Das
im Wbch. nicht angegebene najornok kommt allenfalls auch wohl vor, aber doch selten; dann aber nicht mit
einem Objekt (mik), sondern absolut: er ist anwesend, zugegen; najorut die Anwesenden, Daseienden. Dafür
aber gewöhnlich najutivok, najutsut. Aus dem Gesagten folgt, daß kissarvinganik illa ennigua najunnarsavunga (s. s.) „bei diesem Grunde will ich bleiben" falsch ist, wenn auch Col., die so von Jugend auf
gehört, nicht anstoßen (obwohl dieselben richtig gegen kissarvingnik innilnga najornunga protestieren!!). Dafür
besser vom s. s. kissarviksan ina illale najunnarsavunga.
**) Der Anhang heißt nicht bloß sak wie bisher angegeben, sondern -ksak (-kssak): das k darin ist
wesentlich, u. zwar ist es kein Mehl k. Dieses es nur sak, so würde die Zusammensetzung mit m. z. B. atio
sein: ikajortoksak u. grade so klingen wie in angijoksak. Da es aber kein Mehl k ist, so spürt man den
Einfluß des k, indem statt o und e (tok. to) u und i gehört wird (tuksak, tiksak). S. § 14.
Das End a ferner im pass. Part. z. B. in nerrijak erhält dadurch die tiefere und e hinüberklingende
Aussprache (§ 14), so daß neben nerrijaksak auch nerrijæksak, ja jeksak geschrieben wird, welches letztere
aber besser zu vermeiden.

c) **Das passive Partizip mit -ksak:**
taksak, -jaksak einer, dem so gethan werden muß, soll, wird: ein zu thuender. Dabei merke man, daß in Kl. 1 und 2 dann statt -rtak und -ktak gewöhnlich -rak und -gak gesagt wird*).

ikajortak dem geholfen (ikajortaksak mehr:) ikajoraksak dem
    wird   geholfen werden muß: einer dem zu
                                         helfen ist.
pijak der Gethane, Ge-   pijaksak der gethan, getriegt re. werden
    triegte re.   muß, soll, kann.
malliktak dem gefolgt   (malliktaksak mehr:) malligaksak einer
    wird   oder etwas, dem zu folgen ist, Befolgungs-
                                       sache.
taimaitak dem so gethan   taimaitaksak dem so gethan werden muß.
    wird

II. Verbalverbindungen: § 294.

tuksauvok, -juksauvok (tiksauvok, -jiksauvok) er soll, muß,
    eig.: ist ein thun sollender.
taksauvok, -jaksauvok er muß gethan werden, eig. ist einer
    der gethan werden muß, kann.
taksarivâ, -jaksarivâ er muß, soll ihn, es thun, eig.: hat es
    zur Thunssache, zu dem das gethan werden soll.

Diese Zusammensetzungen des Part. mit -uvok er ist (§ 497) und -rivâ er hat es zum (§ 404) sind sehr häufig, um unser „**sollen, müssen**" wiederzugeben, wofür einem auch in vielen Fällen -giakarpok er hat nötig (§ 400) zur Verfügung steht. (Das grld -savok ist in Labr. nicht gebräuchlich.)

Man achte im Anschluß an die Beisp. unter c) darauf, wie sich die Ausdrucksweise mit s. s. oder e. s. Werden für den gleichen Sinn zu gestalten hat. Ferner darauf, daß durch dieses -ksak, -ksauvok auch ganz andre unsrer deutschen Worte wie z. B. „würdig, wert, er verdient" und (mit der Negation) „falsch" u. a. m. ausgedrückt werden können. Beispiele:

  a) ikajortuksauvok er soll, muß helfen.
     pijuksauvok soll, muß thun, kurz: er soll, ist dazu bestimmt, ist
        würdig re.
     pijuksaunngitok der nicht thun, sein soll d. h. manchmal = un-
        recht falsch u. dergl.
  b) ikajoraksauvok es muß ihm geholfen werden, er ist der Hilfe
        wert.
     malligaksauvok er, es ist zu befolgen, man muß ihm folgen.
     pijaksauvok er soll gethan werden, ihm muß so gethan werden
        (er ist dessen würdig, verdient es), es kann gekriegt werden.
     pijaksaunngitok ein nicht zu thuender d. h. manchmal = unrecht
        falsch u. dgl.
     taimaitaksauvok er ist so zu behandeln, ist dessen würdig, ver-
        dient es.

---

*) Eine gleiche Erscheinung ist's, wenn neben -llartauvok auch -llarauvok er wird (sehr) geslagt wird. Z. B. Ebr. 11, 35. 36. annuallarauvut sie wurden sehr geschlagen.

attoraksauvok soll, kann gebraucht werden, ist zu brauchen, ist
  brauchbar.
kammagijaksauvok muß beachtet werden, ist beachtenswert.
tokotaksauvok ist zu töten, des Todes wert, verdient den Tod.

c) tomattoninga nerrijuksauvunga *s. s.* \] dies muß, soll ich essen.
   tamanna nerrijaksarivara *e. s.* /
   inokattingnik naglingniktuksauvotit *s. s.* \] deine Mit=
   inokattitit nagligijaksarivattit *e. s.* \[menschen sollst
   inokattitit nagligivlugit pijuksauvotit § 277. / du lieben.

Vierter Abschnitt.

Partikeln.

§ 295—345.

§ 295. Nachdem wir in den drei ersten Abschnitten die beugungsfähigen Nenn=,
Deute- und Zeitwörter abgehandelt, kommen wir in diesem letzten Abschnitt
der Formenlehre zu den Partikeln, d. h. den unveränderlichen Worten der
Sprache. Sie sind zum Teil selbständige Wörter, zum Teil Formen von
Nenn= und Deutewörtern, die oft neben ihrem regelmäßigen Gebrauch als
solche Partikeln verwendet werden. Wir haben deshalb hier manchmal auf
jene Wortklassen zu verweisen, wo öfters das Ausführlichere zu finden ist. —
Durch die Partikeln wird ein großer Teil unsrer Adverbia, Konjunktionen
und Interjektionen (Ausrufe) ausgedrückt. Vgl. die Schlußanmerkung § 344.
Bei einigen der im folg. aufgeführten z. B. nauk, unoet könnte man zweifel=
haft sein, ob man sie nicht ebensogut unter eine andre Rubrik stellen könnte,
als hier geschehn. Die Partikeln zerfallen in Anhangspartikeln, die dem
Wort, dem sie gelten, angehängt werden, und in freie Partikeln, die nicht
angehängt werden.

A. Anhangspartikeln.

§ 296—306.

NB. Ein Strichlein vor einem Anhang, z. B. -gok bedeutet, daß ein
etwa vorhergehender Endkonsonant ausgestoßen werden muß.

§ 296. 1. **lo und**; verdoppelt: **sowohl — als auch.**
  ujararlo kikiaglo sowohl ein Stein (ujarak) als ein Eisen, Nagel
  (kikiak).
  2. **le aber:** aklujulle aber die Armen (uklujut).

Anm. Manchmal wird le angehängt, wo man es fast als eine Beſtätigung auffaſſen kann. З. B. auf die Äußerung: „Das habe ich ſo gedacht", beſtätigend: uvangalolo! gewiß, und ich auch. Auf die Bemerkung: näpkigosungninga sakkijârtorpok (ſeine Barmherzigkeit erſcheint, zeigt ſich ſehr) beſtätigende Antwort: sakkijârtorle! gewiß, ſie zeigt ſich. — Aber das le wird auch ſehr viel ohne recht ausgeprägte Bedeutung, wohl nur um des beſſeren Tonfalls willen, beſonders bei kurzen Äußerungen angehängt, z. B. tâvale (== tâva)! ſo iſt's gut! zu Ende! tikitainarpungale ich bin eben erſt gekommen.

3. **tauk auch, ebenfalls.**
igvittauk auch du, igvillotauk und auch du.
takkungilaratauk ich ſehe, ſah es auch nicht.

4. **lōnêt** (die erſte Silbe geſchärft, alſo klares Doppel n)

a) **ober, oder auch**; verdoppelt: entweder — oder, (doch nicht zunächſt § 297. einen ſich abſolut ausſchließenden Gegenſatz bezeichnend, ſondern:) ſei es — ſei es: mit Negation: weder — noch.

b) **ſogar**. Dieſe letztere ſteigernde, verallgemeinernde Bedeutung überſehe man nicht. Oft in Verbindung z. B. mit dem Subjunktiv (wenn), auch mit mangât ob (§ 275), wo wir im Deutſchen wenn auch immer, ob auch immer überſetzen. Mit der Negation dann: nicht einmal. S. die Beiſpiele und § 208.

a) ânolônêt oder im Süden: uvangalônêt igvillônêt entweder ich oder du.
nunamêtullônêt kilangmêtullônêt wer es auch ſei, die auf Erden ob. im Himmel, was man ſich auch nur denken will.
ahalônêt ja oder auch ſo (wie du ſagſt), ja meinetwegen.

b) attauserlônêt pijaungilak auch (ſogar) nicht einer wurde gekriegt.
makkoalônêt illitaringilait ſogar (ſelbſt) dieſe kennt er nicht.
kanorlônêt irgend wie, in irgend einer Weiſe, wie es auch immer ſei.
nanêngmangârmalônêt wo ich auch immer ſei, bin. § 275.
taimaitut kanoerköngitullônêt ulloreugijaksauvut dgl. auch ganz unverfänglich ſcheinende (Dinge) müſſen gemieden werden.

Auf die Frage: Haſt du Schneehühner geſchoſſen? etwa die Antwort:
takkolaungilaungalônêt ich habe ſogar nicht (dgl.) geſehn, ich habe nicht einmal geſehn.

5. **mê** kommt in Labr. nicht mehr ſehr häufig vor, u. zwar auch bloß bei Frage-wörtern § 298. oder ſätzen. Hat ſcheint's da die Bedeutung: **denn aber, dann aber** (In Grld: gewiß, freilich).

kinamê? wer dann aber? Mt. 19, 25. Mt. 10, 26.
kinauvimê? wer biſt du (kinauvêt) denn aber da? Joh. 1, 22.
kangamê? wenn doch, wenn denn aber?
kanongmê eig. kanorme, von kanos) pivêt? wie haſt du's denn aber gemacht, angeſtellt (tadelnd: wie verfehrt!)? oder auch: was machſt du (lebſt du) denn aber (wie ſchlecht geht dir's!)?
Viele ziehen aber ſtatt deſſen überall le vor.

6. **-gòk ſagt er, ſagt man, heißt's**; auch befehlend: **ſage!** § 299.
âniavotigôk (von âniavotit) du haſt Schmerzen, wie man ſagt.
pijomangilagôk (von pijomangilak) er will nicht, ſagt man oder: ſagt er. In direkter Rede hat da der Nichtwollende geſagt: pijomangilara.

ajormagók (ajormat) „weil's schlecht war" sagt er oder: weil's wie
　　es heißt, schlecht war.
ajoksaramigók (ajoksaramik) tikíput weil sie Mangel litten, wie
　　sie (selbst von sich) sagen, oder: wie man sagt, sind sie
　　gekommen. Im zweiten Falle („wie man sagt") geht
　　auch: ajoksarmattagók.
suvagók? was sagt er? what is he saying?
ullimaúmigók pijomavunga sage, ich will ein Beil haben.
salutiparagók sage, ich grüße ihn d. h. richte ihm einen Gruß von
　　mir aus!

§ 300.　　7. tôk wenn doch! s. bei kanoktôk unten Nr. 54.
§ 301.　　8. aî? nicht wahr? erwartet immer eine Aeußerung der Bejahung u. kann
drum auch den stummsten Eskimo veranlassen zu einem a seinen Mund zu
öffnen. Ueber die Veränderung des vorhergehenden Konsonanten vgl. § 21.
kainiarpotin-ai? du wirst kommen, nicht wahr?
aklunámíng-ai? einen Strick, nicht wahr (z. B. brauchst du)?
taimang-ai? so (ist's gut), nicht wahr?
tàvale-ai? nun ist's alle, zu Ende, nicht wahr?

§ 302.　　9. -kiak weiß ich nicht, weiß man nicht, wissen wir nicht. Wird dann
oft gebraucht, um eine Frage auszudrücken, wie die Beisp. zeigen.
nanêkà? nanêkakiak wo ist er? ich weiß nicht, wo er ist.
kinamut tokkotaumavá? kinamukiak von wem ist er getötet worden?
　　ich weiß nicht von wem.
nakikiak (von nakit) woher, weiß ich nicht: oder dann auch mit
　　Fragesinn: woher soll ich's denn (holen, nehmen ꝛc.)?
kapsinikiak (vom Mod. kapsinik) wie viele, weiß ich nicht; je
　　nachdem auch: wie viele soll ich (man) denn (nehmen ꝛc.)?
kanokiak wie, weiß ich nicht: je nach dem Zusammenhang auch
　　fragend: wie, was denn jetzt (soll ich, sollen wir
　　thun? wir wissen's nicht)?
　　Auch mit einem Verb verbunden. Dann entw. mit dem
　　Indikativ od. mit dem Interrogativ, dessen Endsilbe aber
　　durchaus hörbar kurz gesprochen wird. Z. B.
kanokiak illingavok od. illingavà ich weiß nicht, wie es mit ihm
　　steht.
kanokiak piniarkunga od. piniarkinga : kik § 243) wie ich
　　thun werde, weiß nicht.

§ 303.　　10. mêk auch -mêk ei! o! wie! ach wie! wird nur an Verbalstämme
gehängt, nicht an Nennwörter, scheint aber doch bloß die gedehnte Mod. endung
mik der letzteren zu sein (wofür auch -mêk in -ilamêk spricht, s. die nächste
Nummer). Je größer die innere Bewegung, um so länger wird (vgl. § 336)
das mêk gedehnt u. oft mit einem scharf betonten ê geschlossen: mêêkê.
Vgl. § 433. Anm. Bei den vier letzten Beisp. sind die selbständig vorkommenden kürzeren Ausrufsformen gleich schon hier, statt § 328 aufgeführt.
pillorikpok er ist geschickt, glücklich, selig.
pilloringmêk angut! wie glücklich, selig ist der Mann!
pilloringnarpok er, es ist beglückend, beseligend.
pilloringnarmêk! o wie beseligend, selig!
kuvianarmêk oder kuvê! wie erfreulich, freudenreich!

kappianarmêk oder kappé! wie schrecklich! o weh! auch bloß Ausruf
  großen Staunens.
inuk tanna kappianarmêk! wehe dem Menschen! Mt. 26, 24.
tattannarmêk oder (selten) tatta! wie wunderbar! Mt. 17, 17.
inerkonarmêk oder inerko (auch inerkoarsukulluk)! ei, wie hübsch:
  wie schön! oft in ironischem Sinn von Häßlichem,
  Schlechtem gebraucht. NB. im Wbch. ist unvollkommener
  Weise bei inerko nur diese letztere entgegengesetzte Be=
  deutung angegeben.

11. -ilamêk und häufiger mit dem Anhang -ksak § 293 -ksailamêk! §304.
eine Zusammensetzung des ebengenannten -mêk mit -ilak „der ohne ist" § 411.
Deshalb zunächst Ausruf des Beklagens und Bedauerns: o **weh, daß es** (von
einer Sache) **nichts gibt!** worin, aber erst in zweiter Linie, der Wunsch
liegt, daß es etwas geben möchte. So drückt die negative Form einen
positiven Wunsch aus.
  annorélamêk, öfter annoriksailamêk o weh, schade, daß kein Wind
    (annore) ist! hätte es doch Wind!
  nerkiksailamêk o weh, daß es keine Speise (nerke) gibt! hätten
    wir doch welche!
  akkiksailamêk o weh, daß ich keine Bezahlung (akke) habe! hätte
    ich doch welche!
  kejuksailamêk daß es kein Holz gibt! gäb's doch welches!
  inuksailamêk (innilamêk) schade, daß keine Menschen da sind! wären
    doch welche da!

12. -kotse ein Ausruf (zumal, aber nicht bloß der Freude), wenn man §305.
etwas zu Gesichte bekommt (nicht bloß bei Unerwartetem, Ueberraschendem,
sondern auch bei Erwartetem, Gesuchtem 2c.), etwa: **ei sieh doch! sieh da!
nein sieh einmal!** Vgl. unten sunaubva und nütte Nr. 59 und 60.
  Lévikotse! ei sieh (da kommt, das ist) der Levi!
  Ruttekotse! nein, sieh die Rut! z. B. wenn man auf ihr Bild unter
    anderen Bildern trifft (auch: sunaubva Rutte! oder
    nütte Rutte!).
  puijekotse, tuktokotse! sieh Seehunde, Renntiere!
  pêrutekotse! ei sieh da ist der Schlüssel (pêrut)! z. B. wenn man
    nach einem solchen sucht.
  angutekotse! ironisch: nein sieh einmal den Mann! (der füllt seinen
    Platz schlecht aus, macht seine Sache schlecht, „namagi-
    jaungitomik illingangmat." Oder auch in etwas anderem
    Sinn: „kuvianailiorninga isumagijauvok.") Aber der
    Gebrauch des Wortes wie in diesem letzten Beisp. scheint
    nicht allgemein zu sein.

13. -ngitsokamita **freilich, wie sollte es nicht so sein! freilich, so muß es sein!** §306.
Nur noch von älteren Leuten gebraucht und verstanden. Tritt an einen Verbalstamm und
wird nur als Antwort auf Frage oder Aufforderung gebraucht (wobei ein etwa gebrauchtes
-laukpok 2c. nicht wiederholt wird). Eigentlich lautet der Anhang -kamita an das Nom.
part. (tok, -jok), also tokamita, -jokamita, in welcher Form es aber vollends nicht mehr
gebraucht wird. Dagegen mehr nur mit dem Negativ: -ngitsok = labr. -ngitok (in der
noch) in Grld. üblichen Form).
  sennatainarkiuk? sennangitsokamita! arbeitest du es jetzt erst? Ja freilich
    muß ich's jetzt erst arbeiten (da ich keine Gelegenheit hatte 2c.)

10

tigusilaurivĕt? tigusingitsoʀamiuta! haſt du wieder genommen? Freilich habe
  ich wieder geſtohlen, wie ſollte es anders ſein!
angulauʀĕt? angungitsoʀamita! haſt du erworben? Freilich! (Entw. mit An-
  flug von Stolz: Freilich, da ich zu erwerben pflege, habe ich
  wieder erworben. Oder: die Verhältniſſe waren ſo, daß ich nicht
  anders als erworben konnte.) Dagegen würde angujoʀamita
  heißen: nein, natürlich habe ich nicht erworben.
ingitit (nerrilerit)! ingingitsoʀamiuta (nerringitsoʀamita)! ißt dich (iſt)..! Ja freilich werde ich das thun. Ein Blöder würde nicht ſo ſprechen.

B. Freie Partikeln.

§ 307—343.

a) Zeitpartikeln.

§ 307. 14. { uvlome heute; vgl. § 58.
           { iKpeksaʀ geſtern, iKpeksäne vorgeſtern.

15. mănna (a lang, u. Klares Doppel n ſ. § 16) jeßt.
  mănakut jeßt gleich, ſogleich, ſofort (auch bei der Vergangen-
    heit zu brauchen, wo das ähnliche tagvainaʀ vielleicht
    aber doch vorzuziehn).
  mănakasakut faſt jeßt d. h. bald, in einer kleinen Weile
    (= ʀilamik).

16. ʀilamik über eine kleine Weile, in kurzem. Im Süden Labradors
  wenigſtens nicht mehr gebräuchlich, doch verſtanden. Dafür das Vorige.
  Joh. 16, 16—19. Offb. 22, 6. 7.

§ 308. 17. immane nenlich; ſ. Deutewörter § 182.

18. taipsomane damals, in jener Zeit; ſ. Deutew. § 201.

19. tamattomane jeßt, diesmal oder hier; ſ. § 205.

20. suKutslane einmal (Zukunft, aber auch Vergangenheit); ſ. Deutew.
  § 212.

21. sivornga-gut }
22. Kingornga-gut } oder ne; ſ. Ortsw. § 124. 125.

23. illănne (auch illangænne) bisweilen; ſ. Perſonw. § 167.

24. Kanga wann? in Labr. für Vergangenheit und Zukunft.

25. Kakugo wann? für die Zukunft.
  KaKutiKut (Dialisform) bisweilen, mitunter. Wohl ſelten.

§ 309. 26. itsaK vor Jahren, vor langer Zeit. Ebenſo mit soaK § 477:
  itsaKsoaK, itsaKsoarme vor alters, vor ſehr langer Zeit.

27. achăne voriges Jahr, achănipsăK vor zwei Jahren.

28. achăgo künftiges Jahr; [achagoago oder achagongut (?) in zwei
  Jahren. Im Süden wenigſtens nicht mehr gekannt und gebraucht].

Anm. Die Trennung des Wortes in zwei, wie ſie ſich im Wbch. S. 2 und 11
findet, iſt nicht gut. In Labr. hat ſich die Bedeutung: „des folgenden Tages, morgen"
nicht erhalten (wie in Grld.), wohl aber im Zeitwort achugŏpoK*) er macht ſich auf morgen

---
*) Es ſprechen viele mit dieſer Bedeutung achugŏpoK im Unterſchied von uebăgo, während andere
auch hier aebăgopoK ſagen.

fertig zum Abreisen, was ganz gang und gäbe ist, z. B. achagotsomavok er will sich auf
morgen fertig machen. — Dies Wort, sowie achâne ist übrigens wohl nicht bloß mit
einem Stehl k (akâne) zu schreiben, wie in Grld. der Fall. Die hiesigen Estimos behaupten, der Laut sei nicht wie in okarpok, akápok (er steuert), akét, sondern ganz wie
in nachovok, tachâne (grld. narruvok, tarrâne). Das wäre also achâne, (mit grönl.
Schreibung arrâne). Vgl. § 579. Einl. Fußn. Sollte etwa nach Aussprache andrer
ukâne richtiger sein?

29. kaúpat (kaukpat) **morgen,** eig: wenn's tagt. § 310.
kaupsárpat übermorgen eig.: wenn's wieder tagt
kaupsápsárpat überübermorgen.

Anm. In der Erzählung vergangener Dinge hat man: „des morgenden, folgenden
Tages" nicht mit kaupat (wenn es tagt), sondern durch kaungmat (als es tagte) zu geben.
Vgl. die entsprechende Bemerkung im Wbch. unter achágo S. 11.

30. ovatsiaro vor oder in einer kleinen Weile, vor oder in einiger § 311.
Zeit, seltner **ovatsiak.** Nach dem Wbch. soll letzteres eine kürzere Zeit
ausdrücken, als ersteres, was aber von andern Esk. nicht bestätigt wird.
 ovatsiaro ovanéhaukpok vor kurzer Zeit war er hier.
 „   kainiarpok in einer kleinen Weile wird er kommen.
 ovatsiarólermat als es anfing eine Weile zu sein, d. h. auch: nach
       einer Weile, nach einiger Zeit.
ovatsiarónermut ságiarnit illingatinniarnago schiebe deine Bekehrung
       nicht auf (eig.: mache sie nicht zusammenhängen mit dem
       in einer Weile erst sein, geschehen)!
Besonders viel aber wird für sich als Ausruf gebraucht:
 ovatsiaro! in einer Weile! in einiger Zeit! warte noch!
       (jetzt gleich nicht, jetzt nicht! welchen letzten Zusatz man
       für den richtigen (Gebrauch des Wortes wohl ins Auge
       fasse. Man darf z. B. dem Esk. ovatsiaro nicht zurufen
       in dem Sinn: „Warte — jetzt, hier — noch! ich will dir
       noch dies oder das holen". Denn auf das ovatsiaro
       hin ist die Sache für jetzt abgeschlossen und der Esk.
       wird sich empfehlen, nicht aber wartend sitzen bleiben.)

Anm. Der **Ablativ all dieser Zeitpartikeln,** besonders derer, die auf die Ver- § 312.
gangenheit gehen, kommt oft vor. Und zwar wird ebenso oft, wenn nicht öfter die Plur.
form **nit** als **mit** angehängt. Vgl. § 213. Es scheint nur verschiedene Gewöhnung bei
den Esk., ob sie m oder n vorziehen. So uvlome-mit oder -nit von heute an, männa-mit
od. -nit von jetzt an, kanga-nit od. -mit von wann an? taipsomane-mit od. -nit von
damals an (dafür auch taimangat od. taipsomangamit od. -nit, s. § 49) und ebenso bei
den andern. Nur bei dem einfachen itsak scheint die n Form allgemein vorgezogen zu
werden: itsarnit, wie bloß; itsanit von alters her. Und umgekehrt bei kaupat wohl
das m: kaupamit von morgen an. Beispiele:
 nakornorsauvok illánemit (od. nit) er befindet sich besser als (er sich) bis-
       weilen (befunden hatte).
 kaupsárpamit kaut tamât knikattalárpotit von übermorgen an wirst du jeden
       Tag kommen.

b) Sonstige Adverbien.
§ 313—322.

31. ámma oft **ámmalo wieder, noch einmal, ferner.** § 313.

32. kêta ein wenig, auch: **nur so eben,** woran sich dann die häufigere
Bedeutung: **bloß, allein** schließt (dann oft kêtatuak).

148   I. Formenlehre. Abschn. 4.

kḗta oĸarniarpunga ich werde ein wenig sprechen.
kḗtatuínarmik (*Mod.*) nur ein klein wenig.
kḗta tikípogut wir sind nur so eben noch gekommen.
sillalungmat kḗta (ob. kḗtatuaĸ) noĸĸarpogut bloß (ob. einzig
    u. allein) weil's regnet, bleiben wir.
kḗtatuaĸ, kḗtatuamik einzig und allein.

33. sôĸ? warum, weshalb? Die Aussprache dieses bei uns gewöhnlich
sôg geschriebenen sôĸ ist ganz gleich der von pôĸ Sack.
sôngme (eig. sórme) warum denn aber? s. o. Nr. 5.
Die andre im Wörterbuch bei letzterem angegebene Bedeutung als eines
Wortes der Erlaubnis scheint im Süden wenigstens nicht bekannt.

Anm. Im Sinn von sôĸ wird sehr oft auch **der Konj.** von suvok er thut was
(vgl. § 211) angewendet. Z. B. sugavit kenvôt oder kaerkojauvôt? weil du was thust
d. h. weshalb weinst du oder wirst du gerufen? sugame manngarkâ? weil er was thut
d. h. warum kommt er hierher? sugamikiaĸ (von sugamik *14.*) akluuôlerkât (ob.
lerpnt)? weil sie was thun, weiß ich nicht, sind sie lang? d. h. ich weiß nicht, warum sie
nur so lang machen? S. auch § 549 Schluß.

§ 314.   **34. ĸanôĸ wie? irgendwie.**
ĸanôĸ? wie? was willst du? (z. B. wenn jemand in die Stube
    tritt.)

illinganiarnimnik ĸanoĸ ob. | nellovunga ich weiß nicht mein er-
ĸanoĸ illinganiarnimnik | gehen werden d. h. wie mir's gehen
                             | wird.

Anm. 1. Man verwechsle nicht dieses ĸanoĸ wie (= in welcher Weise, in
irgend welcher Weise — Adverb) mit sôrlo wie (= sowie, gleichwie — Konjunktion).
Und zweitens hüte man sich, wie es oft in unsern älteren Drucken geschieht, ĸanoĸ für
unser wie! o wie! des Ausrufs zu gebrauchen. Dafür môĸ (s. o. Nr. 10) das Treffendste.
Auch illa kann verwendet werden. Mêʽ. Est. ruft bewundernd aus: ĸanoĸ ânanaullartoĸ
una! wie schön ist dies! sondern entweder: una ânanaullartôĸ! oder bloß mit gedehnter
Endsilbe: una ânanaullartôĸ! s. > 25.

Anm. 2. Dagegen hat ĸanoĸ seinen guten Platz **in abhängigen oder indirekten Fragesätzen.** Hier dann mit dem Konjunktiv, oft aber auch mit mangât.
Was solche indirekte Fragesätze sind (§ 275. 276, wo auch Beispiele mit ĸanoĸ. Auch
mit dem Subjunktiv hört man z. B.: Gudib ĸanoĸ illingarkokpänga wie Gott mich auch
mich) verhalten heißt, mir's gehen läßt.
Uebrigens wird — und das gilt ebenso für die einfache direkte Frage — sehr häufig
(meist?) **ĸanoĸ nicht allein gesetzt, sondern ergänzt durch den Inf. von illivoĸ***)
s. s. und e. s. (oder von illingavoĸ s. s.), nämlich: ĸanoĸ illivlune (illingavlune) wie
(thuend, angehend, sich verhaltend) und ĸanoĸ illivlugo (illingatillugo) wie (ihm thuend,
mit ihm angehend). Z. B.

unipkârit ĸanoĸ (oder s. s. ĸanoĸ illivlutit ob. illingavlutit ob. auch e. s.
    ĸanoĸ illivlugo ob. illingatillugo) pilaungmangângno erzähle,
    wie du ihn (z. B. einen Seehund) bekommen hast. S. auch Ap.
    12, 18.

Vgl. Anm. bei tut § 526. Anm. 1.

---

*) illivoĸ das Stammwort zum vielgebrauchten illingavoĸ (ugavoĸ s. § 456 II) ist für sich im Wbch.
nicht angegeben. (Es heißt s. s.: er thut, benimmt sich, geht an; e. s.: er thut ihm, geht mit ihm (so) an.
Es kommt für sich allein kaum vor, sondern in Verbindung mit ĸanoĸ (s. o.), tut (toĸkungajutitun — illi-
vintlk Mt. 28, 4), und imak, taimak. Mit diesen aber meist zusammengezogen imallivoĸ, taimallivoĸ s. s.
und e. s. er thut (ihm) so, geht so (mit ihm) an, auch: sagt, redet so (zu ihm).

35. imak, imåk so auf die Art (wie folgt, wie du jetzt hören wirst). § 315.
taimak so, also (wie du nun gehört hast ob. weißt).
taimak! jo! so ist's recht! so ist's nun gut! that will do!
taimaktauk so auch: desgleichen.
taimak u. **imak** pivlugo (= tamanna pivlugo) deshalb.

Es empfiehlt sich durchaus, diesen Gebrauch festzuhalten trotz dem in der Anm. Gesagten. Vgl. § 317.

Anm. Der oben wie auch im Wbch. angegebenen Unterschied, daß nämlich **imåk** (u. imaipox) voraus, und **taimak**, **taimaipox** zurückweist, halten die Esk. wohl meist, doch nicht immer fest. Man hört z. B. viel imaisutillugo aullarniangilugut während es so ist (wie es vor uns ist, wie wir wissen), werden wir nicht fortgehen. Ebenso auch: sowohl **taimak** als **imak** illingulaukpox so war's mit ihm.
                imak   " **taimak** illingulårpox so wird's mit ihm sein.
Vgl. das von tåmna u. taimna § 200, von taipsomane § 201 u. von tamudjauvok 195. b. Gesagte.

36. taima das Vorige, nur ohne k, in seiner Bedeutung aber klar von § 316. ihm unterschieden: so — nun (möge oder kann etwas andres vorgenommen werden)! Und daraus hervorgehend als Ausdruck der Gewißheit gebraucht. Oft für uns nicht übersetzbar. So in attauk taima § 326. Anm.

Dies interessante, überaus häufig gebrauchte Wort verdient eine ausführlichere Besprechung. Das im folg. zur Erklärung Gesagte wird wohl im wesentlichen das Richtige treffen, wenn auch vielleicht nicht erschöpfend sein. Die Grundbedeutung tritt am klarsten hervor, wenn es ganz alleinstehend für sich gebraucht wird (s. u. die Beisp. unter a). Während da **taimak** (s. o. „that will do") den absoluten, völligen Abschluß einer Handlung ausdrückt, bezeichnet **taima** nur den relativen Abschluß, worauf gegründet nun eine andre Handlung vorgenommen werden soll oder kann. Es weist so zurück auf etwas Abgeschlossenes Fertiges, zugleich aber auch voraus auf etwas nun noch zu Thuendes oder zu thun Mögliches: „So, nun ist's fertig, nun kann's losgehen! that is it!" (nach der Erklärung eines Südländers.) So entspricht es fast dem Zuruf **attuen** (s. u. Nr. 79), welches Wort auch oft sofort dem **taima** folgend gerufen werden kann. **Taima** verhält sich zu **taimak**, wie I am ready zu I have done.

Weil nun das abgeschlossen vor uns liegende, als Ausgangspunkt zu etwas Weiterem dienen könnende Handlung natürlich eine für uns ganz gewisse ist, so wird durch **taima** zu gleicher Zeit auch, und manchmal vorherrschend die Gewißheit im Gegensatz zu aller bloßen Vermutung ausgedrückt. — Wenn nun auch in vielen Fällen das **taima** in freierer Weise entw. mit andern Wörtern als den oben angegebenen, oder gar nicht übersetzen werden, so wird man doch wohl überall diese zwei Grundbedeutungen irgendwie ausweisen können, wie dies nun bei den Beispielen durch die eingeklammerten Erklärungssätze gethan ist. Zu bemerken ist freilich, daß der Eskimo, wohl auch um der Rede einen gewissen gefälligen Tonfall u. Klang zu geben, dies **taima** in einem fort braucht, auch wo er nicht daran denkt, daß eine andre Handlung folgen muß, oder wo es gar nicht besonders darauf ankommt, die Gewißheit zu betonen.

Beispiele: a) **taima** alleinstehend:
Wenn beim Bretterschneiden der Klotz gezeichnet ist, heißt's: **taima** so, nun (kann's ans Schneiden gehn)! — Wenn das Reff des Segels losgebunden ist, heißt's: **taima** so, nun (können wir das Segel aufziehen). Ist dann das Segel aufgezogen, so kann man **taimak** rufen: so (nun ist's alles fertig, gut)! — Wenn beim Ausladen des Ballastes die Steine einander zugeworfen werden, und ein besonders schwerer kommt, so ruft der Betreffende etwa: **taima** so! na nu! paß auf (jetzt gilt's, sich zusammenzunehmen)!
    b) **taima** in Verbindung mit andern Wörtern.
Ist jemand bestellt, mit dem Läuten zu kommen, so sagt er, wenn die Glocke tönt: perkojilerpox **taima** so, jetzt heißt er mich kommen (nun muß ich gehen). — Nanélerkâ **taima** wo ist er denn nur? (ich muß mit ihm sprechen, so heißt es, oder ähnlich).
    — Jemand aufstehend und nach der Uhr sehend sagt: kanokinu **taima** wie (spät) ist's aber nur? (ich habe noch was zu thun, oder es ist wohl Zeit, daß ich mich werde empfehlen müssen, oder ähnlich.) — Eine häufige Frageform z. B. bei Erkundigung nach der Höhe

I. Formenlehre. Abschn. 4.

der Schulden ist: kanok (oder kanokiak) taima wie (steht's) denn (mit meinen Schulden? sage mir's, ich will sehn, was zu thun ist ꝛc.). – Auf die Frage: Wo ist dein Schuldbuch? Antwort: iglome taima im Hause (ich weiß es gewiß, du kannst ruhig sein, kann's gleich holen). — Wo ist sie? Antwort: igaume taima in der Küche (das weiß ich, sah sie hingehn, dort kann man sie finden). · Auf die Bemerkung: kajait sermɵ-karniarpalukput erfolgte die Aeußerung: sermɵkarput taima sie haben (unzweifelhaft) Eis (das weiß ich, davon könnten wir uns überzeugen). — Ist alles hereingeschafft? Antwort: taima attausɵk eins (noch nicht! das weiß ich, das uns noch bereingebracht werden. — Wer ist denn alles krank gewesen? Antwort: Jonase taima Jonas (ganz gewiße Aussage des Antwortenden). — Nakornersauniarpalukpok taima er wird vermuthlich, dem Anschein nach besser werden (das scheint unzweifelhaft).

§ 317. **37. taimaitomik deshalb, folglich,** eig.: auf solche Weise.
Modalis des Nom. part. von taimaipok es ist so. Dieser in Grld. und vielleicht noch im Norden Labradors übliche Gebrauch des Wortes, wie er sich noch überall in unseren älteren Drucken findet, hat aber jetzt wohl ganz aufgehört, u. man sagt statt des taimaimat (auch tamanna pivlugo).

38. imaitok nämlich oder etwa: **das möchte ich sagen** (bei Beginn einer Anrede, Auseinandersetzung) oder ähnlich. Nom. part. von imaipok es ist so, also eig.: so seiend, so seiendes. Dies Wort hört man sehr oft, wenn Eskimos Anliegen vorbringen, oder etwas auseinandersetzen. Auch wird dadurch, sowie durch imaipok unser **das ist, das heißt** gegeben.

§ 318. **39. aglât sogar.**

40. âsît wieder einmal, wieder so wie gewöhnlich.

41. sulle noch; sullele aber noch, oft ganz gleich unserm doch.
augilaukpok neksaromavlugo, sullele neksalaungilâ er versprach es mitzunehmen, doch nahm er's nicht mit.

42. tuavi schnell, geschwind.

43. akkunit (nicht akkunit) **lange;** seltner auch: akkuneka.

§ 319. **44. attunit** (nicht attunit) **ohne Ausnahme, durch die Bank, ein jeder von —, ein jeder für sich;** u. zwar liegt immer darin noch mit: in gleicher Weise, gleichviel.
attunit (ob. illûnata attunit) pijauvogut wir alle ohne Ausnahme sind gemeint, jeder von uns ist gemeint.
attunit aitortauvose euch allen, niemand ausgenommen, wird einerleiviel mitgeteilt, jedem von euch wird gleichviel mitgeteilt.
attunit anguvoguk wir beide haben gleichviel erworben, ein jeder von uns zweien hat z. B. je einen, ob. je zwei ꝛc. Seehunde bekommen.
kingmekarput attunit 6inik jeder von ihnen hat 6 Hunde.
attunit aularput sie gehn alle ohne Ausnahme fort (ein jeder auf sein Land).

Anm. 1. Der Anfänger hüte sich, indem er sich zu sehr an das deutsche „jeder" hält, attunit, das doch nur ein Adverb ist, als ein Nennwort zu betrachten u. nur mit der dritten Person zu verbinden. Man darf also nicht sagen (s. die obigen Beisp.) attunit pijauvok, aitortauvok jeder ist gemeint, jedem wird mitgeteilt.

Anm. 2. Von attunit sind folg. Verba abgeleitet:
attunêrput (= adsigöktomik pivut) sie sind, thun, bekommen jeder in gleicher Weise oder gleich viel.

Und mit -rârpoᴋ (s. diesen Anhang u. Anm. § 467) vom Erwerb:
attunerârput oder attunerâjarput sie bekommen, erwerben jeder gleich
    viel. z. B.
attunerâjartovinit oder attunerârtovinit pingasunnik sie haben jeder je drei
    bekommen.
attunértilaukit beim Austeilen gib allen durch die Bank gleich viel.
attunértinnagit pit, pijariaᴋarniugilo malliklugit gib nicht allen gleich viel,
    sondern je nach ihrem Bedürfnis.
attunéruerartauvut = adsigéᴋtomik pilauᴋpugôᴋ.

45. serlᴀᴋ oft serlaᴋasak, serlammarik **nur so eben (beinahe).** Werkc § 320.
wohl: man gehe stets von der Bedeutung nur so eben aus, nicht von der:
beinahe. Denn wenn wir „beinahe" übersetzen, muß die Negation immer in
umgekehrter Weise stehn als beim côt. serlᴀᴋ.
    idluartoᴋ serlᴀᴋ piulijaujungnarmat 1 Petri 4, 18 so der Gerechte
        kaum (nur so eben = beinahe nicht) erhalten wird.
    serlᴀᴋ unatarneᴋalaungilaᴋ es gab nur so eben nicht d. h. es gab
        beinahe Krieg. Auch Ap. 14, 18.
    serlᴀᴋ pijaungilaᴋ er wurde nur so eben nicht getriegt, d. h. bei-
        nahe wurde er getriegt.

    Das Beisp. im Wbch. serlaᴋasak pijauvoᴋ „beinahe wurde er getriegt" ist nicht
richtig u. führt irre. Es bedeutet das Gegenteil: nur so eben noch wurde er getriegt oder:
beinahe wurde er nicht getriegt (z. B. ein verfolgtes Tier, ein versinkender Mensch im
letzten Augenblick ꝛc.), it is a wonder you got him."

46. tagva da, alsdann. Ausführlicheres § 192—194. Mit -inaᴋ nur: § 321.
47. tagvainaᴋ plötzlich, auf einmal, sogleich. Vgl. Wbch. Ap. 9, 3.
    illûnatik nippangertillugit tagvainaᴋ ᴋeasilerpoᴋ während alle
        stille waren, fing er plötzlich, auf einmal an zu weinen.
    suaktautuarmat, tagvainaᴋ [oder mânakut § 307] ningalerpoᴋ
        sobald er geschmält wird (wurde), fängt (fing) er sogleich
        an zornig zu werden.

48. mânetuinaᴋ und **mauugatuinaᴋ** nur so (obenhin, ohne Grund ꝛc.):
s. Deutcw. § 186 und -tuinaᴋ nur. § 488.
    mauugatuinaungitoᴋ nicht nur so.

49. kissiane nur, bloß, allein (eig. in seiner Alleinheit: s. mehr Personw. § 322.
§ 155), manchmal dann auch durch: **erst** zu übersetzen.
    taimak kissiane nur so allein.
    mâna kissiane sillatulerpoᴋ jetzt nur d. h. jetzt erst fängt er an
        klug zu werden.
Dann oft auch als Bindewort am Anfang des Satzes:
    kissianele allein, aber.

    Anm. Manche, aber scheint's die große Minderzahl, sprechen wohl Plur. kissiáne
(in ihrer Alleinheit) grade so wie illâne, illaungᴇ́ᴇ (§ 167), was wohl jedenfalls die
ursprüngliche Form, wie sie noch in Grld. üblich. Vielleicht bei uns auch im Norden mehr
als im Süden?

50. kiglormut im Gegenteil. Ortsw. § 131, wo ausführlich.

I. Formenlehre. Abschn. 4.

c) Konjunktionen.

§ 323—328.

So genannt freilich in etwas anderem Sinn, als unsre deutschen; haben aber als solche Einfluß auf die Form des Zeitworts.

§ 323. 51. naŭk obgleich mit dem Konjunktiv.
(naŭk) kairkogalloarapko tikkingilᴀᴋ obwohl ich ihn rufe ob. rief, kommt ob. kam er nicht.

In dieser Bedeutung aber, im Bereich unsrer Stationen nicht mehr üblich (nur in den älteren Drucken zu finden), wohl aber im Norden wie in (Grlb. Obiger Satz wird jetzt einfach ohne naŭk nur mit -galloarpok § 396 gegeben, oder auch statt naŭk: unét (Nr. 52) gesetzt. Dagegen sehr häufig als Fragewort:

naŭk? a) **wo ist er, es?** (wohl bloß von der Nähe, fast sichtbar.)
b) **was?** was, wer ist gemeint? von was, von wem ist die Rede? wenn man wohl hört, aber einiges nicht, ob. den Satz nur halb versteht. Es berührt sich so mit sua was? (§ 211) das aber mehr angewendet wird, wenn man etwas nicht recht gehört hat (mit dem äußeren Gehörorgan). Ein Schwachhöriger wird wohl öfter in den Fall kommen, sua? zu fragen, — ein von Natur Dummer mehr naŭk. (So nach Klerer.)

§ 324. 52. unét obgleich, obwohl, sei's auch, wohl, ja einzelnstehend als Ausruf: mag's so sein! meinetwegen! es hat … zu sagen! In versch. Weise mit dem Verb zu verbinden, wie die Beisp.:
unét ajortoᴋ nachogingilā wiewohl (es) schlecht (i .. htet er es nicht.
ajorpunga unét; nachogingilarmale ich bin wohl schlecht, aber du verachtest mich nicht.
unét ajorama (ob. ajoralloarama) nachogingilānga obwohl ich schlecht (dürftig) bin, verachtet er mich nicht.

§ 325. 53. sôrlo mit dem Konjunktiv: wie, sowie, gleichwie; mit dem Ind., u. dann meist dem Verb nachgesetzt: gleichsam, gleichsam wie wenn. Steht oft auch ohne Verb und ist dann gleich tut (§ 46), mit dem es auch manchmal zusammen gebraucht wird.
sôrlo oᴋaravit wie, sowie du sagst (sagtest).
taimak piniarniarpogut, sôrlo perkojaugapta so werden wir thun, wie's uns geheißen ist.
ᴋannipok sôrlo es ist gleichsam nahe (ist aber weit).
nippangeralloardlune oᴋausekarpok sôrlo obwohl er schweigt, redet er gleichsam (ist's, als ob er redete).
sôrlo una wie dieser (ist, war; thut, that ob. dgl.).
sôrlo ikpeᴋsaᴋ wie gestern (geschah ꝛc.).
sôrlo inuk (ob. sôrlo inuktut) gleichsam wie ein Mensch.
ômajoᴋ sôrlo! wie lebend, als ob er lebte! (z. B. Ausdruck bei einem treffend gelungenen Bilde.)

Ueber „wie wenn" vgl. Synt. § 526 und Anm. 2: und § 553.

Partikeln. 153

54. kaŋoktôk, kaŋortôk ob. bloß als Anhang tôk (Nr. 7) **o daß doch,** § **326. wenn doch!** am meisten mit dem Imp. und Opt. ob. dem diese vertretenden Inf. (270,3): tôk auch an Nennwörtern. Aehnlich attétôk Nr. 78.

kaŋoktôk (ob. attétôk) pigilago | daß ich's doch hätte! o laß es ob. bloß pigilagotôk | mich doch haben!
kaŋortôk (attétôk) idluartokut ingergalauritse (ob. nur ingerga-
    tsialauritsetôk) daß ihr doch glücklich reisen möchtet!
kaŋoktôk (attétôk) atautsemik pitakarniarane (ob. nur pitakar-
    niaranetôk) o daß es doch nicht auch nur einen gäbe!
poargitemiktôk wenn (ich, man) doch eine Schaufel (hätte)!
kaŋoktôk okarungnarluse o daß ihr sagen könntet!
ahatôk ja möchte es so sein!

Doch kommt kaŋoktôk auch mit dem Subjunktiv (und zwar mit ob. ohne najarpok er würde § 449) vor: nur scheint dann wohl der Gedanke an das wirkliche Sicherfüllen des Wunsches nicht so naheliegend, ob. die Dringlichkeit des Wunsches nicht ganz so stark.

kaŋoktôk kilak alliktorungne Jes. 64, 1 o daß du den Himmel zerrissest! Der Gedanke, daß das in Wirklichkeit nicht so geschehen wird, liegt wohl so näher: bei alliktulauruk wäre der Wunsch dringender, alles unmöglich scheinende übersehend. Ebenso:

kaŋoktôk esaroktâruma (ob. tarajaruma) wenn ich doch Flügel bekäme, hätte! esaroktârlanga stärker.

Anm. Bei einem **Wunsche in Bezug auf die Vergangenheit** kaŋoktôk anzuwenden, ist scheint's durchaus nicht ess. Sprachgebrauch.

a) Ist die Erfüllung ob. Nichterfüllung des Wunsches noch unbekannt, („kaujilnngikupta sulle") dann wohl am besten **ataux taima** mit nachfolgendem -gallo-
arpok. S. mehr Nr. 80 u. 36.

attauk taima akkunaksiulaungigalloarlit möchten sie doch keinen Sturm gehabt
    haben!
attauk taima pinasuarvekatsialauralloarlit möchten sie doch guten Erwerb
    gehabt haben!
attauk taima tikisimagalloarle möchte er doch (dort) angekommen sein!

b) Wenn die Erfüllung des Wunsches jetzt nicht mehr möglich. Einzelne scheinen hier kaŋoktôk mit folg. Subjtv. u. etwa auch -najarpok zuzulassen, z. B. kaŋok-
tôk atâtaga taipsomane nâle(gaja)laurupko! S. auch Joh. 7, 7. (?) Doch weiß wird kaŋoktôk durchaus nicht für gut befunden. Man muß sich anders wenden. Etwa so: Entweder (was freilich etwas steif u. nicht grade Umgangssprache ist) sage man: „Ich wünsche wohl (-galloarpok), es ist wohl wünschenswert, daß ob. wenn" (hier Subjtv. mit ob. ohne -najarpok § 449). So 4 Moj. 20, 3. 14, 2. Auch die obigen Sätze unter a) könnten allenfalls so gegeben werden. Oder, verneinend gewendet, in fließenderem Ausdruck: „Wie betrübend, verdrießlich, daß — — nicht" ob. ähnlich.

z. B. O daß ich ihm doch immer gefolgt hätte! sinnaungamêk, nâlelaunginapko
    tamât; oder: mânna tussugalloarpunga nâle(gaja)laurupko.
Daß ich doch damals ein Boot gekauft hätte! sinnaungamêk (ob. kakia-
    lerpunga), taipsomane umiaksilaunginama; oder: tussugalloar-
    punga (oder tussunartôgalloak ob. pijominartôgalloak) umiaksi-
    (naja)lauruma.
Wenn ich doch zu Jesu Zeiten gelebt hätte! kiksarnarmêk Jêsuse inô-
    tillugo inôlaunginama; oder: tussugalloarpunga — — —
    inô(naja)lauruma.

55. ubvalo, ubvalonêt, ubvalolonêt (seltner ubva allein s. Anm.) § **327. oder;** bes. auch bei Verbindung zweier Sätze gebraucht.

Josua ubvalo (eב, ubvalōnèť) Jésuse
Josua imáglōnét (- - oder so Jésuse } Josua oder Jesus.
Josua Jésuselōnét
ubvalo imák pinajarkitá? oder würden (könnten) wir (es) so thun, machen?

Anm. ubva für sich allein. Die Uebersetzung des selbner ohne Anhang vorkommenden ubva bietet Schwierigkeiten. Es gehört zu den Deutewörtern (s. § 191). Im Grld. heißt es: hier, hier ist's! (Kleinschm. § 21) wie taika dort. Diese Bedeutung nun (die allerdings noch in der Zusammensetzung sumaubva Nr. 59 hindurchzuleuchten scheint) hat es sonst nicht in Labrador. Aber es scheint doch ein Sichunterbrechen, ein Haltmachen im Gedankenlaufe, und zwar ein fragendes, anzugeben. Ist ein andrer Gedanke vorher angegeben, u. knüpft ubva daran an, so heißt's dann: oder, oder vielleicht. Ist dies nicht der Fall u. steht ubva unvermittelt am Anfang des Satzes, so scheint es zu bedeuten: etwa, vielleicht wohl, ist's nicht so? Man kann sich dann aber wohl auch immer vorher einen Gedanken od. Satz ergänzend einschieben, an den das ubva als oder anknüpfen könnte. Z. B.

ubva imák pinajarkitá (vgl. o.) vielleicht könnten wir's so machen? könnten wir's etwa so machen? (Man könnte in der u. jener Weise angeben, oder könnten wir's so machen?)

ubva una ist's etwa das? may it be this?

d) Interjektionen oder Ausrufe.
§ 328—343.

Vgl. hier auch die Ausrufsformen der Deutewörter, wie z. B. taika da! dort (südlich)! § 190.

§ 328. **56. táva da, so! nun ist's fertig, vorbei, zu Ende.** Deutew. § 192.

57. tagga da! da ist es! das ist es! beim Hinweisen oder Geben. Deutew. § 192. 193.

58. ákka da! da nimm's! nur beim Geben.

§ 329. **59. sunaubva siehe da, da . . . ., aber siehe da, es war . . . .** (aus suma § 207 und ubva § 191 u. 327). Gewöhnlich bei Voraussetzung des Gegenteils: aber siehe da, da kam's (war's, war's etwas) anders, als ich erwartet. Aber doch auch ohne irgend welche Voraussetzung des Gegenteils. Man verwechsele es nicht mit dem ganz andern Wort sumauvá was ist's? aus suma und -uvok er ist. Vgl. das folg. nútté.

Ukkusiksalingmut pigapta, sunaubva akkunaksoarmut pijauvogut als wir nach Ulkusitsalik kamen, siehe da, da wurden wir von einem Sturm erfaßt.

kuviasungniarasugilaukpara, sunaubva kilkisarpok (oder kiksartok) ich habe geglaubt, er würde sich freuen, aber siehe da, er ist betrübt.

amarójárpok sunaubva aklak es schien ein Wolf zu sein, aber siehe da (es war) ein Bär.

60. nútté siehe da! ganz ähnlich wie das vorige sunaubva, und sich auch mit kotse Nr. 12 berührend. Oft (aber nicht allein) als Ausdruck der Freude, des Danks. Bei eifrigem Suchen, Nachspüren auf der Jagd, in der Erzählung u. s. w. gebraucht. In den obigen Beisp. unter sunaubva könnte überall statt dessen auch nútté stehn.

nutte (sumanbva) ovanêpok |
auch nuttim-una! | siehe da, da ist's!
nutte pêrut (...pêrutekotse) ei sieh! da ist der Schlüssel (beim
 Suchen)!
nutte ukkua sieh, da sind sie! |
nutte tûkkovakka sieh, ich sehe sie! | z. B. die gesuchten Renntiere.
kingmit unnuak nippekadlalaukput, nutte ernera utterkok
 die Hunde machten letzte Nacht viel Lärm, was war's,
 sieh mein Sohn kehrte zurück.

61. ussé ach ja, da fällt mir ein; ja ich erinnere mich (hatte es augen- § 330.
blicklich vergessen): das ist ja wahr!
ussé Debora takkojartornialaukpara ach, da fällt mir ein, ich wollte
 die Debora sehn (besuchen) gehn.

62. ussémalo da bin ich irre, ich dachte es wäre (es würde) . . . .
(aber es ist das nicht, es geschieht das nicht). Mit einem Nennwort oder
Partizip oder dem Ind. des Verbs.
ussémalo uvlome perksiniarpok (ob. tok) ich dachte, es würde heut
 stöbern (aber es ist nicht der Fall).
ussémalo aulalauktok ich dachte, er wäre ausgegangen, aber ich
 irre mich.
ussémalo Maria da bin ich irre! ich dachte du wärest ob. es wäre
 die Marie (es ist aber jemand anders).
ussémalo aklak ich dachte es ist ein Bär (aber es ist keiner).
ussémalo angulaukpose ich dachte ihr hättet erworben und ihr habt
 doch nicht.

63. imaká ein erst neuerdings ganz besonders viel gebrauchtes Wort.*) § 331
Zunächst: **es mag sein** (genau weiß ich's nicht) **vielleicht**. Wbch.: etwa, für
den (in dem) Fall. Bei vielen und wohl den meisten Est. aber stärker,
den Zweifel ziemlich ausschließend: **vermutlich, wahrscheinlich**, ja sogar
oft fast: natürlich wohl, versteht sich.
 Wbch.: imaká akkigekarpat kaerkojaujomavunga sollte es etwa
  Ripper haben, so will ich gerufen werden.
 kainiarpok imaká er wird (möglicherweise — häufiger aber:)
  vermutlich, gewiß kommen.
 ásit sulliniangilak imaká vermutlich wird er wieder einmal nichts
  schaffen, oder: natürlich wird er wieder nichts schaffen.
  — S. auch Ebr. 10, 29. Philem. 15.
 Anm. Vgl. das Wbch. Aber die erste dort angegebene Bedeutung als eines Ausrufs freudiger Erwartung: ei wie wird's sein! läßt sich wohl kaum (mehr) halten.

64. illa (wenn alleinstehend illá) **gewiß, ganz recht, fürwahr, in der** § 332.
That! Dann als Ausdruck der Verwunderung: fürwahr, das wäre! aber
**dergleichen! In Fragen kann's dann wohl die im Wbch. angegebene Be-
deutung: ist's wirklich so?** haben.

---

*) Mit diesem Wort imaká verknüpft sich bei unsern älteren Eskimos eine — und zwar stets heitere —
Erinnerung. Als nämlich der Händler Anthony, Holzbein oder kejulik seines einen hölzernen Beines wegen
genannt, zum erstenmal — wohl in der 50er Jahren — hieher kam, brachte ihm ein Süder Eskimo auf seinem
eignen kleinen Schooner an unsre Küste. Dieser, Namens Nakkozut, bediente sich nun des imaká als seines
Lieblingswortes ungemein häufig. Zuerst lachten unsre Eskimos darüber, fanden dann aber das Wort sehr
bequem, u. bedienen sich desselben jetzt sogar sehr häufig. Diese Neubelebung eines (ja im Norden und
Grönland auch wohlbekannten) Wortes grade von Süden her ist interessant und ist gewiß von Einfluß auf
die Färbung der Bedeutung gewesen.

illa ánamaudlarpok fürwahr es ist sehr schön!
Erzähler: nukkanga mánotuinak unartaulanjuvok. Hörer: ilá!
   Sein (jüngerer) Bruder ist mir so ermordet worden. —
   Das wäre! (aber dergleichen!)
ilá! saglulauká? fürwahr! (ist's wirklich so?) hat er gelogen?

Zusammensetzungen:

illäle ja gewiß! ja wohl! sehr häufig.
illa illä ja, ja! Ferner abmahnend: nu, nu! wo denkst du hin!
   Ebenso bei bedenklicher, gefährlicher Lage, etwa: halt,
   halt!
illäkoarlè Wbch.: ja so ist's, ich kenne es (schon), weiß schon
   w:e die Sache sich verhält.

65. atsó, assó ach so! also so ist's! so so ist die Sache!*)
   atsó illä richtiger Dinge! daß es so kommen würde, dachte ich mir.
66. átsuk ich weiß es nicht! wer kann das wissen, wer weiß! Ein
   Lieblingswort des Esk., wenn er keine bestimmte Antwort geben will.

§ 333. 67. ahák siehe! auch: höre! Auch zu mehreren: seht, hört!
68. takkúk Imp. von takkuvá er sieht es | sieh! in est. Auseinander-
   takkuit   „   „   „   vok er sieht | setzungen viel gebraucht.
69. òmät höre du! merke auf! und Plural:
   okokső höret! merket auf!
   nagliktakka okokső meine Lieben, höret, merket auf!

§ 334. 70. aksut tüchtig, drauf zu! (ganz allgemein, wenn auch viel Personen in
Betracht kommen). Dann insbesondere:
   aksut sei stark, laß dir's wohlgehn!
   aksutik seid ihr zwei stark! laßt's euch beiden wohlgehn!
   aksuse seid ihr stark! laßt's euch wohlgehn!
   aksula möchten wir stark sein! möchte es uns wohlgehn! Zuruf
      in allen möglichen Le⁻⁻⁻slagen, besonders auch als Be-
      grüßungs= mehr ab. ch als Abschiedswort gebraucht.
      Dann meist mit ai (s. o. Nr. 8): aksun-ai, aksu-
      ting-ai, aksuse-ai!

   Anm. Hier bei uns wohl nur hauptsächlich so als Zuruf gebraucht. Die nur
adverbialische Bedeutung: sehr wird jetzt kaum getannt, vielleicht im Norden mehr.
Es ist wohl ursprünglich eine Ableitung von einem Stamm aksok (vgl. aksororpok er
strengt sich an), wie auch die Zusammensetzung mit soak: aksorsoak sehr tüchtig, sehr
stark (übrigens bei uns kaum mehr vorkommend) beweist. Dann hat man's aber scheint's
als Imperativ Form aufgefaßt, wie obige Bildungen zeigen. — Als Beweis, daß aksut
nicht bloß auf die zweite Person (du) beschränkt ist, mögen auch folg. Beispiele dienen:
illatit aksun-ai euern aksun-aigók! soviel wie: grüße die Deinen! Ebenso soratsitik aksun-
ai! euer beider Kindern (lasse ich) lebewohl (sagen)!

§ 335. 71. **annertá** das ist gut, daß . . . ., zum Glück (besonders bei vorüber-
gegangener Gefahr).
   annertá tiki-nnavit (ob. potit) gut, daß du gekommen bist.
   annertá aulalaungi-lagut (ob. napta) zum Glück sind wir nicht
      ausgegangen.

---
*) Dies at.. soll an manchen Orten, z. B. Claf, in andrer Bedeutung gebraucht werden, nämlich
als bestätigende Bejahung. (?)

annertă tagvanĕtillugo taimailaunginnat gottlob, zum Glück war's
nicht so (z. B. daß das Eis fort ging) während er dort
war.

72. annertaima ja so hab ich mir's erwartet bei Erfreulichem und
Unerfreulichem) ähnlich wie also illa Nr. 65.
annertaima ittigangit koaksimavut wie ich erwartet, wie zu erwarten, sind nun seine Füße (wirklich) erfroren.

73. naumăne nun eben, ja freilich, gewiß! Dann überhaupt zustimmend
u. bejahend.

74. sŏkiak ja freilich, das ist gewiß! Viel gebraucht.

75. attadlak (auch und zwar hier im Süden selten:) tattadlak was
vielleicht aber das Ursprüngliche, von tatta § 383 u. Wbch.
a) o wie wenig (wenn man etwas bekommt)!
b) o wie kurz (von der Zeit)! Z. B. wenn Leute besuchen, u. der
    Besuch wird durch etwas schnell unterbrochen, oder der
    Besuchte muß bald fortgehn.
tutsiuk (Wbch. tupsiuk) o wie wenig! (ganz wie attadlak a),
aber nur noch wenig gebraucht u. verstanden.

76. tautuk! tautŭk! tautugle! o hätte ich (man) es doch auch! auch: § 336.
wäre ich, könnte ich's doch auch so!
okpertut nellăgŏrtut pitsartunekainarput. — Tautŭk (auch im-
    male)! die wahren Gläubigen haben immer Kraft. —
    O wäre es doch bei mir so! o hätte ich sie auch!
angudlalaukpun-ipkua. Tautŭk (auch immale)! Jene haben viel
    erworben. Hätte ich doch auch, wär's bei uns doch
    auch so!
Je nach der Stärke des Verlangens wird das u der Endsilbe,
    oft sehr lang, gedehnt, ähnlich wie bei mŏk s. o.
    Nr. 10.

77. immale (die erste Silbe geschärft) ist das schön! könnte ich's doch
auch! hätte ich's doch auch)! wohl ziemlich gleich tautuk Nr. 76. Vgl. die
Beisp. dort.
kingmekatsiarpung-imma. Immale! jener hat schöne Hunde. Hätte
    ich doch auch dgl.

Anm. Die Wbch. S. 75 angegebene Bedeutung wohl nicht im Süden bekannt.
Ebensowenig immalule gebraucht.

78. attê wohlan! greif an! fangt an! jetzt ist's Zeit, mach mach! Zuruf § 337.
— auch an solche, die den Zuruf nicht erwarten, vgl. Nr. 79.
attêtŏk wohlan doch! möchte doch)! ähnlich wie kanoktŏk Nr. 54.
    attêtŏk (ob. kanoktŏk) taipkua kanoengilaungmilit
    möchten jene sich doch auch wohlbefinden!

79. attaek jetzt ist's Zeit! jetzt! jetzt kann's losgehn! Zuruf an Mit-
beschäftigte, Mitarbeitende, die auf den Zuruf warten. Klingt dem deutschen
Ohre bald mehr wie attäk (aber das e ist doch zu hören) ob, fast wie attaik,
aber das letzte k ist durchaus ein Kehl к. Vgl. das ähnliche tuima Nr. 36.

80. attauĸ. alleinstehend **attauĸ** (sprich attá-úĸ), **attaurle** Ausruf der Zustimmung d. h. a) zustimmender Freude od. b) Aufmunterung; c) zustimmenden Wunsches od. d) Entschlusses". So etwa die Bedeutung dieses mannigfach (dazu von den Est. selbst auch) nicht übereinstimmend gleich) gebrauchten Wortes. Es bleiben dabei freilich noch mancherlei Fragen u. Unbestimmtheiten übrig, bes. bei Fall c und d. Bei Fall a und b zu übersetzen: das ist mir lieb zu hören, zu sehen! das freut mich! das ist schön! (wie's dir od. ihm geht ꝛc.) schön! ja thue so! (wie du sagst).

    a) puijovinermik áutortaulauĸpunga.   Attauĸ! mir ist Seehundsfleisch mitgeteilt worden. — Das freut mich. kanoĸngitsumarpunga. — Attauĸ! Mir geht's (ging's) immer wohl. — Das freut mich zu hören.

    Vgl. hier auch das Beisp. bei *ĸlartuarpoĸ* § 391. Aber auch mit dem dortigen Sinn: attauĸ! od. attaurle! ganz alleinstehend: Das ist schön! das freut mich! (z. B. wenn man jemand erwerben oder mit dem Erbeuteten ankommen sieht.) Es ist freilich fraglich, ob allg. so gebraucht?

    b) mâna ôktulauniarpunga.   Attauĸ! jetzt werde, möchte ich versuchen. — Schön! gut! thue so!

    c. mit taima (Nr. 36) u. -gallurpoĸ (§ 386) bei (bei, auf vergangene Zeit gehenden) Wünschen, deren Erfüllung oder Nichterfüllung man noch nicht weiß: **attauĸ taima**. Mehr s. Anm. zu ĸanoĸtoĸ § 326.

    attauĸ taima apĸutekatsialauralluarlit möchten sie doch guten Weg (Reise) gehabt haben!

    Ebenso auch in Bezug auf jemand, der krank, und dessen Leben noch ganz zweifelhaft (also von Gegenwart u. Zukunft): attauk taima inúgallauarle daß er doch lebte, am Leben bliebe! (hier wollen die Est. auch durchaus nicht ĸanoĸtoĸ anwenden.)

    d) mit dem Subjunktiv immer? oder nur so?:
attaurle aulalaurama, kajaĸtulaurama (ásulartokakusĸpat, pilaungnanga sulle, piniaterama") schön! da will, werde ich auch ausgehn, auch Kajakfahren (wenn nämlich ein andrer so gethan). Nicht blos der Wunsch wird ausgesprochen, sondern die Ausführung muß folgen. In gleichem Sinn wird wieder attaurle! ganz alleinstehend gebraucht. Doch wieder, wie bei a) fraglich, ob allgemein?

§ 338. **81. angŏ** laß das sein (bleiben)! laß das! thu das nicht!

82. erĸianai danke schön! nur beim Bekommen von Eßbarem gebraucht.

83. ê wunderbar! ei! pfui! „wenn jemand etwas Wunderbares, Erfreuliches" — od. Unerfreuliches — „hört od. sieht". Wbch. Z. B. wenn man ein Kind etwas Dummes machen sieht, od. einem selbst etwas mißglückt ꝛc. (Ganz ähnlich:

84. (êaĸ Wbch., besser) **êĸ** „ach das ist verdrießlich! wenn man etwas Verdrießliches, Unangenehmes sieht, hört od. selbst thut". (Wbch.) In Nain, wo das Wort nicht allgemein bekannt scheint, wurde die Bedeutung angegeben: „nachogupta, piungineraigupta". (Am (Grld. êĸ Ausdruck für Spott od. eine Art satirischer Verwunderung, z. B. über eine eigne Handlung, bei der man noch glücklich davonkam.)

---

*) attauĸ Lit. 15, 2. 4. ist wieder in das atté der früheren Ausg. umzuwandeln.

85. **tamiálupā** wie verdrießlich, schlimm! wie sinnatungamek.
86. **kuinálupā** (selten; dafür mehr **kuinangnadlartokarká** § 515 a) wie häßlich, grenlich! welch ein Abscheulicher! Vgl. Wbch. kuinagivá. Aehnlich gebildet ist koi-upā Wbch. S. 146. Vgl. ähnliche Ausrufe auf -áluk § 385.
87. **ilukké, ilukkiarata o** zum Erstaunen! Ausruf der Verwunderung. § 339. **ilukké, ilukkiarata o** zum Erstaunen! wie arg! Bei Angenehmem u. Unangenehmem. Scheint o ganz gleich ilukké.
88. **ikké o** wie kalt! bei kaltem Wetter od. wenn man etwas Kaltes berührt ꝛc.
89. **aiai!** Ausruf a) der **Warnung**, Abmahnung, bei. bei Kindern. ei, ei, was machst du! thu das nicht!

aiai, kulluk ei ei du kleiner Wicht! wart du kleiner Schelm!

b) der **Verwunderung**, des Erstaunens: aiairáluk! (starke Verwunderung).

c) wenn **Gefahr** vorhanden sowohl bei andern, als bei einem selbst (ähnlich wie kappianamèk Nr. 10) o weh! schrecklich! fürchterlich! aiairáluk! stärker.

Anm. Das Wbch. S. 2 davon getrennt angeführte adjai ist wohl ganz dieses Wort in der letzten Bedeutung. (? Die Gel. hier in Rom machen keinen Unterschied u. man hört nur aiai sprechen, z. B. auch in 2 Moi. 32, 31. 1 Sam. 25, 21.

90. **kujánna** hat nichts zu sagen! ist einerlei! macht nichts! Unterscheidet sich von kujanak „es ist, dankenswert" durch die scharfe vorletzte Silbe.

91. **aulát** Abziehende! Ankommende! Ausruf, wenn ein Boot od. Schlitten § 340. sichtbar wird, mit Leuten, die mit Sack u. Pack (Hund u. Regel) auf ein anderes Land, einen andern Platz ziehen, (sowohl beim Abziehen als Zurückkommen). Also z. B. bei einem Schlitten, der nach Holz ausgewiesen, nicht anzuwenden.

Anm. Die Form ist nur eine Zusammenziehung (oder aber eine Bildung vom reinen Stamm) – aulartut (von aulárpok) zieht mit seiner Familie, mit Sack u. Pack fort, nicht von aulárpok) wie z. B. auch puijesát – puijesartut § 171 Anm. 2. Ist's auch hier als Ausruf angeführt, so wird es doch nicht bloß als solcher gebraucht. Wenn man z. B. einen Schlitten in der Ferne sah und fragte: wer waren denn die? kann geantwortet werden: Jósefikkut ipkua aulát das waren Joses, die (jetzt) fortziehen.

92. **opīnnarane** kein Wunder, daß es, er so ist, ihm's so geht; „natür- § 341. lich!" **opínnarnak** „ „ daß es dir so geht ꝛc. Mehr s. Wbch. S. 227.

opínnarase kiksarapse (od. Jnd. kiksarpose) kein Wunder, daß ihr betrübt seid, natürlich seid ihr betrübt.

Anm. Ein interessantes Wort! Klar ist, daß es ein neg. Jnf. ist, aber die jetzigen Formen dieses Verbs sind nicht vorhanden. Da scheint sich nun nach Kleinschm. die uralte Verwandtschaft mit dem Grld. zu zeigen. Dort ist noch jetzt das Wort tupingnarpok es ist wunderbar, zum verwundern ganz gebräuchlich, dem labr. tatunnarpok entsprechend. Davon wäre uns in Labr. aus dem alten gemeinsamen Besitz nur der neg. Jnf. geblieben u. zwar ganz eigentümlicher Weise mit Verlust des Anfangs t. Also opīnnarane (mit geschärfter zweiter Silbe) = tupingnarane – unserm tatunnarane er, es nicht zum verwundern; u. so das weitere ganz regelmäßig. Vgl. ähnliches bei erká § 91 Finjn.

---

*) Vgl. zur Bedeutung, was bei tuggáluk unter -áluk § 385 gesagt ist.

§ 342.   93. **hai heda! höre (komm) einmal!** Zuruf, wenn man jemand sieht, dem
man etwas sagen, einen Auftrag mitgeben will.

   94. **nau (nautik. nausé) geh weg! schnell weg** (ihr 2, ihr)! Ruf, wenn
jemand hindernd im Wege ist. Wohl wenig gekannt u. gebraucht, wenigstens
im Süden.

   95. **â auch ssé, ssé, (tsé) an! das thut weh!** bei körperlichen Schmerzen.
Davon ālavok er stöhnt, d. h. sagt ā: ebenso sēlavok.

   96. Zurufe an die Hunde, bes. beim Schlittenfahren.
      â! wenn sie sich **niederlegen** sollen.
      auk rechts! ra (rara) links!
      hau hau! wenn man sie **lockt,** zum Füttern u. sonst.
      huit! zum Antreiben im Lauf ··· **gradeaus!**

§ 343.   97. Endlich die **Bejahungs- und Verneinungsausdrücke: a, â ja!**
   aha! zeigt eine Bestätigung an, wenn einem etwas gesagt wird, was
               man noch nicht wußte, etwa wie unser: **aha!** oder **so so!**
   ahaila, ahale ja, jawohl, ja gewiß!
   ahämmarik, ahämmatslak (§ 446. 487.) **ja völlig! wahrlich!**
   aha tagga ja freilich! versteht sich! du hast's getroffen! ja so ist's!
   aukak nein (lautet auch manchmal — wohl im Norden — **naukak**
       Wbch., in welcher Form die Verwandtschaft mit dem
       grhl. **nägga** klar erscheint). Auch als Ausdruck der Be-
       wunderung: **nein! nein aber!**   das ist mal schön,
       wunderbar ꝛc.!   Mit le: aukaglo.

   Bei der Bildung und Beantwortung der Frage im Estnischen ist
zweierlei zu beachten, weil es vom Deutschen abweicht. Einmal liebt der Est.
vorherrschend mit dem Negativ zu fragen. Während wir fragen: frierst du?
sagt er lieber: frierst du nicht? Zweitens bejaht oder verneint der Est. genau
die mit dem Frageverb verbundene Bejahung oder Verneinung, u. behält nicht
bloß den Begriff des Verbs im Auge, was wir Deutsche bei negativen
Fragesätzen oft thun. Deshalb muß in solchem Falle unser nein grade
durch a, ahaila gegeben werden. Z. B.
   ĸeujangilatit? a (ahaila) frierst du nicht? Nein. Estnisch gedacht:
      ja ich friere nicht (das nicht wird bejaht).
   ĸeujangilatit? aukak frierst du nicht? Ja ich friere (das nicht
      frieren wird verneint).
   ĸujalijuksaungilagût? aukak illä müssen wir nicht dankbar sein?
      Ganz gewiß! ja fürwahr! (gewiß nicht sollen wir un-
      dankbar sein.)
   Man hüte sich, bei solchen neg. Fragesätzen das gewiß!
      bloß durch illa oder ahaila zu geben.

§ 344.   **Schlußanmerkung.** Dies sind die hauptsächlichsten Partikeln. Außerdem werden die
   meisten unsrer **deutschen Adverbien** anders ausgedrückt, nämlich durch den Mod.
   (mik) der Nennwörter (§ 451), durch Formen der Deute- und Ortswörter (von denen eine
   Anzahl ganz fester auch hier schon mit aufgeführt worden), und ebenso durch Anhänge
   oder Affixa. S. bes. § 374—377.

Partikeln. 161

Die übrigen deutschen Konjunktionen werden einmal durch verschiedene Modi des Zeitworts ausgedrückt, wie: weil, als, daß durch den Konjunktiv, wenn durch den Subjunktiv. Ferner andere durch besondere Formen der Verbalanhänge, wie z. B. während, indem, ehe, bis, damit i. § 706.

Noch besonders sei unsre Konjunktion denn erwähnt. Die Grönl. scheinen dafür — nämlich auch ein besonderes Wort zu haben: mässa keinem etwanigen mædja aus tamædja bei uns entsprechend. In Labrador können wir das denn nur durch den Konjunktiv (— weil) geben. Aber dieser kann sowohl etwas Vorhergegangenes begründen — denn als auch etwas erst Folgendes, z. B.

Er schlief weil er müde war — denn er war müde.
Weil er nicht aufpaßte fiel er.

Daher kann es manche Fälle geben, wo es unklar ist, welche Beziehung, ob zurück oder vorwärts, gemeint sei, zumal da der Konj. auch unser „als" ausdrückt. Man suche drum in solchen Fällen die Unklarheit durch Wahl einer etwas anderen, wenn auch viel leicht etwas ausführlicheren Wendung zu vermeiden.

Alphabetische Uebersicht der vorstehenden Partikeln. § 345.

	Nr.		Nr.		Nr.
a, â	95 96 97	auk	96	kakkugo |	25
achâgo	28	aukak	97	kakutikut |	
achâne |	27	aulat	91	kanga	24
achânipsak |				kanok	54
aglat	39	e	83	kanoktok	54
ala |		ek (êak?)	84	kaŭpat |	29
ahaila |	97	erkiamai	82	kaŭpsârpat |	
ahale |				kilamik	16
ahâk	67	gŏk	6	-kotse	12
ahammarik				kuinâlupâ	86
ahammatsiak |	97	hai	93	kujánna	90
aha tagga |		hau hau	96		
ai?	8	huit	96	kêta	32
aiai	89			-kiak	9
akka	58	ikke	88	kiglornut	50
akkunit (neka)	43	ikpoksak |	14	kingornzagut (ne)	22
aksut	70	ikpoksâne |		kissiane	49
amma	31	-ilamek	11	-ksailamek	11
angŏ	81	illa |	61		
annerta	71	illâkoarte |		lo	2
annertainu	72	illânne	23	lo	1
asit	40	illukke (kiarata)	87	lônet	4
attadlak	75	inuutok	38		
attaok	79	inakā	63	mânna (kut)	15
attauk	80	inâk	35	mâne- | tuiuak	48
attê	78	inunane	17	maunga-|	
atso	65	unnale	77	mê	5
atso illâ	65	itsak	26	mek	10
atsuk	66	itukke (kiarata)	87		
attunit	44			nau	94

11

	Nr.		Nr.		Nr.
nauk	51	sókiak	74	tattadlak (?)	75
naumäne	73	sukutsiane	20	tauk	3
-ngitsokamita	13	sulle	11	tautók	76
nútté	60	sunaubva	59	tava	56
				tók	7
okoksé)	69	tagva	16	tuavi	42
ómät)		tagvainak	47	tutsiuk (tupsiuk)	75
opinnarane	92	tagga	57	tsé (ssé)	95
ovatsiaro	30	taima	36		
		taimak	35	ubva . Anm.	55
ra (rara)	96	taimaimat)	37	ubvalo (lónét).	55
		taimaitomik)		unét	52
ssé (tsé)	95	taipsomane	18	uvlome	11
serlak	45	takkók (uit)	68	ussé	61
sivorngagut (ne)	21	tamänna pivlugo	37	ussémalo	62
sók (sóngme)	33	tamattomane	19		
sórlo	53	tamialupa	85		

Zweiter Hauptteil.

Zusammensetzungslehre,
oder die Anhänge (Affixa) der Eskimosprache*).
§ 346—510.

Ableitung der Wörter. Kljschm. § 104—110. §346.

Die abgeleiteten Wörter werden gebildet:
1. **durch Veränderung eines Lauts**, wie im Deutschen: melken, Milch, Molken ꝛc. Z. B. uvlok Tag, uvlāk Morgen; kunnak Laus, kunnak eine ganz kleine weiße Wurmart; tussarpā er hört ihn, tussávā hört ihn mit Verstand, versteht ihn.
2. **durch Anhängung der Verbalendung pok, pā**, wie bei uns Sieb, sieben; Wand, wenden. Z. B. simik Stöpsel, simikpā er stopft es zu. Insbesondere ist hier zu erwähnen die Endung pok
   a) an Tiernamen: er bekommt, erlegt § 466.
   b) an Namen von Kleidungsstücken: er ist, hat sich damit bekleidet § 466.

Wir führen diese zwei unten in dem alph. Verzeichnis § 466 mit auf, obwohl sie eig. nicht unter die zusammengesetzten Wörter (s. den folg. §) gehören.

Zusammensetzung. Tragewort. Feste und bewegliche Anhänge. §347.

3. Vor allem aber werden die abgeleiteten Wörter gebildet durch **Zusammensetzung**, wovon kurz in § 29 die Rede war, und in diesem zweiten Hauptteil nun ausführlicher gehandelt werden soll. An ein Wort, sei es nun Nenn- oder Zeitwort (oder auch ein anderes § 356), können ein oder mehrere Anhänge treten, die selbst wieder entw. Nenn- od. Zeitwörter sind. Und zwar treten sie nicht an das völlig ausgebildete Wort, sondern an den Stamm**), so daß also bei den Verben die Endung pok, -vok wegzufallen hat. Im Gegensatz zum Anhang nennt man das Vorhergehende, sei es nun das ursprüngliche Stammwort oder ein schon mit einem Anhang zusammengesetztes: **das Tragewort.** Z. B.

tussaromavok will hören. Hier tussarpok Stamm- od. Tragewort, tussak Stamm, omavok Anhang.
tussaromadlarpok will sehr hören. Hier tussaromavok Tragewort, tussaroma Stamm desselben, dlarpok Anhang.

---

* Diese Anhänge Suffixe zu nennen, wie in der alten Gram. geschehen, vermeide man, da com positum das ganze heißen ... zusammengesetztes Wort bedeutet, von dem der Anhang doch nur ein Teilchen ist.
** d. i. an den einfachen Wortstamm ohne Endung. In einigen wenigen Fällen, z. B. bei kolla, erst auch an diese Form mit Endung, S. -karpok § 420 Anm. 4; -ksak § 442 Anm. und -uvok § 497 Anm. 2. Aehnliches Kljschm. § 139, 7.

Die meisten **Anhänge (Affixa)** sind **beweglich** (od. **frei** d. h. ganz frei anzuwenden: die damit zu bildenden Wörter sind nicht wie die § 346,1 nur so, ein für allemal gebildet, sondern können je nach dem Bedarf des Augenblicks zusammengestellt werden. Dagegen gibt es auch **feste, gebundene Affixa,** die wie unsre Endungen kaum, heit nur an ganz bestimmten Wörtern vorkommen, und deren Gebrauch man sich allein durch Uebung und das Lbch. einprägen kann. Uebrigens ist die Grenze zwischen den festen und den beweglichen Anhängen öfters eine flüssige, und der Gebrauch (z. B. auch der *s. s.* Formen neben dem *e. s.*) bei der spärlichen, so weit zerstreut lebenden Bevölkerung oft ein voneinander sehr abweichender, so daß auch dieses ganze Kapitel dadurch erschwert wird. In den folg. zwei Verzeichnissen der Anhänge werden hauptsächlich nur die beweglichen oder einigermaßen beweglichen Anhänge aufgeführt werden.

Umbildende und fortbildende Anhänge.

§ 348. 349.

§ 348. **Umbildend** wird ein Anhang genannt, wenn er an einen Stamm der andern Wortart gehängt wird, also Nennwortanhang an Zeitwortstamm, und Zeitwortanhang an Nennwortstamm; **fortbildend,** wenn an einen Stamm der gleichen Wortart, also Nennwort an Nennwort, Zeitwort an Zeitwort. Z. B.

 ūniavik (Leidenszeit) Zeitw. mit Nennw. Anhang } um-
 inoκarpoκ (es gibt Menschen) Nennw. mit Zeitw. Anhang } bildend.
 nipperssuaκ (eine starke Stimme) Nennw. mit Nennw.
  Anhang   } fort-
 κennilârpoκ (er wird suchen) Zeitw. mit Zeitw. Anhang } bildend.

Wie die Nennwortanhänge adjektivische und substantivische Bedeutung haben, und wie die Zeitwortanhänge in Bezug auf die Suffixen stehn, ist unten an der Einteilung der ersten Uebersicht zu sehn. § 360 381.

NB. Von Anfängern wird viel gefehlt, indem sie nicht klar darauf achten, ob ein Anhang um- oder fortbildend ist, d. h. **ob er an ein Nennwort oder an ein Zeitwort zu treten hat.** Z. B. der Anhang vik an Verba (§ 360,5) heißt: Stelle, dagegen vik an Nennwörter (§ 361,24): groß. Also klar:
 nâlegauvik Reich (Herrscinsstelle) von nâlegau-voκ ist ein Herr;
 nâlegavik ein großer Herr, von nâleguκ.
(Genau so attaussiovik und attauvik.

Von ănanăκ: ănanăvaκsóvoκ, dagegen von ănanauvoκ: ănanauerpâκ § 100); tausendioκattartut einige Tausende, nicht an tausendit, sondern an tausendiovut. Man sieht an diesen Beispielen, daß man ein Nennwort öfters durch -uvoκ er ist zu einem Verb machen muß, wenn der Anhang es erfordert. S. eine Zusammenstellung derartiger Wörter bei -uvoκ § 197 Anm. 1.

§ 349. **Anm.** Bei einigen Anhängen gibt es sowohl eine Nennwort als auch Zeitwortform, so daß man denselben Begriff dann doppelt ausdrücken kann. Beispiele von den am häufigsten vorkommenden

     marik völlig, marikpoκ er ist, thut völlig,
     -tuinaκ nur, -tuinarpoκ er ist, thut nur,
     -kusak fast, -kusukpoκ er ist, thut fast
können dies anschaulich machen:

Allgemeines. 165

Vom Nennwort	Vom Zeitwort.	Gemeinsame Bedeutung.
sorrusermariovok	sorrusiumarikpok	er ist ein völliges Rind,
von sorrusermarik	von sorrusiovok	er ist völlig ein Rind.
ein völliges Rind	er ist ein Rind.	
sorrusikasuvok	sorru-ioko-akpok	er ist fast ein Rind.
von sorrusikusak	von sorrusiovok	
ikkitotuinait	ikkituinartut	nur wenige.
von ikkitut	von ikkiput	
aputotuinauvok	aputotuinarpok	es ist nur Schnee.
von aputotuinak	von aputauvok	
nur Schnee	es ist Schnee	

Vgl. auch bei gallouak die Anm. m Bezug auss paii. Partizip § 386 b. Ebenso
j. bei -vak, -iovok -vakpok I die hieher treffenden Beispiele (§ 498). Wenn eng. auch nicht
ganz hieher gehörig, so ist in ähnlicher Weise folg. Zusammenstellung belehrend: tingmin-
rârsôguma wenn ich ein Vöglein erlegte, schoße, schieße von tingminrârsuk und -uvok: tingmin-
rârsukkuma wenn ich ein Vöglein erlegte, schoße, schieße von tingminrârsukpok § 466;
tingminrârsôruma wenn ich tingminrârsuk sagte, sage – würde man von tingminrâr-
sôrpok bilden können (§ 470 Erpok).

Andre Wörter mit Anhängen.

§ 350 – 352.

a) Manche dieser **Anhänge** können aber, wie an Nenn= und Zeitwörter, § 350.
so auch **an Orts= und Deutewörter, an Partikeln, an Appositionen**
(mut, kut rc.), ja an auf die verschiedenste Weise gebildeten **Wortformen**
treten, wie durch Beispiele hier, und dann im zweiten alphabetischen Verzeichnis der **Anhänge** angedeutet werden soll. Z. B. taipsomanehuatsiak grabe
damals, maungatuinak nur hierhin d. h. nur so (§ 321), uvamnuinak nur
zu mir, uvanggakulluk ich armer, sikkokarningaueungitok nicht in seinem
Eis haben, d. h. nicht während Eis da ist.

Anm. Dabei ist zu erwähnen, daß diese Wörter (Partikeln, Deutewörter rc.) in
Bezug auf die Anhänge wie Nennwörter angesehn werden.
Die an Nennwortstämme tretenden Anhänge wie -kulluk, -soak) treten daher
einfach an das betreffende Wort. Man hüte sich übrigens bei dem auch nur an Nennwörter tretenden) -karpok er, es hat infolge nicht klaren Denkens z. B. für: „es hat,
gibt hier nämlich dies oder das" **fälschlich** zu sagen: uvanekarpok. Dies würde nur
etwa heißen können: „es gibt „ein Hier". Richtig muß man dagegen nur sagen: uvanêta-
karpok es gibt Hiesiges. Mehr s. Anm. 1 bei -karpok § 420.
Bei Anhängen dagegen, die nur an Zeitwortstämme treten, muß hier dem Stamm
wort erst durch -uvok rc. eine Zeitwortform gegeben werden. z. B. **nicht**: männar-
körtok scheint's jetzt, uvlomeorkortok scheint's heute. Denn -rkôrpok es scheint darf nur
an Verba treten. Trum muß man zunächst bilden: männauvok, uvlomeovok es ist jetzt,
heute. Nun erst kann man von dem so gewonnenen Verbalstamm richtig bilden: männau-
rkôrtok, uvlomeorkörtok. (Genau ebenso nicht uvamnunerpâk sondern uvamnûnerpâk
zu mir, durch mich am meisten eig.: seiend. Es ist ganz derselbe Vorgang, wie er eben
§ 318 auseinandergesetzt wurde. Mehr Beisp. j. am Schluß von § 352. § 444 erste
Anm.

b) Dann gibt's auch einige nur (oder zum Teil hauptsächlich) bei solchen § 351.
Deutewörtern, Appositionen u. s. w. gebrauchte Anhänge z. B. -rpok,
-rkopâ, pasikpok u. s. w. wie sie in § 383 zusammengestellt sind.

c) Endlich ist zu erwähnen, daß beim *Transitiv* und *Plural* **der Personen-** § 352.
wörter und persönl. Deutewörter (unsrer Pronomina ich, dieser rc.) auch
die Anhänge im Transj. und Plur. auftreten*), z. B.

---

* d. h. nur, wenn der Anhang unmittelbar, wie an ein Nennwort auftreten darf. Muß dagegen der
Anhang an einen Verbalstamm kommen, also nach § 350 Anm., -uvok eingeschoben werden, so ist's anders,
j. B. tapsomangalloak. s. bei den Beisp. § 395 a.

uvagukulluit wir armen, dürftigen; von
uvangakulluk *Sing.* ich armer, dürftiger.
tåmnatsainaK eben dieser, eben derselbe; *Trans.* tåpsomatsainaub;
Plur. tåpkuatsainait.
tåmnårsuk dieser kleine, niedliche; *Trans.* tåpsomårsüb; *Plur.* tåpkuarårsuit.

Dagegen die andern Kasus mit unverändertem Anhang: uvaptingnukulluk zu uns armen, tåpsomingatsainaK ebendenselben, tåpkuningatsainaK ebendieselben.

Vgl. ebenso von andern Personwörtern illûnåt mit Anhängen § 156. Beachte hier die möglichen Doppelformen z. B. illûnainukasak fast zu allen, neben: illûnakasanginut; illûnainummarik völlig, durchaus zu allen, neben: illûnammaringinut. Hier auch nicht bloß in diesen Kasus, sondern auch illûnatammarik, illûnatakasak neben illûnummarita, illûnakasata wir alle alle, fast wir alle.

Noch einige Uebungsbeispiele zu diesen §§ 350 und 352: mattomingainaK *(Mod.)* nur dieses; ingminênaK nur sich selbst od. nur von sich selbst; tåpsomungatinaK einzig zu diesem, durch diesen; uvaguinauvogut wir allein sind's; illûnasekasak fast ihr alle (neben illûnakasuse); kissimanngitoK nicht bei allein; kêrakulluk ein klein wenig; okpertutitumarik ganz wie (Gläubige; issunnangnimmarik ganz nach deinem Belieben; akkeKangitominnmarik oder akkeKangitomaringmik ganz ohne Bezahlung, umsonst; ipkua kissimiungitoK jene nicht allein (in diesem Fall auch) kissiminungituti; mânetuinaungitoK nicht nur so; publumûvalai vermutlich durch Blähungen; pingasuniovalukitoK *(Mod.)* vermutlich drei; illûnatiorKórtoK wie es scheint alle; männaulermat da es anfängt jetzt zu sein = jetzt, (Eph. 3, 10.

Das Anfügen der Anhänge. Vokale oder Konsonanten vor dem Anhang. Kljschm. § 109.

§ 353 –355.

§ 353.   Von den Anhängen stoßen **die einen** gebieterisch den etwa vorhergehenden Konsonanten des Trage-(Stamm-)wortes aus, und treten **nur an einen Vokal.** Diese Anhänge sind überall durch einen kleinen Strich kenntlich gemacht, wie z. B. -kárpoK, -tuaK*).

Die **anderen** ohne dies Zeichen versehenen, z. B. pâK, torpok treten einfach an den vorhergehenden Stamm, schließe er nun auf einen Konsonanten (K, k, t § 34 und 232) oder mit einem Vokal. Dabei beachte man das ganz im Anfang, bes. § 2 und 14 von den Lauten Gesagte, und schreibe lieber z B. bei einem wegfallenden Kehllaut (K, r) u und i statt o und e, und umgekehrt bei einem mit einem Kehllaut anfangenden Anhang, wie -rkárpoK, o und e statt u und i.   S. u. die Beispiele.

Einige Anhänge haben je nach dem Endlaut des Stammes (bei Verben also je nach den versch. Klassen) einen versch. Konsonanten zum Anfang, wie bei den einzelnen gezeigt werden wird.   Z. B. omavoK: Kl. 1: -romavoK, Kl. 2: -gomavok, Kl. 3: -tsomavoK. Kl. 4: -jomavok. — Manche haben auch zu Anfang ein g, das nur nach K (d. h. bei Verben in der ersten Klasse) sich in r verwandelt. Z. B. -giak, -riak, -ʀoK, -rérpoK.

---

*) Das Zeichen : vor einem Anhang, z. B. : erivoK deutet an, daß hier der Stamm, an den gehängt wird, oft eine Verkürzung erfährt. Es sind bloß die in § 366 zusammengestellten Anhänge, die dieses Zeichen aufweisen.

Allgemeines.   167

Die obengenannte feste Regel, daß **vor vielen Anhängen der Endkonsonant wegfallen muß**, ist umsomehr zu betonen, da sie in unsern bisherigen Drucken nicht konsequent beachtet ist. (Wohl zuerst bef. im N. Test. Aufl. 1876. 1878.) Bei einzelnen wie -ngilaĸ nicht, -dlarpoĸ sehr ist's schon immer geschehn (asserudlarpoĸ von asserorpoĸ, sillungilaĸ von sillukpoĸ), bei den andern meist aber nicht. Nun einige veranschaulichende Beispiele:

itterpoĸ mit -lauĸpoĸ wird ittilauĸpoĸ nicht itterlauĸpoĸ.
asserorpoĸ mit -lerpoĸ wird asserulerpoĸ nicht asserorlerpoĸ.
annivok mit -rkova wird annerkova nicht annikova.
pisukpoĸ mit -rkârpoĸ wird pissorkârpoĸ nicht pisukârpoĸ.

Die zwei letzten Formen würde der Deutsche noch dazu ohne Kehl ĸ : annikova, pisukârpoĸ, also noch abweichender vom Eskimo aussprechen. Daß das rĸ (wie in annerkova, pissorkârpoĸ) fast ganz wie ĸĸ zu sprechen ist, wurde § 12 bemerkt (also ist das r durchaus nicht in deutscher Weise hervortreten zu lassen).

Anm. 1. Etwas anderes, als dies regelrechte Ausstoßen des Konsonanten ist es, **§ 354.** wenn ein Konsonant dem deutschen Che kaum hörbar ausgesprochen wird, wie § 12 schon gesagt ist. Dann wird von Est. aber jedenfalls die Silbe geschärft ausgesprochen (§ 15 ff.), wenn er genau spricht. Aber bei manchen Anhängen scheint der Gebrauch wirklich ein verschiedener, so daß sie von vielen mit völliger Ausstoßung des vorhergehenden Kons. anfangen gebraucht zu werden, während früher der Kons. klarer festgehalten wurde.

Anm. 2. Bei Aufführung der Anhänge im alphabetischen Hauptverzeichnis sind in **§ 355.** Bezug auf das Trage (Stammwort, an das die Anhänge treten, stets die vier Klassen (Endung auf ĸ, k, t und Vokal § 24 und 232) in den Beispielen berücksichtigt worden. Die Stämme auf t verdienen noch eine besondere Erwähnung:

a) Die **Nennwortstämme** auf t nehmen auch hier (wie in den Fällen § 19. 34. 234.) in der Regel einen **Hilfsvokal** hinter dem t an, und zwar gewöhnlich i (e), z. B. porĸut und tulik : perkutitalik: a nur in den besonders angegebenen Fällen, wie bef. bei -ujak ähnliches, -uvoĸ er ist, -ijarpâ macht ihm ohne, z. B. aputauvoĸ es ist Schnee, (das ursprüngliche neben dem auch vorkommenden aputeovoĸ).

b) Bei den **Verbalstämmen** auf t d. h. der dritten Klasse (wohin auch die Verneinung -ngilaĸ gehört § 265) z. B. tikipoĸ gilt dagegen in der Regel der vor dem t stehende Vokal als Endvokal (also in tikit das i), so daß sie dann ganz gleich behandelt werden, wie die Wörter der vierten Klasse z. B. annivoĸ. Z. B. tikinajarpoĸ ganz wie anninajarpoĸ. Manchmal aber tritt der Einfluß des End t zu Tage, wie tikitsomârpoĸ gegenüber annijomârpoĸ. Dies findet sich unten im Verzeichnis im einzelnen angegeben.

Zahl und Reihenfolge der Anhänge.

§ 356—358.

Es ist etwas sehr Gewöhnliches, daß an ein Wort nicht nur ein Anhang, **§ 356.** sondern mehrere angefügt werden, „wodurch eine oft erstaunenswerte Menge von Begriffen in ein einziges Wort zusammengedrängt werden kann"*). „Die Ordnung, in der die Anhänge in solchen zusammengesetzten Wörtern aufeinander folgen, beruht darauf, daß jeder Anhang sich auf den vor ihm stehenden Teil

---

*) Derselbe Anhang wird auch manchmal zur Verstärkung mehr als einmal wiederholt, z. B. sivorlerpâpâĸ (eig. pâĸpâĸ) der aller allererste; taimaitsainainarpunga ich bin immer, immer so; ikpigēnainarpunga ich fühle immer, immer.

II. Anhänge (Zusammensetzungslehre).

des Wortes bezieht, nicht auf das Nachfolgende (anders als im Deutschen), daher die Anhänge im Eskimoischen, freilich nur im allgemeinen, in der umgekehrten Ordnung unsrer gleichbedeutenden Wörter stehn." Z. B.

inu-ka-li-lauk-pok es hat angefangen Menschen zu haben.
tiki-psăr-omăr-por-le aber er wird wieder kommen.

Indessen gibt's Ausnahmen, da einige Anhangsverben andere, (d. h. nur, wenn sie ganz in ihrer unmittelbaren Nähe stehn,) bloß in einer ganz bestimmten Ordnung bei sich, d. h. entweder vor oder nach sich haben können: z. B. -ngilak nicht, das stets **nach** solchen Anhängen wie omarpok steht. Z. B.

kai-jomă-ngi-lak er wird nicht kommen.

S. auch galloarpok § 396. Bei den einzelnen Anhängen soll auf dgl. hingewiesen werden. Man suche sich durch Uebung das richtige Gefühl für die Reihenfolge anzueignen. S. auch Anm. 2.

§ 357. **Anm. 1. Drei Beispiele** mögen obiges noch mehr verdeutlichen. Die zwei ersten eigen, wie oft durch die versch. Stellung zweier Anhänge ein ganz verschiedener Sinn erscheint: das dritte umgekehrt, wie manchmal doch trotzdem der Sinn im wesentlichen derselbe bleibt.

1. a) kuviasu-mmari-ngi-lak er ist nicht völlig (ganz) vergnügt (das Ganzvergnügtsein wird verneint).

   b) kuviasu-ngi-mmarik-pok er ist völlig (durchaus, gar) nicht vergnügt (das Nichtvergnügtsein wird als ein völliges hingestellt).

2. a) kuviasu-tsaina-ngi-lak er ist nicht immer vergnügt.

   b) kuviasu-ngi-tsainar-pok er ist immer nicht vergnügt, d. h. immer missvergnügt.

   Dagegen:

3. a) kauji-tsainar-ti-tigut laß uns immer wissen, mache, daß wir immer wissen.

   b) kauji-ti-tsainar-tigut immer laß uns wissen, mache immer, daß wir wissen.

Im ersten Fall soll das „Immerwissen" bewirkt werden, im zweiten soll das Wissen „immer bewirkt" werden, was zum Schluß auf eins hinausläuft.

§ 358. **Anm. 2.** Außerdem mögen noch eine Zahl Beispiele zum Anhalt und zur Uebung folgen für Nichtanfänger. Die Auslagen der Esk. aber sind in Bezug auf dgl. auch nicht überall ganz einerlei.

ikajutsainaromavait und ikajoromatsainarpait.
pitakadlărniarpok (lieber nicht pitakarniadlarpok).
piniarkălaungmat und pinialaurnărmet.
pinialaukărdlune (weniger piniarkălaurlune).
aijomangărpunga und aingăromavunga.
ijitsainarungnarpâ und ijerungnatsainarpâ.
kamangipaktut und kamavangitut.
torărnersauvalliavok und torărpallianersauvok.
tamanauluatsiak pirlugo und tamanna pivlugoluatsiak.
illagektokottiarsune und illagektoarsukottine.
-galloarpok: angilauralloarpok (nicht angorallonlaukpok).
   kaujimangigallourdlune (nicht kaujimagalloarano).
-rkŏrpok: kanoenginersaukŏrtut und kanoerkŏnginersaukujut (unverfänglicher Scheinendes).
tussarnŏlaukpok und tussalaurkŏrpok.
tussarsimakŏrpok.

Allgemeines. 169

kattangniarκὄrdlune (scheinend herabfallen zu werden).
mungungajuksauκὄruptn und mungungaκὄrtuksaugupta.
sunauκὄngilaκ und sunaungerκὄrpoκ.
palukpoκ: sunauκὄlaungilaκ und sunaungerκὄlauκpoκ.
tikilauκpalukput (nicht tikipalulauκput).
tikisimavalukput.
tikilauκpalungilat (nicht tikilaungipalukput).
oκartuksauvalukpogut (nicht osκarpaluktuksauvogut).
Paiiiv: opaktor-taunasuarupta und —asuartaugupta.
uivᴓri—jaunasuarnvit und nasuartauguvit.
nellojungnai—tsiartitauvognt und —titautsiarpogut.
attortankattarpoκ und attoκattartauvoκ.
óktor-luktauvose und —tuulukpose.
najarpoκ: peκar—ajarpalukpognt (wohl weniger palugajarpognt).
ablor—tuksaunajarpoκ und ajartuksauvoκ.
nämagajangilaκ und nämanginajarpoκ.
sapperκὄrajarpognt und sapperajarκὄrpogut.
pitsartutitau—dlarajarput (wohl mehr als najadlarput).
pijariaκarasugi-klinginajarpatta und —klerajangipatta.
mivoκ: abloromangmivluta (weniger scheint's ablormijomavluta).
ajoκertortau—ngmilerκovluta und —lermerκovluta.
arvertar—tingmingmago (nicht —mitingmago).
piκablar-κärmivlutik (weniger - merκärlutik).

Pe (pik) und pivoκ als Tragewort.

Die Wörter pe oder pik (Sache, Ding, Habe) und pivoκ s. s. und c. s. § 359. (er thut, für alle möglichen Arten des Thuns vgl. § 277) werden ungemein häufig als Trage- (oder Stamm-) wort gebraucht. Dadurch erhält der Begriff der Anhänge, die ja für sich allein nicht gebraucht werden können, Selbständigkeit. 3. B. -lik damit versehen, pilik einer, der mit etwas versehen ist: -καιpoκ er hat, peκarpoκ er hat: -givá er hat es, pigivá er hat es. Und mit pivoκ: -rκová: er heißt ihn (etwas thun), perκová er heißt ihn, befiehlt ihm, erlaubt ihm. So sagt der Eskimo auch, wo wir im Deutschen fragen: Würdest du hier (den Anhang) „-kassiutjivoκ" brauchen? etwa folgendermaßen: tamattomaue peκassiutjijomik oκarajarκét? Ebenso: persoarmik taivavut, angijōngmat wir nennen sie (die Insel Killersoaκ) soaκ, oder: wir sagen soaκ, weil sie groß ist. Desgl. plálungmik taivá nennt ihn einen -áluk, braucht das Wort -áluk zu ihm oder von ihm.

Anm. Nebenbei sei als Ergänzung zum Lbch. erwähnt, daß pe, *Trans.* pib, pip (wie auch immer § 200 Fußn.) gebraucht wird, wo einem etwas (bei. ein Name), das man eig. weiß, nicht gleich einfällt („puigómalangnormut illingavoκ"), für: „wer ist's, war's doch gleich" wie heißt er doch gleich? 3. B. auf die Frage: Wer ist gekommen? Antwort: Boaselo Jakolo — — (nachsinnend:) pilo (od. auch imnalo) Boas, Jakob — — und — wie heißt er doch gleich? Auf die Frage: kia kingmingit ukkuא? Antwort: — pip wessen doch gleich? (der Name schwebt mir auf der Zunge). — In der Umgangssprache wird im Deutschen ganz entsprechend (po Ding) der Ausdruck „Dings" od. „Dingskirchen" verwendet.

Erste kurze Uebersicht der Anhänge oder Affixa
nach der inneren Verwandtschaft geordnet.
§ 360—383.

I. Anhangsnennwörter.
§ 360—362.

§ 360.   1. **Umbildende** d. h. an ein Verb tretende.

Durch dieselben werden aus Zeitwörtern Nennwörter gebildet, wie z. B. im Deutschen: Bedrücker, Bedrückung von bedrücken.

NB. Ein Strichlein vor einem Anhang bedeutet nach § 353, daß der Anhang an einen Vokal treten, also ein etwa davorstehender Konsonant ausgestoßen werden muß.

1. **ок** (ток, -jок) **der thuende; der so thut od. ist.**   } *Nominal-partizip.*   S. über diese das Ausführlichere schon § 278—294.
   e (те, -je) **der immer so thuende.**
2. **e** (те, -je) **der ihm so thut.** *Aktives Partizip.*
3. **ак** (так, -jак) **der Gethane; dem so gethan wird.**   } *Passives Part.*   Deshalb nicht im zweiten alphabetischen Verzeichnis wieder angeführt.
   -гак dem immer (dauernd) so gethan wird.
4. **нек** s. § 278. a) Ergebnis od. Folge einer Handlung. b) Unser Infinitiv mit dem Artikel z. B. das Großsein. c) Bezeichnung des höheren od. höchsten Grades. Dann oft нерсак und нерpак.
5. **вик** Stelle (Ort) oder Zeit, wo er so thut oder ist.
6. **-нт**, **-jут** (einzelnemal -утак; Nebenform gut) **Mittel dazu, Veranlassung wobei, Ursache weshalb.**
7. **-нсек**, auch **-нек** zur Bildung vom Nennwort aus dem Verb, ähnlich wie нек Nr. 4.
8. **-кнт**, oft **-кнт** selten -рут (Nebenform -кутак, -кутак) „**etwas, womit es (das Subjekt des Stammwortes) dazu gebracht wird, so zu sein, das Mittel dazu.**" Davon:
   -гекнт, **-рекнт** ein Verhütungs=, Verhinderungsmittel.
9. **-гннк** od. **-jуpiaк** das (so sein, thun) Müssen. Jetzt aber oft nur: das so Sein, Thun. **-гннкарpок**, ist nötig Nr. 58.
10. **-кнт** Genosse; mit Suff. **-катнга** sein Mit—; der mit ihm das ist, thut (auch hat). *Selten an Nennwörtern.
11. **-сöн**, auch **-jöн** welcher pflegt; s. songovok Nr. 102.
12. **-ркijaк** (-ркеjaк) „**der mehr oder in höherem Grade so ist.**"
13. **-галлоaк** ein zwar (so seiender). *Direkt an Nennw. selten. Vgl. Nr. 117.

        2. **Fortbildende** d. h. Anhangsnennwörter an Nennwörter.

§ 361.   a) **Adjektivische.**

Die meisten von ihnen sind durch einfache Adjektiva wiederzugeben. Nur einige, wie -ксак, -гасмит erfordern mehr Umschreibung.

14. **-ksak** eine Sache zu etwas; etwas, woraus das und das werden soll oder kann. Davon tuksak, taksak s. schon § 293 f.
15. **soak** groß.
16. **-arsuk** (auch rärsuk) klein, niedlich.
17. **-íuak** | nur ein —, ein bloßer ("sowohl: nichts anders, als auch: nichts
18. **-tuínak**| besonderes.")
19. **-tsiak** hübsch, schön; nicht gering.
20. **-liak** gefertigt, gemacht; **-liangа** sein, d. h. der von ihm gemachte. S. § 366 Anm.
21. **siak** bekommen, erhalten; **siangа** sein d. h. der von ihm gefundene, gekaufte oder bekommene.
22. **-kulluk** gering, elend, jämmerlich. Doch auch als Ausdruck der Zärtlichkeit.
23. **-åluk** (auch -råluk) gewaltig, greulich, schlecht, toll, unverschämt, groß 2c.
24. **-vik. -vak** groß; bei in -viksoak. -vaksoak, -tsiavak.
25. **pak** groß. Nicht häufig.
26. **påk** der aller —; bei. mit -nek Nr. 4 und **-llek** (Nr. 49: nerpåk, -llerpåk. Sonst auch für sich allein: gewaltig, groß, sehr.
27. **-táunak** breit, dick.
28. **-galak. -galåk. -golak. arulak. -giarlak** klein.
29. **-arak** ein junges.
30. **-mmarik** ein völliger.
31. **-kusak. -kasåk** fast oder beinahe ein —.
32. **-ngajok** fast, beinahe ein. *Nom. Part.* von ngavok Nr. 149.
33. **-gasuit** *Pl.* mehrere; **-gasueksuit** viele, eine Menge.
34. **-kut** (kot) vorrätiges; (im Vorrat, Besitz) gehabtes, einem gehörendes. (Grld. -ut.
35. **tak** der zu (ihm) gehörige, dahingehörige; s. auch Nr. 45.
36. **-tuak** der einzige (der Art).
37. **tåk** neu. Davon: **tårpok** hat es (neu) erhalten und **tårpå** (= tartipå) versieht ihn (neu) damit.
38. **-tokak** alt.
39. **-kkut** *Pl.* er mit seiner Familie, die Familie ob. allgemeiner: die Gesellschaft des —.
40. **-nnåk** sein liebstes (der Art); sein Lieblings —.
41. **-jak** (manche bloß -ja) etwas davon (von einem Gegenstand, Stoff) im allgemeinen. Davon: -ksajak s. alph. Verz.

b) **Substantivische** (Anhangsnennwörter an Nennwörter). § 362.

„Diese unterscheiden sich von den vorigen dadurch, daß nicht der Anhang, sondern „das Stammwort als das untergeordnete erscheint, entsprechend unserm Genitiven in „zusammengesetzten Wörtern, wie wir die damit gebildeten Wörter teilweise durch solche „(Genitivverbindungen wiedergeben können" z. B. Erdbewohner, Tabaksbehältnis. Die folgenden erstgenannten drei könnte man füglich auch zur vorigen Klasse, den adjektivischen, rechnen.

42. **-nguak** (-ngoak) ein Bild, Abbild von; z. B. auch als Spielzeug.
43. **-ko** auch **niko. luko. nerluko** Abfall von etwas.
44. **-vinek** ein Stück von; dann oft: ein gewesener 2c.
45. **-lik** ein damit versehener; -iger. Oft mit tak Nr. 35: **talik** ein mit etwas dazu (dorthin) gehörigem versehener.

46. **miok** (miutak) der ob, das sich da befindet, auch: da wohnt.
47. **-kaut** ein Behältnis für.
48. **-ujak** dem und dem ähnlich; s. auch Nr. 86: -ujárpok.
49. **-lek** (**dlek** § 133 ff.) einer, oder etwas, das in der und der Richtung hin ist.
50. **nitak** (auch -nitak) etwas aus der und der Zeit stammendes (bekommenes, erbeutetes, gemachtes, gebornes, gesagtes, geschehenes ꝛc.)
51. **-rkortojok** (nicht -rkórtójok) einer, der das und das groß hat.
52. **-rkortôk** wie das vorige: der das groß hat. Selten.
53. **tôk** der das in großem Maße, in großer Zahl hat. Bes. in Ortsnamen.
54. **-ilitak** etwas, das zur Bedeckung, zum Schutz für —, oder zum Schutz vor —, gegen — dient.
55. **usek (-rusek)** „ein — in beschränktem Sinn"; ein Neben—, ein Unter—, ein Au—.

II. Anhangszeitwörter.
§ 363—383.

1. **Umbildende** d. h. an ein Nennwort tretende.
§ 363—371.

„Nicht wenige derselben werden aber euch an Verbalstämme gehängt, nämlich so, daß „der Begriff des Verbs als ein Ding (das Schlafen, Reden ꝛc.) betrachtet wird."

§ 363. 56. **-givâ** (-rivâ) c. s. er hat ihn, es zum —; er, es ist sein —. Das s. s. Verb dazu ist -карpok Nr. 58 und -кsarpok Nr. 59. Häufige Zusammensetzungen sind tigivâ, torivâ, tarivâ, taksarivâ, -кatigivâ, -кutigivâ, -utigivâ, vigivâ, norsarivâ, nerpárivâ. S. alle im zweiten alph. Verzeichnis.

57. **-gêkput** s. s. sie haben einander zum —, sind gegenseitig —; **-gêt** (-rêt) ohne Verbalendung: die einander zum — haben. Davon: **tigêkput** (-jigêkput) an Verba: sie thun einander so und so.
-katigêkput (mit -кat Nr. 10): sie thun miteinander so und so.

58. **-карpok** s. s. er hat; oder: es (d. h. Ort oder Zeit) hat, es gibt. Häufig mit -giâ Nr. 9 -giaкарpok (-jariaкарpok) hat, ist nötig.

59. **-кsarpok** (-кsarpok), s. s. er hat etwas zum —; es ist ihm etwas zum —. Die s. s. Form zu -givâ Nr. 56 bei adjektivischen Begriffen. Deshalb hier mit angeführt, wiewohl es an Verbalstämme tritt.

§ 364. 60. **-uvok (-ovok)** s. s. er, es ist; er, es ist ein. Zusammensetzungen: tauvok (§ 229), taksauvok (§ 294), tuksauvok (§ 294), viovok, -utauvok. S. im alphob. Verzeichnis.

61. **-ngorpok** s. s. (u. c. s.) er wird, wird ein. Vgl. -rorpok im alphab. Verz.

§ 365. 62. **sivok** s. s. u. c. s. findet u. s. w.
a) An Nennwörter: **sivok** s. s. findet, erlangt, kauft etwas (für sich).
sêvok s. s. findet, erlangt, kauft etwas (für einen andern).
sivâ c. s. findet, erlangt, kauft etwas (für ihn).
So meistens.

I. Anhangsnennwörter; II. Anhangszeitwörter.   173

b) An Verba: **sivā** (*s. s.* (**sévok** *s. s.*) er hat ihn (jemanden) so und so gemacht.

sivok *s. s.* er, es ist so u. so geworden, wird so.

63. **siorpok** *s. s.* er sucht etwas, bewegt sich da u. darin, feiert.

siorpā *s. s.* besonders: er sucht ihm, für ihn. Davon mit -ut: „**siut** was man zu der Zeit oder bei der Gelegenheit oder behufs dessen braucht", u. s. w.

64. **:erivok**" (z. B. **serivok**) und **-lerivok** *s. s.* er hat damit zu § 366. thun, ist beschäftigt damit. Am Namen eines Körperteils: er hat Schmerz darin, leidet da.

65. **:iarpok** und **-liarpok** er geht (oder fährt) zu jemandem, oder irgendwohin.

66. **:ivok** und **-livok** *s. s.* er macht, schafft das („bringt od. ruft ein — hervor").

:ivā und **-livā** *s. s.* er macht, schafft das ihm, für ihn.

:évok und **-lévok** *s. s.* er macht, schafft das für jemanden (mik). Davon: **tulivok**. mit tok zusammengesetzt.

67. **:iorpok** und **-liorpok** *s. s.* arbeitet, verfertigt, macht etwas.

:iorpā und **-liorpā** *s. s.* arbeitet, verfertigt, macht etwas ihm, für ihn.

:iorivok und **-liorivok** *s. s.* arbeitet, verfertigt, macht etwas für jemanden.

68. **:erpā** (z. B. **serpā**) und **-lerpā** *s. s.* versieht ihn, es damit.

:évok (z. B. **sévok**) und **-lévok** *s. s.* versieht jemanden damit.

69. **:ijarpok** (z. B. **sijarpok**) und **-lijarpok** *s. s.* er führt das mit sich, hat das bei sich und bedient sich dessen.

Anm. Die in diesem § genannten Doppelformen muß man sich hauptsächlich durch Uebung einprägen. Werden die ohne l beginnenden gebraucht, so wird da der Stamm manchmal verkürzt. Regelmäßig aber wird dabei ein etwaiges End r in s. tak dagegen in ts verwandelt z. B. niakôserpā aus niakôt, sailitserpā aus sailitak (daher nellunaikuserpā von nellunaikut abzuleiten). Ebenso siorpok, -tsiorpok) neben -liorpok. Manchmal ist eine Form gebräuchlicher, manchmal ist's einerlei, welche Formen gebraucht werden, ob die mit oder ohne l, z. B. iperautsiorpok und iperautaliorpok, kamiorpok und kamiliorpok. Der von Erdmann angegebene Unterschied: daß -liorpok sich meist auf einen Sing., dagegen: iorpok auf einen Plur. beziehe, also kamiliorpok, karliliorpok er macht ein Paar Stiefeln, Hosen; dagegen: kamiorpok, karliorpok er macht mehrere Paar, — dieser Unterschied wird scheint's im Süden nicht gemacht, sondern die Doppelformen haben hier den gleichen Sinn. In zweifelhaften Fällen geht man am sichersten, die längeren Formen mit l zu wählen.

Nr. 66 -livok und 68 -lerpā sind nicht mehr völlig beweglich, und ersteres (-livok) wird viel weniger gebraucht, als das dasselbe verdrängende -liorpok Nr. 67. — Auch Nr. 20 -liak (:tak) gehört in Bezug auf das Anfangs l hieher.

70. **-lipā** *s. s.* **-litsivok** *s. s.* er versieht ihn (*s. s.* jemanden) damit, § 367. d. h. gibt, bringt, auch schenkt ihm das.

71. **-erpā****) *s. s.* hat ihn ohne das gemacht. Bei einer Einheit, im § 368. Gegensatz zu -ijarpā Nr. 72.

-évok (selten -ersivok) *s. s.* hat jemanden ohne gemacht.

---

*) Das in diesem Paragraphen vor den Anhängen stehende Zeichen : bedeutet also nach § 353, daß beim Antreten des Anhangs der Stamm manchmal in verschiedener Weise verkürzt wird.

**) Diese 2 -erpā und -ijarpā (Nr. 72) haben am Anfang kein langes ē, sondern nur, wenn es mit einem andern l Laut zusammentritt, z. B. pêrpā, pêjarpā auj pe-erpā, pe-ijarpā, savêrpā (savik und -erpā) sermêjarpā (sermek und -ijarpā).

-erpok *refl.* hat sich ohne gemacht, d. h. ist ohne das geworden. Zusammensetzungen: **-ersivâ** (verlieren), **-llivâ** (verlegen) **-erutivâ** (ohne etwas machen). S. alphab. Verzeichnis.

72. **-ijarpâ**, **-ejarpâ** *c. s.* **-ejaivok** *s. s.* macht ihn (*s. s.*) jemanden) ohne das, nimmt ihm das weg, räumt ihm das fort u. s. w. Ganz wie -erpâ Nr. 71 nur von einer Mehrheit. Ueber die besonderen Bedeutungen: er beschädigt, zerbricht ihm das, und: er friert da und da s. alphab. Verzeichnis. Vgl. die Fußn. **) auf der vor. Seite.

73. **-ipok** ist ohne das. *Noch häufiger an Zeitwörtern.

§ 369. 74. **-kipok** *s. s.* er hat das klein, wenig.

75. **túvok**, **tóvok** (nicht tòvok) *s. s.* er hat das groß, oder aber auch: viel (und denn = -jarikpok).

76. **-rkórtóvok** *s. s.* er hat das groß (selten: viel); ähnlich wie das Vorige.

77. **-gikpok** *s. s.* er hat das groß; bei einzelnen Wörtern auch: er hat das schön, wofür besonders **-tsiarikpok**. *An Verba **-Ilorikpok** (thut) schön, hübsch).

78. **-lukpok** oder **dlukpok** er hat das schlecht. *Auch an Verba, dann auch *c. s.* **-lukpâ** (er thut es) schlecht, „nicht wie es sein sollte." Dann aber mit demselben Sinn oft mit neu Nr. 4 **nilukpok**, **nerdlukpok** *s. s.* und *s.*, wobei das *s. s.* manchmal **nerdluivok** lautet. Ferner: **-lungilau** kurz = nicht.

§ 370. 79. **torpok** meist nur *s. s* er ißt (bei Eßbarem), er fährt --- (bei schwimmenden Fahrzeugen), zieht an (Kleidungsstücke). *An Verben **torpâ** (*c. s.* und *s. s.* (dies öfters auch **tuivok**) „die Handlung als eine aus wiederholten Verrichtungen bestehende ausdrückend."

80. **palukpok**, **-valukpok**, **palaivok** und ähnliche (pállakpok, palávok) *s. s.* und *c. s.* An Nennwörter *bes. aber an Verba: sieht danach aus, vermutlich; **palaivok** auch: wie man hört 2c.

81. **-gukpok** *s. s.* verlangt stark danach, hat Lust danach. Vgl. -gosukpok Nr. 108.

82. **sungnípok** oder **nípok**, -arnípok es riecht nach.

§ 371. 83. **-itorpok** er geht (fährt) oder kommt, um das zu holen; *c. s.* ihm oder für ihn.

84. **sarpok** er holt, geht (fährt) um zu holen; *c. s.* für ihn. Ganz gleich dem Vorigen. Dagegen:

85. **turpok** er trägt, bringt (schon mit sich), holt; *c. s.* für ihn.

86. **-ujârpok** *s. s.* ist scheinbar ein, ist ähnlich wie ein.

2. Fortbildende d. h. an ein Zeitwort tretende Anhangszeitwörter.

§ 372—382.

a) Neutrale (mit *s. s.* und *c. s.* Endung zugleich).

§ 372—377.

„D. h. solche, die die Natur des Stammwortes nicht verändern, sondern den Begriff „desselben nur (adverbialisch oder nach Art unsrer Hilfsverben: können, wollen 2c.) er„weitern oder näher bestimmen, also sich ganz neutral verhalten;" die daher, je nach der Form des Stammwortes sowohl *s. s.* als *c. s.* Endung haben können.

II. Anhangszeitwörter.

aa) **Mit Hilfsverbenbedeutung.** Zu den ersten s. § 219.

87. **-ïerpok** s. n. und r. n. fängt an (r. n. ihn) zu. § 372.
88. **-rkauvok** s. n. und r. n. that so, war so; hat (ihn) so gethan (jetzt vor kurzem).
89. **-laukpok** s. n. und r. n.
    1) er that so, er hat (ihn) ge—; ist ge—. Die Vergangenheit ausdrückend. 2) Höflichkeitsausdruck.
90. **-laujuvok** s. n. und r. n. (-laukpok und -juvok) hat (ihn) ge—; ist ge— (vor längerer Zeit).
91. **simavok** (-mavok) s. n. und r. s. hat (ihn) so gethan (und ist nun so). Oefters auch passivisch: ist so gethan worden. Drückt die Vollendung der Handlung aus.
92. **niarpok** s. n. und r. n. An *Nennwörter und Verba: strebt, trachtet nach; daher für die nächste Zukunft: er wird.
    niut (mit -ut Nr. 6) Werkzeug, Gerät zum Fang, Erwerb von —.
93. **-larpok** s. n. und r. n. er wird (fernere Zukunft als niarpok).
94. **omârpok** s. n. und r. n. er wird (noch fernere Zukunft).
95. **omavok** s. n. und r. n. er will; omaerpok will nicht mehr; ominarpok es ist wünschenswert zu —.
96. **iartorpok** (iarpok) s. s. und r. s. geht hin oder kommt her, um zu —. § 373.
97. **-masuarpok** s. n. und r. n. bestrebt sich zu —.
98. **-najarpok** s. n. und r. n. er würde —.
99. **ungnarpok** s. n. und r. n. er kann. Davon ungnaerpok nur: nicht mehr; ungnangerpok kann nicht mehr.
100. **-rkôrpok** s. s. und r. n. er scheint zu —.
101. **pukpok. -vukpok** s. n. und r. n. er pflegt zu —.
102. **-sôngovok. -jôngovok** s. n. und r. n.; letzteres mehr:) **-soriva** er pflegt (ihn) zu —.
103. **-giarpok** s. n. und r. n. er fängt an zu; oft mit: ein wenig, etwas zu übersetzen.
104. **-gêrpok** s. n. und r. n. „ist fertig mit; oft daher: hat bereits, hat schon ge—;" **-jurêrpok** dasselbe.
105. **palliavok. -valliavok** s. n. und r. n. er nimmt zu im —.
106. **-gânnerpok** s. s. und r. n. er fährt fort zu —.
107. **sertorpok** s. n. und r. n. stellt sich, als ob er; bes.
    -ngitsertorpok thut, als ob er nicht.
108. **gosukpok** s. n. und r. n. er hat Lust zu, ist aufgelegt zu; vgl. -gukpok Nr. 81.

bb) **Mit Adverbienbedeutung.**

109. **-gajukpok** s. n. und r. n. „immer, oftmalig, bei jeder Gelegenheit." § 374.
110. **nerpok** s. n. und r. n. ungewußter Weise oder gerüchtsweise (ohne daß man weiß oder wußte, ohne daß man da ist, da war, oder: wie man hört).
111. **-ngilak** s. n. und r. n. nicht; s. schon § 265.
    Häufig: -lungilak, -tsangilak, -tsálungilak s. alphab. Verzeichnis.
112. **-dlarpok** (-tdlarpok) s. n. und r. n. sehr.
113. **-ngârpok** s. n. und r. n. sehr, bedeutend; daher bes.: mehr, mehr als, und vor allem oft: lieber, lieber als. Aehnlich dem folgenden:

114. **-luarpoK** *s. s.* und *c. s.* besonders; mehr als; zu sehr, zu viel.
115. **-luarsukpoK** *s. s.* und *c. s.* ein klein wenig (aus -lukpoK Nr. 78 und -arsukpoK Nr. 126).
116. **-luatsiarpoK** *s. s.* und *c. s.* gerade, just (aus -luarpoK und -tsiarpoK Nr. 128). *An Nennw. und andre: -luatsiaK.
117. **-galloarpoK** *s. s.* und *c. s.* zwar, wohl (aber ....). Vgl. Nr. 13.

§ 375. Die nun in diesem § folg. Anhänge sind alle nur Verlängerungen der § 361 genannten Anhangsnennwörter.

118. **-ínarpoK** *s. s.* und *c. s.* immer; f. Nr. 17.
119. **-tsainarpoK** *s. s.* und *c. s.* immer; wie das Vorige.
120. **-tuínarpoK** *s. s.* und *c. s.* nur; f. Nr. 18.
121. **-tuarpoK** *s. s.* und *c. s.* einzig, nur; f. Nr. 36. Besonders: **-tuarmat. -tuarpat** so bald als, sofort wenn.
122. **-´mmarikpoK** *s. s.* und *c. s.* völlig, ganz, durchaus; f. Nr. 30.
123. **-vikpoK** *s. s.* und *c. s.* groß, in hohem Grade, sehr; f. Nr. 24.
124. **-vakpoK** *s. s.* und *c. s.* groß, sehr; f. Nr. 24 (vgl. Nr. 101). Kommt allein nicht vor, sondern nur mit dem folg.
125. **soaKpoK** *s. s.* und *c. s.* groß, sehr; f. Nr. 15. Kommt allein nicht vor, sondern nur: **soadlarpoK. -vaKsoadlarpoK** sehr stark, gewaltig.
126. **-âlukpoK (-râlukpoK)** *s. s.* und *c. s.* schlecht, arg; f. Nr. 23. **-arsukpoK (-rârsukpoK)** *s. s.* und *c. s.* niedlich, hübsch; f. Nr. 16.
127. **-kullukpoK** *s. s.* und *c. s.* kümmerlich, klein; aber meist ein Ausdruck vertraulicher Rede; f. Nr. 22.
128. **-tsiarpoK** *s. s.* und *c. s.* schön, hübsch; f. Nr. 19.
129. **-galukpoK** od. **-galâkpoK. -galâvoK** *s. s.* und *c. s.* ein wenig; f. Nr. 28.
130. **-kasakpoK. -kasâkpoK** *s. s.* und *c. s.* fast, beinahe; f. Nr. 31.
131. **pârpoK** (pákpoK) *s. s.* und *c. s.* aufs äußerste, gewaltig, arg; f. Nr. 26.
132. **-´ngoarpoK** *s. s.* und *c. s.* in abbildlicher, daher oft: in spielender Weise; f. Nr. 42.

§ 376. 133. **-rkârpoK** *s. s.* und *c. s.* erst, zuerst, vorher: stets nur im Verhältnis zur Zukunft, zum Nachherigen; vgl. Nr. 88.
134. **-tainarpoK** *s. s.* und *c. s.* a) zum erstenmal, im Verhältnis zur Vergangenheit: nachdem es vorher nicht geschehn. b) eben erst. Aehnlich:
135. **-giorpoK** *s. s.* und *c. s.* zum ersten Male.
136. **-sungarpoK** *s. s.* und *c. s.* zum letzten Male.
137. **-sinnarpoK** *s. s.* und *c. s.* endlich.
138. **tarpoK** *s. s.* und *c. s.* öfters (nicht bloß einmal). Nicht völlig frei anwendbar.
139. **-Kuttarpoк** *s. s.* und *c. s.* öfters (nicht bloß einmal).
140. **-kípoк** od. **-kitârpoк** *s. s.* und *c. s.* lange.
141. **-rkummerpoк** *s. s.* und *c. s.* neulich, kürzlich.
142. **-´ngorpoк** (-ngudlarpoк) *s. s.* und *c. s.* ist (sehr) müde des —.
143. **saraipoк** *s. s.* und *c. s.* bald, schnell.

II. Anhangszeitwörter. 177

144. **sârpok** s. s. und c. s. Aehnlich wie das Vorige, doch mehr: schnell ein wenig, schnell und kurz. Negativ: **nusârpok** (wie saraingilak) nicht schnell, langsam.
145. **-givok, -rivok, -nivok, mivok** s. s. und c. s. wieder, auch. § 377.
146. **-lerkípok** s. s. und c. s. wieder, abermals.
147. **-psârpok** s. s. und c. s. wieder, abermals.
148. **-amivok** s. s. und c. s. ein wenig mehr, als es vorher war; **-umijârpok** öfters wieder ein wenig mehr.

b) **Anhänge nur mit** s. s. **Endung.**

§ 378—380.

Die in diesem ersten § genannten sind eigentlich ganz derselben Natur wie die eben § 378. angeführten neutralen § 372—377. Sie treten nur aber an kein c. s. Verb, außer in dem Fall wo ein solches mit refl. Bedeutung s. s. Endung annimmt § 226 z. B. nertorpâ er rühmt ihn; nertorpok rühmt sich; nertujuípok (ingminik) rühmt sich nie; Nr. 152.

149. **-ngavok** (auch angavok ꝛc.) s. s. **ist fast, gleicht;** s. Nr. 32. *Auch an Nennwörter.
150. **-ngavok** s. s. **ist, bleibt im Zustande des** —.
151. **nersauvok** s. s. **er ist (thut) mehr.**
    Komparativ.
    nerôvok s. s. **er ist (thut) mehr ob. am meisten.** Komp. und Superlativ.
    nerpauvok (od. **nerpângovok**) **am allermeisten.**

Zusammensetzungen von nek Nr. 4 mit -uvok Nr. 60, u. Nr. 26. s. § 99.
Vgl. nersarivâ, nerpárivâ.

152. **-juípok** (-juerpok) s. s. nie.
153. **-ngijnaípok** (von djaipok) s. s. **thut, ist durchaus** (eig. durchaus nicht nicht).
154. **tigivok** s. s. **ist so — wie.** Bei Vergleichungen.

Ferner hieher gehörig: § 379.

155. **-ivok**; bei erpâ, ârpâ, auch orpâ öfter **-rivok**
    -jivok (-tjivok, -tsivok)
    sivok, ferner **nikpok**,
    -rdlerpok, bei Kl. 4 **-klerpok**
    (-klivok)

Anhänge ohne eine besondere Bedeutung, nur zum Verwandeln von c. s. in s. s. Verba; s. schon mehr § 222.

Endlich gehört hieher das vielgebrauchte

156. **narpok** s. s. **er, es ist zum —; er, es ist —bar, —lich;** § 380.
naípok das Gegenteil: **ist un—bar, un—lich; narsivok ist so d. h. —bar, —lich geworden, ist nur: so.**

12

c) **Anhänge mit nur** *c. s.* **Endung, die aber eine besondere** *s. s.* **Form neben sich haben.**

§ 381. 382.

Neben dieser besonderen *s. s.* Form kann dann natürlich auch die *c. s.* Endung in *s. s.* verwandelt werden, wodurch der Anhang nach § 226 reflexiv wird, s. z. B. unten -rkovok er heißt sich. nasugivok hält sich für.

§ 381. 157. **-nârpâ** *c. s.* **-nârivok** *s. s.* er macht es (*s. s.* jemanden, mik) zu (allzu) —.
158. **nerarpâ** *c. s.* **neraivok** *s. s.* nennt ihn (*s. s.* jemanden); sagt, daß er.
159. **-utivâ** (utivá) *c. s.* **-utjivok** *s. s.* mit -ut zusammenhängend. Nicht kurz zu übersetzen. S. alph. Verzeichnis.
-utivut sie - einander, auch: sie — miteinander.
160. **-kassintivâ** *c. s.* **-kassindjivok** *s. s.* **-kassintivok** *refl.* mit, zugleich mit.

§ 382. Von den nun folgenden 6 Anhängen, zu denen man auch noch nerarpâ Nr. 158 hinzufügen kann, sagt Kl.: „Sie setzen der Verschmelzungsfähigkeit der esk. Wörter die Krone auf." Man hat hier in einem Worte zwei Subjekte (Thäter), von denen das Subjekt des Stammwortes zugleich Objekt des Anhanges ist. Z. B. pairsinasugivá er (A) glaubt, daß er (B) irgend jmdn. pflegt. Hier ist A das erste Subjekt, das des Anhangs „glaubt"; B. ist das zweite Subjekt, das des Stammwortes „pflegen". Zu gleicher Zeit ist B. aber auch Objekt des Anhanges, des „Glaubens".

161. **-tsiarivâ** *c. s.* **-tsévok** *s. s.* (siarivá, sévok) er wartet, bis er, d. h. ein anderer: (*s. s.* bis jmd., mik).
162. **-nasugivâ** *c. s.* **nasugiklerpok** *zc. s. s.* er glaubt, daß er (*s. s.* jmd., mik); hält ihn für; **nasugivok** *refl.* hält sich für.
163. **sarpâ** *c. s.* **saivok** *s. s.* (auch **sârpâ, sârivok**) macht ihn (jmdn. *s. s.*), macht, daß er.
164. **tipâ** *c. s.* **titsivok** *s. s.* läßt ihn, es (*s. s.* jmdn.): macht, veranlaßt, daß er.
165. **-rkovâ** *c. s.* **-rkojivok** *s. s.* er heißt ihn (*s. s.* jmdn., mik) gebietet, befiehlt oder erlaubt ihm, daß er.
166. **tailivâ** *c. s.* **tailitsivok** *zc. s. s.* er verhindert ihn zu — (*s. s.* jmdn., mik).
tailivok *refl.* er, es verhindert sich, d. h. so gut wie: er, es (thut, ist) nicht. Davon:
tailitipâ *c. s.* **tailititsivok** *s. s.* verhindert, daß er (*s. s.* jmd.).

Vgl. hier zumal das zweite alphab. Verzeichnis und bes. da dessen Anhang von § 502 an, wo diese sechs Anhänge im Zusammenhang und mit erschöpfenden Beispielen ausführlicher behandelt werden.

11. Anhangszeitwörter. 179

Anhang.

Noch einige, nur an Ortswörter, Deutewörter und Appositionen § 383. vorkommende Anhänge.

In § 350 ff. war gesagt, daß viele dieser Anhänge oder Affixa auch an Ortswörter, Deutewörter, Partikeln und Appositionen, ja an die verschiedensten gram. Wortformen treten können, wie die Beisp. weiter im zweiten alphab. Verzeichnis im einzelnen zeigen werden. Hier folgen noch einige bloß (ed. doch zunächst) an Ortswörter, Deutewörter und Appositionen (letztere z. B. mut, mik, unga, ûma) tretende Anhänge.

167. **parpok** und **varpok** *s. s.* bewegt sich auf die und die Seite, in der und der Richtung hin. (Einige auch *e. s.*)
168. **pasikpok** und **vasikpok** *s. s.* und ebenso **sikpok** ist nach der und der Seite, Richtung hin.
169. **-rkopâ** und **-rkotsivok** *s. s.* er geht auf der und der Seite von ihm.
170. **-rpok**, **-rpok** und **-arpok** *s. s.* (einzelne auch *e. s.*) er geht. Tritt an den *Term.* und *Vial.* der Deute- und Nennwörter, und bildet im einzelnen folgende Endungen: **ungarpok, nuarpok, mörpok, nôrpok** er geht dahin; **-kôrpok, -gôrpok, ûnârpok** er geht da durch). Ebenso von tut wie: **tôrpok** er ist wie.
171. **-rorpâ** (rokpâ) *e. s.* **-roivok** *s. s.* (auch eine Bildung vom *Vial.* -kut?) bei einzelnen Körperteilen: er trifft ihn da und da (*s. s.* jmdn.)
172. **mikpok** *s. s.* (vom *Mod.* mik) thut mit dem und dem Leibesglied etwas; **mikpâ (migarpâ)** *e. s.* **mévok** *s. s.* er thut ihm (*s. s.* jmdm.) etwas damit, stößt 2c. ihn damit.

12*

Zweites alphabetisch geordnetes Hauptver= zeichnis der Anhänge oder Affixa.

§ 384—510.

§ 384. **Einleitende Bemerkungen.** In Folgendem sind in der alphab. Reihe nicht alle **Nebenformen** aufgeführt, da sie bei den leicht zu findenden Hauptformen stehen. Manche, die mit r und g beginnen können, sind unter g verzeichnet, z. B. -gikpoĸ, -rikpoĸ. Andre, die man bisher gewohnt war, unter ĸ zu suchen, wird man unter r finden, wie -rĸovâ, -rkôrpoĸ, -rkârpoĸ.

Ein - vor einem Anhang bedeutet nach § 353, daß der Anhang an einen Vokal treten, also ein etwa davorstehender Konsonant ausgestoßen werden muß. Die vor den Anhängen stehenden **Nummern** entsprechen denen in der ersten kurzen Uebersicht der Anhänge § 360—383. Steht statt dessen ein * vor einem Anhang, so ist er schon an einer andern Stelle der Grammatik früher abgehandelt. Steht ein †, so ist ein solcher Anhang noch gar nicht, auch nicht in der ersten Uebersicht angeführt, und gehört also meist zu den weniger häufig vorkommenden.

Bei jedem Anhang steht ein N. oder V. N. bedeutet, daß der Anhang an einen Nennwortstamm, V., daß er an einen Verbal(Zeitwort)stamm zu treten hat. N. und V. bedeutet, daß er an beiden vorkommt. Es ist sehr wichtig, darauf zu achten, wie § 348 zeigt. Ueber die dann hinter N. oder V. gewöhnlich folgenden Bezeichnungen: **beweglich** oder **frei** und **gebunden** oder **nicht beweglich** s. die Erklärung in § 347. Bei den Anhangsnennwörtern sind meist der *Trans.*, *Dual* u. *Plur.* eingeklammert.

Die **Beispiele** zeigen die Anwendung im einzelnen u. sind so gewählt, daß sie womöglich schon eine Antwort auf mancherlei noch aufsteigen könnende Fragen in sich enthalten. Bei den Nennwörtern zeigen sie insbesondere auch, wie die Anhänge an die 4 versch. **Wortklassen** auf ĸ. k, t und einen Vokal treten; desgl. bei Verben, wie sie sich bei deren 4 **Klassen** verhalten (Kl. 1 auf -rpoĸ, Kl. 2 -kpoĸ, Kl. 3 -poĸ mit vorhergehendem Vokal, Kl. 4 -vok f. § 232). Auch die **Negation** -ngilaĸ=nicht, ebenso das **Anhängen an andre Wörter** als an Nenn= und Zeitwörter (s. § 350 ff.) ist berücksichtigt. Bei den Beisp. steht gewöhnlich **zuerst das esk. Stammwort** ohne deutsche Bedeutung, dann dasselbe mit dem betreffenden Anhang. Vgl. ferner noch, was § 359 über den **häufigen Stamm** pe (pik) und pivok gesagt ist. Endlich sei noch daran erinnert, daß, wenn beim Anhängen dieser Affixen **zwei gleiche Vokale aneinander** treten, sie in einen einzigen langen zusammengezogen werden,*) z. B. von saugaĸ: sauga-arsuk = saugârsuk; von ikkilik: ikkili-inaĸ = ikkilênaĸ; von mikkijoĸ: mikkijo-uvoĸ = mikkijôvok.

Nach dem t des Stammes wird gewöhnlich ein **Hilfsvokal** angefügt, meist i, manchmal a; s. § 355.

In der alphab. Reihenfolge steht ĸ vor k.

---

*) Beachte dabei noch eine Besonderheit, wie sie z. B. in -gôrpoĸ § 399 Fußn. und in nullêtok § 414 Fußn. sich zeigt.

╤=nkivok plötzlich s. -liakivok. § 385.
25. -áluk (üb, űk, uit), nach Doppel- und langen Vokalen -ráluk*) N. beweglich: schlecht, greulich, gewaltig (toll, groß, unverschämt ꝛc. Sehr häufig gebraucht, die verschiedensten Schattierungen des Begriffs ausdrückend, bald mehr die Schlechtigkeit, bald mehr die Gewaltigkeit hervorhebend. Vgl. Kłschm. Wbch. bei kasik. Nach t Hilfsvokal § 355.

1) kivgak; kivgáluk der böse, schlechte Knecht.
nenok; nenoáluk ein gewaltiger, greulicher Eisbär.
kiblut; kiblutiálovok es ist eine gewaltige Säge.
tagga da ist er, es! taggáluk da ist er, der Kerl, der Greuliche! da ist es, das greuliche, arge Ding! Oder aber (nicht mit Beziehung auf die Beschaffenheit des Gegenstandes, sondern auf das Ueberraschende, Wunderbare seines Erscheinens): Ei der tausend, da ist's! da ist er, es — wunderbar!
Sehr häufig statt des bloßen tagga gebraucht, wie etwa im Deutschen ungeheuer groß für sehr groß.
una; unáluk dieser Greuliche, Böse!
unálukó s. bei -kulluk § 433 Anm.

2) ukkua; ukkuaráluit diese Greulichen. | ua, ia
kikiak; kikiaráluk ein gewaltiger Nagel. | Doppelvokal:
aklunák; aklunáraluk ein tüchtiges Tau. | á = aa lang.

Von tikkok tikkiáluk, dagegen tikkeráluk von tikkerak. Issumakangitoálovotit du bist greulich gedankenlos. Beim Schlittenfahren ist folg. Zuruf an die Hunde sehr häufig: unavináluk oder unangoavináluk der Greuliche da! der Kerl da! Plur. ukkuvináluit oder ukkuangoavináluit! s. auch Wbch. aivenáluk, kuináluk, auch Mark. 15, 29 (-álukpok). Serpaluk tueráluk Serpalos tolle, gewaltige Schulter (tue) heißt ein Berg nördlich von Hebron nach einem in den ersten Jahrhunderts dieses Jahrhunderts lebenden Heiden Serpalo. Einer sehr dicken Frau wurde nachgerufen: Leutannáluk kattunjáluk dicke Leu, tolles Faß du! Auf die Frage, ob ein Davideáluk genannter Mann noch lebe, erfolgte die Antwort: tunnáluk inójoáluk.

126. -álukpok nach Doppel- oder langen Vokalen -rálukpok n. n. und c. n. V. beweglich: schlecht, arg ꝛc. Was bei -arsukpok gesagt ist, gilt auch hier, daß der Begriff des -áluk, der im Esk. zunächst

---

*) So trifft die Regel wohl den Thatbestand. Oder sollte man etwa hier, wie dann auch bei -rársuk hinzufügen: „álik k: -gáluk, -gáronk?" Dann müßte man oben auch schreiben: kikingáluk, ebenso kógáluk von kók.

Es ist überhaupt oft schwer, dahinterzukommen, ob k oder r zu schreiben, z. B. in -galak, -arulak (wo grlb. -ralak) und überhaupt in all dgl. Wörtern, zumal da auch die Eskimos — noch ganz obgesehen von den Widersprüchen unter ihnen selbst — den Ausländer irre machen können. So behaupten viele sprachkundig sein Wollende, daß sie fast überall r sagten, während wir Ausländer r sprächen, und wollen danach überall auch g schreiben, z. B. in pitnariva, ajoras, pleqivá und sperlvá; ajuganvok und ajoravok (von ájornk Spalt); takkoganuerpok (fährt fort zu sehen) und takkoranuerpok (sieht hübsch aus); pleagalloarpok und ikajoralloarpok; tappagalloarpok und lussaralloarpok. S. auch Fuhr. bei -galuarpok § 365. Man wird dabei selbst hören, daß alle mit r geschriebenen Laute tiefer hinten in der Kehle gebildet werden. Statt also alles mit g zu schreiben, wie manche Esk. wollen, wird der Deutsche sich bemühen, wirklich das esk. r zu sprechen. Dies zur Ergänzung von § 5 und 6, welche hier gründlich zu vergleichen.

II. Anhänge.

auf die Handlung des Verbs geht, doch auch in der deutschen Ueber=
setzung oft auf den Handelnden selbst bezogen werden kann, s. u. kairálukpok. Dieser Anhang ist auch in -tsálungilak § 486 enthalten.
Sehr oft steht statt -álukpok auch -alóvok (aus -áluk und -uvok)
mit dem Nom. part. auf '-tok, -jok. S. das letzte Beispiel.
kairálukpok 1) der Greuliche, der Kerl kommt, z. B. von
  einem wilden Tier (natürlich ist dessen „Kommen" auch
  etwas Arges, Schreckliches).
  2) mit anderm Ton, z. B. bedauernd: er kommt schlecht,
  d. h. mit seinem Kommen steht's schlecht (etwa wegen
  Leibesschwachheit, Hundemangels, schlechten Wetters u. dgl.,
  „pingigijaukpat, tikininga kollartaukpat").
périt geh fort: pérálugit Kerl, mach, daß du fortkommst!
  scheer dich!
pijauvok; pijaurálukpok er wird arg gekriegt.
sérkomitsivok; sérkomitsiálukpotit oder mehr serkomit-
  sijoalóvotit du zerbrichst greulich, arg (letzteres eigentlich:
  du bist ein greulich Zerbrechender).

§ 386. 20. -arak (araub, arák, arait od. arkab, arkak, arkat § 64 ff.) N. ge=
bunden: ein junges. In der Bedeutung: ein kleines bei leblosen
Gegenständen in Labr. kaum gebräuchlich, wie in Grld. der Fall (vgl.
u. umiarák).
  po (pik) § 359; piarak ein Junges (allg.).
  tukto; tuktuarak ein junges Renntier.
  saugak; saugárak (= sauga-arak) Lamm.
  saugárait, *Mod.* saugáranik od. | Lämmer.
  saugárkat   „   saugárkanik |

loeviarak, aklárak (von aklak), púsiarak junger Löwe, Bär, Katze; netsiak von
netsek (aber nur mit -ak). Dieses -ak (nur al- gedehntes -rák, des Doppelvokals wegen
ganz wie bei -arsuk) liegt auch in umiarák ein kleines Boot, *plat.* von umiak.

§ 387. †-arpâ *c. s.* -arsivok *s. s.* V. gebunden (bei manchen Teilen des Leibes
gebräuchlich): er schlägt ihn (*s. s.* jmdn. mik) da und da, thut ihm
da weh, einmal.
  -artarpâ, -artaivok mehrmals; vgl. tarpok II § 482.
  niakok Kopf, erksak Backen, sérkok Knie.
  niakoarpâ, niakoarsivok óminga schlägt, stößt ihn an den
    Kopf.
  niakoarpok *refl.* schlägt, stößt sich an den Kopf.
  erksárpâ (= erksa-arpâ) gibt ihm eine Ohrfeige.
  erksártaivunga ich gebe Ohrfeigen.
  sérkoarpâ stößt ihn aus Knie (—pok *refl.* sich).
    |vgl. bei mikpâ: sérkomikpâ (migarpâ) ihn mit dem
    Knie|.
  ikusek; ikutsiarpâ stößt ihn an den Ellbogen |
  sennerak; sennerkárpâ stößt, schlägt ihn in | :arpâ § 366.
    die Seite. |

*-arpok *s. s.* und *c. s.* und -arterpok *s. s.* und *c. s.* so und so
vielmal, nur beim Zahlwort 1, 2 und 3. S. schon mehr § 111.

170. **-arpok** an den *Term.* der Ortswörter: er geht dahin; s. muarpok.
┼-arpik (iub, ik, it), nach Doppel= und langen Vokalen **-rârpik**, auch § 388.
(in Zusammensetzung mit -luk) **-luarpik**. N. beweglich: **wenig, klein, ein klein wenig**. Der Bedeutung nach entspricht es ganz dem Anhang -kulluk und -arsuk, und dem letzteren auch ganz, was die Form nach Doppelvokalen betrifft. Dieser Anhang hauptsächlich in Otat gebraucht, z. B. viel bei bescheidenen, demütigen Bitten. Ob auch weiter im Norden? Nach t Hilfsvokal.

1) orkssok; orkssoarpingmiktôk o wenn (ich) doch ein klein wenig Speck (hätte)!
   suna; sunârpingmik (når aus na-ar) od. sunaluarping- mik etwas kleinweniges.
   angut; angutiarpik ein kleines Männel, auch z. B. ironisch von einem kräftigen dicken Manne gesagt.

2) pôk: pôrârpik ein kleines Säckchen | Langer oder
   kikiak; kikiarârpingnik ein kl. wenig | Doppel=Vokal
   Nägelchen (möchte ich haben). | (ô, ia) vorher.

┼-**arpikpok**, nach Doppel= und langen Vokalen. **-rârpikpok** s. s. und e. s., auch (in Zusammensetzung mit -lukpok vgl. -luarsukpok § 444) **-luarpikpok**. B. beweglich: **wenig, klein wenig**. Das soeben bei -arpik weiter Gesagte gilt ganz auch hier.

1) ôgakarpok: ôgakârpikpat (kâr aus ka-ar) od. ôgaka- luarpikpat wenn es ein kl. wenig Dorsche gibt.
   aitorpâ; aituarpinga teile mir ein kl. wenig mit.
   kaitsivok; kaitsiarpigit (od. kaitsi-luarpigit = luarsu- git) gib mir ein kl. wenig.

2) aituivok: aituerârpikpunga ich teile ein | Doppelvokal
   kl. wenig mit. | (ui, io)
   tunnitsiviorârpikpunga mir wird ein kl. | vorhergehend.
   wenig gegeben.

<small>tobagearpingmik, orngautaujärpingmik pilaulanga, oder dasselbe mit -karpok: tobagekârpilaulanga (kaluarpilaulanga) ꝛc. ich möchte gern ein kl. wenig Tabak, Syrup haben! Auf die Frage pijomangilarit willst du nicht? etwa: piarpilaulanga (od. piluarpi- = piluarsu — od. pilukullu—laulanga) ich möchte gern od. laß mich ein kl. wenig (be- kommen ꝛc.).</small>

16. **-ârsuk** (ûb, ûk, uit), nach Doppel= und langen Vokalen **-rârsuk** (wie bei -âluk). N. beweglich: **klein, niedlich**. Ungemein häufig als Ausdruck der Vertraulichkeit, des Schmeichelns ꝛc. Bei Wörtern auf t der gewöhnliche Hilfsvokal i.

1) ernek; erniârsua sein kleiner, niedlicher Sohn.
   pannik; panniârsua seine kleine, niedliche Tochter.
   illiorut; illiorutiârsôvok (-arsuk und -uvok) es ist ein niedlicher Bohrer.
   attek; attiarsuga mein niedlicher Name, Namensvetter, auch von Erwachsenen (ebenso attitsiara, nur wird durch ersteres noch mehr die Zugethanheit, Liebe dabei aus= gedrückt).
   una; unârsuk (una-arsuk) dieser kleine, niedliche.

II. Anhänge.

2) ukkua; ukkuarârsuit biefe fleinen nieblichen.
ue; uerârsuga mein niedlicher Mann.
adsigêluatsiâk; adsigêluatsiarârsûk zwei
 ganz hübſch einerlei gleiche.
tingmiaĸ: tingmiarârsuk Vögelchen.
Maria; Mariarârsuk die kleine Maria.
Asia; Asiarârsuk Kleinaſien.
aklunâĸ; aklunârârsuk ein niedliches Tau.
Ukjuktôĸ; Ukjuktôrârsuk (Eigenname).

ua. ue, ia
Doppel=
vokale:
â und ô
(aa, oo)
lange
Vokale.

Anm. Zu -arsuk iſt alſo das a kurz; ein langes nur bei Zuſammentreten zweier u. z. B. iviligârsuk, pamiuligârsnk, tikkerârsuk aus iviligaĸ, pamiuligaĸ, tikkeraĸ. Danach iſt das nach Doppelvokalen ſtehende -râruk wie -râluk wohl auch nur eine Zuſammenſetzung mit dem einfachen -arsuk. Vgl. zu -râruk auch die Fuſſu. bei -râluk § 385.

§ 389. 126. **-ârsukpoĸ**. nach Doppel= und langen Vokalen **-rârsukpoĸ** ʜ. ʜ. und c. ʜ. B. beweglich: **niedlich**, **hübſch**. Oft gebraucht, und zwar als Ausdruck der Vertraulichkeit, Liebe, Teilnahme, manchmal auch ironiſch. Häufig ſchwer, es genügend zu überſetzen. Wir im Deutſchen können oft den Begriff des -arsuk, der im Eſk. beim Verb ſteht, mehr mit dem Thäter verbinden (f. bef. das letzte Beiſp.): vgl. -âlukpoĸ, -kullukpoĸ. Die Form -rârsukpoĸ alſo z. B. nach dem au des Paſſivs (tauvoĸ, -jauvoĸ); auch in luarârsukpoĸ ſ. luarsukpoĸ § 444. Anm.

 vainetorpoĸ; vainetuârsulerit trinke ein wenig Wein.
 1 Tim. 5, 23.
oĸarpoĸ; oĸârsulerit (oĸa-arsulerit) rede niedlich.
ikajorpoĸ; unârsuk ikajuârsulerpoĸ der Kleine hilft nied=
 lich. Aber auch ſpöttiſch:
ikajuârsulerpoĸ una der hilft einmal hübſch!
nagligivâ; nagligiârsukpara ich liebe, bedaure ihn hübſch.
ĸaerkovâ; ĸaerkojaurârsungmat von einem Kinde: als
 er hübſch gerufen wurde (beim Sterben): wir etwa: als
 der liebe Kleine heimgerufen wurde. Aber ebenſo gut
 auch von einem Erwachſenen ſo zu reden.

Anm. Auch öſters gebraucht, wenn etwas, das man nicht erwartete, woran man zweifelte, doch (hübſch) eintritt: amigarniarasugilauktara amigârsungilaĸ das, wovon ich glaubte, daß es mangeln würde, reicht doch hübſch; tussarniarasuginnugo tussârsukpara ich höre es nun doch (hübſch), obwohl ich nicht glaubte, daß ich's hören würde.

28. **-arulak** (laub, läk, lait) **ein kleiner**, ſ. -galak.

§ 390. †**-âvâ** (oft -adlarpâ) c. ʜ. und ʜ. ʜ. N. gebunden: **macht ihm viel, hat ihm viel gemacht**, ʜ. ʜ. **bekommt viel** (hat ſich viel gemacht), **hat viel bekommen.**

 tukto; tuktuâdlarpoĸ } hat viel Renntiere bekommen.
    tuktuâmavoĸ }
killek Wunde, Schnitt, Ritz.
killiavâ bringt ihm mehrere Wunden, Schnitte bei.
killiavoĸ hat viel Wunden bekommen, z. B. wenn die
 Fingerſpitzen durch Arbeit aufgeſchunden und geritzt ſind.
 (killianeĸ bgl. Wunden; z. B. Frage in Bezug auf die
 Fingerſpitzen: ukkua sujût? Antwort: ujarkanun -ukkua
 killianit.) Vgl. Ap. 19, 16.

153. -djnipok f. -jaipok.
†=djârpâ macht ihm das los, f. Anm. 2 bei -erpâ § 393.
112. -dlarpok (eig. -tdlarpok) s. s. und c. s. B. beweglich: sehr, lauk- § 391.
  pok, niarpok, -lârpok, omârj ʼok haben nach dlar zu stehn.
  ónarpok; ónádlarpok es ist sehr heiß, warm.
  suukpâ; suadlangilâ er schmält ihn nicht sehr.
  ikajorpok; ikajúdlarpok er hilft sehr.
  itterpok; ittídlarpok er geht sehr (mit Angelegenheit :c.)
    hinein.
  ittivok; ittídlarpok es ist sehr tief.
  ikajudlarniarpok (nicht niadlarpok) ⎫
  ikajudlalârpok (nicht ládlarpok)   ⎬ wird sehr helfen.
  ikajudlalaukpok hat sehr geholfen.
  kemakpâ verläßt ihn: kemaktau-
    dlarpunga od.   ⎫ ich werde sehr ver-
  kemadlartauvunga od. kemadlarau-   ⎬ lassen. § 293 c.
    vunga Jes. 49, 21.

Anm. Wenn auch die angegebene Bedeutung „sehr" fürs Gewöhnliche genügt, so gibt's doch Fälle genug, wo diese Uebersetzung ganz steif wäre. Zum besseren Verständnis des Wortes stehe hier einiges von dem, was Kleschm. im Wöch. davon sagt: „-tdlarpok ist eine Art Intensiv-(Verstärkungs-)form von -lavok (was etwa heißt: ist in leicht be-weglichem Zustand), also ungefähr: „kommt in Bewegung, oder gerät in Kraft und –;" und davon weiter: „— mit Kraft, eilends u. s. w." Aber das Sein in Bewegung, das „-lavok sonst ausdrückt, existiert in diesem Fall hauptsächlich in den Gedanken des Sprechenden, „weshalb dies Affix namentlich viel in lebendiger Rede oder Erzählung gebraucht wird; „und es gibt dann der Rede einen gewissen Fluß, der oft schwer wiederzugeben ist. (Die „folg. Weisp. sind in Labr. Mundart umgesetzt.) z. B. (annäherungsweise): takulidla-„rapko . . . . da ich so dazu kam, es zu erblicken; kividlaramiuk . . . da er es so eilends „in die Höhe hob; aulalidlarmatta . . . da sie es eilig damit hatten, in Gang zu kommen, „fort zu kommen. Ebenso wird es oft in heftiger oder drohender Rede gebraucht; z. B. „sukkutsiane kollekulluit serkomi(od. asseru)dlaromârpara ich werde einmal deine dumme „Lampe in Stücke schlagen, ja das thue ich." — Unser häufiges tikidlarkêt? drückt die (frohe oder staunende) Bewegung des Fragenden aus, etwa: Wie, bist du da? Das ist schön! oder: Bist du da, aus so weiter Ferne? oder ähnlich. Ebenso: kammidlarkêt? wie, was in aller Welt, du hast Stiefeln an? z. B. wenn man bei jemandem seines bösen Fußes wegen noch das Gegenteil vorausgesetzt hat.

†-dlaroarpok s. s. und c. s. B. beweglich: aus Furcht daß er (ihn), for fear that, oder kurz: er möchte (ihn) sonst. Also besonders bei Abmahnungen, Verweigerungen.
  kainiangilara, serkomidlaroarpat ich werde es nicht
    bringen, geben, aus Furcht, daß du's zerbrechen wirst:
    oder kurz: du wirst es doch nur zerbrechen.
  kuttakpâ; kattadlaroarkat (= pat) aus Furcht, oder:
    ich fürchte, du läßt's fallen.
  akkarit ânidlaroaravit (von ânerpok) komm herunter,
    du möchtest dir sonst wehe thun!

tugvunga ainiangilanga, tikidlaroarmat ich will nicht dorthin gehn, aus Furcht, daß er kommen möchte; anuiniangilanga, kignuseridlaroarama ich werde nicht hinausgehn, ich fürchte, ich bekomme Zahnweh; aularniangilatit, kanoetokadlarnoarvit (ähnlich wie kanoetokarnjaravit oder —karniarkôravit) geh nicht aus, ich fürchte, es möchte dir was zustoßen; unnungarit, kattadlaroarkotit geh hinunter (komm herunter), du möchtest herunter- fallen; angó, serkomidlaroarkat laß es (stehn)! du möchtest es sonst zerbrechen.

†-dlartuarpok *s. s.* und *e. s.* B. beweglich: **ich bin dankbar, daß er (ihn). Unser Gottlob! Gottseidank!** das ist gut, schön, daß — mag oft diesem Ausdruck entsprechen, der „kujalimmaringuermik" besagt u. sehr oft gebraucht wird.

    Wie bei de Ausrufen wird die letzte Silbe gedehnt (auch bei den zweisilbigen Verbalendungen wohl meist). Hier findet gewiß stets die § 241 erwähnte Umtauschung des p in к (кок statt рок) statt.

    pidlartuarnerkôk! wie danke ich, daß er was bekommen (pivok) hat! Gottseidank hat er was bekommen!
    attaurle*) pidlartuarivotit! das ist schön, da danke ich, daß du auch was bekommen hast (spricht z. B. ein Mann, der zuerst etwas erworben hat). Ebenso auch ohne attaurle (oder attaurle! ganz allein § 337).
    ikajudlartualerкarmâ (= parma)! I am thankful, glad that you help me.
    pidlartuarkât = (pat du es)! I am thankful, you have done (pivâ) it.
    pidlartualerkât (§ 439 -lerpok Anm.)! I am thankful, that you do it (now).
    nagvârtaudlartuarkôk! Gottseidank ist's gefunden worden.
    nagvâdlartuarkarâ! Gottlob habe ich's gefunden.
    nagvâdlartuarkotit das ist schön, daß du (es) gefunden.
    Gûdemut piulijaudlartuarkungâ! wie danke ich, daß ich durch Gott erlöst bin.

§ 392. 72. **-ejarpâ** macht ihn ohne f. -ijarpâ.
    64. **:erivok** f. -lerivok.
    68. **:erpâ** versieht ihn damit f. -lerpâ.
    71. **-erpâ** Nebenform -ngerpâ *e. s.* N. (und B.) beweglich: **hat ihn ohne gemacht, hat ihn von seinem — getrennt.**
    -évok und **-ersivok** (-ernikpok f. u.) *s. s.* **jemanden.**
    -erpok *refl.* **hat sich ohne gemacht, ist ohne geworden.** Auch von Verlust der Verwandten durch den Tod. Hilfsvokal nach t ist hier a, also: taerpâ. Im einfachen -erpâ ist das e kurz, nur bei Zusammentritt mit einem andern e Laut: érpâ z. B. von savik: savi-erpa = savérpâ.

    Dies Wort ist in seiner Bedeutung ganz gleich -ijarpâ. Nur sind folg. zwei Unterschiede zu beachten: 1) drückt -erpâ das Fertigsein aus: er hat ohne gemacht**), he has done, dagegen -ijarpâ das noch thun: er macht ohne, is doing. (S. ganz ähnliches bei torpok b.) 2) wird -erpâ oft in Bezug auf eine Einheit gesetzt, während -ijarpâ (siehe dieses) auf eine Vielheit geht. —

    Der erste dieser Unterschiede ist in allen Wörtern festzuhalten, der zweite kommt scheint's nicht überall in Betracht. Der Sprachgebrauch scheint da in Kleinigkeiten sehr voneinander abzuweichen. Man achte drum doppelt auf die einzelnen Worte und ihre Anwendung,

---

*) Weshalb von einigen hier attaurle als nicht hinpassend bezeichnet wird, ist nicht einzusehen.
**) Diese Perfektbedeutung hat auf andre Formen des Verbs keinen Einfluß. z. B. mattueruk nimm seinen Deckel ab (wie von; er nimmt ab); mákorsilje der Henker Mart. 6, 27 als ob der Ind. hieße: er köpft ihn. — Will man bei -erpâ die Handlung als jetzt geschehend ausdrücken, so setze man A. B. aunoraerassarpara =: annoraljarpara. Umgekehrt, will man bei -ijarpâ die Vollendung deutlicher ausdrücken, so sage man annoraljarérpara ob. jarsimavara = annorerpara ob. annorerpara ob. annorersimavara.

2. Alphab. Verzeichnis.

zumal da sowohl -erpâ als -ijarpâ noch andre Nebenbedeutungen haben. (Wo übrigens -erpâ auf eine Einheit dessen, was abgetrennt wird, geht, fällt dies im Plur. -erpait ganz weg, so daß es in der Beziehung ganz = ijarpait wird f. u. siutaerpakka.) Vgl. genau die Beisp. mit den ihnen entsprechenden unter -ijarpâ.

    annorâk; annoraerpâ hat ihn ausgekleidet.
    annoraerpok hat sich ausgekleidet (auch: hat seine Kleidung verhandelt f. u. a).
    amek; amêrpâ (= ame-erpâ) hat ihm die Haut, ev. (einem Kajak rc.) den Ueberzug abgezogen, ev. einem Ding die Farbe abgemacht. (amêrsivok s. w.)
    matto; mattuerpâ hat es ohne Deckel gemacht, ihm den Deckel abgenommen.
    niakok; niakoerpâ (nicht niakoijarpâ weil nur ein Kopf) hat ihn geköpft.
    siut; siutaerpâ hat ihm ein Ohr abgehauen, abgeschnitten NB. nur eins*).
    eput; eputaerpara (umiak) habe ihm (dem Boot) ein Ruder genommen (auch habe ihm ein Ruder abgehandelt f. u. a).
    auk; aungerpâ aungévok ev. aungersivok ôminga | hat es (mehr ein einzelnes Stück Fleisch rc.) von Blut gereinigt.
    paula (pau); paulangerpâ (évok s. w.) hat ihn (Ofen, Schornstein, Flintenlauf) von Ruß gereinigt.
    illa der Angehörige, ein Teil; illangerpâ hat es ohne einen Teil gemacht, einen Teil weggenommen, es vermindert.
    inne; innangerpâ hat ihn ohne Platz gemacht, d. h. ist an seine Stelle getreten rc.
    anernek; anernangerpok ist ohne Atem, Geist geworden, ist entseelt, tot. | Diese drei mit Verwandelung des e in a.
    nippe; nippangerpok hat sich ohne Stimme gemacht, d. h. schweigt
    sikko; sikkuerpok (die See) ist ohne Eis geworden, es ist offenes Wasser.
    imak; imaerpok (das Gefäß rc.) hat seinen (flüssigen) Inhalt eingebüßt, ist geleert.
    kitorngak; kitorngaerpok hat sein Kind verloren, durch den Tod (auch z. B. wenn ein Kind an einen andern Ort gegeben, aber nicht, wenn es sich z. B. verirrt hat, dann kitorngaersivok f. -ersivok).

Dann hat **-erpâ** daneben noch zwei engere Bedeutungen. Es wird a) vom **abhandeln** und **verhandeln** gebraucht. Dann s. w. meist **-ernikpok**. Die refl. Form **-erpok** besonders in diesem Sinn: hat (sein —) verhandelt**).   § 393.

---

*) Aber nicht auf eine Einheit beschränkt: nujaerpunga habe Haare verloren (durch Krankheit rc.) oder: habe mir Haare ausgerauft. Dagegen nujaijarpunga ich verliere (jetzt, z. B. beim Kämmen) Haare. Hier kommt also nur Unterschied 1) in Betracht. Vgl. unter -ijarpâ die Anm. zu niakoijarpâ.
**) Und fast ausschließlich in diesem Sinn. Nur außerdem wohl auch möglich zu brauchen, wenn man sich durch geben an einen andern „ohne gemacht" hat; z. B. ôgaerpunga habe Dorsche verhandelt, oder aber auch: habe Dorsche an jemand weggegeben. Aber -erpok nicht von einem „ohne werden", von einem zu Ende gehen durch eigenen Gebrauch; hier: -erutivok (welches f.): ôgaerutivunga meine Dorsche sind mir (und zwar völlig) ausgegangen, zu Ende.

savik Messer, kajak Mannsboot, kejuk Holz.
                        ich habe ihn (irgendwie) ohne M.
                        ohne K. gemacht (gegen oder mit
savêrpara, kajaerpara | seinem Willen genommen), daher
savêrnikpunga ôminga | sehr oft: habe ihm sein M. oder
                        K. verhandelt oder (öfters) ab-
                        gehandelt.
kajaertauvunga *Pass*. man hat mir den K. abgehandelt,
verhandelt (oder genommen).
savêrpok, kajaerpok, kejuerpok er hat sich ohne gemacht,
hat Messer, Kajak, Holz verhandelt (od. auch nur: jmdm.
gegeben! s. die Fußn.)
Mehr Beispiele s. im Wbch. unter umiak, sakko, perkut,
ujukkuak. tûkak, sillapâk, pitûtak.

b) **-erpok** und ebenso **-ijarpok** mit dem Namen der Glieder heißt auch:
er friert daran, ist (durch die Kälte gewissermaßen) ohne das geworden.
aggak, agguit Hand, ittigak, ittikkat Fuß.
   aggaerpok (aggaidlarpok), aggaijarpok friert (sehr) an
den Händen.
   aggaernialerpok fängt an an den Händen zu frieren.
   ittigaerpok (ittigaidlarpok), ittigaijarpok friert (sehr)
an den Füßen.

    niakoerpok (niakoidlarpok), niakoijarpok friert (sehr) am Kopf, tallêrpok 2c. am
Arm (talles), siutaerpok (siut) an den Ohren, niungerpok am od. an den Beinen (niu).
Daneben aber auch die obige Grundbedeutung: niakoerpok er ist geköpft u. s. w.
Ebenso kann hier -ijarpok (welches s.) die Bedeutung: beschädigen, verletzen haben,
z. B. aggaijarpok beschädigt sich an der Hand, in welchem Falle aber wohl lieber immer
(?) die Bildung mit dem gleichbedeutenden -ilivok vorgezogen wird: aggailivok 2c.

    Anm. 1. Auch an einige wenige Verba tritt -erpâ, -erpok; z. B. von mer-
ngorpok ist müde (nur merngortorpok gebräuchlich): merngoerpok ist ausgeruht, merngoerserpok ruht sich aus; ebenso pallangavok, pallangaerpâ. Ferner bei einigen Anhängen; so ungnarpok, 2c. 92, wovon ungnaerpok, ungnangerpok; ferner -juerpok
Nr. 152 und -görpok Nr. 104.

    Anm. 2. -udjârpâ „macht ihm das los". Als eine Nebenform zu -erpâ mit
etwas veränderter Bedeutung ist bei einigen Wörtern auf -ut, -utak wohl die Form -ud-
jârpâ (utjârpâ) *c. s.* -udjârivok oder -udjârsivok *s. s.* anzusehn (wohl aus -utjuerpâ
entstanden, vgl. grld. kilerussaerpâ, pitûssaerpâ), z. B. kellarut Band, kellaruljârpâ
c. s. oder kellaruljârivok (od. jârsivok) ôminga *s. s.* löst ihm sein Band, bindet ihn los;
pitûtak Strick zum Anbinden, pitûdjârpâ löst ihm seinen Strick, bindet ihn ab, los; pallan-
gaerut Mittel, das Ausgehn zu verhindern, Verschluß od. dgl. pallangaerutjârpâ macht
ihm seinen Verschluß los, schließt es auf. Offenb. 3, 7; erkiarut (so nicht gebräuchlich,
nur erkiaktaut) Haken, erkiarudjârpâ macht ihm seinen Haken los, halt es auf; s. auch
tâlutjârpâ. Dagegen mit -erpâ: kelarutaerpâ, pitâtuerpâ u. s. w. hat ihn (ganz)
ohne gemacht, hat ihm das Band, den Strick, Verschluß, Haken, Vorhang ganz ab oder
fortgenommen.

§ 394.   Dann folgen drei Zusammensetzungen von -erpâ mit sivâ, -livâ, utivâ:

aa) **-ersivâ** *c. s.* **-ersinerpok** *s. s.* N. beweglich: **er hat ihm sein
— verloren**, durch Unglück oder sonst.

-ersivok *refl.* er hat sein — verloren, eingebüßt (er selbst).
-ersijauvok *desgl.*, nur durch andre, es ist ihm verloren worden.
Bei allen Arten von Eigentum, nur nicht bei Verlust durch den Tod
(we -erpok).

    kajaersivâ, kajaersinerpok óminga er hat ihm seinen
        Kajak verloren.
    kajaersivok, savérsivok hat seinen K., sein Messer ver-
        loren, eingebüßt (selbst).
    kajaersijauvok hat seinen Kajak verloren, eingebüßt (durch
        einen andern).
    merkut; merkutaersivok sie hat ihre Nähnadel verloren
        (selbst).
    kamik; kamérsivâ (= kami ersivâ) er hat ihm seine Stiefeln
        verloren.

bb) **-ilivâ verletzt, beschädigt ihn daran** s. in der alphab. Reihe.
cc) **-erutivâ** (erúpá) *c. s.* **-erutjivok** *s. s.* N. beweglich: **er macht
ihn**, *s. s.* jäten., **(ganz) ohne, entblößt ihn davon**, „indem er etwas
anders [das weiter nicht genannt wird, aber dazu gedacht werden kann]
thut, wovon dieses [d. h. das Ohnemachen] zugleich die Folge wird."
Kljchm. Dem Eskimo ist der Unterschied vom einfachen -erpâ scheint's
vor allem der, daß erutivâ immer ein gänzliches Ohnemachen,
zu Endemachen ausdrückt, während durch -erpâ sowohl dieses, als auch
nur ein teilweises Ohnemachen ausgedrückt wird. S. die Beisp.

-erutivok *refl.* **ist (ganz) entblößt von, befindet sich ohne, hat keinen
— mehr** (infolge davon, daß rc.).

    piksak was man bekommen soll; piksaerutivâ hat ihn
        ohne das, was er bekommen sollte, gemacht, es an sich
        gebracht (für sich od. andre), und zwar alles („ungu-
        lugit").
    nukke; nukkérutivok (nukkingerutivok) hat keine Kraft,
        Stärke mehr.
    pitsartuvok ist kräftig, pitsartunek Macht rc.
    pitsartuérutivâ vom Verb | hat ihn ohne Kraft rc.
    pitsartunérutivâ vom Nennwort | gemacht.
    akkiliksak; akkiliksaerutivâ bezahlt ihm seine (ganzen)
        Schulden.
    akkiliksaerutivok ist ganz schuldenfrei geworden.
    akkiliksaerpâ dagegen: bezahlt Schulden für ihn (sei's alle,
        sei's nur teilweise).
    kitorngak; kitorngaerutivok hat alle Kinder verloren, ist
        nun kinderlos.
    kitorngaerpok dagegen kann auch nur heißen: hat ein
        Kind verloren.
    imak; imaerutivok (das Gefäß rc.) hat seinen (flüssigen)
        Inhalt eingebüßt, ist (völlig) geleert. NB. Dies ganz
        = imaerpok.

iniksaerutivok hat durchaus keinen Aufenthaltsort mehr; aungerutivok (von auk)
hat kein Blut mehr, ein Blasser, Kranker od. wenn das Blut ausgelaufen; issumaerutivok
hat den Verstand verloren; êgaerutivok die Dorsche sind ihm (völlig) ausgegangen, zu

II. Anhänge.

Ende (s. Anfg. § 393) annorneruŧivara ich verderbe, beschmutze ihm seine Kleider, indem ich sie brauche, oder: ich laufe ihm seine Kleider so gut wie alle ab, so daß er nur etwa das behält, was er auf dem Leibe trägt. Ferner kumut. tik Schlitten; kumutaer-tauvunga bin ohne Schlitten gemacht worden (indem z. B. jemand damit fortgefahren ist, oder wenn ihn mir jmd. ver- oder abgehandelt hat; kumutaerpunga habe ihn selbst ver handelt), dagegen: kumutnerutjauvunga (= tijauvunga) bin völlig ohne Schlitten gemacht worden (indem z. B. alle meine, od. alle Schlitten auf dem Lande fort sind); — tokuk-snerutjiga (= tijiga) (Weib. Kr. 113) mein mich ohne Todessache machender, der mir den Tod (völlig) wegnimmt.

§ 395. *-ertorpâ. pok bei Zahlw. thut (ihm) so und so vielmal; s. schon § 111. pingasuertorlune (lugo) dreimal.
pingasuertorpakka ich thue (nehme rc.) sie dreimal.

109. -gajukpok Kl. 1 -rajukpok *s. s* und *e. s.* B. „oftmalig, immer, bei jeder Gelegenheit."
-gajuipok selten, nicht oft.
  tiglikpok: tigligajukpok stiehlt bei jeder Gelegenheit, oft.
  aularpok; aularajukpok geht oft, immer aus.
  tussarpâ; tussarajukpâ hört es oft, immer.
  tussartaugagnipok es wird selten gehört.
  tuktupok: tuktugajukpok erlegt oft, bei jeder Gelegen-
      heit Renntiere.

28. -galak, -galâk und -gulak, (agulak ob.) -arulak (laub, lâk, lait) N. beweglich: klein, wenig. Während die letzteren wohl stets nur die Kleinheit bezeichnen, ist dies bei -galak nicht so ohne weiteres der Fall, und man muß es dem Sprachgebrauch ablauschen, in welchem Sinn es gebraucht wird. Oft an Wörter, die schon eine Kleinheit bedeuten. S. auch -giarlak. Ueber Aussprache und Schreibung (-galak oder -ralak) s. Anfg. beim folg. -galakpok.
  unagalak, tâmnagalak oft gebrauchter Ausruf, wenn man jmdn. oder etwas mit Interesse, Teilnahme ob. Befrem- dung sieht. Jedenfalls nicht: dieser, dieses Kleine! Aber mit welchem näheren Sinn? Nicht bloß, wenn man etwas Schönes, Erfreuliches, Belustigendes wahrnimmt, sondern auch Verwunderung, Befremdung ausdrückend, z. B. über ein Kind, das Dinge redet, die es nicht reden sollte.
  Davidegalak, Luisagalak nicht: der kleine (ob. nette) David, Luise, sondern nur ganz neutraler Unterscheidungs= name von andern Davids und Luisen. Dagegen:
  orksôk; orksaugalâmik ein wenig Speck, *lecus.*
  Luisagulak ob. Luisârulak (= a-arulak) die kleine Luise.
  nukardlek; nukardliârulait die kleinen Jüngeren.
  kingmek; kingmiârulak der kleine (junge) Hund.
  kakkak; kakkârulak kleiner Berg, Hügel.
  alupsaut; alupsautiarulak der kleine Löffel.
  ammalogalâk wieder ein wenig, noch einmal ein wenig.

sunatuinagalâmik mancherlei, verschiedenes Kleines; akkunigalak ein wenig lang, einigermaßen lang; kerkânogalâk ein wenig in der Mitte; kètâgulak od. kètârnlak ein klein wenig; nakornersagalaulerpok (ob. von -galakpok: nakornersagalalerpok) er fängt an ein wenig besser zu sein; mikkijoârulârsukulluit ganz ganz kleine winzige; illainâru- lârsukullua nur ein ganz, ganz klein wenig von ihm.

129. **-galukpok, -galâkpok, -galûvok***) u. ſ. und r. u. B. beweglich: **ein wenig, etwas**. Doch ſcheint bei manchen Worten damit noch eine eigene Gedankenfärbung verknüpft zu ſein.

aukpoᴋ; augalangmat weil es ein wenig taut.
sillalukpoᴋ; sillalugalakpoᴋ es regnet etwas.
âniavoᴋ: ániagaláinarput ſie (z. B. meine Hände) thun immer etwas weh.
ᴋanoépoᴋ: ᴋanoegaláinarpoᴋ es fehlt ihm immer etwas.
tussárpá; tussagalakpavut wir hören es (u. zwar immer: mancherlei, verſchiedenes) ein wenig (ſei's durch unſern Gehörſinn, ſei's durch den Bericht der Leute).
tussagaláᴋpogut manche mit dem beſondern Sinn: wir hören wenig, ſind nicht zufrieden mit dem, was wir zu hören bekommen.
ᴋaigalakpoᴋ („sukkaitomik pigune") er kommt wenig, d. h. langſam.
missugalálauruk tauche es ein wenig ein! ᴋaitsigalágit bring, gib ein wenig her! taijungalájungnangítoᴋ ſie kann nicht ein wenig genannt werden (ohne daß ſie gleich böſe wird); arvertugaláinarpoᴋ er wandelt, geht immer ein wenig; ungagigalángitara ich bin (auch) nicht ein wenig, d. h. durchaus nicht anhänglich an ihn (= ungangimaríktara); ᴋemergogalakpá er betrachtet es ein wenig; aber auch von längerem Betrachten, wenn man etwas zum erſtenmal ordentlich ſich anſieht; oᴋautigigaláníarlavut laßt uns ein wenig davon reden! Von einer Kranken: ingminik pigalálaukpoᴋ ſie hat ſich ſelbſt ein wenig beſorgt (gethan); tiktaugalakpoᴋ wird etwas fortgeweht; dagegen tiktaugaláᴋpoᴋ wird hin- und hergeweht, Segel, Wäſche.

13. **-galloaᴋ** Kl. 1 ralloaᴋ (loah, loáᴋ, loat) B. (u. N.): **ein zwar, wohl § 396.** (ſo ſeiender). Immer iſt ein folgendes **aber** hinzuzudenken, auch wenn der Satz nicht vollendet iſt. Wie -galloarpoᴋ ungemein häufig gebraucht; viel mehr, als es uns im Deutſchen nahe liegen würde. -galloaᴋ tritt

a) der Form nach an das Verb, aber doch mittelbar an ein Nennwort (ſowie auch an Partikeln und andre Wortformen), indem dieſes durch -uvoᴋ (er iſt) in ein Zeitwort verwandelt wird**): beſ. häufig an die Nom. partizipien auf toᴋ, -joᴋ. Und dieſe Ausdrucksweiſe mit dem Nom. part. iſt ungemein beliebt ſtatt der betreffenden Formen vom Verb -galloarpoᴋ, wobei ein: „er iſt, ſie ſind" zu ergänzen iſt; vgl. § 282.

nerkiksak Speiſe, nerkiksauvoᴋ es iſt Speiſe;
nerkiksaugalloaᴋ (ob. nerkiksaujógalloaᴋ) zwar Speiſe ſeiend (iſt's) aber ..., d. h. es iſt zwar Speiſe = nerkiksaugalloarpoᴋ.
tikípoᴋ und mit dem Nom. part. tikitóvoᴋ (to-ovoᴋ) iſt gekommen;

---

*) Ausſprache und Schreibung. Sprich nach § 6 in -galak, -galakpok das g durchaus nicht wie im deutſchen „Gabe", ſondern etwa wie in „Lage", es dem zöſ. Kehl r ſehr nähernd. In Grdl. wird dieſer Anhang mit r -ralak geſchrieben. Dies iſt aber in Labr. wohl kaum zu thun, ſelbſt nicht nach Stämmen auf ᴋ (1 Verbalklaſſe auf rpoᴋ), wie u. a. folg. Bildungen von iᴋajorpoᴋ, ajorpoᴋ, imerpoᴋ beweiſen: Wohl ajoralloarpara, iᴋajoralloarpoᴋ, imeralloarpoᴋ, aber anders lautend: ajogalakpara, iᴋajugalakpoᴋ, imigalakpoᴋ (wie in pisugalloarpoᴋ, pigalloarpoᴋ). Vgl. Fußn. bei -ráluk § 385. Nur bei -arulak ſcheint dieſe Form wohl beſſer (?) als -agulak.

**) Man kann ſich dann ebenſo ausdrücken, daß -ugalloak, -ogalloak direkt aus Nennwort tritt. Dieſes -ogalloak klingt dem europ. Ohre faſt ſtets wie valloaᴋ, z. B. in ahaugalloak, ᴋétaugalloak; es iſt aber kein v, ſondern g da.

II. Anhänge.

tikitôgalloaĸ ein zwar gekommener (ist er), aber ....;
d. h. er ist zwar gekommen = tikigalloarpoĸ. Ebenso:
annivoĸ; annijôgalloat zwar hinausgehende (sind, waren
sie), d. h. sie gehen, gingen zwar hinaus.
takovâ; takojangalloaĸ oder takojanjôgalloaĸ ein zwar
gesehener (ist er), ist zwar gesehen worden.
tâmma, tâpsoma *Trans.*, tâmmaugalloaĸ, tâpsomau-
galloaĸ (NB. nicht galloab) dieser zwar (vgl. dagegen
§ 352).
áhma; ahaugalloaĸ ja (so ist's, so möchte ich, er) zwar,
aber (es ist schwer, kaum möglich: ich, er kann nicht,
kann kaum). Aussprache s. S. 191. Fußn.**
kéta; kétaunersangalloaĸ zwar weniger.
attautsemiogalloaĸ zwar, wohl einen (attautsemik z. B.
habe ich bekommen).

b) An Nennwörter unmittelbar selten, d. h. nur nach dem
Anhang -ksaĸ und dem pass. Part. auf taĸ, -jaĸ mit Suffixen
(sein, dein ꝛc.)
piksaĸ bestimmtes Teil; piksaralloat dein zwar bestimmtes
Teil, was du hättest haben sollen (aber das ....).
pijomajaĸ (pijomangitaĸ) das (nicht) Gewollte.
pijomajaralloara, pijomangitaralloara mein zwar (Ge=
wolltes, Nichtgewolltes, was ich wohl will, nicht will,
aber ....; ganz ebenso nur häufiger als das vom
Verbalstamm und -galloarpoĸ gebildete: pijomagallo-
artara, pijomangigalloartara. Röm. 7, 19.

117. **-galloarpoĸ** Kl. 2 und 3 daneben auch -kalloarpoĸ, Kl. 1 -rallo-
arpoĸ *s. s.* und *e. s.* V. beweglich: **zwar, wohl, allerdings**, aber ...:
s. -galloaĸ. Die Anhänge -laukpoĸ, -miarpoĸ, -lárpoĸ, -omárpoĸ
haben stets vor, nicht nach zu stehn; ebenso die Negation -ngilaĸ,
diese auch gewöhnlich beim Infinitiv (lune, lugo) s. u.

illikterpâ; illikteralloarpâ sie schneidet es zwar zu, aber ...
pisukpoĸ; pisugalloarpoĸ od. pisukkalloarpoĸ geht zwar.
ingípoĸ; ingigalloarpoĸ od. ingikkalloarpoĸ setzt sich
wohl, zwar.
ániavoĸ: ániangikkalloarpoĸ (nicht galloangilaĸ) hat zwar
nicht Schmerzen.
ánialanralloarpoĸ (nicht ániagalloalaukpoĸ) er hat zwar
gelitten.
ánianiaralloarpoĸ wird zwar leiden.
ánialungigalloardlune (besser nicht ániagallo-
arane) er zwar nicht leidend.
kivgaungigalloardlunga (besser nicht kivgaugal-
loarnanga) ich zwar nicht ein Knecht seiend. | *Neg.*
takungigalloardlugo (besser nicht takogalloar- | *Infi-*
nago) ihn zwar nicht sehend. | *nitive.*
mânengigalloartillugo (besser nicht mânégallo-
artinnago) während er zwar nicht hier ist (§ 506),
trotzdem daß er nicht hier ist.

2. Alphab. Verzeichnis.

Anm. Die häufige Form -galleamut, nicht von -galloak sondern eine Abkürzung aus -galloarnermut. s. bei No. 2. Anm. 1. 3. B. von tuavipok, ningarsaraipok: tuavigalloamut, ningarsarnigalloamut durch, aus zwar schnell sein, schnell zürnen, d. h. vor Eile, durch schnell in Zorn geraten. — Ueber die Subjunktivform -galloarune s. § 560.

106. **-gánnerpok** Kl. 1 -ránnerpok *s. s.* und *c. s.* B. beweglich: **fährt fort zu.** § 397.

taimailiorpok; taimailioránnerpok fährt fort so zu thun.
okautivá; okautigannerpá fährt fort zu ihm zu reden.
takovok; takugánnerpok fährt fort zu sehn (vgl. takoránnerpok sieht hübsch aus unter nerpok).
ungagivá; ungagigánnerpá fährt fort anhänglich an ihn zu sein.

†**-ggarpok** *s. s.* und *c. s.* B. **mit genauer, zur knappen Not.** Nicht grade häufig. (Grlb. -ŕkarpok, -vkarpok).

tussarpok, på; tussaggarpok, på **hört (es) zur knappen Not.**
tikíggarpok, på ist mit genauer Not (zu ihm) gekommen = serlammarik tikipok.

ullipá dreht es um, das Inwendige nach außen; ulliggarpok wird zur Not umgedreht, läßt sich nur zur Not (vor Härte) umwenden. Im Wbch. S. 348 fälschlich als = mit ulligarpok das Wasser tritt über angegeben. Denn es hat 2 g und den Haupt=ton auf der drittletzten Silbe, während letzteres nur ein g u. den Ton auf der zweitletzten Silbe hat. Grade wie iggák (Dual) Schneebrille und iga Küche.

33. **-gasait** *Plur.* von -gasak. N. beweglich: **mehrere, viele;** oft mit soak: **-gasaksuit viele, eine größere Menge.**

iglo; iglugasait mehrere, viele Häuser, ein Dorf (grlb. igdlorpait).
iglugasaksuit viel, viel Häuser, eine Stadt.
iglugasangue *Loc.* im Dorf.
inuk; inugasaksuit viel Leute, Volk, viel Volks*).
kilangmiogasaksuit die himmlischen Heerscharen.

Anm. Dies Wort ohne weiteres für „Herde" anzuwenden, geht nicht. Mt. 8, 30 steht es im Zusammenhang gut für eine große Herde. Die Renntieren nennt man eine Herde: kattimajut (nicht kattimgajut), bei Seehunden amisut; eine kleine Herde von etwa 6, 7 Stück: kattimajoarlait, amisuarlait. Mehrere Seehundstrupps: amisut. Einige brauchen ebenso von mehreren Renntierherden: kattimajuit (oder it). Vgl. § 94 a.

57. **-gêkput** nach k -rêkput *s. s.* eine Verlängerung von -givá. N. be= § 398. weglich: **sie haben einander zum —; sind gegenseitig —;** und ohne Verbalendung: **-gêk, -gêt** nach k -rêt **weiche einander zum — haben.**

Manchmal auch im *Sing.* s. die Beisp. — Im *Plur.* von -gêk erscheint vor dem n der Apposition nicht etwa das ursprüngliche k als ng, wohl als Unterschied zum Dual, z. B. illagênut Plur., illagêngnut Dual. § 55.

a) **An Nennwörtern**, natürlich nur bei solchen, wo der Sinn eine Gegenseitigkeit gestattet, bes. Verwandtschaftsnamen und Wörtern mit dem Anhang -lek (dlek) § 133.

---

*) und mit einer sonst nicht vorkommenden Abänderung (mit -giak, -giarput) inugiartoksuit Menschen in Menge, Volk. Ebenso auch uungiartoksuit. Auch das einfache Verb kommt vor: iglome inugiarput, uungiarput sie sind viele Menschen, viele im Hause.

II. Anhänge.

attok; atterĕk zwei die einander zum Namen haben, Namensvettern.
illa; ilḷagét Gemeinschaft habende, auch: miteinander Verwandte („Gemeine").
kattangut; kattangutigékput sie sind (gegenseitig) Geschwister.
kitorngak; kitorngarét Familie d. h. Kinder und Eltern (f. Anm.).
sennillek der danebige; sennilleret nebeneinander befindliche.
iglo eins von 2 zusammengehörigen; iglugék ein Paar.
adse das einem andern gleiche; adsigékput sind einander gleich, ähnlich. Aber auch Singular:
adsigékpok (uvamnut) ganz wie im Deutschen: es ist (mir) einerlei (z. B. was du auch thust).
adsigémik *(Sing.)* tukkekarpuk die zwei Dinge haben einerlei Sinn.

Anm. „Eine eigene Anwendung dieses Anhangs findet bei Verwandtschaftsnamen statt, indem nämlich, wo die verschiedenen Partien sonst verschieden benannt werden, der Name des einen auch den andern umfaßt. So nulliarék eigentlich zwei, die sich gegenseitig zur Frau haben: aber weil dies ein Unding ist, so wird es sozusagen auf eine ganz natürliche Weise: Mann und Frau." Ebenso erneret Vater, Mutter und Sohn, paniget Vater, Mutter und Tochter; nukkarét Geschwister (d. h. Brüder und Brüder, oder Schwestern und Schwestern), dagegen najagét, annigét beides: Brüder und Schwestern.
Noch andre Beispiele: (§ 133) kolleret die s. einander zum obern haben, z. B. von Stockwerken im Haus; kallerékput haben einander zum oberen, liegen auf, übereinander; akkilerék zwei, die sich gegenüberstehn, liegen; ikinga nungmik akkulerémik *(Sing.)* marnekainarpok seine Wunde hat immer mit Blut vermischten Eiter; nelligékput sind einander gleich (§ 120 Anm.); kingorlerékluktik sie hintereinander (seiend), kingorlerektillugit sie *(Acc.)* hintereinander (thuend, z. B. besprechend, bearbeitend); kannitarét oder kannitorét die einander nah (kannitok, tox) sind z. B. auch von Leuten, die im gleichen Jahr Geburtstag haben, oder auch von Verwandtschaft, nicht von Geschwistern). Manche scheint's von der Verwandtschaft mehr kannitorét.

b) An Verben, aber nicht unmittelbar, sondern in der Form: **tigékput**, Kl. 4 **-jigékput** sie thun einander so. Man bildet nämlich das Part. auf e, sei es vom e. s. Verb (§ 283), sei es vom s. s. Verb (§ 279), was für die Bedeutung ganz einerlei ist: und an dieses auf te oder -je endende Nennwort wird unn -gékput gesetzt. Außerdem s. -katigékput miteinander und vgl. -utivut sie — einander.

kaiblarpâ *e. s.* ermuntert, ermahnt ihn, kaiblarte der (ihn) ermuntert.
kaiblaivok *s. s.* ermuntert, kaiblaijo Ermunterer.
kaiblartigékput } sie sind einander Ermahnende, d. h. sie
kaiblaijigékput } ermahnen einander.
ajoker-tortigékput (ob. -tuijigékput) sie belehren einander.
naglikpok, pâ; nagliktigékput sie lieben einander.
mallikpok, pâ; malliktigét aufeinander folgende.

Anm. Selbst Eskimos sprechen bisweilen tigékput, wo -jigékput hingehört, was durchaus nicht nachzuahmen.

§ 399. 8. **-gékut** (-gékutiksak), bei Kl. 1 **-rékut**. B. beweglich, doch von beschränktem Gebrauch: **ein Mittel**, (etwas, ein Gegenstand, der angebracht, angewendet wird) um das und das zu verhüten, zu verhindern. Wohl zusammengesetzt aus -giarpok § 401, -ipok § 414,b, und -kut § 427*).

utterpok kehrt um, geht zurück: utterêkut, auch utteriarêkut etwas zum Unterlegen, Vorstecken ꝛc., daß eine Sache (Schlitten, Wagen ꝛc.) nicht zurückgehe, nicht ins Zurückgehen komme, nicht zurückzugehen anfange.

aksavok er, es rollt (sich) etwas; aksagêkutiksak etwas, das das Rollen, Kullern verhindern soll, z. B. ein Stück Holz unter einem Faß Wbch. S. 20.

Desgl. tessijarêkut Wbch. S. 319; erparêkut S. 56; usserêkut S. 355; kivilerêkut Hosenträger S. 145. Doch auch möglich zu sagen: änerêkutiksak, äniagêkutiksak, kuviasugêkutiksak etwas, das Schmerzen (Wehthun), Leiden, Freude verhindern soll (kuviasuktailititsijok).

104. -gêrpok Kl. 1 -rêrpok s. s. und c. s. V. beweglich: ist fertig damit, daher oft: hat bereits, hat schon gethan**). Ebenso -jarêrpok Kl. 3 -tsarêrpok. Dagegen: -lerêrpok (mit -lerpok Nr. 87) für unser Präsens, den jetzt noch dauernden Zustand: er thut (jetzt) bereits so; eig. er hat schon angefangen so zu thun. Oft -gêrivok, -lerêrivok schon wieder (mit -givok Nr. 145).

nerivok; nerigêrpok ob. nerijarêrpok ist fertig mit essen, ob. nach dem Zusammenhang: er hat schon gegessen.
nerilerêrpok er ißt schon.
äniavok; äniagêrpok hat schon gelitten, ist fertig damit.
änialerêrpok er leidet schon.
tikipok; tikigêrpok ob. tikitsarêrpok ist schon gekommen.
pivok (vâ) thut (es); pijarêrpok (pâ) ist fertig (mit ihm).
kaivok; kailerêrivunga ich komme schon wieder.
angijôvok; angijôlerêrpok ist schon groß.
sivauuerêrpat wenn's fertig geläutet hat, d. h. nach dem Läuten.

nautsertoraksavut attuarêrtavut unser Text, den wir (eben) fertig gelesen oder auch; den wir schon gelesen; unipkárêrpok hat schon erzählt (-kâlerêrpok erzählt schon); annigêrpok ist schon hinausgegangen, annilerêrpok geht schon hinaus; äkigêrpok Mt. 18, 15; erkartortaujarêrpok ist schon gerichtet Joh. 3, 18. In Folgendem kommen aber beide Formen auf eins heraus: itsaksauk (inde okarêrpok und okalerêrpok vor alters hat Gott schon gesagt, oder: sagte Gott schon.

Anm. -olerêrtok schon. Zu dieser Form, d. h. indem die Worte durch -ovok er ist zu Verben gemacht werden, kann der Anhang auch an alle möglichen anderen Wortformen treten z. B. nunameolerêrtok schon auf Erden, attuautsemiolerêrtok schon einen (attautsemik). Vgl. -uvok Anm. und § 350.

---

*) Kleinschm. schreibt: „Ein langes o vor -kut wird wohl immer aus zwei zusammengekommenen l bestehen, so in uterikut, was aus utorkarpok), -ipok und -kut besteht." Darnach ist oben die Zusammensetzung des Anhangs gegeben. Er würde demgemäß bedeuten: ein Mittel um das Entgegengesetzte (-ipok) von dem Anfangen (-giarpok) des so und so Seins oder Thuns zu bewirken. Das obige Beisp. utterikut, utterikut (von utterlarpok er fängt eben an umzukehren), in dem also ein doppeltes -riarpok enthalten wäre, braucht nicht gegen diese Deutung zu sprechen. — Vgl. die gleich folgende Fußnote.
**) Nach Kleinschmdts. interessanter Vermutung ist -gêrpok aus -giarpok, Nr. 103 und -erpok § 393 Anm. 1 entstanden: „ist nicht mehr im werdenden" d. h. fertig. Vgl. die vorstehende Fußnote, und die Fußn. zu § 414 (nullêtok aus nullisk und -ípok). Desgl. kiktorêltak aus kiktoriak u. -iltak.

13*

§ 400. 103. **-giak** ein wenig s. bei -giarpok.
†**-giak, -giarput, -giartorsuit** (es sind) mehrere, viele s. -gasait § 397 Fußn.
9. **-giak** Kl. 1 -riak. ob. **-jariak** Kl. 3 -tsariak. V. beweglich: **das (so sein, thun) Müssen, Sollen.** Der Begriff des Müssens schwindet aber meist, und es heißt, wenn ohne weitere Zusammensetzung mit andern Anhängen, jetzt meist nur: **das so Sein, Thun.** (Vielleicht ursprünglich zunächst, aus dem Müssen, Sollen hervorgehend, nur futurisch, von etwas Zukünftigem, jetzt erst eintreten Sollenden, Werdenden, wie die meisten Beispiele unten zeigen, also das so sein, thun Sollen, Werden. Aber dann doch auch von der Vergangenheit, s. das letzte Beisp.). Sehr ähnlich dann wie nok Nr. 4 und überaus viel gebraucht.

    aulárpok zieht fort, ab; takpaungarpok geht hinauf.
    aulariamik, takpaungariamik issumakangilak er denkt nicht ans Fortziehn, ans Hinaufgehn.
    pisukpok; pisugiamik (ob. pisungnermik) sulle sapperpok er ist noch (des Gehens) zu gehen unvermögend.

namut âtsigiamik (atsinermik, atsijuksaunermik) nellovunga das wohin Bringen (sollen) d. h. wohin ich's bringen soll, weiß ich nicht; nulliaregiak idluangilak Mt. 19, 10: es ist nicht gut, ehelich werden; s. auch Ap. 17, 26 sivitujaringit, nunakariangit; tikigiamik (tikilâriamik) kollarpunga ich zweifle an seinem (meinem) Kommen (werden); sivorasugungnaerpunga kenjagiamik fürchte mich nicht mehr vor dem Frieren; nunab pinginut oehotitaugiamik issumakalauralloarpunga an das durch die Erdendinge zu Falle gebracht Werden (können, müssen) habe ich wohl gedacht; nellonarsivok sikkub ausaraigianga des Eises schnelles Auftauen ist fraglich geworden; von Vergangenem: tigusigianga (ob. tigusilaugianga) kanjilaungitara sein Nehmen (daß oder ob er genommen hat) hab' ich nicht gewußt.

    Eine sehr häufige Verbindung ist mit -karpok § 420:
-giakarpok Kl. 1 -riakarpok, ob. **-jariakarpok** Kl. 3 -tsariakarpok *s. s.* und *c. s.* V. beweglich: **er, es hat es** (*s. s.* etwas, mik) **nötig.** Das *c. s.* ist eigentlich falsch, aber doch bei allen Eskimos völlig im Gebrauch*).

    pivok; pijariakarpok ob. pigiakarpok er hat nötig (etwas mik) oder: es hat nötig (zu sein, zu geschehn) d. h. es ist nötig.
    pijariakartut Leute, die etwas nötig haben ꝛc., oder Dinge, die nötig, wichtig ꝛc. sind.
    mersorpâ; mersoriakarpâ | sie hat nötig es zu nähen,
                mersujariakarpâ | muß es nähen.
    mersortaugiakarpok es muß genäht werden.
    miklilerpok wird klein; miklileriakarpunga ich muß abnehmen Joh. 3, 30.
    sinnikpok: sinnijariakangilak er hat nicht | nötig zu
            sinnijariakangilagut wir haben nicht | schlafen.
    sugiarpâ straft ihn; sugiartaujariakarpok er hat nötig gezüchtigt zu werden.
    kennerpok; kenneriakarpok | er hat nötig zu suchen.
    ob. kennijariakarpok |

---

*) Der Gebrauch dieses Anhangs überhaupt weicht vom Grdl. ab, und entspricht dem, was Kleinschm. im Wbch. inkorrekte Rede nennt. Im Grdl., und das mag das Ursprüngliche, Korrekte sein, ist die Konstruktion ganz wie bei narpok mit dem Terminalis.

2. Alphab. Verzeichnis. 197

27. **-giarlak** (laub, lâk, lait) **klein, wenig.** An Nennwörter, bef. aber § 401.
an Orts- und Deutewörtern und Partikeln. Ganz wie -valɢk und
ähnlich wie -galak, und das folg. -giaɢ, von dem es wohl nur eine
Zusammensetzung ist. Besonders häufig mit -arsuk Nr. 16:
-giarlârsuk ein klein wenig; auch mit Verbalendung und an Verba
-giarlakpoɢ und bef. **-giarlârsukpoɢ** (f. b. Fußn.). Vgl.
die Beisp. bei -valɢk, -galak und -giaɢ.

    angijoɢ; angijogiarlamik (lârsungmik) etwas (hübsch)
    klein großes, d. h. etwas schon anständig großes, ziemlich
    großes.

    ovunga; ovungagiarlak (lârsuk) ein klein wenig hieher!
    ikunga; ikungagiarlârsugit *Imp.* geh ein klein wenig mehr
    dorthin!

    pêrit *Imp.*; pêriarlârsugit*) geh ein klein wenig fort,
    d. h. aus dem Weg!

ovatsiarogiarlak (ob. lârsuk) ganz wie ovatsiarogalak, ovatsiarogalaulerpat in
einer kleinen Weile; ovatsiarogiarlanit (§ 312) seit ganz kurzem; von nûpoɢ: nûgiarlak-
poɢ, nûgiarlârsukpoɢ, nûgalakpoɢ er rückt ein wenig fort; immarbingmugiarlak etwas
aufs tiefe Wasser zu, aufs t. W. hin, d. h. etwas fort vom Strande.

103. **-giarpoɢ** Kl. 1 -riarpoɢ *s. s.* und *c. s.* V. beweglich: **er fängt an zu,**
(„ist im werdenden"), oft daher völlig mit: **ein wenig, etwas** zu übersetzen. An Orts-, Deutewörtern und Partikeln sehr häufig der bloße
Stamm:
-giaɢ ein wenig. Vgl. -giarlak und -galâk.

    pivoɢ; pigiarpoɢ er, es fängt an (zu sein, zu thun).
    pigiatainarningane in seinem ersten Anfange.
    sâpoɢ wendet, kehrt sich zu jemand; sâgiarpoɢ wendet
    sich ein wenig, beginnt sich zu wenden, für „sich bekehren"
    gebraucht (f. Anm. 1).
    ĸaivoɢ; kaigiarle es möge ein wenig kommen, bewege es
    etwas hieher ꝛc.
    aivoɢ; aigiarpoɢ entweder fängt an fortzugehn, ob. auch
    geht ein wenig fort.
    allivarpoɢ; allivariarpoɢ *s. s.* und *c. s.* **entfernt sich** (ihn)
    ein wenig.
    paunga; paungagiaɢ (f. Anm 2) ein wenig hinauf! ob.
    nach Westen!
    ammalo; ammalogiaɢ (ob. ammalogiarlârsuk, amma-
    logalâk) noch einmal ein wenig.

kattagiarlugo laß es (das Segel) ein wenig herunter; amugiarlugo ziehe es ein
wenig auf! ĸassugiarlugo mache es, sie (Tau, Violinsaite ꝛc.) ein wenig schlaffer; pêrit
geh weg, aus dem Weg! pêriarit geh ein wenig weg! von kejukpâ *c. s.* (kejuksivoɢ *s. s.*)
er gibt ihm den Ofen, Feuer) Holz; kejugiarlugo ober kejugiaruk (kejugiarlârsuguk)
lege ein (klein) wenig Holz an ober nach (Gegenteil: kejunadlarlugo leg tüchtig Holz
nach, an]! aksut brauf zu ꝛc., aksugiaɢ ein wenig („angijomiungitoɢ") brauf zu!

---

*) Eigentlich sollte, wie dies Wort r hat, auch das vorige lauten ikungariarlârsugit, indem der Anhang
an das zum Verb gemachte ikungarpoɢ (geht dorthin) gehängt werden sollte (wie -riarpoɢ bei Kl. 1 neben
-giarpoɢ). Der Gst. sieht aber scheint's bei solchen Wörtern wie ikunga vor, wenn auch eigentlich ungenau,
-giarlakpoɢ direkt an ein solches zu setzen (so baß es nur in der Form mit g, nicht mit r erscheint). Vgl.
aber auch § 385 Fußn. über r und g.

II. Anhänge.

Anm. 1. sâgiarpoᴋ. Die Bemerkung im Wbch. gegen dies Wort für „sich bekehren" ist kaum begründet. Der Eskimo legt bei dieser Anwendung des Wortes nicht den Sinn hinein: er wendet sich (nur) ein wenig, wonach der mangelnde Ernst dadurch ausgedrückt wäre, sondern es scheint nach der Grundbedeutung zu heißen: sein sich Wenden ist noch im Werden, nicht abgeschlossen. Bei leiblicher Bewegung des Körpers heißt sâgiurit allerdings: wende dich ein wenig!

Anm. 2. Mit dem aus panngu gebildeten panngagiaᴋ (s. o.) vgl. das für ein europ. Ohr fast gleichlautende, aus panngarpoᴋ u. dem andern -giaᴋ -riaᴋ Nr. 9 gebildete panngariaᴋ das Hinaufgehn (müssen).

§ 402. †**-gijârpâ** nach ᴋ -rijârpâ (seltner -gijârivâ) N. r. s. **er hat ihn scheinbar, dem Anschein nach zu seinem —, er hat ihn wie zum —,** d. h. **jener (andre) gleicht seinem** (des Subjekts) **—, ist wie sein —,** entw. dem Aussehn od. den Gewohnheiten, dem Benehmen nach.

-gijârpoᴋ (inguinik) refl. **er** (das Subjekt) **gleicht seinem —;** eig. **er hat sich selbst** (scheinbar) **wie zu seinem —.** Aus -givâ und -jârpâ s. Anm. zu -ujârpoᴋ. Nur bei verwandtschaftlichen Beziehungen. (Ergänze und berichtige danach das im deutschen Wbch. S. 10 unter „ähnlich" Angegebene).

anâna; anânagijârpâ er hat sie wie zur Mutter, d. h. sie gleicht seiner M., sieht aus wie sie, oder sie (etwa eine Stiefmutter) ist in ihrem Benehmen wie seine M.

anânagijârpoᴋ (inguinik) er gleicht, ist ähnlich seiner (eignen) Mutter.

anânagijârpotit (illingnik) du gleichst deiner Mutter.

ernek; ernerijârtara er gleicht meinem Sohn, erinnert mich an ihn; ist wie mein Sohn, in seinen Manieren überhaupt, oder ist wie ein Sohn gegen mich.

Anm. Also **nur bei Verwandtschaft** zu gebrauchen (ob allerwärts nur darauf eingeschränkt?) Findet ein Rainer z. B. in Hebron jemand, der dem Rainer Josef gleicht, so könnte er, wenn er nicht mit diesem verwandt ist, nicht sagen: Jôsefegijârtara! denn das heißt nur: der gleicht meinem Josef (meinem Sohn od. Verwandten). Wohl aber könnte er sagen: Jôsefegijârtavut der gleicht unserm (der Rainer) Josef, die Rainer als zusammengehörige Familie gedacht.

Ein andrer Anhang, die Aehnlichkeit des Gesichts oder auch der Art, Manieren **ausdrückend ist** anânaᴋsortoᴋ, attaᴋsortoᴋ der seiner Mutter, seinem Vater ähnlich ist; najaᴋsortotit du bist deiner Schwester ähnlich.

77. **-gikpoᴋ** nach ᴋ -rikpoᴋ s. s. N. (B. s. Anm.) beweglich: **er, es hat das groß** (dann ähnlich wie tuvoᴋ Nr. 75); bei einzelnen Wörtern auch: **er hat das schön,** wofür deutlicher -tsiarikpoᴋ, -ilorikpoᴋ welche s. (dann Gegensatz -lukpoᴋ): **-giksivoᴋ** s. Anm. 2. Ueber die Bedeutung ähnlicher Anhänge s. tuvoᴋ Anm. 2.

tippe; tippigikpoᴋ (= tipperᴋortovoᴋ) hat starken Geruch (gut od. schlecht).

kenaᴋ Gesicht oder Schneide (dies Stammwort eins, aber:) kenarikpoᴋ hat ein großes Gesicht (von Natur od. z. B. durch Geschwulst).

kenumrikpoᴋ (die erste Silbe geschärft) hat eine scharfe Schneide, ist scharf.

issuma; issumagikpoᴋ hat gute Gedanken, ist wohlmeinend, Gegensatz: issumalukpoᴋ.

aunorâᴋ; aunorârikpoᴋ hat gute, schöne Kleider.

2. Alphab. Verzeichnis.

ivjoriktok was groß, viel, gut (angijomik, ánanámik) Nasen, Erde hat Mt.
13, 8; unnagikpok (= nimniolungilak) er, der Mensch, hat großes, geräumiges Land;
auch: die Gegend, Erde, Insel ꝛc. hat geräumiges Land; naksariktok (das Land), das
ein großes ebnes Thal hat.

Anm. 1. An Verba höchst selten, wohl nur mit r: -rikpok z. B. nakkarikpok es
ist schön grade abgehauen, abgeschnitten; ómarikpok er ist lebendig, munter, fleißig.

Anm. 2. -gik∫ivok (§ 476 ∫ivok b und Anm. 2) heißt dann: er hat ein großes
od schönes bekommen (bekommt es), d. h. hat nun Größeres, Besseres als vorher; anna-
ráriksivok hat gute Kleider bekommen, geht jetzt besser gekleidet als vorher; kinnariksivok
hat nun, bekommt nun ein großes, größeres Gesicht als früher z. B. durch Geschwulst;
kinnariksivok erste Silbe geschärft kín-na) hat nun eine schöne Schneide (bekommen).

135. **giorpok** Kl. 1 -riorpok *s. s.* und *c. s.* V. beweglich: **zum erstenmal;** § 403.
manchmal mit der eingeschränkteren Bedeutung: zum erstenmal
ordentlich. Fast ganz gleich -tainarpok § 479 in dessen einer Bedeutung. S. die Anm. 2 dort über den Unterschied, mit Beispielen.
  aglakpok; aglagiorpok schreibt zum erstenmal (ordentlich,
    versteht's jetzt).
  anguvok; anguggiorpok erwirbt zum erstenmal (nachdem
    er's bisher nicht verstanden, ob. nicht fähig war, — ob.
    auch allgemeiner).
  tussarpâ; tussariorpâ (= tussatainarpâ) hört es zum
    erstenmal.

†**-gipok** *s. s.* **nimmt mit sich, hat bei sich** auf Reisen, beim Ausgehn.
Vgl. das verwandte -lijarpok Nr. 69 bes. Anm. 1.
  tæglo; tæglogípok hat Schneeschuhe mit, auf dem Schlitten,
    bei seinen Sachen.
  saviksoak; saviksoagípok nimmt ein Schwert, Schnee-
    messer mit sich, in der Scheide, bei seinen Sachen.
  tiptulaut; tiptulautigípok führt eine Trompete ob. dgl.
    bei sich, nimmt mit sich.

Desgl. ullimautigípok, kukkiutigípok; arnagípok hat die Frau mit sich, z. B. bei
Besuch) = arnalijarpok

56. **-givâ** Kl. 1 -rivâ *c. s.* N. (und V.) beweglich: **er hat ihn, es zum —,** § 404.
er, es ist sein —. Oft: er hat ihn (in seinen Gedanken, seiner
Meinung) zum —, d. h. er hält ihn für (s. bes. torivâ).

a) An Nennwörter; sehr häufig. Die *s. s.* Form dazu: -karpok.
  iglo; iglogivâ er hat's zum Haus, es ist sein Haus.
  inne; innigivâ er hat's zum, es ist sein (Aufenthalts-)Ort.
  ernok; ernerivara ich habe ihn zum Sohn, es ist mein
    Sohn.
  pannik; pannigigapko weil sie meine Tochter ist.
  kairtok; kairtorivagit songojok (ob. jomik) ich habe dich
    zum d. h. du bist mein starker Fels. S. Syntax 523,4
    Schluß.
  tungavik; ujarak tungavigivâ er hat den Stein zur Unter-
    lage, zum Grund.
  Nâlegarivara nâpkigosuktok (ob. tomik) ich habe ihn zum,
    d. h. er ist mein gnädiger Herr.

II. Anhänge.

NB. Mit den Ordnungszahlen (vgl. § 105 und 109 Anm. 5): aiparivara ich habe ihn zum Genossen, zum zweiten (aipak) d. h. er ist mit mir; pingajugivâk, sittamarivât, tellimarivât fie (zwei) haben ihn zum dritten (von pingajuk), vierten (sittamak), fünften, d. h er ist (geht ꝛc.) mit den zweien, dreien, vieren.

b) **An Verba**, „die die Beschaffenheit einer Sache bezeichnen." Die н. н. Form ist hier -ksarpoĸ, -ksarpoĸ. Die Bedeutung wird oft: es ist ihm zu, allzu. Mehr Beisp. s. bei -ksarpoĸ.

angivoĸ; angigivâ er hat es zum Großen, es ist ihm (zu) groß (wohl weniger: er hält es für groß).

mikkivoĸ; mikkigivâ es ist ihm (zu) klein.

oĸumaipoĸ; oĸumaigivara es ist mir (zu) schwer.

mamarpoĸ; mamarivâ hat's zum Wohlschmeckenden, es schmeckt, riecht ihm gut (auch z. B. von Worten).

mamaipoĸ: mamaigivâ es schmeckt, riecht ihm schlecht; pijariakipoĸ: pijariakigivara ich halte es für unnötig, es ist mir unwichtig, von wenig Bedeutung; namakpoĸ: namagivâ es ist ihm recht, genug, er hält's für gut.

Anm. Ferner steht -givâ auch bei manchen Verben, „die eine Gesinnung bezeichnen". Bedeutung dann: hat ihn zu dem, gegen den er so ist oder thut. z. B. ungavoĸ ist anhänglich, ungagivâ an ihn: ersivoĸ fürchtet sich, ersigivâ vor ihm; nachovoĸ verachtet, machogivâ ihn: u. s. w. Außerdem bei manchen, wo die Grundform nicht gebräuchlich) wie: ômigivâ haßt ihn; kanugivâ schickt ihn fort, will ihn nicht mehr bei sich haben; mallugivâ wird es gewahr ob wird etwas bei ihm gewahr u. s. w.

§ 405.   **Zusammensetzungen mit -givâ**

gibt es sehr viele, nämlich **tigivâ, torivâ, tarivâ, taksarivâ, -katigivâ, -kutigivâ, utigivâ, nersarivâ, nerpârivâ**. S. dieselben an ihrer alphab. Stelle. Nur die vier ersten, die früher schon beim Verb behandelten Formen, seien hier aufgeführt.

*1) **tigivâ** Kl. 4 -jigivâ v. s. mit dem akt. Part. § 283 (ob. Nom. Part. § 279): **er hat ihn zu dem, der ihn —, d. h. er wird von ihm ge—.** Vgl. § 284—287, wo auch mehr Beispiele.

pingortipâ (titsivoĸ) er erschafft ihn.
pingortitigivara   ) ich habe ihn zum, er ist mein
„ titsijigivara)   Schöpfer.

ajoĸertorpâ; ajoĸertortigivâ er hat ihn zu dem, der ihn lehrt, jener ist sein Lehrer.

tuksiarutivâ bittet für ihn; tuksiarutjigivâ (= utijigivâ) er hat ihn zum Fürsprecher.

piuliklertigivara ähnlich wie piulijigivara ich habe ihn zum Rettenden, werde von ihm gerettet; niklertigivara habe ihn zum Holenden, er holt mich. Natürlich ist von einem intr. Verb, wie müde sein, fortgehn eine solche Bildung nicht möglich, also nicht etwa: morngortortigivara, aulartigivara.

Anm. Man unterscheide klar vom obigen ein anderes **-tigivâ** das = **utigivâ** (s. § 495) ist: **er hat es zur Ursache, zum Mittel des —**; z. B. serritigivâ = serrijuntigivâ, inôtigivâ = inôjutigivâ. tikitautigivâ = tikitanjutigivâ. Dies -tigivâ tritt aber nur an den Endvokal von Wörtern der Kl. 4 (§ 494). Daher bilde man nicht etwa niklertigivâ für niklerutigivâ; ebensowenig auch morngortortigivâ für morngortorutigivâ (ob. tôtigivâ). Vergl. das eben vor dieser Anm. Stehende.*)

---

*) Lit. 35,4 ârlortigivaktina („ein nach ihm geschickter Blick") ist nicht zu rechtfertigen; dafür besser —vigivaktina. Wenn Kol. die erstere Form für gut finden, kommt es wohl daher, daß sie sich dieselbe als ârlôtigi = ârlorutigivaktina denken, welches ja freilich auch stehen könnte.

*2) **torivâ** Kl. 4 -jorivâ c. s. **toriklerpok, toriklivok** s. s. mit dem Nom. Part. auf tok, -jok § 279: er hat ihn zu einem so Seienden, **Thueuden**; dann auch = nasugivâ: er hat ihn (in seinen Gedanken) zum d. h. hält ihn für.
    nellonarpok; nellonartorivâ er hat es zum Unbekannten,
        es ist ihm unbekannt: oder = nellonarasugivâ er hält
        es für unbekannt, zum nicht wissen.
    nellautaivok prophezeit: nellautaijorivâ entw. = nellau-
        taijokotigivâ er hat ihn zum d. h. jener ist sein Prophet;
        ob. = nellautaijónasugivâ hält ihn für einen Propheten.
    kaujivok; kaujijorivâ hält ihn für wissend.
    kaujijorivok refl. denkt, daß er selbst wisse.
    piovok er ist was (po ein Ding); piojorivok er hält sich
        für was, ist stolz.
    ajorpok; ajortorivagit ich halte dich für untauglich, schlecht.

*3) **tarivâ** Kl. 4 -jarivâ c. s. mit dem pass. Part. auf tak, -jak: er hat ihn zu dem, den er — d. h. es ist sein Ge—. Nicht grade sehr häufig. Die s. s. Form mit -karpok: takarpok.
    mngligivâ; mngligijarivâ er hat ihn zum Geliebten, er ist
        sein Geliebter.
    pingortipâ; pingortitarivait hat sie zu Geschaffenen, hat
        sie geschaffen, sie sind seine Geschöpfe.

*4) **taksarivâ** Kl. 4 -jaksarivâ c. s. mit dem pass. Part. und -ksak: er soll, muß es thun, eig. er hat ihn zu dem, der ob. das gethan werden soll. S. schon mehr § 294. 293 c.
    tussaraksarivâ er soll, muß ihn ob. es hören.
    aglagaksarivâ er soll, muß es schreiben; auch: er hat es
        zu dem, worauf er schreiben soll.
    opigijaksarivâ er soll, muß ihn verehren.

145. **-givok, -rivok, -nivok, mivok** s. s. und c. s. B. beweglich: § 406. auch, wieder. Vgl. ja § 254 – 256.
    Kl. 1 -rivok. Kl. 2 -givok und -kivok. Kl. 4 -givok.
    Kl. 3 -nivok ob. -givok, manchmal -kivok. Nach -ngilak immer
        -nivok.

    Im *Conj.* aber und *Subjunctiv*, sowie beim *Imp., Inf.* und *Part.* (-jok, -jak) immer mivok, vor dem stets ng oder r (letzteres nur bei Kl. 1) stehen muß.
    tussarpâ; tussarivâ hört es auch, wieder.
    mallikpok; mallikkivok ob. malligivok folgt auch, wieder.
    kannimalukpok; kannimalukkivok ist auch, wieder ein
        wenig krank.
    taimaipok; taimainivok ob. taimaigivok ob. taimaikivok
        er, es ist auch, ist wieder so.
    tussángilak; tussángínivok hört auch, wieder nicht.
    missigivok; missigigivok (nicht gingmivok) er fühlt,
        empfindet auch, wieder. Dagegen:
    taimaingmijok, missigingmijok *Part.* (er ist) einer, der
        auch, wieder so ist; der auch, wieder fühlt.

II. Anhänge.

tussarmijanga, mallingmijanga (er ist) sein auch, wieder
   gehörter, befolgter.
tussarmingmat, tussarmigame als, weil er auch, wieder
   hörte.
sivannermikpat wenn es wieder läutet.
tussarmilune er auch, wieder hörend.
missigingmilugo es, ihn auch, wieder fühlend.
takkolaungmilanga laß mich auch sehen (wie jener es ge=
   sehn), oder wieder sehen (etwas anders oder wie früher)!
tussarmitigut, tussalaungmitigut höre uns auch, wieder
   d. h. wie andere, oder: wie du schon sonst gethan.

Anm. 1. Bedeutung von -givoĸ. Wenn bei -givoĸ neben der Bedeutung: **auch**
die von: **wieder** notwendig mit angeführt werden muß, so hüte man sich doch ja ein
betontes wieder darunter zu verstehen, u. gehe drum von der Bedeutung auch aus, wie
ja auch im Teutschen ein solches auch) und unbetontes wieder sich berührt. Z. B. wenn
wir sagen: Dies ist unmöglich) und jenes ist auch unmöglich, so ist's dasselbe, als wenn
wir sagen: Dies ist unmöglich, und wieder (ebenfalls) das ist unmöglich. (Ganz ähnlich
ist's bei umma das auch wieder und ferner heißt.)

Bei dem betonten wieder (-lerkipoĸ, -psárpoĸ) liegt der Nachdruck darauf, daß
dieselbe Handlung wiederholt wird. Durch -givoĸ hingegen wird nur allgemein be=
zeichnet, daß überhaupt nun auch eine andere Handlung (ob. ein andrer Zustand)
eintritt (s. u. Beispiel a); wobei es dann allerdings auch vorkommen kann, daß dieselbe
Handlung (auch wieder) eintritt, und zwar in verschiedener Weise: sei es, daß sie von dem=
selben Subjekt zu verschiednen Zeiten (b), oder von zwei verschiedenen Subjekten ausgeführt
(c), oder auf verschiedene Objekte angewendet wird (d).

Itjeĸalerkipoĸ, itjeĸapsárpoĸ heißt betont: es hat wieder Kälte, nachdem wir sie
ein oder mehrere Male gehabt haben; itjeĸarivoĸ übersetzen wir wohl auch): es hat wieder
Kälte; aber dabei geht :wohl der Gedanke des Eskimos nicht zunächst und allein auf die
frühere Kälte, sondern es schweben ihm allgemeiner die verschiedenen Witterungen (darunter
natürlich auch) die Kälte) vor, etwa: „wie es im Wechsel der Zeit mild, kalt, heiß war, so
hat's jetzt (auch) wieder Kälte". So gibt es denn viele Fälle, wo sich -psárpoĸ, -lerkipoĸ
wohl mit -givoĸ berühren. Immer aber bleibt doch der obige Unterschied. So sagt der
Eskimo wohl: sórlo oĸautijarêrapkit, mánna oĸautigivagit (ob. oĸautilerkipugit -psár=
pugit) wie ich dir schon gesagt, sage ich dir jetzt wieder, jetzt auch (ob. wieder, zum andern=
male). Wenn aber imperativisch betont gesagt werden soll: sag ihnen wieder, so sagt
der Esk. nur: oĸautilerkilugit, -psárlugit! läßt dagegen oĸautingmilugit nur gelten für:
sag's ihnen auch (wie andern)!

Beispiele zum Obigen:
a) Es schneite, nun regnets auch (wieder) sillalukkivoĸ. Die Alten ermahnt
   er, und (wieder) die Kinder schmält er (auch) suangagivait. Ich
   ermahne ihn, und züchtige ihn (auch) sugiarivara.
b) (Gestern war ich krank und heute bin ich wieder (auch) krank kaniinagivunga.
   Ich komme schon wieder kailerêrivunga. Wir sind wieder ver=
   sammelt (wie früher auch) kattimagivogut (s. c).
c) Jener hat erworben und ich auch angulaurivunga. Der Priester ging an
   ihm vorüber und auch der Levit kángerivа. Wir sind auch ver=
   sammelt (wie andre) kattimagivogut (s. b). Ich möchte es auch
   sehn (wie jener andre) takkungmilago!
d) Die Alten ermahnt er und auch die Kinder kaiblarivait.

Anm. 2. Die vielfache Form von -givoĸ macht t..aji nur dem Anfänger oft
Not; drum sind die obigen Andeutungen gut im Gemüt zu behalten. Zur Uebung noch
einige Beispiele:
   Indikativ: illagivaĸ Mt. 25, 17 thut zu den zwei wieder, auch hinzu (an=
      deres); pigigivavut (nicht pigingmivavut) dagegen pigingmijavut
      wir haben es auch, wieder; tikinnivait er kommt wieder zu ihnen;
      toĸónnivá (von toĸópá) er tötet ihn auch; annitinnivait (nicht
      annitingmivait) treibt sie auch, wieder aus.

2. Alphab. Verzeichnis.

Dagegen im folg. überall mivok:

Konjunktiv und **Subj.** tussalârmigapta wie wir es auch, wieder hören werden; kailermigapta wenn wir wieder kommen; ikpigilermigapko weil ichs auch, wieder fühle; tussarmigungne (nicht tussarigungne) weil du ihn auch, wieder hörst; kaingmingmugo weil er's wieder, auch frachte; perkojaungmigapse weil euch auch, wieder befohlen ist; kaulermigangat so oft es wieder Tag wird.

Inf. illaliormilugo ihn auch aufnehmend, takokungmilugo Mart. 8, 25 ihn wieder sehen heißend; nautsertormilugit sie auch, wieder betrachtend; keneriartormivlugo (nicht torivlugo) Ap. 11, 25.

Part. takungmijase euer auch, wieder (Gesehenes (ists), aber takogivasse; ikajulaungmijara (dagegen ikajulaurivara) hab ihm auch, wieder geholfen.

Imp. tikingssile er komme auch, wieder! illumertaungmillt sie mögen auch, wieder erfüllt werden! kaingmititse kommt wieder, auch! tussarmigit entw. höre wieder (von tussarit) od. höre sie wieder, auch (von tussakit)! s. mehr Beisp. schon § 255.

Andre Formen: innekarmerkovlugit 2 Kön. 13, 5 damit sie wieder wohnten; sallumaititaungmilerkonnago damit er nicht auch, wieder beschmutzt werde.

Anm. 3. In Bezug auf den **Imp.** mit mivok vergl. das, was schon ausführlicher § 251. 256 gesagt ist, und wie er mit der Form givok eine futurische Bedeutung bekommt.

†-goarpok Kl. 1 -roarpok s. s. und c. s. V. beweglich: **oft, häufig.** Vgl. § 407. -kattarpok.

kaiblarpâ; kaiblaroarpâ erinnert ihn oft.
pâlukpok; pâlagoarpok fällt oft hin.
sillalukpok; sillalugoarpok es regnet oft.
ingípok; ingigoarpok setzt sich oft.
âniavok; âniagoarpok hat oft Schmerzen.
kaiblartaungoarpok wird oft ermahnt.

170. **-kôrpok** vom *Vial.* -gut f. ÷kôrpok.

108. **-gosukpok** Kl. 1 -rosukpok s. s. und c. s. V. ziemlich beweglich: **er hat Lust zu, ist aufgelegt zu, will gern.** In einzelnen Wörtern auch sukpok. Vgl. auch das an Nennw. tretende -gukpok Nr. 81.

imerpok; imerosukpok (vgl. imerukpok) ist aufgelegt zu trinken, durstig.
kungavok; kungagosukpok ist aufgelegt zu lächeln.
takonârpâ; takonârsukpara bin aufgelegt es anzusehn.
(nâpkipok ungebr.); nâpkigosukpok ist aufgelegt barmherzig zu sein (s. Anm.).

ijorosukpok ist aufgelegt zu lachen, tigligosukpok zu stehlen; tikigosukpok (pâ) möchte gern (zu ihm) kommen; von aukpok augosukpok entw. ist aufgelegt d. h. wird zweifellos aus der Nase bluten, es ist so feine Anlage, ob. es ist aufgelegt zu tauen z. B. uvloma augosukpok heut ist's zum tauen, wird's tauen. Desgl. ernisukpok, annarosukpok, koisukpok und koigosukpok hat einen Drang zu —.

Anm. Manchmal ist dieser Anhang die einzig gebräuchliche s. s. Form eines Verbs zu der c. s. Form -givâ, wobei seine Grundbedeutung oft fast verschwindet. Z. B. annerosukpok (annerivâ c. s.) er erwählt; puisukpok (puigivâ) traut nicht; avâgosukpok (avâgivâ) ist gültig, wohlthätig, aufgelegt dazu; illimasukpok (illimagivâ) ist besorgt; idluigosukpok (idluigivâ) = idluikarpok hält für schlecht, sehr oft speziell von eifersüchtiger Beschuldigung gebraucht; ikligosukpok s. u. bei -gukpok. Vgl. § 222 Schluß.

II. Anhänge.

81. **gukpok** nach к -rukpoĸ *s. s.* N. ziemlich beweglich: **hat Lust danach, verlangt** (wohl meist: **stark**) **danach, will**; mit -erpoĸ: **guerpok verlangt nicht mehr, will nicht mehr.**
Vgl. das vorige an Verben tretende -gosukpoĸ.
  imeĸ; imerukpoĸ verlangt stark nach Wasser, ist durstig.
  sennaugaĸ; sennaugarukpoĸ, tobagegukpoĸ verlangt sehr nach Mehl, Tabak.
  auk; augukpoĸ (nicht aurukpoĸ) verlangt nach Blut. Bildlich: ist blutdürstig. Ps. 139, 19. 55, 24. 59, 3.
  ikligukpoĸ „(verlangt stark nach iklik, dem ungebräuchlichen Stamm von ikligivá, ikligosukpoĸ also etwa: verlangt danach, seine Lust zufrieden zu stellen d. h.) ist lüstern."
  kojuk; kejuguerkĕt willst du kein Holz mehr? (so wird etwa der holzeinkaufende Kaufmann gefragt.)

Anm. -gukpoĸ scheint in seltnen Fällen auch an Verba zu treten; von tiglikpoĸ tigligukpoĸ ist aufgelegt zu stehlen; dies zwar nicht sehr gebräuchlich, aber das Nennwort tigliguk (z. B. 1 Mor. 6, 10) und davon tiglig̃óvoĸ; ferner opigukpoĸ ganz = opigosukpoĸ. Oder sollte auch hier wie bei ikligukpoĸ ein ungebräuchlicher Nennwortstamm zu Grunde liegen?

§ 408. 28. **guluk** klein s. -galak.
65. **:iarpok geht zu, nach** s. -liarpoĸ.
96. **iartorpok** öfters nur **iarpok** (vgl. Nr. 65) *s. s.* und *c. s.* B. beweglich: **geht hin oder kommt her um zu —.**
  Kl. 1 -riartorpoĸ. Kl. 2 -giartorpoĸ.
  Kl. 3 tsartorpoĸ (manche -giartorpoĸ). Kl. 4 -jartorpoĸ.
  tussarpá; tussariartorpá geht hin, kommt her es zu hören.
  kejuktarpoĸ bringt, trägt Holz; kejuktariarpoĸ geht Holz bringen, holt Holz.
  sinikpoĸ; sinigiartorpoĸ geht oder kommt um zu schlafen.
  nunivakpoĸ pflückt Beeren; nunivagiarpoĸ geht (fährt) in die Beeren.
  innápá nötigt ihn, gebietet ihm, fordert ihn auf.
  innatsartorpá od. innagiartorpá geht, kommt ihn aufzufordern, einzuladen.
  takkojartulaurit komm doch her oder geh doch hin und sieh!

Desgl. Ap. 15, 24. 16, 37. Mt. 27, 5; —pijartorpoĸ (pâ) er holt (ihn) Mt. 24, 18. Ap. 5, 26. s. auch Lut. 19, 12; — von innarpoĸ : innariarpoĸ geht sich nieder= od. schlafen zu legen; aber mit anderm Sinn (abweichend vom Wbch.) innariarpoĸ, z. B. innariarit lege dich ordentlich, ganz auf die Seite, zu einem gesagt, der etwa (ziemlich) auf dem Rücken liegt.

Anm. iaĸ. Auch der bloße Stamm iak (wie niak, -liak) wird gebraucht, mit dem Sinn: ein Gehender, welcher geht. Z. B. puijosioriat Leute, die Seehunde suchen gehn, kejuktariat Holzholende.

§ 409. 72. **-ijarpá***), **-ejarpá** Nebenform -ngijarpá *c. s.* **-ijaivok** *s. s.* B. beweglich: **macht ihn** (*s. s.* jmdn.) **ohne, nimmt ihm das weg,**

---

*) Selten -larpá. Die einzige, mir grade bekannte Form dieser Art ist ussinglarpá (abweichend vom Wbch.) neben ussějarpá er ladet ihn, es ab (Schlitten, Boot, Kajak), nimmt ihm die Ladung (asse) weg. Hier kein j, während es sonst, z. B. in auagijarpá, pauiaugijarpá deutlich vorhanden. In Grld. überall -larpá.

räumt ihm das fort u. f. w. Nach t ist a der Hilfsvokal, also taijarpâ; Laŋ wird das e nur durch Zusammentritt mit einem andern i Laut, z. B. sermêjarpâ aus sermek u. -ijarpâ.

Ganz ähnlich wie -erpâ § 392, woselbst der doppelte Unterschied zwischen beiden Anhängen nachzulesen. In Bezug auf den zweiten Unterschied stehe hier, was Rſchm. von -ijarpâ sagt: „Ganz dasselbe wie -erpâ, nur von einer „Mehrheit; es wird in der Regel statt desselben gebraucht, wenn die Rede „davon ist, mehrere Gegenstände von ihren — zu trennen, oder mehrere Dinge „zu entfernen, oder etwas, das aus vielen Teilen besteht, oder die nicht auf „einmal entfernt werden können."

NB. Das von der **Mehrheit** Gesagte findet seine Anwendung nur bei der Grundbedeutung wegnehmen und der: verhandeln (f. u. b). Dagegen bei den andern Bedeutungen beschädigen und frieren (a und c) wird zunächst eine Einheit gemeint, wie die Beispiele niakoijarpâ, oputaijarpâ, tingerŋautaijarpok zeigen.

Vgl. die folgenden Beispiele genau mit denen unter -erpâ.

annoraijarpâ zieht ihm die Kleider aus (annoraerpâ hat ausgezogen).
amêjarpâ macht ihm die Haut, den Ueberzug (auch Farbe) ab.
mattuijarpâ nimmt ihm den Deckel ab, deckt es auf.
niakoijarpâ 1) schlägt etwa einem vielköpfigen Wesen die Köpfe ab*), 2) verletzt ihm den Kopf f. u. § 410.
niakoijarpakka köpfe fie (wie niakoerpakka habe fie geköpft).
niakoijaivuŋa schneide (viele) Köpfe ab; z. B. Dorschen (ôkanik).
siutaijarpara 1) ich schneide ꝛc. ihm beide Ohren ab*) 2) verletze ihn an (sei's auch nur) einem Ohr f. u. § 410.
oputaijarpara 1) nehme ihm (z. B. dem Boot, umiak) alle seine Ruder, 2) zerbreche ihm (sei's auch nur ein) Ruder f. u. § 410.
auŋgijaivuŋa mache (mehreres) rein von Blut.

paulaŋgijarpâ, pauŋgijarpâ reinigts von Ruß; von akerok: akerunijarpara 1) ich haue ihm viele Äste ab; 2) beschädige ihm einen Ast; akeruerpara habe ihm einen Ast abgehauen**); akerunijartorit geh und haue Äste ab; aâ machaljaruk räume das Geschirr, mehreres, vom Tisch (z. B. nach dem Essen); machaeruk nimm das (eine) Geschirr vom Tisch.

Dann hat **-ijarpâ** daneben noch drei besondere Bedeutungen: § 410.
a) **er beschädigt, zerbricht, zerreißt, verletzt ihm das**; vielleicht am meisten vorkommend: **-ijarpok** refl. es ist ihm (selbst) zerbrochen, er hat sich's (selbst) zerbrochen, beschädigt;***) **-ijartauvok** pass. es ist ihm (von andern) beschädigt, zerbrochen worden. Von gleicher Bedeutung wie -ilivâ, -ilivok. Vgl. auch die Beispiele bei -erpâ.

---

*) Andre nur den ersten Unterschied zwischen erpâ und -ijarpâ betonend auch vom Abhauen nur eines Kopfes, Ohres: haut ihm den Kopf, das Ohr ab, ist noch drüber her, im Gegensaß zu niakoerpâ, siutaerpâ ist damit fertig. Vgl. die Anmerkungen unten bei -erpâ. Dann für das Abhauen beider Ohren: siutaerpâ, siataijarpa iglotuit (ob. tamanguik).
**) Andre wohl ungenauer akeruerpara auch selbst von vielen: habe ihm (viele) Äste abgehauen, nur das Fertig sein betonend.
***) Siehe Fußnote Seite 206.

11. Anhänge.

kajaijarpâ, savéjarpâ er beschädigt, zerbricht ihm den Kajak, das Messer.
machaijarpunga mir ist das Geschirr zerbrochen*) (mir selbst).
machaijartauvunga mir ist das Geschirr zerbrochen (von andern).
tingergautaijarpok 1) Grundbedeutung f. v. alle Segel sind ihm (dem Menschen od. Boot) weggenommen; 2) das Segel ist ihm zerrissen (ihm selbst od. durch andre od. durch den Wind)*).

karlêjarpâ, attigêjarpâ (auch attigaijarpâ) amautaijarpâ er zerreißt ihm, ihr die Hosen, das Attige, die Amaut: merkutaijarpok sie hat sich die Nähnadel zerbrochen: kamutaijarpok er hat sich den Schlitten zerbrochen*), kamutaijartauvok man hat ihm den Schlitten zerbrochen.

b) **-ijarpok er verhandelt das nach mehreren Stellen hin, oder mehreremal an eine Stelle hin** (-erpok dagegen nur an einer Stelle, einmal).

kamêjarpunga, ôgnijarpunga habe Stiefeln, Dorsche verhandelt, z. B. auf mehrere Schooner hin, oder wenn ich's mehreremal in den Store gebracht.

Anm. Wie bei -erpâ (s. dort a Fußn.), so scheint ebenso -ijarpok auch nicht bloß, wenn auch vorherrschend, vom verhandeln, sondern auch vom bloßen fortgeben an andre, aber nur an mehrere oder zu mehreren Malen, gebraucht zu werden. — Wohl nicht mit dem vorherrschenden Gebrauch übereinstimmend dagegen ist es, wenn einzelne es auch, scheint's, von nur einmaligem Verkauf, aber vieler Dinge gebrauchen z. B. ognijarpunga ich verkaufe, verkaufte einen großen Haufen Dorsche (in einem Male).

c) **-ijarpok er friert daran**, bei den Gliedmaßen, grabe wie -erpok woselbst die nötigen Beispiele.

Anm. Was all diese verschiedenen Bedeutungen betrifft (und dasselbe gilt auch von -erpâ), so können manche Worte je nach dem Zusammenhang die verschiedenen Bedeutungen nebeneinander haben. Bei andern scheint wieder die eine Bedeutung vorherrschender. Und dabei muß man ferner sagen, daß der Sprachgebrauch nicht überall gleich scheint. Während manche z. B. ittiguijarsimajok von Verlust des Fußes gelten lassen wollen, halten andre den Gebrauch dieses Wortes bei einer Verletzung, Beschädigung des Fußes für eben so recht = ittiguilimajok. Ferner wird z. B. kamêjarpok scheint's nur unter der oben unter b) angegebenen Bedeutung (verhandeln) gebraucht, nicht aber für: er hat seine Stiefeln beschädigt, zerrissen, wofür kamélivok gilt. Und dgl. mehr. S. andre Beispiele bei den unter -erpok a) zuletzt angeführten Wörtern des Wbchs.

§ 411. †-ilak N. u. V. gebunden u. kaum mehr vorkommend: **der ohne ist**; verwandt mit -erpok und -ipok Nr. 71, 73. Wohl in dem Ausruf -ksailamêk § 304 enthalten.

takkek; takkélak Neumond (wenn gar nichts zu sehen).

Die im Wbch. angegebenen Wörter mannêlak (von mannikpok) eine Unebene, kikkailak (von kikkarpok) der nie innehält, ein Fleißiger, aggailak einer ohne Hände, wurden in Kain als völlig ungebräuchlich angegeben; inuilak der ohne Menschen ist = Wüste, Einöde besann sich ein älterer Mann noch gehört zu haben. Vgl. auch imingnailaksiorpok Wbch. S. 77.

---

*) Die angegebne refl. Bedeutung scheint das gewöhnliche; in einzelnen Fall hat aber -ijarpok wohl auch wie -jartauvok pass. Bedeutung („durch andre") wie das Beispiel tingergautaijarpok zeigt. Vgl. tingergaujârpok läßt die Segel herunter.

Davon:

†**ilârkutivok** *s. s.* N. gebunden: **findet nichts, wo sonst dgl. vorhanden war** („kinguraivok").

inuilârkutivok findet keine Menschen, wo sonst welche waren: kommt hin, nachdem es ohne Menschen geworden.

tuktuilârkutivok, puijélârkutivok trifft keine Renntiere, Seehunde mehr an.

54. **-ilitak** (ab, ak, at) N. nicht ganz beweglich: **etwas, das zum Schutz, Bedeckung für —, oder zum Schutz vor, gegen —** dient (es ge wissermaßen wegnehmend, einen Gegenstand ohne das machend); mit -ípok ist ohne, und -erpok ist ohne geworden zusammenhängend.

kungasek Hals; kungasélitak was den Hals bedeckt, Halstuch.

sâ, sak das Vordere; snilitak was das Vordere wegnimmt, schützt, Schürze.

kiktoriak Mücke; kiktorólitak was sie abhält, Moskiten= schleier. Vgl. S. 195 Fußn.**)

sillaluk, sillaluilitak Regenschirm ꝛc.; karlélituksak Zeug zu Hosen, d. h. zu Ueber= hosen (die die untern Hosen karlik bedecken); kénnilitak eine Scheide eines Messers ꝛc., die die Schneide (kénak) schützt und vor der Schneide schützt; oder auch ein Schutz für das Gesicht (kénak), gegen Wärme, auch gegen Moskiten, bes. aber gegen Kälte; akkuilitak ein Wasserpelz. (Ursprünglich wohl nur wie jetzt noch in Grld. ein bis unter die Arme reichender Kajathalbpelz, etwas, das so den Unterleib (akkuak) schützt, bedeckt. Diese Herleitung aber liegt jetzt dem Esk. völlig fern.)

*-**ilivâ** bei Zahlwörtern: **macht es so und so vielfach, teilt es in so und** § 412. **soviel Teile** = -ulivâ; z. B. pingasuilivâ; s. schon mehr § 112 Anm.

71. **-ilivâ** *v. s.* -**ilévok** *s. s.* Nebenform -ngilivâ. N. beweglich: **ver= letzt, beschädigt ihm das, od. ihn** (*s. s.* jɴᴅɴ.) **daran.**

-**ilivok** *refl.* **beschädigt sich daran**. Gleiche Bedeutung wie § 410 -ijarpâ a); nur noch deutlicher den besagten Sinn ausdrückend, da -ijarpâ noch andre Bedeutungen daneben hat. Nach t ist der Hilfs= vokal a, also tailivâ. Wohl eine Zusammensetzung von -erpok Nr 71 und -livâ Nr. 66.

ittigak; ittigailivagit od. ittigailévunga illingnik ich ver= letze, beschädige dich am Fuße.
ittigailivok er verletzt sich seinen Fuß.
mikkigiamut ittigailimajok ein durch eine Fuchsfalle am Fuß verletzter (ist's); z. B. ein Hund.
kamik; kamélivok (= kami-ilivok) zerreißt sich die Stiefel.
nio; niungilivâ verletzt ihm sein Bein.
issuma; issumailingavok ist beschädigt an seinen Gedanken, d. h. denkt unordentlich, verkehrt — ganz allgemein; auch speziell: ist simpel an Verstand.
siut; siutailivâ verletzt ihm sein Ohr.

aggailivâ, ijélivâ, tallélivâ, makkuilivâ, timélivâ, tarnélivâ er verletzt ihm seine Hand, Auge, Arm, Hirnschädel, Leib, Seele. Ferner entsprechend dem Beisp. unter -ijarpâ a): kajailivâ, savélivâ, karlélivâ, attigélivâ (ob. attigailivâ) amautailivâ, kamutailivâ, igluilivâ er beschädigt, zerbricht, zerreißt ihm Kajak, Messer, Hosen, Attige, Amaut, Schlitten, Haus.

§ 413. 17. 18. **-ínak** und **-tuínak** (aub, ak, ait) N. und andre Wörter, beweglich: **nur, ein bloßer**; sowohl 1) nichts anders als, als auch und zwar besonders -tuínak 2) nichts Besonderes, weiter nichts als. Nach t vor -inak Hilfsvokal a.

kairtok; kairtuínak nur, lauter Fels.
kairtotuínak, kairtotuínauvok es ist bloß Fels (z. B. nicht gutes Land).
anernek; anernēnak nur Geist, bloßer Geist.
tellimat; tellimaínait und tellimatuínait nur fünf.
támna; támnaínak *Intr.*, tápsomnaínaub *Trans.* nur dieser (vgl. támnatsainak ebenderselbe bei -tsainak).
tápsomungaínak nur zu diesem, tápkuangínait nur diese (§ 352).
inuk; inutuínak nur ein Mensch, weiter nichts als ein Mensch.
ikkitut wenige; ikkitotuínait, auch ikkituínait nur wenige.
kanek; kanituínakkut) *Vial.* nur, bloß mit (durch) dem
kanikkutuínak) Munde.

kanituínakkuungitok ob. kanikkutuínauungitok nicht bloß mit dem Munde; tokkotaksatuínait 1 Kor. 4, 9. angutaínak nur ein Mann; angutaínauvogut aber auch angutituínauvogut wir sind alles bloß Männer (keine Frauen) bei uns; arnaínait nur Weiber, alles Weiber (keine Männer dabei); arnatuínait bloß Weiber, bej. auch in dem Sinn: weiter nichts, nicht etwa kräftige Männer; kajatuínakkut (nicht kajaínakkut) tikipok, umiaksoakuungitok er ist bloß zu Kajak gekommen, nicht auf einem Schiffe.

118. **-ínarpok** Nebenform -nginarpok *s. s.* und *c. s.* V. beweglich: **immer, beständig**. Sinn derselbe wie in -tsainarpok, auch öfters wie von -tuínarpok. Wie im einfachen -inak ist die erste Silbe nicht lang, aber geschärft (weshalb es dem europäischen Ohr leicht wie ein längeres e klingt). Lang nur, wenn es mit einem andern i zusammentritt, so ikilēnak aus ikili-inak, sulīnarpok aus suli-ínarpok.

kungavok; kungaínarpok lächelt immer.
nertordlerpok; nertordlenarpok (nicht dlerenarpok)
rühmt immer.
nertorpā; nertuínarpā (nicht nertorenarpā) rühmt ihn immer.
arvertarpok; arvertuínarpok wandelt beständig.
pisukpok; pisuínarpok geht beständig.
aivok; aingínarpok geht immer.

Anm. Die Form -nginarpok steht besonders nach Vokalen, z. B. pairijaungínarpunga ich werde immer gepflegt. Man merke aber wohl auf, daß man nicht fälschlich ein ngi („-ngilak nicht") im Worte zu hören glaube, da allerdings -ínarpok öfters auch an -ngilak gesetzt wird, woraus ein -ngēnarpok entsteht. Z. B. auf die Frage kanoéngilak ist er wohl? Antwort: kanoenginarpok (=kanoetsainarpok) er ist immer unwohl. Dagegen kanoéngēnarpok (= kanoéngitsainarpok) das Gegenteil: er ist immer wohl. Ebenso nerrijomanginarpok will immer essen, nerrijomángēnarpok will immer nicht, d. h. nie essen (sprich: beim ersten: jo-ma-ngin-narpok, beim zweiten: jo-mang-ngēn-narpok). Dem europäischen Ohr klingt das erste nur zu leicht wie das zweite. Will man alle Unverständlichkeit vermeiden, so wähle man das stets klar hörbare -tsainarpok. Hieher gehört das häufige okausionginarpok (= okausiotsainarpok) er, es ist immer Wort, Redeweise, d. h. das sagt man immer, so pflegt man immer zu sagen, oder: man spricht immer von ihm Bf. 48, 2; kollangianginarpā Joh. 8, 36.

67. **-iorpok** macht s. -liorpok.
73. **-ipok** *s. s.* N. und B.: ist **ohne das**; offenbar verwandt mit -erpok. § 414. Hilfsvokal nach t ist a.

a) **An Nennwörter,** gebunden; „lange nicht so oft gebraucht, als man nach seiner Bedeutung glauben sollte, da teils -kangilak (hat kein), teils -erpok (ist ohne geworden), -erutivok an seine Stelle treten."
pe, pik Ding: pēpok (= pi-ípok) ist ohne Habe, arm (wenig gebraucht).
nulliak*) Ehefrau; nullētok der ohne Frau ist, ein Lediger.
ermngitok das ohne Wasser ist (Insel bei Nain, s. § 59 Fußn. mehr).

b) **An Verba,** wohl gebunden, aber ziemlich oft vorkommend, dient hier immer dazu, das grade Gegenteil von der Bedeutung des Stammwortes zu bezeichnen, stärker als -ngilak nicht. S. auch die Anhänge -jaípok, -juípok, naípok, -gēkut.
mannikpok ist eben; mannēpok (= manni-ípok) ist uneben.
sukkavok ist schnell (Mensch, Boot, Zeit); sukkaípok ist langsam.
takpikpok sieht scharf; takpēpok sieht schlecht, ist blöd= sichtig.
akluvok ist arm: akluípok ist reich.
nujuarpok (verwandt mit nūpok) ist scheu, wild (von Tieren, auch Menschen); nujuípok ist zahm (geht nicht fort, wenn man sich nähert).

83. **-itorpok** *s. s.* und *c. s.* N. beweglich: **er geht** (fährt) ob. **kommt um das zu holen;** *c. s.* **ihm, für ihn.** Ganz wie sarpok. Bei tarpok § 482 Anm. ist der Unterschied von diesem angegeben. Nebenform -ngitorpok. Hilfsvokal nach t ist a.

kajaitorpok = kajaksarpok | er holt Kajak, Boot,
umiangitorpok = umiaksarpok | Seehunde. Zu umiak
puijētorpok = puijisarpok | Doppelvokal ia, drum ng.

illaksak; illaksaitorpok er geht, kommt um sich Gefährten (die es werden sollen) zu holen.
ikomaksaitorit geh, Feuerungssache, Holz zu holen!
imiksaitulaunga *c. s.* hole mir doch zu trinken (Trink= sache)! Vgl. 2 Sam. 23, 15.

*155. **-ivok** und **-rivok** nur zur Bildung der *s. s.* Form vom *c. s.* S. schon § 379, bes. aber § 222.

153. **-jaípok** ob. eig. wohl mehr **-djaípok** *s. s.* B. kann durchaus § 415. **nicht leicht so thun, so sein,** daher oft fast ganz =: **ist durchaus nicht.** Starke Unmöglichkeit, Unwahrscheinlichkeit. Ohne Negation weniger, häufiger dagegen mit derselben, d. h. **-ngijnaípok** (nie -ngidjaípok) **kann durchaus leicht** so thun, so sein, daher meist ganz =: **ist durchaus, völlig so.** Drückt stets stark Positives aus. Viel mit dem Komparativ.

---
*) Im Wbch. nulla fälschlich als Grundform angegeben; nullētok entsteht aus nulliak und -ípok, wie -gērpok aus -giarpok und -erpok, s. § 399 beide Fußnoten.

II. Anhänge.

anginersaungijaipok (-jaidlarpok) er ist unendlich viel größer, eig. kann durchaus nicht nicht größer sein.
kanninavok; kannimadjaipok kann durchaus nicht krank sein, ist ganz frisch (= = kannimajungnangilak od. kanninamiarkongimarikpok).
tikingijaipok er kann durchaus leicht kommen, ist durchaus nicht spät da (wenn jemand nicht spät, sondern früh am Tage uvlôdlartillugo kommt).

Anm. Desgl. tikidjaipok er kann auch gar nicht kommen, kommt gar nicht (= manna tikiniangimarikpok); pissudjaipok = pissuuklune ajormarikpok; pissungijaipok = pissungnermik angijomik sappingilak kann gewaltig geben, ist ein gewaltiger Fußgänger; von kiktorarpok: kiktoradjaipok = kiktorarnialungimat kollarnangilak kann durchaus nicht leicht zerreißen, ist stark, zäh (Riemen, Schnur ꝛc.); von aulavok bewegt sich: auladjaipok wird durchaus nicht leicht bewegt, steht od. liegt fest, unverrücklich; dagegen von aularpok er geht, bewegt sich fort: aulajaipok = aulartuksanvlune aularungnangikune (s. beide richtig im Wbch. S. 45).

Man sieht, der Begriff des Könnens liegt durchaus in diesem Anhang, wenn wir's auch nicht immer grade mit übersetzen. Er ist eine Zusammensetzung von -ipok § 414 und dem in Grld. noch vorkommenden -juvok „kann sehr leicht". Aber wie ist der Unterschied in der Anwendung der Formen -jaipok u. -djaipok zu erklären?

Das jüngere Geschlecht wendet diesen Anhang wohl nur noch mit der Negation verbunden an. Die anderen hier in der Anm. angeführten Beispiele kennt und braucht es nicht mehr.

†**-jâjuvok** *v. n.* (*c. s.* wohl kaum sehr gebraucht) V. früh.
  apivok; apijâjuvok es legt früh Schnee (nelliutitinnago).
  sikovok; sikojâjovok es legt früh Eis.
  tikipok, tikijâjovok ist früh gekommen (neriugijautinnago).
  aularpok; aulajâjovok geht früh aus. Richt. 7, 1.
  makipok; makijâjuvok steht früh auf. Richt. 6, 38.

Anm. Dies Affix ist zusammengesetzt aus -järpok mit eben der Bedeutung: früh und -juvok. Das einfache -järpok, das in Grld. noch üblich, scheint bei uns fast nicht gebraucht zu werden. Vielleicht etwa noch im Norden? Dagegen ist das im Wbch. neben unnijâjuvok angeführte annijârpok geht früh hinaus, früh aufstehend auch im Süden noch ganz gebräuchlich. Bei allen oben gegebenen Beispielen ist aber das einfache -järpok nicht üblich.

§ 416. 48. 86. **-jak, jârpok** ähnlich s. -ujak, -ujârpok.

41. **-jak**, manche bloß -ja (jab od. jaub, jâk, jat) N. beweglich: etwas davon (von einem Gegenstand, Stoff) im allgemeinen, od. ein Gegenstand, Stoff im allg., weder in bestimmter Begrenzung (z. B. nicht als ein ganzes Tier, Fell ꝛc., noch auch als zu einem bestimmten Zweck dienend gedacht*). Letzteres ist zu bedenken bei der mit -ksak häufig vorkommenden Zusammensetzung
  -ksajak Stoff, Zeug ꝛc. der Art.
    a) ukalek; ukalijak ein Stück Hase, sei's Fleisch od. sonst etwas, bes. aber ein Stück Hasenfell (ob ganz ob. ein Stück, darauf kommt's nicht an).

---

*) Doch kann unter Umständen auch das Ganze darunter verstanden werden; wie die Grl. im store beim Einlauf sagen: tuktujamik od. tuktujamik pijomavunga ich will (ein) Renntierfell, od. (mehrere) Renntierfelle. An sich liegt das nicht im Ausdruck. Er hat sich wohl gebildet, weil im store eben nicht Stücke von Fellen, sondern nur ganze verkauft werden.

aivok; aivijak ein Stück Walroß, bef. Fell.
tôgäk; tôgâjak ein Stück Walroßzahn, Walroßzahn (im
 allg.).
nuva; nunajat *Plur.* etwas von der Erde, als Steine,
 Pflanzen.
b) **-ksajak.** bef. viel bei Handelswaaren gebraucht. Während -ksak
 den bestimmten Zweck, wozu etwas dienen soll, andeutet, bezeichnet
 -ksajak dasselbe als Stoff im allgemeinen, wozu man es auch immer
 verwenden mag.
 sinniksak Rand-, Einfassungs-fache, d. h. Band oder Draht.
 Immer nur zu brauchen, wenn es wirklich zu diesem
 Zweck, als Einfassung, Rand bestimmt ist. Dagegen
 sinniksajak Band oder Draht ganz im allg. als Stoff,
 den man wie zum Einfassen, so zu allem möglichen andern
 brauchen kann od. zu brauchen gedenkt.
 nulluaksak was ein Netz werden soll, Garn dazu.
 nulluaksajak Netzgarn als Stoff im allg., auch zu andern
 Zwecken dienend.

a) teriavnniajak, amarojak, tuktujak, aklajak ein Stück Fuchs, Wolf, Renntier, Bär, bef. ein Stück Fell: nenorak ein ganzes Eisbärfell, nenorajak ein Stück davon (auch nenojak von nenok); kissik ein ganzes Seehundsfell, kissijak ein Stück davon (auch puijijak von puije); inuvinijak (etwas von einem gewesenen Menschen inuvinek) Ueberreft eines verweiten Leichnams.
b) pôksajak Sachtuch im allg.; sabviorutiksajat Schmiedekohlen; igalaksajak Glas im allg; ukkusiksajak Schwarzblech; amertajak Weißblech (amertak ein verzinntes Blechgeschirr); puktarutiksajak Kork im allg. (puktarutiksak Kork ꝛc. zum Schwimmen machen der Netze; kipiksak was eine Decke, Oberbett werden soll; kipiksajak dgl. Wollenzeug im allg., Plaulet; aglaksajak (nicht aglaksak) Wolle, wie sie zum Sticken (Figuren, Zeichnung aglait machen) gebraucht wird.

139. **-jakattarpok** öfters f. -kattarpok.

†-**jaraklivok** od. **-jaraksivok** *s. s.* V. **wird nächstens, bald —; die** § 417.
Zeit des — ist nahe. Bei zweifelloß scheinender Gewißheit gebraucht.
 tokovok; tokojaraklivunga ich werde nächstens sterben,
  die Zeit meines Todes ist nahe.
 aujarpok es ist Sommer geworden; aujajaraklivok es wird
  bald Sommer sein, der S. ist nahe.
 achâgopok; achâgojaraklivogut (= mânnakut achâgo-
  lârpogut) wir werden nächstens zum Abziehen rüsten.
 kauvok; kaujaraksivok es wird nächstens Tag werden,
  der Morgen ist nahe.
 takovâ; takojaraklivara nun werde ich ihn nächstens sehen.

nelliutijaraklivok es wird nächstens eintreten, die Zeit des — ist nahe; pijarôjaraklivok (auch pijarôrajnklivok!!) oder innijaraklivok (von innerpok) es wird nächstens, gleich fertig fein (= mânnakut innerniarpok); aulâjaraklivogut = mânnakut aulâlârpogut.

9. **-jariak, -jariakarpok** hat nötig f. -giak, -giakarpok.
104. **-jarêrpok** ist fertig mit, hat schon f. -gêrpok.

11. Anhänge.

†-jarikpok. -tjarikpok *. s. N. beweglich: er, es hat es viel. Drum oft = tuvok, welches siehe, bes. Anm. 2. Mit sivok b:
-jariksivok hat viel bekommen, nachdem es vorher nicht so war.
  inuk; inutjarikpok (= inutovok) es (Land, Ort) hat viel Menschen.
  inutjariksivok (= inutosivok) es hat viel Menschen ge=kriegt, es sind jetzt viel Menschen da (wie vorher nicht).
  puijejarikpok (= puijetuvok) es hat viel Seehunde.
  perkut; perkutjarikpok (= perkutitovok) er, es hat viele Güter. Pf. 36, 9.
  aput; aputjarikpok es hat viel Schnee. Und scheint's nur bei diesem Wort vorkommend das Gegenteil: aputjalukpok es hat wenig Schnee.

Anm. Ferner tuktujarikpok, kakkajarikpok, kikkertaujajarikpok, (kingmek) kingmijarikpok. Dagegen nunadjarikpok, (auk) audjarikpok, (nuvuk) nuvudjarikpok, (ukalek) ukalidjarikpok. Was die Anwendung von -jarikpok oder -djarikpok (-tjarikpok) betrifft, so sind alle obigen Beispiele nach der Angabe eines älteren Eskimo geschrieben, der bei den bestimmten Worten nur entw. j oder dj haben wollte, wobei man aber keine Regel erkennen kann. Andre Eskimo dagegen sagen, es wäre ihnen einerlei, bei den einzelnen Wörtern (doch wohl mit Ausnahme derer auf t), welche Form genommen würde, es käme nur auf die Gewöhnung an.

§ 418. †jârpok früh s. e. -jájuvok.
86. -jârpok ähnlich, anscheinend s. -ujárpok.
*155. -jivok (-tjivok, -tsivok) nur zur Bildung der s. s. Form von c. s. Verben, s. schon § 379) bes. aber § 222.
11. 102. -jôk, -jôngovok, -jórivâ pflegen s. -sòk, -sòngovok.
56. -jorivâ (torivâ) hat ihn zum, hält ihn für s. unter -givâ 2 und vgl. -nasugivâ § 451.
152. -juípok od. -suípok s. s. B. beweglich: nie. Manchmal -juerpok, -suerpok mit -erpok gebildet, wobei es dem Esk. ganz einerlei scheint, welche Form genommen wird.
  nokkarpok; nokkajuípok (nicht nokkarjuípok) ruht nie, hält nie inne.
  asserorpok; asserojuípok verdirbt nie.
  tokkovok: tokkosuípok stirbt nie, ist unsterblich.
  pêrpok geh los, ab; pêjuítomik Mod. unauflöslich.
  kanimípok; kammisuípok verlischt nie (auch kanimitsuípok).
  sokkoserpok; sokkosijuípok verändert sich nie, ist un=veränderlich.
  pidlaraksausnertomik (od. suítomik) Mod. unsträflich, nie eine Straffache seiend.
  annijuítôlaurama weil ich nie ausging, mich immer im Hause hielt.

Anm. 1. Dieser Anhang -juípok ist wohl entstanden aus -ípok § 414 und einem nicht mehr allein gebräuchlichen -juvok (wohl mit verwandtem Sinn wie -juvok s. Anm. bei -jaípok). Nur mit dem neg. Inf. kommt dieses -juvok sonst auch noch vor z. B. von soraerpok hört auf: soraijunano = soraijnidlune er nie aufhörend u. s. w. soraijunagit e. s. mit ihnen nie aufhörend Gesb. 413, obwohl das einfache soraerpâ als e. s. nicht vorkommt.

2. Alphab. Verzeichnis. 213

Anm. 2. Die Form tuipoĸ ist wohl nicht als bloße Nebenform zu -juipoĸ anzusehn, wie -suipoĸ, wenn man es auch oft kurzweg mit nie übersetzen kann, sondern ist bei den wohl nicht grade vielen Worten, wo sie vorkommt, aus tuvoĸ § 489 entstanden; z. B. kunnujuipoĸ ist nie unwillig, kunnutuvoĸ ist viel, groß unwillig, kunnutuipoĸ ist nie (groß, viel) unwillig; saglojuipoĸ lügt nie, saglutovoĸ lügt stets, ist ein Lügner, saglotuipoĸ (= saglotnlungitoĸ-) ist nicht ein Lügner.

6. **-jut Mittel, Urfache, -jutigivâ** f. -ut.

†**-juvoĸ** *s. s.* und *c. s.* B. **vor längerer Zeit. Beweglich, aber besonders § 419.** in der Verbindung mit -laukpoĸ: **-laujuvoĸ.**

aularpoĸ; aulajuvoĸ; aulalaujuvoĸ er ging vor längerer Zeit aus, fort („mattomasivorugane, ipsomanegiarlak").

tikijuvoĸ, tikilaujuvoĸ ist vor längerer Zeit gekommen.

takulaujujara *c. s.* (es ist) mein vor längerer Zeit gesehener.

NB. Beim schnelleren Sprechen glaubt der Europäer oft ein i statt u zu hören z. B. tikilaujijos statt des richtigen laujujoĸ. Vgl. Kljchm. § 2 ganz am Schluß.

kâmmerpoĸ neulich f. das richtigere -rkammerpoĸ.

†**-karkerpoĸ** (auch -karkípoĸ?) *s. s.* N. **hält das wert, gibt es andern nicht; unter Umständen: geizt damit.**

nerkekarkerpoĸ hält seine Eßsachen wert u. f. w.

perkutekarkerpoĸ hält sein Eigentum wert u. f. w.

Desgl. umia—, kaja—, kingme—, kakköja—, annorâ—karkerpoĸ hält sein Boot, Kajak, Hunde, Schiffsbrot, Kleider wert, will's nicht fortgeben.

†**kâppait** *c. s.* **knivoĸ** *s. s.* **häufiger noch: orkappait. orkaivoĸ.** B. gebunden: **thut mehreren, oder mit mehreren, oder öfters so.** Ursprünglich wohl karpait, das wohl auch noch bei manchen üblich.

illivâ legt es hin, hinein.

illiorkappait er legt sie (mehrere) hin, hinein z. B. beim Pflanzen.

illiorkaivoĸ legt hin, hinein (nicht bloß eins ob. einmal).

tunnivâ gibt es; tunniorkappait gibt sie (z. B. Fische) weg.

innivâ legt, hängt es auf einen Trockenplatz.

inniorkappait legt, hängt sie (Fische, Wäsche ꝛc.) zum Trocknen hin oder auf.

pârpâ er begegnet ihm; pârkappakka ich begegne ihnen.

pârsivoĸ er begegnet; pârkaivunga begegne mehreren.

Anm. Ableitungen: Pârkarvik ein Ort, wo man mehreren od. öfters jemandem begegnet, Name einer Stelle nördlich von Ŏkak. Fälschlich leiteten Europäer dies Wort von pârkarpoĸ es hat eine Mündung ꝛc. ab. Ein solches pârkarvik hat eine ganz andre Aussprache; im pârkarvik klingt rk wie kk (§ 12,2), wie in karko, kakköjak. — Tunniorkaivik ein Ort, wohin man öfters gibt, z. B. Steuereinnehmer, Zollhaus Mt. 9, 9. Inniorkavik ob. inniorkaivik eine Fischstelle, Waschleine ꝛc., um mehreres aufzuhängen, hinzulegen. Im Wbch. wird zwischen den beiden Formen des letzten Wortes ein Unterschied gemacht. Vielleicht ist's so im Norden. Hier im Süden gelten beide Formen für ganz gleich, was der Abstammung nach auch das Nächstliegende ist.

§ 420. 58. **-karpok** *s. s.* N. beweglich: **er hat, es** (Ort od. Zeit) **hat, es gibt.**
Dies ist bei Nennwörtern die *s. s.* Form zu -givâ § 404. Vgl. die
Beisp. dort: auch Anm. bei tak § 480. Nach t der gewöhnliche Hilfs-
vokal e einzuschieben.

    pe od. pik Sache, Ding; pekarpok er hat (pigivâ hat ihn).
    inuk Mensch, auch: Besitzer:
    inokarpok 1) es (das Land, Ort) hat Menschen, es gibt
        Menschen.
        2) es (ein Ding) hat einen Besitzer, gehört
        jmdm.
    inokangilak 1) niemand ist da, 2) es gehört niemandem.
    pannik; pannekarpok hat eine Tochter od. Töchter.
    ôminga pannekarpok (= una pannigivâ) er hat diese
        zur Tochter d. h. dies ist seine Tochter.
    perkut; perkutekadlarpok er hat sehr (= viel) Eigentum.
    anguvok er_wirbt, angujok *Nom. Part.* einer, der erwirbt;
    angujokarkâ? hat's einen Erwerbenden, Erwerbende? d. h.
    hat jemand erworben?
    nunakarpok, iglokarpok er hat Land, Haus, d. h. wohnt
        (da und da).
    okartokarpok es hat Redende, einen Redenden: man sagt.
    tussartokarpok unuktunik es gibt viele Zuhörer.
    tussartokangilak es hat keinen Hörenden, Hörende; nie-
        mand hört, man hört nicht.
    aglaksimajokarpok es hat Geschriebenes: ist, steht ge-
        schrieben.
    aglaksimajokangilak es hat nicht Geschriebenes; es ist
        nichts geschrieben.
    aujakarningane in seinem (des Landes oder der Zeit)
        Sommer haben d. h. während des Sommers.

Anm. 1. Wie man aus diesen Beisp. sieht, kann man unser **man, jemand, niemand, sein, nichts** oft durch -karpok mit dem *Nom. Part.* auf tok, -jok ausdrücken. Weiter hüte man sich, was der Anfänger nur zu leicht thut, **-karpok** (auf die Frage: wo gibt es?) **unmittelbar an den Lokalis** zu hängen. Man muß darum dgl. Worte nötigenfalls in eine *Nom. Part.* Form bringen. Also nicht: ovanekarpok hier hat's, gibts, sondern ovanetokarpok hier (seiendes) hat's; illanginik akkunaptingnekarpok, sondern akkunaptingnetokarpok es gibt einige unter uns (seiende); nicht: unnerutjinermik ômatiptingnekartuksaungilak es soll keinen Neid in unserm Herzen geben, sondern ômatiptingnêtokartuksaungilak. Mehr zur Erklärung § 350. Anm.

Anm. 2. Wenn das Haben deutlicher als ein Besitzen von Eigentum ausgedrückt werden soll, so setze man **-kutekarpok**, z. B. saugakutekarpok, kikianutekarpok er hat Schafe, Nägel (im Besitz, als sein Eigentum). Indes wird in Labr. doch durchaus auch das einfache saugakarpunga ꝛc. in diesem Sinn gebraucht, während es in Grönland mehr unterschieden ist, wo saugakarpok nur heißt: es (das Land) hat Schafe, es gibt Schafe; und kikinkarpok nur es hat einen Nagel, ist genagelt. Das Verhältnis ist ganz wie zwischen kikinga mit einfachem Suffix zu kikinkutinga f. bei -kut (-kot) Anm. 1 § 426.

Anm. 3. Vgl. § 206. Bei dem Ausdruck: **es gibt da und da** kann eine doppelte Uebersetzung gewählt werden, mit dem Lokalis oder auch nicht, z. B. takpâne aputekarpok oben, im Westen gibt's Schnee, neben: takpungna aputekarpok das (Land) im Westen hat Schnee; tamâne sikkokarpok hier hat's Eis, neben: mánna (od. **tamanna**) sikkokarpok dies (diese Gegend) hier hat Eis.

2. Alphab. Verzeichnis. 215

Anm. 4. -karpok an Infixformen. Ausnahmsweise (§ 347) tritt -karpok an einige Wörter in ihrer Form mit dem Suffix. So erka*) sein (des Meeres 2c.) Grund, kullā sein (des Hauses) Oberes, d. h. Boden und Dach. Man sagt erkakangitok grund= los, bodenlos, iglo kollakangilak das Haus hat kein Dach, nicht etwa: kollekangilak, wie man erwarten könnte. Ebenso z. B. āniaviukarkūrtinnago ehe es Passionszeit hatte, ehe Passionszeit war. Vgl. bei -kaak und tārpā und -uvok die Anmerkungen; auch § 347 Fußn.

Anm. 5. Man achte darauf, wie der Est. statt eines abstrakten Wortes oft lieber das Nom. part., also einen persönlichen Ausdruck braucht, z. B. kaggudlartokarpok es gab großes Geschrei, eig. es gab sehr Schreiende. Desgl. illuversijokalārpok, bapti= sijokalārpok, kattititsijokalārpok es wird einen Begrabenden od. Begrabende 2c. haben, wo wir sagen: es wird Begräbnis, Taufe, Trauung sein. Ebenso saimartitaujokalārpok für „Konfirmation" und „Aufnahme". Für letztere auch illaliortanjokalārpok oder illa= liorsijokalārpok. S. auch Phil. 2, 1: Ja nun bei euch Ermahnung u. s. w.

160. **-kassiutivâ** *c. s.* **-kassiudjivok** (tjivok) *s. s.* **-kassiuti-** § 421. **vok** *refl.* V. beweglich: **mit, zugleich mit.** Näheres s. Anm. Wohl eine Bildung aus -kat und -utivâ. Pass. -kassiutjauvok (tijauvok).

ullimavâ; ketjiorame ullimakassiutivānga als er Holz spaltete, hieb er mich zugleich mit (dem Holz).
ullimakassiutivunga *refl.* ich hieb mich zugleich mit.
ullimakassiutjauvunga ich wurde mit getroffen.
kittipait; kiltekassiutivānga Gûdib kitornganginut er zählt mich mit zu Gottes Kindern (wie er's mit den andern thut).
aularutivâ (tjivok) führt ihn (jmdn.) fort.
tainma aularutekassiutivâ   ) er führt jenen mit
taipsominga aularutjekassiutjivok) (den andern) fort.
aularutekassiutjauvok er wird mit fortgeführt. 1 Chron. 6, 15 nicht richtig, allenfalls nur, wenn man -kassiu= pok zu Grunde legt. 2 Kön. 24, 15 gut.

illūmaita sugiakassiutivakka   ) ich züchtige alle zugleich
illūmainik sugiakassiutjivunga) mit (z. B. wenn ich
                                 einen züchtige).
ernera sugiarlugo (uvamnik) sugiakassiutivānga meinen Sohn züchtigend, züchtige ich mich selbst zugleich mit.
ésekassiutjivok saunermik er verschluckte einen Knochen, eine Gräte mit (dem andern Essen).
illaukassiutivok er ob. es ist mit dabei (z. B. im Store: ist mit berechnet, mit aufgeschrieben).

Anm. Der Europäer hüte sich aber, überall wo wir „zugleich mit", „dabei auch" sagen, diesen Anhang zu setzen. So sehr auch hier wieder die Est. Verschiedenes aus= sagen, scheint doch festzustehen, daß wenn zwei nicht gleiche, gar nicht verwandte, oder gar einander ganz entgegengesetzte Handlungen (od. Zustände) als zugleich eintretend genannt werden, -kassiutivâ 2c. **nicht zu brauchen** ist. Dgl. Sätze sind z. B.: „Während ich arbeite, kann ich nicht zugleich rauchen"; „er geht auf und ab und schläfert dabei zugleich sein Kind ein"; „dies ist äußerlich schön, dabei aber auch zugleich innerlich schlecht"; „Gott ist erschrecklich, dabei aber auch erbarmend" u. s. w. In manchen solcher Sätze kann man das „zugleich, dabei auch" gradezu in ein „gleichwohl, trotzdem" umwandeln.

Vielleicht trifft es danach das Richtige, wenn man mit Vergleichung des bei -utivâ

*) Ueber das Stammwort zu erka s. § 94 Fußn.

§ 496 (Besagten die Bedeutung dieses Anhangs näher so begrenzt:
„**er wendet die (selbe oder doch eine ganz gleichartige, ähnliche*) Handlung an zugleich mit auf ihn** (-kassiutivâ), **auf smbn.** (-kassiutjivok), **auf sich** (-kassiutivok)."
Dies gibt auch Klarheit darüber, wo das refl. -kassiutivok und wo -kassiutjivok zu stehn hat. Hierbei muß manchmal das refl. Verb wie öfters sonst (vgl. § 228) passivisch gefaßt werden, wie z. B. das obige illankassiutivok (wenn ein unpersönliches „es" Subjekt ist) eigentlich heißt: „es wendet die Handlung, den Zustand des Mitseins zugleich mit auf sich an"; oder passivisch: „Das Mitsein wird von andern auf es mit angewendet, es wird mit dazu gethan," d. h. dann einfach: „es ist mit dabei."
  Hier sei auch bemerkt, daß dies refl. -kassiutivok **sich sehr mit -kattauvok** § 422 **berührt** und nahezu gleichen (ganz gleichen?) Sinn hat. Vgl. z. B. illankattauvok. Was ist der genauere Unterschied? Im folg. pass. Ausdruck ist der Sinn ganz gleich: makkiviune taijaukattaulârpok und taikassiutjaulârpok er wird zu Ostern mit (den andern) genannt werden.
  Zum Schluß ist es immerhin fraglich, ob der hier gemachte Versuch, diesem Anhange beizukommen, der einfachste und richtigste Weg ist. Manche weitere Fragen bleiben noch übrig.

§ 422. 10. **-kât (-katt).** mit Suff. **-kâtinga.** V. und N. beweglich: sein Mit—; auch: sein gleich, sein einerlei so seiender; „ein andrer, der das und das ist, oder hat, oder thut entweder in **Gesellschaft mit ihm oder ebenso wie er.**" Ungemein viel gebraucht. Mit -uvok:

-kâtauvok thut, ist so und so mit (jmbm. mut) eigentlich: **ist ein Mit—.**

a) **An Nennwörter unmittelbar**
in Labrador eig. immer nur = -kakatinga (von -karpok) **der gemeinsam hat** (nicht auch wie in Grlb: der gemeinsam das ist; vgl. aber Fußnote bei b).
  nunakatiga = ⎱ mein Landhabensgenosse, der mit mir
  nunakakatiga   ⎰ Land hat, z. B. mein Landsmann.
  atâtakatinga oder ⎱ der mit ihm (denselben) Vater hat.
  atâtakakatinga   ⎰

  Desgl. timekatinga, uvinekatigêmut, ômatekatigêkluta = timekakatinga u. s. w.

b) **An Verba:**
  der mit, der gemeinsam so ist (oder thut). In diesem Sinn an Nennwörter nur mittelbar; (s. die letzten Beisp. und Anm.)
  ingergavok; ingergakatinga sein Reisegefährte.
  ingergakatauvok ist Mitreisender, reist mit (diesem omunga).
  kuviasukpok; kuviasokatauvok freut sich mit.
  pingourpok; pingoakatingit seine Spielgefährten.
  pitsiarpok; pitsiakatinga der mit ihm ob. wie er gütig ist.
  angivok; angekatinga der ebenso, gleich groß ist wie ich.
  angekatisiorit suche jmdn., der gleich groß ist (wie du).
  kivgauvok ist ein Knecht; kivgakatinga sein Mitknecht.
  inôvok ist ein Mensch, lebt; inôkatinga sein Mitmensch.

---

*) Vgl. z. B. Mt. 5, 34 ff. „schwören bei", wo im Esk. das „sagen" und „dabei zugleich nennen" doch unter den einen Hauptbegriff „reden" fällt. Ebenso in der Uebersetzung der Idea § 200: „er bezeugt zugleich". Ob freilich **alle** die vielen Stellen der Idea, in denen dieser Anhang gesetzt ist, vor der Regel, wie sie oben gefaßt worden, stichhalten würden, ist die Frage. Vgl. auch 1 Kor. 14, 5.

2. Alphab. Verzeichnis. 217

okpertŏvok: okpertŏkativut unſre Glaubensgenoſſen.
iglomiŏvok iſt ein Hausbewohner; iglomiŏkatiga mein
Hausgenoſſe*).

Anm. Wie die letzten Beiſp. zeigen, muß man nötigenfalls ein Nennwort erſt durch
-uvok zum Verb machen. Wir in Labr. können nicht mehr wie in Grld. unterſcheiden
zwiſchen inŏkatinga (direkt an inuk) ſein Mitmenſch) und inŏkatinga (an inŏvok) ſein Zeit=
genoſſe. Der Esf. ſagt nie vom Nennwort direkt gebildet kivgakatinga, inŏkatinga,
okpertŏkotinga, ſondern bildet die Formen vom Verb, wie oben angegeben.

Zuſammenſetzungen mit -givá und -gĕkput, -gĕt ſind:

-**kátigivá** *c. s.* V. beweglich: hat ihn zum Mit—, oder —genoſſen; thut § 423.
od. iſt ſo zuſammen mit ihm od. ebenſo wie er.

-**kátigĕkput** *s. s.* V. beweglich: ſie haben einander zu Mit—, d. h.
thun miteinander, zuſammen ſo, oder: thun, ſind einerlei ſo. (Ebenſo

-**kátigĕt,** vgl. -gĕt.

    sornerpok; sornekatigivá er hört mit ihm (gleichzeitig) auf.
    attausiovok iſt eins; attausiokatigivara ich habe ihn zum
      Einsſeinsgenoſſen, d. h. bin eins mit ihm.
    attausingorpok wird eins; attausingorkatigivátigut er
      wird eins mit uns.
    okpertŏkatigĕt Glaubensgenoſſen, Kirche, Kirchenabteilung.
    okarpok; okakatigĕkput ſie reden miteinander.
    ingergakatigĕt Reiſegefährten.
    puktuvok iſt hoch; kakkák ukkua puktokatigĕkpuk dieſe
      zwei Berge ſind einerlei hoch.
    pitsiarpok; pitsiakatigĕkput ſie ſind zuſammen oder gleich
      gütig.
    náglikpok; naglekatigĕkput ſie lieben miteinander (jmdn.
      anders mik). Vgl. aber Anm. 1.
    angivok; angekatigivara taimna jener iſt gleich groß wie
      ich; angekatigĕt gleich große.
    angerpok ſagt ja, gibt ſeine Zuſtimmung; angekatigĕkput
      (und angekatigĕt, nicht angerk) ſie geben ſich gegen=
      ſeitig Verſicherung, ſchließen einen Bund ꝛc.
    atáta(ka)katigivara anâna(ka)katigilungitara ich habe
      denſelben Vater wie er, nicht die gleiche Mutter. In
      Bezug auf das (ka) ſ. o. § 422a.

Anm. 1. tigĕkput (-jigĕkput) ſ. v. bei -gĕkput § 398 b und katigĕkput.
(Erſteres heißt alſo: einander, letzteres miteinander, zuſammen. Bei *s. s.* Verben immer
ſo. Z. B. kajungersai—, kaiblai-katigĕkput ſie reizen, ermuntern, ermahnen miteinander
(jmdn. anders), von kajungersaivok ꝛc. Bei *c. s.* Verben dagegen iſt es bei uns ſcheint's
ebenſo wie in Grld., daß da -katigĕkput den Sinn wie tigĕkput: einander bekommen
kann, z. B. kajungersankatigĕkput (ganz = kajungersartigĕkput, kajungersaijigĕkput)
kaiblakatigĕkput (ganz = kaiblartigĕkput, kaiblaijigĕkput) ſie ermuntern ꝛc. einander,
von kajungersarpá ꝛc. Desgl. naglekatigĕkput vom *c. s.* naglikpá ſie lieben einander

---

*) Bei dieſem Wort ſprechen manche (die meiſten?) mit kurzem o: iglomiŏkatiga. Wäre dies wirklich
allg. gebräuchlich, ſo wäre iglomiŏkatiga eine wohl einzige Ausnahme zu oben Nr. a), da es, von iglo-
miok unmittelbar gebildet, wie die andern Beiſp. alle, dann eig. heißen müßte: der mit mir Hausbewohner
hat. Der Sinn iſt aber wie vel Nr. b): der mit mir H. iſt.

(= nugliktigĕkput); vgl. das Beisp. oben. Aber diese Form scheint nicht bei allen r. s. Verben gleich gebräuchlich zu sein, wie man z. B. nicht ungagekatigĕkput für ungagĭgĕkput (sie sind anhänglich aneinander) sagt. Drum geht man am sichersten und richtigsten, auch bei r. s. Verben für: einander stets nur tigĕkput, -jigĕkput zu nehmen.

Anm. 2. Wie -katigĕkput in der Bedeutung „thun, sind einerlei", kommt auch der Anhang **-kuarĕkput, -kuarĕkput** vor. Allgemein gebraucht wohl nur in wenigen Wörtern wie nellekuarĕkput sie sind einander gleich (in Größe, Länge ɪc.) und mit eben dem Sinn taimaikuarĕkput. Ebenso nellekourivara er ist mir gleich. Die andern im Deutsch (Est. Wbch. unter „gleich" angegebenen Verbindungen mit -kuarĕkput scheinen wenigstens im Süden nicht gebräuchlich zu sein.

§ 424. 139. -káttarpok (selten, übrigens bei allen Verbalklassen, -jakattarpok) *s. s.* und *r. s.* **öfters, verschiedene Male**, nicht bloß ein-, zweimal; aber nicht grade ein betontes sehr oft. Viel im Est. gebraucht, und oft, wo wir im Deutschen grade kein Wort der Art besonders setzen würden. Mit Negation: -kattangilak (selten -ngikattarpok) und -lokattangilak (von -lungilak). Auch die Verbindung -kattainarpok (eig.: immer öfters) wird gebraucht. Ueber die Aussprache s. Anm. bei -rkammerpok.

    aunivok; annekáttarpok er geht öfters hinaus.
    imertarpok; imertakattarniarpotit du wirst (mehrmals ab= und zugehend) Wasser holen = hole Wasser.
    arvertarpok; arvertakattangilak er geht, wandelt nicht öfters, d. h. selten, z. B. ein Kranker.
    iglomékattangilak er ist nicht oft, selten im Hause.
    innailiorpá; imailiokattarpá er that öfters so mit ihm.
    okarpok; okakattarit rede doch (öfters)!
    keavok; keakattarnak weine nicht! (das Weinen aus verschiedenen Absätzen bestehend gedacht).
    tagvanékattalaukpok er, es ist öfters da, hier gewesen.
    tausendiokattartut öfters 1000 Seiende, b. h. mehrere 1000. NB. s. § 348 Schluß.
    Aniakattainarpok er hat immer (öfters) Schmerzen.

Anm. 1. -kattarpok hat neben obiger Bedeutung: öfters, verschiedene Male auch zweitens die verwandte: **er behandelt verschiedene (viele, alle) so, das eine nach dem andern.** z. B. von machait serkomekattarpait 1) er zerbricht öfters das Geschirr, 2) er zerbricht das (ganze) Geschirr, ein Stück nach dem andern; mánna machait ukkua serkomekattarniarpakka jetzt werde ich dies Geschirr (ein Stück nach dem andern) zerschlagen.

Anm. 2. Dieser Anhang mit -utivut (s. n. -utivá b) gibt **-káttautivut sie thun einander verschiedene Male, öfters so,** z. B. von passivá oder passikterpok: passiutivut oder passiklerutivut sie beschuldigen einander; passekáttautivut, passiklekáttautivut sie beschuldigen einander verschiedene Male, oder hin- und herredend, die Handlung nicht als einmalige gedacht. NB. **nicht** von -kat, -katauvok (oft -kattauvok geschrieben) abzuleiten, wie es auch im Wbch. S. 79 unter ingiarpá geschehen; denn in -katauvok ist die erste Silbe zwar kurz, oder nicht geschärft (nur mit einem t), in -káttautivut dagegen geschärft (mit 2 hörbaren t) wie in -káttarpok. S. auch Lut. 24, 15: apperikáttautivlutik.

§ 425, 47. -kaut (tib, tik, tit) N. beweglich: **ein Behältnis für,** ähnlich wie talik.
    imek; imekaut Wasserbehältnis, z. B. Schlauch Mt. 9, 17.
    takoak; takoakaut Behältnis für Reiseproviant; Mt. 10, 10.
    argjat *Plur.* Pulver, Asche; argjakaut Pulverhorn.
    akkiliksat Schulden; akkiliksakaut Schuldbuch.

2. Alphab. Verzeichnis. 219

Vergl. tobákekaut Tabaksbeutel oder -Kasten; illulekaut Behältnis für Kugeln; illuliksakaut für Blei (Kugelsache); arnainakaut Aufenthaltsort für nur Frauen, z. B. Harem; auch unsre „Weiberhäuschen" so genannt; umiakaut = umiaktulik Boothaus; piksakaut Behältnis für irgend etwas im allgemeinen, in Phil. 1, 21 für: Gewinn, Schatz; uglait hniligit ajokertûsekautanvut wörtlich: die h. Schrift ist ein Behältnis für Lehren.

Anm. -kaut ist aus -karpok und -ut entstanden zu denken = -karut: „Mittel zu haben". In der Form -karut oder auch -kaut komm' es dann auch in der andern Bedeutung: „Ursache zu haben" vor. Z. B. nunapta sillaluk imekarutigiva oder -kautigiva: oder sillaluk tugva nunapta imekarutinga oder imekautinga der Regen ist die Ursache oder das Mittel, daß unser Land Wasser hat. Ebenso: kivgatokautiksakaugilanga ich habe keine Ursache die Diener (Nationalhelfer) zu haben, d. h. kommen zu lassen (zu dem im Wort enthalten:n tak s. 480 Anm.).

140. **-kitárpok** und, aber seltener, nur **-kípok** *s. s.* und *e. s.* B. wohl ziemlich beweglich: **lang.** (Bei Wetterausdrücken scheint tómavok s. torpok gebräuchlicher.)

sinikpok: sinekitárpok, sinekípok schläft lang.
attorpâ; attokitárpara ich brauche es lang.
utakkivok *s. s.* und *e. s.* utakkekitárpagit ich warte lang auf dich.
kaiblarpâ; kaiblakitárpâ er ermahnt ihn lang.
ovanékitárpok ist lang hier: z. B. nukkekangimut kêta ovanélokitárpogut (mit lukpok schlecht).

-kot s. gleich u. ·kut.

kovâ. kôrpok s. das richtigere -rkovâ, -rkôrpok.

-ksarpok hat s. -ksarpok.

-kuarêkput sind einerlei s. -katigivâ Anm. 2.

34. **-kut (-köt)** (tib, tik, tit) N. beweglich: **vorrätiges,** (im Vorrat, § 426. Besitz) **gehabtes, einem gehörendes.** (Grld. -ut. „Benennt die Sache „als Habe, u. wird daher fast immer nur mit Suffix (sein, dein ꝛc.) „besonders da angehängt, wo ein bloßes Suffix einen andern Sinn „geben würde, wie auch an Benennungen solcher Gegenstände, die man „nicht (wie Kleider, Werkzeug oder dgl.) als Inventar, sondern als „Material in ab= und zunehmendem Vorrat besitzt". s. Anm. 1.

nerko Fleisch, Speise: nerkekotinga das Fleisch, Speise, die er im Vorrat hat, z. B. auch das Teil, das er neben sich liegen hat. Dagegen nerkinga 1) sein, des Körpers, auch des menschlichen, (inneres) Fleisch; 2) seine Speise, die er grade ißt.
auk; aukotinga sein Blut, das er im Vorrat hat, z. B. Seehundsblut (aukotekarpok). Dagegen aunga sein Blut, das Blut seines Leibes.
saugak: saugakotingit seine gehabten Schafe, wir kurz nur: seine Schafe.
saugakutauvut es sind (von jemand) gehaltene, jmdm. gehörende Schafe.
akigek Schneehuhn; akigekutit gehabte, gehaltene Hühner, Haushühner.
saugakuto = akigekuto = karpok er hat Schafe, Hühner (im Besitz). Mt. 18, 12.

II. Anhänge.

ŏmajokutit, ŏmajokutauvut von den Tieren einer Menagerie: tuktokutokarpok er hat Renntiere, auch Renntierfelle im Besitz (= amokutilik): Nálekab inokotingit dem Herrn gehörende Menschen, sein Eigentum.

Häufig ist die Zusammensetzung mit -givâ:

-**kutigivâ** c. s. **er hat's zu seinem vorrätigen, eignen.** Vgl. Anm. 2.
umiakotigivâ er hat's zum b. h. es ist sein (eignes, ihm gehöriges) Boot.
inokotigivait er hat sie, b. h. es sind seine Menschen, sein Eigentum. S. auch Ap. (Gesch. 22, 15.

Anm. 1. Die Grenze zwischen dem Gebrauch von -kut u. dem einfachen Suffix ohne -kut ist flüssig. In Labr. scheint das letztere mehr angewendet werden zu können, als in Grld. Dort z. B. kann an Tiernamen (außer bei kingmok) das einfache Suffix sich nur auf die Heimat des Tieres beziehen (die Tiere des Landes, des Meeres, der Hase der (von der) Ostseite). In Labr. ist das nicht so ausschließlich, wenn auch wohl vorherrschend, der Fall: saugangit seine, des Menschen, Schafe; ukalora auch; mein Hase wie ukalokotiga. — Ebenso auch kikianga nicht bloß wie in Grld.: sein Nagel, b. h. mit dem es, ein Brett, Haus ꝛc. genagelt ist, sondern auch; sein Nagel, den er (beim Arbeiten) einschlägt, ja auch selbst — kikiakotinga sein (ihm gehörender) Nagel, (Eisen. z. B. kikiaga (freilich) aber besser kikiakotiga) nanèkà? wo ist mein Nagel? — Ganz entsprechend ist das zu -kutekarpok Gesagte § 420 Anm. 2, was zu vergleichen.

Anm. 2. Weiter wird -**kutigivâ**, wobei die Bedeutung des -kut freilich fast ganz schwindet, oft ähnlich wie -givâ in der Bedeutung: er hat es dazu, es ist ihm, steht es (völlig) dafür an gebraucht; ebenso -kutauvok = -kutigijauvok Pass. wird dazu gehabt, ist (jemandem) so, wird dafür angesehen. Manche Esk. erklären es ganz durch nasugivâ hält es dafür, nasugijauvok. Andern ist dies zu schwach, da doch kein Zweifel durch -kotigivâ ausgedrückt werde, wie beim bloßen „meinen" doch möglich sei. In N. Test. öfters. Z. B. pillioriktokutigivât Ap. 16, 2 „hatte ein gutes Gerücht" — sie hatten ihn zum Geschickten, ihnen war er, galt er für trefflich; illuartokutaujut Ap. 6, 3 welche (anderen) gut sind, als gut gelten, für gut angesehen werden. Ebenso angajokaunersakutaujut Gal. 2, 2. 6. innitsiakutaujut (von inutsiak, ziemlich = innitsiangonasugijaujut) Phil. 4, 8. Aehnlich 1 Kor. 4, 13. 2 Kor. 8, 18. 1 Tim. 3, 7. 5, 10. Desgl. angnerpäkutigivâ ähnlich wie das nicht so übliche angnerpârivâ (s. u. nerpârivâ § 453 Anm. 1) er hat es zum Größten, es ist ihm, gilt ihm, dünkt ihm das Größte.

§ 427. 8. -**kut** seltner -**rut;** sehr häufig aber auch, wie es scheint, besonders nach einem i Laut (?) -**kut**. B. (und N. s. Anm. 1); nicht ganz frei anzuwenden: „das, wodurch es, des Stammwortes Subjekt, (von andrer Seite her) dazu gebracht wird, so zu sein, das Mittel dazu." Eine Nebenform ist

-**kutak, -kutak.** Viel mit -ksak:-kutiksak Vgl. auch -gekutiksak.

tæssivâ er hat es gedehnt; tæssivok ist gedehnt, dehnt sich.
tæssekut Werkzeug, Stein ꝛc. zum Ausdehnen der Stiefeln, Felle.
tættorpok ist enge, sitzt fest in seinem Loch ꝛc. (mehr tœt tokipok.)
tættokut, mit Suff. tættokutâ das Mittel, um es fest sitzen zu machen, Umgewickeltes, Danebengestecktes, z. B. unten um Lichter gewickeltes Papier.
puktavok schwimmt oben auf.
puktarutâ oder puktautinga sein, wodurch es zum Obenaufschwimmen gebracht wird, ein Schwimmer, Kork an einem Netz oder dgl.
nellunaipok ist zum wissen, ist kenntlich.

nellunaikutaᴋ (mit *Suff.* kutanga) etwas woburch, woran man es erkennen kann oder muß: ein Zeichen, Kennzeichen.
idluarpoᴋ ist gut, recht; nāmakpoᴋ ist genügend, gut, recht.
idluaᴋut was dazu dient, daß es jemand gut geht, zu seinem Nutzen, Besten dient.
idluaᴋutiksaptingnut illingavoᴋ es dient zu unserm Besten.
idluaᴋutiksarsiorpā er sucht sein (eines andern) Bestes, seinen Vorteil.
nāmaᴋutiksanga (hier auch ᴋ) Mittel dazu, daß es ihm gut geht: was zu seinem Besten dienen soll.
saipāᴋut, ullapᴋut (stark zusammengezogen) Zufriedenstellungsmittel.
ᴋaumaᴋutiksaᴋ Hellseinsmittel, z. B. in einem Haus helle Tapeten, Papier.

Anm. 1. An Nennwörter mit der Bedeutung: „**etwas was da** (auf einem bestimmten Teil eines Ganzen) **angebracht ist**" kommt -ᴋut, -rut in Labr. wohl nur noch in einigen ganz wenigen Wörtern vor, so besonders ᴋaurut Stirnband, was auf der Stirn angebracht ist; niaᴋāt (aus niaᴋorut) Kopfschmuck, Krone, Diadem, Kranz.

Anm. 2. **Verschiedenheit von -ᴋut und -ut**, nach Kleinschmidt: Diese beiden Anhänge berühren sich in ihrer Bedeutung „Mittel" zum Teil, decken sich aber nicht. Drum achte man auf den Sprachgebrauch, der sich verschieden entwickeln kann; wie z. B. Inseln, die wie ein Propf vor der Mündung einer Bucht oder einer Meerenge liegen, so daß der freie Blick von innen auf das offene Wasser hinaus verjperrt ist, in Labr. simikutaᴋ (von simikpā er stopft es zu), in Grld. dagegen simiutaᴋ (von -ut) heißen. Die Bedeutung, die -ut hat, ist eine viel allgemeinere, es ist besonders auch öfters für abstrakte Begriffe passend: -ᴋut dagegen ist durchaus nicht so beweglich wie -ut, und wird vorzugsweise gebraucht von Gegenständen, die an etwas angebracht sind (bei Nennwörtern, Anm. 1), oder (bei Verben) überhaupt wo angebracht sind, um eine beabsichtigte Wirkung, die das Verbum besagt, hervorzubringen. Wenn es dann auch einmal von geistigen Gegenständen gebraucht wird (wie z. B. idluaᴋut), so muß das Verhältnis des dadurch Bezeichneten jedenfalls ein ähnliches sein.

Noch ein Beispiel: idluarutigivā (idluarsijutigivā) hat es zur Ursache des Gutseins, Rechtseins; dagegen idluaᴋutigivā hat gut davon, Vorteil davon, es dient zu seinem Besten. Was die gegenteilige Bedeutung betrifft, so sind die Bildungen von idluipoᴋ, ajorpoᴋ nicht jo üblich, wohl aber von idluilukpoᴋ: idluilokutigivā er hat schlecht davon, hat Nachteil, Hinderung ꝛc. davon: z. B. kamikka, anoräkka idluilokutigivakka wenn sie etwa steif, zu groß ob. zu klein sind und ich so Schmerzen habe u. gehindert werde in der Bewegung; idluilokutiksapsingnut zu unjerer Hinderung, Unannehmlichkeit, zu unjerm Nachteil, Schlechten ꝛc.; apᴋutiksab idluilokutekarninga z. B. bei frischem Schneefall, der für das Reisen schlecht, unzuträglich, hinderlich ist. Auch mit -serpā (s. bei -lerpā) versieht ihn damit: z. B. apᴋutiksavut idluilokusertauvoᴋ ob. agvialokusertauvoᴋ. Sehr häufig pilokusertauvoᴋ (von pilukpoᴋ) etwa: er hat durch irgend etwas (z. B. Unfall, schlechtes Wetter, Ungehorsam ꝛc.) was abgekriegt, was Schlimmes davongetragen, trägt was davon. Zur Erklärung von piloᴋut f. das Gegenteil idluaᴋut oben bei den Beispielen. Ebenso issumamnut uimajālokutaujut nicht viel anders als uimajārutaujut.

†-**kállaᴋpoᴋ** (-katdlakpoᴋ) *s. s.* und *c. s.* B. beweglich: schnell, bald, hurtig. Berührt sich mit sārpoᴋ, saraipoᴋ, wird aber nicht so häufig gebraucht. § 428.

tigusivoᴋ; tigusikállakpoᴋ nimmt, ergreift schnell, hastig.
tiguvā; tigukállaguk nimm's hurtig! Vgl Pf. 52, 7.
tikkikállalungilat (== sarailungilat) sie kommen nicht schnell, bald.
nunguvoᴋ; nungukálladlarpoᴋ es geht sehr schnell zu Ende.

II. Anhänge.

Desgl. nvloktosikállakpok der Tag (die Tage) nimmt schnell zu: okakállakpok redet schnell, bald oft auch: wenn er nicht soll; pikállusaraipunga = pisaraipunga thue schnell, d. h. oft: bin hitzig, brause schnell auf; pijankállangninrput Spr. 11, 6; erkaikállakpok es fällt ihm plötzlich ein; nikovikállakpok springt schnell auf.

31. **-kusak** ober **-kusâk** (saub, sâk, saīt) N. u. andre Wörter; beweglich: **fast, beinahe.**

sorusok; sorusikasak fast ein Kind
unuktut; unuktukasait fast, ziemlich viele.
tausendikasait fast tausend.
angijokasangmik ob. kasâmik *Mod.* fast groß, in fast großer Weise.
sorusikasanvok ob. kasángovok sulle er ist noch fast ein Kind. Vgl. unter -kasakpok und § 349.
illûnatik sie alle; illûnakasatik (auch illûnatikasak) fast alle.
illûnakasanginut ob. illûnainukasak fast allen. § 352.

130. **-kusakpok** ober **kasâkpok** *s. s.* und *c. s.* V. beweglich: **fast, beinahe.**

sorusiovok; sorusiokasakpok ist fast ein Kind. Vgl. unter -kasak und § 349.
tokovok; tokokasakpok ist beinahe tot.
sapperpâ; sappikasakpâ er vermag es fast nicht.
pannerpok; pannikasângilak ist nicht „fast trocken", d. h. ist noch lange nicht, durchaus nicht trocken; s. Anm.

Anm. **-kasangilak** und **ngikasakpok.** Wie bei -marikpok „völlig" gibt die verschiedene Stellung der Verneinung einen ganz versch. Sinn. Die Bedeutung von -kasangilak entspricht der von -ngimarikpok, die von -ngikasakpok ist ähnlich der von -maringilak. Man sieht: wie die Bedeutung von „fast" und „völlig" eine entgegengesetzte ist, so ist auch die Stellung der Verneinung bei den einander entsprechenden Ausdrücken grade die umgekehrte. 1) Die gewöhnliche, häufige Form **-kasangilak, -kasângilax** „nicht fast, nicht (einmal) fast" d. h. aber: „noch lange nicht, durchaus nicht, fehlt noch viel daran, daß." J. B.
äkiktaukasângitok ist lange noch nicht hergestellt, ähnlich wie äkiktaunginarıktok.
pisungungnakasangilanga („ajornarmarikpat-) kann gar nicht gehen, bin ganz verhindert.
nellojut kamagijaukasalaungilat die Heiden wurden durchaus nicht beachtet.
tøttøkasalungilak (ähnlich wie tøttølungimarikpok) ist noch lange nicht voll, fehlt noch viel.
nappikasângilâ (von nappivâ) er brach es nicht fast ab, d. h. es fehlte viel daran („ajormarikpâ").
pijarêkasalungilagut wir sind noch lange nicht fertig.

2) Dagegen in der nicht allzuhäufig gebrauchten Stellung **-ngikasakpok** heißt es „fast nicht (aber doch etwas, aber doch gleich, bald)."
Bei den folgenden Beisp. vgl. die eben in Nr. 1 gegebenen.
pisugungnangikasakpunga („nânaktomik pisugungnaoruma, kêtakulluk pisukkuma-) ich kann nicht ordentlich gehn. Vgl. 5 Mos. 28, 29. Jes. 59, 10.
kamagijaungikasalaukput („kamagijungalloordlutik kêta") sie wurden fast nicht, kaum beachtet, aber doch etwas.
NB. Man sehe sich aber bei Anwendung dieser Verbindung vor, da sie doch nicht überall u. überhaupt nur selten angewendet zu werden scheint. So werden z. B. folgende zwei Beisp. (vgl. o.), die von einzelnen durchaus nicht beanstandet werden, von den meisten als ganz ungebräuchlich bezeichnet:

[tɑ·ttɑ·lungikɑsɑkpoĸ ist fast nicht voll, d. h. ist beinah oder gleich voll: pijarĕngikɑsɑkpogut = „sulliarijavut pijarĕngilɑĸ serlak- wir sind nur so eben nicht fertig, werden's aber gleich sein. Hier käme der Ausdruck ja auch dem ohne Verneinung tɑ·ttɯkɑsɑkpoĸ, pijarĕkɑsɑkpogut eig. ziemlich gleich.]

74. **-kípoĸ** *s. s.* N. (und B.) beweglich: **er hat das klein oder wenig**. § 429. (Gegensatz zu tuvoĸ § 480, weshalb auch die Beisp. dort zu vgl.

a) **An Nennwörter.**

Verba werden durch Anhängung von neĸ zu Nennwörtern gemacht woraus dann die Endung **nikípoĸ** (wenig, in geringem Grade) entsteht. Eigentümlich ist, daß es so auch an *c. s.* Verba in der Form **nikípâ** treten kann (nicht aber etwa dem entsprechend nertuvoĸ s. tuvoĸ).

ĸaneĸ; ĸanikípoĸ hat einen kleinen Mund.
usse; ussikípoĸ hat wenig Ladung, ist gering beladen.
akke; akkikípoĸ hat geringe Bezahlung, ist wohlfeil.
ungavoĸ (ungagivâ *c. s.*) ist anhänglich (an ihn).
unganikinivut unsre geringe Anhänglichkeit, eig.: unser wenig Anhänglichkeit (unganeĸ) haben.
ungaginikípâ ist wenig anhänglich an ihn.

Desgl. púkkipoĸ hat geringe Erhöhung (po ungebr.), ist niedrig: sivikipoĸ hat geringe Dauer (sive ungebr.), ist kurz; nɛrrokipoĸ hat geringe Weite (nɛrro ungebr.), ist eng; inŏnikipoĸ hat kurzes Leben, lebt kurz; ivlerinikipâ Phil. 2, 30; attornɑrnikipoĸ 1 Tim. 4, 8; pitlartɑunikinɛrsɑujomârput Mt. 10, 15; naglingnikitauvungɑ 2 Kor. 12, 15 (von naglikpâ).

b) **An Verba** unmittelbar nur ganz selten.

nɛrrikípoĸ (sprich etwa nɛrɛhɛkípoĸ) pflegt wenig zu essen.
sinnakípoĸ 1) schläft wenig, kurz. 2) schläft nicht fest, wird leicht aufgeweckt.

155. **-klɛrpoĸ**, auch **-klivoĸ** nur zur Bildung der *s. s.* Form von *c. s.* Verben s. schon § 379 bes. aber § 222.

49. **-ko** (kub, kuk, kut) N. (und B.) nicht beweglich: **Abfall, unvollständiges** § 430. **Stück von etwas**, was bei der Arbeit abfällt, oder was zurückbleibt, wenn das eigentliche verzehrt ist, und ähnlich. An Zeitwörtern meist mit neĸ: **niko**, doch auch manchmal an den bloßen Verbalstamm. Häufig auch mit dem Anhang luĸpoĸ (schlecht) oder dessen Stamm luk in der Form: **luko** und **nerluko.**

savikpoĸ schnitzelt, hobelt; sabvikut (nicht savikut) *Plur.* Hobelspäne.
kiblormiktorpoĸ; kiblormiktornerlukut Sägespäne.
ullimavá haut es mit dem Beil ꝛc.; ullimako Hackspan, seltner ullimârnerluko.

simniko ⎱ Uebriges, Ueberbleibsel, von einem sonst ungebr.
amiako ⎰ Stamm.
  Genaueres s. in § 579 unter simniko.
sonnɛrɑɛrpâ macht es ohne Seite; sonnɛraerniko Schwarte eines Bretterklotzes (sennerainiko nur ungenaue Aussprache).
sannerpâ kehrt es; sannikut Kehricht.

II. Anhänge.

nerrinerlukut Abfall, Ueberbleibsel vom Essen, sülakut desgl. schlechtes; kang (karng?)-anerlukut (kangasorpait) auf den Boden Zerstreutes, Heruntergefallenes, Brotkrumen, Wasser, Blut ꝛc. Mt. 15, 27. Luk. 16, 21; piunginerlukut schlechter, unbrauchbarer Abfall; illerniko (illikterpâ) Abfall, Schnipsel beim Zuschneiden; hireliornikut Träber; illako (von illa Teil) ein Unvollständiges, z. B. auch Krüppel; aggiarnerlukut oder aggidjakut (aggiarpok), seltner sabviornerlukut (sabviorpok) Feilspäne.

kippak (kippivâ schneidet es ab), kippako Abschnitt von etwas, z. B. von einem Brett, Baumstamm ꝛc. (auch der beim Fällen stehn gebliebene Stumpf heißt kippak); nappak (nappivâ bricht es ab), nappako die Hälfte von einer Sache, der Quere nach durchgebrochen, durchgeteilt; koppak (koppivâ spaltet es), koppako der Länge nach Ab-gespaltenes, speziell: die Hälfte; abvak (avikpâ teilt es), abvako ein Stück, Teil von etwas, ein beliebiges, groß oder klein. Von serkomikpâ; serkomak (Riß, Bruch, Sprung), serkomako allgemein: Zerbrochenes, Trümmer ꝛc. von etwas, das irgendwie zerbrochen, entzweigemacht worden ist; aktarluko, aktarnerluko Phil. 3, 8. Jer. 9, 22 was nichts mehr wert, zum wegwerfen ist, von kaum mehr gebrauchten aktarpâ = annerijungnaerpâ achtet es nicht mehr.

§ 431. 170. -körpok, -görpok *s. s.*, manche Wörter auch *e. s.*: geht da durch. (*e. s.* bei ihm). Verlängerung des *Vial.* -kut, -gut. Vgl. die ver-wandten Formen unter -rpok Nr. 170. § 383.

nunákôrpok, imákôrpok er geht durchs oder zu Land, Wasser.
perorsévikôrpok er geht durch den Garten.
atautsíkut auf einmal; ataufsíkôrpok er thut's auf einmal.
ataufsikôrpait *e. s.* thut ihnen so, macht sie auf einmal, in einem Male.
innitigôrpogut wir fahren, gehn den Schlittenspuren (inne) nach. *Vial. Plur.*
senniagut durch, neben ihm hin, *Vial. Sing.*
senniagôrpok, pâ er, es geht neben ihm hin, vorbei, auch bildlich: stimmt nicht überein, verfehlt (s. auch nellágôr-pok im Wbch. S. 188 bei nellágut).

Anm. Man merke auf, wenn, wie in dem letzten Beispiel ein Suffix (sein, dein ꝛc.) im Wort enthalten. Verschiedene Konstruktionen sind da möglich. Entweder kann man das Wort z. B. senniagôrpok als fertiges Verb betrachten, oder aber mehr das *Suffix* betont denken, u. den dazugehörigen, das *Suff.* regierenden *Trans.* setzen. Z. B.

mit *Sing.* des Objekts:

ajokertûsek senniagôrpâ *e. s.*
ajokertûtsemik senniagôrpok *s. s.* } er geht an der Lehre
ajokertûtsib senniagôrpok *s. s.* vorbei, verfehlt sie.
(d. h. er geht ajokertûtsib senniagut)

und mit *Plur.* des Objekts:

ajokertûtsit illangit senniagôrpait *e. s.*
„ „ senniatigôrpait *e. s.*
„ „ senningitigôrpait *e. s.* } er geht neben
ajokertûtsit illanginik senniagôrpok *s. s.* einigen Lehren
„ „ senniatigôrpok *s. s.* vorbei, verfehlt
„ „ senningitigôrpok *s. s.* sie ꝛc.
ajokertûtsit illangita senniatigôrpok *s. s.*
„ „ senningitigôrpok *s. s.*

§ 432. -ksäjak einen Stoff im allg. ausdrückend s. -jak § 416.
14. -ksak (ab, ak, at) N. (und B.) beweglich: eine Sache zu etwas; etwas, woraus das werden soll oder kann, was dazu gebraucht werden muß oder kann, was dazu bestimmt ist. Am Nom. part. tuksak,

-juksaᴋ der thun soll oder muß. Am paff. Part. taksaᴋ,
-jaksaᴋ dem so gethan werden wird oder soll. s. schon § 293 f.
Ungemein häufig. Ueberall anzuwenden möglich, wo eine Sache noch
nicht fertig eingetreten, wo irgend eine Beziehung auf die Zukunft da;
sehr oft, wo wir im Deutschen dies nicht genauer ausdrücken. Sagen
wir z. B. such dir jemand zum Helfen, so wählt man ikajortuksamik,
nicht ikajortomik, weil sein Helfen noch nicht eingetreten*).

a) An Nennwörter:
usse Ladung; ussiksaᴋ Ladung für etwas; was bestimmt
ist aufgeladen zu werden.
pe Ding, Habe; piksanga was er haben soll, sein bestimmtes Teil.
piksait una das ist für dich (bestimmt), das sollst du haben.
poᴋ Sack, Hülle; poᴋsaᴋ etwas, um eine Sache hineinzuthun; ebenso auch: woraus ein Sack werden soll,
Sackmaterial.
kattimanivut unsre (gegenwärtige) Versammlung.
kattimaniksavut unsre Versammlungen (die noch gehalten
werden werden).
ikoma Feuer; ikomaksaᴋ Feuerungssache, Brennholz.
uvloᴋ Tag; uvluksaᴋ ein bevorstehender, künftiger Tag.

b) Direkt an den Verbalstamm:
nur bei einigen wenigen, = taksauvoᴋ; viel mit der Verneinung.
takuvå sieht ihn; takuksauvoᴋ kann gesehen werden, ist sichtbar.
tussarpå hört ihn; tussaksauvoᴋ ist zu hören, hörbar.
kittipait zählt sie; kittiksaungilat sind unzählbar.
taivå er nennt es; taiksaungilaᴋ kann nicht benannt
werden, ist unnennbar, unaussprechlich.
nåva beendet es; nåᴋsauvoᴋ kann ein Ende haben 2 Kor.
4, 18; nåᴋsaungitoᴋ ist nicht zu enden, unendlich, ewig.

Anm. Unregelmäßig (vgl. § 347) tritt in Folgendem -ᴋsaᴋ an die Suffixrendung
eines Wortes, nicht an den einfachen Stamm; igluḃ kollå des Hauses (sein) Oberes d. h.
Boden und Dach; kolláᴋsaᴋ, igluḃ kolláᴋsanga Material, das zum Dach dienen soll,
wo man kolliksanga von kolle erwarten sollte. Aehnliches s. bei -ᴋarpoᴋ Anm. 4;
tårpå Anm. und -uvoᴋ Anm. 2.

59. -ᴋsarpoᴋ, —ᴋsarpoᴋ (-rsarpoᴋ) s. s. B. er hat jmdn. ob. etwas § 433.
(mik) zum —; es ist ihm jmd. ob. etwas —.

Dies ist die s. s. Form zu -givå (-ᴋsarpoᴋ) und -rivå (-ᴋsarpoᴋ) bei Verben, die eine Beschaffenheit ausdrücken. Siehe -givå b),
wo auch die Stammwörter u. Parallelen zu den folg. Beisp. zu finden.

angiksarpoᴋ, mikiksarpoᴋ hat etwas zum Großen, Kleinen;
es ist ihm (zu) groß, klein.
oᴋumaiksarpoᴋ hat etwas zum Schweren, es ist ihm schwer,
bezw. zu schwer.
mamaksarpoᴋ (von -rivå) es schmeckt ihm etwas (mik) gut.
nåmaksarpoᴋ (von -givå) er hat etwas (mik) zum Rechten,
es ist ihm irgend etwas recht, ist zufrieden damit.

*) Mt. 22, 21: „Gebet Gotte, was Gottes ist" stand früher piksaunga „was ihm gebührt, was sein
werden soll." Der Sinn ist aber tiefer: „was jetzt schon sein ist", darum piuga. Dem Esk. ist aber die
Sache zu erklären, da er sonst ohne weiters piksaunga vorziehen wird. Ein andres gutes Beisp. s. unter -lar-
ᴋivoᴋ ganz zum Schluß.

15

II. Anhänge.

Desgl. sivitugivá (tuksarpoᴋ). sivikigivá (kiksarpoᴋ) er hat es lang, kurz; es ist, wird ihm etwas lang, kurz — von Zeit und Raum. Ebenso annertuksarpoᴋ, annikik- sarpoᴋ von annertuvoᴋ, das auch auf Zeit und Raum (bef. die Breite) geht. Ferner allagnigivá (gaiksarpoᴋ) er hellt es sich im Geiste vor, vergegenwärtigt es sich.

22. **-kulluk***) (üb. uk, uit) N. und andre Wörter, beweglich: **gering, elend, jämmerlich.** Viel gebraucht, z. B. beim eignen Besitz „aus einer Art Bescheidenheit, um sich und das Seine nicht zu hoch zu stellen:" dann aber doch auch einigermaßen als Ausdruck der Zärtlichkeit, bef. in Verbindung mit -arsuk. Nach t Hilfsvokal.

    tarne; tarnikulluga meine arme, geringe Seele.

    perᴋut; perᴋutikulluvut unser geringes, lumpiges Eigentum.

    ullimaut; ullimautikullóvoᴋ es ist ein armes, schlechtes Beil.

    inukullóvogut wir sind arme, dürftige Menschen.

    unârsukulluk (kullukó! f. Anm.) dieser kleine niedliche!

Illingnukulluk sangutitauniangilanga von dir armseligen Stift werde ich nicht herumgekriegt werden — sagte der Helfer Abraha zum Neufundländer Böttcher M., der auseinandersetzte, daß unsre Feiertage nichts seien, und nur der Sabbat Bedeutung habe.

Anm. Angehängtes ó. Wie bei mök zur Steigerung des Gefühls ein ó angehängt wird (§ 363) so wird in gleicher Weise ohne eig. Sinnveränderung bei -kulluk und -áluk (§ 385), wenn sie ausrufsweise stehen, oft ein ó angehängt, z. B. unârsukulluk! und unârsukullukó! der kleine niedliche da! der Schatz! unáluk! und unálukó! der böse da! der Schlingel!

127. **-kullukpoᴋ** s. s. und c. s. B. beweglich: **klein, kümmerlich;** aber eig. meist nur ein Ausdruck vertraulicher Rede. Vgl. das bei -arsukpoᴋ Gesagte, das auch hier gilt.

    tikikullukët? bist du gekommen, bist du da? mit Ausdruck der Vertraulichkeit: zu einem, den man haßt, würde man nicht so sagen.

    sivannerpoᴋ; sivannikullukpat wenn es gering d. h. mit der kleinen Glocke läutet (nur auf einigen Stationen so gebräuchlich).

Von ᴋaipá er bringt es: ᴋaikulluktát? eig. (ist das) dein gering Gebrachtes, Bescheertes? d. h. deutsch etwa: kommt das Bescher von dir, du kleines Ding? So rief die Küchenfrau Hulda, als sie im Namen eines Säuglings ein Bescher erhielt.

§ 434. **-ᴋkumavâ** c. s. **will ihn haben,** ganz = -gijomavâ und -rijomavâ. Ist es nur eine Zusammenziehung aus diesem?

    ikajortikkumavâ = ikajortigijomavâ will ihn zum Helfer haben.

    illakkumannago = illagijomannago ihn nicht zum Gefährten haben wollend. Ap. 15, 37. 38.

    ᴋairtokkumavagit = ᴋairtorijomavagit ich will dich zum Fels haben.

    mittautikkumavlugit = mittautigijomavlugit. Ap. 14, 5; amuᴋᴋatikkumavlugo Luk. 5, 7; majoraᴋatikkumavlugo Mt. 17, 1; oᴋaᴋatikkumavlugit Luk. 22, 4.

---

*) d. h. ohne geschärfte Silbe -ku-luk — grld. Einzelne scheinen auch geschärft zu sagen -kŭlluk (kut- dluk) wie im Grld. neben einem -ᴋulak auch -kutdlak.

2. Alphab. Verzeichnis. 227

-kut. -kutak ſ. -kut.

39. **-kkut** *Plur.* die Familie ob. allgemeiner die Gesellschaft des. „Wird an den Namen oder Titel der Hauptperson gehängt u. entspricht etwa unserm 's z. B. in Pfarrers, Gastwirts."
Aronikkut Arons: Aron u. seine Familie oder Aron und seine Begleiter.
atátakůkka *Dual* mein Vater und meine Mutter.
anánakůkka ganz dasselbe, nur die Mutter als Hauptperson gedacht.
atátakukka *Plur.* meine Eltern mit den andern Geſchwistern (doch ſcheint's von manchen im *Plur.* ſo nicht gebraucht).

Anm. Die Silbe vor -kkut iſt alſo geſchärft, wie z. B. die Vergleichung von Aronikkut und -abvikut (Gehülfpäne, *Plur.* von -ko) klar hören läßt.

°-kutsek z. B. in ukutsek, sukutsek ſ. ſchon § 213.

†**-llakpok** (-tdlakpok) *s. s.* und *e. s.* B. beweglich: **kurze Zeit, ein** § 435.
Weilchen, einen Augenblick (einmal).

-**llávok** dasselbe, nur mehreremal, also: öfters ein Weilchen. Ausgesprochen wird -llakpok faſt wie -llápok*). Oefters mit -laukpok: -laullakpok.

sillalukpok; sillallúllakpok es regnet ein Weilchen.
sillalúllávok es regnet öfters ein Weilchen.
sillalulaullakpok es hat kurz, etwas geregnet.
sinikpok; sinillakpok schläft einen Augenblick.
sinillávok schläft öfters kurz, dazwischen aufwachend.
tussarpâ; tussállakpâ hört es ein Weilchen.
ovanélaullakpok war einen Augenblick hier.
tagvanélaullangniarpogut wir werden ein wenig dort (oder hier) ſein.

kemergollakpâ (lâvâ) betrachtet es (öfters) eine kurze Zeit; êgállakpok (lâvok)
lehnt ſich (mehrmals) einen Augenblick an. Von nokipok *s. s.* und *e. s.* nokillakpâ zupft
ihn, einmal, nokillâvâ mehrmals; supporusijállâvok raucht öfters einen Augenblick.

Anm. -llakpok heißt alſo: ein wenig d. h. kurze Zeit (sivikitomik), dagegen
-galakpok (welches ſ.) ein wenig d. h. in geringem Grade. Z. B. okpillakpok er
glaubt einen Augenblick (vielleicht ganz feſt), dagegen okpigalakpok glaubt wenig = okpi-
tsiangilak.

†-**llarikpok** (-tdlarikpok) *s. s.* und *e. s.* **ganz, völlig.** Seltnere Form für marikpok.

missiarpok; missiallarikpok = missiarmarikpok leugnet durchaus.

93. -**lârpok** *s. s.* und *e. s.* B. beweglich: **er wird.** Eine fernere Zukunft als niarpok, aber eine nähere als omârpok ausdrückend. S. § 219.
itterpok; ittilârpok (nicht itterlârpok) wird hineingehn.
nertorpâ; nertulârpâ (nicht nertorlârpâ) wird ihn rühmen, preisen.

---

*) Im Wbch. iſt überall nur lakpok geſchrieben. Der Europäer ſpricht danach z. B. sinnllakpok mit
dem Ton auf der zweitletzten Silbe, was aber weit von der eck. Ausſprache des ben Hauptton auf der drittletzten Silbe habenden Wortes abliegt. Dies lautet (sinitdlakpok) sinillakpok, sinillápok. Der Europäer
glaubt oft sinnillierpok zu hören.

15*

II. Anhänge.

aglakpok; aglaläugilak wird nicht schreiben.
tikípok; tikilârmat weil er gekommen (oder da) sein wird.

§ 436. 90. **-laujuvok** s. -juvok.

89. **-laukpok** s. n. und r. n. V. beweglich:

a) **that (ihn), hat (ihn) ge—; war, ist ge—;** eine in der Vergangenheit geschehene Handlung ausdrückend*). S. § 219. 220.

ijorpok; ijulaukpok (nicht ijorlaukpok) er lachte (laut), hat gelacht, vor einiger Zeit.

kungavok; kungalanralloarpok er hat zwar gelächelt.

ijerpâ; ijilaukpâ (nicht ijerlaukpâ) verbarg ihn, hat ihn verborgen.

pisukpok; pisulaukpok er ging.

pivok; pilaungmat, resp. pilaurame*) weil er that zc.

NB. Von Verstorbenen: Tômasêolauktok, Jakôlauktok der verstorbene, der weiland Thomas, Jakob.

b) **Höflichkeitsausdruck** beim Bitten, Befehlen, um Erlaubnisfragen etwa = **doch! sei so gut! wenn's erlaubt ist.** Ungemein häufig. An Partikeln auch der bloße Stamm lauk. S. auch Beisp. in § 255.

kaivok; kailaurit komm doch! sei so gut und komm!

kailaurniarpunga (ob. laung) ich werde gleich, wenn du's erlaubst, kommen.

itterpok; ittilauromavunga ich will gern (oder wenn's erlaubt ist) eingehen, besuchen.

kaipâ; kailaulârtat (tat = pat § 289) du wirst so gut sein und es bringen! bitte bringe es dann!

kellarudjârpâ; kellarudjâlaungmiuk (eig. laurmiuk) binde ihn doch auch (oder wieder) los!

tavalauk so mag's gut sein, wenn du's erlaubst.

Anm. 1. Vom Gebrauch beim neg. Optativ (Imp.). z. B. -ngilaurlo s. § 270, 1.

Anm. 2. Verbindungen mit dem Obigen, deren Bedeutung eigentümlich, sind wohl: 1) -laulerivok n. n. und r. n. ganz == -rkauvok, welches siehe, **von der nächsten Vergangenheit**. Ersteres ursprünglich mehr im Süden, bei Hoffenthal, letzteres mehr im Norden gebraucht. Abrahakkunêlaulorivogut (rkauvogut) wir waren eben oder ganz vor kurzem bei Abrahams; takolaulerivara ich sah ihn vor kurzem; ovanêlaulerivok = ovanêrkauvok **he was here not long ago**.

---

*) Bei Uebersetzungen hüte man sich, in der Erzählung -laukpok zu sehr anzuwenden. Der einfache Ind. genügt völlig, wie § 219 gezeigt. Und so sind auch die Erzählungen des N. T. gut gegeben. Leider ist dagegen dem -laukpok in den geschichtlichen Büchern des A. T. ein zu großer Spielraum eingeräumt. Insbesondere ist dort ein nicht guter Gebrauch des -laukpok mit dem Nom. Part. anzuführen, wo das Hauptverb sein -laukpok hat. So Josua 9, 1. 11, 2 nunakalauktut; 10, 35. 11, 11 tâpkonauêlauktut. Ebenso Richt. 2, 12. 3, 19. 5, 18. 6, 11. 8, 10. 9, 34. 48. 49. 11, 19. 20, 44 u. a. m. Ein solches beim Nom. Part. stehendes -lauktok sollte doch wohl eig. eine dem ohne -laukpok stehenden Hauptverb vorangehende Handlung ausdrücken, wie es Richt. 21, 12 richtig steht. Und man müßte danach z. B. Richt. 3, 19 (Gilgalemêlauktunit übersetzen: Er kehrte um von den Götzen, die zu Gilgal (nicht: waren — wie es heißen soll — sondern) gewesen waren!! (wenn überhaupt die Natur und volle Bedeutung des -laukpok von uns schon wirklich ganz erkannt ist, was noch die Frage).

**) Der Regel nach (§ 18. 244) wäre durchaus pilaurmat, pilauruluga zc. richtiger. Aber trotzdem, daß in pilauramo richtig das vom Stamm k kommende r gesprochen und geschrieben wird, kann man nicht leugnen, daß in den andern Formen allg. nun der Esk. uz gebraucht wird, als ob der Anhang -laukpok hieß. Nur einen Estimo habe ich getroffen, der noch richtig pilaurmat in bewußtem Gegensatz z. B. zu pijaungmat schrieb. Solches Verdrängen des r durch ng kommt auch sonst noch vor, so z. B. uskuvugnek neben dem richtigeren nakorunêk. Aber auch der umgekehrte Fall tritt ein, wie z. B. allgemein unorulagat mit r gesagt wird, auch von denen, die unuktut, nicht unokur, sagen, und banach folgerichtig eig. unuruulagit sprechen müßten (s. anoktut im Anhang § 570).

2. Alphab. Verzeichnis. 229

2) -laulerpoĸ *s. s.* und *r. s.* er war, hat (ihn) lang ge—; ĸanimalaulerpunga ich war lange krank; najortigiluĸrpara habe ihn, es lange bei mir gehabt; ovanêlaulerpoĸ = akunit ovanêlauĸpoĸ he was here a long time. Man verwechsele diesen Anhang nicht mit -laullakpoĸ s. -llakpoĸ: ovanêlaullakpoĸ == kêtakulluk ovanêlauĸpoĸ. Der Anhang -laulerpoĸ scheint aber nicht allgemein gebraucht (?); ferner wird der Begriff des Langdauerns manchmal nicht betont, so z. B. übereinstimmend in nangianalaulerpoĸ (weshalb?). Luk. 24, 28 ist statt -laulerpoĸ wohl auch besser bloß -lauĸpoĸ zu setzen.

49. -leĸ, mehr aber dleĸ d. h. je nach dem vorhergehenden Stamm ent= § 437. weder -rdleĸ oder -gdleĸ oder -tdleĸ. welche zwei letztere (§ 12, 3) oft = -lleĸ; (linb. lik. lit § 63): einer oder etwas, das in der und der Richtung hin ist; und manchmal, aber nur, wenn es aus dem Zusammenhang folgt: der äußerste in der und der Richtung, in der Reihe. An Nennwörter, doch auch am Lokalis der örtlichen Deutewörter, wie avane. S. bei den Ortsw. § 133 ff., wo auch genügende Beispiele, wie sivorleĸ, kâlleĸ, kûlleĸ.

NB. Die Aussprache bietet unangenehme Schwankungen und Verwirrung (?) und man kann nicht mit Sicherheit auf die Endung des zu Grunde liegenden Stammes schließen, da in -rdleĸ, -gdleĸ und -tdleĸ das r, g, t oft unhörbar ist (wie es scheint auch nach keiner bestimmten Regel?), u. so der Anhang gleichlautend -dleĸ (oder genauer -tdleĸ, da die vorhergehende Silbe geschärft bleibt) oder bei den zwei letzten auch) -lleĸ wird. S. darüber auch § 12, 3 und § 133.

isso Ende; issukleĸ (mit hörbarem k Laut) der äußerste
d. h. der erste oder letzte in der Reihe.
sikjaĸ Strand; sikjatdlivut eig. sikjardlivut die von uns
nach dem Strand zu wohnen.
avane im Norden; avanerdleĸ (= tachardleĸ oft tacha-
tdleĸ gesprochen) der nördliche.
Amêrika sexinerdleĸ oder ánerdleĸ Süd-Amerika.

Anm. Wohl hieher gehörig, indem die Beziehung auf den Raum auf die der (Jahres)zeit übertragen wäre, ist auch okkiuleĸ, aujaleĸ einer im Winter= oder Sommer=kleide (Pelze), von den Tieren u. ihrem Fell oder Gefieder gebraucht.

64. -lerivoĸ und =erivoĸ (z. B. serivoĸ nach t) *s. s.**) N. beweglich:
er hat damit zu thun, ist damit beschäftigt. Am Namen eines
Körperteils: hat Schmerzen darin, leidet da. Ueber die Doppel=
formen s. genügende Auskunft im ersten Teil § 366. Anm.
a) aglait; aglalerivoĸ hat mit Büchern zu thun.
aglalerivik oft die Karwoche genannt, wegen der besonderen
Beschäftigung mit der h. Schrift.
kejuĸ; kejulerivoĸ hat mit Holz zu thun, z. B. stapelt Holz.
perorsêvik; perorsêvilerivoĸ hat Gartenarbeit, gärtnert.
aput; apuserivoĸ hat Schneearbeit.
orkssoĸ; orksserivoĸ ist in Speckarbeit.
kannujak, kikiak; kannutjerivoĸ, kikitjerivoĸ arbeitet
in Kupfer, Eisen. 1 Mose 4, 22.

---

*) auch wohl *c. s.* er — ihm, für ihn. Z. B. iglo apuserivara ich arbeite, schaffe dem Hause den Schnee fort; apuserijauĸattaramo weil ihm (dem Hause) der Schnee öfters weggeschafft wird.

b) aggait; aggalerivok hat Schmerzen in der Hand.
   kigut; kiguserivok hat Zahnweh.
   niakok; niakerivok hat Kopfweh.
   nâk; natjerivok hat Leibweh.
   kettek Mitte, Kreuz; kettilerivok hat Kreuzschmerzen.
   sennerak Seite; sennerkerivok hat Schmerzen in der Seite.

§ 438. 146. **-lerkípok** *s. s.* und *c. s.* B. beweglich: **wieder, nochmals**, nachdem es vorher schon ein- oder mehreremal geschehen. S. Anm. 1 bei -givok § 406.

okautivâ; okautilerkípâ er sagt ihm nochmals, wieder.
pilerkípok (und pâ) er thut (es) wieder, von neuem, ganz allg. z. B. wenn eine ungenügende Arbeit noch einmal gemacht wird; speziell: ein Kranker, der sich besser befand, wird wieder schlechter.

†**-lerkivok** *s. s.* N. (und B.) **bekommt viel**; hauptsächlich wohl bloß beim Erwerb (= -avok, -adlarpok).

-ilerkivok wünscht sich das, sehnt sich nach.

tuktulerkivok er bekommt viel Renntiere.
tuktulerkimavok hat viel Renntiere bekommen.
tuktuilerkivok wünscht sich Renntiere.

Desgl. von anguvok: angulerkivok (kemavok) erwirbt viel (hat viel erworben); puijelerkivok bekommt viel Seehunde, puijélerkivok wünscht sich S.; kitorngailerkivok sehnt sich nach den Kindern, z. B. auch ein Tier, wenn das Junge fort ist; kitorngaksailerkivok wünscht sich Kinder (die erst noch erscheinen sollen, drum mit -ksak).

§ 439. 68. **-lerpâ** (:erpâ) *c. s.* **-lévok** (:évok) *s. s.* N. **er hat (ihn) damit versehen**, versieht ihn damit, **hat ein — darauf angebracht***). Ueber die Doppelformen, grade wie -lerivok, :erivok, s. das Genauere § 366 Anm., wonach bei t

-serpâ, bei tak **-tserpâ** zu setzen. Neuerdings wird târpâ häufiger als -lerpâ gebraucht, in gleicher Bedeutung.

akke; akkilerpâ versieht ihn, es mit Bezahlung, d. h. bezahlt es ob. ihm.
akkilévok (mik) bezahlt.
tungavik; tunga-vilerpâ (öfter -viktârpâ) hat es mit einem Grund versehen Luk. 6, 48.
igalâk (igalâtjah § 65); igalâtjerpâ (= igalâktârpâ) hat es mit einem Fenster versehn.
mattut Decke; mattuserpâ hat es zugedeckt (nur vom Zudecken des Gesichts).

---

*) Genauer redende Esk. geben durchaus für den Indikativ diese Perfektbedeutung an: er hat versehn, nicht: er versieht (jetzt). Soll die gegenwärtige Handlung betont werden, so wird scheint's bei den meisten der obigen Beisp. der Anhang torpâ angewendet, z. B. niakosertorpâ er bekränzt ihn, ist drüber her, ebenso imusertorpâ, mattusertorpâ, orkassertorpâ, unakpilitsertorpâ u. s. w. Bei andern Worten dagegen wird mit torpâ die Vielheit der Gegenstände zunächst ins Auge gefaßt; talutsortorpunkka ich ziehe vielen Fenstern die Vorhänge zu, salinasortorpunga ziehe viele Flaggen auf (während andere Esk. daneben diese Worte auch bei nur einem Gegenstand mit präsentischem Sinn brauchen, z. B. salinasortorpunga ich ziehe eine Flagge auf, bin drüber her. Der Gebrauch scheint wirklich verschieden). Vgl. u. das bei torpok § 484 Gesagte.

Sonst wird auch masarpok und -lerpok gebraucht, um das Präsens auszudrücken; salinaserasuarpunga, salinasilerpunga ich ziehe die Flagge auf.

2. Alphab. Verzeichnis.

niakót; niakóserpâ hat ihn, es mit einem Reifen, Kranz versehn, (dem Faß) einen Reifen angeschlagen, (des Menschen Haupt) bekränzt.
imut; imuserpâ (sévok s. s.) hat es mit einem Umschlag versehn, es eingewickelt.
nellunaikut (kutak); nellunaikuserpâ bringt an ihm ein Zeichen an, bezeichnet es. Andre Beisp. s. unter -kut Anm.

Desgl. ketterut; ketteruserpok hat sich gegürtet; naggaserpâ hat es mit einem Ende (nggat) versehen, hat's beendet; ivjarut Maulkorb, Band uns Maul; ivjaruserpâ, sévok bindet ihm das Maul zu. 1 Mos. 9, 9. 1 Tim. 5, 18. Die folgenden meist von Formen auf tak: pitatserpâ hat es mit irgend etwas (mik) versehn, von pitatak, einer erweiterten Form von pitak (von pe. pik und dem Anhang tak, der nach Kleinschm. doppelt zu stehen scheint). Vgl. hierzu auch die Anm. Ebenso: sailitak; sailitserpâ hat ihm eine Schürze umgebunden, sailitserpok sich selbst; tálutak; tálutserpâ zieht ihm den Vorhang auf, zu. 2 Mos. 3, 15; illupiarutak; illupiaruserpâ hat es mit Futter, auch Vertäfelung versehen; mukpilitak; mukpilitserpâ, sévok hat es geschindelt. Endlich orkssok; orksserpâ hat es (Lampe od. Nahrungsmittel) mit Oel, Speck versehen (s. s. s. (Weib. Nr. 819, 2); kórok; kórkserpâ hat an, in ihm Ruten gemacht.

Anm. Nicht stimmend mit der oben angegebenen s. s. Form ist: **saimaserpok** (von saimat) s. s. er zieht die Flagge auf; saimasilerit ziehe du die Flagge auf (neben saimasertaule vom c. s. eig.: die Stange werde mit einer Flagge versehen! Und **tunerguserpok** von tunergut er bringt eine Gabe, opfert. Dies beides allg. gebraucht. — Ob überhaupt von manchen -serpok als s. s. := -sévok gebraucht wird? Im Wbch. ist ja auch als s. s. pitatserpok angegeben, wofür freilich die hiesigen Esk. richtig das regelrechte pitatsévok wollen. Oder hätte man bei den zwei ersten Worten zunächst an einen rest. Sinn zu denken?

87. **-lerpok** s. s. und c. s. V. beweglich: **fängt an** (ihn) **zu**. Oft auch gebraucht, wo wir nicht grade „anfangen" übersetzen (vgl. Anm., natürlich nicht in Fällen, wo die Handlung schon vollendet ist): so z. B. beim Imperativ, bei dem es insofern bes. berechtigt ist, als die Handlung erst noch beginnen soll.

keavok; kealerpok fängt an zu schreien, weinen.
sillalukpok; sillalulerpok fängt an zu regnen.
ajorpok; ajulerpok fängt an unvermögend, schwach zu sein.
kaivok; kailerit (wie kait, kaigit) komm, eig.: fang an zu kommen.

Anm. „Da der Eskimo Indikativ beide umfaßt, Präsens (z. B. er geht) und Präteritum (ging), wird dies Affix **-lerpok** in vielen Fällen gebraucht, **wo wir das Präsens setzen oder sagen: nun — —.** Z. B. aullalerpogut nun reisen wir (wir sind noch da, aber stehn nun im Begriff zu reisen); ocholerpok nun fällt er (ein Baum beim Fällen), er steht noch, fängt aber an zu fallen." S. auch die Anm. 2 bei sivok b; und § 439 Fußn.

20. **-liak** (: iak) R. beweglich: **ein gemachter. Mit** Suff. **-lianga sein** § 440. **d. h. der von ihm gemachte**. Die Doppelformen wie -lerivok und : erivok f. § 366 Anm. Weniger gebraucht, als man erwarten könnte.

iksivautak; iksivautaliara der von mir gemachte Stuhl.
savik; savilianga das von ihm gefertigte Messer.
saviliarivâ er hat es zu dem von ihm gefertigten M., d. h.
er hat das Messer gemacht.

II. Anhänge.

imertaut **Mittel zum Wasserholen: Eimer, Traggestell oder Band.**
imertautilianga oder (vgl. § 366 Anm.) imertausianga der von ihm gefertigte Wassereimer ꝛc.

S. auch 2 Mor. 5, 1: Wir haben ein Haus „von Gott gemacht" (iùdemut iglu-liangomajonnik. Ferner Ap. 1, 17. Eph. 2, 22. Kol. 1, 23. 25. 1 Theff. 5, 9. 1, 7.

†-liaĸivoĸ (seltner bloß **-nĸivoĸ**) *s. s.* (und *c. s.*) V. gebunden: **plötzlich, mit einem Male,** nachdem es vorher nicht so war, bef. bei **Krankheit, Wetter.**

    pivoĸ; piliaĸivoĸ thut plötzlich, bef. wird plötzlich krank: kommt plötzlich (Wind).
    tikipoĸ, pâ; tikiaĸivoĸ kommt, kam plötzlich (Sturm, Unwetter).
    tikiaĸijauvoĸ wird mit einemmal überfallen, ergriffen (von Krankheit, Sturm).

Desgl. tnimmiliaĸivoĸ wurde plötzlich so; aĸĸunaliaĸivoĸ stürmt plötzlich; sillarner-luaĸivoĸ (von nerlukpoĸ), ikubliaḷiaĸivoĸ wird plötzlich schlechtes Wetter, plötzlich ruhig; allenfalls dann auch: saĸĸijâliaĸivoĸ be suddenly appears: sâm. éliaĸivoĸ ist plötzlich vor mir; Pètruse maĸsuajungnaermariliaĸivoĸ. Manche Est. betonen das Plötzliche nicht so sehr, sondern nur, daß es vorher nicht so war. Man kann auch tagvainaĸ „sogleich, mit einem Male, plötzlich" dazusetzen.

65. **-liarpoĸ** (: iarpoĸ) *s. s.* N. beweglich: **geht (oder fährt) zu, nach —, oder ist gegangen.** Auch das bloße
-liaĸ (wie niaĸ, iaĸ f. iartorpoĸ Anm.) **einer, der geht.** Ueber die Doppelformen wie -lerivoĸ und : erivoĸ f. im ersten Teil § 366 Anm.

    niuverte; niuvertiliarpoĸ geht zum Kaufmann.
    niuvervik; niuverviliarpoĸ geht in den Laden, Store.
    Samueloliarpoĸ geht zum Samuel.
    Oĸaĸ; Oĸiarpoĸ geht, reist nach Ofak (: iarpoĸ).
    mánnik; mánniliarpoĸ geht, fährt nach Eiern (wenn er weiß, wo welche zu erwarten sind).
    mánniliat nach Eiern Ausgehende, Ausfahrende.
    ôgarsuk; ôgarsuliarpoĸ geht, fährt nach kleinen Dorschen.
    sibaliaĸ es geht auf sieben (er, der Zeiger, geht).

Anm. Kljchm. „Bildlich in ajortuliarpoĸ geht zum Bösen, ist auf Sündenwegen". Die Est. hier wollen aber von solcher Erklärung nichts Rechtes wissen.

§ 441. **†-ligarpoĸ** *s. s.* N. beweglich: **er bekommt (das und das Tier, beim Erwerb).**

    ĸerneĸ; ĸerniligarpoĸ bekommt einen schwarzen Fuchs.
    ĸajoĸ; ĸajuligarpoĸ   „   „ roten „

69. **-lijarpoĸ** (: ijarpoĸ) *s. s.* V. beweglich: **hat bei sich, führt mit sich und bedient sich dessen;** f. Anm. 1. Ueber die Doppelformen wie bei -lerivoĸ, : erivoĸ f. im ersten Teil § 366 Anm. Auch unten Anm. 2. Vgl. -gipoĸ.

2. Alphab. Verzeichnis.

taglo; taglolijarpok geht auf Schneeschuhen.
saviksoak; saviksoalijarpok trägt ein Schwert (es brauchend oder zum Gebrauch bereit).
tiptulaut Blechblasinstrument; tiptulausijarpok bedient sich des, bläst die Trompete.
supŏrut Pfeife: supŏrusijarpok raucht, bedient sich der Pfeife.
arnak; arnalijarpok hat seine Frau bei sich (z. B. auch auf einem Besuch).

Anm. 1. -lijarpok und -gipok berührt sich. Aber ersteres scheint doch nur gebraucht, wenn man eine Sache im Gebrauch oder zum Gebrauch bereit bei sich hat. Vgl. die Beispiele unter beiden Anhängen. Der Eskf. erklärt: „pilijarpok" tigumiarnermət, „pigipok" ingerganermut illingavok. Danach gibt's Fälle, wo man beide Anhänge brauchen kann, je nachdem man sich eben die Sache vorstellt: z. B. wenn einer mit einem Beil, Flinte in der Hand geht, sowohl ullimausijarpok (von ullimaut), kukkiusijarpok (von kukkiut) oder aber ullimautigipok, kukkiutigipok. So in Nain. Vielleicht anderwärts -lijarpok allgemeiner gebraucht? Bei einzelnen Wörtern aber jedenfalls allerwärts nur vom wirklichen „Brauchen": so bei Schneeschuhen, der Pfeife, musikalischen Instrumenten.

Anm. 2. -lijarpok und -sijarpok (:ijarpok) ist ganz der gleiche Anhang (§ 366 Anm.), das s tritt nur bei t, das ts bei tak ein (z. B. ipperautsijarpok oder ipperautulijarpok von ipperautak; tălutsijarpok Ebch. zieht sich den Vorhang vor, von talutak). Dies ist oft verkannt, weshalb z. B. harfesijarpok, spielt Harfe, gebildet ist, während harfelijarpok das richtigere wäre, da das s nur durch ein vorhandenes t bedingt ist. Ebenso ist im Ebch. nenerusijarpok und nenerutilijarpok unterschieden, während doch beides ganz dasselbe ist: er hat eine (brennende) Laterne bei sich, geht mit ihr herum (nenerutigipok hat sie bei sich, mit bei seinen Sachen). Nach t ist übrigens die Form -sijarpok die gebräuchlichere: mit Hilfsvokal -tilijarpok wird sie aber auch) verstanden.

45. **-lik** (-ggub, -ggik, -ggit oder -liub, -lik, -lit vgl. § 61 Anm.). N. § 442.
beweglich: damit versehen, habend, — ig = -kartok welcher hat. Für -liovok wird wohl mehr -karpok gewählt. Dagegen sehr häufig: -liksŏvok (mit soak) ist groß, d. h. sehr versehen. Vgl. talik nach tak.

- auk Blut; aulik ein blutiger, der Blut hat (in, auf oder an sich).

  kajalik mit einem Kajak versehn; der einen hat.

  pe Sache, Habe; pilik (*Trans.* piggub, piliub) der etwas hat.

  piggit oder pilit die was haben.

  sukko; sakkolik der Schießzeug, Werkzeug hat.

  kakkak; kakkalik bergiges, gebirgiges (Land).

  toriæuniarsiorvilik wo es zum Fuchs-Fang (=Suchen) geeignete Stellen (vik) gibt.

67. **-liorpok** (: iorpok) *s. s.* N. beweglich: er arbeitet, verfertigt, macht das.

  -liorpâ *c. s.* **liorivok** *s. s.* er macht das für ihn (*s. s.* jmbu, mik). Ueber die Doppelformen (wie -lerivok, : erivok) s. das Genauere im ersten Teil § 366 Anm.

  adse; adsiliorpâ. macht ein Gleichnis, Abbild von ihm, bildet es ab.

  kamik; kamiliorpok, kamiorpok macht Stiefeln.

II. Anhänge.

umiak; umialiorpâ, uméjorpâ } baut ihm ein Boot.
umialiorivok óminga
atâtaga igluliorpara } ich baue ein Haus für meinen
atâtamnik igluliorivunga } Vater.
imertaut Wasserholmittel, z. B. Eimer oder Traggerät.
imertausiorpok (od. imertautiliorpok) macht ein dgl.
iperautak Peitsche, Geißel.
iperautsiorpok (oder iperautaliorpok) macht eine Peitsche. Joh. 2, 15.

<small>imgerut, imgerusiorpok macht ein Lied Pf. 144, 5. apkut: apkusiorpok od. apkuteliorpok macht Bahn für jemand, z. B. wenn einer im Kajat zwischen Eis voransfährt, anderen Bahn machend; apkosineliorpok macht, arbeitet einen (förmlichen) Weg: sabviorpok schmiedet, macht Eisenzeug, saviliorpok macht Messer; amäk Wurzel, amätsiortauvok Ephej. 3, 17.</small>

70. **-lípâ** c. s. **-ltsivok** s. s. N. beweglich: **versieht ihn** (s. s. jmdn.) **damit, d. h. gibt, reicht, bringt,** auch je nach dem Zusammenhang: **schenkt ihm das.**

pe Sache, Ding: pilípâ gibt, bringt, schenkt ihm etwas (mik).
pilitsivok gibt, bringt, schenkt jemandem etwas (doppeltes mik).
savik; savilípagit } ich gebe, reiche, schenke dir ein
savilitsivunga illingnik } Messer.
savilitauvunga (savilitsiviovunga) mir wird, wurde ein Messer gegeben, gebracht, geschenkt.
umialitsivok tessiujamut er bringt ein Boot nach Tessiujak. Oder mit bezeichnetem Objekt:
umialitsivok uvaptingnik er bringt uns ein Boot (z. B. nach der Seekante).
kingmilípâ bringt ec. ihm einen Hund oder Hunde.
nerkiksalípâ gibt ec. ihm Lebensmittel.
aglalitsijut Schriften, Briefe Bringende; gewöhnliche Bezeichnung unsrer Postboten.

Anm. Erdmann gibt auch eine Nebenform -likpâ, -lévok dafür an, die aber wohl kaum sehr gebraucht wird.

§ 443. †**-lípok** od. **-livok** s. s. **er kommt dahin.** Nicht beweglich, wohl nur an wenigen Worten vorkommend. Die von Erdmann angegebne Form -lípok zwar auch im Süden zu hören, hier aber doch wohl mehr -livok.
nunalípok (livok) kommt an, aufs Land. Mark. 6, 53.
inulípogut (livogut) wir kommen zu, treffen auf Menschen.
napártolípok (livok) kommt an, in Busch.
nangianartolípok (livok) kommt an eine gefährliche Stelle, z. B. auf dem Eise.

66. **-livok** (:ivok) s. s. N. (und B.) nicht mehr völlig beweglich: **macht, schafft das** („bringt oder ruft ein — hervor")
-livâ c. s. **-lévok** s. s. **macht das für ihn** (jmdn. mik). Wird scheint's durch -liorpok verdrängt. Sehr oft mit einigen Nom. part. auf tok: tulivok. Ueber die Doppelformen (wie bei -lerivok, : erivok) s. § 366 Anm.

adse; adsilivâ macht ihm ein Gleichnis, ein Abbild, Ebenbild von ihm.
Gûde adsilivlugo ein Gleichnis von Gott machend, oft =
nach dem Bilde Gottes.
Ebenso: G. schuf den Menschen nach seinem Bilde:
ingminik adsilivlune *resl.* sich selbst, von sich selbst ein
Abbild machend.
tunganek; tunganilivâ ⎫
tunganilĕvok ôminga ⎭ macht ihm, legt ihm Grund.
idluitok; idluitulivok thut Unrecht, Schlechtes, Sünde.
ajortok; ajortulivok thut Böses, Sünde: speziell: begeht
Hurerei*).

Anm. Auch bei einigen wenigen Verben ist es scheint's dieser selbe Anhang -livâ,
der in ähnlichem Sinn vorkommt. Dabei das *s. s.* oft -liklerpok neben -lĕvok. Z. B.
nellonnilivâ er macht es offenbar (nellunaipok), beweist es: piovok ist etwas (aus pe
und uvok): piulivâ *c. s.* macht ihn etwas seiend, d. h. rettet ihn, es, sei's bloß durch
Aufheben, Verwahren, oder auch von Gefahr, Tod, heilt, erlöst ihn; piuliklerpok und
piulĕvok *s. s.* Ebenso inûlivâ macht ihn einen Menschen sein, leben (inovok) d. h. rettet,
heilt ihn: inûliklerpok und inûlĕvok *s. s.* Tcvgl. bei Zahlen: sittamauvut es sind vier,
sittamaulivâ er macht es vier seiend, d. h. teilt es in vier Teile oder macht es vierfach.
§ 112 Anm.

77. **-llorikpok** (-tdlorikpok) *s. s.* B. beweglich: **schön, hübsch**. Eine
Zusammensetzung mit -gikpok (und -lukpok?)
issumavok; issumallorikpok denkt schön, gut.
pivok; pillorikpok thut schön, d. h. ist geschickt, glücklich,
selig.
okarpok; okallorikpok redet schön, d. h. sowohl richtig,
als auch von schönem Inhalt.
sennallorikpok, mersullorikpok, pissullorikpok arbeitet, näht, geht schön, geschickt,
tüchtig: äkiksuillorikpok setzt schön in Stand, kajaktollorikpok fährt schön, gut Kajak.

†-**luak** N. **gut, treffend, passend, recht** :c. So für sich aber fast gar
nicht mehr gebraucht, z. B. etwa noch in adsiluanga (adse) sein ganzes,
treffendes Ebenbild.
Stamm zu dem nun folgenden

†-**luarivâ** *c. s.* **-luarsivok** *s. s.* N. **es ist ihm passend, recht**; eig. er § 444.
hat es zum Rechten (-luak und -rivâ); besonders auch beim Tragen
von Kleidungsstücken gebraucht. Nach Erdmann wäre die *s. s.* Form
nur von geborgten Sachen gebräuchlich. Dies ist in Nain aber nicht
der Fall.
kamiluarsivok trägt (geborgte oder eigene) Stiefeln, die
ihm passen, gut sitzen.
kamiluarsingilak die Stiefeln passen ihm nicht, sitzen nicht.

---

*) ajortullvok. Die allgemeinere Bedeutung, wie auch noch in der Bibel gebraucht, tritt wohl
immer mehr zurück. Die speziellere für Unzuchtssünden ist jetzt die häufigere, bes. wenn mit näherer Bestimmung, z. B. ajortullvok nramut. Aehnliche Erscheinungen finden sich allerwärts. „Die Wörter der
„Sprache verlieren im Lauf der Zeit ihre ursprüngliche Bedeutung, und zwar verengern sie dieselbe. Hoch-
„zeit z. B. hieß früher jedes Fest, und Ehe jedes Gesetz. Fassen wir auch die Ausdrücke Unzucht und
„Unsittlichkeit ins Auge, so bemerken wir, wie ihr ganz allgemeiner Begriff bei dem ersten mehr, bei
„dem zweiten bis jetzt noch weniger, aber doch auch schon allmählich sich bereinigt auf die Bezeichnung der
„Sünden gegen das 6. Gebot." Augsb. Allg. Ztg. 1875 Nr. 98 Beil.

attigiluaringilâ hat es zur Jacke, die ihm nicht paßt, das Attige sitzt ihm nicht (sieht wie geborgt aus oder ist auch wirklich geborgt).

kajaluarivâ hat ihn zum guten Kajak (eigen oder geborgt), der Kajak paßt ihm, läßt sich gut fahren, lenken.

114. **-luarpoK** *s. s.* und *c. s.* V. beweglich: **gut, besonders,** in besonders hohem Maße: daher sehr viel komparativisch wie nersauvok, nersarivâ: **in höherem Grade, mehr als**; und je nach dem Zusammenhang: **zu sehr, zu viel.** Oft auch -luadlarpoK.

  pivoK *s. s.* und *c. s.* piluartomik *Mod.* in besonderer Weise, besonders.

  piluardlune er besonders (thuend), piluardlugo ihn besonders (thuend).

  perorpoK; peruluarpoK wächst besonders oder allzusehr.

  ômangut peruluarpoK wächst mehr als dieser.

  perKsiluarpoK stöbert stark, zu sehr (ikpeKsamit mehr als gestern).

  nakoKpoK ist gut; nakuluarpoK ist besser (z. B. auch ein sprachlicher Ausdruck besser als ein andrer).

  kappiasuKtiluarpâ macht ihn sehr, zu sehr angst.

  angiluarpoK (luadlarpoK) ist sehr oder zu (viel zu) groß.

  KejuKpâ gibt ihm (dem Ofen, Feuer) Holz, legt Holz zu.

  Kejuluadlarlugo! leg (ihm) tüchtig Holz zu!

Anm. Der Stamm -luaK wird in diesem adverbialischen Sinn: „mehr besonders" auch an Nenn= und andere Wörter gehängt, immer aber nur, nachdem das Wort durch -uvoK er ist zum Verb gemacht ist, also immer nur in der Form -uluaK „mehr, besonders (seiend)". Z. B. auf die Frage: welches wird gebraucht? tâmnauluaK dies hauptsächlich! dies mehr (als andre)! Liebit du alle? JousemiuluaK den Joas (JousenuK) vor allen! tâpsomingauluaK diesen besonders, diesen mehr. Vgl. -uvoK Anm. und § 348. 350. 453 Anm. 2. 469 Anm.

115. **-luärsuKpoK** *s. s.* und *c. s.* V. beweglich: **ein klein wenig.** Zusammensetzung aus -lukpoK (NB nicht -luarpoK s. Anm.) und -arsukpoK mit der Bedeutung des letzteren. Ganz ebenso vgl. -luarpikpoK s. -arpikpoK, -lukullukpoK = kullukpoK.

  kungavoK; kungaluärsuKpoK er lächelt ein wenig.

  oKarpoK; oKaluärsuKlanga (sulaulanga) laß mich ein klein wenig reden!

  itterpoK; ittiluärsulaurit (ittersâluärsulaurit) komm (schnell) ein klein wenig herein!

  oKaKâtigivâ; oKaKatigiluärsulaulagit laß mich ein klein wenig mit dir reden!

Anm. -luarârsuKpoK *s. s.* und *c. s.* ein klein wenig viel oder zu viel oder **mehr.** So dagegen lautet der Regel gemäß um des Doppelvokals in -luaK willen (s. bei -arsuKpoK) die Zusammensetzung mit -luarpoK. Z. B. kungaluarârsuKpoK er lächelt ein klein wenig zu viel oder mehr (als ein andrer, oder als er sollte ꝛc.); vgl. das erste Beispiel oben; sungiluarârsudlartoK oft gebraucht z. B. bei einer Arbeit: es thut (suvoK) d. h. genügt ein klein wenig sehr (oder zu sehr) nicht, d. h. es fehlt nur ein ganz klein wenig daran (nämlich, daß es gut sitzt, paßt ꝛc.).

116. **-luatsiaK** (ab, uk, at) N. (u. andre Wörter) beweglich: **ganz ein, grade wie ein, grade.** Aus -luaK und -tsiaK.

2. Alphab. Verzeichnis. 237

puijeluatsiaᴋ, tuktuluatsiaᴋ, inuluatsiaᴋ grabe wie ein,
ganz ein Seehund, Renntier, Mensch! z. B. wenn man
etwas dgl. aus der Ferne sieht, mag es nun der Gegen=
stand wirklich sein, oder nur so ausfehn.
adse; adsiluatsianga (= adsimmaria) sein ganzes Ebenbild.
kolliluatsiamne, attiluatsiamne grabe ⎫
über, unter mir ⎬ s. Ortsw.
sâluatsiamne, akkiluatsiamne grabe ⎨ § 116, 1. 2. 3. 15.
vor mir, mir gegenüber ⎭
ôminga *Mod.*; ômingaluatsiaᴋ grabe diesen (z. B. traf er).
taimak so: taimaluatsiaᴋ grabe so.
puijetut wie ein Seehund: puijetuluatsiaᴋ grabe wie ein S.
ôtunaᴋ wie dieser; ôtunaluatsiaᴋ grabe, genau wie dieser.
kettek; kerkäneluatsiaᴋ oder kettilnatsiangane grabe
in der (seiner) Mitte: auch z. B. in der Hälfte des Weges.

116. **-luatsiarpoᴋ** *s. s.* und *c. s.* B. beweglich: **grabe.**
taimaipoᴋ: taimailaatsiarpoᴋ grabe so ist es, er.
naipipä *c. s.* taimna naipiluatsiarpä ⎫ jenen (z. B. den
naipitsivoᴋ *s. s.* taipsominga naipit- ⎬ er suchte) traf er
siluatsiarpoᴋ ⎭ grabe.

†**-lugasak** (aub, ait) N. beweglich: **ein schlechter, armseliger, jämmer-** § 445.
licher ꝛc. Nach t Hilfsvokal i (e). Aehnlich wie -lukaᴋ. Alle vor!
gegebnen Beispiele können auch mit -lugasak gebildet werden.
ullimaut; ullimautilugasak ein schlechtes, armseliges Beil.
inuk; innlugasak ein armseliger Mensch (sei's in leiblicher,
sei's in sittlicher Beziehung).
tamakkoalugasait diese schlechten, jämmerlichen (Dinge,
Verhältnisse).

†**-lukaᴋ** (ab oder aub, åk, at) N. beweglich: **ein schlechter.** Nach t Hilfsvokal i (e). Vgl. -lugasak.
sillit; sillitelnkaᴋ ein schlechter Wetzstein.
ᴋaᴋᴋôjak; ᴋaᴋᴋôjalukaᴋ schlechtes Schiffsbrot.
imeᴋ; imilukaᴋ schlechtes Wasser. 2 Kön. 2, 19.
umia—, ᴋaja—, kingmi—, inu—lukaᴋ ein schlechtes
Brot, schlechter Kajak, Hund, Mensch*).

Anm. Scheint eine Verlängerung des Stammes -luk zu sein. Dieser für sich in
der Form -luk oder -rdluk kommt auch in einigen Wörtern vor; meist ist wohl aber die
Bedeutung schlecht ganz geschwunden; z. B. kangerdlluk Bucht; aber auch allorluk u.
nennorluk.

78. **-lukpoᴋ** oder **dlukpoᴋ** *s. s.* N. und B. (bei B. auch *c. s.*) be=
weglich: **hat das schlecht.** Das Gegenteil -gikpoᴋ, -tsiarikpoᴋ. Die

---

*) dêlukaᴋ ein einfacher Würfel zum Spielen, der vermittelst eines durchgesteckten Stiftes gedreht
wird. Die 4 freien Seiten sind mit Buchstaben versehen, nämlich mit T, gegenüber D, ferner N und P.
Kommt T oben zu liegen, so gewinnt man den ganzen Einsatz (take it), daher tētalaᴋ (ob. dêtalaᴋ § 2) das
schöne T genannt. Erscheint D, so hat man die Hälfte des Einsatzes hinzuzuzählen (double it), daher dêlukak;
erscheint N, so bekommt man die Hälfte (half); erscheint P, so hat man eins hineinzuzählen (put one in).
Laßt uns dêlukak spielen: dôlukalaoᴋta!
Andre von den Esk. gekannte Spiele u. deren Namen sind: dämino Domino und kalâtalat *Plur.* Karten,
nach dem engl. cards (sowie aus soldiar: sôtjak *Plur.* sôtjat gebildet worden ist); inagalt die Steine im
Damespiel (s. mehr darüber bei lauᴋaᴋ in § 579).

II. Anhänge.

Form -lukᴘoᴋ mit Ausstoßung des vorhergehenden Konsonanten u. dlukᴘoᴋ mit Beibehaltung desselben scheinen im allg. ganz willkürlich nach Belieben gebraucht zu werden, doch in einzelnen Fällen mit verschiedenem Sinn (s. u. oᴋardlukᴘoᴋ, oᴋalukᴘoᴋ). Manche brauchen die Form dlukᴘoᴋ scheint's mehr bei Nennwörtern, dagegen -lukᴘoᴋ mehr beim Verb s. u. -lungilaᴋ.

a) ᴋaneᴋ; ᴋanerdlukᴘoᴋ hat einen bösen Mund.
ittigaᴋ; ittigardlukᴘoᴋ hat böse Füße.
oᴋaᴋ; oᴋardlukᴘoᴋ hat eine böse, schlechte Zunge.
ameᴋ; amerdlukᴘoᴋ hat ein schlechtes Fell (ein Tier), einen schlechten Ueberzug (Kajat, Boot).
oᴋauseʀ (od. si) lukᴘoᴋ, illuseʀlukᴘoᴋ hat schlechte Worte, (Gewohnheiten).

b) **Mit Verben** ᴋ. ᴋ. und ʀ. ᴋ. **schlecht, übel, schlimm,** „nicht wie es sein sollte." Sehr häufig aber wird das Verb durch neᴋ zum Nennwort gemacht, woraus
nerdlukᴘoᴋ (nilukᴘoᴋ) ᴋ. ᴋ. und ʀ. ᴋ. entsteht. Daneben noch eine andre ᴋ. ᴋ. Form **nerdluivoᴋ:** s. mehr in den Anmerkungen.
oᴋarᴘoᴋ; oᴋalukᴘoᴋ 1) redet schlechtes, schimpft (= oᴋápilukᴘoᴋ), 2) predigt, redet lange und laut.
oᴋarneʀlukᴘoᴋ 1) redet fehlerhaft, 2) redet schlechte Dinge.
oᴋarneʀluivoᴋ nur die erste Bedeutung: redet fehlerhaft, in der Sprache, Rede, beim Aufsagen ꝛc.
oᴋarneʀlûdjivoᴋ (s. Anm.) redet schlecht gegen jmd. (miᴋ), z. B. schimpft ihn aus ꝛc.
oᴋautigivâ; oᴋautigilukpâ (oder ginerdlukpâ) er redet übles von ihm. Noch andre Beisp. s. Wbch. unter oᴋarᴘoᴋ.

Anm. 1. Dies Affix ist wohl beweglich, aber doch scheinen bei versch. Verben einzelne Formen mehr, andre weniger gebraucht zu werden, u. manche mit bestimmter eingeschränkter Bedeutung (s. die Beisp.), worauf man achte. Denn die Mannigfaltigkeit der Formen ist groß (s. auch Anm. 2) zumal die Zusammensetzung mit -uʀivâ ꝛc. häufig ist: nerdlûtivâ, ûtjivoᴋ, ûtigivâ. (3. B. tussalukᴘoᴋ ᴋ. ᴋ. und ʀ. ᴋ. hört schlechtes in Bezug auf ihn, über ihn, jemanden; tussaʀnerlukᴘoᴋ ᴋ. ᴋ. und ʀ. ᴋ. vernimmt es, etwas schlecht, falsch; ᴋannimalukᴘoᴋ ist (NB) ein wenig ᴋranᴋ.

Anm. 2. Die Form **nerdluivoᴋ** kann sowohl (wie nerlukᴘoᴋ) direkt an das ᴋ. ᴋ. Stammwort (z. B. taisivoᴋ) treten, als auch, was wohl das Ursprüngliche ist, die ʀ. ᴋ. Form des Anhangs: nerlukpâ (z. B. taineʀlukpâ) in ein ᴋ. ᴋ. verwandeln. Folgende Beisp. können dies verdeutlichen:
taivâ ʀ. ᴋ. nennt ihn, taisivoᴋ ᴋ. ᴋ. nennt.
tailukpâ, taineʀdlukpâ ʀ. ᴋ. nennt ihn, es schlecht („fehlerhaft oder in schlechter Absicht").

Dazu nun folg. ᴋ. ᴋ. Formen:
a) taisilukᴘoᴋ und taisineʀdlukᴘoᴋ. Aber auch
b) taineʀdluivoᴋ (von taineʀdlukpâ) und
taisineʀdluivoᴋ (von taisivoᴋ).

-lúngilaᴋ nicht, ganz gleich dem einfachen -ngilaᴋ. Die Bedeutung des -lukᴘoᴋ schlecht ist völlig verloren gegangen, grade wie in den Anhängen -lugúngnaerᴘoᴋ = ungnaerᴘoᴋ nicht mehr, -loᴋattangilaᴋ = ᴋat-

tangilaK nicht oft, -luarsukpoK = arsukpoK ein wenig. Die Form -lungilaK ist passend da zu verwenden, wo das einfache -ngilaK leichter überhört werden könnte.
 oKalungilaK = oKangilaK er redet nicht.
 oKalugungnaerpoK = oKaKattangilaK redet nicht mehr. oKarungnaerpoK
 oKaloKattangilaK = oKaKattangilaK er redet nicht oft.

30. -**mmarik** nach Wörtern auf K, wohl hauptsächlich auf eK, meist wohl § 446. -rmarik (riub, rik, rit) N. u. andre Wörter: beweglich: **völlig, ganz**. Nach t der gewöhnliche Hilfsvokal i, außer bei den Appositionen wie mut, mit, tut.
 aujaK; aujammarik völliger Sommer.
 nellojoK; nellojommarik völlig Unwissender, völliger Heide.
 angut; angutimmarik völliger Mann.
 sorusoK; sorusermarik völliges Kind.
 sorusermariovoK ist ein völliges Kind (s. u. und § 349).
 aha ja: ahammarik ja völlig, wahrlich!
 sorusertut wie ein Kind: sorusertummarik völlig wie ein Kind.

122. -**mmarikpoK** bei Kl. 1, wenigstens denen auf erpoK wohl meist -rmarikpoK s. s. und c. s. B. beweglich: **völlig, ganz, durchaus**. Eine seltnere Form mit ganz gleicher Bedeutung ist -**IlarikpoK**. Bei der Negation aufzumerken, wie bei -kasakpoK (s. mehr § 357): -**ngimmarikpoK völlig, durchaus nicht, gar nicht**; dagegen: -**mmaringilaK nicht völlig**.
 nellautsivoK: nellautsimmarikpoK es trifft völlig zu, ein.
 sorusiovoK; sorusiommarikpoK ist völlig ein Kind (s. o. bei -mmarik und § 349).
 sapperpoK; sappermarikpoK ist völlig unvermögend.
 asserorpâ; asserommarikpâ verdirbt, zerstört es völlig.
 innerterpâ: innertingimarikpâ verbietet ihm durchaus nicht.
 innertermaringilâ verbietet ihm, warnt ihn nicht völlig.
 KaKortauvoK; KaKortaungimmarikpoK ist durchaus nicht weiß.
 KaKortaummaringilaK ist nicht völlig, nicht ganz weiß.

†-**mavoK** s. s. und c. s. B. § 447.

 a) = simavoK: hat so gethan und ist nun so. Drückt die Vol- § 447. lendung der Handlung aus. Wohl beweglich, doch bei einigen Formen mehr, bei andern weniger gebraucht; bes. auch mit dem Pass.
 taumavoK, -jaumavoK (auch tausimavoK).
 tikisimavoK und tikimavoK ist gekommen.
 kippivâ schneidet es ab; kippijaumavoK = kippisimavoK und kippimavoK ist abgeschnitten (worden).
 kikiaktorpâ nagelt es: kikiaktortaumavoK = kikiaktorsimavoK ist genagelt worden.
 aivâ er holt es; aijaumavoK (jausimavoK) ist geholt worden.

b) kommt **-mavok** und zwar hier öfters in der Form **-umavok** s. s. und c. s. gebunden, b. h. also nicht beliebig anzuwenden, bei manchen Verben in ganz ähnlichem Sinn vor: ist so, hat es so, ist in dem Zustand u. s. w. Und zwar sind dann solche Verben in dieser Form öfters fast mehr gebräuchlich als das Stammwort, oder in einem besonderen Sinne. So berührt sich -mavok, freilich nur zum Teil, mit -ngavok, das mit seinem Beisp. zu vergl. ist. Nach allem Bemerkten achte man auf den Sprachgebrauch.

kajusivok (ebenso issumasivok) richtet sich (mit seinem (Gemüt) fest darauf, beschließt es.
kajusimavok hat beschlossen, ist (nun) des festen Entschlusses.
kaujivok (und c. s.) erfährt, bekommt zu wissen.
kaujimavok hat erfahren, weiß.
tussarpâ: tussarsimavâ einfach: hat es gehört. Aber tussaumavà (und s. s.) hat es vernommen, hat über ihn reden, speziell auch: ihn rühmen hören, hört das Gerücht von ihm: z. B. Mt. 9, 26.
naivà bekommt den Geruch von ihm, riecht es. Häufiger: naimavâ (und s. s.) hat den Geruch von ihm bekommen, riecht es.

ikivok steigt auf oder ein, ikimavok ist aufgestiegen, sitzt auf; ikilerit aber auch ikimalerit steige auf, bei letzterem wohl der Gedanke: und bleibe dann länger sitzen. Von erkarpâ c. s. erinnert sich sein: erkaumavà (und s. s.) er erinnert sich seiner stehend, immer, hat es im Gedächtnis (wenn er's nicht vergessen hatte*). Dagegen von erkaivok s. s. er erinnert sich: erksimavok (simavok) hat sich daran erinnert und denkt nun daran: pattiksivok legt die Hand einmal kurz auf, pattiksimavok ebenso, nur die Hand länger liegen lassend. Luk. 18, 13. Von ikipâ zündet es an: ikumavok brennt (ist angezündet); inuktorpok ißt Menschenfleisch, inuktômavok pflegt so zu thun, ist ein Menschenfresser (? vgl. die Anm. bei torpok). Desgl. inertuivok, inertômavok, sattorpâ, sattômavâ. Gehört nautsiomajuksak „etwas für den Notfall" (z. B. mitgenommene Medizin) hieher? von nautserpok, nautsertorpok?

172. **mikpok** nach Vokalen -ngmikpok s. s. Verlängerung der App. mik an Benennungen von Gliedmaßen: „thut mit dem Leibesglied etwas, das empfunden werden kann."

mikpâ c. s. **mévok** s. s. (und andre s. s. Formen, seltner mikpok) und | er thut ihm (s. s. jmdm.)
migarpâ c. s. **migarnerpok** s. s. | was damit, berührt, stößt ihn, auf ihn damit ꝛc.

aggak, aggait; aggangmikpâtit c. s. | stößt, berührt dich
aggangmikpok illingnik s. s. | mit der Hand.

sêrkok; sêrkormigarpok (sêrkormikpok) absolut, ohne Objekt: stößt mit dem Knie.
sêrkormigarpâtit
sêrkormigarnerpok-illingnik | stößt dich mit dem Knie.

sennerak Seite; sennerarmikpok stößt mit der Seite an (auf etwas mut); sehr gebräuchlich z. B. bei Böten, Kajaken, wenn sie mit der Seite an Steine, Eis ꝛc. anstoßen. J. B.

umiat nuvungmut sennerarmiklutik kilaktovînit (ob. kilaksimavut) das Boot fuhr mit der Seite an der Landspitze auf und wurde leck. Ferner: ijingmikpâtit oder ijingmikpok illingnik winkt dir mit den Augen; kublormikpâ stößt ihn mit dem Daumen,

*) Darum Joh. 2, 17. 22 statt erkaumavât besser; erkarpât.

kingmingmikpă mit der Ferse, ittingmikpă mit der Fußspitze (einzelne: mit der Ferse??), nakjumigarpă mit den Hörnern, nakjumigautivuk ſie 2 einander; tuimikpă trägt es auf der Schulter. Luk. 15, 5.

Anm. Erdmann gibt neben dieſer Bedeutung für mikpă auch die ganz andere (von -arpă) an: er ſtößt ihn an das, was aber wohl kaum richtig. In Naïn wenigſtens nicht ſo gebraucht. — Uebrigens ſcheinen bei dieſem Affix die verſchiedenen (beſ. s. s.) Formen nicht überall gleich oder vorherrſchend gebraucht zu werden, weshalb man die im Wbch. angegebenen immer doch noch prüfen möge.

46. **miok** (ub. uk. ut) N. beweglich, manchmal **miutak:** der ober das § 448. ſich da befindet, iſt, wohnt; ein —bewohner. Nebenform **mik** ſ. Anm.

miutarivă (ſeltner migivă Anm.) hat es zum —bewohner, hat es da.
nunamiok ein Erdbewohner.
Okarmiovok (= mio-uvok) iſt ein Dfater.
tachak Schatten, Norden; tacharmiut Nordländer.
sekinek Sonne, Süden; sekinermiok ein Südländer.
sagvik Bruſt; sagvingmiutak z. B. Panzer Epheſ. 6, 14.
ōmat; ōmāmmiutarivă (= ōmatmi) er hat es im Herzen.

siut, siūmmiutak z. B. Ohrring, tallermiutak z. B. Armſpange, tapserāmmiutakartuksaungilase Mt. 10, 9. timimiutakarpogut „tragen an unſerm Leibe" 2 Kor. 4, 10.

Anm. Eine Nebenform ſtatt miok bei einzelnen Worten iſt mik (miub, mik, mit) z. B. tue Schulter, tuimik z. B. Epaulette; ketterdlek der Mittlere, ſpeziell Mittelfinger, ketterdlermik was an dem iſt, d. h. Ring. Ebenſo die ſeltneren Formen ōmāmmigivă, illumigivă neben ōmāmmiutarivă, illumiutarivă hat's im Herzen, im Innern.

mivok auch, wieder ſ. -givok.

170. **mōrpok, nōrpok** s. s. (auch c. s.?) geht dahin. Verlängerung des *Term.* mut und nut. Vgl. die verwandten Bildungen unter -rpok Nr. 170. § 383.

silla Luft: sillamōrpok geht hinaus ins Freie. Wbch. Im Süden aber ſcheint's lieber: sillamut aivok.
Samuelemōrpok, lieber aber Samueleliarpok geht zum Samuel.
akkianut auf ſeine andre Seite, akkianōrpok geht hinüber.
atâtangata sânganōrpok geht vor ſeinen (eines andern) Vater hin.
atâtame *(refl.)* sânganōrpok geht vor ſeinen (eignen) Vater hin.

Anm. Dies mōrpok wird ſcheint's, wenigſtens hier im Süden wenig angewendet ſ. o. die Beiſp. So auch lieber nicht Jerusalemomōrpok (oder muarpok), ſondern Jerusalemeliarpok. Das im Wbch. S. 14 angegebene akkimōrpok und s. s. akkimōrpă hier auch nicht gebilligt.

170. **muarpok** (nuarpok) s. s. geht dahin. Wie das Vorige Verlängerung des *Term.* mut, aber hauptſächlich nur an die Ortswörter ohne Suffix § 127 Anm. 1. Vgl. -rpok Nr. 170. § 383.

16

II. Anhänge.

κöngmut; κöngmuarpoκ er geht hinauf, aufwärts.
nuvujat kangimuarput bie Wolken ziehn land- ob. westwärts.
„ kingmuarput die Wolken ziehn seewärts.
assinut § 132; assinuarpoκ geht wo anders hin, nach
auswärts.

§ 449. **naípoκ** f. u. naρpoκ.

98. -**najarpoκ** s. s. und c. s. V. beweglich: **er würde**; bei Bedingungs=
sätzen. Kl. 1 -rajarpoκ, Kl. 2 -gajarpoκ, Kl. 3 -najarpoκ (auch
-gajarpoκ) Kl. 4 -najarpoκ.
tussarpà; tussarajarpá er würde ihn hören.
aglakpoκ; aglagajarpoκ er würde schreiben.
tikípoκ; tikinajarpoκ (auch gajarpoκ) er würde kommen.
tikiniarajarpoκ er würde dann kommen (niar vor najar).
tikinajalaungipat wenn er nicht gekommen wäre (lauk
nach najar).

Anm. Bei diesen **Bedingungssätzen** hat im **Hauptsatz** das -najarpoκ jedenfalls
zu stehen, im **Wennsatz** steht es wohl meist nicht, kann aber doch auch gesetzt werden, z. B.
tikilaukpat ober auch tikinajalaukpat, piulijaunajalaukpogut (hier jedenfalls -najarpoκ)
wenn er gekommen wäre, würden wir gerettet worden sein. — Vgl. auch die Anwendung
von -najarpoκ bei einem auf die Vergangenheit gehenden Wunsch. § 326 Anm. zu κanoκtôκ.

40. -**nnаκ** meist nur mit Suffix: -**nnânga** sein Liebstes (der Art),
sein Lieblings—; oder mit -rivâ er hat ihn zum.
Die Silbe vorher geschärft, darum Doppel n (grld. ngnâκ).
pe Sache, Ding; pínnâra mein Liebstes.
illaκ Genosse ɾc.; illánnâra mein liebster G., Freund.
illánnâriva, aipannâriva hat ihn zum Freunde.

κitorngánnânga sein Lieblingskind; ernínnâriva es ist sein Lieblingssohn; nunánnâra
mein liebstes Land; sakkúnnâra meine liebste Waffe, Ve-;;eug; innínnâra mein liebster
(Aufenthalts)ort, piulijipta najugâ tagva innínnâksavut.

†-**nârκutivâ** c. s. -**nârκutjívoκ** s. s. V. beweglich: **trifft ihn so**
(seiend) **an**.
iglomêpoκ, perorsêvingmêpoκ.
iglomê—, perorsêv:ngmênârκutivâ trifft ihn im Hause,
Garten (seiend).
nerrivoκ; nerrinârκutivâ trifft ihn essend.
sinikpoκ; sininârκutivâ trifft ihn schlafend.
ijorpoκ; ijunârκutivâ trifft ihn (laut) lachend.

-**nârκutívoκ** s. s. bei Verben, die eine Beschaffenheit (adj. Begriff) aus=
drücken: **trifft ein solches**.
ânanauvoκ; ânanaumârκutivoκ (= „ânanâmik nellau-
tsivoκ, pivoκ") trifft, bekommt ein schönes (sei's, daß
er selbst nimmt oder daß es ihm gegeben wird).
mikkivoκ; mikkinârκutivoκ trifft, bekommt ein kleines.
piungílaκ; piunginârκutivoκ trifft, bekommt ein schlechtes.

157. **-nârpâ** *c. s.* **-nârivok** *s. s.* **er macht es** (*s. s.* jmdn.) **zu, allzu —**.
An Verba, die eine Beschaffenheit ausdrücken.

angivok; anginârpâ \
anginârivok ôminga ∫ er macht es zu groß.

mikkinârpâ, piunginârpâ macht es zu klein, zu schlecht.
puktunârpâ, sillinârpâ (sillikpok) macht es zu hoch, zu breit.
anginârlugolônêt mikkinârlugolônêt okaromangitunga ich will's weder vergrößern noch verkleinern.

156. **narpok** *s. s.* An *s. s.* und *c. s.* Verba, beweglich: „**er, es verursacht** § 450. (veranlaßt, gibt Gelegenheit) daß man (Leute überhaupt) —:" daher oft: es ist zum —, es dient zum —; er, es ist —bar, —lich; man kann, man muß; man —. Die Person, der etwas —bar, —lich ist, steht dann im *Term.* (mut), wenn sie besonders ausgedrückt werden soll. Unser „man" wird häufig dadurch ausgedrückt, wobei zu bemerken ist, daß der Redende bei diesem „man" sehr häufig nur von sich selber, also in der dritten Person spricht. Davon:

naipok es ist un—lich, oder durchaus nicht —end; das grabe Gegenteil von narpok. Oft

narsivok ist —bar, —lich geworden (anders als es vorher war), „ist so geworden, daß man dabei"; s. sivok b und Anm.

Fall a) An *s. s.* Verba, sowohl und zwar besonders unsre im Deutschen intransitiven (ohne Objekt) als unsre transitiven (mit Objekt): **verursacht, gibt Gelegenheit, daß man so ist oder thut, oder jmdn. so behandelt.**

1) kajaktorpok; kajaktornarpok es (das Wetter, die Umstände) verursacht, bietet Gelegenheit, ist danach angethan, daß man Kajak fährt, es ist zum K. fahren, man kann K. fahren.

atsuilivok ist gesund, imstande; atsuilinarpok verursacht, daß man gesund ist, d. h. ist heilsam, gesund, zuträglich z. B. Medizin und dgl.

ânnerpok fühlt Schmerzen; ânnernarpok verursacht Schmerzen, ist wehthuend.

2) inûliklerpok heilt, rettet jmdn. (mik); inûliklernarpok verursacht, daß man (jmdn. anders) heilt, z. B. Medizin ꝛc., ist heilsam. Mehr aber inûlijaunartok ꝛc. s. Fall c.

Fall b) An *c. s.* Verba: er verursacht, gibt Gelegenheit, daß man ihn so behandelt. Hierbei verschwindet bei den meisten auf -givâ, -rivâ das gi oder ri ganz oder teilweis*).

1) nertorpâ lobt, rühmt ihn; nertornarpok er, es verursacht, daß man ihn, es lobt; ist lobenswert, ist zu loben.

nertornarpogut wir sind lobenswert.

---
*) Bei denen auf -rivâ bleibt wohl meist das r z. B. illitarnarpok. Bei denen auf -givâ sch.oindet meist das g auch ganz, oder wird bisweilen als ng beibehalten z. B. von issumagivâ: neben issumanarpok auch issumangnarungnaltok; von mallogivâ: mallungnarpok.
Doch auch Formen wie missiginarpok.

II. Anhänge.

ajorpâ er ist ihn, es unvermögend; ajornarpok es verursacht, ist dazu angethan, daß man es nicht thun kann: ist unmöglich, ist schwer.

ajornarpotit du bist unmöglich (zu behandeln), mit dir kann man nichts anfangen ꝛc.

ajornarsivok es wird unmöglich, ist unmöglich geworden, „es läßt sich nicht mehr thun oder erreichen".

2) ersigivâ er fürchtet sich vor ihm; ersinarpok verursacht, daß man sich vor ihm fürchtet, ist furchterregend, schrecklich.

illitarivâ kennt ihn; illitarnarpok verursacht, gibt Gelegenheit, daß man ihn kennt, ist kenntlich, bekannt.

kuviagivâ freut sich über ihn; kuvianarpok er verursacht, daß man sich über ihn freut, ist erfreulich, vergnüglich.

kuvianarpok uvamnut mir ist's erfreulich, ich freue mich darüber.

kuvianaspok ist durchaus nicht erfreulich; viel stärker als: kuvianangilak ist nicht erfreulich.

Fall c) **An Verba mit pass. und refl. Sinn**: verursacht, daß man so behandelt wird (sich so behandelt). Dabei ist zu beachten, daß einzelne Verba, ohne daß das Pass. ausführlich durch tauvok, -jauvok ausgedrückt wird, mit der bloßen vom c. s. gebildeten s. s. Form auf pok, -vok, pass. aufgefaßt werden (vgl. § 228 verstecktes Pass.), wodurch Vermengung mit Fall b stattfinden kann. Fürs refl. s. ein Beisp. in Anm. 1.

kiblikpâ er durchdringt es; kibliktannarpok es verursacht, daß man durchdrungen wird, ist durchdringend, eindringlich.

Ganz ebenso:

kiblingnarpok, nur von kiblikpok (pass. = tauvok aufgefaßt).

okautsit kiblingnartut od. -taunartut eindringliche Worte

piulivâ, inûlivâ er rettet, heilt ihn.

piulijaunarpok, inûlijaunarpok verursacht, daß man gerettet, geheilt wird; ist Rettung, Heilung bietend, bringend z. B. eine Medizin, Lehre, Zeit, der Heiland ꝛc. Mit eben diesem Sinn:

piulinarpok, inûlinarpok (piulivok. inûlivok pass. aufgefaßt).

asserornartut verderbliche Dinge, „die verursachen, daß man verdorben wird oder sich verdirbt" (asserorpok auch pass. neben der refl. Bedeutung).

Weitere Beispiele, bei denen man sich stets das Stammwort vergegenwärtige.

Fall a) koitârpok, koitârnarpok ist zum ausrutschen, glitschig, glatt; itterajârpok (Seehund, Boot) geht in die Bucht hinein, itterajârnarpok ist zum hereinkommen (umianut) z. B. wenn der Wind so ist; kukasaukpok ist besorgt gestimmt, ernst ꝛc., okautsit kuksasungnartut die eine ernste Stimmung veranlassen können, ernste Worte; keujanarpok (Luft, Haus) ist zum frieren, ist kalt.

Fall b) missigivâ, missiginarpok od. missingnarpok ist dazu angethan, daß man's empfindet, ist spürbar, fühlbar; ähnlich ikpigivâ, ikpiginarpok und ikpinarpok; aktorpâ ist ihm schwer, zu schwer, aktornarpok es ist zum zuschwer sein, ist zu schwer, eine Last ꝛc. naiperkotigivâ, naiperkotingnarpok od. naiperkonarpok ist bedauerungs-, mitleidswürdig; tattamnarpok (tattamigivâ) und tattaminiarnarpok ist wunderbar; issumanarpok gedenkenswert, man muß dran denken; nauginnarpok furchterregend, gefährlich; ôminarpok hassenswert; annernarpok (annerivâ) ist erwählenswert (gut, schön, zu achten).

Fall c) ullapinangitok (ullapipok pass. aufgefaßt) und ullapitaunangitok was nicht (Gelegenheit gibt, daß man gestört wird z. B. ein „ruhiges, stilles" Leben; apkut ullapirsartauvisinartok Luk. 1, 79 „Weg des Friedens", der verursacht, daß man die Stelle des Zufriedengestelltwerdens ist; oktorlungnartut (pass. Oder aktivisch Fall a?) oder ôktortaulungnartut Dinge, die verursachen, daß man schlecht versucht wird, Versuchungen, Versuchliches; okausekarpok passijaunartunik er hat Worte, die verursachen, daß man beschuldigt wird.

Anm. 1. Der Anhang narpok scheint auf den ersten Blick so einfach; und doch erhält man für **alle** Fälle nur genügende Klarheit, wenn man stets von der oben vorausgestellten Grundbedeutung: verursacht, gibt Gelegenheit, ist dazu angethan, daß **man** — ausgeht. Weil dieser Anhang aber so wichtig, seien noch einige Beispiele beigefügt (nach der Angabe älterer Est., weshalb fraglich, ob bei dem jüngeren Geschlecht noch diese Unterscheidungen gemacht werden). Besonders leicht irrt man beim Passiv. Man denkt z. B. ein „erbarmungswerter" Mensch müsse mit näpkigijaunartok übersetzt werden. Dies ist aber nicht der Fall, sondern nur mit näpkiginartok. Dies (od. näpkinartok) nach Fall b) von näpkigivâ: „einer, der verursacht, daß man sich sein erbarmt, ein erbarmungswerter. Dagegen nach Fall c) näpkigijaunartok einer, etwas, das verursacht, daß man Erbarmung findet, d. h. Erbarmung bewirkend z. B. atâtaminut okausekarpok näpkigijaunartunik uvaptingnut er redet zu seinem Vater Worte, die zu unsrer Erbarmung (Erbarmtwerden) dienen.

Worte sind beides: tussarnartut und —taunartut, mit diesem Unterschiede: tussarnartut, die dazu angethan sind, daß man sie hört, hörbare (Fall b); dagegen nach Fall c) tussartaunartut die verursachen, daß man (der Bittende) gehört, erhört wird, Erhörung bringende, erhörliche.

Betrügerische, verführerische Worte dreifach: okautsit uivêrijaunartut (pass. von uivêrivâ) die verursachen, daß man (wir und andre) betrogen, verführt wird; uivêrinartut (uivêrivok resp.) die verursachen, daß man sich selbst betrügt; uivêriklernartut (uivêriklerpok ꝛc.) die verursachen, daß man (jmdn. anders) betrügt. [Außerdem scheint uivêrinarpok von manchen = uivêrijaunarpok gebraucht zu werden, wobei uivêrivok nicht resp., sondern pass. aufgefaßt wäre; vgl. o. Fall c) kiblingnarpok.]

Okausekarvigivâ passiklernartunik er redet Worte zu ihm, die verursachen, daß man (jemanden anders), den Angeredeten od. andere) beschuldigt (Fall a); passijaunartunik, die verursachen, daß man beschuldigt wird; beides also etwa = „Beschuldigungen"; dagegen passinartunik die dazu angethan sind, daß man sie (die Worte) beschuldigt z. B. wenn sie schlecht, unwahr sind.

Für verdienstlich in Bezug auf Christi Werke ist in unsrer geistlichen Sprache akkiliutiksarsinartok eingeführt, von akkiliutiksarsivok er findet, bekommt Bezahlungssache (für sich). Da akkiliutiksarsêvok heißt: er findet Bezahlungssache für jmdn. anders, so scheint es auf den ersten Blick begründet, wenn gefordert wird, daß man nur sage: akkiliutiksarsênartok, da ja Christus nicht für sich, sondern für uns Bezahlungssache erworben. Und beim einfachen Stammwort ist diese Betrachtung völlig begründet. Man kann genau nur sagen: Kristusib akkiliutiksarsêninga (für die Menschen), nicht —sininga. Aber in Verbindung mit narpok liegt die Sache anders. Da heißt akkiliutiksarsinartok etwas, das verursacht, daß **man** (ganz allg., nicht bloß Christus, sondern auch der erlösungsbedürftige Mensch) Bezahlungssache für sich findet; akkiliutiksarsênartok etwas, das verursacht, daß **man** (nicht bloß Christus, sondern man überhaupt) Bezahlung für andre findet. Nach dieser Betrachtung ist akkiliutiksarsinartok völlig ebensogut, wenn nicht noch besser, als —sênartok (vgl. gleich okautsit akênartut).

Ferner: äkikpâ bringt es in stand, äkikpok pass. = äkiktauvok ist in stand gebracht ist imstande, äkêvok bringt jmdn. in stand. Will man sagen: „heilsame", in stand bringende Worte ꝛc., so kann man all diese 3 Stämme brauchen. Aber näher sind okautsit äkingnartut oder äkiktaunartut Worte, die verursachen, daß man (ganz allg., wir und andre) in stand gebracht wird (Fall c); äkênartut die verursachen, daß man (jmdn.) in stand bringt (Fall a).

Anm. 2. Im Grld. ist scheint's der Gebrauch des narpok neben dem bei uns üblichen ein noch viel weitergehender, nämlich kurz gesagt der, daß es neben der Bedeutung: „man kann, muß so handeln" die der völlig eingetretenen Thatsache hat: man handelt so. Z. B. igloliornarpok man (ich) baut Haus, itternarpok man (ich) kommt herein, tikinarpok man hat sich ihm genähert, sinitsiarnarpok man hat gut geschlafen (neben: es bewirkt einen guten Schlaf), aulurnarpok man geht fort. Bei uns heißen diese Worte aber nur: es ist zum Hausbauen, d. h. das Wetter ist nun günstig, oder die Zeit dazu ist da; es ist zum eingehen, kein Hindernis ist da ꝛc.; es ist zum kommen, die Leute können kommen; es ist zum gut schlafen d. h. bietet Gelegenheit dazu, oder bewirkt guten Schlaf; es ist zum ausgehen, ausfahren, die Gelegenheit oder das Wetter ist schön (NB. mögen die Leute ausgehn oder nicht). In vielen Fällen aber können wir doch in abgeleiteter Weise ähnlich wie in Grld. übersetzen. So kenjanarpok es ist zum frieren, ist kalt, d. h. zum Schluß: man friert; tattamnarpok es ist wunderbar, zum Schluß == man wundert sich, ich wundre mich; naglingnarpok er ist zu lieben, zum Schluß == man liebt ihn.

Anm. 3. nangitok. Mit der Verneinung beachte man folg. Sprachgebrauch: merriarnangitok, itikitarnangitok für: Mittel gegen Brechen, gegen Durchfall. Diese Bezeichnung ist eigentlich nicht genau, da sie einen viel weiteren Begriff in sich schließt und heißt: „etwas, das nicht zum Erbrechen ꝛc. dient", wozu außer den Antibrechmitteln noch vieles andre gehört. Der Sprachgebrauch hat aber diese Bezeichnung gewählt und nicht etwa, wie man erwarten könnte, Bildungen wie merriunginartok oder merriarungnaernartok.

Anm. 4. Man beachte noch folgendes:
1) wenn **narpok** mit einem Konj. verbunden ist, oder **selbst im Konj.** steht. Z. B. piungitôngmat (seltner piungitôgame) ivlernangilak weil's schlecht ist, ist es nicht wert zu halten, hat mau es nicht wert zu halten.
   kajaktornarmat (seltner kajaktornarame) nakudlarpok daß es zum Kajakfahren ist, ist dankenswert.
2) die **Verbindung mit einem Inf.** Z. B.
   kissimêtôdlune merngortornadlarpok ganz allein seiend ist zum erm:üden, ꝛc.
   allein ist, wird man sehr müde; taimak okarlune saglunarpok so ꝛu ꝛc. lügenhaft, wenn man so redet, lügt man.

Anm. 5. Mit abgeworfener Verbalendung bildet nak Ausrufe oder Interjektion . tattamnak! wunderbar! opinak! o wie dankens-, verehrungswürdig! kujanak! wie dankens-wert!
Auch einige wenige Benennungen (im Grld. mehr): so kigutangernak (grld. kigutaernak) Heidelbeere, eig. was zum ohne Zähne werden, Zähne angreifen ist, von kigut und -erpok (-ngerpok); kingminak wovon man die Zähne zus. beißt, Preißelbeere, mit kingmiarpâ zus. hängend. Doch liegt dem Est. selbst diese Ableitung nicht klar im Gemüte.

§ 451. †**nārpok** s. s. N. **bekommt, was einem andern gehört hat.**

savingnarpok, kajarnarpok, karlingnarpok bekommt Messer, Kajak, Hosen, die vorher einem andern gehört haben.

Auch beim Teil bekommen (ningerpok) auf der Jagd gebraucht:
mimmernarpok ob. mimmarpok bekommt da eine Keule.
tallernarpok ob. tallarpok bekommt da ein Schulterblatt.

144. **nasârpok** nicht schnell, bald s. bei sârpok.

97. -**nasuarpok** s. s. und c. s. V. **beweglich: er bemüht sich, bestrebt sich zu —, „beeilt sich zu —", ist drüber her.**
Kl. 1 -rasuarpok, Kl. 2 -gasuarpok, Kl. 3 -nnasuarpok (oft -gasuarpok), Kl. 4 -nasuarpok.

pivoᴋ: pinasuarpoᴋ bemüht sich zu thun, zu erwerben ꝛc., das gewöhnliche Wort vom Jagderwerb der Eskimos.
pêrpá; pêrasuarpá bemüht sich es loszumachen, wegzunehmen.
aglakpoᴋ; aglagasuarpoᴋ bestrebt sich zu schreiben.
tikípoᴋ; tikínnasuarpoᴋ bemüht sich zu kommen.
sennavá; sennajaunasuarpoᴋ (mehr als sennanasuartauvoᴋ) es wird gearbeitet zu werben gesucht, b. h. man bemüht sich es zu arbeiten.

Anm. -nasuarpoᴋ kann in ähnlicher Weise wie -lerpoᴋ (s. dort die Anm.) angewendet werden, um die gegenwärtige Thätigkeit (Präsens) auszudrücken. Z. B. attivara ich habe es angezogen, habe es an, attinasuarpara ob. attilerpara ich ziehe es an; attigivunga habe das attigê an, attiginasuarpunga ziehe das Attige an. Vgl. poᴋ II.

162. **-nasugivá** c. s **-nasugiklerpoᴋ** (ob. **klivoᴋ**) ob. **-nasugitsivoᴋ** s. s. Kl. 1 -rasugivá, Kl. 2 -gasugivá; ober **sugivá** u. s. w. Kl. 3 -tsugivá. V. beweglich: er glaubt, meint, daß er (s. s. jmd. mik), hält ihn für.
-nasugivoᴋ *refl.* glaubt, daß er selbst; hält sich für.

NB. Das Ausführliche und Beispiele s. u. im Anhang § 503—505. Außerdem noch hier:

ajungilaᴋ ist gut.
ajunginasugivoᴋ ob. ajungitsugivoᴋ hält sich selbst für gut.
ajunginasugiklerpoᴋ ꝛc. ob. ajungitsugiklerpoᴋ ꝛc. ominga s. s. | er hält diesen
una ajunginasugivá, ajungitsugivá c. s. | für gut.

Anm. Die längste Form -nasugivá ist wohl jetzt die gebräuchlichste. Interessant ist's zu verfolgen, wie dieser Anhang ursprünglich nichts anderes als das Nom. Part. auf toᴋ, -joᴋ mit -givá zu sein scheint. Aus dem noch gebräuchlichen torivá -jorivá bildete sich dialektisch sorivá (dies noch in Grld. gebraucht), daraus sugivá, und daraus -nasugivá. Das gleichbedeutende torivá, -jorivá hat nur außer der Bedeutung „halten, meinen" auch noch die ursprüngliche, wozu man die Beisp. zu torivá bei -givá (Zusammensetzungen 2) nachsehe.

4. **neᴋ** (niub ob. nerub; nik ob. freilich kaum mehr gebraucht: nak; nerit § 452. ob. nit) V. beweglich. Drei Bedeutungen. Die Grundbedeutung wohl:

1) „**das, was dabei herauskommt, das Ergebnis, die zurückgelassene Wirkung oder Folge**".

uigarpoᴋ sie verliert ihren Mann; uigarneᴋ das Ergebnis davon: eine Witwe.
nullêrpoᴋ er verliert seine Frau; nullêrniovoᴋ ist ein Witwer.
puvípoᴋ ist geschwollen; puvíneᴋ Geschwulst.
ôpoᴋ verbrennt sich; ôneᴋ Ergebnis davon: Brandwunde.
kappivá sticht ihn, kappineᴋ ob. kappijauneᴋ Stichwunde.

auneᴋ etwas Verfaultes, von auvoᴋ; aungneᴋ z. B. eine freie abgetaute Stelle Landes, von aukpoᴋ es taut; z. B. aungnerme sinilaukpogut; kivineᴋ eine gewisse Art Eis, das sich gesenkt, und auf welchem Wasser und drüber Schnee steht, von kivivoᴋ versinkt; ikkineᴋ von ikkipá zündet es an, verbrennt es: eine abgebrannte Landstrecke, angebranntes, angekohltes Holz: attaneᴋ Name für manche sehr schmale Landengen, von attavok hängt zuf. mit; kikiakturnerit Joh. 20, 25 Nägelmale. Siehe auch deutsch. Wbch. unter „Schnitt"; tertipok es kocht; tertinek 3 Kochen, ebenso der Schaum, der dabei entsteht (das Abzuschäumende); marnok Eiter s. in § 579 makivok.

2) **unser als Hauptwort gebrauchter Infinitiv**: „das so Thun, so Sein „einschließlich dessen, was möglicherweise entsteht als unmittelbare Folge „davon; die Handlung oder der Zustand in seinen Aeußerungen."

    ungavok ist anhänglich; unganek das Anhänglichsein, die
        Anhänglichkeit.
    mikkivok ist klein; mikkinek Kleinsein, Kleinheit.
    nålengilak; nålengininga sein Ungehorsam.
    pisukpok; pisungnek das Gehen.
    piuliklerpok; piuliklerninga sein Erretten (eines Andern,
        mik), Rettung.
    piulivå; piulijauninga sein Errettet werden, seine Rettung.
    uivêriklerpok betrügt, verführt; uivêriklerninga sein
        Betrug d. h. Betrügen.
    uivêrivå betrügt ihn, uivêrivok rest. (auch mit ingminik)
        betrügt sich selbst.
    uivêrijauninga sein Betrogen werden.
    uivêrininga sein sich selbst Betrügen, Selbstbetrug (s. Anm. 2).

Anm. 1. „Es liegt **nicht in der esk. Denkweise, sich einen „geistigen Begriff** (eine „Handlung, einen Zustand) **abstrakt vorzustellen;**" er muß von einer Person oder einem „Gegenstande getragen werden." Z. B. also spricht der Esk. nicht von Anhänglichkeit im „allg., sondern drückt lieber aus, wessen Anhänglichkeit in Betracht kommt. „Deshalb wird „nek in dieser zweiten Bedeutung in gewöhnlicher, sich auf das Tagtägliche beziehender „Rede so gut wie nie ohne Suff. (sein, mein 2c.) gebraucht*), ausgenommen im *Term.* mit „mut (grld. *Abl.* mit)." Z. B. unganermut durch (vor, aus) Anhänglichkeit.

Bei diesem sehr häufigen Gebrauch von mut wird dann in gewöhnlicher Rede überaus **oft das nek ausgelassen und -mut tritt sofort an den Stamm,** z. B. tuavimut = tuavinermut durch, aus, vor Eile, Schnellsein; kåmut = kångnermut durch, vor Hunger; ebenso kågalloamut = kågalloarnermut eig. aus, zwar Hunger; opigomut, opigosumut = opigungnermut, opigosungnermut durch, aus Verehrung. Vgl. die sich hier anschließende kühne Ausdrucksweise § 520, 6 Anm.

Anm. 2. Die Beisp. oben zeigen den Unterschied, der sich ergibt, wenn **nek an einen** *s. s.* **Stamm, oder wenn es an einen** *c. s.* **Stamm** gehängt wird. In letzterem **Fall tritt der Regel nach rest. Bedeutung** ein (s. § 226), die man, wenn es nicht lhut, noch klarer durch ein dazugesetztes ingminik, illingnik, uvamnik 2c. ausdrücke. Z. B. (illingnik) tunninit von tunnivå: dein dich selbst Geben, deine Selbsthingabe; (uvamnik) piulinermik (von piulivå) sapperpunga mich selbst zu erretten bin ich unvermögend.

Denn neben dieser rest. Bedeutung kann **doch auch** das Verb, wenn nek an die *c. s.* Form tritt, seine transitive, **auf einen andern gehende Bedeutung** behalten, besonders schein's in der (Anm. 1 erwähnten) Verbindung mit mut, u. wo es der Zusammenhang klar andeutet. So heißt opigimut (von opigivå) wohl, wie dies im Wbch. allein angegeben ist: aus Selbstverehrung — aber ebenso sagt der Est. auch: opigimut serkortorvigivaptigit aus Verehrung — weil wir dich verehren) knieen wir vor dir nieder, also ganz = dem vom *s. s.* abgeleiteten opigomut. Und von ómigivá: „ómiginnut toimak pijaungilatit nicht aus Haß (= aktiv: weil wir dich hassen, od. passiv: weil du gehaßt wirst) wirst du so bestraft" — rief Josua dem Boas zu, welcher im Kreise der Leute auf dem Schnee knieend eben seine Prügelstrafe erhalten sollte. Hier ist ómigimut nicht „aus Selbsthaß", sondern ganz = dem vom *s. s.* abgeleiteten ómigosungnermut. Ebenso nagligimut nicht bloß „aus Selbstliebe", sondern auch „aus Liebe".

---

*) „Solche Wörter auf nek, -usek ohne Suffix an die Spitze zu stellen, wie im Labr. Wbch. geschehen, verwirrt deshalb nur."

2. Alphab. Verzeichnis. 249

Anm. 3. Die Passivwendung taunek, vionek hat meist die zweite Bedeutung von nek, also „das so gethan Werden" z. B. nutarârsungmik tunnitjivionera mein (d. h. das mir) ein Kind gegeben Werden = daß mir ein Kind gegeben wird; perkojaumanit dein geheißen worden Sein. Daneben wird es, anschließend an nek Bedeutung 1 in älteren Uebersetzungen, bes. in der Idea = dem pass. Part., also in der Bedeutung „der Gethane" gebraucht. Z. B. tunnitjivionera = tunnijaumajok uvamnut od. tunnergusiara das mir Gegebene; perkojaumanit = perkojaumajok illingnut das dir Geheißene. Doch scheint dieser Gebrauch, wenigstens bei dem jetzigen Geschlecht der hiesigen Esk. nicht recht üblich. Vielleicht noch am meisten, wenn die Worte so allein stehn, wie in den obigen Beispielen, nicht aber als Hinzufügung zu einem andern Wort, also nicht nutarârsuk tunnitjivionera das mir gegebene Kind. Vgl. adsiunipsingnit 1 Petri 1, 18. Idea § 105: Mallingnek Jésusemik, okpertut perkojauningat die Nachfolge Jesu, die allen Gläubigen geboten ist. Inertertaunine angajokâminut piniangilait er unterläßt die Dinge, die ihm sein Herr verboten hat. S. auch Joh. 4, 50. Ap. 13, 34.

3) bezeichnet **nek** bei Verben, zunächst denen, die eine Beschaffenheit ausdrücken, **den höchsten oder höheren Grad** im Vergleich mit anderen, entsprechend unserm **Komparativ** und **Superlativ**. S. mehr darüber schon § 98—101; sowie die Zusammensetzungen nersak, nerpâk. Mit -uvok wird es

nerôvok*) ist in höherem, höchsten Grade so, u. dessen *Nom. Part.*:

nerôjok = dem einfachen nek (das wohl nicht so häufig als die versch. Zusammensetzungen vorkommt).

    angivok ist groß; anginek, auch augnek, oder anginerôjok der größte, größere („eig. das Ergebnis des Großseins [vor anderen], was andern gegenüber eine Größe ist").

    anginerôvok tamainit ist größer als alle, ist der größte von allen.

    mikkivok; mikkinek ob. minguek der kleinste, kleinere.

    pitsartuvok; pitsartunerôjok der mächtigste.

    Anernek ajunginek der vor andern gute, der beste, der heil. Geist.

    angajokaunerôjok kirchl. Ausdruck für: Aeltester, Oberältester. Ein andres gutes Beisp. s. Anm. bei niut: illinnek.

Anm. Mehr von nek mit Suffixen. Folg. wichtige Beisp. zeigen, wie dabei neben der Bedeutung 2 („das so Sein") auch Bed. 3 und 1 in eigentümlicher Weise vorkommt: sillingninga seine Breite, d. h. die breite, breiteste Stelle von ihm, z. B. das breitere Ende eines Brettes; sillingningat = sillingnerpângat ihr breitestes, d. h. das breiteste von ihnen, mehreren; ittiningat = ittinerpângat das tiefste von ihnen. Dagegen aber auch nach Bed. 2: sillingninga tattaminarutigivara seine Breite, Breit sein = daß es so breit ist, bewundere ich.

Bes. **häufig mit Plur. Suffixen:** aupalungningit ihre Köten = ihre roten d. h. die roten unter ihnen (z. B. lege ich besonders); kakorningit die weißen unter ihnen; anginingit die großen, größeren von ihnen, nainingit die kurzen unter ihnen, die kürzer sind als die andern, takkiluarningit die zu langen von ihnen. Ebenso unorningit (s. über diese Form die zweite Fußn. bei -laukpok) ihrer viele, viele von ihnen, oft: die meisten von ihnen. Doch liegt das letzte „die meisten") dem Esk. nicht zwingend in diesem Ausdruck. Allerdings ist immer ein komparativischer Sinn darin, nämlich: viele von ihnen,

---

*) Während sonst bei nek stets -uvok (also mit Wegfall des Kons.) antritt, z. B. uigarulovok ist eine Witwe, hat uek Bedeutung 3 avon, und zwar mit der auffälligen Dehnung des Vokals: ôvok (nerôvok). Ob diese Dehnung sich durch europ. Einfluß eingeschlichen haben mag? (Ju Grld. findet sie nicht statt.) Thatsache aber ist, daß diese Dehnung jetzt allg. ist, und daß auch Esk., die sonst -uvok richtig kurz sprechen, doch durchaus lang nerôvok haben wollen. — Manche Esk. hängen weiter an nerôjok wiederum -uvok, sagen z. B. lieben **angajokaunerôvok** auch **angajokaunerôjovok**, so daß dann freilich darin ein doppeltes -uvok enthalten ist.

II. Anhänge.

d. h. mehr als man dachte, als der Fall sein sollte ꝛc.; oder eben auch: mehr als die andern, in welchem letzteren Fall allein es = die meisten von ihnen ist. Will man den Ausdruck: die meisten ganz zweifellos wiedergeben, so hat man unornersat zu wählen. 3. B. unorningit netsetuinauvut viele von ihnen oder auch: die meisten von ihnen sind nur Netsesseehunde; unornersat netsetuinauvut aber nur: die meisten von ihnen ꝛc. — Auf die Frage: Sind viele auf die Jagd gegangen? erfolgt etwa die Antwort: Månatik pinekatsiarningit aulahukput alle unter ihnen, die gute Ausrüstung (Thunsmittel) haben, sind ausgegangen.

§ 453. 158. **nerarpâ** (manche nerárpà) *c. s.* **nernivok** *s. s.* B. beweglich: **er nennt ihn** (*s. s.* jmdn. mik); **sagt, daß er; nerarpok** *refl.* **nennt sich.**

NB. Ein Nennwort muß also erst durch -uvok zum Verb gemacht werden, wie unten támma, Sátanase in támmauvok, Sátanaseovok.

ajorpok ist schlecht: ajornerarpâ sagt, daß er nichts taugt.
orkeasukpok; orkeasungnerarpâ sagt, er sei faul, nennt ihn faul.
támma; támmaunerarpâ er sagt, daß es dieser sei.
Sátanaseonerarpâ (nicht Sátanasenerarpâ) nennt ihn einen Satan.
sinnaungavok er, es ist zum Aerger, Anstoß;
sinnaunganerarpok er nennt sich so (d. h. zum Aerger ꝛc.) seiend, ist aus über sein Versehen ꝛc.

*****nerpâk** (áb, ák, át) B. beweglich: **der im allerhöchsten Grade so ist oder thut.** Superlativ. Aus nek und pâk, welches siehe. S. auch § 98—101. Mit -uvok und -rivâ:

151. **nerpauvok** oder **nerpángovok** *s. s.* an *s. s.* Verba: **ist, thut so im allerhöchsten Grade.**
nerpârivâ *c. s.* an *c. s.* Verba: **thut ihn, es im allerhöchsten Grade, am allermeisten.**

ámanauvok ist schön; ánamaunerpâk der allerschönste.
kuviasukpok freut sich; kuviasungnero̱vok (pángovok) tamainit (viel seltner kuviasungnero̱vok) freut sich am meisten von allen.
ivlerivâ hält ihn wert; tamauna ivlerinerpârivâ hält dies am meisten wert.

Anm. zu nersax und nerpâk.

1) Die Form **nersarivâ**, **nerpârivâ** ist, wiewohl dem an sich nichts im Wege stünde, nicht an *s. s.* Stämmen gebräuchlich. Also nicht von angivok: angi-nersarivâ, —nerpârivâ sondern vom *c. s.* angigivâ: angigi-nersarivâ, —nerparivâ hat, hält ihn für größer, am größten.
Läßt man dagegen den **Anhang -xut** (s. mehr § 426 Anm. 2) antreten, so ist diese Bildung auch bei *s. s.* Stämmen möglich, übrigens nur bei nerpâk, nicht bei nersak z. B. anginerpâkutigivâ es ist ihm das größte, er hält es für das größte.
Nur bei dem *s. s.* **Anhang narpok** (z. B. ivlernarpok ist wert zu halten) scheint noch am meisten nerpârivâ möglich, z. B. ivlernarnerpârivâ hält ihn am meisten wert. Doch auch hier lieber vom *c. s.* ivlerivâ: ivlernerpârivâ.

2) Als **-unersax, -unerpâk** (d. h, an -uvok „er ist" gehängt) treten diese Anhänge auch an andre Wortklassen und bedeuten kurz: **mehr** (seiend), **am meisten** (seiend), z. B. ovungaunersak mehr hieher: tápsomingaunersak diesen, dieses mehr; támmaunerpâk dieser am meisten (z. B. thut etwas); ōmingaunerpâk diesen am meisten. Vgl. -uvok § 497 Anm. 1 und § 348. 350. 444 Anm. 469 Anm.

110. **nerpok** s. s. und c. s. V. beweglich: ungewußterweise oder auch § 454. gerüchtsweise d. h. hat so gethan od. thut so, ohne daß er od. ohne daß man es wußte, weiß, od. ohne daß man dabei war, ist (auch: ohne daß man daran dachte); oder wie man von andern hört. Mit diesem letzten Sinn ist es dann ziemlich = -gôk § 299 ob. palaivok § 464. Meist von Vergangenem, doch nicht allein, s. u. das letzte Beispiel. Kl. 1 -rnerpok od. -ꞌnnerpok, Kl. 2 -ngnerpok, Kl. 3 -ꞌnnerpok, Kl. 4 -nerpok.

    attorpá; attornerpá hat es gebraucht, ohne daß man dabei war, od. es wußte, ob. wie man hört.

    inuarpok; inuarnerpok hat gemordet, ohne daß er ob. man es wußte u. s. w.

    annigêrpok ist schon hinausgegangen; ánnigênerput sind schon hinaus, wie man hört (z. B. Seehunde aus einer Bucht).

    katakpok; katangnerpok ist heruntergefallen, ohne daß man's merkte ꝛc.

    tikípok; tikínnerpok ist gekommen, ohne daß ꝛc.

    kaerková; kaerkonerpánga hat mich gerufen, ohne daß ich's wußte, ob. wie man mir sagt.

    kaupat kaijomanerpok morgen will er kommen, wie ich höre, wie man sagt (= kaijomavogôk od. kaijomavalaivok).

kernerligárpok: kernerligánnerpunga (ob. garnerpunga) ich habe einen schwarzen Fuchs bekommen, während ich nicht dabei war ꝛc/ z. B. alio in der Falle. Schießt man einen, ist also gegenwärtig, so könnte man nicht sagen. — Jêsuse änianersaulánnerpok uvaptingnit (wir haben's nicht mit angesehen). Beachte auch: puigornerkara hab's vergessen (nicht an den Auftrag ꝛc. denkend); neksarningilara, okautiginingilura hab's nicht mitgenommen, nicht gesagt (weil ich nicht wußte, daß ich's sollte, oder auch: weil ich's vergessen, es mir nicht einfiel — in letzterem Fall etwa = unserm: hab's vergessen mitzunehmen, zu sagen). — Eine in Chmnadj Gefallene, die also bewußtlos war, sagte später: aperijaulunga niplervigiuingitara (von ihm) gefragt, redete ich nicht zu ihm. — Interessant endlich folgendes, wo das Nichtwissen sich auf das andere Verb, nicht auf das, bei dem nerpok steht, bezieht: Davide inôjungnuerniartillugo aularnerkogut wir zogen fort Davids „inôjungnuerniarninganik kaujimalugata".

†**nerpok** s. s. V. (wohl nur an c. s., gebunden? s. Anm.) ist angenehm zu —; öfters unser gern dadurch auszudrücken. Mit -ípok § 414 b das Gegenteil:

nêpok ist unangenehm zu —. Auch mit -givá, -rivá.

Ueber die Formen **-ránnerpok, -turnerpok** ꝛc. s. Anm.

    tussarpá; tussarnerpok ist angenehm zu hören; klingt schön, lieblich; man hört es gern.

    okautsit tussarnertut die lieblich klingenden Worte für: „das Evangelium".

    tussarnerivá es klingt ihm schön, er hört es gern.

    tussarnêpok und tussarnêgivá das Gegenteil.

    takková; takkoránnerpok ist angenehm zu sehn, sieht schön aus.

    Anm. In Labr. kann **nerpok** und zwar als „beweglicher" Anhang an das Pass. Part. (tak, -jak) treten. Dabei wird nach den versch. Verbalklassen (§ 252) die Endung folgende:

II. Anhänge.

Kl. 1 -ránnerpok (aus rtarnerpok, wie -raksak aus -rtaksak § 293 c). Hier, aber NB. nur hier bei Kl. 1 verwandelt sich dabei dann auch das rn in nn: ránnerpok.

Kl. 2 -garnerpok. Kl. 3 -tarnerpok. Kl. 4 -jarnerpok. 3. B.

Kl. 1 kaiblaránnerpok (aus kaiblartarnerpok) es ist angenehm, ihn zu ermahnen, er läßt sich gern ermahnen; desgl. ittoránnerpok, nelipsaránnerpok, attoránnerpok es ist angenehm, zu ihm einzugehn, ihn zu besuchen, es zu brauchen (letzteres lautet = attoránnerpok fährt fort zu brauchen f. -gánnerpok); attoránneriva er braucht es gern.

Kl. 2 nálegarnerpok (aus nálektarnerpok) es ist angenehm ihm zu folgen, man folgt ihm gern.

Kl. 3 tikitarnerpok es ist angenehm zu ihm zu kommen (weil er freundlich rc. ist); inuk ningasók tikítarnĕpok zu einem Menschen, der zu zürnen pflegt, kommt man nicht gern.

Kl. 4 okautivá er sagt ihm; okautijarnerpok es ist gut, ihm was zu sagen, er läßt sich gern was sagen; das Gegenteil okautjanĕtok 1 Sam. 25, 17. Von pivá er thut ihn, es: das vielgebrauchte pijarnerpok ist angenehm, ihn, es zu behandeln; er, es (Mensch ob. Sache) ist fügsam, biegsam, lenksam, geschmeidig rc.; pijarnĕpok er, es ist unfügsam, unlenksam, steif, störrisch, läßt sich schwer behandeln.

Ist das hier Gegebene der ursprüngliche Gebrauch, so würden die obigen Formen tussarnerpok (nerpok unmittelbar an den Stamm) und takkoránnerpok (wie von Kl. 1) unregelmäßige zu nennen sein.

§ 455. *nersak (ab, âk, at) B. beweglich: der mehr, in höherem Grade so ist od. thut (entw. mehr als ein andrer ob. mehr als früher). Komparativ. S. § 98—101. Mit -uvok und -rivá:

151. nersauvok s. s. an s. s. Verba: ist, thut mehr, in höherem Grade.
nersarivá c. s. an c. s. Verba: thut ihm so in höherem Grade, mehr. Hieher gehörig auch § 453 Anm. bei nerpåk.

kakorpok ist weiß; kakornersak weißer.
illinniarpok lernt; illinniarnersauvok lernt mehr (als ein andrer ob. als früher).
ernerminik náglingnersak uvamnit wer seinen Sohn mehr liebt denn mich.
ivlorivá hält ihn wert; ivlerinersarivá hält ihn werter.
okakatiginersarivá najanganit spricht mehr mit ihm als mit seiner (dessen) Schwester.

Anm. nersaumavok heißt dann (bei Verben, die eine Beschaffenheit ausdrücken): ist ein wenig mehr; anginersaumavok, takkinersaumavok ist ein wenig größer, länger.

†-ngåk gebunden: ein von da und da kommender Wind; nur bei einigen Deutewörtern § 182 ff., deren Ablativendung -ngat in -ngåk verwandelt wird. Es sind unangat, kanangat von Osten, ikangat von Süden, ingangat von Norden.

unangåk, kanangåk Ostwind, ikangåk Südwind, ingangåk nördlicher Wind (sowohl für attuarnek als nigek) (avangåk seiten).
nakingåk ein woher kommender Wind? = woher kommt der Wind? (§ 196.)
nakingårkå? woher kommt der Wind? Diese Form von einem Verb nakingárpok, wie die Kinder auch die Form unangárpok rc. brauchen.

113. **-ngârpok** *s. s.* und *c. s.* B. beweglich: **sehr, bedeutend,** drum oft komparativisch: **mehr, mehr als;** aber vor allem oft unser: **lieber, lieber als.**
    pekarpok hat; pekangârpok hat bedeutend, sehr. Phil. 4, 17. Gesb. 808, 6.
    pekangârpok ómangat (= peκarnersauvoκ) hat mehr als dieser.
    aularomavoκ will ausgehn; aularomangârpoκ (oder aulangâromavoκ) will lieber ausgehn.
    κaipâ bringt, gibt es her; una κaingâlauruκ gib lieber dieses her!
    atorpâ braucht es; una atungârlugo oder unangâκ atorlugo (s. Anm.) brauch lieber dies!

    Anm. Der Stamm **-ngâκ** wird auch an andre Wortklassen gehängt, NB. direkt, ohne sie erst, wie dies z. B. bei norsaκ, -rκórtoκ, -luaκ, -galloaκ der Fall ist, durch -uvoκ zu einem Verb umzugestalten; also z. B. tâmnangâκ lieber dieser (ob. diesen); ômingangâκ lieber diesen; Joasemungâκ lieber zum Joas.

149. **-ngavoκ** I *s. s.* und das Nom. Part. **-ngajoκ.** N. und B., wohl §456. nicht ganz beweglich: „(ist) **beinahe, so halb, gleicht,** hat viel gemein mit". An Verben, wie es scheint, nicht immer ganz regelmäßig, meist in der Form **-angavoκ, -ângavoκ** wobei unter den Leuten manchmal verschiedene Formen gebräuchlich zu sein scheinen.
    κablunaκ Europäer; κablunângavoκ ist ein Halbeuropäer, fast ein Europäer (so werden z. B. unsre „Südländer" genannt).
    tuκto; tuκtungajoκ fast ein Renntier, ihm gleichend, öfters Ausdruck für unsre Ziegen.
    κaκorpoκ ist weiß; κaκoângavoκ ist weißlich.
    aupaluκpoκ ist rot; aupalângavoκ ist rötlich.

κorκsuκpoκ ist gelb, κorκsuângavoκ ist gelblich; κajoκ gelblich rot (Fuchs), κajuângavoκ ist blaß rötlich; tungojorpoκ ist blau od. grün, tungojuângavoκ ist bläulich, grünlich; κernerpoκ ist schwarz, κernângavoκ (κernaingavoκ) ist schwärzlich; senningângavoκ, (tuκκingângavoκ) liegt ziemlich, fast der Quere (ob. in der Längsrichtung) vor einem; inungajoκ Halbesκimo, beinah ein Mensch, Esκimo; machângavoκ ist beinah Lehm (machammariungitoκ).

150. **-ngavoκ** II *s. s.* B. nicht völlig beweglich: **ist, bleibt in dem Zustand** a) des so Thuns, seltner b) des so gethan Habens. Zum Teil unterscheidet sich so die Bedeutung durchaus von -mavoκ, simavoκ; zum Teil aber berührt sie sich mit ihm. Deshalb recht auf den Sprachgebrauch zu achten. (Z. B. das im Wbch. S. 145 stehende κivingavoκ in Main nicht gebräuchlich).

    a) ochovoκ fällt um; ochungavoκ ist im Zustande des Umfallens, b. h. hängt über. Dagegen ochomavoκ, ochosimavoκ ist umgefallen, und liegt nun da.
    κataκpoκ fällt herab; κatangavoκ ist wie im Zustand des Fallens, b. h. liegt tiefer, als seine eigentliche Lage ist, hängt herab.

II. Anhänge.

keviarpoᴋ wendet, sieht sich um.
keviangavoᴋ bleibt länger in umgewandter Stellung.
nipípoᴋ bleibt kleben: nipíngavoᴋ klebt (Bedeutung a und
b vereinigt).
b) ínnarpoᴋ legt sich (auf die Seite).
innangavoᴋ liegt so, ist im Zustand des sich gelegt Habens.
kattivut sie kommen zusammen, versammeln sich.
kattingavut (ob. kattimngavnt) sind bei einander (im Zu=
stand des Zusammengekommenseins). Z. B. von Leuten,
die in einem Hause, auf einem Lande länger zus. wohnen;
von mehreren Gräbern, die wie eins aussehn, einen
Hügel haben u. s. w. S. Anm.
kattimavut haben sich versammelt, sind nun beisammen.
S. Anm.

Anm. Für Herde, wofür in Drucken überall kattimgajut steht, brauchen die Est.,
hier wenigstens, nur kattimajut. Ob im Norden anders? Vgl. § 397 Anm.

§ 457. ˚111. ˷ngilaᴋ *s. s.* und *c. s.* V. beweglich: **nicht**. Ausführlicher schon
§ 265 ff. S. auch die Zusammensetzungen -lúngilaᴋ, -tsángilaᴋ und
-tsálungilaᴋ. Ferner **-ungitoᴋ** nicht s. uvoᴋ Anm.
illikterpoᴋ schneidet zu; illiktíngilaᴋ schneidet nicht zu.
mersorpâ sie näht es; mersúngilâ sie näht es nicht.
imerukpoᴋ er bürstet: imerúngilaᴋ bürstet nicht.
isorpoᴋ ist trüb (Flüssigkeit; Wetter beim Regnen); isú-
ngilaᴋ ist heil, klar.

Anm. Stellung des ˷ngilaᴋ. In Verbindung mit andern Anhängen steht es
meist ganz am Schluß. Aber bei ˷nivoᴋ auch, wieder und -galloarpoᴋ hat es voranzu-
stehn; also: tikingínivoᴋ ist auch, wieder nicht gekommen; oᴋangigalloarpoᴋ (nicht oᴋar-
alloangilaᴋ) er redet zwar nicht. Wieder bei andern, wie ˷mmarikpoᴋ, -kasakpoᴋ, -tsai-
narpoᴋ, -tsiarpoᴋ findet ein Unterschied im Sinn statt, jenachdem ˷ngilaᴋ vor oder nach
steht. S. all diese Wörter und § 356 f.

42. ˷ngoaᴋ (ab, ak, at) N. beweglich: **Bild, Abbild, Nachbildung** von
etwas. Berührt sich nah mit der Bedeutung, die es in Grld. hat,
wo es das übliche Wort für klein ꝛc., unserm -arsuk entsprechend, zu
sein scheint; drückt aber bei uns nicht bloß ein kleines, sondern auch
ein großes Abbild aus.
pe Ding; pingoaᴋ Spielzeug, Abbild.
Gûdingoaᴋ Abbild von Gott, Götzenbild.
umiaᴋ; umiangoaᴋ Bild oder Nachbildung von einem
Boot.
inuk; inungoaᴋ Bildsäule, oder Abbild eines Menschen,
auch: eine Puppe.
adse (einem Original) Gleiches, Nachgeahmtes, Aehnliches.
adsingoaᴋ Abbild, Bild, Nachbildung von etwas.

132. ˷ngoarpoᴋ *s. s.**) V. beweglich: in **abbildlicher**, daher oft: in **spielender
Weise**. Vom vor. ˷ngoaᴋ.
pivoᴋ thut; pingoarpoᴋ thut in nicht eigentlicher Weise
d. h. spielt.

*) Wohl auch *c. s.* Vgl. oben im Kleingedruckten S. 255 das letzte Beisp. pingoarlugit.

oĸarpoĸ redet; oĸangoarpoĸ scherzt, spaßt.
ungavoĸ ist anhänglich, ungagivâ ist anhänglich an ihn.
ungangoarpoĸ (ungagingoarpâ) er thut zum Scherz, als
wäre er anhänglich (an ihn).
hosianârpoĸ er singt Hosianna;
hosianângoartut 1) Hosiannasingen Spielende, 2) Hosianna-
singende auf einem Bilde.

umiaĸtorpoĸ, ĸemukserpoĸ fährt Boot, Schlitten, umiaĸtungoarput, ĸemuksingoar-
put, sie spielen Boot, Schlittenfahren; uvlomengoaĸ achâne tikilauĸpogut „so wie heute"
kamen wir voriges Jahr an; senungoarpoĸ 1) arbeitet Abbilder oder Spielzeug, 2) von
der Arbeit z. B. eines Kindes, das noch nicht eigentlich arbeiten kann; sillalungoarpoĸ es
regnet (auf einem Bilde gemalter Regen). NB. Man kann sagen: nûnna Jêsusib ûnia-
ngit pingoarilavut (pingoaĸ und -rivâ) laßt uns jetzt J. Leiden vornehmen, betrachten
(im Geist, abbildlich), da man sie nicht wirklich mit erlebt hat). Aber ebenso mit anderem,
üblem Sinn: Jêsusib ûningit pingoarlugit piniarata laßt uns nicht mit Jesu Leiden
spielen! Der Zusammenhang gibt den richtigen Sinn.

61. -**ngorpoĸ** I *s. s.* (und *c. s.* Anm. 1) N. beweglich: **er wird, wird** § 458.
ein. Ueber -rorpoĸ s. Anm. 2.

inuk; inúngorpoĸ wird ein Mensch.
angijoĸ; angijúngorpoĸ wird ob. ist groß geworden (vgl.
Anm. 2).
pe Ding; píngorpoĸ wird etwas.
pingortípâ macht es etwas werden, b. h. schafft es.

Ueber den Ausdruck eines als nähere Bestimmung hinzutretenden
Adjektivs, z. B. er wird ein „guter" Mensch s. Syntax § 523, 4.

Anm. 1. -ngorpâ *c. s.* bej. im *Inf.* wird manchmal gebraucht im Sinn des
häufigeren -ngortípâ läßt es zu einem — werden, **macht es zu einem**; z. B. Nâlegâ-
ngorpâ ob. nâlegângortípâ macht ihn zum Herren; anginersângordlugo ihn größer machend
(Eph. 1, 21. Auch wohl: machaĸ (ukkusik) sennavâ pôgutángordlugo (ob. ngortidlugo)
bearbeitet den Lehm (Weichstein), so daß er zu einer Schüssel wird == macht eine Schüssel
aus Lehm, aus Weichstein. Doch ist das nicht die gewöhnlichste Ausdrucksweise. Der
Eskimo zieht vor: macharmik, ukkusingmik pôgutaliorpoĸ, so wie er auch sagt: ĸaja-
ngoaliorit ĸejungmik, saunermik schnitze einen Kajak aus Holz, aus Knochen. Vgl.
§ 517 Anm.

Anm. 2. Der Anhang -rorpoĸ (auch -gorpoĸ) berührt sich nah mit -ngorpoĸ.
Doch heißt's ursprünglich nach Kleschm. „wohl ungefähr: wird mehr und mehr zu etwas
in seiner Art, entwickelt sich nach seiner Bestimmung". So auch bei den hiesigen Eskimos:
perorpoĸ wird mehr und mehr eine Sache (pe) b. h. wächst; inugorpoĸ (z. B. Mt. 13, 54)
wird mehr und mehr ein Mensch d. h. entw. angijôlerpoĸ oder sôngojôlerpoĸ. Sonst aber
scheint es den Esk. ganz == -ngorpoĸ; z. B. angijororpoĸ wird groß, mehr und mehr
groß (vgl. o.); kiksarnera ĸuviasungníngorpoĸ oder ĸuviasungnerorpoĸ meine Betrübnis
wird Freude.

Anm. 3. Statt -ngorpoĸ brauchen viele Esk., wo es angeht, scheint's lieber -ulor-
poĸ fängt an zu sein.

142. -**ngorpoĸ** II *s. s.* und *c. s.* B. beweglich: **ist müde, überdrüssig.**
Sehr oft mit -dlarpoĸ: -ngudlarpoĸ.

iksivavoĸ sitzt; iksivángorpoĸ ist des Sitzens müde.
paivoĸ hütet heim, bleibt zu Hause; paingudlarpoĸ ist
dessen sehr müde, sehnt sich sehr nach (mut) jemand, nach
seinen Angehörigen.

pipsetorpok ißt getrocknete Fische; pipsetúngorpok hat
das Pipseessen satt.
utakkivá wartet auf ihn; utakkingorpá ist müde auf ihn
zu warten, hat es satt.

§ 459. 92. **niarpok** *s. s.* und *c. s.* N. und V. beweglich: **strebt, trachtet nach,**
sucht das zu bekommen ob. zu thun. (In diesem Sinn dann beim
Verb gebunden, d. h. nur an bestimmten Verben vorzüglich vorkommend.)
Daher für die sofortige, nächste Zukunft, die schon in der Gegenwart
eingeleitet gedacht wird: **er wird;** s. § 219. Davon mit -ut:
niut (aus niarut) Mittel, Gerät ꝛc. zum Fang, Erwerb von dem
und dem.

a) an Nennwörter:

mingeriak Fisch; mingeriarniarpok ist auf Fischfang, fischt,
sucht zu bekommen.

arvek; arverniarpok ist auf Walfischfang. (Und so auch
bei andern Tieren.)

perkut Eigentum; perkutiniarpok ist auf Eigentum, Gewinn
aus, oft in den Apostelbriefen z. B. 1 Petri 5, 2.

asse ein andrer; assiniarpok trachtet andern nach, d. h.
treibt Ehebruch.

erkalungniutit *Plur.* Forellennetz.

akkiginiutit, puijeniutit Mittel zum Erwerb von Rippern,
Seehunden, Ripper=, Seehundsschrot (od. Seehundsnetz).

b) an Verben:

illípok *s. s.* und *c. s.* hat kennen gelernt, hat gefaßt; illinniarpok strebt etwas kennen zu lernen, zu fassen, weg=
zukriegen, d. h. lernt.

kiglisivok *s. s.* und *c. s.* weiß etwas gut, genau (Wbch.);
kiglisiniarpok trachtet danach, etwas gut zu wissen, erforscht
die Wahrheit, verhört jmdn. ꝛc.

pivok *s. s.* und *c. s.* thut ꝛc.; piniarpok bestrebt sich, etwas
zu thun, wendet Fleiß an, thut, wirkt.

c) an Verben mit Futurbedeutung:

kaivok; kainiarpok er wird kommen.

serkomípa; serkominiarpá wird es zerbrechen, verderben.

pivou thut, bekommt, geschieht; piniarpok wird thun,
kommen, bekommen, geschehen (anders als das unter b)

NB. Auch an die unter b und a gehörigen Verba, also ein
doppeltes niar. Ebenso an -lárpok, -omárpok möglich, auch bei
der Vergangenheit (nialaukpok).

piniarniarpok, kiglisiniarniarpok, mingeriarniarniarpok
er wird thun (wirken), erforschen, fischen.

pilárniarpok, pijomárniarpok er, es wird thun, geschehen.

Beachte dann:

Sonnabendeme kainialauktut (letzten) Sonnabend wollten
sie kommen, es war ihre Absicht, ihr Bestreben zu kommen.

2. Alphab. Verzeichnis.

Zu a) illinninniut (eig. illinnerniut) eine Halsfalle d. h. Mittel zum Trachten nach besonders schlauen, gewitzten (Füchsen, die sich vor Trittfallen hüten), von illinnek einer, der es in besonderem (Grade gefaßt hat, klug ist (von illipok s. o. mit nek in dessen dritter Bedeutung): — angúniarpok, arnarniarpok trachtet nach Männern, Weibern d. h. treibt Unzucht, Hurerei. Der Neuntöter, der kleinen Vögeln (коракоак) nachstellt, wird kopanoarniut genannt; kajarniut s. bei torpok Anm. 2 a. Zu b): niuverpok und niuverniarpok er handelt (kauft oder verkauft); nulluarniarpok treibt Netzfang, bemüht sich mit Netzen.

Anm. 1. Der Stamm von niarpok d. h. niak ist in der Bedeutung von niartok auch als Nennwort gebraucht z. B. ôgarniut die Dorsche zu fangen suchen, Schooner oder Schoonerleute. S. auch terriauniak in § 579. Vgl. liak bei liarpok und Anm. bei sarpok.

Anm. 2. Mit dem Imperativ wird niarpok seiner Bedeutung entsprechend, auch oft gebraucht. Mit dem bejahenden freilich nicht so häufig, wie in Grld., wo es der gewöhnliche Höflichkeitsausdruck ist, der bei uns durch -laukpok gegeben wird, z. B. itterniarit = unserm ittalaurit. Im negativen Imp. dagegen wird niarpok sehr häufig angewendet, wovon das Ausführlichere schon § 270. F. B. kamaginasiuk ob. kamaginiarasiuk beachtet ihn nicht; ob. mit demselben Sinn: kamaginago ob. kamaginiarnago!

155. **nikpok** nur zur Bildung der s. s. Form von c. s. Verben; s. schon § 460. § 379 bes. aber § 222.

†=**nikpok** s. s. und c. s. **schafft sich an, nimmt, bekommt.** Nur bei wenigen Wörtern noch gebräuchlich (statt uniaнikpok z. B. jetzt lieber umiaктárpok).

    ue Ehemann; uinikpok sie nimmt einen Mann, heiratet.
    aipak Gefährte, Gatte: aipanikpok heiratet.
    nulliak Ehefrau; Hulda nulliauikpâ (= nulliarilerpâ) er nimmt die Hulda zur Frau.

82. **nípok** riecht nach s. sungnípok.

50. **nitak** (ab, ak, at) N. und andre Wörter; beweglich: **etwas aus der und der Zeit Stammendes** (Bekommenes, Erbeutetes, Gemachtes, Gebornes, Gesagtes, Geschehenes :c.); wohl eine Verlängerung der Abl.-endung nit.

    itsak vor alters; itsarnitak etwas aus alter Zeit.
    mânna jetzt; mânnanitak etwas von jetzt.
    aujak, okkiok; aujarnitak, okkiornitak etwas aus dem Sommer, Winter.

Anm. Ebenso: okkiarnitak etwas vom Herbst her; ikpeksânenitak etwas von vorgestern; achânitak (mehr als achânenitak) etwas vom vor. Jahre; okautsikka taipsomanenitat meine Worte von damals, die ich damals sagte; tukto uvlomenitak ein heut bekommenes Renntier. Bei Monatsnamen mehr am Loc. gebraucht: nutarak Merzenenitak, nicht Merzonitak (von Merzeme) ein im März geborenes Kind.

Viele scheinen aber, ziemlich willkürlich, neben den obigen Beispielen, bei andern Worten, wohl besonders nach einem langen Vokal -nitak (d. h. mit Ausstoßung des vorhergehenden Konsonanten) zu setzen, z. B. operngasâ(r)nitak, okkiaksâ(r)nitak, achânepsâ(r)nitak, während andre den Konj. sprechen. Allgemein aber wohl ikpeksanitak (nicht sarnitak) etwas von gestern gesagt.

145. ⁻**nivok** auch, wieder s. -givok.

92. **niut** s. niarpok.

170. **nôrpok** aus dem *Term.* nut s. môrpok.

17

§ 461. 94. **omârpok** *s. s.* und *c. s.* V. beweglich: **er wird**; eine noch fernere
Zukunft als -lârpok ausdrückend. S. aber Anm.
   Kl. 1 -romârpok, Kl. 2 -gomârpok,
   Kl. 3 -tsomârpok (manche -gomârpok), Kl. 4 -jomârpok.
      akkilerpâ; akkileromârpâ er wird es ob. ihn bezahlen.
      akkilertaujomângilak er, es wird nicht bezahlt werden.
      sillukpok; sillugomârpok wird drohen.
      âpâ; âtsomârpâ wird es wegbringen.
      âlavok; âlajomârpok wird stöhnen, wimmern.

Anm. niarpok, -lârpok, omârpok. Was den Unterschied dieser drei betrifft, so wird er von den Esk. im allg. so angegeben, daß niarpok die nächste, omârpok die ferne Zukunft bezeichnet, und -lârpok in der Mitte steht § 219. Im einzelnen Fall geht der Gebrauch durcheinander, jenachdem man sich die Sache vorstellt. Wo das eine das Nächstliegende scheint, wird doch ebensooft auch ein anderes oder beide andere als völlig gut bezeichnet. So ist z. B. dem Esk. das Nächstliegende zu sagen: Heut nachmittag, ob. morgen kattimaniksakalârpogut, in der kommenden Woche knilârpok, oder knijomârpok; im kommenden Monat utteromârput, im nächsten Jahr utteromârivunga; aber daneben wird auch -lârput, -lârivunga, selbst niarivunga nicht beanstandet. Ferner: wenn wir im Himmel sein werden kilangmêtsomârupta ob. -lârupta, selbst niarupta. Das einzige ganz Sichere scheint zu sein, daß wenigstens omârpok nie für die allernächste Zukunft angewendet wird.

(Vielleicht wäre auch bei uns der Unterschied ähnlich auszudrücken, wie Kljchm. ihn für die beiden in Grld. das Futur ausdrückenden -savok und umârpok angibt: „Bei -savok wird das Bevorstehende als unmittelbar mit dem Gegenwärtigen zusammenhängend "gedacht, bei umârpok dagegen als getrennt davon, durch etwas, das dazwischen eintreten "soll. Wo dieser Unterschied nicht in Betracht kommt, oder nicht Gewicht darauf gelegt werden "soll, werden beide durcheinander gebraucht. Dagegen wird der Unterschied festgehalten, "wo es mit zur Sache gehört." — Ob dabei dem grld. -savok bloß unser niarpok oder auch -lârpok entsprechen, oder letzteres auf die Seite des omârpok zu nehmen sein würde?)

§ 462. 95. **omavok** *s. s.* und *c. s.* V. beweglich: **er will.**
   Kl. 1 -romavok, Kl. 2 -gomavok,
   Kl. 3 -tsomavok (manche -gomavok), Kl. 4 -jomavok. Davon

omaerpok *s. s.* und *c. s.* (mit -erpok) **will nicht mehr.**
   pâmgorpok; pâmgoromaerpok will nicht mehr auf dem
      Bauche kriechen.
   mallikpâ; malligomavâ will ihm folgen.
   ingípok; ingitsomavok will sich setzen.
   iksivavok; iksivajomângilak will nicht sitzen.

Ferner mit narpok u. weiter mit -rkovâ:
ominarpok *s. s.* 1) an *s. s.* Verb: es ist wünschenswert, daß man
   (d. h. der Redende 2c.; ich, wir — erste Person).
   2) an *c. s.* Verb: es ist wünschenswert, daß man ihn (s. narpok b).

-rkojominarpok es ist wünschenswert, daß er (d. h. ein andrer
   als der Wünschende: du, ihr, er, sie — zweite und dritte Person)
      pigivâ *c. s.* er hat ihn, illauvok *s. s.* ist Gefährte, geht mit 2c.
      pigijominarpok (put) es ist wünschenswert ihn (*Plur.* sie)
         zu haben, zu besitzen. Vgl. Anm. 3.
      illaujominarpok es ist wünschenswert, mitzugehn (etwa:
         = könnte ich, könnten wir doch mitgehn)!

illaukojominarpok es ist wünschens- | Das im Wbch.
wert, daß er mitgeht | Seite 67 Gesagte
illaukojominarput es ist wünschens- | trifft die Sache
wert, daß sie mitgehn | nicht.
taimaitsainarominarpok es ist wünschenswert, immer so
zu sein b. h. möchte ich, möchten wir immer so sein!
taimaitsainarkojominarpotit (pose) es ist wünschenswert,
daß du (ihr) immer so seiest (seiet)!
sillakerkojominarpok (nicht sillakitsominarpok) es ist zu
wünschen, daß schönes Wetter ist.

Anm. 1. ominarpok und -rkojominarpok verhalten sich also wie z. B. illau-
jomavok zu illauкojomavá. Bei ominarpok wird immer der Wunsch des Redenden in
Bezug auf sich selbst ausgedrückt. Sogar in folg. Weise: ubvartaujominarpok ajornimnit
es ist wünschenswert, daß man b. h. ich von meinen Sünden gereinigt (gewaschen) werde.
(Nur sehr selten hört man in diesem Fall die Personenbung punga z. B. taimaitsainaro-
minarpunga ganz = dem obigen taimaitsainarominarpok.)
Bei -rkojominarpok dagegen, wo der Wunsch in Bezug auf einen andern geäußert
wird, (ebenso, wenn ominarpok an ein *c. s.* Verb wie pigivâ tritt,) muß durch die
Personenbung ausgedrückt werden, wer dies ist, wie die obigen Beisp. zeigen. So auch:
ubvartaukojominarpok (ob. put) ajorninginit; ubvartaukojominarpose ajornipsingnit.

Anm. 2. „Es ist wünschenswert" wird von Anfängern oft falsch mit tussujomi-
narpok übersetzt (von tussuvok er wünscht), was doch nur heißt: es ist wünschenswert,
daß man wünscht. Dafür richtig, jenachdem es paßt, entweder: ominarpok wie oben an
das Hauptverb gehängt, oder auch etwa: tussunarpok, pijominarpok (von pijomavok er
will).

Anm. 3. -kkuminarpok ist ganz = gijominarpok, wie -kkumavá (welches s.)
= gijomavá. Also pikkuminarpok ganz = dem obigen pigijominarpok; illakkuminar-
pose = illagijominarpose es ist wünschenswert, euch zu Gefährten zu haben.

60. **-ovok** er ist s. -uvok.

†**-orkáppait, -orkaivok** s. káppait.

26. **pâк** (áb, ák, At) N. beweglich: der Aller —; bes. mit nek und dlek §463.
(§ 133): nerpâк, dlerpâк. Sonst auch für sich allein angehängt:
gewaltig, groß, sehr. Davon pârpok, welches siehe. Mit -uvok
entw.

pângovok oder **pauvok** er ist der Aller —.

mikkinek der Kleinere, Kleinste; mikkinerpâк der Aller=
kleinste.
issuklek der Aeußerste (in einer Reihe); issuklerpâк der
Alleräußerste.
sivorlek Vordere, Erste; sivorlerpângovok (ob. pauvok)
ist der Allererste, Vorderste.
piungitok schlecht; piungitopâк ganz gewaltig schlecht
(z. B. ist er, befindet er sich).
iglopâк (etwa in einer Erzählung staunend: das war) ein
gewaltiges Haus!
nipperkortojopâmik kissiane tussâsôngovunga nur einen,
der eine tüchtig laute Stimme hat, pflege ich zu verstehen.

25. **pāk** (aub, âk, ait) N. gebunden: ein großer; wohl eine Nebenform
von -vak. Nur in ganz wenigen Wörtern.
> inuk Mensch; inukpak Riese.
> kinguk Seefloh; kingukpak eine Art Krebse ohne Scheren.
> Wbch.
> kíllaκ (kiglaκ?) Sägezahn;*) kiglaκpait (killaκpait)
> mit kaum hörbarer Aussprache des κ vor dem p: das
> zackige Gebirge zw. Nain und Okak; kiglaκpangnélauκ-
> pogut wir waren auf K.

101. **pakpoκ** Kl. 4 -vakpoκ *s. s.* und *c. s.* B. beweglich: er pflegt
(= sóngovoκ). Ob mit -vak, pak § 498. 463 verwandt? Vgl.
-vakpoκ groß, sehr § 498.
> oκarpoκ; taimak oκarpangilaκ so pflegt er nicht zu reden.
> angúniarpoκ trachtet Männern nach; angúniarpaktoκ
>   die so zu thun pflegt, Hure.
> pitsartutipâ; pitsartutipakpâ er pflegt ihn zu stärken.
> sinnaktômakoκ; sinnaktômavaktoκ der zu träumen pflegt,
>   Träumer. 1 Mos. 37, 19.
> kammavoκ; NB. kammangipaktut ⎫ welche nicht zu be-
>   oder kammavangitut ⎭ achten pflegen.
> tuksiarutigivaktara das warum (ob. wofür) ich zu bitten
>   pflege (eig. mein Gepflegtes).
> κenunerivaktangit ihre zur Bitte zu haben gepflegten
>   (Dinge, Worte) d. h. die sie ob. was sie zu beten pflegen.

Anm. Viele Esk. scheinen aber die Form mit p und v sehr beliebig anzuwenden,
u. sagen nicht nur z. B. auch pitsartutivakpâ (wo das v des vorhergehenden Vokals wegen
schon erklärlicher ist), sondern brauchen auch auffallendere Bildungen.

80. **palaivoκ** s. palukpoκ.

§ 464. 105. **palliavoκ** Kl. 4 -valliavoκ *s. s.* und *c. s.* B. beweglich: zunehmends,
immer mehr und mehr; nimmt zu in dem und dem.
> κugviorpoκ; κugviorpallievoκ weint mehr und mehr.
> κuviasukpoκ; κuviasukpalliavoκ freut sich zunehmends,
>   immer mehr.
> ungagivâ; ungagivalliavâ wird zunehmends anhänglich
>   an ihn.
> sillatuvoκ ist klug, verständig, sillatuvalliangilaκ nimmt
>   nicht zu an Verstand.

Anm. Je mehr — desto mehr kann meist wohl durch palliavok ausgedrückt werden.
Z. B. sillatuvallianivut malliklugo ajoκertortaujo: . . alliniarivogut unserm zunehmen-
den Verständigsein folgend werden wir auch zunehmend wollen belehrt werden, d. h. je
verständiger wir werden, desto mehr werden wir auch belehrt zu werden wünschen.

---

*) Eigentlich: die Vertiefung zwischen den Zähnen. Weiteres über dies Wort, be-
sonders den gl Laut s. § 12 Fußnote, u. hinten in § 579.

2. Alphab. Verzeichnis.

80. **palukpok** Kl. 4 -valukpok, **pállakpok** (patdlakpok), **palâvok** s. s. (an V. auch c. s.)
palaivok Kl. 4 -valaivok s. s. und c. s. — Nebenformen: pilukpok, píllakpok (pitdlakpok) pilâvok 2c.

Diese versch. Formen, auch was das p oder v am Anfang betrifft, werden zum Teil wohl nicht übereinstimmend gebraucht. Doch wähle man bei Kl. 4 die Formen mit v. Klschm. sagt von diesem Anhang: „er ist eigentlich unübersetzbar".

a) **An Nennwörtern**, nicht beweglich: sieht danach aus, hat das **Aussehn** 2c. von.

auk Blut; aupalukpok sieht aus wie Blut, d. h. ist rot.
aupállakpok errötet, wird rot (ein Mensch vor Scham, Schreck, Hitze; das Land bei der Herbstfärbung).
kiak Wärme, Hitze; kiakpalukpok gibt das Gefühl von Wärme, ist warm (eine Stube).
kiakpaluktsiarmêk o wie schön warm (ist's hier)!
imok; imerpállavok es ist dünn, Suppe, Brei u. dgl.

b) **An Verben**, auch an c. s., wo bes. **palukpok** und **palaivok** sehr viel (die andern Formen dagegen nur gebunden) vorkommen, ist die Grundbedeutung dem Vorigen entsprechend: „thut oder ist so, „daß es vernommen wird durch die Sinne, klingt oder sieht „aus, als ob; man kann hören oder es scheint, daß er oder „es; gibt einen Laut (Knall, Gerücht 2c.) davon, daß." So kann man denn palukpok und palaivok meist mit **vermutlich, wahrscheinlich**, scheint so übersetzen, und insbesondere **palaivok** wird sehr viel gebraucht, wo man es durch: **wie ich höre, wie man hört, wie berichtet, erzählt wird**, übersetzen kann. Beachte in den Beisp. die Stellung nach niarpok, -laukpok 2c.

„**paluk** ohne Verbalendung: **Klang oder Aussehn von**".

umiangovok ist ein Boot.
umiangovalukpok (ob. valaivok) ist vermutlich ein Boot, sieht so aus.
äkigiovalukpok (ob. valaivok) ist vermutlich ein Schneehuhn (akigek).
tâmnauvalukpok (ob. valaivok) es ist vermutlich der, dieser (tâmna).
taimaipok; taimaipalukpok es ist vermutlich so.
terliarpâ thut ihm (etwas) unbemerkt (gutes ob. böses) z. B. hintergeht ihn.
terliarpalukpâ hintergeht ihn vermutlich.
keuvok er erfriert; keusimavallaivut sie sind, wie es den Anschein hat, (vermutlich) erfroren; oder: sie sind, wie man hört, erfroren.
tikipalaivut sie sind, wie erzählt wird, gekommen.
tikisimavalukput, tikilaukpalukput sind vermutlich gekommen | f. auch die
kainiar (kaijomâr)palukpok wird vermutlich kommen. | Beisp. § 358.

II. Anhänge.

ahauvalukpok*), ahauvallaivok ja vermutlich (ist's so).
aukauvalukpok, aukauvallaivok vermutlich nicht.

Weitere Beispiele, wo nicht die Bedeutung vermutlich stattfindet: serkorpok er, es macht ein knallendes ꝛc. Geräusch, einmal (z. B. ein Mensch mit der Peitsche, beim Kauen von kutsuk Harz ꝛc., bes. serkortarpok dasselbe, nur öfters), serkorpalukpok (palávok) er, es kracht, knallt ꝛc. (z. B. das Eis beim Gehen, oder wenn es birst; das Gebälk des Hauses bei Winde; ein Mensch beim Einrenken, wenn es innerlich knackst, serkorpalukpotit bei dir knackst's); serkorpaluk Knallen, Knarren, Krachen. Ganz ähnlich pervalukpok, pervalávok (von pivok?) er, es macht Geräusch; pervalung—, pervalá—niarase (auch pervaluktitsiniarase) oder pervalu—, pervalá—dlarase = aviloкidlarase macht nicht Lärm, Spektakel! pervállakpok macht (einmaliges, kurzes) Geräusch, z. B. mit Schürgen des Fußes; sajukpok zittert, sajukpilukpok zittert, bebt (daß man's fühlt) und zwar länger, ohne Unterbrechung z. B. Erde, ein Dampfschiff; sajukpíllakpok zittert, bebt (einmal, kurz), sajukpilávok zittert, bebt (das einzelne Mal wohl kurz, aber öfters, in Unterbrechung, hintereinander); vgl. -llakpok; upkuarpok er macht die Thüre zu oder: die Thüre geht zu (wird zugemacht), upkuarpállakpok er platzt die Thüre zu, die Thüre platzt zu.

131. **párpok** s. s. und c. s. B. beweglich: **aufs äußerste, gewaltig, arg;** von pák.

    kanimavok; kanimapárpok ist sehr, sehr krank.
    ungagivá; ungagipárpá ist aufs äußerste anhänglich an ihn.
    upkuarpállakpok er platzt die Thüre zu ober: die Thüre
      platzt zu (s. o. das letzte Beisp.).
    upkuarpállakpárpok er platzt gewaltig die Thüre zu u. s. w.
    upkuarpállakpárniarnak platze nicht so arg mit der Thüre!

§ 465. 167. **parpok** (genauer -rparpok ob. -kparpok) oder
varpok (dies hauptsächlich, aber nicht ausschließlich nach Vokalen) s. s. **bewegt sich (oft pass. wird bewegt) auf die und die Seite, in der und der Richtung hin.** Nur an einigen bestimmten Ortswörtern und ähnlichen. Einige davon auch c. s. meist in folg. Sinn:

    parpá, varpá bewegt es, schafft es in der und
    der Richtung hin. Wo dies c. s. ungebräuchlich,
    mit -utivá.
    pautivá, vautivá mit demselben Sinn.
    NB. sehr oft in Verbindung mit -giarpok,
    -riarpok ein wenig.

Beispiele siehe die auf Seite 264 folgende, wohl das meiste hieher Gehörige bietende Tabelle.

168. **pasikpok** (näher -rpasikpok ob. -kpasikpok)
oder **vasikpok** (dies hauptsächlich, aber nicht
ausschließlich, nach Vokalen) s. s. Desgleichen:
sikpok s. s. (nur einige wenige auch c. s.) **ist,
liegt nach der und der Seite, Richtung hin.**
Nur an einigen bestimmten Ortswörtern und
ähnlichen.

---

*) Diese Formen klingen dem Europäer leichtlich nur: ahavalukpok, aukavalukpok. Es liegt aber entschieden ein -uvok darin, wodurch aha zum Verb gemacht wird, und heißt deshalb ahau u. s. w. Vgl. Anm. bei -uvok.

Anm. 1. pasikpok und sikpok. Ursprünglich ist vielleicht die Bedeutung dieser zwei Formen auch bei uns so unterschieden gewesen, wie sie Kljchm. angibt, nämlich: pasikpok: **ist etwas** nach der und der Richtung hin, dagegen sikpok: **ist ziemlich weit** nach der und der Richtung hin. Dieser Unterschied findet bei uns wohl noch zw. kogvasikpok, akpasikpok einerseits und kotsikpok, atsikpok andrerseits statt, welche letztere eine weitere Entfernung nach oben und unten ausdrücken. Sonst aber scheint zw. pasikpok und sikpok kein Unterschied mehr gemacht zu werden. Bei manchen Worten kommen beide Formen nebeneinander, bei andern nur eine vor, wie die folgende Tabelle zeigt.

Anm. 2. Bedeutung von kikparpok. Während beim Stamm kit, kittá § 123 die Beziehung auf die Weltgegend, Osten, die hauptsächliche ist, ist dies bei kikparpok nicht der Fall, wo, wie oben angegeben, nur die Beziehung auf die Grundbedeutung: Außenseite, Rand gebräuchlich. (Im Wbch. zwar auch: er schafft seinen Kajak an die Seekante kikparpâ, was aber im Silben nicht gebraucht.) In kikpasikpok dagegen tritt auch die Beziehung auf die Weltgegend wieder mit ein.

Form von kikparpok und akparpok. Im Grld. wird wohl richtiger kiparpok, úparpok vom Stamm kit, at gebildet. Bei uns ist aber ein deutliches k vorhanden: kik, ak; wie auch kogvasikpok und kongmut (grld. kûmut) von kot gebildet wird.

Anm. 3. Wie vom Stamm sak: sagvarpok gebildet wird, mit allgemeinerer Bedeutung (s. Wbch.), so wird daneben auch von der andern Form så, aber nur mit engerer Beziehung auf das Wasser (Meer ꝛc.) gebildet: **sårparpok** bewegt sich nach dem Lande, Strande zu (vom tiefen Wasser aus, nämlich nunab sånganut auf die Vorderseite des Landes, das vor dem Land Gelegene zu), also der Gegensatz zu imarbikparpok. Z. B. sårparluadlarput sie fahren (Menschen, ein Boot) zu sehr aufs Land zu, z. B. wenn sie in Gefahr sind, auf den Grund zu kommen; sårpariarlo etwa von einem Boot: es möge ein wenig nach dem Lande zu gehn d. h. rudre, schiebe, ziehe ꝛc. es ein wenig dahin zu! Dann **sårpasikpok** ist, liegt nach dem Lande zu; z. B. von geankerten Böten: sårpasingnorsat die, welche mehr nach dem Lande zu liegen.

Anm. 4. Vom Stamm kâ, kak Obere, Oberfläche § 118 kagvarpok und kagverpok s. Wbch.

II. Anhänge.

Ueberficht zu § 465.

Stamm	parpok, varpok
§ 113—136 § 182—185	An Ortswörtern und *Term.* der Deutewörter; viel mit -riarpok
wohl alle	allivarpok (z. B. Mk. 6, 33. Ap. 27, 4) entfernt sich („kannitsungnaipok") nicht *c. s.* aber wohl mit -riarpok oft: allivariarpok *s. s.* und *c. s.* er entfernt sich ein wenig. *c. s.* er entfernt es ein wenig allivariarit geh ein wenig weg, aus dem Wege allivarialauruk nimm's ein wenig aus dem Wege
ungat	
tachak avunga avane	tacharparpok } geht nach Norden zu avungarparpok nicht *c. s.* Dafür —pautivā
sekinek aunga āne	sekinerparpok } geht, bewegt sich nach Süden zu aungarparpok nicht *c. s.*
paunga pāne	paungarparpok (nicht *c. s.*) geht nach Westen zu
unnunga unnane	unnungarparpok (nicht *c. s.*) geht nach Osten zu
kange	kangivarpok er (der Mensch) geht nach Westen, von der See nach den Buchten, nach dem Lande. Auch in einem Hause: er geht von der Thüre mehr ins Innere; kangivariarit (zu einem Eintretenden): komm ein wenig mehr herein, tritt näher! Dagegen kangibvarpok sie (die Sonne) rückt nach Westen (von der Mittagshöhe); kangibvartillugo tikipogut, als sie (die Sonne) nach Westen ging, d. h. am Nachmittag sind wir gekommen kangivarpā *c. s.* hier mit folg. Bedeutung: er geht zu ihm mehr ins Innere des Hauses: kangivanga komm hieher zu mir mehr ins Innere kangivautivā er bringt es von der See nach Westen, oder mehr ins Innere des Hauses
kit	kikparpok*) bewegt sich an den Rand (auch z. B. beim Sitzen: rückt vor); *c. s.* rückt es an den Rand (des Tisches ꝛc.), auch: rückt es ab (von der Wand, von seinem Platze)
tib time	tibvarpok (nicht tigvarpok Wbch.) geht landauf-, landeinwärts (weg vom Strande) *c. s.* trägt es vom Strand aufs Land, schafft es landeinwärts; tibvariarpara ich schaffe es ein wenig landaufwärts

---

*) s. o. Anm. 2.

pasikpoᴋ, vasikpoᴋ An Ortswörter und *Loc.* der Deutewörter	sikpoᴋ
allivasikpoᴋ ist in der Ferne =	(allisikpoᴋ weniger gebraucht)
	ungasikpoᴋ *s. s.* ist fern *c. s.* ist fern von ihm
tacharpasikpoᴋ avanerpasikpoᴋ } ist, liegt nach N. zu = avanevasikpoᴋ	avanesikpoᴋ
sekinerpasikpoᴋ ånerpasikpoᴋ } ist, liegt nach S. zu = ånevasikpoᴋ	ånosikpoᴋ
pånerpasikpoᴋ } ist, liegt nach W. zu = pånovasikpoᴋ	pånesikpoᴋ
unnanerpasikpoᴋ } ist, liegt nach O. zu = unnanevasikpoᴋ	unnanesikpoᴋ (=kikpasikpoᴋ f. u.)
kangivasikpoᴋ liegt nach der Land- oder Westseite zu = ᴋaᴋᴋat kangivasingningit Geogr. Büch- lein	(kangisikpoᴋ wenig gebraucht)
kikpasikpoᴋ ist, sitzt am Rande; ferner aber =	(unnanesikpoᴋ ist im Osten f. o.)
tibvasikpoᴋ ist landeinwärts, in einiger timerpasikpoᴋ Entfernung vom Meere	

at	akparpoĸ*) (= „unnungarnersaulerpoĸ") geht nach unten, senkt sich ꝛc. (z. B. Schnee beim Tauen, ein Vogel in der Luft, ein von einer Anhöhe herabsteigender Mensch); nuna akparpalliavoĸ imarbik tikillugo Geogr. § 47 akparpâ (tipâ) c. s. er bewegt es, setzt es, senkt, schüttelt es nach unten (nicht ganz bis unten, bis auf den Grund); akparialauruk (akpariartileruk) setze es etwas tiefer oder: schüttle es, daß es sich senkt (Mehl, Pulver ꝛc)
ĸot = ĸolle	
kingu Längsrichtung des Weges	kinguvarpoĸ bleibt zurück (weil er langsam ist). NB. nicht etwa: „er geht zurück". Auch z. B. von der Flut (ullorsoak), wenn ihr Eintreten vom Morgen auf den Abend rückt: kinguvarpoĸ, kinguvarpalliavoĸ
sak = sâ vgl. o. Anm. 3	sagvarpoĸ bewegt sich (od. wird bewegt) nach vorn (von hinten nach der Vorderseite eines Gegenstandes, oder von tiefer noch weiter vor) c. s. bewegt ihn, es nach vorn. Vgl. Wbch. und das dort Angegebene sagvariarle es möge bewegt werden = } rücke ꝛc. es vor sagvarialeruk
tunno	tunnuvarpoĸ bewegt sich (wird bewegt) nach hinten, nach der Rückseite eines Gegenstandes. c. s. er ihn tunnuvariarle es möge sich bewegen = } rücke ꝛc. es nach hinten tunnuvarialauruk
senne	sennibvarpoĸ bewegt sich (wird bewegt) nach der Seite. c. s. er ihn. sennibvariarle es möge sich bewegen = } bewege du es ein wenig seitwärts sennibvarialauruk
mâne ovane	
iglo eins von zwei zusammengehörig. Dingen	igluvarpoĸ geht, bewegt sich auf die eine Seite c. s. setzt, bringt es auf die eine Seite igluvarialauruk rücke es ein wenig nach der einen Seite (z. B. eine Lampe auf dem Tisch)
imarbik offne See, tiefes Wasser	imarbikparpoĸ fährt vom Strand aus, auf das offene Meer, das tiefe Wasser zu (auf die Höhe Luf. 5, 4) (Gegensatz sârparpoĸ f. o. Anm. 3)
sikjaĸ	sikjarparpoĸ geht, bewegt sich nach dem Strand zu (NB. Nur vom Lande aus. Von der See aus sârparpoĸ f. Anm. 3)

*) f. o. Anm. 2.

akpasikpoκ ift nach unten gelegen, niedrig, tief (z. B. auch ein Mensch beim Herabsteigen, wenn er ziemlich unten ist)	atsikpoκ ift nach unten gelegen, tief unten (weiter als durch akpasikpoκ bezeichnet wird; f. o. Anm. 1)
κogvasikpoκ*) ift nach oben gelegen, ift hoch, ift für einen etwas hoch (darum nur im Zusammenhang: es ift zu hoch. Wbch.)	κotsikpoκ ift in der Höhe, ift hoch (weiter als durch κogvasikpoκ bezeichnet wird; f. o. Anm. 1. Vgl. aber das im Wbch. Gesagte)
kinguvasikpoκ befindet sich hinten, ift zurückgeblieben	(kingusikput nur speziell von Seehunden, „tikinasârunik" wenn sie später kommen, als ihre Zeit ift, oder als man erwartet)
sagvasikpoκ ift, liegt nach vorn zu. Wohl nicht grade häufig gebraucht. (NB. Die Bildung vom Stamm sâ: sârparpoκ, sârpasikpoκ f. o. Anm. 3)	
tunnuvasikpoκ ift, liegt nach hinter zu. Wohl nicht grade häufig gebraucht	
sennibvasikpoκ ift, liegt nach der Seite (eines Gegenstandes) hin. Wohl nicht häufig gebraucht	
mânevasikpoκ } ift, liegt hier, hieher zu = ovanevasikpoκ	{ mânesikpoκ { ovanesikpoκ
igluvasikpoκ ift nach der einen Seite hin, aus der Mitte heraus	(iglusikput von Seehunden in der Bucht. Wbch. Im Süden ungebräuchlich)
imarbikpasikpoκ ift, liegt nach dem tiefen Wasser zu. Z. B. von geankerten Böten: imarbikpasingnersat die, welche vom Strand ab weiter nach dem tiefen Wasser zu liegen	
sikjarpasikpoκ liegt am Strande, nach dem Strande zu	

II. Anhänge.

§ 466. *poĸ I, nach Vokalen und t -¿poĸ, *s. s.* bei Tiernamen: **bekommt, hat bekommen, gefangen, erlegt.** Ist eigentlich kein Anhang, sondern nur Verbalendung s. § 346.

Von tukto, nenoĸ, ukjuk, ĸopanoarniut:
 tuktupoĸ, nenorpoĸ bekommt ein Renntier, einen Eisbären.
 ukjukpoĸ, ĸopanoarniupoĸ bekommt einen Utjuk, Neun=
 töter.

Anm. Passives Part. dieser Verba. „Diese Verba haben auch das pass. Part.
 „(auf taĸ), obgleich sie *s. s.* sind. Daher aber auch in etwas uneigentlicher Bedeutung, da
 „nämlich das Stammwort zugleich das Objekt bezeichnet". Z. B. tuktutanga, nenortanga
 sein d. h. das von ihm bekommene Renntier, der von ihm erlegte Eisbär; mittertara,
 ôgartara mein d. h. der von mir bekommene, gefangene Eidervogel, Dorsch.

*poĸ II, nach Vokalen voĸ, *s. s.* bei Kleidungsstücken: **zieht sich sein — an, oder: hat sich sein — angezogen;**

pâ *c. s.* **zieht ihm an, hat ihm angezogen.**
 Eigentümlicherweise scheint an die verschied. Wörter entw. die Präs.=
 bedeutung (zieht an) oder besonders die Perfektbedeutung (hat angezogen)
 fest geknüpft zu sein, wie bei den Beisp. zum Teil abweichend vom
 Wbch. (bei nessaĸ) angegeben. Vgl. -nasuarpoĸ.

Von annorâĸ, kammik, nessaĸ, attige, aeĸ:
 annorârpoĸ (pâ) zieht (ihm) die Kleider an (Präs.).
 annorarêrpâ hat ihm die Kleider angezogen.
 annorârsimavoĸ hat die Kleider angezogen, ist bekleidet.
 kamikpoĸ (pâ) hat sich (ihm) die Stiefel angezogen (Perf.).
 kamigasuarpoĸ *s. s.* und *c. s.* ⎱ zieht sich (ihm) die
 kamiktorpoĸ *s. s.* und *c. s.* ⎰ Stiefel an.
 (wie ĸarlikpoĸ und ĸarliktorpoĸ Hosen).
 nessarpoĸ hat die Mütze aufgesetzt, die Kappe übergezogen (Perf.).
 nessarasuarpoĸ setzt sie auf, zieht sie über.
 nessarsimavoĸ hat die Mütze auf ɾc.
 attigivara ich habe ihm das Attige angezogen (Perf.).
 aerpunga ich habe den Ärmel an(gezogen).
 aerasuarpunga ziehe den Ärmel an.

†-psâĸ N. u. a. Wörter: **ein zweites der Art.**
 ĸukkiut; kukkiutipsâra meine zweite Flinte.
 kamik; kamipsäkka mein zweites Paar Stiefeln; s. auch
 Mt. 10, 10: „ein zweites Paar Schuhe."
 atteĸ; attipsâlik mit einem zweiten Namen, Zunamen versehen.
 achâne voriges Jahr; achânipsâk vorvoriges Jahr.

147. -psârpoĸ *s. s.* und *c. s.* V. beweglich: **zum zweitenmal, abermals.**
 Doch auch, wenn der Ausdruck oder Zusammenhang es klar macht,
 allgemeiner für: **wieder.**

2. Alphab. Verzeichnis.

takkunârpok; takkunâpsârpok sieht abermals; insbesondere: sieht beim Abendmahl zum zweitenmal zu.
tikipok; tikipsâromârpok wird wiederkommen.
erniangovok; erniangupsârpok wird wiedergeboren.
kaiblapsârpagit (so allein:) ich ermahne dich zum zweiten Male. Aber auch
unuktoertorlunga kaiblalaukpagit, mâna kaiblapsârpagit (oder —lerkipagit, —lerivagit) ich habe dich oft ermahnt, jetzt ermahne ich dich wieder. S. -givok § 406. Anm. 1.

28. **-ralak** s. -galak und Fußn. bei -galakpok. § 467.

13. **-ralloak, -ralloarpok** s. -galloak u. s. w.

†**-ránnerpok** ist angenehm zu s. o. nerpok.

106. **-ránnerpok** fährt fort zu s. -gánnerpok.

†**-rârpok** s. s. bei Zahlwörtern und ähnlichen: hat so viele bekommen; vgl. § 111.

kapsit? wie viele? kapserârkêt wie viele hast du bekommen (z. B. Seehunde)?
atauserârpok, maggorârpok hat einen, hat zwei bekommen.
unuktorârpok hat viele bekommen.
sittamarârput sie haben (NB. jeder) vier bekommen.
attunit s. § 319; attunerârput sie haben jeder gleich viel bekommen.

Anm. -râjarput. Nur für den Plur. des Subjekts kommt noch diese Form (sonst ganz = rârput) vor: **sie haben (NB.** jeder) so und so viel bekommen, erworben; pingasorâjarput (oder pingasorârput) sie haben je drei bekommen; attunerâjarput = attunerârput. Aber nicht mit Singularendung etwa: pingasorâjarpok, sondern hier nur: —sorârpok. Vgl. neben kangivârpok (s. o. bei parpok Tabelle): kangivâjarput sie (d. h. mehrere Schlitten-, Bootsgesellschaften) gehen nach Westen von der See.

155. **-rdlerpok** nur zur Bildung der s. s. Form von c. s. Verben; s. schon § 379; bes. § 222.

104. **-rêrpok** fertig, schon s. -gêrpok.

9. **-riak, -riakarpok** s. -giak u. s. w.

77. **-rikpok** und 135 **-riorpok** s. -gikpok und -giorpok.

56. **-rivâ** hat ihn zum s. -givâ.

145. **-rivok** auch, wieder s. -givok.

141. **-rkámmerpok** s. s. und c. s. V. beweglich: neulich, kürzlich (= immane Adv.); und mit ungnaerpok:
-rkámmerungnaerpok schon vor geraumer, langer Zeit (nicht mehr kürzlich).
tokkovok; tokkorkámmerpok ist seit kurzem tot.
tussarpâ; tussarkámmerpâ hat es neulich gehört.
baptipâ er tauft ihn; baptitaurkámmertok ein neulich Getaufter.

270   II. Anhänge.

kigutekarkammerungnaerpok hat seit geraumer Zeit
Zähne (ein Kind).
sivannerkammerungnaerpok es hat schon vor langer Zeit
Zeit geläutet (z. B. wenn jemand spät zur Arbeit kommt).
månnakammek jetzt neulich (s. Anm. Schluß).

Anm. rk bei diesem und den folg. Anhängen. Sie wurden bisher nur mit k geschrieben, ausgenommen etwa bei i (tikkerkammerpok, tikkerkárata). Es ist aber rk überall richtig, wobei man nur in Bezug auf die Aussprache festhalte, daß das r nicht scharf zu sprechen, sondern mit dem k fast in einen Laut zusammenfließt, wie kk § 12. Vgl. z. B. die Aussprache von itterkammerpok mit der von ittekattarpok, angekatigiva, pekarpok wo das einfache k oft mit einem Anfluge von ch gehört wird.

Warum nur in månnakammek bloß k vom Esk. gesprochen und gewollt wird, ist unerklärlich.

§ 468. †-rkårkotautivut sie — um die Wette s. § 496 Anm. 1.

133. -rkårpok *s. s.* und *c. s.* B. beweglich: erst, zuerst, vorher; stets nur im Verhältnis zur Zukunft (-tainarpok im Verhältnis zur Vergangenheit), also:

a) ehe ein andrer (Subjekt) so thut wie ich.

b) ehe man einem andern (Objekt) so thut oder: ehe man etwas anderes thut (und da auch, vielleicht nur seltner: ehe man dieselbe Handlung wieder thut, d. h. = zum erstenmal.)

Davon, wie unser „nachdem, ehe, bis" durch den bejahenden und neg. Inf. -rkårlune, -rkårnago, -rkårtinnago ꝛc. ausgedrückt wird, s. ausführlich § 506 f. und auf der Konjugationstabelle § 260 Anh. II.

itterkårpunga ich gehe zuerst, vorher hinein (ehe ein andrer geht, ob. ehe ich etwas anders thue).
aglait tussarkårlavut laßt uns die Schriften zuerst hören
(ehe wir an etwas anders gehn).
una sennarkåruk arbeite du dies zuerst (ehe du etwas
anderes arbeitest ob. überhaupt: ehe du etwas anders
thust).
uivêrivá verführt ihn; uivêrijaukárpok er ist vorher verführt worden (ehe er dann so that).
illingnut kaerkårniarpok er wird zuerst, vorher zu dir
kommen (ehe er zu einem andern geht, ob. überhaupt:
ehe er etwas anders thut).
sivannerkårpok es läutet zum ersten Male (ehe es später
wieder läuten wird).
tikkerkårame nunamut als er zum erstenmal auf die
Erde kam (ehe er später wieder kam).
okarkårlune er vorher redend   } = nachdem
okalaurkårdlune er vorher geredet habend   }   er geredet.
okarkålaungmat (nicht laurkårmat) nachdem er geredet.
okarkårane er vorher nicht redend   } = ehe, bis er
okarkårtinnago ihn nicht vorher reben   }   redete, s. § 506 f.
    lassen

88. **-rkauvok** *s. s.* und *c. s.* B. beweglich: **ist, hat kürzlich, eben erst;** ganz nahe Vergangenheit (näher als bei -laukpok). Verwandt mit dem Vorigen, von einem ungebräuchlichen -rkâk (grld. -rdlâk).
   netsermik perkauvunga habe (kürzlich, eben erst, heut) einen Netselsechund bekommen (pilaukpunga etwa gestern 2c.).
   okautivâ; okauterkauvâ hat ihm (vor kurzem) gesagt.
   sôrlo okarkaugama wie ich gesagt habe (z. B. in einer Rede, die man noch hält, besser als okalaurama).

†**-rkijak (-rkejak)** B. beweglich: der mehr, in höherem Grade so ist, als der; nur mit Suff. (-rkejanga) oder mit -rivâ: -rkejarivâ.
   angivok; angerkijanga sein Größerer, d. h. der größer ist als er.
   angerkejarivara ich habe ihn zum Größeren, d. h. er ist größer als ich.
   idluarpok; idluarkejara mein Besserer, der besser ist als ich.
   unnukput sind viele; unnorkejangit ihre mehreren, d. h. mehrere als sie.

<small>ôma sillerkejanganik sennalorit arbeite ein Breiteres (sillikpok) als dies; sillatorkijarivagit (od. *s. s.* sillatorkijakarpunga illingnik) ich habe dich zum Klügeren, d. h. du bist klüger als ich; sukallerkejarivara er ist schneller (sukallivok) als ich; sukaerkejarivara er ist langsamer (sukaipok) als ich); perkijarivâ s. Wbch. 237.</small>

<small>**Anm.** Im Wbch. wird überall als **Grundform** -rkivâ angenommen (so angerkivâ, sillatorkivâ vgl. mit dem oben Angegebenen). Dies scheint aber nicht richtig (wenigstens jetzt nicht mehr gebräuchlich), sondern erst von der Grundform -rkijak wird gebildet -rkijarivâ, -rkejakarpok. Desgl. ist angerkejiga ?tsch. Wbch. Seite 11 unter „als" nicht zu rechtfertigen.</small>

169. **-rkopâ** *c. s.* **-rkotsivok** *s. s.* gebunden, an bestimmten Orts- § 469. wörtern: **er geht auf der und der Seite von ihm** (*s. s.* von jmdm.), **passiert es da und da.**
   -rkopok *s. s.* absolut, ohne Objekt: **geht auf der und der Seite** (von etwas).
   senne bas Nebige § 118; asse ein andrer § 132.
   sennerkopok fährt, geht daneben vorbei; (*c. s.* neben ihm).
   sennerkotsivok *s. s.* (mik) geht an jmdm. vorbei.
   asserkopok geht anderwärts (*c. s.* von ihm).

<small>S. im Wbch. avarkopok auf der Außenseite (avat), außerhalb herum (*v. s.* von ihm); ferner mit guten Beispielen S. 280. 281: sillarkopâ außerhalb von ihm (sillat), neben ihm; S. 260 sârkopok vor (sâ) ihm hin, an ihm entlang. Uebrigens wird in diesen Fällen die vom Bialis abgeleitete Bildung wohl mehr vorgezogen, s. -gorpok. Z. B. avatagôrpâ von avatâgut: geht an seiner Außenseite herum, vorbei; atâgôrpara ich gehe, krieche unter ihm durch, von atâgut.</small>

100. **-rkôrpok** *s. s.* und *c. s.* B. beweglich: **er scheint.**
   Vgl. was die Stellung besselben betrifft, die Beisp. § 358.
   ânanauvok ist schön; ânanaukôrpok scheint schön zu sein.
   illitarivâ kennt ihn; illitarerkôrpâ scheint ihn zu kennen.
   illitarijaurkôngilak scheint nicht gekannt zu werden.

epúpoĸ er rudert; eporkōngilaĸ scheint nicht zu rudern.
kataĸpoĸ fällt herunter; kataŋgniarĸorpoĸ scheint herunter=
fallen zu werden, zu wollen.

Anm. -orĸŏrtoĸ scheint's. An jedes Wort, wenn es durch -uvoĸ zum Verb
gemacht ist, kann dieser Anhang treten, also in der Form: -orĸŏrpoĸ, -orĸŏrtoĸ scheint's
z. B. illingnórĸŏrtoĸ scheint's zu dir (illingnut); angijomiorĸŏrtoĸ wie es scheint ein
grosses (angijomik); ahauĸŏrtoĸ ja so scheint's. S. Anm. bei -uvoĸ und § 348. 350.
444 Anm. 1. 453 Anm. 2.

52. **-rĸörtôĸ** (ûb, ûk, ût) N., **der das gross hat**; kommt aber in Labr.
kaum mehr vor. Vielleicht noch etwas mehr mit -uvoĸ: -rĸortôvoĸ,
wofür aber das Folgende vorherrschend gebraucht wird.

    napârutarĸortôĸ der einen grossen Mast hat; Name des
        männlichen Schwertfisches (ârluk), dessen hoch aufgerichtete
        Flosse einem Maste mit Segel verglichen wird.
    umiarĸortôĸ ein grosses Boot (NB. also in einem etwas
        andern Sinn, nämlich: der gross ist).

76. **-rĸörtövoĸ** *s. s.* N. beweglich: **hat das gross**, viel. Das Nom. Part.
davon:

51. **-rĸörtöjoĸ** einer, **der das und das gross, viel hat**. Ursprünglich
wohl: in grossem Umfang, dann aber überhaupt: in grossem Mass.
Vgl. mit ähnlichen Ausdrücken: -tuvoĸ Anm. 2. Nach t Hilfsvokal e.

    siut; siuterĸórtójoĸ Langohr, Esel.
    nujak; nujarĸórtóvoĸ hat viele Haare, starkes Haar.
    nippe; nipperĸórtójoĸ einer, der eine starke Stimme hat.
    tippe; tipperĸórtóvoĸ hat starken Geruch, riecht stark.
    sillatuneĸ; sillatunerĸórtóvoĸ hat grossen Verstand.

§ 470. 165. **-rĸóvâ** *c. s.* **-rĸójivoĸ** *s. s.* V. beweglich: **er heisst ihn** (*s. s.*
imdn. mik), **gebietet, befiehlt od. erlaubt ihm, dass er.** Sehr häufig.
Nur die refl. Form -rĸovoĸ heisst sich = will wird selten gebraucht.
NB. Das Ausführlichere darüber, auch über die Form
    -rĸóvlugo damit er u. s. w. so wie mehr Beispiele s. u. im Anhang
§ 502 ff. und auf der Konjugationstabelle § 260 Anh. II.

    itterpoĸ geht hinein; itterĸovâtit od. itterĸojivoĸ illing-
        nik befiehlt, erlaubt dir hineinzugehn.
    ingípoĸ setzt sich; ingerĸungilâ er heisst ihn nicht sich setzen.
    tunnivâ gibt es; una tunnijaurĸovâ (oder tunnerĸovâ
        § 502) heisst dies geben, eig. gegeben werden.
    ĸaujivâ erfährt, weiss es; tamattominga ĸaujijaurĸojivoĸ
        (ob. ĸaujerĸojivoĸ § 502) er heisst dies gewusst werden,
        d. h. bekannt machen.
    ípoĸ er ist; illiktut-erĸojauvogut wir werden geheissen
        wie du zu sein.
    inôvoĸ er lebt; inôrĸovlugo ihn leben heissend, d. h. damit,
        auf dass er lebe.
    tikípoĸ ist gekommen; tikkerĸonnagit sie nicht kommen
        heissend, d. h. damit sie nicht kommen.

†-rngarpok *s. s.* und *c. s.* (auch ngarpok) B. gebunden: **zum erstenmal**. Nur noch in ganz wenigen Formen gebraucht.
    takorngarpâ sieht ihn zum erstenmal.
    takorngartak fremd, zum erstenmal gesehn.
    tussarngartak „ „ „ gehört. Z. B. Ap. 2, 4.
    Dagegen die Form tussarngarpâ hört's zum erstenmal, tuktungarpok, okautingarpâ, wie im Wbch. angegeben, im Süden nicht gebräuchlich.

171. **-rokpâ** (-rorpâ) *c. s.* **-roivok** *s. s.* auch wohl eine Bildung vom *Vial.* kut bei Körperteilen: **er fährt ihm** (*s. s.* jmdm. mik) **da durch, da hinüber, trifft ihn da.**
    kénarokpâ fährt ihm ins, übers Gesicht, trifft ihn da
      (z. B. auch bei Spritzen mit Wasser), bezw. thut ihm da weh.
    omaterokauvok ist ins, durchs Herz getroffen worden,
      z. B. durch eine Kugel; auch bildlich: durch ernste Worte ꝛc.
    timerokpâ schießt, wirft ihn an oder durch den Leib, Rumpf (nicht in die Glieder); auch: vernimmt, hört es ganz (letzteres vielleicht nicht mehr allgemein gebräuchlich).

61. **-rorpok** er wird f. -ngorpok Anm. 2.

†**-rpok** *s. s.* und *c. s.* sagt (*c. s.* ihm) so und so, **spricht das und das Wort**; wird nicht an den Stamm gehängt, sondern an die volle Wortform.
    nâmaksivok es ist vollbracht;
    nâmaksivòrpok er sagt: nâmaksivok.
    nâmaksivòrpâtit er sagt dir: nâmaksivok.
    malliksinga folgt mir; malliksingârpâse er sagt zu euch: malliksinga!
    kinauvá wer ist er? kinauvárpunga ich sage kinauvá.
    unét mag's sein; unêrpok er sagt unét.
    perkojat tigliktuksaungilatòrtut die Gebote, die aussprechen: tigliktuksaungilatit.
    very bártok er sagt: very bad.

170. **-rpok, -rpok** und **-arpok** *s. s.* (einzelne auch *c. s.*) **geht dahin, dadurch**. Verlängerung des *Term.* und *Vial.* Bildet verschiedne Formen (s. das erste Verzeichnis Nr. 170 in § 383), welche im einzelnen in ihrer alphabetischen Reihe zu finden sind.

55. **-rusek** ein Neben—; f. usek.

8. **-rut** f. -kut Anm. 1.

14. **sak** f. das richtigere -ksak.

143. **saraipok** *s. s.* und *c. s.* B. beweglich: **bald, schnell**; auch: **bald einmal** (= hat die Gewohnheit). Vgl. das sehr ähnliche sárpok. § 471.
    nunguvok; nungusaraipok es ist schnell zu Ende.
    nungupâ; nungusaraingilara ich mache es nicht schnell zu Ende.

II. Anhänge.

sanguvoĸ; sangusaraipoĸ er wendet sich bald, ist wetter=
wendisch, unbeständig.
tussarsaraipâtigut er hört uns bald.
pisaraipoĸ er thut schnell, b. h. z. B. wird schnell krank,
ist schnell auffahrend, hitzig ꝛc.
ĸensaraipoĸ weint schnell einmal (das ist so seine Art).
aularsaraipoĸ geht schnell einmal aus, pflegt so zu thun.

163. **sarpâ** *c. s.* **saivoĸ** *s. s.* bei manchen bestimmten Wörtern:
sârpâ *c. s.* **sârivoĸ** *s. s.* B. nicht mehr recht beweglich: macht
ihn (*s. s.* jmdn. mik): macht, daß er; arbeitet darauf hin, daß er.
Davon mit ut:
saut ein Mittel, um das zu bewirken. S. auch Anhang § 502 f.
idluarpoĸ; idluarsarpâ macht ihn (selbstthätig) gut, recht.
ĸĕnnarpoĸ ist scharf (NB. Die erste Silbe geschärft, drum
Doppel n).
ĸĕnnarsarpâ macht ihn (selbstthätig) scharf.
mannikpoĸ; manniksarpâ macht es glatt, eben.
manniksaut Mittel dazu, z. B. Platte, Mangel.
sêrnarsaut Mittel, um sauer (sêrnarpoĸ) zu machen, Sauer=
teig.
ĸagvarsaut Mittel, das in die Höhe (ĸagvarpoĸ) zieht,
erweicht, bes. Leinsamenumschlag.
nangiarpoĸ fürchtet sich; nangiarsârpâ (*s. s.* sârivoĸ)
bringt ihn in Angst, in eine gefährliche Lage (etwa durch
einen Griff, Stoß).
sivôrasârpâ, ĸiosârpâ macht ihn sich fürchten, antworten
(etwa durch körperliche Züchtigung).
sungiutivoĸ gewöhnt sich; sungiutisaivoĸ macht jmdn.
sich gewöhnen, leitet ihn an z. B. im Erwerb und dgl.

Anm. sarpâ (bei bestimmten Wörtern sârpâ) und tipâ: „sarpâ drückt immer
„eine positive Selbstthätigkeit aus, wodurch es sich von tipâ (das in vielen Fällen zwar
„auch eine gewisse mittelbare Selbstthätigkeit nicht ausschließt) unterscheidet." Bei manchen
Verben sind beide Anhänge nebeneinander im Gebrauch, z. B. tupaksârpâ (wobei das
selbstthätige Aufrütteln ausgedrückt wird) und tupaktipâ; ningarsarpâ und tipâ, ĸau-
marsarpâ und tipâ; auch idluartipâ, sivôratipâ vgl. die obigen Beispiele. Aber tipâ
hat scheint's sarpâ manchmal verdrängt. So wird jetzt z. B. auktipâ er schmilzt es (macht
es schmelzen, tauen: Metall, Schnee ꝛc.) von vielen ganz = auksarpâ, ja lieber gebraucht,
wie z. B. beim ganz selbstthätigen Auftauen des Schnees in der Hand; (auch) auktosarpâ,
auksiarivâ).

84. **sarpoĸ** *s. s.* und *c. s.* N. beweglich: er holt, geht (fährt) um zu
holen; *c. s* für ihn. (Ganz = itorpoĸ, wo die Beisp. zu vgl.
Unterschied von tarpoĸ s. bei diesem § 482 Anm.

pipse; pipsisarpâ holt getrocknete Fische für ihn.
nulluaĸ; nulluaĸsarpoĸ holt Netze.

Anm. sât (NB. mit langem â) kommt für den Plur. des Nom. Part. sartut vor,
z. B. puijisât uvlome utterniarput die Seehundholenden werden heut zurückkommen. Vgl.
aulât für aulârtut § 340. Desgl. llaĸ, niaĸ. Anm. bei niarpoĸ.

144. **sârpok** *s. v.* und *c. s.* B. beweglich. Aehnlich wie saraipok, doch § 472
nicht nur „bald", sondern: **schnell (gleich, sofort)** u. zwar mit dem
näheren Sinn: **schnell ein wenig, schnell und kurz.** Das Negativ ist
nasârpok*) (ganz ähnlich wie saraingilak) **nicht schnell, nicht bald,
ist langsam dazu, zögert zu** —.

nunguvok; nungusârpok es ist schnell zu Ende.
tikinasârpok ist nicht schnell, nicht bald gekommen.
tussarnasârpok, tussarsaraingilak hört nicht schnell.
angergautivâ; angergautisârniarpara ich werde es gleich
  schnell nach Hause bringen (es wird nicht lang dauern,
  ich kann z. B. schnell wieder hier sein).
angergautisarainiarpara werde es bald, schnell nach Hause
  bringen (dabei unbestimmt gelassen, ob man nicht etwa
  zu Hause bleibt).
ingisârpok setzt sich schnell ein wenig (um bald wieder
  aufzustehen).
ingisaraipok: er setzt sich bald.
tigusârpâ er ergreift es schnell (bei plötzlichem Erfassen;
  in diesem Sinn also nicht tigusaraipâ).

Anm. saraipok und sârpok. Im Gegensatz zum ersteren wird durch sârpok scheint's nicht bloß der Eintritt der Handlung als ein schneller (und zwar sofortiger, nicht bloß baldiger) bezeichnet, sondern die Handlung selbst auch als eine schnell vorübergehende. Aber doch berühren sich diese Begriffe so nah, daß es oft ziemlich einerlei ist, welcher Anhang gebraucht wird. Dabei ist weiter zu erwähnen, daß **sârpok** sehr viel vom Esk. da gebraucht wird, wo wir einen solchen Zusatz nicht erwarten würden: wobei dann das in sârpok liegende „ein wenig" fast nur als Höflichkeitsphrase erscheinen kann, und nicht grade der Wirklichkeit entspricht. Z. B. ovanêsâlaurit sei (bleibe) schnell ein wenig hier, wobei zum Schluß kein Gewicht darauf zu liegen braucht, daß das Hierbleiben ein ganz kurzes ist. Ganz ebenso bei kaisâlaurlo laß ihn schnell ein wenig kommen!
Noch andre Beispiele: sennasâlauniarkunga ich möchte schnell ein wenig arbeiten (es soll nicht lang dauern); kattimagasâlaulârkogut wir werden schnell ein wenig zusammensein, wohnen (und dann uns bald wieder trennen); zum Kaufmann gesagt: kaitsisâlaurit gib doch schnell (dies ob. das) her (etwa: ich will nicht lang aufhalten)! epusâlaurit rudere schnell ein wenig! pisâlauruk mach's schnell (ein wenig)! S. auch Jak. 1, 19. 25. Mt. 13, 5. 6. 21, 20.

68. **serpâ, sêvok** versieht ihn damit s. -lerpâ.

107. **sertorpok** Kl. 3 -tsertorpok *s. s.* und *c. s.* B. **thut, stellt sich, als
  ob er.** Nicht völlig beweglich (?) bes. häufig aber mit dem Neg.
-ngitsertorpok thut, als ob er nicht.

tokovok; tokosertorpok er stellt sich tot.
pivok; pisertorpok verstellt sich, stellt sich unwissend, schwach,
  während er doch wissend ob. stark ist 2c. Jos. 8, 15.
  1 Kön. 20, 38. 2 Chron. 18, 29. Pf. 34 Ueberschrift.
pingitsertorpok thut, als ob er nicht etwas thäte, als
  wenn nichts wäre. Unser listig sein, List wird oft dadurch
  ausgedrückt.

---

*) Dieses na in nasârpok ist wohl dasselbe wie beim neg. Inf. (nane, nago) s. § 269. Aber es kommt hier kein Anstoßen des n vor, wie bei einigen Formen des Inf. und nach nlar im Imp. § 270. Also heißt Kl. 1 und 2 nicht -nasârpok, -gnasârpok, z. B. nicht tussarnasârpok, mallugosugnasârpok, sondern tussarnasârpok, mallingosungnasârpok (wie tussaruago 2c.). Das ähnlich klingende -nasuarpok § 451 verhält sich anders.

18*

II. Anhänge.

kamagivâ; kamagingitsertorpâ thut, als wenn er ihn, es nicht beachte. Unser langmütig sein wird manchmal dadurch ausgedrückt. Ap. 13, 18.

ĸanimasertorpoĸ stellt sich krank: takorngartausertorpoĸ verstellt sich, als ob er ein Fremder sei, stellt sich fremd 1 Kön. 14, 2. 6. ĸanoĸngitsertorpoĸ thut, als ob nichts mit ihm wäre, z. B. thut, als ob er gesund, gleichmütig, redlich sei, während er doch unwohl, ärgerlich ist, Böses im Sinne hat.

§ 473. 21. **siaĸ** N. frei: ein bekommener, erhaltener, bes. durch Finden ob. Kauf, aber auch sonstwie; gehört zu sivoĸ. Nach t Hilfsvokal. Meist mit Suff. oder -rivâ:

siangu sein bekommener, d. h. den er bekommen, gefunden, gekauft hat.

siarivâ er hat es zum erhaltenen, d. h. hat es erhalten ꝛc., bes. gekauft.

eput; eputisiara (ob. siarijara) mein, das von mir gekaufte, gefundene Ruder.

saviksiara illingnit das Messer, das ich von dir gekauft. pisiarivâ er hat es zum erhaltenen, gekauften Ding (po), d. h. hat es gekauft.

Anm. ut und usiaĸ. Gewisse Worte werden durch diese Endung klar unterschieden. Mit ut bezeichnen sie nur das, was man gibt, mit usiaĸ nur das, was man bekommt. Im Deutschen läßt der Ausdruck oft doppelte Bedeutung zu, z. B. „mein Geschenk" sowohl das, was ich gebe, als das, was ich bekomme. Dagegen est. piliut das Geschenk, das man gibt; piliusiaĸ das man bekommt; akkiliutigivâ er hat es als Bezahlung, d. h. nur: er gibt es als Bezahlung; akkiliutâ seine Bezahlung (Sold), die er gibt; Röm. 6, 23. akkiliusiarivâ er hat d. h. bekommt es als Bezahlung; aitât (Ap. 10, 4 Almosen) was man mitteilt, aitâsiaĸ was einem mitgeteilt wird; tujât ein fortgesendetes, tujâsiaĸ ein zugeschickt bekommenes Geschenk; tunnergut die gegebene, tunnergusiaĸ die erhaltene Gabe, Opfer ꝛc.; (z. B. Ap. 14, 13); illanginusiaĸ der bekommene Anteil.

161. **siarivâ, sêvoĸ** wartet, s. -tsiarivâ.

69. **-sijarpoĸ, -tsijarpoĸ** s. -lijarpoĸ.

168. **sikpoĸ** s. pasikpoĸ.

§ 474. 91. **simavoĸ** (oft auch -mavoĸ) s. s. und c. s. V. beweglich: hat (c. s. ihn, es) so gethan (und ist nun so); drückt = unserm Perfektum die Vollendung der Handlung nachdrücklich aus*). Vgl. § 219 f. und die Beisp. bei -mavoĸ und -ngavoĸ.

An manchen c. s. Verben mit pass. Sinn: ist gethan worden, dann — taumavoĸ, -jaumavoĸ s. Anm. 1.

itterpoĸ; ittersimavoĸ ist (war) hineingegangen und ist (war) nun drin.

tikisimavâ er ist zu ihm gekommen, und ist nun da.

---

*) ob diese Vollendung nun in der Vergangenheit („hat damals, hatte, war ge—") oder in der Gegenwart („hat, ist jetzt ob. kürzlich ge—") stattfinden mag. Z. B. ittersimangmat tikilaukpogut als er hineingegangen war, kamen wir an; aber ebenso: mâuna ittersimavoĸ jetzt ist er hineingegangen; attuarsimavakka ich habe sie gelesen, entw. früher (dann ähnlich wie attuarsimalaukpakka) oder auch eben jetzt; oĸautalâ mâuna attuarsimajakka (= attuarêrtakka) die Worte, die ich jetzt gelesen habe (z. B. gleich nach der Verlesung des Textes gesagt).

Wird -laukpoĸ beigesetzt, so wird natürlich nur die Vollendung in der Vergangenheit ausgedrückt; und zwar weist -laukslmavoĸ im Gegensatz zu simalaukpoĸ auf eine recht ferne Vergangenheit zurück; z. B. takoslmalaukpoĸ hat (früher, damals) gesehen, takolauksimavoĸ dasselbe, nur vor geraumer Zeit.

inuarpâ; inuarsimavâ hat ihn ermordet.
inuarsimavok hat gemordet (von inuarpok) jmbn. ob. sich selbst (ingminik). Aber auch, wenn dies aus dem Zusammenhang klar: ist gemordet worden (von inuarpâ), wofür klarer: inuartaumavok.
neksarsimavok (von neksarpâ = taumavok) ist mitgenommen worden, ist mit.
supôrumik neksarsimavok (von neksarpok) hat die Pfeife mitgenommen, hat sie mit.
nessarsimavok hat die Mütze auf, die Kappe über (entw. = hat sie sich aufgesetzt von nessarpok *refl.* ob. == ist ihm aufgesetzt worden von nessarpâ).
nipangersimavlune nivingavok (aufgehört habend zu reden und nun) schweigend hängt er.
iglua malliksimakattarpok (wenn das eine, Auge z. B., schlecht ist) folgt das andre öfters; das Folgen als mehr dauernder Zustand gedacht. S. Anm. 2.

Anm. 1. simavok hat pass. Bedeutung (s. o.) nicht bei allen *c. s.* Verben, sondern nur bei solchen, die an sich schon die Neigung haben, mit der Endung pok auch pass. Bedeutung anzunehmen, wovon § 228 die Rede. Vgl. § 502, b. Z. B. ijorsimavok ist verborgen, von ijorpâ; nakasimavok (= taumavok) ist abgehauen worden von nakappâ. — Die Beisp. o. zeigen, daß so bei manchen Verben simavok einerseits pass., andrerseits aktive ob. refl. Bedeutung haben kann; z. B. noch: aglaksimavok (= taumavok) ist geschrieben worden, aber auch; aglangnik aglaksimavunga habe geschrieben.

Anm. 2. simavok einen Zustand ausdrückend. Wie aus den obigen Beisp. sich ergibt, drückt simavok also dabei auch einen (einigermaßen) dauernden Zustand aus, und zwar nicht nur den nach vollendeter Handlung eintretenden Zustand („ist nun so"); sondern dann auch manchmal in andrer Weise die Dauer der Handlung selbst (ähnlich wie -mavok und -ngavok; s. o. das letzte Beisp. Z. B. angersimavok, malliksimavok nicht bloß: hat einmal zugesagt, gefolgt, sondern: bleibt nun auch in zusagendem, folgendem Zustand, sagt zu, folgt (länger dauernd). Dann ist simavok etwa gleich dem engl. ho is doing im Gegensatz zu he does. Mit naheliegender Gedankenverbindung scheint dabei dann auch die Gewißheit der Handlung einigermaßen ausgedrückt zu werden.

So wird simavok auch in Verbindung mit dem Futurum gebraucht, in einer Weise, die einem befremdlich sein müßte, wenn man nur bei dem Begriff der Vollendung stehn bliebe. Also z. B. nicht nur: ittersimalârpat wenn er hineingegangen sein wird (Vollendung in der Zukunft), sondern auch: aviniarpatta malliksimatuinarpunga (ob. tuinarniarpunga) wenn sie sich trennen, werde ich nur folgen; kaupat (südb. sângano kattimalârupta, angersimanasuarluta pita laßt uns uns bestreben (volle, fertige, dauernde, gewisse) Zusage zu geben; ôgarniarviksakarpat, ikajulârpunga = I will help; daneben: ikajorsimalârpunga = I will be helping.

137. **sinnarpok** *s. s.* und *c. s.* V. beweglich: **endlich**. §475.
aularpok; aularsinnarpok geht endlich fort, aus (nachdem er lang gewartet).
attorpâ; attorsinnarpara ich brauche es endlich.
itterpok; ittersinnalorpok geht endlich hinein.
tikipâ; tikisinnarpapse ich komme endlich zu euch (nachdem ich lang ausgeblieben).

sinerpok, siniarpok lauft, **siniutivâ** s. sivok.

-siorpok, -tsiorpok macht, s. -liorpok.

63. **siorpok** *s. s.* und *c. s.* N. beweglich: a) **er sucht nach**; b) **bewegt sich darin oder darauf**, diese Bedeutung aber mit beschränktem Gebrauche c) bei Festen: **er feiert**.

siorpâ *c. s.* meist: **er sucht ihn, für ihn** (vgl. Anm. 2).
  a) tukto; tuktusiorpok sucht nach Renntieren.
  tume; tumisiorpok sucht nach Spuren.
  iniksak ein (künftiger) Platz; iniksarsiorpok sucht sich einen Platz, Aufenthaltsort.
  iniksarsiorpâ sucht für ihn, es einen Platz.
  issumaksarsiorpok sucht Gedankensache, überlegt.
  illaksarsiorpâ sucht für ihn Gefährten oder einen Gefährten.
  susiorkêt, sunasiorkêt was suchst du? oder: suchst du was?
  b) mauja weicher, tiefer Schnee; maujasiorpok bewegt sich durch solchen Schnee.
  unnuak; unnuaksiorpok geht, reist in der Nacht.
  tâk; tâksiorpok bewegt sich in Finsternis.
  c) uvlok; uvloksiorpok feiert den Tag, feiert ein Fest.
  Sontagesiorpok feiert den Sonntag.

Anm. 1. In Bedeutung b) auch **direkt an den Verbalstamm** in niptaisiorpok, orginaisiorpok fährt, reist ic. in dickem, trübem Wetter. Vgl. 1 Kor. 13, 12.

Anm. 2. **siorpâ** *c. s.* hat neben der obigen hauptsächlichen (bes. auch nach -ksak: -ksaksiorpâ) Bedeutung auch folgende andere: „**er sucht sein (des Objektes)** —"; z. B. tutisiorpâ (= tumingit konnerpait) er sucht seine Spuren (anders als in Grld. gebraucht); und besonders: „**sucht unter ihnen**", z. B. angincrsiorpait, mikkinersiorpait, ânannaunersiorpait er sucht die größten, kleinsten, schönsten unter ihnen aus. Ebenso: takkekatisiorlugit, ivjokatisiorlugit such die gleich langen, gleich dicken unter ihnen aus! oder auch: such gleich lange (wie diese andern hier sind)! Dagegen mit *s. s.* takkekatigêksiorit (nicht takkekatisiorit) sâkatigêksiorit such einerlei lange, einerlei dünne! Denn takkekatisiorit, angekatisiorit heißt: such jnbn., der gleich lang, gleich groß ist wie du. Vgl. -kat.

63. **siut** (ib, ik, it), nicht immer (s. Beisp. unter a), aber doch meist aus siorpok und ut entstanden: dann: N. (und V.) beweglich: a) „**was man zu der Zeit od. bei der Gelegenheit od. behufs dessen braucht**". Besonders auch z. B. bei Medizinen gebracht. b) Bei einzelnen bestimmten Worten auch: **was gewissermaßen sich da und da braucht, d. h. was da oder zu der Zeit erscheint, sein Wesen hat***). Nach § 494 Fußn. nicht siut. Kommt auch an manchen Verbalstämmen vor. Ebensowohl manchmal als -siut, d. h. mit Ausstoßung des vorhergehenden Konsonanten; dies wohl meist infolge ungenauer Aussprache, bei killisiut (s. b. Beisp.) aber durchaus bewußt.

Durch diesen Anhang können viele unsrer zusammengesetzten Wörter gegeben werden, wie „Mittagsmahlzeit", „Männerkleider" u. s. w.

---

*) Sollte man nicht in den hieher unter b) gehörigen Wörtern doch eig. eher das *Nom. part.* siortok oder siorto erwarten? Ist das ut nicht befremdend? Wie hat man sich dessen Erklärung in siut zu denken? Ist die oben in den Worten: „was (gewissermaßen) sich selbst da und da braucht" versuchte Erklärung die richtige? — Ganz dieselbe Frage in Bezug auf das ut kann sich bei kopauoarulut und kajarnlut (s. die letzten Beisp. bei niarpok § 450, turz vor Anm. 1) regen.
(Eine andre Erklärung von kausiut (vgl. grlb. Wbch.) nach Nr. a) ist folgende: „was man bei Gelegenheit des Tagwerdens braucht", „Mittel, um in der Morgenfrühe zu erkennen, wie weit es noch bis zum eig. Tag". Aber die andern Beisp. unter b) lassen sich wohl kaum in dieser Weise erklären. Sie kommen übrigens, außer kausiut, so in dieser Bedeutung in Grlb. nicht vor.

2. Alphab. Verzeichnis. 279

a) uvlâk, uvlâksiut was man am Morgen braucht, z. B. Frühſtück, Morgenſegen.

sontagesiutit *Plur.* deſſen man ſich Sonntags bedient, z. B. Sonntagskleider ob. die Sonntagslitanei ꝛc.

âniasiut (von âniak ob. âniavok?) was man fürs Leiden, Schmerzen braucht, Arzenei, Medizin.

ijesiut Augenmittel.

arnarsiutit Dinge, die man für Frauen (arnak) braucht, d. h. welche Frauen brauchen, z. B. Frauenkleider.

iṅgergasiutit (vom Verb ingergavok) Reiſebedürfniſſe, z. B. Peitſche, Schlitten, Reiſekleider ꝛc.

kíllisiut Mittel für einen Schnitt, eine Wunde (kíllek), etwas Blutſtillendes, Pflaſter u. dgl. Dagegen

NB. kíllersiut (von kíllersivok abzuleiten) Mittel zum Verwunden, Wundmachen, d. h. Spaniſche Fliege. Vgl. kíllersiut, kellersiut (von kelersipok) Mittel, die Haare aufzubinden, Haarband.

b) kausiut (von kau oder kauvok?) Morgenſtern (= der in der Morgenfrühe erſcheint); auch z. B. ein kleines Kind, das immer früh beim Morgengrauen aufzuwachen ꝛc. pflegt. Ueber die Erklärung nach Nr. a) ſ. b. Fußn.

unnuak; unnuaksiut ein Menſch oder Tier, das in der Nacht ſein Weſen hat.

imaksiutit, nunasiutit Waſſertiere, Landtiere.

ingiulik; ingiuliksiut Schwingwellenvogel, Kragenente.

Weitere Beiſp. zu a): nekât sugvisiutit (isländiſches) Moos für die Bruſt; pingoaksat sorusersiutit Kinderſpielzeug; angutisiutit was Männer brauchen, Männer —; kejuit kattimaviksiutit Kirchenholz; nerrimârvik kattitauviksiut Hochzeitsmahl. Von einem Verbalſtamm: nerrimârsiutit deſſen man ſich bei der Mahlzeit bedient, z. B. Tiſchgebet; ingerusek sâlaksiut Pſ. 47 Siegeslied; sornersiut das beim Aufhören gebraucht wird, z. B. ein Schlußvers ꝛc.

*155. **sívok** I nur zur Bildung der *s. s.* Form von *c. s.* Verben; ſ. ſchon § 476. § 379; beſ. aber § 222.

62. **sívok** II *s. s.* und *c. s.* N. und V. beweglich.

    a) An Nennwörter.

sívok *s. s.* er findet, trifft an (ſieht), erhält, (dann auch oft bei ſichtbaren Gegenſtänden) kauft etwas (für ſich);

sévok *s. s.* für einen andern.

sívâ *c. s.* 1) meiſt: findet u. ſ. w., kauft für ihn; ſo beſ. in der Verbindung mit -ksak. In der Bedeutung kaufen iſt hier als *s. s.* („für jmdn.") wohl mehr **sinerpok** als sévok gebräuchlich.

2) ſeltner: „er findet ſein (des Objektes) —".

    1) saviksivok er findet, bekommt, kauft ein Meſſer.
savingmik pisivok (von pe Ding) er kauft ein Meſſer.
inuksivok trifft, ſieht Menſchen.
nâpkigijauneksivok findet Erbarmen (erbarmt werden).
akkiliutiksarsivok erlangt Bezahlung(sſache), für ſich.
    „   sévok erlangt Bezahlungsſache für jmb. anders.

iniksarsivâ findet eine Stelle, Aufenthaltsort für ihn.
kakkójaksivara una | ich laufe Schiffsbrot für
„   sinerpunga ominga | ihn.
nutârsivunga (savingmik ɾc.) ich finde, bekomme, laufe ein
    neues (Messer ɾc.); speziell ich finde, sehe neue Spuren
    (inungmil von einem Menschen).
2) tumisivara ich finde seine Spuren.
    tukkisivara ich finde einen Sinn (eig. Längsrichtung § 128
    Fußn.), verstehe es.
    kénarsilungilara ich sehe sein Gesicht nicht; f. Wbch.

Anm. 1. Für das einfache sivok wird öfters gebraucht: **siniarpok** sucht sich zu verschaffen, zu kaufen, kauft. Und davon **siniutigivâ** kauft dafür, hat es zu seinem Kaufmittel; und **siniutivâ** kauft für ihn. Vgl. Wbch. Seite 249 pisiniut ɾc. Luf. 22, 36. 3. B. una tobágesiniutigivara (= tâpsomunga tobâgesiniarpunga) für dies suche ich zu kaufen, kaufe ich Tabak; tobagesiniutivara ernera (oder tobágemik pisiniutivara ernera) ich kaufe für meinen (nicht anwesenden) Sohn Tabak; támna ernerma kukkintisiniutâ dies (ist) meines Sohnes Flintenkaufensmittel, d. h. dafür will er sich eine Flinte kaufen.

b) An Verben, bes. solchen, die eine Beschaffenheit, einen adj. Begriff ausdrücken:

sivâ *c. s.* **sêvok** *s. s.* er hat ihn (*s. s.* jmdn. mik) so und so gemacht; eig. hat für ihn das und das erlangt, gefunden. Häufiger wohl noch mit tipâ: sitipâ.

sivok *s. s.* er, es ist so und so geworden, ist nun so, wird so; eig. hat sich so und so gemacht, für sich das und das erlangt. Vgl. auch noch im einzelnen giksivok bei gikpok, narsivok bei narpok, tusivok, -rkortusivok bei tuvok, -jariksivok, ungnarsivok. Beachte auch die Verbindung sivalliavok wird zunehmends.

idluarpok ist gut, recht; idluarsivâ (sitipâ) hat ihn gut, gerecht gemacht.
idluarsévok ominga basselbe.
idluarsivok ist gut, recht geworden (nachdem es vorher anders war).
silikpok ist breit; siliksivâ hat es breit gemacht.
kakorpok ist weiß; kakorsivok ist weiß geworden (wird weiß).
tárpok ist finster; társivok ist dunkel geworden.
nellonarpok ist ungewiß; nellonarsivok ist ungewiß geworden, wird ungewiß.
unukput sind viele; unuksivalliavut sie werden zunehmends viele, werden immer mehr.
nakorpok ist gut, hat Kraft; nakoksivok ist gestärkt, erquickt, hat sich erholt.
nakoksivâ (sitipâ) hat ihn erfrischt, erquickt, erquickt ihn.
Ananausijauvok wird schön gemacht (z. B. „verklärt").
sinikpok schläft; sinisivok (silerpok) wird schlafend, ist schlafend geworden, d. h. schläft ein, ist eingeschlafen.
keavok weint; keasivok (silerpok) wird weinend, ist weinend geworden, d. h. fängt an zu weinen (nachdem er's vorher nicht gethan).

Anm. 2. Kommt es darauf an, **das Präsens: er macht ihn, er wird**, deutlicher auszudrücken, so setze man den Anhang -lerpok fängt an ob. andre dazu. S. Anm. bei -lerpok. 3. B. taksilerpok fängt an dunkel zu werden = wird (jetzt) dunkel; ánanʔusijaulerpok wird (jetzt) verklärt. Neben idluarsivâ hat ihn gut gemacht, wäre idluarsarpâ macht ihn gut (ist selbsteigens damit beschäftigt), und ähnlich: idluartinasuarpâ, idluarsurasuarpâ für das Präsens zu wählen.

15. **sonak***) (sûb, soák, suit, aber doch auch sonb, sont) N. beweglich: §477. **groß.** Nach k und nach einem Vokal -rsoak (= ksoak), nach k: -ksoak, nach t: -tsoak (oder mit Hilfsvokal -tersoak). Viel gebraucht; nicht bloß von räumlicher Größe, sondern auch um den hohen Grad einer Eigenschaft auszudrücken = sehr. Mit -uvok:

    sôvok oder sonngovok ist groß.

    kakkak; kakkaksoangovok ob. sôvok ist ein großer Berg;
    nuna; nunaksoak ein großes Land, ober die Erde.
    nuvuk; nuvuksoak eine große Spitze, auch Landspitze.
    kukkiut Flinte; kukkiutsoak Kanone ꝛc. (auch kukkiutersoak).
    kiæksaut; kiæksautersoak großer Ofen; Offb. 9, 2. (auch kiæksautsoak).
    nippe; nippersuit (auch soat) 1) starke Stimmen. 2) deine starke Stimme.
    kingmek; kingmersoatit deine großen Hunde.
    ningarpok zürnt; ningartoksôvok ist ein groß zürnender, d. h. zürnt sehr.
    tammarpok irrt; tammartoksôvok ebenso: irrt gewaltig.
    unnuktut viele; unnuktovaksuit groß groß viele, = sehr, sehr viele.

125. **sonrpok** *n. s.* und *e. s.* V. sehr, gewaltig, von soak. Nicht für sich allein gebräuchlich, sondern nur mit -dlarpok:
    sondlarpok oder -vaksoadlarpok s. -vakpok I.
    Kl. 1 und 4 -rsoadlarpok, Kl. 2 -ksoadlarpok, Kl. 3 -tsoadlarpok.

    nippekarpok hat Stimme, redet; nippekarsoadlarpok redet gewaltig (laut ober eindrücklich).
    nippekarvigivâ redet zu ihm; nippekarvigersoadlarpâtigut er redet gewaltig zu uns.

11. **-sôk** ob. **-jôk** V. beweglich: einer, welcher pflegt; = -sôngojok §478. Nom. Part. von -sôngovok welches siehe. Ungemein häufig gebraucht. Ebenso, aber nur mit Suffixen, an *e. s.* Verba:
    -sôngu = -sôrijanga sein gepflegter, d. h. welchen er pflegt.
    sinikpok; sinisôk (ob. jôk) einer, ber zu schlafen pflegt, oft = er pflegt zu schlafen (§ 282).
    taipkua sennasût die pflegen zu arbeiten, sind's Arbeiten gewohnt, sind geschickt.
    amuvok (= amujauvok) wird gezogen; amujôk was aufgezogen zu werden pflegt, Schubfach; auch Register (an der Orgel).

---

*) Bei uns mit s geschrieben, im Grld. aber ssoak, mit jenem § 8 näher besprochenen Laute, den die Labr. Aussprache doch auch oft hören läßt, als sehr weich klingendes sch (schoak).

II. Anhänge.

upkuerpok seine Thüre wird aufgemacht; upkuejōk (ob. sŏk) ein Schrank.
nunagivâ hat es zum Land (Aufenthalt); nunagisŏru (= sŏrijara) was ich zum Land zu haben pflege, oder: das pflegt mein Land zu sein (§ 289).

maujakasŏrâluk das (Land ɛc.) pflegt greulich viel weichen Schnee zu haben; aivigisŏvut (= sŏrijavut) das wohin wir zu gehn pflegen; piuxerisŏptut (= sŏrijaptut ganz = piuserivaktaptut) wie (es) meine Gewohnheit (ist). Ebenso nunagisŏptingnut; nuna inungnut aiviosŏk ob. aivigijausŏk (aber nicht aivigisŏk).
Ist dies -sŏk als Zusammenziehung aus -sŏngovok, -sŏrivâ oder umgekehrt als dessen Stammwort aufzufassen?

102. **-sŏngovok** ob. **-jŏngovok** *s. s.* (und *c. s.*) B. beweglich: **er pflegt zu;** = pakpok. Das *c. s.* wird kaum mehr gebraucht, ja von manchen gar nicht gelten gelassen, dafür das gewöhnliche:
  -sŏrivâ *c. s.* **er pflegt ihn zu.** Die Formen werden nach Belieben mit j oder s beginnend gebraucht.
  okarpok; okasŏngovok, okajŏngovok (= okarpakpok) pflegt zu reden.
  kaiblarpâ; kaiblasŏrivâ (seltner kaiblasŏngovâ) pflegt ihn zu ermahnen.
  taimaipok er, es ist so; taimaisŏngovok so pflegt er, es zu sein.

162. **sugivâ** glaubt, daß er s. nasugivâ.

152. **-suipok** nie, s. -juipok.

108. **-sukpok** ist aufgelegt zu, s. -gosukpok.

136. **-sungarpok** *s. s.* und *c. s.* B. beweglich: **zum letztenmal.**
  ovanêpok; ovanêsungarpok er ist zum letzten Male hier.
  itterpok; ittisungarpunga ich gehe zum letzten Male ein.
  attorpâ; attusungarpâ er braucht es zum letzten Male.
  tikipok; tikisungarpok er ist zum letzten Male gekommen.
  kaiblarpâ; kaiblasungarpagit ich ermahne dich zum letzten Male.

82. **sungnípok** ob. **nípok**, manchmal **-arnípok.** N. beweglich: **es riecht danach;** auch, aber wohl bloß in einem einzelnen Falle (s. u.): **es schmeckt danach.**
  orkssok; orkssorsungnípok es riecht nach Speck, Oel.
  issok; issiarnípok es riecht nach Rauch.
  issiarnimêk das riecht nach Rauch!
  kojuk; kojuksungnípok, mehr: kojuarnípok es riecht nach Holz.
  tarriok; tarriornípok schmeckt nach Salzwasser, Salz; ist salzig. Mt. 5, 13.

igunâk riechendes Fleisch ɛc., igunárnípok riecht danach; puja, pujanípok riecht nach Kanzigem; supôrut, supôrutiarnimêk das riecht nach Tabaksrauch (eig. -pfeife)! isseriak, isseriarsungnimêk das riecht nach Höhenrauch! ikkisungnimêk das riecht nach Brand, als ob's brenne! (von welchem Stamme? dem Verbalstamm ikkipâ? oder von ikkinek mit Zusammenziehung?) S. auch: Geruch des Lebens 2 Kor. 2, 16.

2. Alphab. Verzeichnis. 283

†-sŭngŭvok *s. s.* und *c. s.* V. wohl nicht ganz beweglich: ist bereit zu, ist am („parngnærpok sôrlo, ob. pimmarigane pikasakpok, ob. piniartok pilungitok sulle").

kcavok; kcasûngûvok ist am weinen, es ist ihm weinerlich; (vgl. kcasôngovok er pflegt, kcagosukpok ist aufgelegt zu weinen).

aivavok; aivasunguvok ist bereit zu zanken 2 Tim. 2, 24.

tokkopå; tokkosunguvå ist bereit, ist dran ihn zu töten.

<small>arktaisunguvo* ist bereit zum, ist am rauben; Luk. 11, 39; annåtôtisunguvut, Röm. 1, 29 sind bereit, einander zu widerstreben; ebenso akkerartusunguvok = „parngnaipok akkerartornermut"; tokosunguvok ist am sterben („piniaruno").</small>

6. **-t:** Mittel, Ursache; nach einem Vokal b. h. nur bei den Verben von § 479. Kl. 4 öfters für ut: f. ut.

166. **tailivå** *c. s.* **tailitsivok** ob. **tailikilvok** *s. s.* V. beweglich: verhindert ihn (*s. s.* jmdn. mik) zu.

tailivok *refl.* **er, es*)** verhindert sich b. h. kurz -- nicht.

Nur ist die Handlung (das sich Verhindern) eigentlich doch wohl mehr dauernd zu denken, als wenn die einfache Negation -ngilak angewendet wird. Sehr oft vermittelst dieser refl. Brücke (tailivok) mit tipå:

tailitipå *c. s.* **tailititsivok** *s. s.* fast ganz gleich dem einfachen tailivå**), nur eigentlich mehr mittelbar: **macht oder hilft, daß er nicht; verhindert, daß er.**

Sehr viel wird tailivå auch imperativisch (in Inf. oder Imp. form) gebraucht. NB. Ausführlicheres, sowie erschöpfendere Beispiele f. im Anhang § 502 ff.

ochovok fällt um; ochotailivå (tailitipå) verhindert es am Umfallen.

serkomipå zerbricht es; serkomitaililugo zerbrich's nicht! paß auf, daß du's nicht zerbrichst.

aktuivok rührt an; aktuitailigit rühre nicht an (verhindere dich, anzurühren)!

perorpok wächst; perortailivok wächst nicht (verhindert sich zu wachsen).

itje perortailititsivok die Kälte hindert am Wachsen.

134. **-tainarpok** *s. s.* und *c. s.* V. beweglich: a) **zum erstenmal,** im Verhältnis zur Vergangenheit, nachdem es vorher nicht geschehen, ähnlich wie -giorpok Anm. 2. b) **eben erst, soeben.**

attorpå; attutainarpå er braucht's zum erstenmal.

pijarêrpok; pijarêtainarpok ist eben erst fertig.

tikitainarpok ist zum erstenmal, ob. auch: ist eben erst gekommen.

tupakpok; tupatainarpok wacht eben erst auf.

ikajorpok; ikajutainangilak er hilft nicht zum erstenmal.

ikajungitainarpok es ist das erste Mal, daß er nicht hilft.

<small>*) „Dies von leblosen Sachen gebraucht ist entsprechend unserm: die Sache macht sich, während sie doch in Wirklichkeit nichts macht." Kleinschm.
**) Einen Unterschied in der Anwendung von tailivå und tailitipå bei Verben, die zugleich *c. s.* und *s. s.* sind, s. bei den Beispielen § 504 letzte Jnstr. zu pulgortaililigut.</small>

II. Anhänge.

Anm. 1. -tainarpok hat auch manchmal neben den zwei obigen Bedeutungen im Zusammenhang die dritte: **jetzt erst**, ähnlich wie -ŝinnarpok endlich. Z. B. neben a) aulatainarpok er geht zum erstenmal aus (nachdem er lang geruht ob. krank gewesen ꝛc.) und b) er ging eben erst fort (z. B. auf die Frage: ist er schon fort?) auch die Bedeutung c) er geht, zieht jetzt erst fort (etwa nach langem Tröbeln, ob. nachdem andre schon längst fort sind) ähnlich wie das stärkere aulaŝinnarpok.

Anm. 2. -tainarpok (Bedeutung a) und -giorpok zum erstenmal. Es trifft die Sache nicht, wenn der Unterschied so angegeben wird, daß das eine nur: zum erstenmal im Leben überhaupt, das andre nur: zum erstenmal nach längerer Zeit bedeute. Vielleicht trifft folgendes einigermaßen den Sprachgebrauch:
 a) Bei Verben, bei deren Handlung es überhaupt in Betracht kommen kann, wird -giorpok gebraucht, wenn man die Handlung zum erstenmal ordentlich verrichtet, nachdem man bis dahin körperlich) ob. geistig nicht dazu fähig war (subjektivische Hinderungen: Jugend, Ungeübtheit ꝛc.), während dies bei -tainarpok so nicht der Fall ist. Z. B.

 aglagiorpok er schreibt zum erstenmal ordentlich (was man wirklich schreiben nennen kann), versteht's jetzt, nachdem er oft schon die Feder in der Hand gehabt.
 aglatainarpok kann von einem gesagt werden, der zum erstenmal die Feder in die Hand nimmt und die ersten Krohaken hinmalt.
 pissugiorpok ein Kind, ein Kranker geht zum erstenmal ordentlich (und es scheint kein Zweifel zu sein, daß es so bleiben wird; „sapporungnaerpât").
 pissutainarpok wenn er wohl geht, aber vielleicht noch fraglich, ob die Fähigkeit vollkommen erworben („sappikasaktomik tukkilik"; „annajanarpok sulle").
 angugiorpok erwirbt zum erstenmal einen Seehund; von einem, der es bis dahin nicht verstanden, vermocht (Jugend, Unfähigkeit ꝛc.). Ebenso tuktugiorpok, ukjugiorpok, kemukseriorpok u. s. w.
 b) Bei andern Verben ist's einerlei. Z. B. takko—giorpâ und tainarpâ, tussariorpok und tainarpok, ovunga—riorpok und tainarpok; sillaki—giorpok und tainarpok (ist nach langer Zeit zum erstenmal schönes Wetter).
 c) Aber selbst bei Verben der ersten Art (a) werden sie doch auch, abgesehen vom obigen Unterschied beim ersten Erlernen, oft ganz einerlei gebraucht. Z. B. angugiorpok (ganz = -tainarpok) auch von einem erwachsenen Erwerber, wenn er nach längerer Zeit wieder erwirbt. [Beides kann dann auch im Zusammenhang ziemlich = angusinnalerivok sein.] Und aglagiorpok (= tainarpok) auch, wenn man jndm. einen Brief schreibt, an den man früher nicht geschrieben hat.

Anm. 3. -tainarpok wird auch in uneigentlichem Sinn oft gebraucht, wie wir etwa sagen: **so wie noch nie**. Z. B. pissutainarpunga ich bin (gewissermaßen) zum erstenmal gegangen = so bin ich noch nie gegangen (wenn man einen bes. starken Marsch gemacht); aputekatainarpok soviel Schnee hat's noch nie gehabt. Hier ist das „zum erstenmal" oder „nie" nicht in mathematisch genauer Weise auszudeuten.

§ 480. †-**taisarpok** *s. s.* N. nicht beweglich: **bekommt wenig**.
 Luktutaisarpok bekommt wenig Renntiere.
 akigetaisarpok   „   „   Schneehühner.

35. **tak** der zu (ihm) gehörige. Meist nur mit Suff. ob. -lik (s. u. talik) ob. -karpok (s. Anm. bei talik).

 „Die Zugehörigkeit ist aber nicht aufzufassen als dabei stattfinden müssend, sondern nur als für die (längere ob. aber auch kürzere) Zeit stattfindend". In Labr. wird dies tak besonders von der Zugehörigkeit zu leblosen Dingen, weniger aber zu lebenden Wesen gebraucht.

 kejuk Holz; kejuktanga ihr (der zur Flinte gehörige) Schaft. kojuktaksak Schaftholz.

attᴀnek; nunab attanertanga des Landes Herrscher, der
dem Lande zugehörige;
(inuit attanertangat aber nicht gebräuchlich).
aglait oĸausortangit die zur Schrift gehörigen Worte,
die Worte der Schrift (auch bloß oĸausingit).
ajornerub siniktanga der mit der Sünde verbundene Schlaf,
Schlaf der Sünde.
po Ding, pitaĸ ein zu etwas Gehöriges:
pitaĸarpoĸ er, es hat (etwas; eig. etwas zu ihm Gehöriges).

kamiktᴀnga sein (des Stiefels) Schaft; serĸallitsiviub ujaraktanga Mühlstein,
Luĸ. 17, 2. sittijoĸtanga seine (eines Kranken) Verhärtung (etwa im Leib), für die Zeit
ihm zugehörig.

45. **talik** (aus taĸ und -lik) N. beweglich: **mit etwas dazu, dorthin Gehörigem versehen**; besonders für Aufbewahrungsorte bestimmter
Gegenstände gebraucht, aber nicht dafür allein; s. Anm.
umiaĸ; umiaĸtalik mit zugehörigen Böten versehen, d. h.
Boothaus (umialik wo grade Böte sind).
kejuk; kejuktalik Holzschuppen.
argjat Asche, Pulver; argjatalik Aschen- oder Pulverbehält-
nis; wie argjakaut (was von manchen übrigens scheint's
mehr nur bei Pulver gebraucht wird).

Anm. taĸarpoĸ und talik. Da, wie oben gesagt, taĸ nicht nur den Begriff
einer dauernden, sondern ebensogut auch einer kürzeren Zugehörigkeit, eines kürzeren Damit-
verbundenseins ausdrückt, so steht es ungemein häufig mit -lik und besonders mit -ĸarpoĸ,
wo man es nicht immer besonders übersetzen kann, und diese Anhänge allein auch genügen
würden. Z. B. auf die Frage: gibt's Spuren? tumitaliogalloaĸ es hat da zwar (für die
Zeit hingehörige) Spuren; wo tumiliogalloaĸ ebensogut genügen würde. Ebenso pitaĸ-
poĸ und bloß peĸarpoĸ er, es hat; sunaĸaĸangilaĸ und sunaĸangilaĸ es hat nichts;
tuktutaĸangilaĸ und tuktoĸangilaĸ es hat, gibt nicht Renntiere; sittijoĸtaĸarpoĸ er
(der Mensch) hat eine (für die Zeit ihm zugehörige, od. mit der Krankheit verbundene)
Verhärtung.

37. **tâĸ** (tâb, tâk, tât) N. beweglich: neu. Nach t Hilfsvokal. Mit Suff. § 481.
oft: ein nen (neulich) erhaltener, wo aber lieber eine Form von
tᴀrivᴀ (er hat es zum neuen, vgl. tᴀrpoĸ) gebraucht wird. Kommt
allein seltner vor, als man denkt. Oefters dafür die Zusammensetzung
mit nutâĸ neu.
inuk; inuktâĸ der neue Mensch.
ômat nutâĸ ob. ômatitâĸ ein neues Herz.
achâne saviktârilauĸtara mein d. h. das Messer, das ich
voriges Jahr (neu) erhielt, ob. mir anschaffte.

Sehr häufig dagegen das Verb:
târpâ (auch târtipâ) c. s. **târivoĸ** s. s. N. beweglich: hat ihm (s. s.
imbm. mik) das neu geschafft; überhaupt, ohne daß das „neu"
betont wird: hat ihn mit etwas versehen, das er eben vorher nicht
hatte, das für ihn also neu ist.
tᴀrpoĸ hat ein neues bekommen, ob. überhaupt: hat das bekommen, was
er vorher nicht hatte. So wird tᴀrpâ ganz wie -lerpâ versieht ihn
damit, gebraucht, und zwar noch mehr als dies. Vgl. die ersten Beisp.
bei -lerpâ.

286   II. Anhänge.

karlik; karliktârpâ (ob. karliktârivok ôminga) er schafft
ihm neue Hosen, ob. schafft ihm Hosen überhaupt.
kajaktârpok hat einen neuen Kajak bekommen ob. auch
nur: hat jetzt einen K. bekommen.
ittigak; ittigaktârpâ macht ihm (dem Stiefel) einen neuen
Fuß, b. h. schuht ihn vor.
asse; assetârpâ er schafft ein anderes (von derselben Art
neu) z. B. an die Stelle eines Kastens einen andern, ob
er nun neu ist oder nicht.
issumatârtitauvok (seltner: târtauvok) es sind ihm neue,
andre Gedanken gegeben worden.

<small>amektârpâ überzieht es, gibt ihm einen (neuen) Ueberzug; iksivaviktârpâ sattelte
ihn 1 Mos. 22, 3; sullugainertârput bekommen Aehren; Luk. 8, 15. S. auch Hiob 38, 4. 10;
kollâtârpâ macht ihm (dem Hause) ein neues ob. andres Dach (trotz Suffix; vgl. -karpok
Anm. 4 und -ksak Anm.); ernertârpok er ob. sie hat einen Sohn bekommen, ernertârivâ
er ob. sie hat ihn, den Sohn bekommen (auch etwa: ihn zum Sohn, beim Annehmen eines
fremden Kindes).</small>

60. **taksauvok,** -jaksauvok s. -uvok und § 294.

56. **taksarivâ,** -jaksarivâ s. -givâ und § 294.

27. **-tánnak** (aub, âk, ait) N. beweglich: breit, dick.
umiak; umiatannak ein breites Boot („silliktokpat, angi-
jôngmangâllônêt mikkijôngmangâllônêt").
kangerdluk; kangerdlutannak breite Bucht.
nuvuk; nuvutannak eine Landspitze (bei Rain) ihrer Gestalt
wegen so genannt.
Samueletannak der breite, dicke Samuel (bei Personen
besonders, wenn sie dabei klein sind).

56. **tarivâ** s. -givâ § 405, 3.

tárivâ, tárpâ, tárpok s. o. tâk.

§ 482. 85. **tarpok** I s. s. und c. s. N. beweglich: er trägt, bringt, führt mit
sich (sei es selbst tragend, sei es als Ladung in Boot und Schlitten),
daher auch oft (bes. tariartorpok, tariarpok) zu übersetzen: er holt.
c. s. für ihn.
(Alschm.: „sammelt — und bringt es nach Hause".)
imek; imektarpok er trägt, holt Wasser.
imertartauvogut es wird Holz für uns geholt.
kejuk; kejuktariarpok er geht Holz bringen, holt Holz.
ivik; iviktarpâ bringt, holt Strandgras für ihn.

<small>Anm. Der Unterschied von tarpok und sarpok ist also der, daß man bei sar-
pok (ebenso -itorpok) nach dem zu Holenden, zu Bringenden erst ausgeht, dagegen bei
tarpok es schon bei sich hat. Umiakimut kingmetarungnanginapta denn wegen Kleinheit
des Bootes konnten wir nicht (die) Hunde mit uns bringen (als wir jetzt zurückkehrten).</small>

138. **tarpok** II s. s. und c. s. V. nicht mehr völlig beweglich: öfters*). Wohl
manchmal auch in der Form arpok. Vgl. -goarpok.

<small>*) ingmikôrtartat werden in Labr. die einzelnen Abteilungen, Chöre der Gemeine genannt, weil die-
selben in früheren Zeiten Mittwochs hintereinander für sich Versammlungen (Liturgien) hielten, „öfters
(tarpok) für sich gingen (ingmikkôrpok)".</small>

2. Alphab. Verzeichnis. 287

utterpok kehrt zurück: uttortarpok kehrt öfters zurück, geht hin und her, z. B. beim Suchen einer Spur.
avilorpok klopft an, avilortarpok öfters.
serkorpok; serkortarpok knallt (öfters) z. B. mit der Peitsche.
kiggerpok; kiggertarpok hüpft (nicht nur einmal).
annarpok; annararpok hat häufig kommenden Durchfall (itiktarpok). Z. B. Ap. 28, 8.

Anm. Bei manchen Worten: tarpâ *c. s.* mit taivok *s. s.* S. bes. -arpâ und die dortigen Beispiele. Desgl. tiglukpâ schlägt ihn mit der Faust, einmal, (tigluktarpâ Wbch. selten, mehr:) tigluatarpâ *c. s.* —taivok *s. s.* mehreremal.

60. **tauvok,** -jauvok Passiv, s. -uvok und § 229.

†**terpâ** *c. s.* **terivok** *s. s.* **terpok** *refl. ob. pass.* Nicht grade häufig. Nach dem Grlb. scheint die Grundbedeutung: „allmählich, nach und nach". „Es scheint zuweilen (— in Labr. wohl vor- „herrschend —) zugleich die Bedeutung von tipâ zu enthalten; möglich, „daß es eine Umbildung davon ist; vgl. -juerpok neben -juipok." S. im Wbch.: pimariuterpok (refl. macht sich): perorterput, perortorsârput Mk. 4, 5. siamarterpait (tipait) z. B. Ap. 11, 19; siamarterput zerstreuen sich (nach und nach); siamarterivok (jmdn.) wie siamartitsivok. Ferner apterpâ, apterivok, igupterpâ, allarterpâ, tossiterpâ, issakterpâ, augmarterpâ.

57. **tigėkput,** -jigėkput einander, s. -gėkput.

56. **tigivâ,** -jigivâ s. bei -givâ 1 (und Anm. = utigivâ).

154. **tigivok** *s. s.* ist so — wie. Bei Vergleichungen, und zwar nur in Verbindung mit kanok wie, imak, taimak so und der Apposition tut wie.

takkivok; kanok takkitigivâ wie lang ist es?
imak (taimak) takkitigivok es ist so lang.
ôtunak silliktigijomik sennalaurit arbeite (mache) ein so breites wie dieses!
pensetut pingasutut akketotigivok (akkekitigivok) es ist drei Pence teuer (billig). Vgl. bei tôrpok.

Anm. Man beachte, daß in abhängigen Sätzen neben kanok öfters tigivok gesetzt werden kann, oder auch nicht, mit einem kleinen Gedankenunterschied. Z. B. unipkârpok kanok entw. angitigijomik ob. angijomik pitsiarviongmangâpse (ob. viogapse). Im ersten Fall: er erzählt, in wie großer Weise euch wohlgethan ist. Im zweiten Fall: er erzählt wie euch (und zwar) in großem Maße wohlgethan ist.

164. **tipâ** *c. s.* **titsivok** *s. s.* B. beweglich: er läßt ihn, es (*s. s.* jmbn. § 483. mik); er macht, veranlaßt, daß er. Aktives Lassen*). Nur in seltneren Fällen auch ein mehr passives Lassen, Zulassen.

---

*) Dieses schließt dann eine gewisse mittelbare Selbstthätigkeit nicht aus, sondern oft mit ein. Die unmittelbare Selbstthätigkeit drückt sarpâ aus, welches zu vergleichen.

típok *refl.* er läßt sich, macht sich.

NB. Das Ausführlichere, auch über die Inf.form **tillugo** = **während, indem er**, so wie den Gebrauch von típâ erschöpfende Beispiele s. Anhang § 502 ff. Ueber das Verhältnis von tillugo und dem einfachen Inf. lune s. 503.

kivgauvok ist Knecht; kivgautípâ macht ihn Knecht sein, d. h. zum Knecht.

annivok geht hinaus; annitípâ macht, bewirkt, daß er hinausgeht, sei's durch andre, sei's durch Drohungen, sei's selbst anfassend.

(annípâ schafft ihn [nur mit selbsteigner Hand] hinaus; schafft es aus seinem Innern, d. h. sagt es heraus.)

annititsivok macht hinausgehn (jmdn. mik).

uivêrivâ betrügt, verführt ihn; uivêrijautípâ macht, veranlaßt, daß er betrogen wird, läßt ihn betrogen werden.

ningartillugo aularpok während er (A) zürnte (eig. ihn zürnen lassend), ging er (B) fort. Zwei verschiedene Subjekte.

ningardlune (seltner ningartillune) aularpok zürnend (ob. sich zürnen lassend) ging er fort. Dasselbe Subjekt.

asserorpok es verdirbt; asserortípâ läßt es verderben ob. verderbt werden, sei es durch jemand anders ob. durch eigne Nachläßigkeit; (asserorpâ er richtet es zu Grunde).

53. **tôk** (tûb, tûk, tût) N. der das in großem Maße, in großer Zahl hat; (ein Land, Ort) wo es viel davon gibt. Hauptsächlich nur bei feststehenden Ortsnamen.

arvok; arvortôk wo es viel Walfische gibt (der alte Name des Hoffenthaler Landes).

aivek; aivektôk wo es viel Walroße gibt.

inuksuk; inuksuktût (Inseln) wo es viel Steinwarten gibt.

(So auch nullatartôk (Mama), parngnortôk, mannektôk (bei Rain); amâktôk Kohlrübe s. § 579; kôroktôk ein Rifle, gezogenes Gewehr.

38. **-tokak** (ab und aub, âk, at und ait) N. beweglich: alt.

inuk; inutokak der alte Mensch.
iglo; iglotokak das alte Haus.
pe Ding; pitokak ein altes.
pôk pitokak ein alter Sack.
kamit pitokait ob. kamitokait alte Stiefeln (noch gute, ganze. Alte zerrißene: kamivinit).

†**tômavok** aus torpok und -mavok: er ißt; bei einigen Verben mit „lang" zu übersetzen; s. darüber bei torpok a) 1 und Anm.

56. **torivâ**, -jorivâ s. -givâ 2 und nasugivâ.

§ 484. 79. **torpok** *s. s.* und *c. s.* N. und V. „Die Grundbedeutung scheint: **wendet es wiederholt an."**

2. Alphab. Verzeichnis. 289

a) **An Nennwörter**; meist nur *s. s.*

1) **genießt, ißt, trinkt das;** bei Eßbarem. Hier auch oft die Form mit -umavok d. h. **tômavok** f. -mavok b.
puijevinertorpoĸ (ob. tômavoĸ) ißt Seehundsfleisch.
puijevinertorominaĸ könnte man doch S. essen! § 462.
paungaĸtorpoĸ (tômavoĸ) ißt Beeren.
vainitorpoĸ trinkt Wein. 1 Tim. 5, 23.
tobâgetorpoĸ (= tobâgeniarpoĸ) er raucht ob. kaut Tabak.
naĸĸatannait mikkigaĸtorpakka ich esse die Rüben un=
gekocht, roh (mikkigaĸ).
inuĸtômajoĸ Menschenfresser (inuĸtorpoĸ). Vgl. aber Anm. 2.

2) **er fährt;** bei schwimmenden Fahrzeugen.
ĸajaĸtorpoĸ, umiaĸtorpoĸ fährt Kajak, Boot.
ĸajaĸtorpoĸ aber auch: er z. B. ein Hund frißt den Kajak,
d. h. das Leder.

3) **zieht an,** *c. s.* zieht ihm an; bei Kleidungsstücken. Vgl. das bei poĸ („hat angezogen") Gesagte. Entspricht b) 2*).
ĸarliĸtorpoĸ, kamiĸtorpoĸ zieht die Hosen, Stiefeln an.
Mehr Beisp. s. deutsches Wbch. unter: anziehn.

b) **An Verben torpâ** *c. s.* und *s. s.* meist aber *s. s.* **tuivok:** öfters auch **sorpâ, snivok.** Nicht völlig frei anzuwenden. Hier „drückt es die Handlung als eine wiederholte, oder als eine solche aus, „die man sich aus mehreren einzelnen Verrichtungen zusammen= „gesetzt vorstellt." Und solche Formen sind oft viel gebräuchlicher, als die Stammform.

Daraus hervorgehend drückt 2) die Form mit torpâ öfters die noch fortgehende Handlung aus, das Präsens, im Gegensatz zur einfachen Form ohne torpâ, die die abgeschlossene Handlung bezeichnet, das Perfekt; (torpara: „sulliarigupko"; aber das einfache Verb ohne torpâ: „pijarêrupko" = torêrpara). Der Gebrauch scheint aber unter den Leuten bei den einzelnen Worten in der Beziehung ver= schieden. Vgl. § 439 Fußn.

1) aitorpâ teilt ihm mit (einmal); aitortorpâ (mehrmals ob.
mehreren).
aperivâ fragt ihn; apersorpâ (mehreres).
allikpâ zerreißt es (einmal); alliktorpâ (mehreremal ob.
wohl auch in ausgedehnterer Weise).

innappâ fordert ihn auf, nötigt ihn, innaksorpâ stärker, öfter; akkerartorpoĸ wider= steht; ajoĸorpâ, —torpâ belehrt ihn; njakpâ stößt ihn von sich, ajaĸtorpâ stärker (auch möglich bei nur einmaligem Zurückstoßen, vgl. Wbch.); kattipait setzt, fügt sie zusammen, kattersorpait sammelt mehreres; tikonrpâ weist (kurz) mit dem Finger auf ihn, tikonr= torpâ lange (Wbch. dagegen: wiederholt?)

2) âĸiksorpâ setzt es in stand; âĸikpâ (= âĸiksorêrpâ)
hat's in Ordnung gebracht, ist fertig.
illulertorpâ füllt es, ein Gefäß, ladet sie, die Flinte; illu=
lerpâ (= torêrpâ) hat es gefüllt, hat sie geladen.

---
*) Diese ganze Nr. 3) wohl besser unten hin zu b) 2) zu setzen, und die betreffenden Formen nicht vom Nennwort (ĸarliĸ ɪc.), sondern vom Verb (ĸarliĸpoĸ ɪc.) abzuleiten.

19

atsungerpâ hat es befestigt, atsungersorpâ beseitigt es; und anders als im Wbch. angegeben und wohl auch von manchen gebraucht wird: kikiakpâ hat es angenagelt, kikiaktorpâ nagelt es, ist drüber her; ergorpâ hat es geschweift, gewaschen, ergortorpâ wäscht es, sibvupâ hat es ausgedrückt, ausgewunden, sibvutorpâ windet es aus. S. auch die Beisp. in der Fußnote zu -terpâ § 439.

Anm. 1. torpâ in ganz andrer Bedeutung: „wenig, kurz" findet sich in udlapâ er läuft ihm nach, ihn zu fangen, udlatorpâ (wenig, kurz); pagrearpâ geht ihm entgegen, pagreartorpâ (wenig, ein kurzes Stück).

Anm. 2. a) tômavok (Zusammensetzung mit -umavok s. -mavok) kommt in der ersten Bedeutung **essen** in gleichem Sinn wie das einfache torpok vor. Der Unterschied, wie ihn das Wbch. bei inuktômavok angibt, letzteres nämlich von einem öfteren Essen, einer Gewohnheit gebraucht, scheint nicht vorhanden, da auch von einem ganz einzelnen Fall gesagt wird: uvlome inuktômalaukpok, paungaktômalaukpok er hat heut Menschen, Beeren gegessen. Bei den zwei andern Bedeutungen von torpok kommt tômavok daneben nicht vor. Also z. B. kajaktômavok (wie auch kajaktorpok) heißt: er, ein Hund ꝛc., frißt den Kajak. (Ein Hund, der solche Gewohnheit hat, wird kajaktômaniut od. kajarniut genannt, vgl. niarpok. Vgl. zur Erklärung des niut die Fußn. bei siut.)

b) tômavok in der Bedeutung **lange**, wohl aus den an Verba tretenden torpok, kommt bei einigen Wetterausdrücken vor, nämlich: sillakitômavok, sillarnerluktômavok es ist lange schönes, schlechtes Wetter, sillaluktômavok es regnet lang, perktotômavok es stöbert lang. Die Form bloß mit torpok hier nicht gebräuchlich.

§ 485. 170. **tôrpok** s. s. ist wie; im besonderen auch: **kostet, ist wert**. Verlängerung von tut wie. Vgl. die verwandten Formen unter -rpok Nr. 170 in § 383.

    ikpeksatôrpok = ikpeksatun ipok ist wie gestern.

    pensetôrpok pingasutut es ist wie drei Pence, ist drei
        Pence teuer.

    shillingetôrtut Dinge, die einen Schilling kosten.

    kapsitôrkât wie teuer sind sie?

    Englisitôrpok er ist wie ein Engländer (kann sich sowohl
        auf Gewohnheit, Aussehn als auch Sprache beziehn).

75. **tôvok** hat es groß, s. tuvok.

†**tôvok** 1) Nom. Part. mit -uvok, wie auch -jôvok. Z. B. ikkitôvut sie sind wenige = ikkiput.

    2) = **tuangovok** aus tuak und -uvok: ist der einzige.

119. **-tsainarpok** s. s. und c. s. V. beweglich: **immer**; ganz = ínarpok.

    ningarpok; ningatsainarpok er zürnt immer.

    attorpâ; attutsainarpâ (= attuínarpâ) er braucht es immer.

    keavok; koatsainarpok (= keangínarpok) er weint
        immer.

§ 486. 111. **-tsâlúngilak** s. s. und c. s. V. beweglich: etwa: **leider nicht, betrübender, verdrießlicherweise nicht**. Wohl zusammengesetzt aus dem ungebr. -tsarpok, -âlukpok und -ngilak.

    puijokarpok; puijokatsâlungilak es gibt keine Seehunde,
        das ist verdrießlich!

    kuviasukpok; kuviasutsâlungilak er ist leider, ist betrübenderweise nicht vergnügt.

    Gûde nagligitsâlungilâ er liebt leider Gott nicht, das ist
        traurig!

111. **-tsănŭgilak** (-tsængilak) *s. v.* unb *v. s.* B. beweglich: **nicht**; ganz
= bem einf. -ungilak unb -lúngilak, mit bem sonst ungebr. -tsarpok
zusammengesetzt. Eine Verstärkung der Verneinung („burchaus nicht")
liegt nicht barin, wie wohl manchmal angenommen worden. Man
beachte die Doppelformen im Inf., wovon auch § 265 Fußn. Vgl.
unten -tsǎngilak Anm.
: sapperpok; sappitsangilak er ist nicht unvermögend.
: kěmakpá; kěmatsangilá er verläßt ihn nicht.
: okarpok; okatsärane unb tsænnane er nicht sagenb.
: : okatsärnak „ tsænnak bu nicht sagenb.
: : okatsärata „ tsænnata wir nicht sagenb.
: nagligitsärnago unb tsænnago ihn nicht liebenb.

†**-tsănŭgilak** *s. s.* unb *v. s.* B. beweglich: **nicht so stark, weniger.** Haupt=
sächlich nur in bem imperativisch gebrauchten Inf.
-tsărune 2c. vorkommenb.
: epúpok; eputsárnak (= „kětannersak epugit") rubere
nicht so stark, rubere weniger (aber höre nicht ganz auf)
z. B. wenn einer auf einer Seite zu stark rubert.
(Dagegen eputsungnaisálaurit halt mal schnell etwas mit
Rubern — ganz — inne!)
: okarpok; okatsärane er möge nicht so viel, weniger reben!
(Dagegen okatsärane = tsænnane = lugane er nicht
rebenb.)
: tuavípok; tuavitsárnak sei nicht so schnell, sei etwas
langsamer!

Von něnerpá: něnitsárnago brücke es nicht so stark, laß etwas nach (doch brücke
noch) immer)! nerritsäraso, imitsärase ešt, trinkt nicht so stark! uksorotsárnak streng
bich nicht so arg an, laß etwas nach! mǎnětsärnak ob. ovaněťsärnak sei weniger hier,
b. h. gehe ein klein wenig grabe von hier weg! kaggorpok: kaggutsárata laßt uns
weniger stark schreien!

Anm. Die Länge des á unterscheibet es allein von -tsǎngilak (-tsărane, -tsärane
u. s. w.) Weiter ist zu beachten, daß dieser Anhang nichts mit sárpok „schnell ein wenig"
zu thun hat, wie wohl manchmal fälschlich angenommen worden ist; vergl. nur das ganz
verschiebene ts unb s z. B. in ovaněťsärnak unb ovaněsálaurit.
Ohne Negation wird -tsárpok nicht gebraucht. Mit der Negation können ja auch
andre Formen als der Inf. je nachbem Zusammenhang verständlich gebilbet werden. Z. B.
eputsártuksanngilgut = kětannersak eputuksauvogut; nangianartok kängersima-
laurapko eputsálaungilanga (ob. eputsárnanga pituinalaukpunga) als ich bei der ge=
fährlichen Stelle vorbei war, ruberte ich schwächer.

104. **-tsarěrpok** wie -jarěrpok s. -gěrpok.

9. **-tsariak, -tsariakarpok** wie -jariak s. -giak.

99. **-tsarungnaerpok** = bem einf. ungnaerpok.

19. **-tsiak** (ab, ŭk, at) M. beweglich: **schön, hübsch, nicht gering.** Nach § 487.
t Hilfsvokal.
: aggiarut; aggiarutitsiak eine schöne Geige.
: nuna; nunatsiangovok es ist ein schönes Land.
: kěnak; kěnatsiakarpok hat ein schönes Gesicht.
: tǎmnatsiak ber (ist) schön! tápkuatsiat bie (sinb) schön!

19*

77. **-tsiarikpok** *s. s.* N. beweglich: er hat das schön. Aus dem Vorigen und -gikpok.
  kénak; kênatsiarikpok er hat ein schönes Gesicht.
  kŏnnatsiarikpok hat eine schöne, scharfe Schneide
  (die erste Silbe geschärft, drum Doppel n).
  tippe; tippitsiarikpok hat guten Geruch, riecht schön.
  illusok; illusitsiarikpok hat schöne Gewohnheiten.
  kajak; kajatsiarikpok hat einen schönen, guten Kajak.
  ije; ijitsiarikpok hat gute Augen, sieht gut.
  ijigikpok (igigikpok hat große Augen).

161. **-tsiarivâ** *c. s.* **-tsévok** *s. s.* Kl. 1 und 2 (und wohl auch öfters Kl. 4*)): **siarivâ, sévok** B. beweglich: **wartet, bis er** (ein andrer): *s. s.* **bis jemand.** Der Inf. oft durch bis zu geben. Ausführlicheres und Beispiele s. auch im Anhang § 502 ff. Hier sei außerdem bemerkt, daß oft das Warten eine „Wartebeschäftigung" ausdrückt, wobei dann meist bei der kurzen Uebersetzung im Deutschen das „Warten" gar nicht erscheint.

  tikípok; tikitsiarivagit ich warte, bis du kommst.
  annivok; illingnik annitsévunga ich warte, bis du hinausgehst.
  ovanêniarpose tikitsiarivlunga ihr werdet hier sein, bis ich komme (mein Kommen erwartend) Vgl. Gal. 3, 19. 23; 4, 2.
  tokovok; tokkotsiarivavut wir warten, bis er tot ist.
  saimavok; taipsominga saimasévunga ich warte, bis sich jener besänftigt.
  aukpok; auksiarivâ (auksévok ôminga) wartet, bis es auftaut, schmilzt, d. h. schmilzt es, taut es auf, z. B. einen gefrornen Seehund im Hause.
  ônarsivok wird warm; ônarsisévunga ich wärme etwas (mik), eig. habe das Warmwerden zur Wartebeschäftigung. Ebenso:
  pannerpok; pannersévok, pannorsiarivâ er trocknet etwas (*c. s.* es).
  perorpok; perorsévok gärtnert, hat das Wachsen zur Wartebeschäftigung.

Anm. **-tserpok**, **serpok** *refl.* **wartet, bis er** (der Wartende selbst) = tsiarivok *refl.*, wohl bes. bei der Passivform, von einem jetzt in Labr. nicht mehr gebr. tserpâ = tsiarivâ. Z. B. perkojauserpok (tserpok) er wartet, bis ihm befohlen wird; okautjauserit warte, bis dir gesagt wird; merngoerpok ist ausgeruht, merngoerserpok wartet, bis er ausgeruht ist, d. h. ruht sich aus.
  -tsévâ, sévâ *c. s.* kommt bei einigen Wörtern vor in der Bedeutung: hat es zur Wartebeschäftigung, **wartet für ihn.** Z. B. pannersêvara annorânginik ich trockne ihm, für ihn seine Kleider; ônarsisêvara nerkiksânginik ich wärme ihm seine Speise.

---

*) Z. B. ônarsitsévunga mehr: ônarsisévunga. Oder wäre es bei dieser Kl. 4 nur als eine abgeschliffne Aussprache des ts aufzufassen, also als ein Doppel s mit vorheriger geschärfter Silbe, ähnlich wie luatsiak, luassiak? Z. B. ônarsissévunga? perkojausserpok (Anm.)?

2. Alphab. Verzeichnis.

128. **-tsiarpok** *s. s.* und *c. s.* B. beweglich: **schön, hübsch.**
aglakpok; aglatsiarpok er schreibt schön, hübsch.
majorarpok; majoratsiarpogat wir stiegen hübsch hinauf;
auch: wir fuhren hübsch stromaufwärts ob. gegen die
Flut.
kamagivâ; kamagitsiarpâ er beachtet ihn, es hübsch.
kanoengilak es fehlt ihm nichts; kanoengitsiarkét befindest
du dich wohl ꝛc.?
itjekatsiangilak es hat nicht hübsch, nicht ordentlich Kälte
(man wünscht mehr, könnte mehr brauchen). v
itjekangitotsiak schön, daß es nicht Kälte hat! (eig.: schön
nicht Kälte habendes (ist's).

36. **-tuak** (ab, âk. at) N. und andre; beweglich: **der einzige** (der Art); § 488.
meist mit Suffix ob. -uvok ob. -rivâ. Mit -uvok dann sowohl: -tôvok
als -tuangovok.

pe; pituak der Einzige; pitôvok ob. pituangovok er ist
der Einzige.
ikajortok (und te) der Helfende; ikajortotuak (ob. tetuak)
(NB. nicht tôtuak) der einzige Helfer.
ikajortotôvok er ist der einzige Helfer.
ernek; ernituanga sein einziger Sohn.
amiako; amiakotôvok ist das einzige Ueberbleibsel, ist
allein übrig.
malligaksatuarivâ er hat es zur einzigen Befolgungssache
d. h. soll ihm allein folgen.
pituarigapkit weil ich dich zum Einzigen habe (z. B. kein
andrer das thun kann ꝛc.)
tämnatuak, tâpkuatuat dieser allein, diese (*Plur.*) allein.
tâpkunungatuak (= tâpkununga kissênut ob. kissiane)
nur zu diesen, nur durch diese.
kêtatuak 1) nur wenig (= kêtatuinarmik) 2) nur bloß,
einzig und allein (deswegen) = kissianetuak.

Anm. -tuarivâ unbesehens an ein (*c. s.*) Verb zu setzen, wie der Anfänger häufig thut, hüte man sich. Z. B. für: ich liebe ihn einzig und allein — sage man nicht: nagligituarivara, sondern **nur an ein Nennwort**, nämlich das pass. Part. (auf tak, -jak) setzend: nagligijatuarivara — ich habe ihn zu dem einzig Geliebten.

121. **-tuarpok** (von -tuak) *s. s.* und *c. s.* B. **einzig, nur,** ohne von
etwas anderem in Anspruch genommen zu werden: dem -tuinarpok
ähnlich, aber wohl nicht so häufig gebraucht. Es scheint manchmal
eine Gedankenfärbung damit verbunden zu sein (?), die uns schwer
auszudrücken fällt.

utakkituarpunga (para) = utakkituinarpunga (para)
ich warte nur (einzig) *c. s.* auf ihn.
takunâtuarpunga ich sehe nur zu („nokkangatuinarlunga",
bloß so, ohne was vorzuhaben).
Gûdemut issumakatuarpunga (= tuinarpunga) ich habe
nur Gedanken auf, an Gott.

II. Anhänge.

Auch die Verbindung mit ípok „ist":
itunarpok ist einzig, ist beständig für: bleibt (mit dem *Localis*) ist nicht mehr gebräuchlich, aber dem Esk. gut verständlich und deshalb in unsern Schriften noch völlig berechtigt, z. B. Mt. 12, 45.
  iglome, iglomėpok; iglométuarniarpunga ich werde im Hause bleiben.

Dagegen ist der häufigste Gebrauch der mit Konj. und Subjunktiv: **-tuarmat, -tuarpat** sobald als, sofort wenn.
  sivannituarmat kailaukpok sobald es läutete, kam er.
  sivannituarpat kainiarpotit sobald es läutet, wirst du kommen.
  naipituarupko okautiniarpara sobald ich ihn treffe, werde ich ihm sagen.

18. **-tuinak** nur, ein bloßer f. das gleichbedeutende -inak.

§ 489. 120. **-tuinarpok** s. s. und e. s. V. beweglich: nur, sowohl unser unbetontes als betontes nur. In letzterem Fall dann ganz in den Begriff des immer übergehend, welche Bedeutung bei -inarpok und -tsainarpok die einzige ist.
  kaivok; kaituinaritso kommt nur!
  asserorpâ; asserutuinarpâ er verdirbt es nur.
  tukkisivok; tukkisituinaromavunga ich will nur verstehen, erfahren.
  kungavok; kungatuinarpok er lächelt nur d. h. 1) thut nichts anders, z. B. sagt nichts, sondern lächelt bloß; oder 2) lächelt beständig = kungatsainarpok.

  Anm. Ueber verschieden mögliche gleichbedeutende Ausdrücke durch **-tuinauvok** (von -tuinak) und **-tuinarpok** f. o. § 349.

†**tuipok** f. bei -juipok Anm. 2.

60. **tuksauvok, -juksauvok** er soll, muß, f. -uvok und § 294.

66. **tulivok** f. -livok.

75. **tuvok (tovok,** aber nicht tôvok) s. s. N. und V. beweglich: **er hat das groß** ob. aber auch: **viel.** Ganz ähnlich -rkortovok, -gikpok, -tjarikpok f. Anm. 2. Das Gegenteil ist -kípok, weshalb diese Wörter mit ihren Beisp. zu vgl. (Manchmal scheint's -tuvok d. h. mit Ausstoßung des vorhergehenden Konsonanten.) tusivok f. Anm. 1. Der Anhang tôk § 483 hängt mit diesem zusammen.

a) An Nennwörter: (Aus Verben durch Anhängung von nok: nertovok zu bilden, wie bei -kípok, ist in Labr. nicht üblich.)
  akke; akkituvok hat große Bezahlung, ist teuer.
  (po ungebräuchlich); poktovok hat große Erhebung, ist hoch.
  (kék ungebr.); kėrtovok hat viel graue Haare, ist grauhaarig.
  ije; ijetuvok hat große (nicht: viele) Augen.
  (norro ungebr.); nerrotuvok hat große Weite, ist weit, geräumig.

2. Alphab. Verzeichnis.

inuk: inutuvok es hat viele Menschen. (inutovok von -tuak es ist der einzige Mensch.)
nunatovok 1) er (der Mensch) oder es, sie (die Gegend) hat großes, geräumiges Land (= nunagikpok). Aber auch 2) er hat viele Länder (nunatovunga = nunadjarikpunga).
ikke; ikketuvok (= ikkitjarikpok) er hat viele Wunden. (hat eine große Wunde ikkerkortovok.)
auk; auktovok blutet stark; bes. auch wenn die Vielheit (mehrere Stellen) in Betracht kommt. (aurkortovok blutet stark, nur in Bezug auf die Stärke.)

b) Direkt an den Verbalstamm in der Bedeutung. **oft, immer, sehr.** Die Form tuípok s. -juípok Anm.

nerivok; nerituvok mehr aber nerehetuvok (nerrituvok mit Doppel r) ißt stark, viel (aufs Mal).
imerpok; imertuvok trinkt stark; Mt. 11, 19. Luk. 16, 15.
pijonavok; pijonatuvok will groß, immer; ist habsüchtig.

sennatovok arbeitet gut; saglotuvok pflegt zu lügen; puigortuvok ist vergeßlich, nangiartuvok fürchtet sich schnell, es scheint ihm schnell etwas gefährlich; kunnutuvok ist immer unwillig („illusilik taimak-, anders als im Wbch.); kenutuvok ist immer ungeduldig, pflegt so zu sein; tappatovok ist immer ungehorsam; sinnutovok schläft tief („ittijomik-, anders als im Wbch.)

Anm. 1. tusivok heißt dann: hat es nun groß, viel bekommen, bekommt es viel, wird nun sehr ıc. so (nachdem es vorher nicht so war). Z. B. kertusivok wird grau, inutusivok es hat nun viel Menschen, es werden, erscheinen nun viel; kenutusivok er wird (immer) ungeduldig, oder ist geworden (vorher war er nicht so). Vgl. sivok b.

Anm. 2. tuvok verglichen mit ähnlichen Ausdrücken.
-rkortovok geht nur hauptsächlich auf die Größe; er hat das groß; -jarikpok nur auf die Menge; er hat das viel; tuvok steht zwischen beiden u. bezeichnet entw. (Größe: er hat das groß (dann =rkortovok, z. B. ijetovok = ijerkortovok); oder aber die Menge: er hat es viel (dann = jarikpok, z. B. puijetuvok = puijejarikpok); oder aber in einzelnen Fällen kann es beides sowohl Größe als Menge ausdrücken, z. B. nunatovok, auktovok (s. o.). Endlich -gikpok entw. Größe od. seltner Schönheit: er hat das groß, seltner: schön. Im ersteren Fall dann = -rkortovok, tuvok z. B. ijigikpok = ijerkortovok = ijetuvok.

†=udjarpâ macht ihm das los, s. Anm. 2 bei -erpâ. § 490.

48. **-ujak** (ak, âk, at) N. beweglich: dem und dem ähnlich. Kommt meist nur in feststehenden Benennungen vor. Nach t ist der Hilfsvokal a. Vgl. -ujârpok.

niakok; niakôjak Kopfähnliches, Brot.
karkok (kakkok) getrocknetes Eingeweide (Leber, Lungen, Nieren);
kakkôjak dem Aehnliches (an Härte), Schiffszwieback.
tessek; tessiujak eine fast ganz geschlossene und somit teichähnliche Bucht der See.

orngaut ausgelaufnes schwarzes Oel bei Lampen ıc., erngautaujak Syrup; kallut, kallutak Schöpfgefäß, Schöpper, kallutaujak die schaufelförmige Zacke am Renntiergeweih; s. auch 1 Sam. 2, 14; kikkertaujak Halbinsel; nujaujak Haarähnliches: fein geschnittener

II. Anhänge.

Tabak; siornujuk Salz, Sandähnliches. Die Erklärung von sátujâk im Wbch. S. 207 aus einer Zusammensetzung von sátok und -ujak ist unrichtig, denn dann müßte das Wort sátújak lauten; es lautet aber: sátnjâk.

†-ujârpok *s. x.* (sich berührend mit dem folg. -ujârpok, aber unterschieden davon). N. beweglich: **sucht das und das vorzustellen** — durch Benehmen, auch durch Kleidung, Verkleidung —, **spielt das und das** (also stets mit bewußter Absicht). Nach t Hilfsvokal u.

  sûtjak (aus soldier); sûtjaujârpok spielt einen Soldaten, stellt ihn dar, z. B. auch auf einem Maskenball.
  arnak; arnaujârpok spielt eine Frau, verkleidet sich etwa so ꝛc.
  kanimajok; kanimajôjârpok spielt einen Kranken.

86. **-ujârpok** *s. x.* N. beweglich: **ist scheinbar, dem Anschein nach ein —; sieht so aus, ist ähnlich wie.** Besonders viel an dem Nom. part. auf tok, -jok. Nach t Hilfsvokal a. Vgl. das vorstehende -ujârpok.

  ujarak; ujaraujârpok sieht wie ein Stein aus, scheint ein Stein zu sein.
  akigek; akigiojârpok sieht wie ein Schneehuhn aus, ist dem ähnlich.
  ánanâk; ânanaujârpok ist dem Anschein nach, scheinbar schön.
  oput; oputaujârpok scheint ein Ruder zu sein, sieht so aus.
  idluartok von idluarpok; idluartôjârpok ist scheinbar gut, hat den Anschein eines Gerechten.
  kanimajok von kanimavok; kanimajôjârpok ist dem Anschein nach krank, sieht aus wie ein Kranker, z. B. auch bei einem sich Verstellenden, aber nicht bloß bei einem solchen.

 idluitullijutaujârnerit böser Schein 1 Theff. 5, 22. kuglugiangojârtok was aussieht wie eine Schlange. In unsern Drucken z. B. Joh. 3, 14 dafür doch noch besser kuglugiangoak (von -ngoak Abbild) zu setzen.

 Anm. -ujârpok a) **Form.** Vergleicht man den Anhang -gijârpâ, so könnte man diesen Anhang auch als järpok *n. s.* und *c. s.* aufstellen, nur mit der Einschränkung, daß er einzig und allein an -uvok und -givá gebunden vorkommt. Man hüte sich durchaus, etwa jârpok an sonst einen Verbalstamm zu hängen und z. B. kanimajârpok zu sagen, wie kanimarkôrpok; es ist nur die Bildung kanimajôjârpok möglich.

 b) **Die Bedeutung** berührt sich mit der von -rkôrpok. Dieses drückt aber wohl mehr den Eindruck des betrachtenden Subjekts aus; also (mit versch. Graden der Gewißheit und Ungewißheit): es scheint = ich glaube, man (ich) möchte glauben, man könnte glauben; — während -ujârpok den objektiven Thatbestand, das so und so Aussehen, ausdrückt.

 So kann man auch in Fällen, wo man bestimmt weiß, daß etwas **nicht** so ist, -rkôrpok brauchen. Z. B. wenn man von jemandem, der sich krank stellt, bestimmt weiß, daß er nicht krank ist, kann man nie kanimajôjârpok oder kanimarkôrpok sagen; ebenso neben kejôjârpok auch kojôrkôrpok, wenn man von dem, das man sieht, auch ganz bestimmt weiß, daß es nicht Holz, sondern z. B. ein auftauchender Seehund ist.

§ 491. *****-uliva** *c. s.* **er macht es so vielfach, od. teilt es in so viele Teile;** bei Zahlwörtern. Z. B. pingasóliva. Davon auch *s. s.* ist geteilt, so und **so** vielfach gemacht. S. ausführlicher schon § 112 Anm.

-umuvok f. -mavok b.

148. **-umívok** Kl. 4 -jumívok s. s. und c. s. B. **ein wenig mehr** (besser oder schlechter, stärker ob. schwächer), **als es vorher war.** Hauptsächlich bei Wetter, Krankheit, doch nicht allein.

-umijârpok dasselbe, nur wenn es öfters so eintritt, also: **öfters, wiederholentlich ein wenig mehr.**

Sehr oft wohl mit -lerpok in der Form -liumívok. bes. bei Kl. 4. Vgl. auch ungmersómivok. (Vgl. § 492 Anm. 1.)

pivok; piliumívok (ein Kranker) ist wieder etwas schlechter; desgl. der Wind ist wieder etwas stärker.

ânnialiumijârpok ob. ânniajumijârpok er hat wiederholentlich etwas mehr Schmerzen, nachdem es dazwischen erträglicher ist.

kassukpok*) der Wind hat (ganz) nachgelassen, es hat keinen Wind mehr; (desgl. es, ein Tau, eine Saite, ist nicht mehr straff;) kassúmivok (= suumivok) es ist etwas stiller als vorher (aber noch immer Wind); es, ein Tau ꝛc. ist schlaffer als vorher.

âkikpâ; âkiumivâtigut er macht uns wieder etwas besser (nachdem wir uns vorher schlechter befunden).

(—järpâtigut wiederholentlich).

ânniajumijângínartok ganz wie oben, nur mit -ínarpok immer. Von einem Springbrunnen gesagt: piliumijâtuinartok er thut (steigt) fortwährend wieder etwas (in die Höhe, nachdem er immer wieder gefallen); sillaluliumívok regnet etwas mehr. Ferner s. im Wbch.: okpiliumivok, ungaliomigivok, nekoksiumivok und c. s., tussujomigivok, tussinliomigivok.

Anm. Leider ist -umijârpâ (dazu noch manchmal verdruckt: miujârpâ) im Wbch. mit der nicht zu haltenden Bedeutung: **im voraus** angegeben, und so auch in unsern Drucken gesetzt. Schon Br. Elsner hat auf diesen Irrtum hingewiesen. S. z. B. Wbch. okautiumijârpâ, issumagiumijârpâ. Oder sollte wirklich im Norden ein derartiger Gebrauch stattfinden??

170. **ûnârpok** s. s. (und c. s. s. Anm.) **er geht da durch.** Verlängerung des Bialis (ûna) der Deutewörter § 182. 185. Vgl. die verwandten Formen unter -rpok Nr. 170 in § 383.

maunârpok er geht hierdurch.

avûnârpok er geht da nördlich (durch).

tápsomúnârpok er geht durch, über diesen ob. dieses.

Anm. ûnârpâ c. s. wohl nur selten, z. B. beim Arbeiten, in der Bedeutung: **er behandelt, bearbeitet es da und da (durch), an der und der Stelle.** Z. B. ovûnârniarpara, igvit tagvûnârniarpat ich werde es hier (durch) bearbeiten, z. B. bohren, stemmen ꝛc. du dort. Nicht aber in der auch naheliegenden Bedeutung: **er schafft es da durch.** Dafür nur ûnârutivâ. Z. B. ovûnârutivâ er bringt, schafft es hier durch. Vgl. im Gegensatze dazu das gleich folg. ungarpâ das = ungautivâ ist.

---

*) Im Wbch. wird kassukpok gesondert von kassuvâ und bloß auf das Wetter bezogen. Und so mag es auch gebraucht werden. Andre stellen kassukpâ c. s. und s. s. ganz = kassuvâ c. s. und s. s., beide Worte einerlei sowohl auf Wetter als auf Taue ꝛc. beziehend.

II. Anhänge.

170. **ungarpok** s. s. und c. s. **er geht dorthin;** c. s. **er bringt, schafft ihn, es dorthin** (- ungautivâ). Verlängerung des Term. (unga) der Deutewörter. § 182. 185.
    tagvungarpoĸ er geht dahin, auch: kommt hieher.
    aungarpoĸ er geht nach Süden.
    ovungaruk (= ovungautiuk) schaffe, bringe es hieher z. B. ein Kind, das sich draußen herumtreibt.
    taipsomungarpoĸ er geht zu jenem.

§ 492. 99. **ungnarpok** s. s. und c. s. B. beweglich: **er kann** („sappingilak").
    Kl. 1 -rungnarpoĸ, Kl. 2 -gungnarpoĸ,
    Kl. 3 -tsungnarpoĸ (manche: -gungnarpoĸ), Kl. 4 -jungnarpoĸ.
ungnarsivok s. s. und c. s. ist könnend geworden (s. sivok b) d. h. **kann nun,** nachdem er vorher nicht konnte ob. verhindert war.
    okarpoĸ; okarungnangilak sulle er kann noch nicht reden, z. B. ein Säugling.
    pisukpoĸ; pisugungnarpoĸ er kann gehen.
    tikîpâ: tikitsungnarpâ (ob. gungnarpâ) kann zu ihm kommen.
    aulajivâ; aulajijungnarpara ich kann mich seiner ob. daran erinnern.
    tautukpoĸ; tautugungnarsitainalerpoĸ fängt nun an zum erstenmal sehen zu können.
    pivâ; pijungnarsivâ er kann es nun thun (nachdem er es vorher nicht konnte).

Zusammensetzungen mit -erpoĸ, -ngerpoĸ § 392 sind folg. zwei:

a) **ungnangerpok** s. s. und c. s. **er kann nicht mehr.** (= ungnarungnaerpoĸ = „sappilerpoĸ").
    okarungnangerpoĸ = okarungnarungnaerpoĸ (s. b) kann nicht mehr sprechen, z. B. ein Sterbender.
    pisugungnangerpoĸ kann nicht mehr gehen.
    puigorpâ; puigorungnangerpâ kann ihn, es nicht mehr vergessen.

b) **ungnaerpok** s. s. und c. s. **nicht mehr, hört auf zu;** auch ungnaipoĸ mit -ípoĸ § 414. Die Bedeutung „können" verschwindet hierbei ganz. In ganz gleichem Sinn mit -lukpoĸ (s. -lungilak) und dem sonst ungebräuchlichen -tsarpoĸ (s. 266 Fußn.):
-lugungnaerpoĸ und -tsarungnaerpoĸ.
    itterviksakarungnaerpoĸ es hat (gibt, ist) nicht mehr Eingangs=, Besuchszeit.
    taimaipoĸ; taimaitsungnaerpoĸ (auch gungnaerpoĸ) es ist nicht mehr so.
    illauvoĸ; illau-jungnaerpoĸ (ob. lugungnaerpoĸ ob. tsarungnaerpoĸ) er geht nicht mehr mit.
    inôvoĸ; inôjungnaerpoĸ hört auf zu leben d. h. stirbt.
    issumagivâ; issumagijungnaerpâ gedenkt seiner ob. dessen nicht mehr; im besonderen: vergibt es. ✗

✗ doch auch : vergibt ihm.

2. Alphab. Verzeichnis.

issumagijungnaorvigivâ hat ihn zur Stelle des Nichtmehr=
gebenkens b. h. vergibt ihm.

Anm. 1. ungnaersômivok mit der Bedeutung: **etwas weniger** oder: **hört ein
wenig auf** zu ist eine Zusammensetzung, worin am Schlusse -umivok § 491 enthalten ist.
Z. B. kanimajungnaersômivok ist weniger, etwas weniger krank (als vorher, aber immer
noch nicht ganz gesund).

Anm. 2. -ojungnaertok oder -olugungnaertok (ungnarpok an -uvok) adver=
bial: **nicht mehr** (seiend); an alle möglichen Wortklassen zu fügen. S. Anm. bei -uvok
und § 348. 350); taimaitomiolugungnaertok nicht mehr ein solches (taimaitomik) z. B.
will ich haben.

Anm. 3. ungnangilax wird in dieser neg. Form öfters gebraucht **mit völligem
Zurücktreten der** in ungnarpok liegenden **Bedeutung „können"**, genau wie dies bei
ungnaerpok auch der Fall ist. Oder man müßte sich die Sache so deuten: „er kann nicht,
weil er eben nicht will" (?). Von Vögeln z. B., die trotz des Schiffes nicht auffliegen:
tingijungnangilat sie können, d. h. wollen nicht auffliegen, fliegen nicht auf; von einer
Person die faul im Hause herumliegt, statt zu helfen: ikajorungnangitox sie kann d. h.
will nicht helfen, kurz: sie hilft nicht.

Anm. 4. Mit -lauxpok sowie den futurischen niarpok, -lârpok, omârpok
verbunden steht ungnaerpok (wie -ngilax) **gewöhnlich auch,** z. B. kâlaurungnaerpok
er hungerte nicht mehr, kângniarungnaerpok wird nicht mehr hungern. Doch kann es
auch allenfalls vorstehen: kûgungnailauxpok, kûgungnaerniarpok.

7. **-usek** und **usek**, auch **-sek** (utsib, usik, utsit) V. nicht völlig beweg= § 493.
lich; dient zur Bildung von Nennwörtern aus dem Verb, in
ähnlicher Weise wie uek Nr. 4.

Die Grundbedeutung ist wohl die bei Kljschm. angegebene: **Die Weise, auf welche er.**
Eine eingehendere Vergleichung der Bedeutung dieses -usek mit den auch ähnliche Nenn=
wörter bildenden -ut und nek (man denke z. B. an inôsek, inônek, inôgut, inôjut) sei
hier nicht erst versucht, da bei uns in Labr. wirklich mancher feinere Unterschied verloren
gegangen zu sein scheint, sowie der in Grld. außerdem noch vorkommende Anhang ssusek
hier ganz verschwunden ist*).

  okarpok, unipkârpok; okausek, unipkausek Wort,
   Erzählung.
  tamakkua okauserivait diese hat er zu Worten, d. h. dies
   sind, waren seine Worte.
  tuksiarpok; tuksiarusek Gebet, geistliches Lied, Choral.
   tuksiagalautsit *Plur.* (§ 395, 129) derartige kleine
   Lieder, Nichtchorale.
  ajokertorpâ; ajokertûsek Lehre.
  illivok (illingavok) thut so, benimmt sich so, ist so;
  illusinga seine Art zu thun ob. sich zu behaben, Beschaffen=
   heit, Gewohnheit, Wesen, Natur (ähnlich illinganek und
   illingasek).
  pigusek, piusek von pivok, dasselbe wie das Vorige.
  inôsek, inônek Leben; inôsera ob. inôera nâvlugo mein
   Lebenlang; mit eben dieser Bedeutung:
  inônime (auch inôsime).

---

*) Dies grld. ssusek, dem vielleicht das labr. -usek auch mit entspricht, bedeutet mit Suffix, ssusia:
„seine -heit, der Person ob. des Gegenstandes Thun ob. Sein als bloße Eigenschaft, ohne Rücksicht darauf,
„inwiefern diese Eigenschaft auf jmd. ob. etwas Einfluß hat ob. nicht." Vgl. im Gegensatz dazu das § 452
bei nek 2 zur Erklärung der Bedeutung Gesagte.

II. Anhänge.

кaumavoк ist hell, leuchtet; кaumaseк Licht, Helligkeit; кaumaneк das Leuchten, oder: eine leuchtende, helle Stelle (an einem Gegenstand, wo andre Teile dunkler).

кaumaut, кaumiat Leuchte Spr. 13, 9; kinauninga, kinausia sein Wersein, d. h. Wesen ꝛc.; angliguseк = naglingneк Joh. 17, 26: okperuseк = okperneк, ganz richtig, was im Wbch. verkannt wird. Die dort behauptete Bedeutung „Nebenglaube" müßte heißen: okperneruseк vom Nennwort okperneк. Ferner tussausera ob. tussausmausera okumaipoк mein Gehörtes, was ich gehört, ist schwer; sivörausera uttortara taimuilerpoк was ich gefürchtet, passierte mir, ob. trat ein.

55. **useк** (utsib und usiub, usik, utsit); nach к und nach einem Vokal -ruseк; nach t Hilfsvokal, also -teruseк; nach k -guseк (die Wörter auf ik daneben auch -aruseк): „ein — in beschränktem Sinn"; oft zu übersetzen: ein Neben—, ein An—, ein Unter—.

iglo; igloruseк ein Nebenhaus, z. B. eine Kammer neben der Stube, ein Vorbau, Anbau (Vorhöfe, Hallen Pf. 84, 3 und öfters).

aipaк; aiparuseк etwas kleineres Gleiches neben einem andern, z. B. Kammer, Anhang eines Buches ꝛc.

attaneк; attanoruseк Unterkönig, Statthalter („Land= pfleger").

attaniovik; attanioviguseк ob. —viaruseк ein kleineres Neben= ob. Unter=Reich.

nuvuk Landspitze ob. Spitze eines Berges; nuvuguseк eine Spitze in beschränkterem Sinn d. h. Spitze von Masten ꝛc., Turmspitze (Turm nuvugusersoak), ob. auch: kleinere Landspitze neben einer größeren.

Oesters in Namen: Nullatartôк, Nullatartôruseк; Pillik, Pilliaruseк; Umiakovik, Umiakoviaruseк. Von siut würde gebildet werden siuteruseк. In Grld. heißt der Unter= kaufmann niuvertoruseк.

usiaк s. Anm. bei siaк.

§ 494. 6. **-ut** oder **ut** oder **-jut** (auch manchmal bloß **-t** bei Kl. 4): Nebenform **gut**; B. beweglich: 1) Mittel dazu; 2) Sache, Gegenstand, wobei; „Veranlassung zu, welches letzte dann oft wird: 3) Ursache, 'weshalb." In der ersten Bedeutung: Mittel auch manchmal **-utaк**.

Bei der Verneinung neben ÷**ngijut** oft auch ÷**ngilut**, dem ÷ngilaк entsprechend.

Die versch. Formen (-ut, ut, -jut, -t) kommen oft nebeneinander vor, so aut neben arut (z. B. ovungaut und ovungarut), ût neben ujut ob. orut*) (z. B. kuviasût, nertût und kuviasujut, nortorut). Zusammenziehungen sind ferner niut aus niarut, siut aus siorut*). Die hier folg. Beispiele geben hauptsächlich die erste Bedeutung: Mittel. Die andern Bedeutungen siehe auch bei der gleich unten folg. Bildung -utigivâ, wo auch der Unterschied, den das Antreten von -ut an c. s. oder s. s. Stämme ergibt, gezeigt wird.

---

*) „Das an sich kurze ut wird natürlich lang, wenn es ein anderes u (o) in sich aufnimmt, was u. a. immer der Fall ist, wenn es an Verba auf orpoк mit vorhergehendem Konsonanten tritt; dagegen an iorpoк (liorpoк, siorpoк) ist es gewöhnlich kurz, z. B. siut.

2. Alphab. Verzeichnis. 301

ullimavok haut ꝛc.; ullimaut Mittel dazu, Beil.
aglakpok macht (auch stickt) Figuren, schreibt; aglaut Schreibmittel, bes. Feder.
pinasuarpok sucht zu erwerben; pinasuarutit Erwerbs-, Jagdgerätschaften aller Art.
pêrpâ macht es los; pêrut Schlüssel.
kukkerpok schießt; kukkiut Flinte.
akópok steuert; akót (aus akout) Steuerruder.
sillivok wetzt; sillit Wetzstein.
nâvok ist beendigt; naggatâ sein Ende, Schluß (wie von naggavok).
inôvok lebt; inôjut, inût mehr: Lebensursache; inôgut mehr: Mittel, wodurch man lebt, Speise und anderes*).
pivok er thut, es geschieht; 1) pijutâ, pitjutâ (= pitjutinga § 94 c) seine Ursache, d. h. die Ursache, aus welcher es geschieht ob. er so thut. 2) piut Mittel (z. B. Guthaben ꝛc.) wodurch man etwas thun (z. B. handeln) kann.
ovungarpok (ob. maungarpok) kommt hieher; tagva ovungautiga (ob. arutiga ob. ajutiga) 1) das ist mein Hieherkommensmittel (z. B. ein Schlitten, Boot); 2) das ist die Ursache, weshalb ich herkomme (z. B. der Tod meines Freundes).
nangmarpok trägt auf dem Rücken; nangmautak Tragband, Joch.
pitukpâ bindet es an; pitûtak (auch pitût) ein Strick, womit etwas fest, oder angebunden wird.
sunasiniarpok (seltner susiniarpok) er sucht etwas zu erhalten, zu kaufen (s. sivok);
sunasiniutâ? sein Was= (zu erhalten) =suchensmittel (ist das)? d. h. was will er dafür haben? womit will er bezahlt werden?
sunasiniutit? dein u. s. w. d. h. was willst du dafür haben? (= „sunamik pijomavét ômunga?")

kallipok buggiert, kallut Buggier=, Schlepptau ꝛc.; kallukok schöpft, kallut (kallute) Schöpfgerät, állarpâ hat es abgewischt, allarut Wischtuch; kaimitsivok schiebt etwas vor sich her, z. B. versenkt einen Nagel, kaimitsit z. B. Versenknagel; tilluktorpâ klopft ihn (Staub, Schnee ꝛc.) ab, tilluktût etwas zum Abklopfen; sonnavok arbeitet, sonnaut Werkzeug; nunivakpok pflückt Beeren, nunivaut Gefäß dazu; allupsârpok ißt Suppe, allupsaut Löffel.

Häufige Verbindungen sind mit -uvok und -givâ: § 495.
a) **=utauvok** (utauvok, -jutauvok, -tauvok) ist Mittel, Veranlassung, Ursache, kann deshalb häufig mit unserm Passiv übersetzt werden: wird ge— (= -utigijauvok).

---

*) Nâlekab anânamnik pitsartutitsiuinga kissiat inôjutigivara ob. inôtigivara — (Ursache, daß ich lebe, geboren bin). Tagegen nerkiksat tagva inôgutikka (Mittel zum Leben). Ebenso: tukslarnek tagva tarnima inôjutinga (Ursache, daß m. Seele zum Leben kam, kommt), dagegen inôgutinga Mittel, daß sie, wodurch sie lebt. Freilich machen wohl die meisten Esk. keinen solchen genaueren Unterschied (?).

Der Anfänger hält diese Formen oft für eine Ableitung von tak; das a ist aber nur der Hilfsvokal nach t vor -uvok: f. dies. (Die seltnere Form -tauvok, von -t, entspricht dem -tigivâ unter b).

oĸarpoĸ, oĸaut; oĸautauvok ist Redensfach, =veranlassung, =gegenstand b. h. oft: er wird beredet, es wird gesagt (= = oĸautigijauvok).
oĸâlavok; oĸâlajutauvok (ob. lautauvok ob. latauvok) ist Predigtursache ꝛc., darum oft: wird geprebigt.
mittakpoĸ; mittautauvok oft: wird verspottet: ebenso missiarutauvok, unertûtauvok Luk. 12, 9. 58.

b) **-utigivâ** (utigivâ, -jutigivâ, -tigivâ) er hat es 1) zum Mittel des —, 2) zur Veranlassung, zum Gegenstand des —, 3) zur Ursache des —; und drückt demnach aus unser: 1) dadurch, damit, 2) das betreffend, 3) darum, aus dem Grunde.

Vgl. die Bemerkungen bei -ut; ferner auch -utivâ und die Beisp. dort.
Wenn bei den folg. Beisp. nur eine der obigen Bedeutungen angegeben, so versteht es sich von selbst, daß dem Zusammenhang nach ebenso auch die andern eintreten können. Ueber die Form -tigivâ f. -givâ Zusammensetzungen 1. Anm.; ebenso -ut; sie tritt nur an Wörter der Kl. 4.

oĸarpoĸ; oĸautigivâ hat es zur Veranlassung, zum Gegenstand des Redens, d. h. redet in Betreff seiner, von ihm, oder: sagt es.
oĸâlavok; oĸâlajutigivâ (ob. lautigivâ ob. latigivâ) er redet, predigt es, davon.
pillorikpoĸ; pilloriutigivâ (ob. rijutigivâ ob. ligutigivâ) er hat es zur Ursach des Geschickt=, des Selig= ꝛc. seins.
ovungarpoĸ; ovungarutigivara u. f. w. ich bin damit (d. h. vermittelst dessen) oder deshalb hergekommen (f. bei -ut).
mânèpoĸ; mânèngijutigivâ (ob. lutigivâ) er hat es zum Grund seines nicht Hierseins, ist beshalb nicht hier. Vgl. Eph. 5, 18. Phil. 3, 7. 8.
nertorpâ c. s. rühmt ihn, refl. rühmt sich, nertordlerpoĸ s. s. rühmt jmdn.;
nertôtigivâ (ob. nertorutigivâ) hat's zur Veranlassung, zur Ursache des sich selbst Rühmens.
nertortaujutigivâ hat's zur Ursache des Gerühmtwerdens.
nertordlerutigivâ hat es zum Mittel ob. zur Ursache jmdn. (mik) zu rühmen:
oĸausikullukka kisséta Gûdomik nertordlerutigivakka (Mittel) nur mit meinen armen Worten rühme ich Gott.
pitsiarvionikka Gûdomik nertordlerutigivakka (Ursache) wegen meiner empfangenen Wohlthaten preise ich Gott.
ĸuviasukpoĸ; ĸuviasûtigijanga (ob. sujutigijanga ob. sugutigijanga) sein zur Freudeveranlassung Gehabtes, d. h. das, worüber er sich freut.
tikipâ; tikiaujutigijavut (ob. tautigijavut) unser zur Veranlassung des Getroffenwerden Gehabtes, d. h. das, woburch wir betroffen werden.

toĸovoĸ; toĸojutigivănga (ob. toĸotigivănga) er hat mich zur Ursache des Sterbens, b. h. ſtirbt für mich, um meinetwillen.

tamanna piulijaujomautigijara dies (ist) meine Gerettetwerdenwollensursache, b. h. das ist's, weshalb ich gerettet werden will.

illusinga (tautua) aulajitigivara atătanganik sein Weſen (Ausſehn) erinnert mich an seinen Vater, eig. ich habe es zur Veranlassung des mich Erinnerns (aulajivoĸ). NB. Im Wbch. ist die Bedeutung nicht genügend angegeben.

159. **-utivâ** (auch utivă) *c. s.* **-udjivoĸ** (-utjivoĸ, -utsivoĸ) *s. s.* mit § 493. -ut Nr. 6 zusammenhängend. Aeltere, seltnere Form **-úpâ** beſ. im Inf. (manchmal wohl auch -pa *c. s.* tsivoĸ *s. s.*). Tritt nicht immer in ganz regelmäßiger Weise an das Stammwort.

Ein schwieriger Anhang, was seine Bedeutung und Anwendung betrifft. Deshalb die einzelnen Wörter ſich einzuprägen. „Die Grund-„bedeutung scheint zu sein: er thut so an ihm, übt die Handlung an „ihm aus, ob. wendet ſie auf ihn an; daher oft: 1) für ihn, zu „seinem Nutzen, mit Rücksicht auf ihn, ihn betreffend, seinetwegen, „an seiner Statt; auch 2) mit ihm. Dieser Anhang, obwohl oft vor-„kommend, iſt doch nur unvollkommen beweglich, da er an manchen „Stämmen nur in bestimmter Bedeutung gebräuchlich ist, und an „andre zum Teil gar nicht gehängt werden kann."

Ohne Suffix:

-utivoĸ (*Sing.* und *Plur.*) er — mit ſich, ob. auch nur: er — ſich.
-utivut *Plur.* ſie — einander (auch miteinander).

a) **-utivâ.**

Die Form -utipâ, wie Eskimos ſie jetzt auch gelten laſſen, und ſie ſich auch im Wbch. findet, iſt nur eine Verketzerung, und gewiß auch durch den Einfluß der Europäer entſtanden, daher zu vermeiden*).

oĸarpoĸ; oĸautivâ ob. oĸaúpâ redet zu ihm, mit ihm.

ningarpoĸ zürnt; ningautivâ ſchlägt, prügelt ihn.

sapperpoĸ; sappiutivâ vermag es nicht (ist unvermögend in betreff ſeiner).

tiĸípoĸ; tiĸiutivâ kommt mit ihm d. h. bringt es. Ap. 5, 16. Richt. 2, 1.

savik tiĸiutivara illingnut (nicht nik) | ich bringe dir das
savingmik tiĸiudjivunga illingnut | (ein) Meſſer =
 (nicht nik) | „saviksalípagit".

tilliklerpoĸ; tilliklintivâ er ſchickt es, die Sache; (ſchickt jmdn. mit ihm). Richt. 3, 15.

illingnut aglait tilliĸliutivait | er ſchickt dir einen
 „ aglangnik tilliĸliutjivoĸ | Brief, Briefe.

---

*) Man müßte ſich ſonſt etwa bei manchen Verben, wo es möglich, dies -utipâ aus der reſſ. (alten) Form -úpoĸ mit tipâ zuſammengeſetzt denken.

angergarpoᴋ; angergautivâ bringt's nach Hause (geht mit ihm nach Hause).
imertarpoᴋ; imertautivâ er holt Wasser für ihn.
pauugarpoᴋ geht hinauf; paungautjauvoᴋ (— tijauvoᴋ) wird in die Höhe gebracht, geschafft.
piniarpoᴋ; piniarutivâ ob. piniutivâ er erwirbt für ihn.
pilloringniksamnik piniutivânga } er erwirbt mir meine
„ piniutjivoᴋ } Seligkeit.
uvamnik (ob. nut)

annivoᴋ geht hinaus: annipâ schafft ihn, es hinaus; nunguvoᴋ ist zu Ende: nungúpâ hat es zu Ende gemacht; nungûtivâ hat ihm was (miᴋ) zu Ende gemacht, z. B. hat ihm alles aufgegessen, während jener etwa zu thun hat. So beim Zusammenessen: nungûtjaulerpotit dir wird zu Ende gemacht, dir wird's aufgegessen; ᴋemuᴋserpoᴋ: ᴋemuᴋsiutivâ fährt mit ihm, d. h. bringt ihn, es zu Schlitten: aunga ᴋemuᴋsiutivagit (auch tigivagit) ich bringe, schaffe dich zu Schlitten nach Süden; sivorliovoᴋ ist der erste; davon (?) sivorliotivâ nimmt ihn zuerst, thut ihm zuerst (ehe er andern so thut). Hier natürlich auch sivorliotipâ möglich. Ebenso die Passiva: kōgudjauvoᴋ (von kōkpoᴋ) wird fortgeschwemmt; augudjauvoᴋ (von auᴋpoᴋ) es taut heraus, aus dem Schnee, Eis (wird — durch Sonne, Wärme) z. B. ein schneebedeckter Schlitten; imagôdjauvoᴋ, vut (von?) es bekommt offen Wasser, *Plur.* bei ihnen (den Menschen) wird offen Wasser. Das Gegenteil Wbch. S. 280: sikkojauvoᴋ, vut es, das Boot, Schiff friert ein, *Plur.* bei ihnen (den Menschen) friert es zu — scheint anders zu stehn, da hier wohl übereinstimmend nur j (jauvoᴋ nicht tjauvoᴋ) gesprochen wird.

b) **-utivoᴋ** *refl.* **-utivut** sie sich, sie einander (auch: miteinander). Oft mit ingminguut, ingminut § 174. S. auch Wbch. bei: „einander". Die Formen auf -utivut, -ᴋáttautivut (s. -ᴋáttarpoᴋ Anm. 2), tigêᴋput, -ᴋatigêᴋput scheinen manchmal nebeneinander gebraucht, auderwärts aber wohl auch bloß eine derselben, wobei der Gebrauch unter den Esᴋ. auch nicht einerlei zu sein scheint. Ueber -rᴋárᴋotautivut s. Anm. 1.

tikiutivoᴋ (s. o. unter a) bringt sich, d. h. kommt.
nungúpoᴋ (s. o. unter a) es hat sich zu Ende gemacht, d. h. ist zu Ende = nunguvoᴋ.
nertorpâ; nertôtivoᴋ (= nertorpoᴋ) rühmt sich. Oft im Römerbrief.
nertôtivut sie rühmen einander.
ᴋanuípoᴋ; ᴋanniutivut sie sind einander nahe.
taᴋᴋovoᴋ; taᴋᴋôtivut sie sehen einander.
ningautivut (s. o. unter a) sie prügeln einander.
aᴋᴋerartorpoᴋ; aᴋᴋerartôtivut (auch mit ingminguut, ingminut) sie widerstehen einander = aᴋᴋerartortigêᴋput.

oᴋauseᴋautivut haben Worte zu einander; oᴋumaitoᴋautivut haben Schweres miteinander; unatarpâ: unatautivut = unatartigêᴋput sie schlagen, betregen einander; aᴋpangerᴋáttautivut (von aᴋpangerpoᴋ) und aᴋpaliutivut (vom ungebr. Stamm aᴋpaᴋpoᴋ) sie laufen (um die Wette) miteinander 1 Kor. 9, 24. 25; sôngonersaujomautivut sie wollen einander stärker sein, d. h. der eine will stärker sein als der andere, z. B. beim Arbeiten, Ringen, Zanken ꝛc.; sivorliorpâ (seltner ingiarpâ) kommt ihm zuvor; sivorlioᴋáttautivut ob. sivorliortigêᴋput (seltner ingiaᴋáttautivut) thun etwas um die Wette, z. B. gehn, rudern. So auch (mit sárpoᴋ schnell) sivorliorsârutivut bes. beim Erwerb, wenn einer dem andern zuvorkommen will. Merke auch sinikpoᴋ: sinnautivut = sineᴋatigêᴋput sie schlafen (alle) miteinander. Vgl. auch manigôtivoᴋ, najútivoᴋ.

2. Alphab. Verzeichnis. 305

Anm. 1. -rκárκotautivut ſie -- um die Wette, ſie wetteifern in —, ein jeder will zuerſt. Dieſer überall frei anzuwendende Anhang iſt eine Verbindung von mehreren Anhängen und heißt nach wohl richtiger Erklärung eigentlich: ſie heißen ſich d. h. ſie wollen (-rκovoκ von -rκová) ~~mutoimmanberg~~-utivut) zuerſt (-rκárpoκ) d. h. jeder von ihnen will zuerſt. Nur das ta in -rκotautivut bleibt ſo noch nicht erklärt. Iſt's etwa tarpoκ? Sehr intereſſant die Vergleichung mit dem entſprechenden grld. -rκáiniúput ſ. grld. Wbch. ×gegenſeitig.

Beiſpiele: Von aivoκ, piɴuκpoκ, epúpoκ: aer—, piɴor—, epor-κárκotautivut ſie gehen, rudern um die Wette. Ebenſo: tikker—, tiguɴer—, annor—, itter—, aular—, tuppar—, kalluɴer—, tettaer-κárκotautivut jeder von ihnen will zuerſt kommen (da ſein), nehmen, hinausgehn, hineingehn, fortziehn, aufwachen, ſchöpfen, füllen. (Das letzte von dem im Wbch. nicht angegebnen zu tettɛrpá gehörigen tettaivoκ ɴ. ɴ. er füllt etwas, ein Gefäß — mik.) Desgl. pijarér(od. innerɴer)κárκotautivut ein jeder will zuerſt fertig ſein. Vgl. auch die unmittelbar vor dieſer Anm. gegebnen Beiſpiele.

Anm. 2. -utivá und -utigivá iſt meiſt der Bedeutung nach unterſchieden, wie oκautivá ſagt ihm, oκautigivá ſagt von ihm, ſagt es. Ebenſo kigligiutivá und kigligiutigivá, unertátivá (übergibt ihm) und tigivá (übergibt ihn, es). Andre Male aber ſcheinen ſich die Bedeutungen zu nähern od. ganz gleich zu ſein, wie in oκarnerlótivá und oκarnerlótigivá (oκauɴerlótigivá), nippótivá und tigivá. Jedenfalls haben die Formen mit -utigivá noch eine weitere Anwendung. Vgl. z. B. oben unter a) das Beiſp. vom Schlittenfahren. Man kann da auch ſagen: nuκama inójungnaerninga κemuκɴiutigivara (nicht aber utivara) aunga wegen meines Bruders Tod fahre ich zu Schlitten nach Süden (Urſache).

Bei **akkiliutivá** und **akkiliutigivá** könnte man nach Obigem erwarten, daß erſteres hieße: er bezahlt für ihn, und letzteres: **bezahlt damit, gibt es als Bezahlung.** Und ſo iſt es auch in Grld. In Labr. aber werden beide Formen, wie es auch im Wbch. angegeben, ganz einerlei gebraucht, und zwar nur in letzterer Bedeutung. Alſo heißt in Labrador ernern akkiliutivara (grade wie utigivara) ich gebe meinen Sohn als Bezahlung, bezahle mit ihm, nicht: für ihn.

60. **-uvoκ** (-ovoκ, aber nicht -óvoκ, das nur durch Zuſammentreten von § 497.
zwei u Lauten entſteht); öfters auch
-ugovoκ, beſ. wenn zwei Vokale wie z. B. ia, ua od. was dasſelbe
iſt, lange Vokale wie z. B. á (= aa) vorhergehn; ɴ. s. N. beweglich:
er, es iſt —; er, es iſt ein —.
Die Wörter auf t nehmen als Hilfsvokal a an (tauvoκ), neuerdings auch, — ob durch Einfluß der Europäer? — o (teovoκ, tiovoκ).

Aus neκ wird niovoκ, nur bei der Superlativbedeutung: nerόvoκ (ſ. mehr bei neκ 3). Sehr häufig iſt die Verbindung mit dem Nom. part. (toκ, -joκ): tívoκ, -jóvoκ, ganz mit dem Sinn des einfachen Verbs. Ebenſo häufig auch mit soaκ groß (ſehr) und -tuκκ einzig: sóvoκ und soangovoκ, -tόvoκ und -tuangovoκ.

nuna; nunauvoκ es iſt, das iſt Land.
nálegak; nálegauvoκ er iſt Herr, es iſt der Herr.
aggiaκ; aggiangovoκ es, das iſt eine Feile.
aggiarut; aggiarutauvoκ es, das iſt eine Geige.
oput; oputauvoκ (oputiovoκ) es, das iſt ein Ruder.
iglugéκ; iglugéngovuκ es ſind zwei zuſammengehörige
    Dinge, iſt ein Paar.
pingasut; pingasόvut es ſind drei.
támnauvoκ, tápkuangovut dieſer iſt's, dieſe ſind's.
uvangauvunga, igviovotit ich bin's, du biſt's.
anorneκ; anerniovoκ er, es iſt ein Geiſt.
anginek; anginerόvoκ er iſt der größeſte, iſt am größten.
angivoκ iſt groß; angijόvoκ iſt groß (iſt ein großer).

20

II. Anhänge.

angijoksoak; angijoksŏvok ist sehr groß (ist groß groß).
nálegauvok pitsiartok (ob. pitsiartomik) siehe Syntax
§ 523, 4 er ist ein gütiger Herr.

Häufige Verbindungen mit -uvok sind:
a) **tauvok** Kl. 4 -jauvok, mit dem pass. Part. auf ak: er wird gethan (so behandelt). Mehr s. schon § 229.
b) **taksauvok** Kl. 4 -jaksauvok, mit dem pass. Part. und -ksak: er muß gethan (so behandelt) werden, ist zu thun. Häufig: er kann gethan (so behandelt) werden, man kann es. Und mit Verneinung: man kann es nicht —; es ist un—bar. S. mehr schon § 294.
c) **tuksauvok** Kl. 4 -juksauvok, mit dem Nom. part. auf ok: er soll, muß —. S. mehr schon § 294.
d) **viovok** oft für's Passiv: er wird so behandelt, es wird ihm so gethan. S. mehr bei vik.

Anm. 1. -ungitok in unveränderter Form als Adverb in der Bedeutung: nicht (eig. nicht seiend) kann an alle Wortklassen und Formen treten; z. B. aungaungitok nicht nach Süden (aunga), uvamniungitok oder uvamniolungitok entw. nicht mich (uvamnik) oder: nicht von mir (uvamnit); aggangnuungitok nicht durch Hände (aggaugnut); nagligaptigoungitok nicht weil wir ihn lieben; inuingungitok nicht Menschen (von inuit; ng wegen des vorhergehenden Doppelvokals).
Wie hier bei -ngilak wird -uvok überhaupt bei noch manchen andern Anhängen ganz ebenso verwendet, um deren Nom. part. in dieser adverbialen Weise an alle möglichen Wortformen treten zu lassen (die eben durch -uvok in ein Verb umgewandelt werden). Vgl. § 348 und 350. Vgl. ebenso die bei den betreffenden Anhängen angeführten: -ugalloak zwar, -olugungnaertok nicht mehr, -olerĕrtok schon (-gĕrpok), -uluak mehr, besonders, -unersak mehr, -unerpâk am meisten, -orkŏrtok scheint's, ahauvalukpok unter palukpok.

Anm. 2. -uvok unmittelbar an eine Suffixform wohl nur an die Personwörter kissime (s. mehr § 144 und Wbch.) und assia § 179: assiangovok.* z. B. illusinga assiamariovok oder assiangomarikpok sein Benehmen ist (jetzt) ganz anders; assiangolermijok es fängt an zu sein, d. h. bildet sich wieder ein andrer (z. B. Schwär). Vgl. § 347 Fußn. und die dort angegebenen §§.

§ 498. 24. **-vak** (vauh, vǎk, vait) N. **groß**. Für sich allein nicht beweglich, aber bes. viel vorkommend in der Zusammensetzung:
-**tsiavak** (groß schön, sehr schön) und **-vaksoak** (groß groß, sehr groß). Der Plur. -vaksuit bezeichnet eine große Menge. — Aehnlich -vik und pak § 463. 500.

tukto Renntier; tuktuvak großes R., für Ochse, Kuh, Rind.
tâmnatsiavak, tâpkuatsiavait dieser (ist), diese (sind) sehr schön!
imek; imitsiavak! sehr schönes Getränk! (z. B. Bier.)
anginersak; anginersavaksŏjomik viel, viel größeres, ob. in viel größerer Weise.
ánanâk; ánanâvaksŏvok (mit -uvok) ist überaus schön.
(Dasselbe ist ánananvaksoadlarpok von Ánanauvok und dem folg. -vakpok).
kutsertavaksuit, perkutivaksuit sehr sehr viele Sperlinge, Güter. Luk. 12, 7. 15.

124. -vakpok I *s. s.* und *c. s.* (von -vak). B. beweglich: groß, sehr. In dieser Bedeutung für sich allein kaum vorkommend, sondern nur mit soadlarpok:
-vaksoadlarpok sehr stark, gewaltig; vgl. soakpok.
kuviasukpok; kuviasuvaksoadlarput sie freuten sich überaus, Mt. 2, 10.
(kuviasuktovaksôvut mit -vak und -uvok wäre dasselbe.)
perkutekarpok; perkutekavaksoadlarpok hat gewaltig viel Güter; vgl. Luk. 2, 19. (perkutekartovaksôvok, perkutillvaksôvok wäre dasselbe.)
kaggorpok schreit laut; kaggorvigivaksoadlarpânga er brüllt mich gewaltig an.

101. -vakpok II er pflegt, s. pakpok.

80. -valaivok, -valukpok vermutlich :c. s. -palukpok.

105. -valliavok nimmt zu, s. palliavok.

†-valek ganz = -giarlak ein wenig; ebenso
-valerpok *s. s.* und *c. s.* = galakpok, nur wohl weniger gebraucht als dieses.
ovungavalek = ovungagiarlak ein wenig hieher.
illingnuvalek ein wenig zu dir hin.
poktusivâ (vok); poktusivalerpâ macht es ein wenig hoch, höher; poktusivalerpok ist so geworden, ist ein wenig höher.
Ebenso könnte man (vgl. die Beisp. bei -giarlak) sagen: angijovalermik etwas ziemlich Großes; ovatsiarovalek in einer kleinen Weile; ovatsiarovalinit (ob. valermit) seit ganz kurzem.

†-vállok N. wohl nicht ganz beweglich: einer der mehr als andre das zu sein pflegt ("assiminit sôngonersamik pisôk") und bes. auch mit -uvok:
-vállôvok ist ein solcher. Bei Verben tritt es scheint's nur an das Part. der *.. s.* auf e (vgl. tigékput). NB. die erste Silbe vá geschärft (eig. varlok?).
pe; pivállok (pivállôvok er ist) einer, der sich vor andern hervorzuthun pflegt, z. B. ein Hund im Fressen u. dgl.
pisukpok; pisuktevállôvok pflegt am meisten im Gehen zu leisten (öfters oder auch: länger, besser als andre).
sennavok; sennajevállôvok pflegt am meisten, besten zu arbeiten.
aulasarpok; aulasartivállôvok fischt am meisten.
sinikpok; siniktivállôvok schläft am meisten, thut sich darin hervor.

167. varpok, vasikpok geht, ist nach der Richtung hin, s. parpok, pasikpok.

§ 499. 5. **vik** (viuh, vik, vit) B. beweglich: **Stelle (Ort) ob. Zeit, wo***) er so thut ob. ist. „Der Ort kann eine Person ob. ein beliebiger Gegenstand sein." Das Stammwort kann ein к. s. ob. c. s. Verb sein. In letzterem Fall meist wohl nur mit refl. Bedeutung, kaum mit passiver, da diese meist ausführlich durch tauvik, -jauvik ausgedrückt wird. Oft mit -ksak: viksaк. Ueber das Verhältnis zu -vik groß s. dort Anm.

    inúlerpoк wird geboren; inúlervia sein Geburtstag, Geburtsort.
    kattimavut; kattimavik Versammlungszeit, -ort, Kirche.
    aulasarpoк; aulasarvik Ort ob. Zeit, da man angelt.
    tikivia seine Kommenszeit (auch für Advent).
    aularviksiorvik die Zeit, da man die Ausgangszeit (aularvik) feiert, für Passa.
    nerivok ißt; neritipâ c. s. speist ihn (titsivoк jmbn.): (nerivik selten, mehr:) nerchevik (= norrevik) Zeit ob. Ort, da man ißt, Stube, Tisch, Krippe, bei Menschen und Tieren.
    nerititauvinga Ort ob. Zeit, da er gespeist wird. (neritivia wäre: Ort ob. Zeit, da er sich selbst speist, von neritípoк (von pâ) resl.)
    nerititsivia Ort ob. Zeit, da er jmbn. anders speist.
    tungavoк es ruht, liegt auf; tungavia worauf es ruht, seine Grundlage.
    Nâlegauvoк ist Herr; nâlegauvia Ort ob. Zeit, wo er Herr ist; sein Reich.
    akkiliksarsivoк; akkiliksarsivik Ort, wo — ob. Person, bei der man auf Schulden bekommt.
    akkiliksarsiviksaungilanga ich bin kein Ort zum Schulden machen, d. h. bei mir kann man nicht Schulden machen.
    itterviksaungilaк es ist | keine Eingangszeit, Besuchsitterviksaкangilaк es hat | zeit d. h. man kann nicht eingehen; ersteres auch: er, der Mensch, ist kein Eingangsort, man kann nicht bei ihm eingehen.
    missikpoк; missigvivininga die Stelle, wohin er (mit beiden Füßen zugleich) gesprungen ist; s. § 501 -vineк b).

Sehr häufige Verbindungen sind mit -givâ und -uvoк:
a) **vigivâ** c. s. B. beweglich: **er hat ihn zum Ort des so Thuns** d. h. aa) thut daselbst ober bei ihm so; woraus dann häufig die Bedeutung entsteht: bb) er thut gegen ihn so. Beim ersteren kommt also die Frage: wo? (auch woher?) in Betracht; beim zweiten: wohin? s. die Fußn.

---

*) ob. daneben (bes. in den Zusammensetzungen vigivâ, viovoк) wie Kłschm. hinzufügt, öfters auch: „2) der Ort (ob. Person) **woher** er, ob. auch: **wohin** er." Dies „wohin" entspricht dann der unten bei vigivâ und viovoк unter bb) angegebenen Bedeutung. Man muß nur bei den einzelnen Worten da auf den Gebrauch achten, da mit Zugrundelegung des „wo, woher" sich doch ganz andre Bedeutungen ergeben, als bei der des „wohin". Vgl. die Beisp. unter vigivâ und viovoк, bes. die bei sennavoк, ajugauvoк, sâlaкarpoк.

oĸarpoĸ; oĸarvigivá hat ihn zum Ort des Sagens, sagt
zu ihm (= oĸautivá ob. oĸarpoĸ tápsomunga).
ĸenuvoĸ; ĸenuvigivá er bittet ihn.
tunitjivoĸ; tunitjivigivá hat ihn zur Gebestelle, gibt ihm.
tungavoĸ; tungavigivá hat es zum Grund, ruht auf ihm.
ĸenuersárpoĸ; ĸenuersárvigivá ist gebulbig mit ihm
(ganz ähnlich wie ĸenuersárutigivá).
uglakpoĸ; aglagvigivá 1) schreibt dort, 2) schreibt darauf,
3) schreibt ihm, an ihn.
akkiliksaĸarpoĸ; akkiliksaĸarvigivara ich habe ihn (Ort
ober Person) zum Ort des Schuldenhabens; habe dort
oder: bei ihm Schulden, er ist mein Gläubiger. Mt. 18, 28.
Luk. 7, 41.
sennavoĸ; sennavigivá er arbeitet dort, auch: er hat es
zur Werkstelle. (NB. aber nicht mit Bedeutung bb) er
bearbeitet es.)
ittervigilauktanga der Ort, wo er — ob. der Mensch, zu
dem er hineingegangen war.
iglo sennavigijavut mikkivoĸ das Haus, wo wir arbeiten,
ist klein.

<small>ajugauvoĸ (ähnlich sálaĸarpoĸ) überwindet, ajugauvigivara (sálaĸarvigivara) ich habe ihn zur Stelle, wo (woher) ich überwinde, d. h. bei ihm, in ihm überwinde, siege ich. (NB. nicht aber etwa mit Bedeutung bb: ich habe ihn zur Ueberwindensstelle, zur Stelle, wohin, auf die sich mein Ueberwinden bezieht = ich überwinde ihn); ajortomik sálaĸarvigivaut bei ihm, in ihm (von ihm her) überwinden wir das Böse; piulijauvigijase, saputijauvigijase euer zum Ort des Errettet=, Beschützt=werdens gehabter d. h. der, bei dem, in dem (von dem her) ihr errettet, geschützt werdet; der Ort wo, die Person, bei der ihr Rettung, Schutz findet. Gûde perkutauvigijara Gesb. 538, 2. Gott, mein zur Eigentumseinsstelle gehabter d. h. wo ich Eigentum bin, kurz: Gott, dessen Eigentum ich bin. Gûdib inuk angajoĸanvigivá, attaniotivigivá. Vgl. die Fußm. bei vik.</small>

b) **viovoĸ** s. s. V. beweglich: er ist die Stelle des d. h.
aa) der Ort, wo man; daher oft (aber durchaus nicht immer) passivisch:
bb) es wird ihm so gethan, er wird so behandelt (= vigijauvoĸ).
kattimaviovoĸ (vgl. o. unter vik) es ist eine Kirche.
tuksiarviovoĸ es ist Gebetszeit, Gebetsstätte, aber auch
bb): er wird gebeten, es wird zu ihm gebetet.
tunnitsiviovoĸ (vgl. o.) er ist die Gebestelle, es wird ihm
gegeben.
attaniotivoĸ herrscht; attaniotiviovoĸ er wird beherrscht,
auch: es ist ein Reich (Herrschensstelle).
aglagviovoĸ (vgl. o.) es wird dort, ob. darauf, ob. ihm
geschrieben.
oĸarviovoĸ (vigijauvoĸ) es wird zu ihm geredet. S. auch
Mt. 16, 22. 18, 6. Joh. 4, 14.
sennaviovoĸ (vgl. o.) es ist die Werkstelle, ob. es wird da
(z. B. auf einem Tische) gearbeitet. (NB. aber nicht
etwa nach bb) er, es wird bearbeitet.)
ajugauviovoĸ (vgl. o.) ist der Ort, da man überwindet,
d. h. bei ihm, in ihm überwindet man. (NB. aber nicht
etwa nach bb: er wird überwunden.)

§ 500. 24. **-vik** (vinb, vik, vit) N. beweglich: **groß**. Besonders in der Form **-viksoak**. Aehnlich wie -vak.

attanok; attanivik (viksoak) ein **großer Herrscher**.
Nâlegak; Nâlegavik (viksoak) ein großer Herr.
imak; imarpik **Meer, tiefes Wasser** (großes Wasser) wie
die andre in Grld. auch gebrauchte Form imavik. Aehn=
lich wie z. B. ernerpit neben ernivit.

In tallerpik rechter Arm scheint es wie in Grld. die dortige Bedeutung zu haben:
der eigentliche Arm (tallok).

Anm. vik Ort und -vik groß und Besprechung einiger Wörter der Art.
Um Fehler zu vermeiden, achte man durchaus darauf, daß vik Ort nur an ein Verb,
dagegen -vik **groß** nur an ein Nennwort treten kann; z. B. Nâlegauvik, attaniovik
Herrsitzstelle, d. h. Reich, dagegen Nâlegavik, attanivik der große Herr. Darum kann
Sâtanasovik, wie es früher gedruckt worden, nicht Hölle (Ort des Satans) bedeuten,
sondern nur: der große Satan. (Dafür höchstens nur Sâtanasekarvik Ort, wo es den
Satan hat, gibt.) In dem Namen der Insel **Allavik** scheint freilich etwas Aehnliches
vorzuliegen. Es könnte dies allerdings, vom Nennwort Alla abgeleitet gedacht, nichts
anders heißen als: der große Indianer. Verständigere Esk. erklären aber den Namen
als: Allanik tokotsivik Ort, wo Indianer getötet wurden. Und dies ist abgeleitet zu
denken von dem Verb Allapok er erlegt Indianer, ganz so gebildet, wie tuktupok ꝛc.
er erlegt ein Renntier.

Die Wörter **kappianartovik** für Hölle, **kuvianartovik** für Seligkeit, Paradies
sind im Wbch. fälschlich von vik Ort abgeleitet (Cualort, Freudenort). In diesem Fall
müßte vik ans Verb kappianartóvok ꝛc. treten, und kappianartóvik (mit langem ó)
lauten, wofür aber der Esk. stets lieber das einfache kappiaβsugvik, kuviaβgvik wählt.
In jenen obigen Worten ist aber -vik (ans Nennwort auf tok) „groß"; und kappia=
nartovik ꝛc. ist ganz = kappianartoksoak, kuvianartoksoak „das große zur Qual, zur
Freude Dienende," und es können alle diese vier Formen gut in dem gewünschten Sinn
für Hölle und Seligkeit verwendet werden.

In **angervivik** (für unsre „Chorfeste") treten beide vik auf: angervik (ans Verb
angerpok) ist: die Zeit, da man zusagt, gelobt; angorvivik (ans Nennwort angervik)
die große, wichtige Zeit des Zusagens.

(Endlich folg. drei Ausdrücke aus der Offenbarung: **ajugaxangitovitójox** 4,8 „der
einzig (-tuak) groß (-vik) mächtige (ajugakangitok)." In den zwei folg. ist dagegen vik
(an dem Verb) = Stelle: **ajugauviojotójox** (ob. vitójok) und **nellopkotingivitójox**
5, 12. 13. (Ersteres: „er die einzige Stelle seiend, da (d. h. bei, in, mit dem) man über=
windet," j. o. die Beispiele. Letzteres: „er die einzige Stelle seiend, da man sich nicht un=
würdig fühlt (nellopkotingilax)" = „nellopkotinnata tâpsomunga aijuksaugapta."

Man sieht, diese zwei lepten, in sich selbst zwar richtigen u. von den Esk. gern ge=
brauchten Worte treffen den Sinn der betreffenden Stellen nicht, da ja hier nicht von
unsrer der Menschen Kraft in Christo oder unsrer Würdigkeit, Nichtblödigkeit vor ihm
die Rede ist. Also entschieden eine andre Wortbildung zu wählen, wie -vik groß, an ein
Nennwort; am liebsten dann in Verbindung mit soak, also für das erste etwa (ajugavio=
jotójok ob. vitójok oder lieber) **ajugaviksójox** groß, groß unüberwindlich; für das zweite
etwa: **nellopkotijuksaungitoviksójox** (er ist) der sich groß groß nicht unwürdig
fühlen müssende; oder wohl am besten einfach nur **nellopkotijuksaungitox**.

§ 501. 123. **-vikpok** s. s. und c. s. V. beweglich: groß, in hohem Grade („angi=
jomik"). Von -vik; oft ähnlich wie -marikpok.

okperpok; okpivikpok (nicht okpervikpok) er glaubt völlig.
ajornarpok; ajornavikpok es ist durchaus unmöglich.
noriugivà; noriugivikpara ich hoffe es ganz bestimmt.
kujagivà; kujagivikpâ er baut ihm überaus.

44. **-vinek** (niub, ik, it) N. beweglich: **ein Stück von**. Aus dieser Grund=
bedeutung entwickelt sich bei diesem interessanten Worte aber die unge=
mein häufig vorkommende Bedeutung: **ein gewesener:**

a) ſowohl in Bezug auf die frühere gute Beſchaffenheit, alſo: **altes** (aber anders als** piṯoḵaḵ** b. h.) **nicht mehr gutes, ſchlecht gewordenes, abgelegtes** ꝛc.

b) **als** auch ſogar in Beziehung **nur auf die Zeit, die Ver=** **gangenheit ausdrückend,** ohne allen ſchlechten Nebenbegriff; beſ. mit dem Nom. Part. (auf toḵ, -joḵ). Die einzige Einſchränkung iſt, daß es nicht gebraucht wird von Begebenheiten, bei denen man ſelbſt gegenwärtig war, oder die man ſelbſtbewußt miterlebt hat, und es entſpricht darin dem nerpoḵ und palaivoḵ. Wie das Part., ſo wird auch -vineḵ überaus häufig für das verbum finitum (§ 218) ge= braucht, d. h. es iſt dabei „er iſt, ſie ſind" ausgelaſſen zu denken. Vgl. § 282.

tuḵto, puije; tuḵtuvineḵ, puijivineḵ Renntier=, See= hundsfleiſch (was früher ein R. war, ein Stück von einem R.)
machluḵ; machavineḵ zerbrochenes Geſchirr, Scherbe.
iglo; iglovinit alte zerfallene Häuſer.
ḵamik; ḵamivinik *Dual.* alte ſchadhafte, abgelegte Stiefeln.
uvineḵ; uvinerovinermik ein altes, abgelegtes Hemd (*Acc.* z. B. möchte ich haben).
Oḵamioḵ; Oḵamiovineḵ ein geweſener, früherer Oḵaḵer (NB. nicht etwa: ein Stück von d. h. einer von den Oḵaḵern, der noch jetzt in Oḵaḵ wohnt).
killaḵ; killavinit geweſene Löcher (die jetzt z. B. zuge= froren), ſolche Stellen auf dem Eiſe.
pe; piviningit ſeine (früheren) Sachen, die ihm früher gehört, z. B. auch Hinterlaſſenſchaft eines Geſtorbenen.
unnuaḵ tikkitovinit (= tikipallaivut, tikinnerput) ſie ſind in der Nacht gekommen (der Redende war aber nicht dabei, wußte nichts davon).
ḵanimavoḵ; ḵanimadlalauḵtovineḵ (er iſt) ein ſehr krank geweſener, d. h. er iſt ſehr krank geweſen.
ḵataḵpoḵ; ḵataḵtovineḵ (= ḵatanguerpoḵ) (iſt) ein Heruntergefallener, d. h. iſt heruntergefallen, ohne daß man es merkte oder zugegen war.
koivoḵ; koeḵattartovineḵ aungmik er hat öfters Blut geharnt.
angujavā; angujavininga (es iſt) ſein erlegter (Seehund), d. h. er hat ihn erlegt.
ijerpā; ijersimajaviningit (das ſind) ſeine verborgenen, d. h. dieſe hat er verborgen, verſteckt.
S. auch Mt. 21, 20. Luk. 24, 2. Joh. 11, 17.

Anm. -vineḵ mit -arsuk und -āluk. Z. B. von puijevineḵ: puijeviniārsuk und puijevinārsuk, puijivināluk (ſeltner wohl puijevināluk): unaviniāluk (pivināluk) in Bezug auf etwas Schlechtgewordenes, Verdorbenes: dieſer, dieſes Schlechte (das früher gut war); dagegen ohne Vergleich mit dem früheren Zuſtand: unavināluk dieſer Greuliche! (ſ. unter -āluk.)

Anhang.

§ 502—509.

Ueber die Eigentümlichkeiten der sechs Anhänge: -tsiarivâ, -nasugivâ, sarpâ, tipâ, -rkovâ, tallivâ.

§ 502. Vgl. zunächst in der ersten Uebersicht Nr. 161—166, und im zweiten alphab. Verzeichnis im einzelnen diese dort mit all ihren Formen angegebnen Affixa. Da mancherlei Gemeinsames bei ihrer Anwendung zu bemerken ist, besonders bei den drei letzten, so mögen noch eingehendere Winke und erschöpfende Beispiele folgen:

1) All diese sechs Anhänge treten an ein Stammwort mit *s. s.* Form. Davon gehe man aus.

2) Treten sie an den Stamm eines *c. s.* Verbs, so denke man sich dasselbe daher mit *s. s.* Endung. Danach erhält ein solches Verb nach § 226 und 228 reflexive, öfters aber auch passivische Bedeutung. Z. B. pairivá pflegt ihn, pairivok pflegt sich, neksarpâ nimmt ihn mit, neksarpok nimmt sich mit, d. h. wird mitgenommen = neksartauvok. So haben wir auch hier in Verbindung mit diesen sechs Anhängen zwei Fälle:

a) Das Stammwort hat reflexive Bedeutung. In diesem Fall wird aber zum Unterschied von Fall b) wohl regelmäßig der refl. Sinn durch ein hinzugefügtes ingminik 2c. klarer ausgedrückt, z. B.

ingminik pairerkovâ er heißt ihn sich selbst pflegen.
illingnik pairitipagit ich mache, daß du dich pflegest.
uvamnik pairitiparma du machst, daß ich mich pflege.

Ja man kann in diesem Fall selbst die nicht refl. *s. s.* Formen nehmen, also z. B. statt des Vorstehenden (von pairsivok er pflegt jmdn.) sagen: ingminik pairserkovâ, illingnik pairsitipagit, uvamnik pairsitiparma. Vgl. § 226 Schluß.

b) Die passive Bedeutung tritt natürlich, wo sie nach dem Sprachgebrauch bei dem einfachen Verb möglich ist (§ 228) auch in der Zusammensetzung mit diesen Anhängen hervor. Dabei ist aber die ausführlichere Bezeichnung des Passivs durch tauvok, -jauvok auch möglich; z. B.

pôk illingnut neksarasugivâ ob. neksartau- | daß der Sack durch
      nasugivâ er glaubt, | dich mitgenommen
pôk illingnut neksartipâ ob. neksartautipâ | wird.
      er macht, |

(Vgl. beim Anhang simavok: neksarsimavok = taumavok.)

Aber bei -rkovâ und tallivâ (und wohl manchmal auch noch bei tipâ) ist dieser Gebrauch ausgedehnter. Bei diesen zwei Anhängen sind nicht nur die eben gemeinten Verben (§ 228), sondern überhaupt alle *c. s.* Stammwörter passivisch aufzufassen. Diese wichtige, Klarheit gebende Regel ist nicht zu übersehn. Hier ist also das § 228 sogenannte „versteckte Passiv" in ausgedehntestem Maße im Gebrauch*). Z. B.

---

*) Ursprünglich galt wohl diese Regel von allen diesen Anhängen, wie das noch im Grld. der Fall ist. Man muß sich daher nicht wundern, wenn der Gebrauch nicht überall ganz gleich ist, und man ab und zu auch bei den anderen Anhängen das versteckte Passiv angewendet findet. Im allg. aber kann man sagen, daß jetzt in Labr. bei -tsiarivâ, -nasugivâ, tipâ, auch nerarpâ das Passiv des Stammwortes regelmäßig durch tauvok, -jauvok ausgedrückt wird, vielleicht noch am meisten mit Ausnahme bei tipâ. Z. B. pairijaunasugivâ, nicht pairinasugivâ ich glaube, daß er gepflegt wird; annertiautipâ nicht annertitipâ er läßt ihn erwählt werden; pairijautipâ er läßt ihn gepflegt werden (bei welchem letzteren doch von manchen auch pairitipâ gelten gelassen wird, das doch eigentlich ganz dem von ebendenselben Leuten nicht gebilligten annertitipâ gleichsteht, — nur ein Beweis, wie der Gebrauch bei tipâ schwankend ist). Endlich tækkotsipok und tækkojautipok illuarartiminut er ließ sich durch seine Jünger gesehen werden, d. h. erschien ihnen.

pairerkovȧ ganz = pairijauкovȧ er heißt ihn pflegen (eig. gepflegt werden).

pairitailivara = pairijautailivara ich verhindere, daß er gepflegt wird (von mir ob. einem andern).

Doch ist hierbei noch folgende **Einschränkung** zu nennen:

aa) **Bei -rкovȧ** wird doch schon wohl fast eben so oft (?) die ausführlichere Ausdrucksweise des Passivs durch tauvoк, -jauvoк angewendet. Also z. B. pairijauкovȧ eben so oft wie pairerкovȧ.

bb) **Bei tailivȧ** scheint der Sprachgebrauch die zwei an sich ganz gleichen Ausdrucksweisen so zu sondern, daß **bei völlig ausgedrücktem Passiv** (durch tauvoк, -jauvoк) **die Verhinderung eines anderen** bezeichnet wird, **bei verstecktem Passiv** dagegen (wenigstens vorherrschend) **die Selbsthinderung** (kurz: = nicht). Z. B.

pairi**j**autailivara ich verhindere ihn (von einem andern) gepflegt zu werden. Dagegen

pairitailivara vorherrschend: ich verhindere ihn (von mir) gepflegt zu werden, d. h. kurz: ich pflege ihn nicht.

Beispiele zu diesen sechs Anhängen
(§ 503—505),

aus denen in ihrer Ausführlichkeit in zweifelhaften Fällen am besten die Anwendung obiger Regeln ersehen werden kann.

A. An ein *s. s.* **Stammwort.** § 503.

a) an ein intransitives, b. h. ein solches ohne Objekt, wie ochovoк fällt um, itterpoк geht hinein, idluarpoк ist gut, gerecht, maksuavoк ist getrost, mutig, tammarpoк er irrt.

1 ochotsiarivara
  ochotsévunga ȯminga } ich warte, bis er, es umfällt.
  ochotsiarivunga (mit ob. ohne uvamnik) } ich warte, bis ob. daß
  ochoserpunga (s. -tsiarivȧ Anm.) *refl.* } ich umfalle.

2 ochoniarasugivara
  ochoniarasugiklivunga ȯminga } ich glaube, daß er umfallen wird.
  ochoniarasugivunga (auch mit Hinzufügung von uvanga*)
    refl. ich glaube, daß ich umfallen werde.

3 idluarsarpȧ
  idluarsaivoк ȯminga } er macht ihn gut, gerecht.

4 ochotípara
  ochotitsivunga ȯminga } ich mache, veranlasse, daß er umfällt.

5 itterкovara
  itterкojivunga ȯminga } ich heiße ihn hereinkommen: befehle ob. erlaube ihm.

6 ochotailivara (ob. tailitípara) } ich verhindere ihn,
  ochotailitsivunga (tailititsivunga) ȯminga } es, umzufallen.

---

*) nicht uvamnik. Dies würde hier nach Esk. Aussage bedeuten: ich glaube, daß ich von selbst umfallen werde; s. § 173.

314 II. Anhänge. Anhang: -tsiarivâ,

tammartaililaunga (ob. wohl öfter tailitilaunga) verhindere mich
    zu irren (mach, hilf, daß ich nicht irre)!
ochotailivoĸ *refl.* er, es verhindert sich umzufallen, b. h. es fällt
    nicht um (wenn es länger so bleibt).

b) **an ein transitives** *s. s.* **Stammwort**, b. h. ein solches, das ein Objekt
bei sich hat, wie tukkisivoĸ er versteht etwas (mik), sapkutsivoĸ läßt los,
aus der Hand fahren, aiklerpoĸ holt, serĸomitsivoĸ zerbricht, beschädigt.

1 inuit piniaraksamingnik tukkisitsiari- ⎫ ich warte, bis die Leute
   vakka   ⎬ ihre Arbeit (das, was
   inungnik piniaraksamingnik tukkisitsô- ⎪ sie thun sollen) ver-
   vunga   ⎭ stehn.

2 inuit aglangnik tukkisinasugivakka   ⎫ ich glaube, daß die
   inunguik aglangnik tukkisinasugiklerpunga ⎬ Leute die Schrif-
                                                                      ⎭ ten verstehn.

3 aglangnik tukkisinasugivunga *refl.* ich glaube, daß ich die Schriften verstehe.

4 ernine pôrmik (von pôĸ) aiklertipâ ⎫ er läßt, macht seinen Sohn
   erncrminik pôrmik aiklertitsivoĸ   ⎬ den Sack holen.

5 ernine pôrmik aiklerkovâ   ⎫ er heißt seinen Sohn den Sack
   ernerminik pôrmik aiklerkojivoĸ ⎬ holen.

6 macharmik serĸomitsitailivunga *refl.* ich verhindere mich, hüte
    mich, das Geschirr zu zerbrechen, b. h. kurz: ich zerbreche
    nicht.

macharmik serĸomitsitailivânga (viel- ⎫
   leicht öfter: tailititípânga)   ⎪ er verhindert mich, das
macharmik uvannik serĸomitsitailitsi- ⎬ Geschirr zu zerbrechen
   voĸ (vielleicht öfter: tailititsi-   ⎪ (macht, daß ich nicht
   voĸ)   ⎭ zerbreche).

                                                                       ⎫ verhindere uns, dies fahren
ôminga sapkutsitailitigut   ⎬ zu lassen (im zweiten Fall
   (vielleicht öfter: tailitítigut)   ⎪ mehr: mach, hilf, daß wir
                                                                         ⎭ dies nicht fahren lassen)!

§ 504.   B. **An ein** *c. s.* **Stammwort**,
          das also nach § 226 ff. entw. **refl.** ob. **pass.** Bedeutung erhält,
wie z. B. nertorpâ er rühmt ihn, nivâ holt ihn, ajoĸertorpâ belehrt ihn,
nachogivâ verachtet ihn, serĸomipâ beschädigt, zerbricht es, illitarivâ kennt
ihn, sapkupâ läßt es los, aus der Hand, neksarpâ nimmt ihn mit, attorpâ
braucht es (neĸsarpoĸ, attorpoĸ wird mitgenommen, gebraucht § 228).

1 ingminik illitaritsiarivara (auch vom *s. s.* illitarsitsiarivara
   § 502,2 a) ich warte, bis er sich selbst erkennt.
una nertortautsiarivara   ⎫ ich warte, bis er gerühmt wird, auf
ôminga nertortautsêvunga ⎭ sein Gerühmtwerden.

2 ingminik illitari(auch tarsi)nasugivara ich glaube, daß er sich
   selbst erkennt.
ĸerkojat illingnut neĸsar(ob. neĸsartau)niarasugivavut wir
   glauben, daß das Seegras von dir mitgenommen werden
   wird.

sorutsᴇmut machak serkomitauniarasugi- ⎫ ich glaube, daß das
   vara (auch ohne tau)   ⎬ Geschirr vom Kinde
sorutsemut macharmik serkomitauniara- ⎪ zerbrochen werden
   sugiklerpunga   ⎭ wird.
illingnut machogijaunasugivunga (nur mit jau) ich glaube, daß
   ich von dir verachtet werde.
4 ingminik illitari(auch tarsi)típara ich mache, veranlasse, daß er
   sich selbst erkennt.

pôᴋ neksartípâ ob. neksartautípâ ⎫ er macht, daß der Sack
pôrmik neksartautitsivoᴋ   ⎬ mitgenommen wird, läßt
                                                      ⎭ ihn mitnehmen.
ᴋukkiut attortípâ ob. attortautípâ er macht, veranlaßt, daß die
   Flinte gebraucht wird*).
illingnut pairijautípara (allenfalls pairitípara § 502, b. Fußn.)
   ich lasse, mache ihn durch dich gepflegt werden.
Gúdib annerijautípâ (nur mit jau) Gott läßt ihn erwählt werden.
5 ingmingnik illitarer(ob. tarser)ᴋovait er heißt sie sich selbst
   erkennen.
uvamnik illitarer(ob. tarser)ᴋovânga er heißt mich mich selbst
   erkennen.
pôᴋ neksarᴋovâ ob. neksartauᴋovâ er heißt den Sack mitnehmen
   (mitgenommen werden).
pôrmik neksar(ob. neksartau)ᴋojivoᴋ er heißt einen Sack mitnehmen; s. § 30.
inuata tamanna uvamnut pairerᴋovâ ob. ⎫ sein Besitzer heißt
   pairijauᴋovâ**)   ⎬ dies durch mich, von
inua tamattominga uvamnut pairer(pai- ⎪ mir gepflegt werden.
   rijau)ᴋojivoᴋ   ⎭
Môsesib tunnerkojanga (Mt. 8, 4) ob. tunnijauᴋojanga des
   Moses zu geben (eig. gegeben zu werden) Befohlenes, oder:
   was Moses zu geben gebietet.
illinguut ajokertortau-rᴋovoᴋ häufiger aber -rᴋojivoᴋ***) (wohl
   nur mit tau) er heißt sich (d. h. will) von dir belehrt
   werden. S. auch 1 Kor. 9, 18.

---

*) Vgl. ernine ᴋukkiúmik attortípâ er macht, daß sein Sohn die Flinte braucht, vom s. s. er braucht etwas (mik) abgeleitet.

**) In einem Fall aber wie dem folgenden, drückt der Est. selbst vor -rᴋovâ das Passiv stets ausführlich aus: ernerminut pôᴋ aijaurᴋovâ (nicht airᴋovâ) er heißt den Sack durch seinen Sohn geholt werden, da neben aivâ er holt ihn auch das s. s. aivoᴋ er geht, existiert, und an dieses zu denken dann am nächsten liegt. Z. B. ernerminut sorusek airᴋovâ er heißt das Kind zu seinem Sohn gehen.

***) In dieser Kürze, d. h. ohne Zufügung eines bestimmten Objektes, wird hier und in ähnlichen Beispielen auch bei der Form -rᴋojivoᴋ (die der Sprachgebrauch scheint's der an sich genaueren resp. Form -rᴋovoᴋ vorzieht) kein Mißverständnis stattfinden, sondern (wenn dies auch nicht zwingend im Worte liegt) das Belehrtwerden auf das Subjekt in -rᴋojivoᴋ zurückbezogen werden, was durch ein hinzugefügtes ingminik (sich selbst) ganz unzweifelhaft werden würde. Daß natürlich ein anderes Objekt ebenso hinzugefügt werden kann, ist selbstverständlich. Z. B. ernerminik illingnut ajokertortauᴋojivoᴋ er heißt seinen Sohn von dir belehrt werden.

6 ingminik illitaritailivara (ob. tailitípara) ich verhindere ihn, sich
   selbst zu erkennen.
serkomitailivok es verhindert sich, beschädigt zu werden, b. h.
   zerbricht nicht, wird nicht zerbrochen, beschädigt.
sapkutailivok es verhindert sich, fahren gelassen zu werden, b. h.
   es wird nicht fahren, los gelassen.

serkomitailivara (ob. tai- | Ich verhindere es, beschädigt, zerbrochen
   litípara) | zu werden (sei es durch mich ob. durch
óminga serkomitailitsi- | andre; dem Sprachgebrauch nach aber
   vunga (ob. tai- | hauptsächlich: durch mich b. h.) ich
   lititsivunga) | hüte mich es zu zerbrechen, zer-
                            | breche es nicht. Dagegen:
una sorutscmut serkomitautai- | ich verhindere, daß es durch
   livara (ob. tailitípara) | (jmb. andres) das Kind zer-
óminga sorutscmut serkomitau- | brochen werde. In diesem Fall
   tailiklivunga (ob. tai- | das Passiv klar ausgedrückt:
   lititsivunga) | Ebenso:
puigortailitigut*) verhindere, daß wir vergessen werden (bei dir
   ob. überhaupt. Dem Sprachgebrauch nach aber vorherrschend: bei dir b. h.) vergiß uns nicht. Dagegen:
puigortautailitigut (ob. tailitítigut) verhindere, daß wir vergessen
   werden (durch andre).
serkomitaililugo verhindere, verhüte daß es zerbrochen wird (dem
   Sprachgebrauch nach vorherrschend: durch dich b. h.)
   zerbrich es nicht! Dagegen:
serkomitautaililugo (ob. tailitillugo) verhindere, verhüte, daß es
   (durch andre) zerbrochen wird.

§ 505. **Anm.** Zu den vorstehenden sechs Anhängen, vgl. Kleschm. § 137. Anm. 2.
Diese **Anhänge** lassen das Stammwort in allen seinen Rechten. Es regiert die dazu gehörigen Casus, als ob's alleinstünde, wie auch die vorstehenden Beisp. gezeigt haben;
überhaupt behalten alle, dem Stammwort im einfachen Satz untergeordneten Wörter dieselbe
Beziehung, z. B. kaupat aullalárput morgen werden sie fortgehn. Daraus: kaupat
aullalárasugivakka ich glaube, daß sie morgen fortgehn werden. Ferner: Erfordert das
Stammwort ein *refl.*, so ist dies auch in der Zusammensetzung mit diesen Anhängen
der Fall. Z. B. issumaminik okausekarpok er redet nach seinem eignen Belieben; Joase
ernerminik neksarpok Joas nimmt seinen (eignen) Sohn mit. Davon:
issumaminik okausekarková er heißt ihn nach seinem eignen Belieben reden.
Noab Joase ernerminik neksarková Noa heißt den Joas seinen (d. h. des Joas)
Sohn mitnehmen. Es kann da freilich auch den Sohn des Noa (des Subjektes
zu -rková) bedeuten. Der Zusammenhang muß zeigen, was gemeint ist.
Ebenso: Noab Joase tikipá okartillugo ernerminut Noa kam zum Joas, während der
mit seinem (des J. oder auch des N.) Sohn redete. Hierher gehört auch z. B. 1 Kön. 14, 81:
okálatuinariaкakarpoṣe nelikârluṣe, illûnatik illûniarkovlugit, illûnaitalo kaiblattau-
kovlugit. Ohne Anhang würde man nämlich auch sagen: illûnatik (nicht naita) illin-
niarput und illûnaita (ob. natik) kaiblartauvut. § 151, 152. Ebenso 1 Sam. 16, 10:
Jsaib ernine sângagórput Samuelib. Ohne Anhang: Samuelib sângagórput. Das
refl. ernine bezieht sich aber auf Jsaib, das Subjekt in -rkovait. Vgl. aber auch
Syntax § 535 und bes. die Fußn. daselbst.

---

*) Mit Fleiß ist hier nicht, den andern Beisp. entsprechend, die Form puigortaili-
titigut als gleichbedeutend eingeklammert. Da neben puigorpá die *s. s.* Form puigorpok
(nik) er vergißt nicht, vorkommt, so wird die erwähnte Form mit tipá von diesem
(aktiven) Stamm genommen; also z. B. perkojarnik puigortailititigut mache, hilf, daß wir
deine Gebote nicht vergessen! Und so in allen Fällen, wo ein Verb *c. s.* und *s. s.* zugleich ist.

Die Infinitive der meisten dieser Anhänge, § 506.
wozu wir auch als siebenten den von -rκárpoκ § 468 nehmen, können wir häufig durch Konjunktionen übersetzen (s. auch die Konj.=Tabelle § 260 Anm. 2). Nämlich:

1 -tsiarivlugo, -tsévlune immer durch: bis.
2 -nasugilugo immer durch: in der Meinung daß.
4 tillugo, tillune (tinnago, tinnane) öfters durch: während, indem (während nicht); namentlich an -κarpoκ, -uvoκ, ípoκ.
5 -rκovlugo, -rκovlune (-rκonnago, -rκonnane) meist durch: damit, auf daß, um zu (damit nicht).
7 Positiv: -rκárdlune (oft -laurκárdlune), -rκárdlugo nachdem.
Negativ: -rκárane, -rκárnago oft mit típå: -rκártinnane, -rκártinnago ehe, bis.

Man vergesse aber nie, die esk. Grundbedeutung festzuhalten, um nicht Fehler in der Endung (ob e. s. lugo ob. s. s. lune) zu machen. Danach kann man auch speziell für die Zusammensetzungen mit típå und -rκová*) folg. Regel aufstellen (s. Syntax § 563): Wenn in unserm deutschen, mit der Konjunktion (während, damit, ehe) beginnenden Nebensatze ein andrer Thäter (Subjekt) ist, als im Hauptsatze, hat die c. s. Form (tillugo, -rκovlugo, -rκártinnago) zu stehen. Wenn dagegen derselbe Thäter ist wie im Hauptsatze, muß die s. s. Form (tillune, -rκovlune, -tinnane, -rκonnane vom refl. típoκ, -rκovoκ) genommen werden. Z. B.

akkianétillugo perudlalauκpoκ während er (A) drüben (in Europa) war, wuchs er (B) sehr. Die zwei Subjekte verschieden.
akkianétillune perudlalauκpoκ während er (B) drüben war, wuchs er (B) sehr. Das Subjekt beidemal dasselbe.

Doch ist dabei einschränkend zu bemerken, daß diese s. s. Formen (bes. die der dritten Person) wenn auch durchaus gebilligt, von den Esk. grade nicht häufig gebraucht werden:

Statt tillune (sich sein lassend = während er ist, war) wird daher meist der Inf. des einfachen Verbs: lune (seiend, als er war) ohne típå gesetzt, wenn nicht grade das durch das típå ausgedrückte „während" hervortreten soll.**) So z. B. in dem ebengenannten Beispiel:

akkianédlune perudlalauκpoκ drüben (seiend) wuchs er sehr, als er (B) drüben war, wuchs er (B) sehr. Vgl. Syntax § 563.

Und statt -rκovlune (er sich heißend, wollend) wird meist omavlune (wollend) gesagt. Vgl. zum Letztgesagten noch § 508 Anfang.

Als Muster für alle übrigen stehe hier der Inf. von típå und típoκ durchconjugiert, nach § 245.

---

*) nur für diese, nicht aber z. B. für das einfache -rκárpoκ (-rκárlune, -rκárlugo, -rκárane, -rκárnago) wie nähere Ueberlegung klar macht. Die genaue Uebersetzung mit der Grundbedeutung „vorher, erst" wird stets das Richtige an die Hand geben. Vgl. die Beisp. unter 7 im nächsten §.

**) Und ganz genau so das einfache -rκárano, -rκáratik häufiger als -rκártinnane, -rκártinnatik.

Inf. von tipâ er läßt ihn, macht ihn.	Inf. von tipok er läßt sich.	Gemeinsame Bedeutung beider.
tillugo ihn lassend „ gik sie 2 „ „ git sie „	tillune er sich lassend „ tik sie 2 sich „ „ tik sie sich „	- während er „ sie 2 „ sie
„ tit dich „ „ tik euch 2 „ „ se euch „	„ tit du dich „ „ tik ihr 2 euch „ „ se ihr euch „	„ du „ ihr 2 „ ihr
„ nga mich „ „ nuk uns 2 „ „ ta uns „	„ nga ich mich „ „ nuk wir 2 uns „ „ ta wir uns „	„ ich „ wir 2 „ wir

§ 507.   **Beispiele zu § 506.**

1 **bis:** mânêniarpunga kaulersiarivlugo ob. kaulersêvlunga ich werde hier sein, bis es tagt (es erwartend, ob. wartend, bis)
anniniarase tikitsiarilugo geht nicht hinaus (bleibt), bis er kommt (ihn kommen erwartend).
mânêniarpok pijungnaersiarivlune er wird hier bleiben, bis er (selbst) gesund ist (sich gesund werden erwartend).
mânêniarpok pijungnaersiarivlugo er wird hier sein, bis er (ein andrer) gesund ist (ihn — erwartend).

2 **in der Meinung daß.**
puigijaksaumasugilugit okautivakka in der Meinung, daß ihnen zu mißtrauen sei (sie für eine Mißtrauenssache haltend‘ redete ich zu ihnen.

4 **während, indem tillugo** u. s. w.
assinêtillugo kingômalaukpavut während er auswärts war (ihn auswärts sein lassend), haben wir ihn vermißt.
{assinêtillune kingômalaukpâtigut während er auswärts war (sich auswärts sein lassend), hat er uns vermißt. Oder statt des: {assinêdlune auswärts seiend, als er auswärts war.
sillaksoakartillugo während, solang es eine Welt gibt (es eine Welt haben lassend).
tamânêtinnak mittautigivâtit während du nicht hier warst (dich nicht hier sein lassend), verspotteten sie dich.
illûnata (atautsemik) pingitokartinnago (ob. kartinnata) wir alle ohne Ausnahme, wörtlich: wir alle, es (ob. uns) nicht einen Nichtthuenden haben lassend.
inôjuksautinnanga inôvunga während ich doch nicht leben sollte (mich nicht eine Sache zum Leben sein lassend), lebe ich.
Ebenso:
illaujuksaugigalloardlune (seltner tillune) illauvok, während er doch nicht, obwohl er nicht mitgehn sollte, geht er mit.

atátat ornermik ˙ miakungit pattingmivait, oĸautsinik sai-
manartunik oĸartillutik ob. oĸarlutik bie Väter legten
die Hände auf die Häupter ihrer Söhne, indem sie (die
Väter) Segensworte sprachen (sich sprechen lassend).
oĸartillugit würde heißen: indem die Söhne sprachen
(sie sie sprechen lassend).
anêtilluse tikilauĸpogut während ihr im Süden wart (euch im
Süden sein lassend), sind wir gekommen.

5 **damit, auf daß, um zu -rĸovlugo u. s. w.**

tamaungarpoĸ erĸsilerkonnago er kommt hieher, damit er (ein
andrer) sich nicht fürchte (ihn sich nicht fürchten heißend).
kammalerle ochokonnane er achte, daß er nicht falle (sich nicht
umfallen heißend). 1 Kor. 10, 12.
kammajariaĸarpoĸ tikitausarailerkonnane sumut er hat nötig
aufzumerken, auf daß er nicht schnell von etwas über-
kommen werde (sich nicht — heißend).
illingnit inungnut averkonnanga (ob. avitauĸonnanga) damit
ich nicht von dir durch Menschen getrennt werde (mich
nicht — — heißend).
nunaliarpoĸ inungnut takkojau-rĸovluno (mehr aber -jo-
mavluno) er geht ans Land, um von den Menschen gesehn zu werden (sich — heißend, wollend).
illingnut tuksiarpogut asserorĸonnata wir beten zu dir, auf
daß wir nicht verderben (uns nicht verderben heißend).

7 **ehe, bis** (auch: ohne vorher zu) **-rĸárane, -rĸártinnago** u. s. w.

maunga-rĸárdluno (ob. laurĸárdluno) utterivoĸ illaminut
nachdem er hieher gekommen (vorher hieher kommend),
kehrte er wieder zu den Seinen zurück.
sugia-rĸárdlugo (ob. laurĸárdlugo) aulartipát **nachdem** sie ihn
gezüchtigt (ihn vorher, erst züchtigend), ließen sie ihn gehn.
ailerta kinguraerĸártinnata ob. kinguraerĸárata laßt uns gehen,
ehe wir zu spät kommen, d. h. ehe es zu spät ist. Im
ersten Fall -= wir vorher uns nicht zu spät sein lassend;
im zweiten: wir vorher nicht zu spät seiend.
anniniarase tikkerĸártinnago geht nicht hinaus, **bis** ob. **ehe** er
kommt (ihn vorher nicht kommen lassend). Sinn ganz
wie oben mit -tsiarilugo.
maungarĸárane ob. rĸártinnano utterivoĸ illaminut vorher
nicht hieher kommend ob. sich vorher nicht hieher kommen
lassend, kehrte er wieder zu den Seinen zurück; d. h. entweder: **ohne vorher** hierher zu kommen (ein späteres
Kommen als nicht eintretend gedacht); oder aber auch:
ehe er hieher kam (sein späteres Kommen als eintretend
gedacht).
sugiarkárnago aulartingilát sie ließen ihn nicht gehn, **ehe, bis**
sie ihn gezüchtigt hatten, ob. **ohne ihn vorher** zu züchtigen
(sie ihn vorher nicht züchtigend).

II. Anhänge. Anhang: tillugo, -ʀκovlugo.

aularκârtinnago tikipotit ehe er fortging (du ihn vorher nicht fortgehn laſſend), biſt du gekommen.
aularκârtinnane ob. aularκârane imailivoκ ehe er fortging (er ſich vorher nicht fortgehn laſſend ob. er vorher nicht fortgehend), ſprach er ſo, that er ſo (wie folgt).
aularκârtinnak tikipogut ehe du ausgingſt (wir dich vorher nicht ausgehn laſſend), ſind wir gekommen.
aularκârtinnak ob. aularκârnak imaililauκpotit ehe du weg= gingſt (du dich vorher nicht weggehen laſſend ob. du vorher nicht weggehend), ſprachſt du ſo, thateſt du ſo.
tessiulaunga κaerκoniarκârnanga illingnut führe mich, bis du mich zu dir rufen wirſt (du mich vorher nicht zu dir kommen heißend).

§ 508. **Anm. 1. tillugo, -ʀκovlugo und tillune, -ʀκovlune.**
Wie oben § 506 geſagt, werden bei dieſen Anhängen die reſp. Formen der dritten Perſon auf lune, lutik nicht grade häufig gebraucht. Deshalb brauchen auch wohl die meiſten Esk. ſogar ruhig tillugo, -ʀκovlugo, wo tillune (ob. lune), -ʀκovlune ſtehen ſollte. Aber dieſer Gebrauch, der entſchieden fehlerhaft iſt, iſt nicht nachzuahmen.
In Fällen dagegen, wo **dem Sinn nach** ein andrer Thäter in den Vordergrund tritt, als der in der **Vorifſorm** ausgedrückte (z. B. beim Optativ und Paſſiv), iſt es ein andes Ding, und die Form tillugo, -ʀκovlugo nicht zu verwerfen; z. B. Mark. 6, 36: aulaſit κakκójaκsiniarκovlugit laßt ſie gehn, daß ſie Brod kaufen (ihr ſie — Acc. — Brod kaufen heißend). Stünde hier **-ʀκovlutik** (was von den Esk. nicht vorgezogen wird, aber doch geht), ſo würde die **Form** maßgebend ſein, nämlich: **Sie mögen gehen, ſie ſich** ſelbſt Brod kaufen heißend.
Ebenſo beim Paſſiv. Z. B. pillartauvoκ annusingorκovlugo er wird beſtraft, da= mit er ſich's ad notam nehme und nicht mehr thue. Der **Form** nach iſt „er" wohl das Subjekt (Thäter), dem **Sinn** nach aber iſt's ein andrer: **Man** ſtraft **ihn, ihn** durch Er= fahrung klug werden heißend. Vgl. Syntax § 532 und § 536.

§ 509. **Anm. 2. a) -ʀκovlugo und -ʀκolugo.**
Wo das Heißen ein direktes iſt, nicht nur ein indirektes, in Gedanken ſtattfindendes = wollen (in welchem letzteren Fall wir es, wie oben gezeigt, oft durch einen Nebenſatz mit damit überſetzen können), wird ſchein's von vielen Esk. im Inf. die Form ohne v (ſ. § 245) gebraucht, alſo -ʀκolugo, (nicht -ʀκovlugo — damit er) u. ſ. w. Z. B. bei κaerκová er ruft ihn, heißt ihn kommen: ailerit uit κaerκolugo geh, rufe deinen Mann. Joh. 4, 16. Ebenſo: Gûdib maksuarκovâtigut κuvinasorκolutalo Gott heißt uns muntig und froh ſein.
Doch ſcheinen die meiſten Esk. dieſen Unterſchied nicht zu machen, und beide Formen durcheinander zu brauchen, wie man ja auch annerivlugo und annorilugo ſagen kann (§ 245). Immerhin aber wäre in dieſer möglichen Doppelform eine grammatikaliſche Unterlage zu einem ſolchen Unterſchied gegeben, wie er z. B. auch zwiſchen pivluno und pilune von manchen gemacht wird § 248. Vgl. auch uvlome und uvlorme § 58. Eine ſolche gram. Grundlage fehlt aber völlig für die Unterſcheidung von
b) **tillugo und tilugo.**
Ganz ähnlich nämlich wie bei dem eben Erwähnten wird in unſern bisherigen Drucken folg. Unterſchied gemacht: Wo wir „während, indem" überſetzen, wird tillugo (ob. tidlugo) ge= ſchrieben; dagegen wo auch wir „machen, laſſen" überſetzen (ein aktives Machen) nur tilugo mit einem l. Z. B.
kiksaralloartillugo mittautigivara obwohl er betrübt war, verſpottete ich ihn. Dagegen: mittautigivara kiksartilugolo ich verſpottete und betrübte ihn. Ebenſo:
piungitomut illingatillugo sapperpavut während er auſs Böſe gerichtet iſt, können wir's nicht mit ihm ſchaffen. Dagegen:
κanoκ illingatilugo sennalauκiñκ wie (es beſchaffen ſein machend) haſt du es gearbeitet?
Aber die Esk. ſelbſt **machen dieſen Unterſchied nicht, ſondern ſprechen überall der gram. Forderung gemäß mit geſchärfter Silbe: tillugo, tidlugo.** Jedenfalls herrſchte hier nur europäiſcher Einfluß, der ja früher auch tillugo und -ʀκovlugo (es aus ſeinem Zuſammenhang mit tipâ und -ʀκová reißend) der lateiniſchen Grammatik gemäß als Gerundium und Supinum des Verbums bezeichnete.

Deutsch-eskimoisches Verzeichnis
der vorstehenden Anhänge.

Die est. Form ist nur ganz kurz angegeben, man hat daher durchaus den voranstehenden esk.-deutschen Teil stets näher zu vergleichen.

Abbild -ŋgoak;
  in abbildlicher (spielender) Weise
  -ŋgoarpok.
Abfall -ko.
ähnlich -ujak.
  (-gijârpâ § 402 u. Anm.)
aller; der aller— pâk.
alt -tokak.
am meisten -unerpâk § 453 Anm. 2.
anscheinend -ujârpok.
armselig -lugasak.
auch, wieder -givok, mivok ꝛc.
bald, schnell saraipok (sârpok).
bedient sich dessen -lijarpok.
Behältnis für -kaut.
beinah, so halb -ngavok, -ngajok.
bekommt -ligarpok, närpok.
  „ viele -avok, -lerkivok.
  „ wenige taisarpok.
  „ so u. so viel -rârpok.
bemüht, bestrebt sich -nasuarpok.
bereits -gôrpok, -jarêrpok.
beschädigt, verletzt ihm das -ijarpâ, -ilivâ.
besonders -luarpok, -luak.
bestimmt zu einem -ksak.
Bewohner, sich da befindend miok.
breit, dick tânnak.
bringt -litsivok f. versteht ihn.
bis -tsiarivlugo, -rkârane, -rkârtinnago § 506.
damit -rkovlugo § 506.
Dank, daß; ich danke, daß er -dlartuarkôk!
eben erst (jetzt erst) -tainarpok.
ehe -rkârane, -rkârtinnago § 506.
eigen, vorrätig -kôt (-kut).
einander -gêt, -gêkput, -tigôkput, -utivut, -kâttautivut.
einerlei, sie sind -katigêkput, -kuarêkput.
ein klein wenig -luarsukpok.

ein klein wenig mehr, zu viel -luarârsukpok.
ein wenig -galak, -galakpok ꝛc., -giak, -giarlak, -giarpok.
ein wenig mehr als vorher -umivok, -umijârpok.
einzig -tuak (-tuarpok).
endlich sinnarpok.
Ergebnis, Folge, Wirkung nek.
erhält (findet, kauft) sivok, siarivâ (siak).
erlegt, bekommt pok.
etwas von, ein Stück von -jak, -ja.
etwas weniger -ungnersômivok.
fast -kasak, -kasakpok.
Familie, Gesellschaft des -kkut.
fährt (z. B. Boot) torpok.
fährt fort zu -gannerpok.
fängt an -lerpok, -giarpok.
feiert siorpok.
findet, erhält, kauft sivok.
friert daran -erpok, -ijarpok.
früh -jâjuvok.
fürchtend, aus Furcht, daß er -dlaroarpok.
ganz -marik, -marikpok.
gehabtes (zum Eigentum) -kôt (-kut).
gehörig, zugehörig tak.
geht auf der u. der Seite von ihm -rkopâ, -rkotsivok.
  „ dahin muarpok, môrpok, ungarpok. *Term.*
  „ da durch -kôrpok, -gôrpok, ûnarpok. *Vial.*
  „ zu -liarpok.
  „ hin oder kommt her um zu iartorpok (iarpok).
gemachtes -liak (-lianga).
—genosse -kat.
gern, durch nerpok, nerivâ.
gewesener -vinek.
gewaltig, greulich, schlecht -âluk.

gewaltig stark, arg -párpoᴋ, -soadloarpoᴋ.
glaubt, daß er; hält ihn für -nasugivâ.
gleicht seinem -gijárpâ.
Gottsei Dank, gottlobvgl.-dlartuarpoᴋ.
grade (ganz ein) -luatsiaᴋ, -luatsiarpoᴋ.
groß soaᴋ, -päk, -vak, -vik, -vakpoᴋ, -vikpoᴋ.
hält ihn für torivâ, -jorivâ, -nasugivâ.
hält es wert (bezw. geizt damit) -ᴋarᴋerpoᴋ.
hat -ᴋarpoᴋ (-ᴋsarpoᴋ, -ksarpoᴋ).
hat ihn zu -givâ, -rivâ.
hat das bei sich, führt mit sich -gípoᴋ.
" " " " und bedient sich dessen -lijarpoᴋ.
hat das groß -gikpoᴋ.
" " " (viel)-rᴋortovoᴋ, tovoᴋ, -jarikpoᴋ.
hat das klein, wenig -kípoᴋ.
" " schön -tsiarikpoᴋ.
hat das schlecht -lukpoᴋ.
hat es satt -ngorpoᴋ.
hat ge—; ist ge—, war (Handlung in der Vergangenheit) -lauᴋpoᴋ ꝛc. -rᴋauvoᴋ.
hat ge—; ist ge— (vollendete Handlung) simavoᴋ.
hat (neu) bekommen tárpoᴋ.
hat ihn ohne — gemacht -erpâ, -erutivâ (-ijarpâ).
hat Lust danach -gosukpoᴋ, -gukpoᴋ.
heißt ihn -rᴋovâ.
holt (trägt) tarpoᴋ.
holt d. h. geht oder kommt zu holen -itorpoᴋ, sarpoᴋ.
—iges (z. B. steiniges) -lik.
immer -inarpoᴋ, -tsainarpoᴋ.
Infinitiv mit Artikel neᴋ (-giaᴋ).
ist -uvoᴋ.
(ist, bes. mit Pot. -ípoᴋ).
ist am, ist bereit sungavoᴋ.
ist angenehm zu nerpoᴋ, -rannerpoᴋ ꝛc.
ist aufgelegt, hat Lust zu -gosukpoᴋ.
ist damit beschäftigt, hat damit zu thun -lerivoᴋ.

ist des müde -ngorpoᴋ (-ngudlarpoᴋ).
ist fertig -gérpoᴋ, -rérpoᴋ, -jarérpoᴋ.
ist langsam dazu nasárpoᴋ.
ist —lich, —bar, ist zum — naᴋpoᴋ.
ist ihm passend -luarivâ.
ist ohne das -ípoᴋ.
" " " geworden -erpoᴋ.
ißt, trinkt das torpoᴋ.
jeder will zuerst -rᴋárᴋotautivut § 496 Anm. 1.
je mehr — desto mehr, durch palliavoᴋ.
Junges -araᴋ.
Kameraden des -kkut.
kann uagnarpoᴋ.
" nicht mehr ungnangerpoᴋ.
tauft sivoᴋ, siniarpoᴋ, siniutivâ.
klein (niedlich) -arsuk, -arulak, -gulak, -galak (-giarlak).
" (gering, elend, kümmerlich) -kulluk, -kullukpoᴋ; -arpik.
Komparativ, durch neᴋ, nersaᴋ, -luarpoᴋ, -rᴋejaᴋ.
kommt dahin -lípoᴋ (-livoᴋ).
kostet ist wie tôrpoᴋ.
kurze Zeit, einen Augenblick -llakpoᴋ, -llâvoᴋ.
lang -kitárpoᴋ (vgl. § 484 Anm. 2. tômavoᴋ).
läßt ihn, macht ihn tipâ.
lieber -ngárpoᴋ, -ngáᴋ.
liebstes, Lieblings — -unaᴋ.
macht ihn, macht daß er tipâ, sarpâ.
" schafft das -livoᴋ; für ihn -livâ.
" ihm viel -avâ, -adlarpâ; sich, d. h. bekommt viel -adlarpoᴋ.
" ihm das los -udjárpâ § 393.
" ihn ohne -ijarpâ (Präs., -erpâ Perf.)
mehr -unersaᴋ § 453 Anm. 2.
mehr als -luarpoᴋ, -ngárpoᴋ, nersaᴋ s. Komparativ.
mehrere, viele -gasait, -gasaksuit.
Mit—, —genosse -kât.
mit, zugleich mit -ᴋassiutivâ ꝛc. -kâtauvoᴋ, -kâtigivâ.
miteinander -kâtigêt, -kâtigêkput.
mit knapper Not, zur Not -ggarpoᴋ.
Mittel -ut, -jut, -t, -kut (utigivâ).
Müssen, das so sein Müssen -giaᴋ.

nachdem -rkáɾlune ɾc. § 566.
nächstens, wird bald -jaraklivok.
Neben —, **Unter** — usek (-rusek).
nennt ihn nerarpá.
neu tak.
neulich, kürzlich -rkámmerpok.
nicht -ngilak, -lúngilak, -tsángilak,
(durch tailivá, vok).
  „ kann durchaus nicht leicht,
ist durchaus nicht -jaipok.
  „ mehr ungnaerpok.
  „ so stark -tsángilak (-tsárnak).
nie -juipok, -suipok.
niedlich -arsuk, -arsukpok.
nimmt ihn weg -erpá, -ijarpá.
nimmt mit sich, hat bei sich -gipok.
nötig, hat -giakarpok, -jariakarpok.
nun, durch -lerpok § 439 Anm.
sivok § 476, b. (3. B. -jarik-
sivok, tusivok, ungnarsivok).
nur, nur ein -inak, -tuinak, -tuinar-
pok.

oft -goarpok.
  „ bei jeder Gelegenheit -gajukpok.
öfters káttarpok (tarpok II).
Ort wo vik.

Partizip § 360.
Perfekt (Vollendung) simavok.
pflegt pakpok, -sóngovok, -sórivá.
  „ welcher pflegt -sók, -jók.
plötzlich, mit einem Male -akivok,
-liakivok.
Präsens, durch nasuarpok, -lerpok
(Anm.).

Resultat s. Ergebnis.
Richtung, der (äußerste) in der R.
-lek ɾc.
Richtung, bewegt sich nach der u. der
R. parpok, -varpok.
Richtung, liegt nach der u. der R. zu
pasikpok, vasikpok.
riecht nach sungnipok, nipok.

Sache, **Stoff** (Material) ɾc. zu etwas
-ksak.
sagt -rpok.
sagt, daß er nerarpá.
schafft sich an, nimmt nikpok.
scheint -rkórpok, -ujárpok.

schenkt s. verschiebt ihn mit.
schlägt ihn da u. da -arpá, -artarpá.
schlecht -áluk, -álukpok, -lukak, -lu-
gasak, -lukpok, nerlukpok.
schnell, bald saraipok.
schnell ein wenig sárpok.
schnell, hurtig -kállakpok.
schon -gérpok, -jarérpok.
schön, hübsch -tsiak, -tsiarpok.
  „ hat das schön -tsiarikpok.
  „ thut schön ɾc. -llorikpok.
schön, daß oder gut, daß s. o. Dank,
daß: dlartuarpok.
Schutz, **Bedeckung** für oder vor -ilitak.
sehr -dlarpok (-ngárpok).
sieht danach aus palukpok.
sobald als -tuarmat.
so und so vielmal -arpá, -arpok,
-arterpok, -ertorpok, -pá.
(ist, thut) so — wie tigivok.
soll, muß (thun) tuksauvok,-juksauvok
§ 294.
soll, muß (gethan werden) taksauvok
§ 294.
soll, muß (ihn thun) taksarivá § 294.
spielt das u. das, sucht das u. das
vorzustellen -ujárpok.
stammend aus der u. der Zeit nitak.
Stelle wo vik.
stellt sich, als ob er (nicht) sertorpok,
-ngitsertorpok.
Stoff im allgemeinen -ksajak.
Stück von -vinek.
sucht (ihn) siorpok, siorpá.
Superlativ nek, nerpák, nerovok,
nerpauvok.

teilt es in so u. so viele Teile -ilivá,
-ulivá.
thut ihm was mit dem (einem Leibes-
gliede) mikpá ɾc.
  „ mehreren ob. öfters so káppait
(karpait), kaivok.
  „ so an ihm -utivá.
trachtet nach niarpok.
trägt, bringt, holt tarpok.
trifft, bekommt nárkutivok,
  „ ihn so an nárkutivá.
  „ ihn an dem u. dem Körperteil
-rokpá.

21*

Urſache ut, -ut, -jut (-utigivấ).
ungewußterweiſe, gerüchtsweiſe, ohne daß man dabei war nerpoĸ.
übt die Handlung an ihm aus -utivấ.
veranlaßt, daß er lípấ.
verdient — zu werden durch taksaĸ Paſſ. Part. § 294.
verhandelt -erpoĸ, -ijarpoĸ.
verhindert ihn tailivấ ꝛc.
Verhinderungsmittel -gökut, -rékut.
Vergangenheit (je nachdem kürzere od. längere Zeit verſtrichen:) -rĸauvoĸ, -lauĸpoĸ, -laulerivoĸ, -laulerpoĸ, -laujuvoĸ.
verlieren, hat ihm verloren -arsivấ, voĸ ꝛc. (-erpoĸ).
vermutlich paluĸpoĸ, palaivoĸ.
verſehen mit -lik, talik.
„ hat ihn damit -lerpấ, tấrpấ.
verſieht ihn damit, bringt, ſchenkt -lípấ, -litsivoĸ.
völlig, ganz, durchaus -́marik, -́marikpoĸ, -́llarikpoĸ.
vollendete Handlung simavoĸ, mavoĸ.
vorrätiges, gehabtes -köt (-küt).
was ein — werden ſoll -ksak.
während, indem tillugo § 506.
wartet, bis er -tsiarivấ ꝛc.
weiland, der -lauĸtoĸ.
welcher, durch die Partizipien § 360.
„ das in großem Maße od. in gr. Zahl hat tök.
„ mehr, in höherem Grade iſt -rĸejaĸ.
„ thun muß, ſoll tuksak § 293.
welchem ſo gethan werden muß od. ſoll taksaĸ § 293.
wendet die Handlung auf ihn an -utivấ.

wenig, ein klein wenig -kullukpoĸ, -arpik, -arpikpoĸ.
weniger -tsängilaĸ (-tsấrane).
Werkzeug -ut, ut.
wetteifern in -rĸấrĸotautivut § 496 Anm. 1.
wieder, auch -givoĸ, mivoĸ ꝛc.
„ nochmals -psấrpoĸ, -lerkípoĸ.
wie man hört palaivoĸ (nerpoĸ); vgl. gök § 299.
will omavoĸ.
will ihn haben -́kkumavấ (= -gijomavấ).
Wind von dort u. dort -ngấĸ.
wird das, wird ſo -́ngorpoĸ.
„ (Zukunft) niarpoĸ, -lấrpoĸ, omấrpoĸ.
„ (Paſſiv) tauvoĸ, -jauvoĸ, viovoĸ.
wünſcht ſich das, ſehnt ſich nach -ilerkivoĸ.
wünſchenswert, es iſt ominarpoĸ, -rĸojominarpoĸ.
würde (wäre) -najarpoĸ.
würdig zu — durch das Part. tuksaĸ od. taksaĸ § 294.
Zeit da vik.
zieht an, hat angezogen poĸ (torpoĸ).
zögert zu nasấrpoĸ.
zuerſt, erſt -rĸấrpoĸ.
zugehöriges taĸ.
zugleich mit -kassiudjivoĸ, -kấtauvoĸ.
zunehmends, nimmt zu in palliavoĸ.
zum erſtenmal -giorpoĸ, -tainarpoĸ (-rngarpoĸ).
zum letzten Mal -sungarpoĸ.
zuſammen -kätigéĸput, -kätigiyấ.
Zuſtand; iſt, bleibt in dem Z. -ngavoĸ.
zwar, wohl -galloaĸ, -galloarpoĸ.

Dritter Hauptteil.

Syntax oder Satzlehre.
§ 511—578.

Es sollen im folgenden nur kurze Bemerkungen zu verschiedenen Punkten gegeben werden. Für ein tieferes Studium der Syntax bietet Kleinschmidts Gram. von § 68 an eine weitere Fundgrube, aus der auch das Folgende zum großen Teil, oft wörtlich, entnommen ist (wobei etwaige Beisp. in den Labr. Dialekt umgesetzt, auch die in unsrer Gram. üblichen Bezeichnungen gewählt sind).

Erster Abschnitt.

Verhältnisse der Wörter im Satze.
§ 511—570.

A. Zum Nennwort.
§ 511—543.

I. Von den Kasus und tut.
§ 511—528.

Erstens: Vom esk. Transitiv und unserm deutschen Genitiv. (Klschm. § 72.)
§ 511—512.

Das Nötigste über den Trans. und Intransitiv ist § 36—39 gesagt. Der Trans. mit einem *c. s.* Nennwort drückt nach § 37 den Besitz und so unsern Genitiv aus. „Als Besitz eines Gegenstandes gelten im Esk. aber nicht nur „solche Dinge, die auch bei uns durch mein, dein, sein, als Besitz bezeichnet „werden (z. B. wirkliches Eigentum, Bestandteile, Eigenschaften, Blutsverwandte „u. dgl.), sondern auch

„a) das Thatziel bei pass. Partizipien (sein Gesehenes ꝛc.   was er
„gesehen hat).

„b) die Umgebungen, als zugehörige Räume betrachtet (sein Unteres
„u. dgl. Ortswörter § 113).

„c) verglichene Gegenstände (sein Größeres = was größer ist als er)
„u. dgl. mehr.

„Und so wie es viele Verba gibt, die immer ein Suffix haben (e. s.),
„so gibt's auch viele Nennwörter, die selten oder nie ohne Suffix vorkommen.
„Dahin gehören außer den Ortswörtern § 113 namentlich noch die Benen=
„nungen der Teile eines Ganzen (wo wir sagen: der Kopf, die Augen, die
„Rinde, der Mast, die Mitte u. dgl., da sagt man im Est. durchgängig sein,
„dein ꝛc. Kopf, seine Rinde ꝛc.). — ferner die aktiven Partizipien (z. B. mein
„Retter, der mich rettet § 283), die Verwandtschaftsnamen (z. B. sein älterer
„Bruder) und einige Anhangwörter."

Der Est. liebt diese Ausdrucksart mit dem Suffix ungemein. Er sagt
z. B. neben annore mehr fast noch annoringa sein (des Landes ꝛc.) Wind,
wir nur: der Wind; er sagt bei einem Geschwisterpaar: anninga ihr Bruder
oder angutinga anginersauvok ihr (des Mädchens) Mann ist größer: wir:
der Junge ist größer. Beim Einlaufen sagt der Est. (eben so oft wie: „für
meine Frau" auch) »nänanganut für seine (nämlich des Kindes) Mutter,
auch wenn er das Kind vorher gar nicht genannt.

§ 512.   Nicht aber entspricht umgekehrt immer jedem deutschen Genitiv die
obige Ausdrucksweise mit dem Transitiv und nachfolgendem e. s. Nennwort
(vgl. Klschm. § 72 und Anh. S. 176. 177). „Nur wo der Gen. den Besitzer
„oder Besitz, den Thäter oder das Thatziel bezeichnet (§ 511), da entspricht
„ihm der est. Transitiv mit folgendem Suffix. Es sind solche Fälle, wo nach
„gemeiner Sprechweise auch bei uns Prenomina (sein, ihr ꝛc.) gebraucht werden.
„Z. B.: Der Garten meines Vaters = meinem Vater sein Garten; die
„Spiele der Kinder (Kinderspiele) = der Kinder ihre Spiele; der Verfasser
„dieses Liedes = diesem Lied sein Verfasser.

„Alle andern Genitive müssen dagegen im Est. auf andre Weise
„wiedergegeben werden, immer entsprechend dem, was sie eigentlich aus=
„drücken (und das wird oft viel zu wenig beachtet). Im Deutschen nämlich
„brauchen wir unsern Gen. nicht nur zur Bezeichnung des Angehörigkeits=
„verhältnisses, sondern auch für anderes. So sagen wir z. B. Zeit der Not
„für: Zeit, in welcher Not herrscht; Gedanken des Friedens für: Gedanken,
„die auf Frieden gehn; Worte des Zorns für: aus Zorn entsprungene oder
„Zorn kundgebende Worte; Todesfurcht = Furcht vor dem Tod, ebenso
„Vaterlandsliebe, Menschenhaß ꝛc.; Reiche der Welt = Reiche in der Welt;
„Schiffszeichen = Zeichen für die Schiffe u. s. w.

Da das Gesagte überaus wichtig, so mögen mehr Beispiele folgen, weil
in unserm Gebrauch und unsern Schriften sehr viel dagegen gefehlt wird.
In der neuen Auflage des N. T. 1876/78 ist gesucht, auch nach dieser Richtung
hin Verbesserung eintreten zu lassen. Ob genügend, ist freilich die Frage.
Uebrigens lassen sich grade da unendlich viel Beisp. finden. Z. B.

I. Kasus: Transitiv, Genitiv.

Kinder des Reichs nâlegauvingme kittorngaujut Mt. 8, 12: 13, 38. **Kinder der Verheißung** anersimanikut kittorngaujut Röm. 9, 8.*) **Richthaus** iglo kiglisiniarvik Mt. 27, 27. **Bußpredigt** okâlanek kakkialerkojijok. Taufe zur Buße ähnlich: Mt. 1, 4. Ap. 19, 4. **Wort des Lebens** okausek inôgutanjok eb. inôgutilik Joh. 6, 68. 1 Joh. 1, 1. **Weg des Lebens** apkosinek inôgumut Ap. 2, 28 (nicht Pf. 16, 11). **Auf den Tag meines Begräbnisses** uvlormut illuvertauniksamnut Joh. 12, 7. **Reichtum seiner Güte** = fein Reichtum an Güte akluininga pitsiarnermik Röm. 2, 4. Eph. 1, 7. **Fußstapfen des Glaubens Abrahams** okperuinga tupjarlugo Röm. 4, 12. **Göttliche Traurigkeit**, Tr. der Welt kiksarnek Gûdemit pijok, kiksarnek sillaksûb illusingatut 2 Kor. 7, 10. **Frucht des Geistes** anernerub perorterningit oder perortitangit Gal. 5, 22. Ephes. 5, 9. **Früchte des Glaubens** okperuerub perorterningit od. perortitangit. **Geist der Weisheit und Offenbarung** anernek illisimanartok nellojungnaertitsijorlo Eph. 1, 17. **Tag der Erlösung** uvlok piulijauviksak Eph. 4, 30. **Friede Gottes** Gûdemit pijok Phil. 4, 7.

Ebenso noch: **Gesetz der Freiheit** perkojat kivganjungnaertitsijut Jak. 1, 25. **Geruch des Lebens** 2 Kor. 2, 16. **Hoffnung eures Berufs** Eph. 4, 4. **Maß der Gabe** 4, 7. **Gemeinschaft des Geistes**, **Trost der Liebe** Phil. 2, 1. **Gott des Friedens** 4, 9 (Ebr. 7, 2). **Wort des Eides**, **Bekenntnis der Hoffnung**, **Mittler des N. T.** Ebr. 7, 28. 10, 23. 12, 24. Und dann die ganze Stelle Eph. 6, 13—17 von der geistlichen Waffenrüstung: **Krebs der Gerechtigkeit** ꝛc., wo freilich V. 11 „Harnisch Gottes" wohl noch eine bessere Uebersetzung finden mag; vgl. die Fußnote.

Ferner: Mt. 26, 17. 27, 8. Joh. 5, 29. Ap. 7, 8. Röm. 1, 5. 2 Kor. 2, 14. 3, 3, 6, 2. 7. 10, 3. Eph. 1, 17. 18. Phil. 2, 16. 17. 4, 3. Kol. 1, 9. 23. 2, 2. 2 Tim. 1, 7. 2, 19. (Ebr. 3, 8. 4, 11. 16. 5, 13. 6, 17. 10, 29. 11, 26. Jak. 5, 15. 2 Petri 2, 2. 21. 1 Joh. 4, 6. Jud. 23 (?) Offb. 11, 6. 13, 1. 14, 8. 10. (?) 19, 19, 15. (?) 20, 15. 22, 1. 7. 9. und viele andre Stellen.

---

*) Es wird aber grade bei diesem Ausdruck (**Kind des —**) so wie ähnlichen, die ein Bild enthalten, besonders solchen, die einen speziell biblischen Anschauungs- und Ausdruckskreise in sich schließen, gewiß auch an manchen Orten am Platz sein, den Transl. mit folgendem Suffix zu wählen, um eben jenen bildlichen Ausdruck des Originals wiederzugeben, statt der Finsternis, des Unglaubens kaumajuit, tarûb, okpinginerub kittorngangit. 1 Thess. 5, 5. Ebraei. 5, 6, 9. 2, 2. 3. Kol. 3, 6; der Auferstehung Luk. 20, 36 vgl. Ap. 3, 25; des Verderbens 2 Thess. 2, 3. **Vater des Lichts, der Lüge** Jak. 1, 17. Joh. 8, 44. (Tagegen **Vater der Barmherzigkeit** auch atâta nǵkinikto̳ksonik 2 Kor. 1, 3.) Ebenso ob aber so das beste?) Luk. 11, 52 **Schlüssel der Erkenntnis**: Ap. 3, 15 **Herr des Lebens**: Eph. 1, 17 **Vater der Herrlichkeit**: Offenb. 17, 5 **Mutter aller Hurerei**.

Der Wichtigkeit des Gegenstandes wegen geben wir noch einige Winke Kleinschmidts, die deutsche Genitivbildung betreffend: „In ganz einzelnen Fällen, wo das Bild eskimoisch verständlich ist oder leicht werden kann, kann man solche Gen.-Verbindungen (wie die eben angeführten im Transl.) wieder-geben, in der Regel müssen sie aber in ihre logischen Bestandteile zerlegt werden. Dabei kommen allerdings „Fälle vor, wo verschd. Auffassungsweisen in Frage kommen können; so muß man dann eben nach bestem „Gewissen wählen. Auch das kann in Frage kommen, wie weit man das Bildliche eines solchen Ausdrucks „unverändert wiedergeben kann oder nicht. So ajorluk (Mt. 13, 38), kannngli̳k kittorngangit. (Die kühnen „Ersgeborenen: tokip naugingullûa [Labr. Haugu]: die Wimpern der Morgenröte; vgl. auch Hof. 4, 19. — „Weiter: „Die Worte unsers Textes, dieses Buches." Hier, glaube ich, genügt mit einem Suffix (saglait „tamakkua okausingit), obgleich das so ursprünglich nicht est. ist, aber der erweiterte Gesichtskreis erfordert „auch erweiterte Ausdrucksformen, nur keine widerhaarigen! ES gilt da namentlich zu wissen, was das Suffix „an jedem einzelnen Wort bedeutet, worüber das Labr. Wbch. freilich gar oft unrichtige Auskunft gibt. Ich „führe einige solche an": [Es folgt nun um Teil das, was beim Anhang -kut (ken) Anm. besprochen, was dort nachzulesen. Dort wurde auch bemerkt, daß in Labr. das einfache Suffix doch in weiterem Umfang ge-„braucht zu werden scheint, als in Grld.] „auka sein Blut, ist das in ihm, in seinem Körper enthaltene „Blut, welches herausläuft, wenn man eine Wunde hineinmacht; augersutib aunga Blut des Bundes, ebenso „testamentub aunga wäre also gradezu Unsinn." [Bei solchen Ausdruk verstehen freilich unsre Est., durchaus keinen Anstoß zu finden, sondern die Sache richtig aufzufassen.] „Taggaen ist — — p pia [Labr. „— — b phra] richtig: was (irgendwie) dem anhaftet: wie denn z. B. auch die Konstruktion oft unserm „—isch —lich entspricht, z. B. kilaup pô [Labr. kilaub pingit] das Himmlische, innab pingit das Irdische. „Gatip sakutússutat [Labr. etwa Gûdib sakkungit?] Gottes Rüstung, wäre eine Rüstung, die Gott selber „anhat; dagegen eine göttliche R. (Gott gehörige, von G. gegebene, mit der wir angethan werden sollen, „kann füglich nicht anders sein als s. Gûtip pô [sakkut Gûdib pingit]. Da ist allerdings ein wesentlicher „Unterschied. So auch Todesstand Pf. 22, Kivassup sekungnero) tokkub pingit. Geheimnis des Glaubens, „der Gottseligkeit — okperuerub pinga, — Gûdemut nâlengnerub pinga. Kampfpreis ajuga̳ujub pi-„jaksanga. Glaubenskampf gut durch okpernermigut akso̳rôtivuk zu geben. Kronikab aglangit kann der „Est. nicht anders verstehen als von einem Schriftsteller, der Kronika heißt." — Bgl. auch im Est. Röm. 7, 24: **vom Leib dieses Todes** timovit, tokkub tamattoma pinganit.

328   III. Syntax. A. Nennwort.

Zweitens: **Von den fünf durch Appositionen gebildeten Kasus und tut.**
(Kl. § 80—86.) § 513—528.

§ 513. Im allgemeinen ist vorauszubemerken, daß auch hier die esk. Anschauung nicht immer mit der deutschen stimmt, ebenso wie z. B. auch im Lateinischen und sonst manche Verba einen andern Kasus regieren als im Deutschen. So sagen wir z. B. ich verließ ihn dort, der Esk. dagegen: dorthin (Term.). Das Wbch. sollte dies überall angeben.
Wie der Eskimo überhaupt nicht liebt, sich mit abstrakten Begriffen auszudrücken (§ 420. Anm. 5), sondern lieber eine konkrete Ausdrucks= weise wählt (welche die abstrakten Begriffe, Eigenschaften ꝛc. gewissermaßen sichtbar in Personen und Dingen auftreten läßt), — so auch hier, wo statt unsers Ausdrucks mit der Präposition (esk. Apposition) sehr häufig durch Verbalausdruck der Handelnde genannt wird; z. B. für: mit Lust und Liebe, mit Verdruß (esk. *Term.* grld. *Mod.*) auch: Lust und Liebe habend, verdrieß= lich seiend (*Inf.*); statt: zur Zeit des Königs Kores auch: als Kores König war, lebte. Zu allem Folgenden vgl. das oben § 40—48 von den Appositionen Gesagte und die Beispiele daselbst.

1. **Der Lokalis** (mo, ne) dient zur Angabe (§ 514—516):

§ 514. 1) des Ortes, wo die Handlung stattfindet: in, an, bei; nunane tamaine in allen Ländern; kongme in ob. bei, an dem Flusse; äne im Süden. Vgl. auch die Ortswörter § 113 ff.
Man achte auch auf folgenden Gebrauch beim Nom. part. und ähnlichen, sowie bei dem Anhang vik, wo der Lok. oft am besten durch einen Satz mit wo wiedergegeben wird. Z. B.

(mit ob. ohne nane) perkutekarvipsingne ōmatise tagvanĕnivut
  an eurer Eigentumhabensstelle d. h. wo euer Schatz ist,
  da sind auch eure Herzen.
okpernekartome naglingnekarivok in dem (Menschen ob. Ort),
  der Glauben hat, hat es auch Liebe d. h. wo Glauben
  ist, da ist auch Liebe. Mit ganz gleichem Sinn pluralisch:
okpernekartune naglingnekarivok in den (Menschen ob. Oertern),
  die Glauben haben u. s. w.
tuksiartune ajornartokangilak bei Betenden oder: wo man betet,
  ist nichts unmöglich.
issumangnarungnaitokartune (auch tome) ajortunit tagvane inōse-
  karivok pilloringnartokalarmelo wo Vergebung der
  Sünden ist, da ist auch Leben und Seligkeit.

§ 515. 2) der Zeit, innerhalb der das Besagte stattfindet, doch nur:
„a) wenn entweder grade auf die Zeit ein besonderer Nachdruck ge= „legt wird", z. B. aujame (ob. aujautillugo) ajoksarmangilak im Sommer (im Gegensatz zum Winter) leidet man keinen Mangel; unnuane äniadlarpok, uvlōlerangat ikublauminga̍vok in der Nacht (in den Nächten) hat er Schmerzen, am Tage ist es wieder etwas erträglicher, ist er etwas besser.
b) Dabei auch insbesondere mit Betonung der Zeitdauer auf die Frage: wie lang? (wie auch der Mob. f. u. § 525, 8.) Z. B. uvlungne muggungne sinăliarpogut in zwei Tagen fuhren wir bis zur Seekante, zwei Tage brauchten wir bis dahin; uvlune (ob. nik) pingasune (nik) = uvlut pingasut nă-vlugit nerringilak drei Tage lang aß er nichts.

I. Kasus. Lokalis. Ablativ.

c) „oder, wenn das zeitbestimmende Wort kein eigentlicher Zeitname ist, wie namentlich mit dem Anhang ᴎᴇκ" (ningane). Z. B. aullarit ᴋassûminganingaɴe mach dich fort in seinem (d. h. des Wetters) Ruhiger=ge= worden=sein, b. h. während es nun wieder ruhiger ist; opugitso mâna sikkut aiᴛauminingᴋénne rudert jetzt in des Eises (eig.: Eisstücken ihrem) Sich= etwas=aufthun, Sich=auseinanderschieben, d. h. während u. s. w.

NB. „Sonst stehen die eigentlichen Zeitnamen, wo sie zur Bezeichnung §516. „einer bestimmten Zeit dienen (wie Partikeln), ohne Apposition, b. h. im „Intrans. wie bei uns der Akkusativ." Z. B.

unnuak siningilanga die (letzte) Nacht habe ich nicht geschlafen.
aujaᴋ aullarsin.avoᴋ den (letzten) Sommer ist er fortgezogen.
okkiaᴋ sioramélârpogut den (kommenden) Herbst werden wir auf
    Storaf sein.
uvlut ikkitut mattoma (taipsoma) sivorngagut wenige Tage vor
    diesem (vor jener Zeit), kurz: einige Tage vorher.
„Und für unbestimmt angegebne Zeit stehen sie im Vialis." S. § 518, 2.

2. **Der Ablativ** (mit, nit ꝛc.) bezeichnet das Ausgangsverhältnis und   § 517.
steht daher:

1) Bei Verben, um den Ort des Ausgangs anzugeben, z. B.
tûpsomangat pivara von diesem habe ich es bekommen.
ᴋakkamit attersârput sie gingen, gehen vom Berg herunter.
illingnit tussarpara von dir höre, hörte ich es.
Auch von der Krankheitsursache:
ijiminit âniavoᴋ wörtlich: von seinem Auge her leidet er.

2) „auch bei andern Verben, um den geistigen Ausgangspunkt, nämlich „den Grund oder die Ursache anzugeben", z. B. vor Hitze, vom ob. durch Regen. Dafür ist aber im Labr.bialekt sehr unregelmäßiger Weise ganz und gar der Term. (mut ꝛc.) üblich geworden, s. § 520.

3) „Zur Angabe der Zeit, seit wann . . . steht der Abl. besonders in „Verbindung mit einem Term. Z. B.
    „uvlâmit unnungmut vom Morgen bis Abend."
So wird es auch sogar an Verbformen angehängt (nit): ovungalaura- manit, tikkingmattanit von da an, als ich hieher kam, als sie kamen.

4) „Bei Vergleichungen. Auch wenn zwei Handlungen miteinander verglichen werden." Z. B.
ômangat*) sillingnersauvoᴋ von diesem (ausgegangen) ist es breiter,
    b. h. es ist breiter als dieses. Vgl. § 99, c.
ovauĕkuvit aullarnermit nakornersauvoᴋ wenn du hier bist (bleibst),
    wird es vom Weggehn (ausgegangen) besser sein, d. h.
    es ist besser, wenn du bleibst, als wenn du fortgehst.
ᴋâmiudjilune kalinermit merngortornanginersauvoᴋ aɴ·iʃgelaben
    haben (auf dem Kajak) ist weniger ermüdend als bugsieren,
    d. h. wenn man u. s. w.

---

*) oder ômangamit, ômanganit. „Bei den Deutewörtern wird in dieser Bedeutung das Abl. zeichen verdoppelt", nämlich an die Form ángat noch mit oder nit gehängt. § 49.

Anm. Bei dem Ausdruck: er arbeitet etwas aus dem und dem, macht etwas **von** (Holz, Lehm ꝛc.) hätte man sich den Abl. (mit) zu setzen. S. darüber mehr § 458 Anm. 1.

3. Im **Vialis** (kkut, gut, ûna),

§ 518.   dessen Grundbegriff das vorbeigehend Berühren ist, steht:

1) „bei Verben, die eine Bewegung besagen, der Weg oder die Gegenstände, über oder durch welche die Bewegung geht." Z. B.
   nunakkut aivigiva er ging zu, über Land zu ihm.
   kôrukkut durch das Thal.
   mauna hier durch oder herüber.

2) „die unbestimmte oder beiläufig angegebne Zeit, die wir meist durch „den Gen. bezeichnen." Z. B.
   uvlâkut aullarpogut wir reisten morgens ab.
   ikpeksak unukkut tikipunga gestern abend bin ich gekommen.
   operngâkut (auch operngâme) aput miklilisóngovok des Frühjahrs, im Frühjahr pflegt sich der Schnee zu verringern.
   So auch:
   mattoma sivorngagut vor diesem, vorher   } s. mehr § 125.
   taipsoma kingorngagut nach jenem, nachher

3) „der Teil eines Ganzen, dem die auf das Ganze gerichtete Handlung zunächst widerfährt." Z. B.
   aggangitigut tiguvâ er ergriff ihn bei seiner Hand.
   niakungagut uvigarpara ich traf ihn an seinem Kopf.

4) „auch andre, körperliche oder geistige, mit der Handlung vorübergehend oder beiläufig in Berührung kommende Gegenstände. Z. B.
   „tarnipkut najorpara durch meine Seele (= im Geist) bin ich bei ihm.
   „ōmatiptigut erkarsautigivavut wir erwägen es in unserm Herzen.
   „illikkut tussarpara durch dich hörte ich es, du warst die Mittelsperson, durch die ich die Nachricht überkam (illingnit „direkt von dir).
   „illikkut serngnigijauvanga durch dich wurde ich behütet, beschützt, „= du warst das (mittelbare) Mittel zu meiner Behütung."

NB. Was das letzte Beisp. betrifft, so kann es wie im Grld. so auch im Labr. dialekt gesagt werden, aber nur, wenn das „mittelbare Mittel" stark betont wird, bes. wenn es eine selbständige Persönlichkeit ist, und zumal wenn die letzte bewirkende Ursache hinzugefügt wird. Z. B. Gûdemut illikkut serngnigijauvanga von Gott werde ich durch deine Vermittlung beschützt. Illingnut serngnigijauvanga heißt: durch dich, von dir wurde ich beschützt, das Du als letzte Ursache gedacht. Uvapkut unârsuk pairijauvok Gûdemut kissiano durch mich wird dieser Kleine gepflegt, (im letzten Grunde) nur von Gott. Lies zur Ergänzung nach, was § 43 und § 520, 7 gesagt ist.

4. Der **Terminalis** (mut, nut ꝛc.)

§ 519.   „ist seiner Grundbedeutung nach dem Abl. entgegengesetzt, und bezeichnet „also (wie jener den Ausgang, so) das Ziel und zwar:

1) „das Ziel der Bewegung." Also öfters unserm Dativ entsprechend. Z. B.

aunga ingᴇrgavoᴋ er reist nach Süden.
igalāmut illivara ich lege es in's, auf's Fenster.
inungnut tunivara ich gebe es den Menschen.
ᴋaimgunut tachipoᴋ er (ein gehender Mensch) verschwand in oder
 hinter dem (hohen) Strandeis, eig. in das Eis hinein.
ᴋikertanut uniat tachiput die Böte verschwanden in, hinter den
 Inseln.

2) „das Ziel der Gedanken," meist mit „zu, für" zu übersetzen*).

a) sunatuinarmut atterungnarpoᴋ es kann zu verschiedenem gebraucht
 werden.
inungnut piksauvoᴋ es ist für die Leute bestimmt.
illingnut kivgauvoᴋ er ist für dich, dir ein Knecht = er ist dein
 Knecht.
b) daher manchmal das Objekt: s. mehr bei mik § 523, 2.
c) bei den Anhängen narpoᴋ; ebenso -rᴋová, tipă ꝛc., bei welchen
letzteren der Term. das Subjekt des damit verbundenen Stammwortes (im
folg. Beisp. des „Sehens") ausdrückt. Z. B.
uvamnut ᴋollarnarpoᴋ mir ist es zweifelhaft, ich zweifle.
pinᴇ inungnut takkorᴋovait (od. takkojauᴋovait) er befiehlt seine
 Sachen den Leuten zum Sehen, d. h. er heißt, er will,
 daß die Leute seine Sachen sehen.
d) bei gewissen pass. Partizipien mit Suffixen; ebenso einigen
„Nennwörtern, bes. solchen, die durch nᴇᴋ oder -ut und -ᴋsaᴋ von
Zeitwörtern abgeleitet sind." Hier steht (Grld. immer mik (Kl. § 86, 3. 4),
und auch manchmal, doch viel seltner im Labr.dialekt; wobei es natürlich
auf das Verb, mit dem sie im Satze verbunden sind, ankommt (wie
o. bei Nr. b). Z. B.
nāmagijanganut, idluarijanganut, ᴋuviagijanganut zu seiner Ge-
 nüge, zu seinem Wohlgefallen, zu seiner Freude (z. B.
 leben wir).
pijomajanganut (od. nik) sennaniarpara ich werde es zu, nach
 seinem Wunsch arbeiten. Aber
nāmagijanganik (nicht nut) tunitsivigiuk gib ihm so, daß er genug hat,
 oder: was ihm genügt.
sappingitaptingnut, ajugaringitaptingnut (doch auch nik) nach
 unserm Vermögen, so gut wir können.
ᴋuviasûtiksaptingnut, pilloringniksaptingnut zu unsrer Freude,
 Seligkeit.
erᴋaumajauniksamnut zu meinem Gedächtnis.

---

*) Hier noch einige besondere Ausdrücke, wo mnt eig. nicht zu billigen. Vielleicht waltet hier doch europäischer Einfluß. Besser oft mit dem Infinitiv.
1. Zu seinem Bilde. Wohl sagt der Esk. auch adsingamut. Eskimoischer ist es aber jedenfalls, mit einem Inf. zu sagen: pingortitaumavogut Gude adsillivluᴛo ob. adsillioringᴛo (Gott ein Ebenbild machend), oder: Gudib Inuk pingortipā ingminik adsillivluno (sich selbst ein E. machend). Vgl. Lit. 70, 3.
2. Salben zu: 1 Kön. 1, 34 gut mingoᴇrlink attauingortillugo (ihn zum König machend); ebenso 19, 15. 1 Sam. 10, 1. 15, 17. Dagegen 15, 1 attauᴇrmut!
3. Erwählen zu. Hier scheint der Eskimo wirkl. ebensogern den Term. zu brauchen als eine andre Konstruktion; z. B. auuerivavnt attauᴇrnut oder attauᴇraptingnut ebenso wie attauᴇrtotillugo (ihn König sein machend); auuerivakka nautsertoraksaptingnut ich erwäle sie (diese Worte) zu unserm Text, ebenso wie uau-tsertorauvlugit (sie betrachten wollend). Dagegen ᴛrd bei:
4. Verwandeln in — vom Esk. mnt sogar scheint's vorgezogen. Er verwandelte das Wasser in Blut: imeᴋ ablataᴇngortipā aungnut (mehr als etwa aungordlugo ob. aungotillugo).

332   III. Syntax. A. Nennwörter.

issumakarpok idluakutiksaptingnut (ober nik) er hat Gedanken
    zu unserm Besten. § 427.
akkinialaukposo kiksautiksanganut ihr habt vergolten zu seiner
    Betrübnis.
okumaitut attorpait oktortaujutiksaptingnut er bedient sich des
    Schweren zu unsrer Prüfung. Vgl. auch Mt. 24, 14.
    Ap. 2, 38.
Gûdlib nertornautânut (seltner tiksanganut) zu Gottes Ehre.
pitsartutiksamnut zu meiner Stärkung.

3) „Seltner bezeichnet der Term. die Zeit, bis wohin, z. B. issua-
„nut bis ans Ende. Gewöhnlicher aber braucht man den Inf. von tikípâ
„er kommt dahin, erreicht es," oder vom *s. s.* tikípok mit mut. Z. B.
aujak tikidlugo ben Sommer erreichend, b. h. bis zum Sommer; ebenso
aujamut tikidluno, tikidluta u. s. w. er, wir bis zum Sommer kommend.

    Anm. Oft vermischen die Esk. — was nicht nachzuahmen — die Ausdrucksweise
mit der *c. s.* und *s. s.* Form, indem sie mut zum *c. s.* setzen, z. B. aujamut tikidlugo
zum Sommer ihn erreichend. Ebenso uvlomenut tikidlugo statt entweder: uvlome
tikidlugo oder uvlomemut tikidluno (luta rc.) So auch 1 Sam. 7, 12.

4) Beim Kaufen steht der Gegenstand, wofür man kauft, oft im
Term., doch nur, wenn man wirklich mit diesem Gegenstande selbst bezahlt,
nicht aber, wenn nur der Wert desselben gemeint ist. Dann ist das einen
weiteren Sinn gebende tut „wie" das Gebräuchliche. Beisp. s. dort § 527 Anm.

§ 520—522.

„Weiter wird im Labr. dialekt, gewiß sonderbarerweise, **der Terminalis**
„**auch zur Bezeichnung des Ausgangs und Urverhältnisses gebraucht, d. h.**
„**statt des Ablativ und Modalis,** die doch beide übrigens im Besitz ihres
„Rechtes sind. Doch nicht immer, wie denn keine Regel dabei zu walten
„scheint."

§ 520.   Dies in den folg. drei Fällen:
5) Beim Passiv steht der Term. (statt Abl.) um den Thäter zu be=
zeichnen, durch welchen oder von welchem etwas gethan wird. Auf die Frage:
wodurch? = **von wem?**

    kingminut kêjauvok er wird, ward von den Hunden gebissen.
    uvaptingnut (auch nit) tussartitauvut sie sind von uns hörend ge=
        macht (benachrichtigt) worden.
    uvaptingnut (auch nit) piungitomik piniarviolungilak von uns
        wird er nicht schlecht behandelt.
    illipsingnut (auch nit) ipperartaulungikuma wenn ich von euch
        nicht fahren gelassen werde.

6) Aber nicht nur beim Passiv, sondern überhaupt, um den Grund
und Ursache anzugeben. Vgl. mit § 517, 2. Besonders viel auch bei
den durch den Anhang nek gebildeten Wörtern. S. mehr Beisp. bei nek
§ 452 Anm. 1. Unser teutsches: burch, vor, aus, wegen. Auf die Frage:
wodurch? = **weswegen?**

I. Kasus: Terminalis. 333

sillalungmut asserorpok burch, vom Regen ist's verborben.
maujar...t tikitsungnangilak vor tiefem Schnee kann, konnte er
nicht kommen.
mikkimut (ob. mikkinermut) assiovok vor Kleinheit ist's verloren
gegangen.
siningnermut (ob. sinimut) kingoraivogut vor Schlaf sind wir zu
spät gekommen.

Anm. Sehr oft wird auch in diesem Fall (nek mit mut), ganz wie in Grld. (wo freilich nur der richtigere Abl. mit steht) sogar der zum Stammwort (der Form mit nermut, -mut) gehörige Intranf. dazugesetzt. J. B.
Intr. u. Stammw. sikkut akkulaiput das Eis (die Eisstücke) ist dicht. Davon
  sikkut akkulaimut apkotiksaerativognt vor Menge, Dichtigkeit
  des Eises wurden wir ohne Weg, konnten nicht weiter.
niugik nukkekangimut vor Kraftlosigkeit seiner Beine (von niugik nukke-
  kangilak).
  Ebenso, wenn der Intr. beim e. s. = unserm Objektsakkusativ:
iglut (igluit § 91) takkojomanermut ob. takkojomanut pullarpagit vor Teim=
  Haus=sehen=wollen, d. h. vor Verlangen dein Haus zu sehn, besuche
  ich dich (von igluit takkojomavara).
igvit kaiblaromamut kaerkovagit um dich zu ermahnen, laß ich dich kommen
  (ginge auch: igvit kaiblaromavlutit, ober s. s. illinguik kaiblai-
  jomamut).

7) bezeichnet der Term. (statt des Mod. s. § 523, 1) „das Mittel, sowohl das körperliche als das geistige, durch welches oder mit welchem die Handlung unmittelbar verrichtet wird." Auf die Frage: **wodurch? = womit?**
Soll die Mittelbarkeit des Mittels mehr betont werden, so kann in den gleichen Fällen auch der Vialis -kkut stehn (s. o. § 518, 4), was besonders bei lebenden Personen oder selbständigen Vermittlern häufiger in Anwendung gebracht zu werden scheint, als bei leblosen Mittel*n**). Z. B.

aggangmingnut tiguvâ er nimmt es mit seiner Hand.
ujarkamut milorpâ er warf ihn mit einem Stein.
akkerautinut (= akkerautit attorlugit) aijaulerle es möge mit
  einer Trage geholt werden!
annautamut (oder takkut) sugiartauvok er wird mit einem Prügel
  gezüchtigt.
kenuersârnermut piniarvigivait er behandelt sie mit Geduld.
sillatuniptingnut (oder tigut) tukkisijungnangilavut mit unsrer
  Weisheit können wir es nicht verstehn.
kaiblaijigêkta Paulusib okausinginut (auch singitigut) laßt uns
  einander mit Pauli Worten ermahnen!
Gûdib kaiblarpâtigut uvlub ôma erkaumatitsininginut (auch
  ningitigut) Gott ermahnt uns durch die Erinnerungen,
  die dieser Tag weckt.

---

*) So höchstens kann man sich ausdrücken. In der früheren Gram. wurde aufgestellt, daß -kkut gesetzt werden müsse, wenn jemand etwas thue durch etwas Selbständiges, das nicht durch den Thäter regiert oder fortbewegt werden muß. Aber das stimmt, wenn vielleicht auch meist, so doch auch nicht völlig mit dem Thatbestand. Denn einmal kann er bei unselbständigen, leblosen Mitteln ja auch -kkut stehn, z. B. anautakkut sugiartauvok s. o., andrerseits wird doch auch selbst bei selbständigen, lebenden Personen vom GSt. mut gebraucht, z. B. Gûdib inerterpâtigut Anernermut ajunginermut = durch den h. Geist.
Bei der pass.-Konstruktion, wo der ursächliche Thäter schon mit mut gegeben ist, wird es sich ja allerdings vor allem nahe legen, das Mittel (u. besonders, wenn es ein persönlicher Vermittler ist, durch -kkut zu geben, z. B. Gûdemut Anerukkut ajunginikkut innertertauvogut von Gott werden wir durch den h. Geist gewarnt.

§ 521. **Anm. 1.** Der unleugbar nicht regelrechte Gebrauch des Terminalis, wie er in den drei letzten Nummern gegeben, kann unmöglich auf europ. Einfluß zurückgeführt werden, denn er ist viel zu sehr in Fleisch und Blut des Labr. dialekts bis ganz in Norden übergegangen.

Besonders bei Nr. 6 erscheint die Regelwidrigkeit, da hiernach der Term., der ursprünglich also das Ziel (Nr. 1) ausdrückt, auch das grade entgegengesetzte Verhältnis d. h. den Ausgang von bezeichnet. Erklärlich kann dieser Gebrauch vielleicht werden, wenn man die Ausdrucksweise beim Passiv (Nr. 5) ins Auge faßt. Das obige Beisp. kingminut kējauvok heißt eig.: er ist für die Hunde, den Hunden ein (Gebissener, woraus sich leicht der Sinn ergibt: er wird von den Hunden gebissen. Es wäre das dann eine ähnliche Erscheinung wie im Lateinischen, wo statt a mit dem Abl. auch der bloße Dativ vorkommt.

§ 522. **Anm. 2.** Ebenso unleugbar ist, daß durch diesen ausgedehnten Gebrauch des Term. oft eine widerwärtige Unklarheit od. Ungenauigkeit des Sinnes eines betreffenden Ausdrucks entsteht. Oft macht der Zusammenhang alles klar, oft aber nicht. Und man sollte darum dann lieber, besonders wo es darauf ankommt, eine wenn auch etwas ausführlichere Ausdrucksweise wählen. Dies sei an einigen Beispielen gezeigt:

Einmal wird nicht klar zwischen dem Sinn von Nr. 6 und 7 unterschieden, z. B. kuviasunnut kann sowohl heißen: vor Freuden als mit Freuden, was doch sehr verschieden ist. Für letzteres kann man, wie schon § 513 gesagt ist, klar mit dem Inf. sagen: kuviasuklune (luta) er sich (wir uns) freuend er. Und für: vor Freuden, wenn's drauf ankommt, etwa kuviasungnormut aulataovlune durch Freude regiert, gelenkt, bewegt.

Ferner kann häufig Zweifel entstehen, ob ein Term. mit zu (Nr. 2 Ziel) oder mit durch (Nr. 7 Mittel) zu übersetzen sei. So kann z. B. tamattomunga sowohl dazu als dadurch bedeuten. In folg. zwei Beispielen gibt der Zusammenhang allerdings schon das Richtige: 1) idluartomik inōjuksauvogut; tamattomunga ikajorlitigut wir sollen gerecht leben; dazu helfe er uns! Dagegen 2) innuit illănaita tokkotigivait: tamattomunga (hier aber auch Dial. tamattomăna möglich) ikajorlitigut uvagutauk er ist für alle Menschen gestorben; dadurch helfe er auch uns! Im zweiten Beisp. gäbe der Dialis völlige Zweifellosigkeit: und im ersten könnte man für: dazu sagen: taimailingajungnarkovluta „damit wir so sein können" (dazu) helfe er uns! Und so wende man sich in ähnlicher Weise überall, wo der Zusammenhang nicht sofort die richtige Auffassung nahe legt.

Weiter: Sagt man sillaksoak Kristusǝmut pingortisimavok, so verbindet der Est. wohl ausschließlich den Sinn damit: die Welt ist von Christo, durch Christum geschaffen, nicht aber zuerst: die Welt ist für Christum geschaffen, was doch dem Wesen des Term. nach die richtige Bedeutung sein sollte. Wollte man diesen Sinn dem Eskimo klar ausdrücken, so müßte man etwa sagen: Kristusǝmut illingajuksauvlune, perkutanjuksauvlune mit Christo zusammenhängen sollend, Christo ein Eigentum sein sollend, d. h. für Christum. Vgl. Kol. 1, 16. Endlich Jes. 49, 16 aggamnut aglalinukpagit. Der Est. nimmt als ersten Sinn durchaus: durch meine, mit meiner Hand habe ich dich geschrieben, nicht aber: in meine Hand habe ich dich gezeichnet. Unzweifelhaft klar nur: ittimamnut in meine Handfläche.

5. Der Modalis (mik, nik ꝛc.)

(§ 523—525)

§ 523. „drückt Artverhältnisse aller Art aus. In seiner ersten und eigentlichen Bedeutung bezeichnet er:

1) „das Mittel sowohl das körperliche als geistige, durch welches „oder mit welchem die Handlung verrichtet wird." Es wird aber in diesem Fall hier in Labr. meist (in einzelnen Fällen zwar nicht) der Term. gebraucht. Vgl. o. § 520, 7 und die dortigen Beisp. (bei denen in Grld. überall mik steht); auch die Beisp. § 45.

I. Kajus: Terminalis. Modalis. 335

kiungilā okautsemik (od. mut) attautsemiglōnĕ́t (od. mullōnĕ́t)
    Mt. 27, 14 er antwortete ihm auch nicht ein Wort,
    auch nicht mit einem Worte.
nerkemik pajukpátigut sie brachten oder sendeten uns Fleisch zum
    Geschenk; bedachten uns mit Fleisch.
savingmik (nicht mut) akkilerpánga er bezahlte mich mit einem
    Messer.
kēnaujanik innit tunitjivigivait er begabte die Leute mit Geld,
    oder er gab den Leuten Geld. Dasselbe in andrer Weise:
    kēnaujat inungnut tunivait er gab das Geld (zu) den
    Leuten.

Hieran schließt sich, daß der Modalis

2) unsern Akkusativ, das Objekt (auf die Frage wen oder was?)
ausdrückt, aber nur bei n. n. Verben. Und zwar entspricht dann die r. n.
Form mit dem Transf. „meist unserm bestimmten Artikel (bei dem Objekt),
„und die n. n. Form mit dem Modalis immer dem unbestimmten Artikel."
§ 30. 223. Z. B.
    ujaraK tiguvá (meist:) er nahm den Stein.
    ujarkamik tigusivoK (immer:) er nahm einen Stein.
    pōK aivá (meist:) er holt den Sack.
    pōrmik aiklerpoK (immer:) er holt einen Sack*).

Bei einigen Zeitwörtern steht das Objekt zuweilen im Term.
nach § 519, 2. b. Z. B. neben
    maglingvoK Gūdemik auch Gūdemut Liebe zu Gott, auf Gott hin.
    tuksiarpoK óminga bittet ihn, ómunga betet zu ihm.
    issumaKarpogut tarninganik wir bedenken seine Seele,
    ..   Gūdemut wir haben Gedanken auf Gott hin (ge-
        richtete).
Ebenso bei killanárpoK verlangt, kivgartorpoK dient, besonders aber
bei ungavoK ist anhänglich, bei welchem letzten mut sehr häufig. Der Gebrauch
unter den Esk. selbst scheint aber doch auch schwankend.

„Infolge ähnlicher Auffassung steht:

3) „bei Zeitwörtern, die den Begriff eines Aussagens, Nennens
„in sich schließen, der Gegenstand der Aussage im Modalis." Im Deutschen
oft „von" = in Betreff zu übersetzen, worauf der Anfänger bes. hinzuweisen
ist, da er leicht den Abl. mit wählt.
    puijinik oKaKatigékput sie reden zusammen von Seehunden.
    piniarnerijaminik unipkárpoK er erzählt von seinen Thaten oder
        seine Thaten.
    illingnik tussarpunga ich höre von dir d. h. dich betreffend.
        (illingnit von dir — her, durch dich).
    tussangilara tikisimaninganik ich habe ihn nicht gehört betreffend
        sein Angekommensein, d. h. habe nicht gehört, ob er an-
        gekommen ist, oder nicht.

---

*) Ein Beispiel, das sowohl unter Nr. 2 als 1 gesetzt werden könnte, ist: suanganē-
narmik inóvunga kittorngamnik ein Immer-meine-Kinder-schmälen lebe ich, d. h. mein
Leben ist ein Schmälen meiner Kinder. (So die Witwe Mathilde.) Desgl. kujalinēnar-
mik inórvoK er lebt steten Dank, er lebt mit stetem Dank = sein Leben ist ein steter Dank.

III. Syntax. A. Nennwörter.

tâpkua taivavut ōkkanik (ogarnik) diese nennen wir ōkkat (ōgnit) d. h. Dorsche.

nâlekamnik taivara ich nenne ihn meinen Herrn; wir sagen: ich nenne ihn Herr.

illingnik nâlekamnik taisivunga ich nenne dich Herr (meinen Herrn).

Johannesemik atserarpât sie gaben ihm den Namen Johannes.

„Endlich steht in ähnlicher Weise:

4) „bei Zeitwörtern, die von Nennwörtern abgeleitet sind, ein das „Stammwort (abjektivisch) näher bestimmendes Wort in der Regel „im Modalis." So auch bei -lik (= -ĸartoĸ) versehen mit etwas.

igluvut inallukkanik (ob. inallugarnik) igalâĸarpoĸ unser Haus hat Fenster von Därmen.

maggungnik igalâlik mit zwei Fenstern versehn.

ujarkamik ikovraĸartisiuk (ob. ikogriksiuk) unterlegt es mit einem Stein!

ittijunik kôrkerpâ er hat tiefe Rinnen, Ruten in es hineingemacht (§ 489).

ĸetuktomik pôrlugo es in weiches hineinthun, es mit weichem Sack ꝛc. umschließen.

„Nur die durch -uvoĸ er ist § 497 und -ngorpoĸ er wird § 458 „von Nennwörtern abgeleiteten Verben haben ein solches Beiwort gewöhnlicher „im Intransitiv bei sich (u. zwar nach sich, denn vorstehend würde es als „Subjekt gelten)." Dies ist jedenfalls das Ursprüngliche und Beste. In Labr. ist aber der Mod. mik daneben sehr in Gebrauch gekommen*).

mánna (ob. una) ikomaksauvoĸ ajungitoĸ (ob. ajungitomik) dies ist gutes Brennholz.

(Vorstehend: mánna ajungitoĸ ikomaksauvoĸ dies gute ist Brenn= holz.)

támnale uigarniovoĸ idluartoĸ das ist aber eine rechte Witwe. 1 Tim. 5, 5; s. auch 2 Tim. 2, 21. Joh. 10, 12.

uvinioniarpuk attautsemik (ob. attauseĸ). Eph. 5, 31.

§ 524. n25.

„Weiter dient dann der Mod. sehr häufig dazu, die Art der Handlung „beschaffenheitsweise anzugeben, wie bei uns die Adverbien. Namentlich § 524. „stehn so:

5) „Nominalpartizipien im Sing., die ganz unsern von Adjektiven gebildeten Adverbien entsprechen" (in der und der Weise).

sukkaítomik ĸaivoĸ er kommt langsam.

idluartomik(= tammarlugane)taivait er nannte sie richtig.

akkulaítomik illingnik tussarpunga ich höre häufig von dir, über dich.

tukkisijaujungnangitomik naglikpâtigut er liebt uns unbegreiflich, in unbegreiflicher Weise.

---

*) Ebenso auch bei -givâ er hat ihn zum — beides möglich, wie das eine Beisp. unter § 404 a zeigt („du bist mein starker Fels").

I. Kasus: Modalis.

6) „gewisse Nennwörter mit Suffixen und Deutewörter. Sie „geben adverbialische Ausdrücke, die wir meist durch Präpositionen auflösen „müssen." 3. B.
issumaminik er nach seinem (eignen) Belieben,
issumangnik nach deinem Belieben;
ingminik er von selbst, illingnik du von selbst,
uvaptingnik wir von selbst, nach unserm Gutdünken, ähnlich wie issumaptingnik. Siehe § 173.
Bei ähnlichen Ausdrücken ist aber in Labr. auch wieder mut für mik eingedrungen. S. o. § 519, 2 d, wo aber doch auch mik noch bei manchen gebraucht.

7) **Zahlwörter und ähnliche.** §525.

a) Die einfachen Zahlwörter und ähnliche im Mod. stehn öfters im Sinn von: so vielmal, ganz gleich dem wohl häufigeren -ertorpok § 111. Z. B.
pingasunik siniktauкpunga dreimal habe ich anderwärts geschlafen.
unuktunik pålakpunga ich fiel vielmals; s. auch Mark. 9, 22.
Aber kaum je für: ich sah sie einmal attautsomik (sondern nur attausiardlunga ob. dlugit) takkolauкpakka.

b) Zahlwörter mit Suffix (unsre Ordnungszahlen § 104) im Mod. bedeuten entweder: erstens, zweitens u. s. w. oder zum so vielten Male.
sivorlermik (ob. seltner sivorlinganik) aipanganik, pingajuánnik
erstens, zweitens, drittens, oder: zum ersten= 2c. mal.
sivorlermik ånólaurama als ich zum erstenmal im Süden war.
aipanganik tussarniarpat zum zweitenmal wirst du's nun hören.
sittamangánik aivigivåt sie gingen zum viertenmal zu ihm.
måna pingajuánnik pôrmik aiklerpok jetzt holt er zum drittenmal einen Sack.

8) dient der Mod. zur Zeitbestimmung auf die Frage: wie lang? ganz wie der Lokalis, s. o. § 515, b. Der Mod. wird von manchen dem Lokalis vorgezogen.
uvlunik (ne) pingasunik (ne) nerringilaк drei Tage lang aß er
nicht. Vgl. Ap. 9, 9.
uvlunik tellimanik (neben dem wohl häufigeren uvlut tellimat
tellimat § 516) mattoma sivorngagut ~~drei~~ Tage früher, *fünf*
vor diesem.

6. **Die Apposition tut wie § 526—528.** §526.

1) Die Grundbedeutung ist wie, gleichwie, nach Art von = sôrlo. Kann so manchmal auch mit: wie wenn, gleich als ob er wäre (ist aber nicht so) übersetzt werden.
kivgatut (= kivgaк sôrlo) nach Art eines Dieners, wie ein Diener
(sich zu behaben pflegt, auch: als ob er ein Diener wäre).

kuviasuktotut annivok er ging hinaus wie ein Vergnügter (ob er wirklich vergnügt war, bleibt dabei zweifelhaft); oder auch, wo die Umstände es klar machen: wie ein Vergnügter, und auch wirklich vergnügt seiend, d. h. als ein Vergnügter, dann dem korrekteren Inf. kuviasukluno ganz nahe kommend.

So kann unser deutsches „als, als wie" öfters ganz gut durch tut gegeben werden, z. B. in folg. Sätzen: Gott offenbart sich als ein eifriger Gott; wir müssen uns als Christen benehmen, als Sünder vor Gott erscheinen. Auch in folg. Satz: er herrscht als König, wenn die Meinung ist: nach Art eines Königs. Ist's aber = König seiend, so ist allerdings der Inf. attanioviune besser.

Zu bemerken ist, daß im Esk. bei tut häufig der Sing. steht, wo uns im Deutschen den Plural zu verwenden näher liegt. Z. B.

inôvogut kivgatitut, oder ebenso oft kivgatut wir leben wie Knechte (wie ein Knecht).

Beachte auch folg. Ausdrucksweisen:

pijuksaunipsitut wie euer Thun-müssen, d. h. wie ihr thun sollt (= sorlo pijuksaugupse).

illusorivaktamitut wie sein zur Gewohnheit zu haben Gepflegtes, so wie er's zur Gewohnheit zu haben pflegt. Mk. 7, 19. Vgl. Mt. 26, 19. 28, 15.

Weitere Beisp. s. beim Reflexiv § 531.

Anm. 1. Dies tut dient nicht nur zur Vergleichung des Thäters mit einem andern Thäter, sondern „**zur Vergleichung in allen Verhältnissen**. Etwaige Zweideutigkeit wird „nötigenfalls durch ein zugefügtes illivluno (illingavluno) s. s. oder illivllugo (illingutidlugo) c. s. x. völlig beseitigt." Vgl. zu illivluno Anm. 2 bei канок § 314. Z. B.

{ orniput illivlunga s. s. naglikpagit ich liebe dich (handelnd) wie mein Sohn.
„ illivlutit c. s. naglikpagit ich liebe dich (dich behandelnd) wie meinen Sohn.
{ ornormitut illivluno s. s. naglikpånga er liebt mich (handelnd) wie sein Sohn.
„ illivlunga c. s. naglikpånga er liebt mich (mich behandelnd) wie seinen Sohn.

Anm. 2. Das eigentlich nur an Nennwörter gehörige tut wird dann auch von vielen, ja jetzt wohl allgemein **auch an Verbalformen** gehängt, gleichbedeutend mit sorlo. Manchmal auch mit sorlo*), „ein keineswegs unschuldiger Pleonasmus" (Kljchm.). Z. B. sorlo idluarmat od. idluarmattut (od. sorlo idluarmattut) Pj. 90, 10 als flögen wir davon. tinginajaruptatut (mit od. ohne sorlo) Pj. 90, 10 als flögen wir davon. sorlo sillaksoarme sulle inônajarupsetut Kol. 2, 20 als lebtet ihr noch in der Welt; wo ebenso ganz einfach stehen könnte: sillaksoarme sulle inôjutitut (od. *Sing.* inôjotut). Vgl. u. „wie wenn" § 553.

§ 527. 2) Beim Kaufen steht der Wert, den die Ware hat, mit tut. Auch manchmal, doch mit Einschränkung, mut j. o. § 519, 4 und unten die Anm. Vgl. die Anhänge tigivok § 482 und torpok § 485.

orkssotut**) tobagemik für einen Speck (Schilling) Tabak (gib mir oder will ich).

---

*) Nach Erdmanns Angabe protestierte noch der Hebroner Philippus gegen diesen Gebrauch.
**) orkssok Speck; dann der (ehemalige) Wert des Speckes eines mittleren Kessek Seehundes von ca. ein viertel Zentner = 28 Pfund (— 32 Pfund) engl. Gewicht. Und danach die früher üblichen Bezeichnungen: koppakotut für einen halben Speck d. h. 6 d., unppakotut für ein viertel Speck, nappangatut für ein achtel Speck. Daneben kissikiut für ein Fell (des Kessek) b. h. 6 d.

I. Kasus: tut wie. 339

kapsitût? maggotut für wieviel? für 2 (Schilling).
shillingetut tellimatut für 5 sh, oder 5 sh. teuer.
NB. Man achte darauf, wie hier überall, obwohl es Plural ist, nicht
titut, sondern tut steht (ähnlich wie bei uns z. B. „fünf Fuß"), anders als
im sonstigen Gebrauch, wo man z. B. sagt: uigasuktitut tellimatitut sillai-
tutitut wie die fünf thörichten Jungfrauen.

Anm. Noch einige Beisp. mit versch. Verben, zugleich um zu zeigen, wie
manchmal auch mut und mik angewendet werden kann. Dabei beachte man, daß, wo
der Preis nicht bestimmt genannt wird, sondern nur allg. (wie: Geld) tut nicht gesetzt
werden kann.

una shillingetut sitamatut akkitutigivok
  „ shillingotôrpok sitamatut   } dies kostet 4 sh.
una pissiarivara shillingitut Gitut
  „ „ „ nut Ginut auch:
  „ „ „ nik Ginik   } dies kaufte ich für 6 sh.
  „ „ kônaujanut unuktunut dies kaufte ich für viel Geld.
  (hier weder tut noch nik).
una akkilerpara shillingitut pingasutut
  „ „ nik pingasunik   } dies bezahle ich mit 3 sh.
  (bei akkilerpâ nirgends nut).
una akkilerpara kamiktut pingasutut
  „ „ kamingnik pingasuinik   } dies bezahle ich mit 3 Paar Stiefeln.
  Wenn tut gebraucht, wird nur der Wert von 3 Paar Stiefeln
betont, ob man nun wirklich mit Stiefeln bezahlt, oder anderen
Dingen.
una akkilerpara kônaujanik, kamingnik dies bezahle ich mit Geld, mit Stiefeln (nicht mit tut). S. § 523, 4.

3) Endlich drückt tut unser „auf" aus in Ausdrücken wie: englisch, § 528.
auf englisch (eig.: „wie ein Engländer" thut).
„Dies ist meist verständlich, da es nur mit nennen, reden u. dgl. vorkommt." J. B.

kangerdluk imna inuktut Aivektômik, Englisitut Eskimobaye-
  mik taijauvok jene Bucht wird auf eskimoisch („wie
  ein Mensch b. h. Eskimo" nennt) Aivektok auf englisch
  Eskimobay genannt.
Englisitut tussâguma okautinajarpara wenn ich wie ein Engländer
  hörte, verstünde, b. h. wenn ich englisch verstünde, würde
  ich zu ihm reden.
Ebrêeritut Gabbatemik taijak Joh. 19, 13 auf ebräisch Gabbata
  genannt.

II. Die reflexiven Formen des Nennwortes mit Suffixen.

§ 529—539.

Die Hauptsache darüber ist schon § 75 gesagt. Die folg. Bemerkungen § 529.
sind nur eine Ergänzung dazu. Man halte streng fest, daß **nur** wenn eine
Unterordnung unter und Rückbeziehung auf den Thäter (das Subjekt) des Satzes stattfindet, unser Fürwort „sein, ihr" mit der
refl. Form gegeben werden darf, (b. h. wo bei der § 75 NB. empfohlenen
Umstellung in die erste Person das Fürwort „mein" zu setzen ist). Vgl.
Kleschm. § 73—75. 103.

22*

III. Syntax. A. Nennwörter.

§ 530. 1. Daraus folgt, daß in einem einfachen Satze der Thäter, das Subjekt selbst, das ja in keinem Verhältnis der Unterordnung steht, nicht in die refl. Form gesetzt werden darf. Man wird in solchem Fall immer eine Uebersetzung mit „desselben" statt „sein" möglich finden. Aus Gedankenlosigkeit wird aber von Es!. selbst dagegen gefehlt, besonders sehr oft, wenn von mehreren Subjekten eines Zeitwortes eines vorangestellt, und das andre nachgeholt wird. Z. B.

falsch: aullarpoĸ illanelo (refl.) er ging weg und seine Begleiter
    (gingen auch weg).
   toĸovoĸ atâtanelo er ist gestorben und sein Vater (auch).
   Dafür
richtig: tâmnalo illangillo aullarput oder aullarpoĸ illano illa-
    givlugit; ferner: toĸovoĸ atâtangalo oder atâta-
    ngalo tamarmik toĸovuk (er) und sein Vater
    sind beide gestorben.

In beiden Beisp. kann man die Probe mit „desselben" s. o. machen: Er ging weg und die Begleiter desselben auch ec.

In Bezug auf das Subjekt in Nebensätzen s. u. § 538. 539.

§ 531. 2. Im besonderen erwähnen wir hier die Apposition tut wie, wenn sie an ein Suffix der dritten Person („sein" ec.) tritt. Auch hier gilt die Hauptregel: Bei Rückbeziehung auf das Subjekt steht refl. Form; auch in Sätzen, wo bei Auflösung des „wie" in einen vollständigen Satz ein anderer Thäter erscheint [z. B. er handelt, wie sein Vater handelt]. Man lasse sich da nicht irre machen. Die § 75 NB. angegebne Probe der Umsetzung in die dritte Person (ich — mein) wird auch hier richtig leiten. Dabei halte man im Gemüt, was § 526 Anm. von einem etwaigen Hinzufügen der illulu-vlugo zum Behuf größerer Klarheit gesagt ist. Z. B.

ungagivâ atâtamitut (auch mit illivlugo) er ist anhänglich an ihn.
  wie an seinen (eignen) Vater. Probe: Ich bin anhänglich an ihn wie an meinen Vater. Dagegen:
ungagivâ atâtangatut (illivlugo) er ist anhänglich an ihn, wie an
  seinen (eines andern) Vater. Probe: Ich bin anhänglich
  an seinen Vater. Mache die gleiche Probe bei den zwei
  folg. Beispielen:
piniarpoĸ atâtamitut (auch mit illivluno) er handelt wie sein (des
  Handelnden) Vater. Dagegen:
piniarpoĸ atâtangatut er handelt wie sein (eines andern) Vater.
tâmnatauk nagligivâ kitorngamititut illûnaititut auch diesen liebt
  er, wie (er) alle seine (eignen) Kinder (liebt).
itorvigivait illutsimitut (von illuseĸ) er geht zu ihnen hinein, wie
  seine Gewohnheit, d. h. nach seiner Gewohnheit.
illusingatut wie (es) seine Gewohnheit (ist, so sehn wir's wieder,
  so handelt er wieder).
toĸĸomêtualaungilaĸ inuktitut assimititut er blieb nicht im Tode
  wie die (seine) anderen Menschen.

§ 532. 3. Bei passivischer Ausdrucksweise können die betreffenden Suffixa entweder in der Reflexivform stehn oder auch nicht, welches letztere wohl das häufiger Vorkommende ist. Es liegt dies in der Natur des Passivs. Was

II. Die Reflexivform. 341

da der Form nach Subjekt ist (z. B. in „er wird beraubt" das „Er") ist dem Sinne nach durchaus nicht Thäter, sondern eigentlich Objekt (= man beraubt ihn). Wählt der Esk. die refl. Form, so geht er von der Form aus, wählt er die nicht refl. Form, so geht er von dem Sinn (dem „natürlichen Subjekt") aus. In Grld. scheint bloß die nicht refl. Form üblich. Ganz ähnlichen Einfluß des Passivs s. bei kissiat ɔc. § 152 und den refl. Formen des Konjunktivs § 558, und -ʀkovlugo § 508 u. 536. Z. B.

    aksártauniarpoʀ pinganik (auch piminik) Mt. 4, 25 er wird seines
        Eigentums beraubt, oder man raubt, nimmt ihm sein
        Eigentum.
    taikungarpoʀ, unět illannárijanginut (jaminut) inertertaugallo-
        ardlune er ging dorthin, obwohl von seinen Freunden
        gewarnt.
    kěnangagut (namigut) ʀetserartauvoʀ atátanganut (taminut)
        ihm wurde von seinem Vater ins Gesicht gespieen.
    inukpak piulijaulungilaʀ pitsartunersoarminut (mehr als son-
        nganut Pf. 33, 16) ein Riese wird nicht errettet durch
        seine große Kraft. Hier das Refl. vorgezogen, wohl
        weil die Thätigkeit des Riesen, das Sich-selbst-helfen-
        wollen, in den Vordergrund tritt.
    sáłagijaulerangata ŏmigijinginǎt (jimingnut) so oft sie durch ihre
        Feinde besiegt wurden.
    uvloʀsiorpakput piulijaunitik ŏmigijimingnit (mehr als jinginit)
        pitjutigivlugo sie pflegten Fest zu feiern ihrer Errettung
        von ihren Feinden wegen. Hier das Refl. von den Esk.
        vorgezogen, doch wohl, weil der Hauptthäter, die Fest-
        feiernden, so ganz in den Vordergrund treten.

4. Beim Reflexiv (mit Appositionen) „steht häufig das Suffix im § 533. „Sing., wo nach unsrer Redeweise die Mehrheit stehen sollte, namentlich wenn „die Meinung ist: ein jeder . . . sein —". S. schon § 170. Z. B.
    illŭnatik inniminěput (oder inniminǧněput) sie sind alle an ihren
        Plätzen (ein jeder an seinem).
    nunaminut (oder nunamingnut) aullarsimavut sie sind in ihre Heimat
        gereist (ein jeder in die seine).
    Eine parallele Erscheinung ist der *Sing.* inuata in Mt. 15, 27 Seite 344 oben.

5. Die obige Hauptregel § 529 gilt natürlich nicht bloß für den Haupt- § 534. satz, sondern auch für den Nebensatz (im Konjunktiv oder Subjunktiv); ebenso, wenn statt eines solchen vollständigen Nebensatzes ein Infinitiv, Partizip oder Nennwortbildung mit dem Anhang neʀ steht. Bei Rückbeziehung auf das Subjekt (Thäter) eines solchen Nebensatzes hat also das Refl. zu stehn. Z. B.
    iglominut itteromavlune (ob. itteromagame) pálakpoʀ in sein
        (eigen) Haus gehn wollend, als er wollte, fiel er.
    tussarpogut iglominut ittermat wir hören, daß er in sein (eigen)
        Haus gegangen. Mit gleichem Sinn:
    tussarpogut iglominut itterninganik wir hören sein in sein Haus
        Gegangensein, d. h. daß er ɔc.
    tussarpogut iglominut ittilauʀtomik wir hören den in sein Haus
        Gegangenen, d. h. daß er ɔc.

tussarpogut nunaminut uttilauktub toĸunganik wir hören den
Tod des auf sein Land Zurückgekehrten. — Probe nach
§ 75 NB.: Ich gehe in mein Haus: ich kehre auf
mein Land zurück. — Vgl. auch § 537 b.

§ 535. 6. Eine besondere Erwähnung verdienen solche zusammengesetzte Sätze,
wo das Subjekt (Thäter) des Hauptsatzes in der dritten Person steht. Es
scheinen da, je nach dem Verb des Hauptsatzes, auch im Esk. zwei Fälle unterschieden werden zu können:
Erstens: Das Verb des Hauptsatzes enthält den Begriff des Wahrnehmens (sehen, hören, denken, glauben, wissen ɔc.) oder des Sagens (erzählen,
verkünden, versprechen ɔc.) oder einen ähnlichen, so daß also der ganze Nebensatz dem Hauptsatz als Objekt untergeordnet ist (Substantivsatz der deutschen
Gram.). In diesem Fall müssen die Suffixa im Nebensatze resl. Form haben,
nicht nur, wenn sie sich auf das Subjekt des Nebensatzes, sondern auch,
wenn sie sich auf das des Hauptsatzes zurückbeziehen. Es kann bei einer
solchen resl. Form also leicht Zweideutigkeit stattfinden, wenn diese nicht etwa
durch den ganzen Zusammenhang oder auch durch klare Zusammenstellung der
verschiedenen Satzteile gehoben wird.

Dgl. zusammengesetzte Sätze bilden auch besonders die Anhänge -rkovā
er heißt ihn, tipá er macht, läßt ihn, -nasugivá glaubt, daß er, nerarpá
sagt, daß er, tailivá verhindert ihn, wie sie § 382 und 502 zusammengestellt
sind. Dort ist ihre Eigentümlichkeit in Bezug auf das Reflexiv auch in § 505
schon erwähnt. Siehe die dortigen Beispiele, und hier die unter b).

Zu alle dem eben Gesagten vgl. aber die Fußnote*). Z. B.

a) Noa tussarpoĸ iglominut Joase ittermat (Joasib itterni-
nganik) N. hört, daß J. in sein (entw. des J. oder
aber auch des N.) Haus gegangen. — Probe nach
§ 75 NB.: Für den ersten Fall: Ich bin in mein Haus
gegangen. Für den zweiten nur mit Zusammenfassung
beider Zeitwörter: Ich höre, daß er in mein Haus
gegangen.
Noab Joase oĸautigivā nunaminut aullartoĸ, Noa sagt von
Joas, daß er nach seinem (des J. oder auch des N.)
Lande gezogen sei.
Noab Joase oĸautigivā atâtane ĸemangmago N. sagt von J.,
daß er seinen (des J. oder des N.) Vater verlassen habe.

---

*) Es ist aber zu sagen, daß die ganze obige Regel von den Esk. durchaus nicht scharf beolahtet zu werden
scheint. Oft werden auch die nicht resl. Formen gebraucht, und zwar herrscht da nicht nur bei verschiedenen
Leuten untereinander Verschiedenheit, sondern ein und dieselben Leute bleiben sich selbst auch nicht gleich bei
parallelen Beispielen. Es scheint wirklich, daß, je nachdem dem Redenden das Subjekt des Hauptverbs oder
das des untergeordneten, sei es durch das Satzgefüge, oder auch zufällig mehr in den Vordergrund tritt, er
dann öfters nur diesen die rex. Formen zuweist und den andern dann die nicht reflexiven. Es ist
bei solcher Verwirrung kaum möglich, klar darüber zu werden, ob hinter alle dem sich nicht doch
bestimmtere Regeln aufstellen ließen. Und so läßt die Behandlung dieses ganzen Abschnittes —
auch in den folg. §§ — noch viel leidige Lücken und ärgerliche Unbestimmtheiten übrig.

Mit Fleiß geben wir nicht viel Beisp. solcher Abweichungen, um die obige Regel desto klarer hervortreten zu lassen. Nur weniges. So wird in dem Satz atâtat nuĸapiaᴋ ĸaᴋialerĸovā akkerartorniuga pi-
viugo der Vater heißt den Knaben seines Widerstrebens wegen Buße thun — durchaus allgemein diese Form
lieber gewollt, als die resl. akkerartornino. Man könnte dies hier nun wohl so rechtfertigen, daß bei wört-
licher Uebersetzung das Subjekt bei pivlugo und der Vater zusammen, nämlich: Er heißt ihn Buße thun, er
(der Vater) sein Widerstreben bedenkend. Wählt man einen von ĸaᴋialerpoĸ abhängigen Kasus so wird auch
die resl. Form dem Esk. annehmbarer: atâtab ĸaᴋialerĸovā akkerartorneminit (aber doch auch nluganit).
Vgl. § 505.

Dem entsprechend ziehn im letzten der obigen Beisp. (S. 343). die Eskimo auch iglungauit für „aus
ihrem, bei Witwe, Hause" eigentlich vor.

II. Die Reflexivform. 343

h) Aṅgajokāk Jēsusib itterningaṅik iglominut pijariakarasugik-
   lingilak ber Hauptmann hielt Jesu Kommen in sein
   Haus nicht für nötig (des Hauptmannes oder Jesu Haus;
   der Zusammenhang führt auf das erstere).
Noab Joase takovā perkutiminik pērsitillugo Noa sah den
   Joas, während er, Joas, seine (des J. ober auch des N.)
   Sachen wegnahm.
ernine perkutiminik neksarasugivā er glaubt, daß sein Sohn
   seine (des Vaters ober Sohnes) Sachen mitgenommen
   habe.
idluarsaijub uigarnek iglominit annerkovā der Richter hieß
   die Witwe aus seinem ober ihrem Hause gehn. Doch
   s. über iglunganit den Schluß der Fußn.*) auf vor. S.

Anm. Besondere Erwähnung verdient in diesem Zusammenhang -rxovlugo damit § 536.
er ꝛc. (vgl. § 508). Da dies, est. gedacht, immer zu übersetzen ist: ihn heißend, — wozu
als Subjekt das Subjekt des Hauptverbs zu ergänzen ist: er ihn, du ihn heißend u. s. w.
— so sollte der R.gel nach bei Rückbeziehung auf dies Hauptsubjekt (wenn
es in der dritten Person steht) auch die refl. Form der betreffenden Nennwörter
stehn. Es läßt sich aber nicht leugnen, daß hier von den Est. die Nicht-
reflexivform sehr viel (meist?) vorgezogen und gebraucht wird, wohl jemehr
ihnen der „Heißende" als Heißender in den Hintergrund tritt. Besonders scheint dies der
Fall bei der pass. Konstruktion der Fall zu sein, s. u. das mittelste Beispiel. Wo
bei den folg. Beisp. keine andre Form eingeklammert ist, wurde die refl. Form von mehreren
Est. übereinstimmend vorgezogen. Z. B.

Engelit tillivait sorutsinik nagligijaminik kivgartorkovlugit er schickt die
   Engel, damit sie den von ihm geliebten Kindern dienen (er sie
   seinen geliebten Kindern dienen heißend).
tuksiarvigivā inūliklerkovlugo ernerminik er bat ihn, daß er seinen (des
   Bittenden) Sohn heile.
tuksiarvigivā ernine (viele aber lieber erninga) ākiktaukovlugo Joh. 4, 47
   er bat ihn, daß sein (des Bittenden) Sohn geheilt werbe.
Oāudib perkojanga tamadja, ornerme (orningata) attinganut okperkovluta
   1 Joh. 3, 23 das ist Gottes Gebot, daß wir an den Namen
   seines Sohnes glauben.
piulivānga nālegauvingmine (vingane) inōniarkovlunga er hat mich erlöst,
   daß ich in seinem Reiche lebe.
In den 2 letzten Beisp. hatten unsre älteren Katechismusausgaben auch nur die
   richtigere Reflexivform.

7. **Zweitens:** In Nebensätzen aber, die **bei andern als ben in Nr. 6** §537.
genannten Hauptverben stehn, scheint dagegen regelmäßig die refl. Form
nur auf das Subjekt (Thäter) dieses Nebensatzes **zu gehn,** während die
Beziehung auf das Subjekt des Hauptsatzes durch die nicht refl. Form gegeben
wird. Z. B.

a) Noa ovungarniarpok, Joase uttortitsilerpat erninganik Noa
   wird hieher kommen, wenn Joas seinen (des N.) Sohn
   zurückbringt (ernerminik des J. Sohn).
Noa aullakatauniarpok, Joase aikliturapat kajanganik N. wird
   mit fortziehn, sobald J. seinen (des Noa) Kajak holen
   wird (kajarminik des J. Kajak).
Noab Joase kemakpā, taipsoma suangmago atātanga N. verließ den J., weil der seinen (des N.) Vater schalt (atātane
   des J. Vater).

b) So auch, wenn der Nebensatz verkürzt als Partizip u. s. w. (§ 534) erscheint.

Gûdib nâpkigivait illûnaita ᴋoᴋausinganik (besser als serminik) tussaromajut (Gott erbarmt sich aller, die sein Wort hören wollen.

ᴋingmiarsuit nerrivut karnganerluᴋunik inuata (besser als inungme) nerrimârsinganit kataktunik die Hündlein essen von den Brosamen, die von ihres (ihrer § 533) Herren Tische fallen. Mt. 15, 27. Vgl. aber § 539 Fußn.

§ 538. 8. Bisher war nur von einer Rückbeziehung auf das Subjekt (sei es des Haupt= oder Nebensatzes) die Rede. Es bleibt noch der Fall übrig, daß **das Subjekt (Thäter) des Nebensatzes selbst, als dem des Hauptsatzes zugehörig bezeichnet wird.** In diesem Falle hat das Subjekt des Nebensatzes (wenigstens vorherrschend f. Anm.) **nicht die refl. Form** (was auch mit Klschm. § 74, 2 stimmt), selbst nach Verben, die ein Wahrnehmen und Sagen ausdrücken. Z. B.

ovungarpoᴋ, ᴋitorngangit ovungarᴋârmatta er kommt, weil oder als seine Kinder vorher hieher gekommen waren (= tâpsoma ᴋitorngangit die Kinder desselben).

sivôralerput, atâtangat (1 Mos. 50, 15 freilich gedruckt: atâtatik) toᴋᴋoluungmat sie fürchteten sich, da ihr Vater gestorben war.

issumaᴋarpoᴋ ob. tussarpoᴋ, ᴋattangutingit (tine f. Anm. vgl. 1 Sam. 4, 19) tiᴋingmatta er denkt ob. hört, daß seine (des Denkenden) Geschwister gekommen sind.

unipᴋautivânga, nuᴋanga (ᴋane) tikisimangmat er erzählt mir, daß sein (des Erzählenden) jüngerer Bruder gekommen sei.

ᴋaujimatsiarpoᴋ, ômigijinga (jine) parngnaigêrmat er wußte, daß sein (des Wissenden) Feind schon bereit war.

utterame oᴋarpoᴋ illua âniajoᴋ als er zurückkehrte, sagte er, daß sein Inneres schmerze.

ikpigidlarput, ajorningit (nitik) taᴋojaung..... .ta sie fühlen sehr, daß ihre Sünden gesehen werden.

§ 539. **Anm.** Wie die oben eingeklammerten Formen zeigen, wird aber von manchen doch das Reflexiv unbedenklich angewendet, wie es auch in den älteren Drucken meist in solchen Fällen sich findet*). Man könnte nun fragen, ob hier etwa eine Regel zu Grunde liege, wie im Lateinischen in Bezug auf so, suus und ejus, wo, wenn der Nebensatz aus dem Sinn des Subjektes im regierenden Satz heraus gesprochen ist, [z. B. er kommt her, weil seine Kinder gekommen seien, — Gedanke des Kommenden], das refl. Pronomen zu stehen hat, sonst nicht [z. B. er kommt her, weil seine Kinder gekommen waren, — einfache Thatsache, Bericht des Erzählenden]? Und ebenso könnte man diese Frage in Bezug auf Nr. 7 thun. Es scheint aber doch im Bewußtsein des Esk. ein solcher Unterschied nicht in dieser Weise vorhanden zu sein, und gemacht zu werden.

Was den Gebrauch des Resl. („der e-Form") in zusammengesetzten Sätzen überhaupt betrifft, das sei zum Schluß noch bemerkt, so kann derselbe in Grld. und Labr. schon um deswillen sich nicht ganz decken, weil dem Labr. dialekt das „Verbalpartizip" ganz fehlt. Vgl. Klschm. § 77.

---

*) wie denn auch, wo der Konj. durch ein Nennwort auf noᴋ ersetzt werden kann, dann in dem nun einfachen Satze Reflexiv erscheint. Vgl. z. B. mit oben: tussarpoᴋ ᴋattangutluno (refl.) tikiulagpanik er hört das Gekommensein seiner, des Subjekts, Geschwister; ebenso unipᴋautivânga nuᴋavo (refl.) tikininganiᴋ er erzählt mir seines jüngeren Bruders Gekommensein. Vgl. den etwas andern Fall § 537 b.

III. Nennwörter, die einen Verbalbegriff in sich schließen, insbesondere die Partizipien (und unsre deutschen Relativsätze).

§ 540—543.

1. Wie von Verben verschiedene Kasus oder adverbiale Bestimmungen §540. abhängig sind, so kann dies auch der Fall sein bei Nennwörtern, die einen Verbalbegriff, d. h. den Begriff einer Handlung in sich schließen. „Dahin „gehören vor allem die Partizipien, denen Partikeln und andre Wörter ganz „ebenso untergeordnet sein können, wie den Verben, von welchen sie kommen. „Ferner manche Wörter, die an Bedeutung einem Nominal= oder pass. Partizip „gleich sind, wie sie durch die Anhangswörter -lik welcher hat, versehen damit „§ 442, -liaᴋ ein gemachter § 440, siaᴋ ein erhaltener § 473 und ähnliche „gebildet werden." 3. B.

poᴋtujuᴎik ᴋaᴋᴋalik welches hohe Berge hat.

ikpeᴋsaᴋ iklerviliara (ob. liarijara, liarilauᴋtara) mein (d. h. ein von mir) gestern gemachter Kasten.

ninvortemit saviᴋsianga (siarijanga) sein vom Kaufmann erhaltenes, gekauftes Messer.

„Auch andre von Zeitwörtern abgeleitete Nennwörter (z. B. durch -usᴋ, „-ut, -sᴋ) können zuweilen ein auf das Stammwort sich beziehendes Wort „im betreffenden Kasus bei sich haben", besonders die auf nᴋ. 3. B.

avunga ingorganingano auf seiner Reise nach Norden.

oᴋautsit Jésusib toᴋᴋunganik die Worte von Jesu Tod.

kollêlikkanik kalloraut (ob. Plur. rautit) Strömlingsschöpfer.

2. Die Partizipien, unsre Relativsätze ausdrückend. Vgl. Klschm. § 102,1. §541. Auch hier § 569.

Unsre deutschen Relativsätze (mit welcher, auch wo) werden durch das eᴋl. Partizip, sowohl das Nominal=, als das aktive und pass. Part. ausge= drückt. 3. B. welcher liebt = der Liebende; welcher mich liebt = mein (d. h. der mich) Liebender; welcher geliebt wird = der Geliebte. 3. B.

inuk naglingnekangitoᴋ ein nicht Liebe habender Mensch, welcher nicht Liebe hat.

oᴋautsinut tussartarnut durch deine (= die von dir) gehörten Worte, welche du gehört hast.

Paulusotut oᴋartotut wie Paulus wie der sprechende, d. h. wie Paulus, welcher spricht.

Gûdo ikajortiga Gott mein Helfer, welcher mir hilft.

oᴋautigijat tukisingilara ich verstehe nicht dein zur Rede Gehabtes, d. h. was du sagst.

aglagvigilauᴋtarnut akkivânga mein zum Ort des Schreibens Gehabter, d. h. der, an den ich geschrieben habe, ant= wortet mir.

nerᴋiᴋsaᴋarpunga ᴋaujimangitapsingnik Joh. 4, 32 ich habe Speise eure nicht gewußte, d. h. von der ihr nicht wißt.

inuartoᴋ Jésusib kikiaktortauᴋatinga der Mörder, Jesu Gekreuzigt= werdensgenosse, d. h. der mit Jesu gekreuzigt wurde.

Wenn mit unserm pronomen relativum „welcher, der" Präpositionen verbunden sind, also Bildungen entstehn wie: **wo** (= in, an welchem), **worüber, über welches, womit, wodurch, weshalb, weswegen** u. f. w. — so sind die Partizipien mancher Anhänge zu wählen, unter denen der Anfänger ganz besonders auf vigivâ § 499 und -utigivâ § 495 hinzuweisen ist, wo man auch die Beispiele vergleiche. Z. B.

nuna kuviasugvigilauktanga das Land, sein zur Freudestelle Gehabtes,
 b. h. wo er vergnügt war.
nuna aullarvigijara das Land, mein zur Fortziehensstelle Gehabtes,
 b. h. von dem ich fortgezogen bin, woher ich komme.
tugva kugviorutigijara das ist mein zur Weinensursache Gehabtes,
 b. h. das ist's, weshalb oder worüber ich weine.
okautsinut nertordlerutigijaptingnut durch die Worte durch unsre
 zum Mittel des Lobens Gehabten, b. h. durch die Worte,
 womit wir loben.

§ 542. Fortsetzung. Da dieser Gegenstand wichtig, mögen noch einige Beispiele folgen: okausek okauserijara tämnauvok piulijaujutigijase das Wort, welches ich rede, das ist das, wodurch ihr gerettet werdet; angut äkilauktane kanimasinganit okarvigivâ er redete zu dem Manne, den er von seiner Krankheit geheilt hatte; uvlormik taisimalaukpok sillukosoarmiunik erkartuijomârvingmiunik Ap. 17, 31 er hat einen Tag genannt, an dem er die Welt richten wird; illanginik taisivok inutokab sakkijârutigijanginik er nennt einiges, wodurch ob. worin der alte Mensch erscheint, sich zeigt; igluno nertordlertut nippinginik tussarviolungituno in den Häusern, in denen ob. wo man nicht die Stimmen der Lobenden hört; apperivait uvloriamik kanga tækkotitomik Mt. 2, 7 er fragte sie, wann der Stern erschienen sei; katagvigijane serkalliniarpâ 21, 44 auf welchen er fällt, den wird er zermalmen; imna Gûdib ingminik sakkertijutigijanga okautsemik taijauvok jener, durch den Gott sich selbst offenbart, wird Wort genannt; nagliktuksauvotit kattangutingnik illingnik idluitullivekarasugijarnik aglât du sollst sogar deinen Bruder lieben, von dem du glaubst, daß er dir Unrecht thue; pitjutekadlarpok sunatuinarnik Gûdib avilortarvigijanginik (ob. avilortarutigijanginik) ômatiptingnut es gibt gar mancherlei Gelegenheiten, bei welchen (ob. durch welche) Gott an unsre Herzen anklopft; inâb sangêninganut okautigerkaujaptingnut durch die Schwachheit des Menschen, von der wir vorher sprachen. Auch Ap. 14, 26.

Für den **Ausdruck des Genitivs**: „dessen, deren" folg. Beispiele: Elisab arnak okarvigivâ ômartitame anûnanga Elisas redete mit dem Weibe, dessen Sohn er hatte lebendig gemacht 2 Kön. 8, 1 u. ähnlich B. 5; — nukardlerijama ijûtigivânga atâkakartut nachoginajalauktamnik es lachen meiner, die jünger sind, denn ich, welcher Väter ich verachtet hätte. Hiob 30, 1.

Noch ein Beisp., wie deutsche Relativsätze im Est. wiederzugeben, sei folgendes: Der Gottlose, **von dem** wir wissen, daß er Gott nicht fürchtet, kann in Freuden leben, während der Fromme notleidet. Setze eskimoisch so: Der Gottlose kann . . . ., während der Fromme notleidet, **obgleich**, wie wir wissen, der Gottlose Gott nicht fürchtet.

§ 543. Anm. Statt dieses Ausdrucks durch das Partizip kann man aber doch auch (f. Klschm. § 102) das pronomen relativum in das demonstrativum (dieser, und ebenso wo in da) verwandeln, wenn es auch eine gebrochene Redeweise ist. „Z. B. erkaitiniarpâtit ipkuninga okautsiminik, tâpkua tussalaukpattit (= tussalauktarnik) er wird dich an jene seine Worte erinnern, die hast du gehört, d. h. welche du gehört hast; avane niuverte, tâpsoma erninga achâne mânâlaukpok, inôjungnaertok okautigivât der im Norden Kaufmann (ist), dessen Sohn war voriges Jahr hier, den besagten sie als gestorben, d. h. sie sagten, daß der Kaufmann im Norden, dessen Sohn hier war, gestorben sei; ikkornasamut illagivâssa, tagvane niânakamek naipilaukpagit ich war mit ihnen bis in den Sund, dort habe ich dich neulich getroffen, d. h. wo ich dich neulich getroffen habe." „Dies „Verfahren ist im gemeinen Leben zwar nicht grade häufig, kann aber im Notfall unbe- „denklich angewendet werden, wo durch die Partizipbildung (f. o.) der Satz an Einfachheit „zu viel verlieren würde."

B. Zum Zeitwort.

§ 544—567.

1. Ausdrücke mit Auslassung des Zeitworts. §544.

a) Oft werden verschiedene Worte als Ausruf, Befehl, Frage allein gebraucht, wie bei uns, wobei das betreffende Verb leicht zu ergänzen ist. Z. B.

taikunga borthin (gehe ob. laßt uns gehn ꝛc.)!
pōrmik einen Sack (her)!
machaĸ uná? (ist) dies (von) Thon?

b) Besonders häufig stehen das Nom. Part. und das pass. Part. ganz statt des Judikativs oder Interrogativs. S. schon § 282. 289. 290. Nach Kljchm. § 70 besonders, „wenn man nicht mit völliger Ruhe, sondern in einer „gewissen Gemütsbewegung spricht". In Labr. aber noch allgemeiner. Z. B.

aniaĸoĸ ein Leidender (ist er), ganz = ániavoĸ er leidet, hat Schmerzen.
piulilârtakka meine (die von mir) errettet, aufgehoben werden Werdenden (sind sie) = piulilârpakka ich werde sie erretten,
 aufheben.
sennajungnangitát? dein nicht arbeiten Gekonntes (ist es)? d. h.
 kannst du es nicht arbeiten (= sennajungnangilât — jung-
 nangipiúk)?

2. Stellvertretende oder ersetzende Verbformen. §545.

Es steht öfters

a) der Interrogativ als Ausdruck eines Ausrufs „mit lebhafter Gemütsbewegung", besonders in folg. Verbindungen mit -ĸarpok (vgl. mehr Kljchm. § 71, 1):

naĸudlartoĸarkâ? hat es etwas Dankenswertes?! = o wie dankenswert
 naĸudlarmēk!
naĸudlârsukullukêt? bist du sehr hübsch dankenswert?! = wie
 muß ich dir danken!
kappianadlartoĸarkâ? hat's etwas Schreckliches?! = das ist ja
 schrecklich, gewaltig, wunderbar kappianadlarmēk! s. auch
 § 338, 86.

b) Der Jnfinitiv oder auch Optativ statt des Interrogativs. Z. B.
neĸsarlugô? (soll ich) es mitnehmen? § 250.
ĸailangâ? ich möge kommen? = soll ich kommen? § 258.

c) Der Jnfinitiv statt des Jmperativ, „was überhaupt in jugendlichen Sprachen etwas Gewöhnliches ist." Besonders bei verneinenden Zeitwörtern, auch bei ĸanoĸtôĸ. Siehe mehr schon § 250 und 270, 3. 4. Z. B.
nikovidlutit bu (sollst) aufstehn = steh auf!
una aktornago (thue ob. thut) dies nicht anrühren!
kipilugo (thut ihr ob. manchmal auch: laßt uns) es abschneiden!

d) Statt des Jmperativs wird ferner gebraucht: tuksauvoĸ, -juksau-
voĸ, (§ 294) er soll, oder einer der das Futur ausdrückenden Anhänge niar-
poĸ, -lârpoĸ, omârpoĸ (s. schon § 270, 4). Also z. B. du sollst, wirst das thun statt: thue das!

e) **Statt des Konjunktivs** öfters das **Nom. part. u. der Infinitiv** nach Verben, die ein „Wahrnehmen" und „Sagen" ausdrücken. Davon gleich § 547.

f) **Statt des Indikativs** sehr oft das **Partizip**. S. schon § 282 und 289 f. und eben § 544.

§ 546.   **3. Konjunktiv und Subjunktiv.** § 546—555.

„Der Konjunktiv steht für Geschehenes oder Gewisses, der Subjunktiv für Ungeschehenes oder Ungewisses. Der Grundbedeutung des Konj. entspricht daher ganz unser: **dieweil** (u. dessen Stellvertreter als, da, weil) und der des Subjunktiv: **wenn**." Kleinschm. § 88.

§ 547.   1) Es ist aber zu bemerken, daß der Labr. dialekt (dem das Verbalpartizip des Grönländischen verloren gegangen) den Konj. auch für unsre Sätze mit **daß braucht**; nicht bloß da, wo daß mit weil vertauscht werden kann (z. B. ich freue mich, daß ob. weil du da bist), sondern überhaupt. Dabei kann das Hauptverb, von dem das daß abhängig ist, sowohl *s. s.* Form haben, was wohl das Ursprüngliche ist, oder auch *c. s.* Form (worin ein „es" enthalten, das den ganzen Nebensatz vertritt). Z. B.

nellungilanga (*s. s.*) takkojomārapse ich weiß | daß ich euch
nellungilara (*c. s.*)   „   ich weiß es | sehn werde.

Hier sei gleich bemerkt, daß für solche Sätze mit „daß, als" nach Verben, die ein **Wahrnehmen** (sehen, hören, denken, glauben, wissen ꝛc.) und **Sagen** (erzählen, verkünden ꝛc.), auch ein **Antreffen** ꝛc. ausdrücken, oft auch das **Nominalpartizip** (auch der Infinitiv, sowie manchmal auch ein Nennwort auf пек) steht*). Vgl. Kleinschm. § 76. Z. B.

nakornersaukôrtomik (neben kôrmat) окalaukpoк er hat gesagt,
    daß jener besser zu sein schiene (eig. den besser zu sein Scheinenden).
кilangmit pijuк (ob. pingmat) окautigiguptigo wenn wir sie vom Himmel kommend sagen, d. h. wenn wir von ihr sagen, daß sie vom Himmel kommt. Mt. 11, 31.
illitarivagit sivôranartotit (ob. naravit) ich kenne dich, der du oder daß du zu fürchten bist. Mt. 25, 24.
illitarivarma sivôranartunga (ob. narama) du weißt (mich), daß ich zu fürchten bin. Ganz ähnlich Mt. 25, 26.
ningartotit окautigijauvotit (ob. ningaravit) du wirst beredet der du zürnest, d. h. man sagt, daß du zornig bist ob. warst.
tussarpâse nerkiksaкangitose (ob. кanginapse) ob. tussarput nerkiksaкanginipsingnik sie hören (euch), daß ihr nichts zu essen habt.
inntoкaujunga (ob. кaunimnik ob. кaulerama aber nicht кauvlunga) missigilerpunga ich merke, daß ich alt werde, mein Altwerden.

---

*) Zuweilen wird auch der eigentlich abhängige Daßsatz nur einfach „im Ind. daneben gestellt, zumal wenn das Hauptverb kein Suffix hat (*s. s.*) und dessen Subjekt erste Person ist, z. B. tussarpunga, кingmib kôvâtit (neben Konj. kôngmattit) ganz wie bei uns: „ich höre, es hat dich ein Hund gebissen." Kleinschm. § 78.

3. Konjunktiv. Auf daß, so daß. 349

кaijomavlutik (ob. кaijomagamik) oкarput sie sagten kommen zu
    wollen, daß sie kommen wollten.
tunnitsivigijomavlugit (ob. jomagamigit) oкarpoк er sagt, ihnen
    geben zu wollen, daß er ihnen geben will.
кeajoк (ob. кeatillugo ob. кeangmat) maipipara ich traf ihn weinend
    an, als er weinte.
anguvara inôjoк (ob. inôtillugo) sulle ich holte ihn noch lebend
    ein, bekam ihn noch lebend.

Anm. Auf daß, damit und so daß. § 548.

Mit dem Konj. aber darf unser deutsches daß **nicht** ausgedrückt werden, einmal,
wenn es = auf daß, damit ist, die Absicht ausdrückend. Dies ist durch -rкovlugo
(= ihn heißend) § 506. 507 zu geben.

Zweitens ist besonders davor zu warnen, unser daß durch den Konj. zu übersetzen,
wenn es = so daß ist, die Folge ausdrückend; denn es wird allzuhäufig dagegen gefehlt,
selbst auch wohl von Eskimos. Unsre Uebersetzungen, leider auch die neuesten, bieten dazu
viele Belege. So z. B. Jos. 5, 12. 6, 27. 8, 17. 22. Richt. 7, 1. 3. 10, 9. 15, 14. 20, 35.
1 Sam. 4, 10. 5, 12. 14, 15. 17, 49, 18, 30. 19, 8. 22, 18. 30, 17. 2 Sam. 2, 31. 3, 22.
4, 7. 8, 2. 18, 7. 2 Kön. 10, 21. 2 Chron. 21, 17. Psalm 77, 5. und andre mehr.

Wäre dieser Gebrauch richtig, so müßte man die Sätze:
    Ich schlage ihn, weil er schreit und:
    "   "   " so daß er schreit
im Est. ganz gleich übersetzen können. Der Konj. drückt den Grund aus (weil). Die
Folge einer Handlung (so daß) ist das grade Gegenteil davon. Sollten Eskimos den
Konj. auch wirklich in letzterer Weise brauchen (wie ja der Gebrauch des mut etwas ganz
Aehnliches aufzeigt s. o. § 521), so sollte man diese unlogische und nur die Unklarheit be=
fördernde Ausdrucksweise nimmermehr nachahmen. Deshalb seien hier noch einige Winke
gegeben in Bezug auf **die richtige Wiedergabe des deutschen so daß:**

a) das Nächstliegende ist, den die Folge enthaltenden So=daß=Satz im Est. als Haupt=
satz hinzustellen, unsern deutschen Hauptsatz dagegen in den est. Konj. als Nebensatz —
also im Est. grade umgekehrt als im Deutschen. Also obiges Beispiel:
    Ich schlage ihn, so daß er schreit — im Est. weil ich ihn schlage, schreit er.
Oder für: es hatte große Kälte, so daß er erfror,
    nicht: itjokadlarpoк кeungmat sondern: itjeкadlarmet кeuvoк.
In dieser Weise ist (schon in der alten Ausgabe) Gal. 5, 17 gut wiedergegeben.

b) Oder man schiebt statt dieses Konj. (weil) ein **deshalb** (taimaimat oder ta=
manna pivlugo) ein. So:
    Ich schlug ihn, deshalb schrie er (= so daß er schrie).
So ist z. B. Mt. 15, 31 gegeben.

c) Oder aber man kann oft den So=daß=Satz ganz einfach als Hauptsatz folgen lassen,
ihn durch „und" mit dem ersten verknüpfend. Z. B.
1 Sam. 17, 49 er traf ihn, daß der Stein in seine Stirne fuhr.
    Dafür: er traf ihn und der Stein fuhr in seine Stirn.
2 Sam. 4, 7 sie stachen ihn tot (toкolermat = so daß er starb).
    Dafür: sie stachen ihn und töteten ihn. Vgl. d.
2 Kön. 10, 21 ließ alle kommen, daß niemand übrig war.
    Dafür: ließ alle kommen und niemand war übrig.
Marc. 9, 26 ist z. B. gut in dieser Weise übersetzt, schon in der alten Ausgabe; auch
Jes. 8, 15.

Es ist diese Ausdrucksweise mit „und" der Sprache eines einfachen Naturvolkes ganz
angemessen, und so auch ganz im Ebräischen vorhanden; so daß, wenn man jene oben im
Anfang der Anm. angeführten alttestamentlichen Stellen in dieser Weise gegeben hätte,
man auch das ebr. Original ganz getreu wiedergegeben haben würde. Vgl. die Bibel=
übersetzung de Wettes, wo fast in all jenen Stellen ein einfaches und erscheint. Luther
hat in berechtigter Uebersetzersfreiheit das dem Deutschen naheliegende daß gewählt.

d) Oder man kann auch öfters den Infinitiv (bisweilen mit tipâ) statt des
So=daß=Satzes setzen. Z. B. obige Sätze auch so:
    Ich schlug ihn, ihn schreien machend кeatidlugo.
2 Sam. 4, 7 auch: sie schlugen ihn, ihn tötend toкkodlugo.

350   III. Syntax. B. Zeitwort.

So ist z. B. gegeben Offb. 13, 13: er thut große Zeichen, (so daß =) auch
     Feuer vom Himmel fallen machend.
Joh. 3, 16 daß er seinen eingebornen Sohn gab ernituane tunivlugo.

Weiteres vom Konjunktiv und Subjunktiv:

§ 549. 2) **Der Konjunktiv wird im Eſk.** viel häufiger gebraucht als bei **uns,** in Fällen wie z. B. wenn wir sagen: Es läutet, laßt uns zur Kirche gehn. Ueberſetze: sivannermat (weil es läutet) kattimaviliarta. Ebenso: Ich verstehe es nicht, laß mich's noch einmal hören tukkisinginapkit (weil ich dich nicht verstehe) tussalaungmilanga. Doch vgl. § 547 Fußn.

„Dann wird der **Konjunktiv sehr häufig allein, ohne Hauptzeitwort** gebraucht, nämlich um den Grund dessen anzugeben, was vor den Augen des „Angeredeten eben stattfindet und also keiner Beschreibung bedarf." Im Deutschen steht hier der Indikativ. Z. B.

  pôksaĸanginama ich habe keinen Sack, kein Gefäß es hineinzuthun!
       eig. weil ich keinen Sack habe (weiß ich nicht, wie es
       fortbringen).
  kingoraigapta da kommen wir zu spät! eig. weil wir zu spät kommen
       (haben wir es nicht gesehen ob. sind leer ausgegangen).
  sillaĸidlarmat weil's sehr schönes Wetter ist (sind wir vergnügt)!
  ajornarmat weil's unmöglich ist (ergebe ich mich drein)!

„**Auch als Frage,** d. h. wenn das weggelassene Hauptverb Interrogativ „sein würde." Z. B.

  ajornarmât? weil's unmöglich ist (thuſt du so)?
  nâlenginavit? (etwa: wirſt du beſtraft) weil du nicht folgteſt?
  sugavit? weil du was thuſt? d. h. warum (z. B. weinſt du, wirſt
       du gerufen ꝛc.)?

Vgl. zu dieſem Konj. von suvoĸ § 313 Anm. und § 211.

§ 550. 3) „Manchmal ſteht ein **Konjunktiv oder Subjunktiv wie ein Ad**„**jektiv** bei einem Nennwort (das einen Zeitwortbegriff in ſich ſchließt)". Z. B.

  „atâtama aullalaurame oĸausingit puigungilakka meines Vaters
           „als = er = abreiſte = Worte (d. h. was mein Vater ſagte,
           „als er abreiſte) habe ich nicht vergeſſen.
  „avungalâruma umiaĸsara nautsertorĸiuk? haſt du mein wenn=
           „ich = nach = Norden reiſen werde = Boot unterſucht (d. h.
           „das Boot, das ich brauchen ſoll, wenn ich nach Norden
           „reiſen werde)?"

Aehnlich iſt's

§ 551. 4) „wenn ein grundangebender **Konjunktiv,** wie ſonſt auf ein Zeit= „wort, ſo **vermittelſt einer Kopula** (tagva das iſt § 576. 577) **auf ein** „**Nennwort ſich bezieht.** Z. B.

  „aujaĸ nenorajumik pilaurama, tagva (tagga) tauĸtiksanga weil
       ich dieſen Sommer ein Stück Eisbärfell (von dir) erhielt,
       das (was ich hier habe oder dir jetzt bringe) iſt ſeine
       Tauſchbezahlung = dies (Stück Fell) hier iſt für das
       Stück Fell, das ich im Sommer erhielt.

3. Konjunktiv und Subjunktiv. Wie wenn.   351

„nâlonginavit, tagva (tagga) akkinga weil du nicht gehorchtest,
„das, (was dir jetzt widerfuhr, widerfährt, widerfahren
„wird) ist seine (nämlich des Ungehorsams) Vergeltung
„= das hast du davon, daß du nicht hören wolltest, das
„ist für deinen Ungehorsam."

5) **Wie** der **Subjunktiv** (mit -najarpok im Hauptsatz) **bei unwahren** § 552.
Bedingungsfätzen (wenn . . ., so wäre, hätte) gebraucht wird, darüber
s. -najarpok § 449 Anm. Z. B.
unungaruvit, augunajarpotit wenn du seewärts (zur See) gingest,
würdest du erwerben.
Ferner bei kanoktôk § 326. Siehe dort auch die Anm., wo gezeigt ist,
wie bei einem auf die Vergangenheit gehenden Wunsch (z. B. o daß ich
da gelebt hätte!) der Subjunktiv — ohne oder mit -najarpok — angewendet
werden kann.

6) **Wie wenn.** Auch im Esk. ist hier der Subjunktiv anzuwenden. Man § 553.
unterscheide folg. zwei Fälle:

a) wie (dann, ob. in dem Falle), wenn (das und das ist, geschieht).
Das wie und wenn gehören nicht so eng zusammen. Hier einfach sôrlo und
nachfolgender Subjunktiv. Z. B.
kuviasugomârpose sôrlo nipjausijartut ailorpatta ihr werdet euch
freuen, wie wenn man mit der Pfeife gehet. Jes. 30, 29.

b) wie wenn (enger zusammengehörend) = als ob oder: wie wenn
(das und das wäre, geschähe, es ist aber nicht so). Hier entweder sôrlo mit
nachfolgendem oder vorstehendem Subjunktiv, aber mit dem Anhang -najarpok, oder aber ganz einfach nur durch tut zu geben. Vgl. das § 526 Anm. 2
von tut Gesagte und die Beispiele daselbst. Z. B.
Gûde okautaukattarpok inuktut illianekarajarpat sôrlo oder:
inuktut illianekartotut (sôrlo) von Gott wird öfters
geredet, als ob er wie ein Mensch sich verhalte.

7) Endlich ist davor zu warnen, ein gewisses deutsches **wenn**, das nicht § 554.
etwas „Ungeschehenes oder Ungewisses" aussagt, sondern etwa = „da, da
nun, da so, indem" ist, durch den Subjunktiv zu übersetzen. Hier ist der
Konjunktiv zu wählen.
Z. B. Wenn Paulus den Römern schreibt = da Paulus den Römern
schreibt. (Ebenso: Wenn so (= da so) alle Wesen Gott loben, sollen wir es
nicht auch thun? Ebenso: Wenn so (= da so) unser Text uns keinen Zweifel
gelassen hat u. s. w.

Anm. Der eigene Gedanke einiger Hoffenthaler Esk., den Subjunktiv nur für „Un= § 555.
gewisses" zu brauchen, nicht aber auch für „Ungeschehenes", sobald dieses als gewiß eintretend gewußt werde (weshalb sie z. B. von der Wiederkunft des Herrn, da diese etwas
Gewisses sei, nicht tikitsomârpat brauchen wollten), — entbehrt der Begründung, da der
Gebrauch bis nach Grld. hin durchaus ein weiterer ist (ganz der genauen Fassung Kleinschmidts für „Ungeschehenes oder Ungewisses" gemäß § 546). Man denke nur an den
alltäglichen Gebrauch von kaupat morgen (= wenn es tagt), kotterarpat zu Mittag, wenn
es Mittag ist, sein wird, — wo keinem einfallen wird, das Eintreten des morgenden Tages
und des Mittages als etwas Zweifelhaftes, Ungewisses sich zu denken.

4. Die Reflexivformen des Konjunktiv und Subjunktiv
(ame, une neben mat, pat ꝛc.). § 556—560.

§ 556. 1) Wie es beim Nennwort reflexive (f. zurückbeziehende) Formen gibt (f. § 75), so findet eine ganz ähnliche Erscheinung bei der dritten Person des Konjunktivs und Subjunktivs des Zeitwortes statt. S. die Tabelle § 260 und § 244.

Neben mat, mago ꝛc. — pat, pago ꝛc.
auch ame, amiuk ꝛc. — une, uniuk ꝛc.

Die letzteren Formen nennen wir auch hier die Reflexivformen*). Die einfache Regel in Bezug auf sie ist: **Wenn das Subjekt (Thäter)** des (durch den Konjunktiv oder Subjunktiv gebildeten) **Nebensatzes dasselbe ist wie das des Hauptsatzes, so steht die Reflexivform.** Wenn aber diese Sätze verschiedene Subjekte haben, stehen die andern Formen. Z. B.

sinisilerpoᴋ, uerngaleramᴇ **er** schlief ein, weil (ob. denn) **er** anfing
  schläfrig zu werden.
aularunᴇ, neksarniarpätigut wenn **er** weggeht, wird **er** uns mitnehmen.
tikinamik, oᴋautilauᴋpäse als **sie** kamen, haben **sie** euch gesagt.
  Und dann mit Vergleichung von § 272 - 275:
ᴋollalerpoᴋ, inôniarmangärmᴇ **er** fängt an zu zweifeln, ob **er**
  (der Zweifelnde) leben wird.
ᴋuviasukput, takᴋolerangamigit **sie** freuen sich, so oft als **sie**
  (die Freuenden) **sie** sehen.

In folgenden ähnlichen Sätzen sind die Thäter verschiebene, darum keine Reflexivform:

uerngalermat, annivogut als ob. weil **er** schläfrig wurde, gingen
  wir hinaus.
aularpat, mallingniarpavut wenn **er** fortzieht, werden **wir** ihm
  folgen.
tikingmatta, oᴋautilauᴋpavut als **sie** kamen, haben **wir** ihnen
  gesagt.
ᴋollalerpoᴋ, inôniarmangát **er** fängt an zu zweifeln, ob **er (ein
  andrer)** leben wird.
ᴋuviasukput, ᴋitorngangita (f. § 538) aivigilerangagit **sie** freuen
  sich, so oft ihre Kinder zu ihnen kommen.

§ 557. 2) „Auch wenn das Subjekt des einen Zeitworts aus mehreren „Gegenständen dritter Person besteht, und einer Subjekt des andern Zeit- „worts ist," steht ebenso die Reflexivform. Z. B.

tikikkamik toᴋᴋolerpoᴋ als sie ankamen, starb er (einer der An-
  gekommenen).

---

*) Wir nennen sie so, obwohl dieser Ausdruck etwas Unbefriedigendes hat und nicht ganz genau ist (wie beim Nennwort), da streng genommen keine „Rückbeziehung" stattfindet, wenn das Subjekt im Nebensatz dasselbe ist, wie im Hauptsatz. Auch trotzdem, daß wir daneben auch (wie im Deutschen und sonst) von einem refl. Verb im allg. sprechen, wo sich die Handlung auf den Thäter zurückbezieht, z. B. piallvoᴋ er rettet sich. § 226.
In unsrer früheren Gram. wurden die in Rede stehenden Formen das Reciprok genannt, wie auch früher das lateinische se, suus ꝛc. so bezeichnet wurde. Da aber jetzt allgemeiner für die Rückbeziehung nur „reflexiv" gebraucht wird, „reciprok" dagegen für die Wechselbeziehung („einander"), haben auch wir hier den Ausdruck „reciprok" aufgegeben. Kleinschm. nennt die Reflexivform die „o-Form", die andre die „a-Form". S. Kleinschm. § 54.

4. Reflexivform des Konjunktiv und Subjunktiv. 353

3) **Hat eins der zwei Verben** (im Haupt= oder Nebensatz) **Passivform, § 558.** so tritt dieselbe Doppel=Möglichkeit ein wie bei den Reflexivformen des Nennworts schon auseinandergesetzt ist. Vgl. dort § 532. Zu bemerken ist, daß hier wohl **noch mehr** als dort das im Sinne liegende Subjekt, der wirkliche Thäter, ins Auge gefaßt wird (wonach sich dann zwei verschiedene Thäter ergeben, also **die nicht refl. Form** gewählt wird). Z. B.

manigortauniarput, pijariaĸarmatta (seltner ĸaramik) sie werden
    getröstet werden (== man wird sie trösten), weil sie's
    nötig haben.
pilloridlarput kiksartut, manigortaujomármatta, (seltner jomár-
    nnik) selig sind die Betrübten, denn sie sollen getröstet
    werden (== man wird sie trösten).
Vgl. überhaupt die ersten instruktiven Sätze der Bergpredigt. Mt. 5, 3—10.

4) Daß beim **Anhang** ɴarpoĸ vorherrschend **die nichtreflexive Form § 559.** steht, ist dort schon gesagt. § 450 Anm. 4.

5) -ngíkune (-galloarune) **vielleicht, etwa.** § 560.
Die refl. Form des Subjunktiv auf unɢ (unik *Plur.*) mit dem Negativ -ngilaĸ (§ 268), eigentlich: „wenn er, es nicht —", oder auch in der an alle möglichen Wortformen zu setzenden Form: -úngíkune (mit -uvoĸ er ist zusammengesetzt) eigentlich: „wenn er, es etwa nicht ist", — wird oft gebraucht, wo wir „vielleicht, wohl, etwa, ob nicht doch" übersetzen können. Es kommt auch im Positiv (der bejahenden Form) vor, aber wohl nur mit dem **Anhang** -galloarpoĸ zwar § 396, und drückt dann mehr den Zweifel aus. Z. B.

ĸaupat sillalulángíkune wenn's morgen (etwa) nicht regnen wird
    == ob's nicht doch regnen wird, vielleicht wird's regnen
    (ich könnte mir's denken).

Auf die Frage ĸainiarĸâ wird er kommen?
ĸainiángíkune wenn er nicht (etwa) kommen wird = vielleicht wird
    er kommen (es ist wohl möglich).
ĸainiarálloarune wenn er wohl oder ob er wohl kommen wird?
    vielleicht wird er kommen (doch ist's noch fraglich). Das
    Letztere drückt mehr den Zweifel aus, als das Vorige.
ĸapsinik pijomavêt? wievielswillst du?
tellimaniúngíkune vielleicht, etwa fünf, eig.: wenn's nicht ist: fünf
    (tellimanik).
ĸapsiovât? wieviel sind's?
tellimaúngíkunik wenn sie nicht fünf (tellimat) sind, d. h. vielleicht,
    etwa, wohl fünf.
avungaúngíkune, Nainemuúngíkune wenn's nicht etwa ist nach
    Norden (avunga), nach Nain (Nainemut), d. h. vielleicht
    nach Norden, nach Nain.
taimaikasángíkune, (auch kasángíkune) so mag's (allenfalls, etwa)
    gehn! eigentlich: wenn's, ob's nicht fast so ist (wie's
    sein soll).

Ebenso in der ersten und zweiten Person:
ainiángíkuma vielleicht werde ich gehen.

5. **Der Infinitiv** (lune, lugo ꝛc.) § 561—567.

§ 561. Vgl. zuerst, was vom Inf. § 218 und 245 ꝛc. gesagt ist. „Er zeichnet sich dadurch aus, daß ihm auch die letzte Spur von Selbständigkeit abgeht." Mit welcher Bedeutung er aber doch allein stehen kann, s. o. § 545 b. c. (wozu auch gleich e verglichen werde). Diese Unselbständigkeit des Inf. zeigt sich in mancher Weise, wie aus dem Folgenden zu sehn. In der Uebersetzung entspricht dem est. Inf. unser Partizip auf —end. Davon gehe man immer aus.

§ 562. 1) **Der Inf.** (lune, lugo ꝛc.) **hat nie ein eigenes Subjekt,** sondern das Subjekt des Hauptverbs im Satz gilt auch ihm. 3. B.

    kiovlune okautivâ er antwortend sagte ihm.
    kiovlugo okautivâ er ihm antwortend sagte ihm.
    pisukluta aullarpogut zu Fuß gehend reisten wir ab.
    piniaromagalioardlutit puigorpat zwar (du) thun wollend vergaßest du es.
    sæglovlutik okarput (sie) lügend reden sie.
    sæglokidlunga okarput (sie) mich belügend reden sie.
    kiksarlunga tikipapse ich betrübt seiend komme zu euch.

§ 563. Anm. **lune und tillugo.** Vgl. mehr § 506. 507.
Da ein solcher Inf., unser deutsches —end, auch durch einen Satz mit **indem** (= als) gegeben werden kann, u. tillugo zum Schluß ähnlich mit **indem** (= während) übersetzt wird, so macht der Anfänger leicht Fehler in der Anwendung. Nur wenn im **deutschen Satz** (mit **indem**) der gleiche Thäter wie im Hauptsatz ist, darf der einfache Inf. lune ꝛc. stehn, sonst nicht, wo dann tillugo an seinem Platz ist. Drum habe man bei tillugo immer den ursprünglichen Sinn im Gemüt: ihn lassend = während er. H. B.

    ningardlune annivok zürnend, indem er (A) zürnte, ging er (A) hinaus.
    ningartillugo annivok während, indem er (B) zürnte, ging er (A) hinaus. Bei der wörtlichen Uebersetzung zeigt es sich, wie auch in diesem Fall, es ist. gedacht, der Thäter bei beiden Verben nach § 562 derselbe ist: (Er (A) ging hinaus, er (A) ihn (B) zürnen lassend.

Ebenso:
    aivigingilâ mânêgalloardlune er (A) ging nicht zu ihm (B), zwar hier seiend d. h. obwohl er (A) hier war.
    aivigingilâ mânêgalloartillugo er (A) ging nicht zu ihm (B), obwohl er (B) hier war, eig. er (A) ihn (B) hier sein lassend.
    unuktunik takkunârtokarlune tattamnartulivok indem er viele Zuschauer (ihm Zuschauende) hatte oder habend, that er Wunder.
    unuktunik takkunârtokartillugo tattamnartulivok während, indem es viele Zuschauer hatte, gab (es haben lassend), that er Wunder.
Ueber den Unterschied von takkunârte und tok in den letzten Beisp. s. § 287.

§ 564. 2) **Steht ein Inf. mit einem, einen passiven Sinn habenden Zeitwort** (sei das Pass. nun ausführlicher ausgedrückt oder in der Weise der refl. Verben § 226. 228), so beachte man das § 532 und 558 von dem **formellen** und dem im Sinn liegenden **wirklichen** („natürlichen") **Subjekt** Gesagte auch hier. Anschließend an das formelle Subjekt kann der Inf. eines *s. s.* Verb hinzutreten; anschließend an das natürliche, im Sinn liegende dagegen der Inf. eines *c. s.* Verbs (zu seinem Objekt dann, wenn kein andrer Gegenstand genannt ist, das formelle Subjekt des pass. Hauptverbs ist). Kleschm. § 91.

    a) siniklune tokkarpok schlafend wurde er getötet.
    pekadlaralloardlune tunitsivivok zwar viel habend wurde er (mit noch mehr) begabt.

5. Der Infinitiv.

saviksoarmut ullimártauvlune toκκotauvoκ mit dem Schwert geschlagen werdend, wurde er getötet.

Vergleiche damit nun:

b) siniktillugo toκκotauvoκ ihn schlafen lassend, d. h. während er schlief, wurde er getötet (die ihn töteten, ließen ihn schlafen, d. h. warteten die Zeit ab, da er schlief).

peκadlaralloartillugo tunitsiviovoκ ihn zwar viel haben lassend, d. h. obwohl er viel hatte, gab man ihm, wurde er begabt.

tunitsiviovoκ peκaluarκovlugo er wurde begabt, d. h. man gab ihm, ihn mehr haben heißend, d. h. damit er mehr habe. Vgl. § 508.

saviksoarmut ullimárdlugo toκκotauvoκ ihn mit dem Schwerte schlagend, wurde er getötet, d. h. tötete man ihn.

tukerdlugo mattuerpok es mit dem Fuße stoßend (einmal) wurde es geöffnet (für: öffnete es sich), d. h. mit einem Fußtritt deckte man es auf. Ebenso

túkkardlugo upkuerpok sie mit dem Fuße stoßend (mehreremal), wurde die Thüre geöffnet, d. h. mit einigen Fußtritten öffnete man die Thüre.

3) Nicht bloß (a) der **Modus des Hauptverbs**, Indik. Konj. 2c., sondern § 565. auch (b) **die Anhänge des Hauptverbs**, die den Stand der Handlung angeben (unvollendete, vollendete, zukünftige Handlung § 219), **erstrecken sich auf den mit ihm verbundenen Inf.**, ohne bei diesem, wenigstens für gewöhnlich, ausgedrückt zu werden. „Dies tritt besonders deutlich hervor, wenn dem Inf. „die Partikel lo und angehängt ist, was ganz unserm Verbinden der Verba „durch und entspricht." Z. B.

a) angergarlunelo annivok (Ind.) er ging hinaus und kehrte heim.
angergarlunelo anningmat (Konj.) weil er hinausging und (weil er) heimkehrte.
manigorlugolo pairilugolo ãkikpâ er tröstete, pflegte u. heilte ihn.

b) takkovlugolo tussaromárpat du wirst es hören und (wirst es) sehen.
kitilugilio ingmigólingatilaukpakka und sie zählend habe ich, d. h. ich habe sie für sich gethan und (habe sie) gezählt.

In diesen Fällen können auch die Wiederholungsformen (-larme, -lát § 271) gebraucht werden.

4) Endlich ist die Folge der Unselbständigkeit des Inf. noch die, „daß § 566. „bei einem verneinenden Hauptverb die Verneinung sogar vorzugsweise „dem Inf. gilt, was dann weiter zur Folge hat, daß wenn auch der Inf. „verneinend ist, beide Verneinungen einander bis zu einem gewissen Grade „aufheben. Z. B.

„uvlótillugo ajornangilak es Tag sein lassend, d. h. bei Tag ist es „nicht schwer (aber bei Nacht).

„κaerκojaunanga nivigíniangilara nicht gerufen seiend, d. h. un= „gerufen werde ich nicht zu ihm gehen (wohl aber, wenn „er mich ruft).

23*

„Die Partikel lo wirkt hier trennend, indem dann die Verneinung am Hauptverb sich nicht auf den Inf. erstreckt. Z. B.

„tunulerdlugolo kiungilâ er gab ihm keine Antwort und kehrte ihm
                den Rücken (f. aber b. Anm.).

„tuppeĸaratiglo umiakangilat fie haben kein Boot u. auch kein
                Zelt" (f. aber Anm.).

Anm. Gewiß hat diese Regel guten Grund. Noch ein Beispiel:

  a. takkunârnago kiungilâ ohne ihn anzusehn ihm antworten, das thut er
      nicht (wohl aber, indem er ihn ansieht).

  b. takkunârnagolo kiungilâ er antwortet ihm nicht und sieht ihn nicht an.

  c. takkunârlugo kiungilâ ihn ansehend ihm antworten, das thut er nicht
      (wohl aber, ohne ihn anzusehn).

  d. takkunârlugolo kiungilâ er antwortet ihm nicht und sieht ihn an.

Indessen muß bemerkt werden, daß bei den hiesigen Esk. zwar in Fall b und d (mit lo) unzweifelhaft das Obengesagte gilt, dagegen bei Fall a und c (ohne lo) neben der oben angegebenen Auffassung doch ebenso (u. vielleicht noch mehr) eine andre ganz in Geltung erscheint, wonach der Inf. für sich d. h. nicht unter dem Einfluß der Negation des Hauptverbs stehend auftritt, und so Fall a = b, Fall c = d wird. Also takkunârnago kiungilâ danach (ganz wie mit lo): ihn nicht ansehend, antwortet er ihm nicht, d. h. er sieht ihn nicht an und antwortet ihm nicht. Ebenso oben: tunulerdlugo kiungilâ, tuppeĸaratik umiakangilat ganz in demselben Sinn, als ob lo gesetzt wäre (§ 566). — Jedenfalls wird man danach, wenn der Inf. nicht unter dem Einfluß der Negation des Hauptverbs stehen soll, lieber das unzweifelhaft Klare, Sichere wählen, d. h. den Inf. mit lo anknüpfen, u. andrerseits in den entgegengesetzten Fällen (a und c) auch im Esk. einen ähnlichen erklärenden Zusatz hinzufügen, wie der oben in den Klammern stehende ist.

§ 576.   5) Zum **Schluß** sei nur gesagt, daß der Inf. sehr **mannigfache Anwendung** hat, und zumal auch in Verbindung mit gewissen Anhängen, manche unsrer Konjunktionen und auch Präpositionen ausdrückt.

So wird durch tillugo, -rkovlugo u. s. w. unser: **während, indem, auf daß, damit, um zu, bis, ehe** ausgedrückt, wovon ausführlich § 506. 507 die Rede.

Der einfache neg. Inf. kann oft durch **ohne** gegeben werden, z. B.
  ajaupiaĸarnanga pisugungnangilanga keinen Stab habend d. h.
           ohne Stab kann ich nicht gehen.
  oĸarane tiguvá nicht redend, d. h. ohne was zu sagen, nahm er's.

„Einige Inf. werden auch fast wie **Adverbien** gebraucht, ähnlich wie der **Modalis** § 524. Z. B.

  „tuavidlutik utterput sie kehrten eilig (schnell seiend) um.

„Der Inf. von pivâ (er thut es) in der Bedeutung: es beachten, bedenken, berücksichtigen — entspricht unsrer Präposition **wegen", in Beziehung auf, in Rücksicht auf.** Z. B.

  sillaluk pivlugo nullarniangilagut den Regen bedenkend, d. h. wegen
           des Regens werden wir nicht fortgehen.
  uvanga pivlunga um meinetwillen, in Rücksicht auf mich (für mich).

Auf tikidluno, tikidlugo kommend, es erreichend für: **bis** ist oben § 519, 3 schon hingewiesen.

C. Beiordnung.
§ 568—570. Klschm. § 94—96.

1. Subjekt und Zeitwort §568.

müssen so miteinander übereinstimmen, daß die Person und Zahl (Numerus) des Subjekts auch in der Endung des Zeitworts erscheint. Wo gleiche Formen für den Sing. und Plur. bestehen, müssen Zusätze oder der Zusammenhang zeigen, was gemeint ist. Z. B.

 kingmib (miub § 57) kêvânga ein Hund biß mich.
 kingmit kêvânga Hunde haben mich gebissen.
 kingmivit kêvânga dein Hund hat, oder deine Hunde haben mich gebissen.

Wörter, welche Mehrheitsform mit (scheinbarer) Einheitsbedeutung haben (§ 31 Anm.) werden immer als Mehrheit behandelt. Z. B.

 umiat tikiput das Boot (mit Leuten darin sind b. h.) ist angekommen.
 illagêt kuviasukput die Gemeine freut sich, die Gemeinschaft Habenden freuen sich.

Daß zu den Personwörtern wie kissima meine Alleinheit = ich allein das Verb nicht in der dritten Person tritt, darüber s. o. ausführliche § 141,4.

2. Wörtern, die als Substantiv und Adjektiv §569.

einander beigeordnet sind, gehört gleiche Zahl (Numerus) und Kasus (Apposition). Dies bezieht sich auch auf die Apposition tut wie (s. o. schon § 47). Man achte hier auch auf unsre durch das est. Partizip ausgedrückten deutschen Relativsätze (mit welcher ɤc.). Denn der Anfänger fehlt hiebei häufig, indem er unbesehens den Kasus, der im deutschen Relativsatz steht, nimmt, und z. B. sagt für: Er geht zu seinem Vater (atâtaminut aivok), welcher im Hause war: iglomêtok falsch statt: iglomêtomut. Um solche Fehler zu vermeiden, setze man auch im Deutschen den Relativsatz zuerst um ins Partizip, also sage man in dem vorliegenden Beispiel: er geht zu seinem Vater, dem im Haus seienden. — Beispiele:

 ernera angajuklek mein ältester Sohn.
 ernerma angajukliub iglunga meines ältesten Sohnes Haus.
 inungmit ipsomangat takkojarnit von jenem deinem gesehenen Menschen, d. h. von jenem Menschen, den du gesehn.
 inungnit ipkunangat takkojarnit von jenen deinen gesehenen Menschen, d. h. von jenen Menschen, die du gesehen.
 okausekarpok ânanaujârtumik, unuktut kuviagijanginik er hat schön scheinende Worte, vieler zum Wohlgefallen gehabte, d. h. welche viele zum Wohlgefallen haben.
 tulugak ikpeksak kukkortaumajok der gestern geschossene Rabe.
 iglunut kôb sinânêtunut zu den am Rand des Bachs seienden Häusern, zu Häusern (die) am Bach (sind).
 Gûdib inuk piniarvigingilâ ujarkatut ômalungitotut issumaxangitotullo (mit oder ohne illivlugo §314 und 526 Anm.) Gott behandelt den Menschen nicht wie einen Stein, der keine Gedanken hat.

Andere passende Beispiele s. bei den Relativsätzen § 541.

§ 570. **3. Frage und Antwort.**

Auch der Frage muß die Antwort entsprechen, was Kasus oder Modus betrifft. Z. B.

namut pijomavêt? wohin willst du?
   killinut zu denen im Westen *(Term.)*
канootunik камекаrкôt? was für Stiefeln haft du? nutaungitunik
   nicht neue *(Mod.)*.
kia takkovauk? wer hat's gesehn?
   ôma dieser *(Trans.)*
nanêlauravit? weil du wo warst (z. B. kannst du nicht § 549)?
   aulasalaurama weil ich angelte *(Conj.)*.

Zweiter Abschnitt.

Zusammenhang des Satzes.
§ 571—578.

I. Wortstellung.
§ 571—575.

§ 571. Wir nehmen das Folgende ganz aus der Kleinschm. Gram. § 97 u. s. w. nur mit Umbildung der Beisp. in den Labr. dialekt, — überzeugt, daß diese Regeln auch für Labr. völlige Geltung haben, wenn auch unsern Eskimos vielfach das feinere Gefühl für genaue Unterscheidungen geschwunden sein mag.

„Wo nur ein Wort mit dem Verb verbunden ist, und also der Satz „aus zwei Wörtern besteht, ist es ziemlich gleichgültig, welches zuerst oder „zuletzt steht. Dagegen, wenn mehrere Wörter zu einem Satz verbunden „werden, ist auch die richtige Stellung derselben eine wesentliche Bedingung „der Klarheit des Satzes, und zwar um so mehr, je zusammengesetzter der= „selbe ist."

§ 572.   **1. Der einfache Satz.**

„In einem einfachen, b. h. nur ein Zeitwort enthaltenden Satz hat „auf die Stellung der Wörter verschiedenes seinen Einfluß:

1) „Infolge ihres natürlichen Ranges stehn die selbständigen Satzteile „an den Enden des Satzes, nämlich das Subjekt zuerst und das Verb „zuletzt; jedes derselben hat dann die ihm untergeordneten Wörter zunächst

„bei sich. Also folgt auf das Subjekt zuerst das etwaige Thatziel, Objekt
„(wenn der Satz transf. ist), dann die im casus obliquus (untergeordnetem
„Verhältnis) stehenden Wörter und auf diese das Zeitwort*): ferner steht das
„Substantiv vor seinem Adjektiv und der Besitzer immer unmittelbar vor
„seinem Besitz**).

2) „Wenn irgend ein Wort des Satzes mit besonderem Nachdruck
„hervorgehoben werden soll, so ändert sich die obige natürliche Wort=
„stellung dadurch, daß ein solch benachdrucktes Wort
„entweder den Satzteil, zu dem es zunächst gehört, überspringt und also auf
„die andre Seite desselben zu stehen kommt, — so steht namentlich oft das
„Thatziel vor dem Thäter oder nach dem Verb (da es sowohl zu dem einen,
„dem Thäter, als zu dem andern, dem Verb, gerechnet werden kann); —
„oder ganz zu Anfang des Satzes gestellt wird. Dies ist das Gewöhnliche
„bei Gegenstandswörtern (d. h. Nenn= und Deutewörtern) im casus obliquus,
„auf die ein besonderer Nachdruck gelegt wird. Von Adjektiven stehn die
„persönlichen Deutewörter zuweilen vor ihrem Substantiv, aber nie (?) kann
„der Besitz vor seinem Besitzer stehn"***). S. Nr. 1) Schluß.

3) „Wenn der (nach Nr. 1) vor das Zeitwort zu setzenden Wörter
„so viele sind, daß dieses, das doch dem Satz erst Zusammenhalt geben muß,
„zu lange ausbleiben würde, so wird es aus diesem Grunde vorwärts
„gesetzt, entweder vor die ihm etwa untergeordneten Gegenstandswörter (im
„casus obliquus), oder, wenn die Beschreibung des Thatzieles sehr lang
„ist, auch vor dieses; da es dann, wenn das Subjekt erste oder zweite Person
„ist, den Satz anfängt."

Hieher gehören auch Sätze, wie Tit. 3, 5. 6. und Ap. Gesch. 3, 21.

4) „Oft steht auch ein Wort nur darum nicht an seinem natürlichen
„Ort, weil man es erst vergessen oder für unnötig gehalten hatte, und dann
„nach dem Zeitwort noch nachholt. Dgl. nachgeholte Wörter erkennt man
„als solche an der Pause zwischen ihnen und dem Zeitwort. Z. B.
„ɔᴦᴋssoᴋ tingitivâ, tulukkab er flog mit dem Speck fort, der Rabe;
„tûkamik tunitjivigivânga, ânanâmik er gab mir eine Harpune,
„eine schöne.

„Daß in einem trans. Satz beide, Thäter und Thatziel, nach dem Zeit=
„wort stehen, kann ausnahmsweise stattfinden; gewöhnlich ist es nicht.

2. Der zusammengesetzte Satz.

§ 573.

„In einem solchen, d. h. einem Satze, der mehr als ein Zeitwort ent=
„hält, macht sich die natürliche Wortstellung (§ 572, 1) durchaus geltend, da

---

*) „Ebenso, wenn durch Partizipbildung aus dem Zeitwort ein Adjektiv wird, wie in dem zweit= und
„drittletzten Beisp. in § 569 (talugax ꝛc. igluuut ꝛc.) wo Substantiv und Adjektiv sich als Subjekt und Verb
„zu einander verhalten."
**) „Wenn der Besitz aber durch ein Part. ausgedrückt wird (§ 511. a), so kann doch noch eine adverbiale
Bestimmung unmittelbar davortreten. Z. B. ernerma uvlome angujangit ânanauvut ernerma heut er=
beuten: (Seehunde), die er heut erbeutet hat, sind schön. Doch wird auch gesagt (wohl weniger gut s. § 573)
ernerma angujangit uvlome ânanauvut. Vgl. übrigens auch die nächstfolgende Fußnote.
***) Das „nie" des letzten Satzes kann doch wohl kaum so unbedingt ausgesprochen werden. Klein=
schmidt, dessen Gram. von 1851 ist, schreibt später 1867, grib. Uebersetzungsproben gebend, also: „Röm. 11, 33.
„ata itsusia, Gütip illisimangernerata illuarsinoratalo — dies gibt den Vers gut wieder. Namentlich
„ist auch der nachstehende Subjektiv (= Trans. fabr.), an sich nicht gewöhnlich, hier der Kraft
„des Ausdrucks durchaus angemessen."

III. Syntax.

„in einem solchen Satz alles was von Gegenstandswörtern nach
„dem einen Zeitwort steht, als zum folgenden Zeitwort gehörig
„angesehen wird (doch s. Anm.), wie folg. Beisp. zeigen:

1. „nukanga tikingmat toκκolerpoκ als sein jüngerer Bruder
   „ankam, starb er (der ältere Br.).
   „tikingmat nukanga toκκolerpoκ als er (der ältere Br.)
   „ankam, starb sein jüngerer Bruder.

2. „mattomingu tunitjivigigumga, annoráksamik akkilerniarpagit
   „wenn du mir dies gibst, werde ich dich mit was zu
   „einem Kleide bezahlen.
   „annoráksamik tunitsivigigumga, mattominga akkilerniar-
   „pagit wenn du mir was zu einem Kleide gibst, werde
   „ich dich hiemit bezahlen.

3. a) „ánĕtut aujaκ tussarpakka von denen, die im Süden sind,
      „habe ich im Sommer gehört.
   b) „aujaκ ánĕtut tussarpakka von denen, die im Sommer im
      „Süden waren, habe ich gehört.
   c) „aujaκ tussarpakka ánĕtut (oder ánĕngmatta) ich habe im
      „Sommer (von ihnen) gehört, daß sie im Süden sind.
   d) „tussarpakka aujaκ ánĕtut (oder ánĕngmatta) ich habe (von
      „ihnen) gehört, daß sie im Sommer im Süden waren.

„Es versteht sich von selbst, daß das letzte Zeitwort zu ihm gehörige
„Wörter auch nach sich haben kann, denn da ihm kein anderes folgt, so können
„solche auch zu keinem anderen gerechnet werden.

„Aus dem letzten der obigen Beisp. (Nr. 3) sieht man zugleich die ver-
„schiedene Auffassung des Nom. part. (hier ánĕtut) als Nennwort und als
„Verbalform = ánĕngmatta § 547), je nachdem es vor oder nach
„seinem Hauptzeitwort steht. Zwar kann es, auch wenn es voraufsteht, Zeit-
„wortbedeutung haben; — (und also die Stellung a dasselbe besagen als c, b
„dasselbe als d) — gewöhnlicher aber wird es dann als Nennwort aufgefaßt,
„wohl darum, weil oft das Subjekt durch ein Nom. part. bezeichnet wird;
„soll es daher unzweifelhaft Zeitwortbedeutung haben, so muß man es
„nachsetzen.

§ 574.   Anm. „Also untergeordnete (im casus obliquus stehende) Wörter zwischen zwei
„Verben in demselben Satz werden immer zum folgenden Verbum gerechnet." Das
halte man als zu befolgende und Klarheit schaffende Regel fest, wenn sich allerdings
nicht leugnen läßt, daß unsre Lehr. (Eskimos bei solchen kürzeren Satzbildungen doch auch,
ein solches in der Mitte stehendes Wort ohne Bedenken auf das vorangehende Verb beziehen, z. B. für: auf daß alle, die an ihn glauben, nicht verloren werden, unbedenklich
sagen [statt illŭnatik táp. ŏmunga okpertut assiorkonnagit]: illŭnatik okpertut tápsom-
munga*) assiorkonnagit, was eigentlich heißen würde: daß alle Glaubenden ihm, für ihn
nicht verloren werden. Was nun grade dies Beisp. betrifft, so ist okperpoκ mit dem Term.
so häufig vorkommend, was mit assiovoκ nicht so der Fall ist, daß sich die Beziehung des
tápsomunga auf okpertut vor allem nahe legt. Aber selbst, wenn statt des assiovoκ ein
andres Verb steht, neben dem der Term. ganz gebräuchlich, findet solches, eigentlich nicht
genauer Gebrauch statt. Z. B. illŭnatik ŏmunga okpertut piulijauκovlugit auf daß alle,
die an ihn glauben, gerettet werden. Ferner: illŭnatik okpertut ŏmunga piulijauκovlugit

---

*) Im Reden und Lesen kann man ja auch durch eine kleine Pause (hier nach
tápsomunga) die Rückbeziehung auf das erste Verb (hier okpertut) andeuten. Dem
Gedruckten kann man das aber nicht ansehn.

eigentlich genau nur: auf daß alle Glaubenden durch ihn gerettet werden. Da aber unsre Eskimos dieses zweite ganz wie das erste auffassen können, könnte man hier, und ebenso in andern Fällen, durch Nachsetzung des ōmunga ganz zuletzt hin, hinter das zweite Verb, allen Zweifel lösen: piuljauкovlugit ōmunga.

Ebenso: nunamе sangēmut pijauкattarnivut кunnujutigivlugo piniarata daß wir auf Erden öfter durch Schwachheit heimgesucht werden, darüber laßt uns nicht unwillig sein! Dagegen nunamo pijauкattarnivut sangēmut кunnujutigivlugo piniarata [oder statt des, wie der Eskimo noch lieber will, um allen Zweifel auszuschließen кunnujutigivlugo sangēmut piniarata] daß wir auf Erden öfters (durch) allerhand) betroffen werden, darüber laßt uns nicht aus Schwachheit unwillig sein!

Bei dem folg. Beisp., wo der **Anhang** -lik den Verbalbegriff: haben (= welcher hat, versehen mit) in sich schließt, sind unter den verschiedenen Möglichkeiten der Aufeinanderfolge folgende zwei Fassungen wohl unzweideutig, und kein Zweifel bleibt, auf was man das „schön" zu beziehen habe, ob auf Flasche oder auf deren Inhalt:

    publaujamik ananāmik кaitsivigivānga imalingmik er bringt, reicht mir eine schöne (und zwar) gefüllte Flasche. Dagegen
    publaujamik кaitsivigivānga ananāmik imalingmik er bringt mir eine mit schönem Inhalt gefüllte Flasche.

3. Mehrgliedrige Sätze. §575.

1) „In solchen b. h. mehr als zwei Verba enthaltenden Sätzen müssen „aus demselben Grunde die Verba so aufeinander folgen, wie sie einander „untergeordnet sind. Z. B.

  „**nerкiкsaкarungnaerame** aullarniarpoк weil er (A) nichts
      „mehr zu essen hat, wird er (A) abreisen.
  „**aullarniartoк** tussarpā ihn (A), welcher (= daß er) abreisen
      „wird, hat er (B) gehört.
  „**tussaramiuк** tunitjivigingilā als er (B) ihn gehört hatte, gab er
      „(B) ihm nichts.
  „**tunitjivingimago idluaringilāt** weil er (B) ihm nichts gab,
      billigten sie (C) ihn nicht.

„Hier sind vier zweigliedrige Sätze, wo immer das selbständige Glied „(der Indik.) des einen — unselbständiges Glied des folgenden ist. Streicht „man nun von den selbständigen Gliedern die so als untergeordnet wieder„holten (die ersten drei), so daß nur das letzte, nicht weiter untergeordnete „als Hauptverb des Satzes stehen bleibt, so wird daraus:

  „**nerкiкsaкarungnaerame aullarniartoк tussaramiuк tunitsivi**-
    „**gingimago, idluaringilāt** (von hinten nach vorn:) sie
    „billigten ihn (es) nicht, weil (daß) er ihm nichts gab,
    „als er gehört hatte, daß er abreisen würde, weil er nichts
    „mehr hatte.

„Die erforderlichen Gegenstandswörter und Partikeln stehen dann immer „zunächst vor dem Verb, dem sie angehören; auch Infinitive können auf die„selbe Art adverbienartig angebracht werden. Also

  „**imna ullalauкtoк nerкiкsaкarungnaerame aullarniar-**
    „**toк** (ob. mat) **ningaungata tussaramiuк, mānērкo-**
    „**jomavlugo ajortanginiк** (ob. **ajuluartanginiк) tuni-**
    „**tjivigingimago, nunaкatingita idluaringilāt** —
    „(wir müssen die Worte anders stellen und verbinden:)
    „daß der Schwager (oder Schwiegersohn) jenes Abgereisten
    „ihm nicht, um ihn zum Hierbleiben zu bewegen, gab,

„woran es ihm mangelte, da er gehört hatte, daß er ab=
„reisen würde, weil er nichts mehr zu essen hatte, billigten
„dessen Landsleute nicht.

„(Es muß jedoch bemerkt werden, daß ein so vielfach zusammengesetzter
„Satz, wie dieser ist, im gemeinen Leben kaum je vorkommen wird.) Dies
„ist der Zusammenhang aller derartigen Sätze, und jede etwa auffallend schei=
„nende Form muß durch solche Zerlegung des Satzes in zweigliedrige Teile
„vollkommen deutlich werden, wenn sie nicht grabezu falsch ist.

2) „Wenn in einem solchen Satz das Hauptverb zuerst steht, was be=
„sonders aus dem Grund § 572, 3 zuweilen geschieht, so ist die Ordnung
„der Zeitwörter umgekehrt, aber der Platz der Gegenstandswörter und Par=
„tikeln bleibt derselbe: vor dem Zeitwort, zu dem sie gehören. Z. B.
„illane okautigivait ukiak takpaungalártut (oder matta), mánna
„kángnaluadlarkôrmagôk er sagte von seinen Ver=
„wandten, daß sie den (kommenden) Herbst hinauf (west=
„wärts) ziehen würden, weil dieses (Land, wo sie jetzt
„sind) zu sehr zum Hungern wäre, hätten sie gesagt."

II. Verbindung gleichgestellter Satzteile.

§ 576—578.

§ 576. 1. Kopula zwischen Gegenstandswörtern (d. h. Nenn= und Deutewörtern § 28).

„Gleichstellung zweier übrigens voneinander unabhängiger Satzabteilungen
„findet zuerst in der Art statt, daß zwei Benennungen oder Beschreibungen
„eines Gegenstandes als Satzhälften miteinander verbunden werden. Dies
„wird in unsern Sprachen bewerkstelligt durch ein sog. verbum substantivum:
„es ist..., im Esk., wo es ein solches selbständiges Wort nicht gibt

a) „entweder durch ein gleichbedeutendes Anhängewort: -uvok es ist
„ein..., ipok es ist (bei, in ob. wie), -givá oder -rivá er hat es zum ...
„d. h. es ist sein ...;

b) „oder durch bloße Nebeneinandersetzung der Benennungen oder Be=
„schreibungen, wodurch der Satz einem Ausrufssatz völlig gleich wird. Dieses
„geschieht zuweilen im Fall bedingter Gleichstellung. Z. B.
„nunavut kakkaliksoak unser Land (ist) voller Berge.
„siggua sôrlo tingmiab siggua seine Schnauze (ist) wie eines Vogels
„Schnabel.

c) „oder endlich durch eine Kopula (Verbindungsglied), als welche in
„Labr. die drei Deutewörter tagga, tagva, tamadja (in der Bedeutung:
„das ist..., das hier ist ...) dienen. Dies geschieht im Fall unbedingter
„Gleichstellung, wenn das sonst hier anzuwendende -givá, -rivá entw. nicht
„paßt, (da es den Gegenstand als Besitz eines andern bezeichnet,) oder man
„es überhaupt nicht anwenden will; denn die Kopula gibt einen leben=
„digeren und schärferen Ausdruck, und ist deshalb oft vorzuziehen. Z. B.
„noktoralik tagva tingmitjat nunaptingnŏtut anginerpángat der
„Adler das ist der Vögel, die in unserem Lande sind, (ihr)
„größter d. h. der A. ist der größte V. in unserem Lande.

"[Hier kann man, da die eine Beschreibung den Gegenstand als Besitz des "andern bezeichnet (— ihr größter —), auch -givâ anwenden, also:
"nekκoralik tingmitjat nunaptingnĕtut anginerpârivät den Adler
"haben die Vögel in unserm Lande zum größten.
"Dagegen, wo dies nicht der Fall und doch die Gleichstellung unbedingt "ist, muß die Kopula angewendet werden z. B. Mt. 13, 38 ꝛc.: perorsêvik "tagva sillaκsoaκ.]
"Oefters ist die eine Beschreibung durch ein Zeitwort eingeleitet, z. B. "taκκoκattalauκpattit Nanortalingme imnab kiglingane inuksuit
"tellimat, tagva (oder tamadja) arverniartut (oder "arverniariat)*) itsaκ inuksuliangit du haft sie öfters "gesehen, bei Nanortalik, am Rande des steilen Abhangs, "5 Warten: das sind der Walfischfänger vor alters ge= "baute Warten, d. h. die haben die Walf. vor alters "gebaut.

2. Kopula zwischen Zeitwörtern.

§ 577.

"Durch eine solche Kopula kann ferner

a) "ein Verb einem Nennwort (oder mehreren) an Bedeutung gleichgesetzt "und mit ihm als erste oder zweite Satzhälfte verbunden werden. Ein solches "Verb steht dann

"entweder im Inf. Z. B. Nâlegak sivôragivlugo tagva illisimane-
"rub pigiarninga den Herrn fürchten (d. h. die Furcht "des Herrn) das ist der Weisheit Anfang,

oder, wenn es ein bestimmtes Subjekt haben soll im Indikativ. Z. B.
"perkojara tagva: avintijuksaungilase mein Wille, Gebot da ist "es: ihr sollt euch nicht voneinander trennen (= das ist "mein Wille, Gebot, daß ihr euch nicht trennen sollt).

"Ober auch mit Bezug auf eine längere oder kürzere Rede:
"tagva (oder tagga, tamadja) okausiksakka das war's, was ich "zu sagen hatte" — rückweisend. Aber in Labr. auch vorausweisend: das ist's, was ich (nun) zu sagen habe.
"uvanga tagva (tagga, tamadja) issumaga das ist meine Meinung "(so, wie ich jetzt gesagt habe), oder auch: wie ich jetzt "sagen will).

b) "Ebenso, wenn zwei ganze Sätze, d. h. Beschreibungen zweier ver= "schiedener Begebenheiten, als gleichbedeutend dargestellt werden sollen "(was freilich im gewöhnlichen Leben nicht so leicht vorkommen wird), so kann "dies nicht besser als durch dieselbige Kopula geschehen, welche dann die beiden "Sätze als Satzhälften miteinander verbindet. So z. B. Dan. 4, 20—22." Hier enthält V. 20 die erste Satzhälfte, die der zweiten Satzhälfte V. 22 gleichgestellt wird durch die hier freilich ausführlicher ausgedrückte Kopula V. 21 (tamánna oder tagva oder tagga oder tamadja tukkinga u. s. w.).
"Wenn hier statt V. 21 auch nur das einzige Wort tagva stünde, so wäre "die Verbindung dennoch vollkommen genügend.

---

*) Eigentümlicherweise ziehen Rainer Esk. arvaniartut, arvaniariat durchaus vor, jedenfalls fälschlich, da arvoκ zu Grunde liegt.

„Sonst ist in ähnlichen Fällen, nämlich wenn Gesagtes noch weiter
„oder deutlicher auseinandergesetzt werden soll, ein gewöhnliches Ver=
„bindungsglied: tagva imaipok eig. „das ist, so ist es" d. h. das ist so zu
„verstehn (wie jetzt gesagt werden soll)." Oder dafür auch bloß imaipok
oder bloß tagva. Z. B.

aglangne sâlakarkojauvose, tagva imaipok (oder bloß imaipok
oder tagva): piungitomut illupsingńetomut ajugaujuk-
sauvose in der Schrift wird euch befohlen zu siegen
d. h. ihr sollt das Böse in euch überwinden. Andre
Beisp. s. § 194.

§ 578. **Anm.** Daß tamadja (nicht aber tagva) auch mit -uvok verbunden wird u. ebenso
wie tâmnauvok, tâpkuangovut, —tamannauvok, tamakkuangovut, —taimnauvok ꝛc. als
Verbindungsglied gebraucht wird, darüber s. mehr schon § 195, b. Ueberhaupt ist in Bezug
auf taggu, tagva u. tamadja (auch imaipok) das in § 192—195 Gesagte u. die dortigen
Beisp. zu vergleichen.

✗

§ 579. Anhang zu § 13.

Verzeichnis der hauptsächlichsten Wörter in Bezug auf die Schreibung mit к (r) oder k.

Dem Wörterbuche folgend, dessen Seitenzahlen links angegeben sind, stellen
wir das Folgende auf, ohne damit eine gründliche Revision des Wbchs., was
die Bedeutung der Wörter ꝛc. betrifft, geben zu wollen. Nur wo sich unge=
sucht eine Abweichung vom Wbch., bezw. Berichtigung oder Ergänzung schon
früher ergeben hatte oder noch ergab, sowohl in Bezug auf Bedeutung als
Schreibung, ist dies durch ein * bezeichnet. Im allg. folgen wir der Schreibung
des Wbchs., so wie sie eben ist (s. Vorwort).

Die Endung ek im Wbch. ist immer eк, ik immer ik, ok immer oк, uk
immer uk; und danach ist zu schreiben, wenn etwa ein Wort des Wbchs. sich
nicht im folg. Verzeichnisse findet. Am Anfang der Wörter dagegen ist im Wbch.
öfters eк und ok geschrieben, wo es nicht oк (er) und oк (or) ist, sondern
ek (= ak) und uk, wie z. B. neksarpâ = naksarpâ, okperpok = ukperpok, okiok = ukiok. — Sind im folgenden etwa Wörter auf ак endend
nicht aufgeführt, so sind es nur solche, die man aк, nicht ak zu schreiben
hat. — In den Dualendungen ist der Laut überall k, nicht к.

Schreibung mit к oder k betreffend. 365

к allein klingt, tief in der Kehle gesprochen, etwas an unser ch an,*) z. B. in окагрок, рекагрок, никивок, vgl. Wbch. bei никіпок; кк (= гк, also mit vorhergehender geschärfter Silbe, wie in каккак, реркáрpok, klingt nicht so (§ 12. § 3 Schluß), wonach in vielen Wörtern statt des кк besser nur к zu schreiben wäre.

Leider sind die Angaben der Esk. in Bezug auf к und k durchaus nicht übereinstimmend. Es ist nach bestem Vermögen versucht worden, den Thatbestand zu geben, auch mit Vergleichung des Grönländischen. Diese zeigt übrigens oft eine überraschende Gleichheit**) der Wörter in beiden Dialekten (wenn auch die Bedeutungen öfters nicht ganz gleich sind), eine Gleichheit, die noch mehr hervortreten würde, wenn die Orthographie eine gleiche wäre (wie denn z. B. labr. kollá und grld. kulá genau denselben Laut wiedergibt).

Alle einem Worte verwandten und abgeleiteten Wörter sind natürlich nicht mit aufgeführt; ebenso ist die Bedeutung meist nur kurz angegeben, weshalb in dieser Beziehung das Wbch. stets zu vergleichen ist.

A.

1. **abláкрок** er überschreitet und bleibt so stehn, spreizt.
ablakataútik runde (Indianer =) Schneeschuhe. Wohl nicht sehr gebräuchlich.
ablorpok (grld. avdlorpok) überschreitet etwas e:..mal, macht einen Schritt; c. s. überschreitet es, auch übergeht es, läßt es aus, z. B. einen Tag; s. s. abluivok mit mik.
2. **abvako** (grld. agfako) Stück, Teil von einer Sache.
abvaková gibt ihm einen Teil (mik).
abvakóvá gibt ihm mehrere Teile.
acháго (акáго? § 309 grld. акаго morgen) übers Jahr, nächstes Jahr.
acháne (акáне? § 309 u. Fußn. S. 365) voriges Jahr.
achevok fließt schnell
achēpok fließt langsam
wo herunter (Wasser vom Dach), Blut aus einer Wunde).
(grld. arrivok hat Eile, will fort; arrípok hat keine Eile, nimmt sich Zeit).

adsекаrékput } sie sind einan-
adsекnarékput } der gleich.
3. **aggak, aggait** (andre аggaк; grld. agssak) Hand.
aggarpok scharrt, gräbt ein Loch.
aggák nutakkab pónga.
aggiaк Feile (grld. agiaк Violine, agint Feile).
aggoksoaк, besser **акокsоaк** s. u. ако, Kajüte im Schiff (nicht im Boot).
aglak, alt (grld. agdlak) Schriften, Figuren &c.
aglákpok (einige aglaк, aglarpok; grld. agdlagpok) schreibt.
4. **aglangoaк** Narwal.
aglerok (grld. agdleroк) untere Kinnlade.
aglok, uit Kinnlade der Walfische.
aíjukterpâ feuchtet es an, macht es naß.
aiklerpok (grld. aigdlerpok) holt.
aik ob. **aek** (grld. aeк und áк) Aermel. Aber aiksaк.
nerkavak Lederhandschuh mit Stulpen.
allak (= all.) Schweiß vom Dampf, Broden.
6. **aipak** (grld. áipaк) Gefährte, Kame-

---

*) d. h. also nur, wenn die Silbe vorher nicht scharf (§ 15. 16.) ist. Ist die Silbe scharf u. der Laut klar unser ch, nur noch tiefer als dieses, so ist in Labr. meist ch geschrieben worden = grld. rr (§ 5. 6. z. B. machaк, nachovaк, tacháne). In einzelnen Fällen ist es Ohren, dahinterzukommen, ob der Eskimo das erstere spricht (z. B. ob akáне) oder ob das zweite mit geschärfter Silbe (ob acháne, was grld. geschrieben arráne wäre)? Siehe auch § 309 Anm.
**) gibt auch manchmal interessante Aufschlüsse wie z. B. über das labr. рагgáк, opinnaruna.

§ 579. Die Zahlen links weisen auf

rab, Gatte.
aitaukpok gähnt, sperrt den Mund auf.
ajákkipok (grlr. ajarkipok) bleibt hängen, stößt wo dawider beim Rutschen (mut).
ajakpâ (grlr. ajagpâ) stößt ihn von sich, einmal.
***ajaktorpâ** (= grlr.) stößt ihn von sich, mehrmals ob. stärker. § 484 b 1.
8. **ajaupiak** (grlr. ajâupiak) Stock, Stab.
ajakpurpâ stützt sich auf ihn, es mit der Haud (vgl. grlr. ajagpagtorpok und ajaperpok).
ajaksaut ein Eisen oder Holz, das eine Spitze hat, um damit Fleisch aus dem Kessel zu nehmen.
ajokerpâ, ajokertorpâ (grlr. —sorpâ) lehrt, unterrichtet ihn.
9. **ajoksipok** (gehört zu ajorpok; vgl. grlr. ajorssipok) fängt an nicht zu können, kommt auf den Punkt, wo er nicht weiter kann; *c. s.* bringt ihn auf diesen Punkt, übertrifft ihn rc.
***ajorak, ralt** Spalte im Eis von Land zu Land, während kongnok, mit eine Spalte längs dem Strande hin ist.
10. **ajuak** (= grlr.) ein Schwär.
ajugak (= grlr.) dem man nicht beikommen kann, ein Unüberwindlicher.
akbik s. akpik.
11. **akka** (grlr. ak) da nimm!
ákka (grlr. áka) Vaters Bruder. akkanga sein Oheim.
akâgo, achâgo künftigs Jahr (grlr. akago morgen) § 309 Anm., was Schreibung und Bedeutung betrifft.
akâgópok, achâgópok (andre hier mit kurzem a: akägópok) macht sich fertig auf morgen zur Abreise: achâgotsomavok er will zurechtmachen.
akâne, achâne vorigs Jahr § 309 Anm.
akkarpok (grlr. arkurpok) ist heruntergestiegen, gekommen; vom Seehund: ist untergetaucht.
akkasuk die weiche Haut um die Augen der Fische.
akkauvok ist schön, Wetter, Kleider rc. Nicht sehr gebraucht.
12—14. **akke** (grlr. ake) im allg.: das Entgegengesetzte, Gegenüberstehende. Viele Ableitungen in der Bedeutung:
a) das örtlich Gegenüberliegende.
akkia (grlr. akia) seine d. h. die ihm gegenüberliegende Seite. (U. a. m.)
b) Bezahlung.
akkituvok (= grlr.) hat große Bezahlung, ist teuer.
akkikípok (= grlr.) ist wohlfeil.
akkilerpâ (grlr.) er bezahlt es, oder ihm.
akkiliksak, sat (grlr. akiligagssak) Schulden.
akkiliut (grlr.) Bezahlung, die man gibt.
akkiliusiak Bezahlung, die man bekommt.
U. a. m.
c) Erwiderung.
akkivâ erwidert ihm, antwortet ihm, vergilt ihm mit gleichem (*s. s.* akkinikpok). Auch mit niar:
akkiniarpâ (grlr. ganz ähnlich).
akkiorpâ (= grlr.) und *s. s.* dasselbe, nur mehrmals oder mit mehrerem.
14. **akkimuksivok** gibt Widerhall, Echo.
akkinijárpok gibt Widerschein, spiegelt sich ab; ebenso: der Ofen oder die Sonne wirft die Wärme dagegen.
***akkisukpok** und *c. s.* (grlr. akisugpok s. die verschiedenen Bedeutungen) die Sonne rc. wirft, strahlt Licht ob. Wärme auf, gegen etwas (*c. s.* es); desgl. *pass.* = akkisuktauvok wird erleuchtet, bestrahlt.
d) Gegenüber(entgegen)stehendes im allgemeinen.
akkerak (= grlr.) Gegner.
akkerartorpok (= grlr.) widersteht,

widerstrebt jmdm. (meist mit mut).
Auch c. s. ihm.
akkerok Ast (grld. akerok „Ast am
  Baum, der Widerstand leistet, wenn
  er bearbeitet wird").
akke (grld. akik) Widerhaken.
14. **akkingmikpok** (= grld.) und
  c. s. stößt, fährt, prallt gegen etwas
  (mut), der Wind, Regen, Sonnen-
  strahlen 2c.
15. **akkigarpuk** (grld. akiarpât), mehr
  aber wohl **akkerarpuk** sie zwei
  tragen miteinander.
*****akkerautik**, selten. akkigautik *Dual.*
  Trage, Tragbahre, oder auch nur
  ein Stock, woran man etwas zu
  zweien trägt (sei's in den Händen,
  sei's auf den Schultern).
15. **akkipâ** (grld. akipâ) er übertrifft
  ihn.
16. **akkit** (grld. akit) Kopfkissen. Und
  ebenso die vor und nach diesem
  stehenden Wörter.
Soweit die Ableitungen von akke.

12. **akkeak**, besser **akeak** (grld. aber
  akajak) die Dünnen unterhalb
  der Rippen.
14. **akkigek**, besser **akigek** (grld.
  akigssok) Schneehuhn, Ripper.
akipok (= grld.) ist weich. (Sprich also
  ziemlich achipok.)
16. **âkikpâ** (grld. ârkigpâ) hat es in
  stand gesetzt; s. s. ist in stand gesetzt.
âkipserak der Teil des Seehundes
  unter den Rippen, wo keine Knochen
  sind.
akkuak (grld. akuak) Unterleib.
akkullitak hiehergehörig, § 411, s.
  akuilitak.
ako, akua sein, des Bootes 2c. Hinterteil. § 117, 6.
aköppok und c. s. (grld. akugpok,
  akúpâ) er steuert (es).
akôt (grld. akût) Steuerruder.
akoksoak Kajüte im Schiff (nicht im
  Boot).
akovipok (grld. akuipok ähnlich) er,

ein Mensch, sitzt niedergekauert
  auf den Beinen.
akopivok (grld. akupivok) es ein
  Tier hat sich gelegt, niedergekauert.
akkorngænne (grld. akornâne), vom
  ungebräuchlichen akkunek, aku-
  nek, zwischen, unter ihnen. § 126.
  Davon u. a.
akkungnarpok, akkónnarpok
  (grld. aber nagpok) ist dazwischen.
*****akkullak**(grld.) Nasenbein zwischen
  den Augen; Landspitze (NB. wenn
  höheres Land) in einem Teich,
  See zwischen zwei Buchten.
*****akkullakáttak** höheres Mittelland,
  Landspitze zwischen zwei Meeres-
  buchten.
18. **akkunak** starker Wind, Sturm.
akkunarpok es ist starker Wind.
akkunarpâ (grld. arkunarpok) beschädigt, verletzt ihn, bes. innerlich; s. s. refl. sich.
akkunit (grld. akunit), **akkuneka**
  lange.
aklak (grld. agdlak) Landbär.
aklairarpok es weht ein Lüftchen 2c.
akluvok ist arm.
aklunâk (grld. agdlunâk) ein Tau.
akpa Alk (Seevogel).
akpaivok 1) schläft sehr fest; 2)
  selten: ist gestorben. Letztere Bedeutung im Süden unbekannt. (Grld.
  agpaivok „ringt mit dem Tode".)
19. *****akpangerpok** (grld. arpagpok)
  läuft, ein Mensch; auch nur: geht
  schnell.
akpallertorpok stolpert, springt etwas, weil er an etwas stößt oder
  hängen bleibt; auch: nimmt einen
  Anlauf. S. Wbch.
akpârpok und c. s. (grld. arpârpâ)
  geht herum, etwas (ihnen) anzu-
  sagen.
akpârpok (grld. áparpok) senkt sich,
  wird niedriger. § 465.
akpik, pit (andre seltner akpok, pit)
  Polarbrombeere.
akpekut das Gesträuch solcher Beeren.
akpingek Landschnepfe.
aksákok Teil des Armes von der

Achsel bis zum Ellbogen (= grlr. agssarkok, zu agssak — labr. aggak, gait Haut gehörend).
aksalikpâ reibt, zerreibt es.
aksarnek (grlr. aber arssarnek) Nordlicht.
aksarnek Strömen der See nach der See zu.
aksârpâ (grlr. arsarpâ) beraubt ihn.
20. **akjarpâ**, s. s. **akjarsívok** (sprich sehr weich agdjarpâ) trägt es, schafft es wohin, einen Gegenstand (einmalige Handlung).
*__akjartorpok__ und c. s. (grlr. agssartorpok) dasselbe, nur mehrmals, auf mehrere Gegenstände sich beziehend: er trägt Sachen, Bretter ꝛc. (ist damit beschäftigt). § 484 b. Nicht bloß tragen im engsten Sinn des Wortes, sondern allgemeiner auch: wohin schaffen, mitnehmen. Z. B. er schafft Sachen zu Boot aus Schiff ob. vom Schiff.
aksarpok (grl. agssagpâ) rollt, wälzt sich einmal herum.
aksakâvok (grlr. agssakâvok) rollt, wälzt sich völlig.
aksalloak Rolle, Block, Rad.
aksalloalik z. B. Wagen.
*__aksapalloak__ etwas Rundes zum Kullern, meist wohl nur eine wirkliche Kugel („angmalokitâmmarik") gemeint. Als Kinderspielzeug dann auch aksapalloangoak.
*__aksapalloatitsivok__ (c. s. tipâ) er kullert etwas dgl.
aksaujak Knaul, vom * ungebräuchlichen aksak (grlr. arssak). Für „Ball" sonst páttak.
aksororpok (grlr. agsororpok) strengt sich an ꝛc. Ebenso aksut.
aksorotivâ behandelt ihn gewaltsam z. B. zwingt ihn.
aksukpâ schläfert es, ein Kind ein.
aktajakpok schlendert herum.
aktarlukko Auskehricht, Dreck.
*__äktok__ eins der größten Tiere einer Gattung.
ârtorpok sagt â.

*__äktorpâ__ (akpâ = grlr. agpâ) zieht einem Landtiere (pisukte) die Haut, das Fell ab.
äktorpâ (grlr. agtorpâ) rührt ihn an, berührt ihn, stößt an ihn.
22. **äktorpâ** (artorpâ = grlr.) es ist ihm schwer, zu schwer, erdrückend.
äktornarpok es ist schwer ꝛc.
akuilitak (vgl. grlr. akuilisak) Wasserpelz. S. o. bei akkuak.
allagalksarpok (c. s. givâ) vergegenwärtigt sich etwas (mik) im Geiste.
allakapsak (und **sajak**) Papier.
allak, aber **allâksak** Stück Leder zum Besohlen über die ganze Sohle. Davon:
*__allârpâ__ (allârlugo) u. **allâktârpâ** setzt ihm, dem Stiefel, eine solche ganze Sohle auf. Dagegen:
alla ein kleines Stück, nicht über die ganze Sohle. Davon, doch selten
allâpâ (allálugo), mehr aber
allatârpâ setzt ihm, dem Stiefel, ein solch kleines Stück Sohle auf.
allarpâ (= grlr. alarpâ) wendet sich ab von ihm.
âllarpâ (grlr. atdlarpâ) hat es abgetrocknet, abgewischt.
âllarterpâ trocknet es ab.
allâkkarpok (vgl. grlr. alákarpok) kommt zum Vorschein, Mensch, Schiff, Sonne ꝛc.
allakívok (grlr. atdlarpok) der Himmel ist sichtbar, klar.
allek (grlr. alek) Wurfriemen an der Harpune.
âllek (grlr. atdlek) der untere, unterste.
24. *__allêkut__ (igivâ hat ihn zum) Gegenstand des Spottes.
alligok (grlr. aligok), Pl. **allikkut** Bergkrystall.
allikpâ (grlr. aligpâ) er zerreißt es, einmal.
alliktorpâ (grlr. aligtorpâ) er zerreißt es, mehrmals, an mehreren Stellen ꝛc.
allivarpok entfernt sich (vgl. grlr. alivok und alivkarpok).
allukpok und c. s. (grlr. alugpâ) er leckt (es) ꝛc., einmal.

alluktorpoĸ und *c. s.* (alugtorpá) dasselbe, nur mehrmals.

*****alloĸ** (= grlt. aloĸ), nicht alluk; *Plur.* alluit Fußsohle ꝛc. (**allorluk**).

amäĸ (= grlt.) Wurzel von Gewächsen. Vgl. aber noch unten unter umngoĸ, und das im Wbch. bei beiden Gesagte.

*****amäĸtôĸ, tût** Kohlrübe, eig. was viel Wurzeln (und Würzeichen) hat. § 483.

amämakpoĸ trinkt an der Mutterbrust.

amaroĸ, ŕkut (= grlt.) Wolf.

*****amauligáĸ, gát** (Wbch. gaĸ, kat) eine Schneeammer-Art.

*****ameĸ** (= grlt.) Haut, Fell (allg. Name); Ueberzug z. B. von Kajak, Fellboot und überhaupt; auch Buchdeckel und Buchumschlag.

26. **amíako** (grlt. amiáko) ein Ueberbleibsel, „wenn das Uebrige zu Ende ist." Vgl. simniko.

*****amuaĸáttaut** (wohl seltner amukáttaut) Takel, d. h. Block mit Rolle und Tau.

angajoĸĸáĸ (grlt. jorkáĸ) Befehlshaber ꝛc. Im Dual auch: Eltern.

angajukleĸ (grlt. angajugleĸ) der ältere, ältefte unter mehreren.

angaĸ (aber grlt. angak) Mutterbruder.

angáĸĸoĸ (= grlt.) Zauberer, Hexenmeister.

29. **angmalokitáĸ** rund, etwas Rundes.

angusálloĸ, lut ein Bock. (Grlt. angusatdluk ein Männchen vom Steinbeißer.)

31. **änilakteradlarpoĸ** hat sehr große Schmerzen.

*****annäĸ** (grlt. anaĸ, *Pl.* änat) Kot von Menschen und Tieren.

annaĸtalik und **—láĸ** Name zweier Buchten bei Nain („Dreckbucht").

*****annakullöjaĸ** („ — ähnliches" d. h.) Senf.

annarpoĸ (grlt. anarpoĸ) verrichtet feine Notdurft.

ánnaĸpoĸ (ánaɢpoĸ grlt.) bleibt verschont, kommt davon, ist errettet ꝛc. In Grlb. von diesem Stamm die Wörter Erretter, Heiland, Erlösung, selig ꝛc. gebildet.

34. **ánnoráĸ** (= grlt. änoráĸ) Kleid.

apperĸut Fragegegenstand (= grlt. aperkut „das worum man fragt").

*****aɼĸallavoĸ** (grlt. aᴦĸalavoĸ) ißt, verzehrt geschwind, gierig. Davon:

*****aɼĸallajoĸ** Ameise (wie manche sagen, wegen ihres geschwinden Zusammentragens und Vertilgens ihrer Nahrung. Von:

*****aɼĸ.arpoĸ** (= grlt. aᴦĸarpoĸ) ißt geschwind, ist gefräßig. So Wbch. In Nain nur, ohne andern Nebenbegriff: er ißt Beeren, sie von den Sträuchern pflückend.

apĸut (grlt. aᴦkut) Weg.

apĸosineĸ (grlt. aᴦkusineĸ) getretner Weg, Fußsteig, gemachter Weg.

*****apĸusárpoĸ** und *c. s.* (grlt. aᴦkusárpá) nimmt seinen Weg bei jmdm. (mut oder mik) vorbei.

36. **apumaĸ** (abergrlt.apúmak) *Dual.* **apumáĸ** die zwei Latten oben am Kajak.

appakapá sieht, bemerkt ihn unvermutet.

árluĸ (grlt. árdluk) nichtloĸ, Schwertfisch.

árlorpoĸ (grlt. árdlorpoĸ) sieht, blickt in die Höhe.

arnaĸ (— grlt.) Frau, Weib.

37. *****arngileĸ** (die Gegend der) Herzgrube.

*****arngilerpoĸ** thut sich weh an dieser Stelle, durch Fall, Stoß ꝛc.

*****arngilerivoĸ** hat Schmerzen daselbst. (arngilerivok?)

arvertarpoĸ (nicht agvertarpoĸ) er wandelt.

Asivak, vait Spinne.

*****asserĸevá** schüttet, streut es daneben, wohl meist mit dem Nebenbegriff, daß es unbrauchbar wird, verdirbt („sujukpá"); **asserĸevoĸ** *s. s.* 1) dasselbe: er — — irgend etwas (mik). 2) *pass.:* wird

§ 579. Die Zahlen links weisen auf

verschüttet, daneben gestreut ꝛc. und wird so verdorben, geht verloren.

asserkotsivok (c. s. kopâ) nimmt einen andern Weg, bei etwas (mik) vorbei; auch bildlich. § 469. Mehr s. Wbch.

40. atsæktatsájok (Wbch., in Nain angegeben:) atsatâtâjôk Hubsonsweise.

átsuk ich weiß nicht.

áttartorpok (grld. átartorpok) und c. s. er borgt, entleiht etwas ob. jmdn. (mik, c. s. es ob. ihn) von einem anderen; *kivgak attartugak Joh. 10, 12, „ein geliehener „Diener, der eigentlich eines andern „Diener ist, ob. auch bloß: nicht „jemandes eigner Diener".

42. attarsiakipâ (s. s. kisivok) er leiht, borgt ihm.

attungak (grld. atungak) Sohle am Stiefel oder Schuh.

*augarpok lehnt sich vor, beim Stehn oder Sitzen; augangavok ist in solcher Stellung. Gegenteil von keverpok, kovingavok.

aujak (grld. aussak) Sommer.

*aujarpok (grld. aussarpok) es ist Sommer geworden.

aukak nein. Das Seite 185 angegebene naukak ist das Verbindungsglied zwischen aukak und dem grld. nâgga oder auch nâgka.

auk rechts! Zuruf an die Hunde.

auk (== grld.) Blut.

aukpok (grld. augpok) 1) es taut, schmilzt; 2) er hat Nasenbluten.

*aulerkivok bekommt Nasenbluten (der Anfang).

44. *aukejarpâ beblutet ihn, macht ihn blutig (einmal bestreichend ꝛc.)

*aukejârpâ desgl., nur mehrmals.

*aukänerpok hat sich erwärmt, ist warm geworden.

aukänersavok wärmt sich, sucht warm zu werden.

aupalukpok (grld. augpalugpok) ist rot.

*aupállakpok wird rot, errötet, vor

Scham, Schreck, Hitze ꝛc.; das Land bekommt Herbstfärbung.

auksârpok fliegt, schwebt über etwas hin.

auktortak (ob. totak) Vogelnest.

aumako eine tote Kohle (auma — grld. eine glühende).

aumauksimavok (vgl. grld. aumârpok, aumáinauvok) ist glühend, Eisen ꝛc.

(aumek falsch, richtig:) *aumit Pl. aumitit Betten.

avâlakivok (von avâlavok == grld.) erhebt plötzlich ein Geschrei, fängt an zu weinen. 1 Sam. 4, 13.

avalakpok (vgl. grld. avalagpok) Kajak ob. Boot wird durch Wind oder Strömung ab von seinem Kurs getrieben ꝛc.

*avalok, mehr avalo Pl. avalut Zaun, Gehege um etwas, Raubbrett, Bilberrahmen ꝛc.

avaloksarpok (c. s. avalorivâ) kühlt seinen Mut an einem andern s. Wbch.

avatâk (== grld.) Fangblase, die zum Seehundsfang gebraucht wird, aus einem (ganz) abgezogenen Seehundsfell gemacht.

avatâkpâk große Blase zum Walfischfang.

48. avilorpok (vgl. grld.) er klopft an ꝛc. einmal.

avilortarpok desgl., aber mehrmals.

*aviloxivok er klopft ꝛc. öfters, macht dgl. Geräusch; aviloxidlaraso macht keinen Spektakel!

E.

49. êak (Wbch.), besser êk (== grld.) s. § 338.

eglorkaivok (kappait c. s.) wirft hin, vieles.

ekaliuk (grld. ekaluk) Forelle.

elikârpâ bratet es in der Pfanne; s. s. es versengt am Feuer.

epkit Pl. von ipek (grld. ipek, evkit) Kot, Schmutz, Unreinigkeit.

epkéjarpâ (grlt. erkiarpâ) reinigt ihn.
51. erkâ? (grlt. erkak) Umgegend. Mit Suffix: erkâne § 94 u. Fußn.
erkâne auf dem Grunde (vom Meer, Fluß ꝛc.).
erkakte (vgl. dagegen grlt. ckarte) die Haarseite eines Felles.
erkanarpok ist zu achten ꝛc.
erkanangilak hat nichts zu sagen, zu bedeuten.
erkagivâ, s. s. erkasukpok (grlt. erkagâ, erkasugpok) achtet es sehr ꝛc.
52. *erkarpok er schluckt ꝛc. wiederholt (während evâ das einmalige).
erkarpâ, s. s. erkaivok (grlt. erkaivâ u. vok) erinnert sich an ihn, es.
erkattarpâ wirft ihn hin (wenn er vorher schon viel hingeworfen). (Grlt. „erkarpai wirft sie von sich, eins nach dem andern".
erkeasukpok (ekiasugpok) ist faul.
erkinauvok ist faul, nachlässig.
erkinaipok ist fleißig, emsig.
erke (ekek grlt.) Mundwinkel und inwendig im Munde bis hinten hin.
erkimiak, erkimiaksak etwas in den Mund zu thun, zum Kauen, Tabak ꝛc.
erkerkok (grlt. okerkok) der kleine Finger.
*Erkilersingovik Name der Insel Rhodes bei Nain. Soll die Bedeutung von nungutaumarigvik haben, von einem nicht mehr gebräuchlichen erkilertauvut (erkilertavinit) = nungutaumarikput. Der Sage nach wären dort die Eskimos und zwar deren Frauen von den Indianern gänzlich vertilgt worden.
erkianai (pok es ist) dankenswert! danke! bei Eßsachen.
*erkinkpâ er hält ihn (z. B. einen Fisch, einen gesuchten Anker ꝛc.) an, hat ihn (angehalt).
*erkiaktiarpâ c. s. und s. s. er sucht ihn anzuhalen, hat ihn noch nicht.

Z. B. wird von dem beim Angeln Zupfenden erkinktartok gesagt.
erkiertorpok, erkértorpok ist sehr vergnügt, höchst erfreut.
erkivok (grlt. okivok) zieht sich zusammen, schrumpft ein ꝛc.
erkingavok (grlt. okingavok) ist zusammengezogen, ₌geschrumpft.
erkisulângavok ist krausgelockt, Haare ꝛc. Richt. 16, 13.
erkipâ (grlt. okipâ) umfaßt, umarmt ihn.
54. erklo (grlt. erdlok) Mastdarm.
*erkorpok der Vogel geht auf sein Nest. Hier in Nain nur in dieser Bedeutung, nicht von Menschen, wie z. B. 5 Mos. 3, 19.
*erkok Hinterbacken (grlt. erkok das hintere Ende von etwas); erkôgik.
erkomavok ist munter, wach.
erksak (grlt. erssak) Kinnbacken.
*erksarok (grlt. ersarok) die Herzgegend. Für sich allein nicht gebraucht. Nur:
*erksarunguvok (grlt. ersarôngavok) hat plötzliche Schmerzen (Beklemmungen?) in der Herzgegend. Auch wohl auf der rechten Seite der Brust.
erksigivâ (grlt. ersigâ) fürchtet sich vor ihm.
erksivok (grlt. ersivok) fürchtet sich.
erksukpok und c. s. (grlt. erssugpok) trägt (es) auf den Schultern.
ermikpâ wäscht ihm das Gesicht; s. s. refl. sich (= grlt.)
56. ernikâvok, ingnikâvok wirft Steine aufs Wasser, die immer wieder auffahren. *In Nain tâmmikâvok.
errorpok, ergorpok und c. s. (grlt. errorpâ) wäscht (es).
erparpok es fällt, gibt sich auseinander, ein Faß, Rad u. dgl., wenn die Reifen abgehn ꝛc.
*esarok, isarok (= grlt.) Flügel; zu isukpok gehörig.

24*

I.

igalâk (= grlr.) Fenster.
58. *iga (vgl. grlr.), wohl nicht igak: Küche.
iggâk Dual, Schneebrille (grlr. issaik).
iggiak Schlund im Halse, Kehle.
iggiakomijarpok jauchzt vor Freuden.
i—, oder egiangusârpok ist lüstern nach Speise, ist wollüstig.
igluktut (grlr. igdlugtut) beide miteinander.
igsarpâ, igjarpâ hat ihn zum Muster, Vorbild (vgl. grlr. issuarpâ).
igjaraksak einer, etwas, dem man nachahmen soll, ein Muster, Vorbild.
60. igjuk, Dual igjûk (grlr. igssuk) Hode.
igupterpâ nimmt es auseinander, z. B. Zaun, Blasinstrument, Kleidungsstück 2c.
igupjarpâ zupft es auseinander.
*igupjâjat Charpie.
igupsak (grlr. aber igutsak) Wespe, Hummel.
igviklíorpok er hat wenig Platz, kann sich kaum rühren.
igvinêgosukpok ist mißgünstig,gönnt niemandem was, ist eifersüchtig.
ijarovak Augapfel (grlr. aber issaruak andre Bedeutung).
*ijarokpâ trifft, verletzt ihn am Auge; s. s. verletzt sich, wird verletzt am Auge.
ijingmikpok und c. s. (grlr. issingmigpok) winkt (ihm) mit den Augen.
ijerpâ (grlr. isserpâ) verbirgt es, ihn.
ijorpok lacht (laut).
62. ijúkkârpok glutscht, gleitet ab, herunter, von Tisch, Stuhl, Felsen u. s. w.
ijúkkâvut desgl., aber mehrere.
ikajorpok und v. s. (grlr. ikiorpâ) er hilft (ihm).
ikarîlik Rotbrust, Wanderdrossel.

ikârpok (= grlr.) er setzt über.
ikkâppok (grlr. ikápok) ist seicht; ikkátok seichte Stelle, Sandbank.
ikkê (grlr. ikê) o wie kalt!
ikke (grlr. ike) Wunde.
ikke, Pl. ikkit Zahnfleisch; ikkingit sein Zahnfleisch.
ikkek (grlr. ikek) die spröden, rötlichen Streifen in manchen Fichtenbäumen.
ikkerasak (grlr. ikerasak) Sund.
ikkiarpâ schneidet, spaltet es der Länge nach: Holz, Steine.
ikkiak Weste, Busen; desgl. die Seite eines Berges zwischen dem Fuß (Strand) und dem Gipfel, ikkiangn. (Grlr. „ikiak Raum zunächst unter der Oberfläche.")
ikkiaxivok schwebt in der Luft, etwas, das der Wind mit sich nimmt.
ikkingut Jugendfreund, der zugleich mit einem aufgewachsen.
ikkivok (grlr. ikivok) steigt ein od. auf (in ein Boot, Schiff, auf Schlitten, Pferd 2c.)
64. ikkivok ist angezündet.
ikkipâ (grlr. ikipâ) zündet es an.
*ikkinek (= grlr.), nit (Seite 62) Verbranntes: von allem möglichen gebraucht, bes. aber abgebrannte Landstrecken, verbranntes, angekohltes Holz, Bäume.
Ikkíput (grlr. ikigput) sie sind wenige.
*ikiglivait er macht sie weniger. s. s. sie werden wenig.
ikkoma Feuer.
*ikkoalakpâ er zündet es an (der Anfang) Mt. 13, 30. s. s. (= grlr. ikuatdlagpok) fängt an (mit Flamme) zu brennen.
ikkoalavâ er bratet, röstet es am Feuer (ohne Gefäß). Wbch. s. s. grlr. ikualavok) es brennt (allg., das Feuer, auch das Holz).
ikkôtak Draufbohrer.
ikkovrak (grlr. ikorfak) Fußbank, Schemel, Unterlage.
ikkublavok ist erträglicher; Schmerz, Wind, Kälte hat nachgelassen und anderes mehr.

Ikkupiak ein Teil, wenn man sich in etwas teilt.
Ikkupiakipâ gibt ihm ein Teil; soll in Ruin nicht gebräuchlich sein.
Ikkusik (grlr. ikusik) Ellbogen.
Iklervik (grlr. igdl..rfik) Kasten.
Ikligukpok (grlr. igdligugpok) hat Luft nach etwas, ist lüstern.
Ikpeksak (grlr. igpagssak) gestern.
Ikpiarsuk (grlr. igpiarssuk) Tasche.
Ikpigivok und c. s. (grlr. igpigâ) er fühlt (es).
Iksarvik Landungsbrücke.
66. Iksivavok (grlr. igsiavok) er sitzt.
Iksuk? s. itsok.
Iktokerikpok ist viereckig.
Iktörpok (grlr. igtörpok) ist blöde.
Iktuk (grlr. igtuk) Brausen, Sausen.
Iktukpok, iktullijárpok braust, Wind, See.
Iktovok ist dick, z. B. Nadel, Bohrer.
Illako Stück von etwas. Davon
Illakungorpok es wird ein solches, d. h. ein Teil davon ist ab, es ist verstümmelt, z. B. auch: ein Mensch hat ein Glied verloren, ist ein Krüppel.
68. Illâk (grlr. iláĸ) Lappen, Fleck auf etwas; aber illáksak.
*Illârpâ (grlr. ilárpâ) setzt ihm einen Fleck auf, flickt es.
Illârtorpâ (grlr. ilártorpâ) desgl., nur: setzt mehrere Flecken auf.
Illânekeak Kleid, aus bloßen Lappen zusammengesetzt.
Illakemavok ist verwickelt, verwirrt, Zwirn, Strick, Gedanken 2c.
*Illâkosek Stachelschwein.
Illapsugosukpok ist zum Mitleiden, Bedauern bereit, ist teilnehmend.
Illauksimavok es hat sich was angesetzt (an Schlittenkufsen, Messer 2c.).
*Illekettamârpok (grlr. ilekimisârpok) schüttelt mit dem Kopfe.
70. Illerasukpok (grlr. ilerasugpok) scheut sich, ist schüchtern.
*Illerakutivâ ist schüchtern, schämt sich um seinetwillen (z. B. dessen
— d. h. eines anderen — schlechten Betragens wegens), ähnlich wie illerasûtigivâ.
Illiârsuk (grlr. iliarssuk) Waisenkind.
Illikterpok und c. s. (grlr. iligserpok) schneidet (es) zu.
*Illerniko (= grlr. ilerniko) Abfall beim Zuschneiden.
Illiorkâppait er legt sie (mehrere) hin, hinein, z. B. pflanzt sie. (Grlr. il'orarpai und iliorkarpai legt sie hin, das eine nach dem anderen.)
*Illiortârpok singt ob. spielt etwas zum Tanz gehöriges.
*Illiutârpok und c. s. legt oft vor, macht alles schnell zu Ende (besonders, aber wohl nicht allein, auf Eßbares gehend).
72. Illitarksivok, illitarsivok (grlr. illisarssivok) er kennt.
Illumerpâ er erfüllt ihn mit etwas (mik).𝓡
Illumikpok und c. s. ist damit erfüllt, hat es in sich.
*Illukipok ist flach, nicht ausgehöhlt. z. B. auch von einer Bucht: geht nicht tief ins Land. (Wohl auch allgemeiner wie grlr. „ilukipok hat ein kleines Innere, d. h. faßt wenig"?)
74. Illulek (grlr. ilulek) Kugel in einem Gewehr.
Illulekut (wohl besser als lerkut) ein Gefäß.
Illuké Ausruf des Staunens.
Illupak (grlr. ilupâk) Unterkleid.
Illusek (grlr. ilusek und ilûsek) Gewohnheit, Gebrauch, Befinden.
Illuvek (grlr. ilivek) Grab.
76. Imak (= grlr.) flüssige Inhalt von etwas; im besonderen: das Meer.
*Imarbik das (offne) Meer; das tiefe Wasser, im Gegensatz zum seichteren Strand.
Imek (= grlr.) Wasser, nicht Salzwasser.
Imekaut Wasserbehälter, zum Beispiel Schlauch.
Imaksuk Sumpf.
*Imâröjok Wasser unter der Haut.

(imarojolik z. B. ein Wasser=
süchtiger.)
*Imarpalukpok das Wasser rauscht,
ist zu hören (im Meer, Teich,
auch in einem Gefäß, „inuiub
vikkerganga").
ime. pállavok ist bünn, Erbsen, Mehl=
brei u. dzl.
imerualakivok wird durstig vom
Essen, vom Gehen.
imikpok es fällt zusammen, stürzt
ein, ein Haus, Schneehaus * und
dgl., was eine Art Decke, Wöl=
bung hat.
78. imikkánek Beule an einem me=
tallnen Gefäß, * aber auch auf
der Erde, dem Eise.
imipkarpâ, (in Nain:) imikkarpâ
macht ihm, dem Blech ꝛc. Beulen.
immuk (grlt. imuk) Milch.
imnak (grlt. ivnak) steile Felsenwand.
*Ingergarsivok 1) er fängt an zu
reisen. 2) er ist der Fuhrmann.
*ingiarpâ kommt ihm zuvor (= grlt.)
beim Gehen und sonst („sukka-
linersaukpat"). Dann wäre
es = sivorliorpâ. Andre unter=
scheiden, und betonen bei ingiarpâ
nur das Einholen („kängertau-
ningaissumagijaumaringilak").
Letzteres wohl seltner.
*ingiorpok (mit mik) und c. s. er
singt mit. In Nain wohl nicht
vom Mitlesen.
ingiulik, lit (= grlt.) Schwing=
wellen, Seegang.
ingmikôrpok ist für sich allein ꝛc.
ingminénakivok (= issumainaki-
vok) handelt für sich, thut nur
nach seinem eignen Belieben.
80. ingnäk Feuerstahl.
ingnakpok schlägt Feuer.
ingnakpälak, lait. So Wbch. In
Nain aber angegeben: ingnik-
pälak, ingnipälak Funken.
ingnikpälaut (Wbch. nak) Feuer=
stein.
innaksorpâ ähnlich wie innápâ (=
grlt.) nötigt bittet ihn, fordert
ihn auf.

inerkopok es ist ihm jund. ob. etwas
(mik) lieblich, schön.
82. *innilakpok, innilápok legt sich
zur Ruhe. Auch von Reisenden,
wenn sie anhalten zu längerem
Verweilen, Ruhen.
inniorkáppait ob. karpait (grlt.
iniorarpai u. iniorkarpai) legt sie
auf, hängt sie auf, Sachen, z. B.
Fische, Wäsche.
innoksipok langt nicht mehr zu, hin.
Auch c. s.
innokpâ, innorpâ er erlangt es
nicht, kann es nicht erreichen, be=
greifen ꝛc.
inuk (= grlt.) Mensch; speziell der
Eskimo; das Junge im Ei; mit
Suff. inua sein Besitzer.
84. inukoarpok ist ein alter Mensch.
inukpäk, pait gr. Mensch, Riese.
inuksnk (grlt. inugsuk) Steinwarte,
ein aufgerichtetes Zeichen, das
aus der Ferne einem Menschen
ähnlich ist.
86. *inugak (grlt. inuvak) Pl. inugait Stein im Damenspiel; inu-
garpok er spielt Dame; inugar-
vik Damenbrett. Die Erklärung
f. sogleich bei dem abgeleiteten:
*inugangoak (Wbch. Seite 86 og
Druckfehler) Zehe (kaum je wohl
noch: Finger).

Ueber den Zusammenhang dieser
zwei Wörter, der dem Labr. Eskimo durchaus entschwunden, gibt
das grlt. Wort, das die Bedeutung beider Labr. Formen vereinigt, höchst interessanten Auf=
schluß: „inuvak, mit Suff. inu-
„vai seine Zehen (eines Menschen
„ob. Tieres). Ausnahmsweise auch
„von den Fingern gebraucht. Ohne
„Suff. Pl. inuvkat [also dem
„labr. inugait entsprehend]. 1)
„Damenstein. 2) provinziell:Spiel-
„karten. Die Benennung rührt
„davon her, daß früher die
„Knöchel von Seehundszehen
„zum Spiel gebraucht wur-
„den." Also in Grlb. u. in

Labr. die gleiche Uebertragung der Grundbedeutung. Eigen ist's nur, daß in Labr. diese Grundbedeutung nicht mit dem Stammwort verbunden geblieben, sondern allein auf das mit dem Anhang —ngoak zusammengesetzte Wort übergegangen.

ipak (=grlr.) Jahre, Adern im Baum.
ipaksivok und c. s. hat (es) erfaßt, begriffen.
ipek (= grlr.) Pl. **epkit** Schmutz.
ipertovok, ipektovok ist voll Schmutz.
ippakpâ (grlr. ipagpá) beschmutzt ihn.
ipparpâ (grlr. iparpá) leckt es aus, ein Geschirr, in dem Essen war.
ipikpok (grlr. ipigpok) ist scharf, schneidet gut.
ippek (grlr. ipe) Henkel an einem Kessel.
*****ipplutak** Hundeleine, woran der Hund zieht; Blattstiel.
*****ipplutâk** eine zwei Länder verbindende schmalere Stelle, die bei Flut ganz oder zum Teil ob. nur beinahe vom Wasser bedeckt wird.
88. *****issagutâk** (Wbch. tak?) Strahl.
issakavâ er schlägt ihn mit der Rute: *ob. mit den Händen ꝛc.
issakaut Rute.
issakpok (grlr. isagpok) streckt die Arme, Hände aus; c. s. nach ihm.
*****issagolukpok** und c. s. streckt die Hand (nach ihm) aus zum Scherz, z. B. jmb. zu erschrecken, mit einem Kinde zu scherzen, — ob. in lüsterner Absicht.
91. **itsak** vor Jahren, vor langer Zeit, vor alters.
(*Zur Vergleichung: itsa, nur im Pl. itsat die Felle des Zeltes: desgl. Verdeck eines Bootes (umiab itsangit, umiak itsalik). Dann auch vom Verdeck eines Schiffes — itsat känginopunga—; doch vom Schiff scheint's nicht ganz allg. gebraucht.)
*****itsok** (Wbch. iksuk?) die Spitze eines Werkzeuges (eines Messers, einer Feile), die im Heft ob. Griff steckt.
92. **ittaktorpok** macht behutsam, vorsichtig.
ittigak (aber grlr. isigak), nur im Pl. ittikkat (ittigait) Fuß.
94. **ittimak** (grlr. itumak) das Innere der Hand, Handteller.
ittuké o zum Erstaunen!
ivik, it (vgl. grlr.) Strandgras.
iviksukak, sukat Gras insgemein.
*****ivlogak** Stroharbeit von dgl. Strandgras.
*****ivitâk** (grlr. ivisûk braunrote Erde ob. Stein) besonders für: Ziegelstein.

K.

Links k. **Rechts** k.

96. **kânga** seine Oberfläche.
kâtulnâvok u. s. w. ist oberflächlich in seinem Sinn.
kâne draußen.
kabjarpok schabt den Speck vom Fell.
kabjek (grlr. kavssek) Scheitel, Wirbel.
kablo (grlr. kagdlo) Augenbrauen.
kablunâk (grlr. kavdlunâk) Europäer ꝛc. Nichteskimo.
*****kabvik** (vgl. grlr. käpik) Vielfraß, Wolverene, Gulo borealis.
kabviaitsiak Marder.
kaggimiovut (grlr. kagssimiuârput) sitzen zusammen zur Unterredung, Beratung, beraten.
kaggorpok schreit laut.
kaglo Grind.
kaglivok (grlr. kagdlivok) nähert sich.
kagujauvok ist von gestern bis auf heute gekommen, vom Morgen erreicht ꝛc.
kagvak, vait Treibeis.
kagvalakpok zuckt mit der Achsel (nicht wie bei uns als Ausdruck des Zweifels). Nicht allg. bekannt.
kagvârpok (vgl. grlr. kagfarpâ) steigt

empor, hebt sich empor.
98. **kalblarpâ** ermahnt ihn, treibt ihn an ec.
kalbjalvok es dreht sich ihm vor den Augen.
kalbluarpok und c. s. schiebt (es) vor sich her.
kalblut Ladestock ec.
kalmipâ (grlr. kámipá) schiebt es von sich, versenkt ihn, den Nagel.
kalgarsukpok ruft laut.
kalpâ (== grlr.) bringt es, gibt es her.
kalvok (-- grlr.) kommt.
kaerkovů heißt ihn kommen, ruft ihn.
kaimgok, gut (grlr. káungok) aufgetürmtes Strandeis, durch Flut und Ebbe gebildet.
kalrajukpok ist glatt, eben, blank, glänzt.
kalrolik 1) Seehund, phoca groenlandica, engl. harp. 2) Birke.
kairosuk (grlr. károsuk) Höhle.
kairtok (grlr. kaersok) Felsen.
kalvipok und c. s. dreht sich rund um (ihn), mehrmals.
*__kaivalakpok__ (lerpok? Wbch.) desgl., einmal.
99. **kajak** (== grlr.) est. Mannsboot.
kajerpok (Wbch. jarpok) ist schön weiß, Sohlleder, nelloak ec.
kajok (vgl. grlr.) gelblich rot; speziell ein roter Fuchs, Blutsuppe u. dgl. Brühen.
kajûtak (== grlr. „ein großer Schöpflöffel") ein Gefäß zum schöpfen (der Suppe), Blech ec.
100. **kâjorpok** (== grlr.) es ist ihm zu kalt zum Hinausgehn.
kajungerpok (== grlr.) verlangt, hat einen Zug, Trieb nach (mut).
*__kajumikpok__ (vgl. das grlr. mit seinen verschiedenen Bedeutungen) weint sehr u. s. w. Z. B. Ps. 42, 8. S. Wbch. Die Bedeutung wohl noch nicht erschöpfend angegeben.
*__kajusivok__ beschließt; auch: führt

es ganz durch, zu Ende. Auch c. s. doch dies wohl nur in der letzteren Bedeutung (z. B. ein Stück durchspielen, durch eine gefährliche Stelle ganz durchfahren).
kȧk (== grlr.) Unterbett, Fell ec.; aber **kȧksak**.
kȧk Hunger.
kȧkpok (== grlr.) hungert.
kȧkpok, kȧrpok (-- grlr.) platzt.
101. **kȧkkak** (-- grlr.) Berg.
kakkakpok (grlr. kakagpá) und c. s. trägt (es) auf dem Kopfe, Halse: *auch: einen andern Menschen rittlings.
*__kukkant__ ein dgl. Tragband.
kakkêpok ist unansehnlich, nicht schön, Menschen, Felle, Wasser.
kakklakpok ist schön weiß, Fell, Oel ec. *Imiáluk kakkiaktok wurde z. B. der Gin genannt.
kȧkkerpok ist schön gebleicht; c. s. die Luft bleicht es, das Fell.
kȧkkersivok das Auge tränt ihm durch etwas Beißendes.
kȧkkersorpok die Erde ist frei von Schnee gemacht; c. s. der Wind führt Erde und Schnee davon, reißt es los, macht die Erde frei. — In den letzten 3 Worten das kk wie in **kȧkkak**; dagegen:
kakkialerpok, kakialerpok es reut ihn, er bereut.
kakkiarpâ, kakiarpâ (s. s. — rdlivok) tadelt ihn, hält ihn für unfähig.
kakiarnarpok ist tadelnswert, elend im Arbeiten ec.
102. **kȧkkikpok** (grlr. kákigpok) schnaubt sich die Nase.
kakkigut Schnupftuch.
kakkillârpok (ll == tdl) entsetzt sich, wird bestürzt.
kakkivâ (grlr. kakivá) sticht ihn; s. s. sich.
kakkilaut etwas Stachliches, Dornen ec.
kakkivak Lachsstecher.

kåkivok (grlr.) steigt aus dem Wasser aufs Land, Eis c.
kakkŏjak Schiffsbrot. Stamm karko S. 112.
kakkoarpok er, der Hund c. nagt c. 103.
kakkorpok. kakorpok ist weiß.
kakkorpâ (kakkorpâ besser?) schießt über ihn (das Ziel) hinaus.
kakugo, kanga wann?
kâkpok hungert; f. o. kâk c.
kâksok Blase an den Händen vom Arbeiten.
kåksoavok bekommt dgl. Blasen.
kaksungaut Band unter der Amaut zum Heraufbinden derselben.
kallangavok geht krumm, Mensch, Tier — u. s. w. 104.
*kalla ob. kallak die leicht bewegte Oberfläche des Wassers, wo etwa ein Fisch sich regt ob. ein Seehund untergetaucht ist (grlr. aber kulak).
kallak (grlr. kilak) Ausschlag.
kallakpok hat Ausschlag.
kallåpok ob. kallakpok ist fertig abgekocht.
kallasek (grlr.) Nabel.
kållek (grlr. kagdlek) der obere.
kållerêkput sind auf=, übereinander.
kallerrak das Geräusch eines fahrenden Schlittens, Wagens. 105.
kallerpok es donnert.
kallingoarpok brüllt (donner= ähnlich), Bär, Löwe, Hund c.
kalluk Donner.
kallikattårpok und c. s. der Fuhrmann schleift die Füße auf der Erde, um zu hemmen; er schleift auf der Erde, Kleider c.
kallipok, kallikpok (grlr. kaligpok) bugsiert, zieht es, einen Seehund, Holz c. Auch c. s.
*kallugiak (= grlr.) Speer, Lanze (auch ohne Widerhaken).
kalluvok und c. s. (grlr. kaluvä) er schöpft (es).
*kallusarlarpok macht einen Umweg. (kamgak Knöchel — hier

völlig unbekannt. Ob Verwech= selung mit kannak S. 109?)
kamane. takkamane drinnen.
kamavok achtet, beachtet.
*kamatsorliorpok (liorivâ c. s.) er achtet nicht (auf ihn), 106. übersieht, überhört (ihn).
kangnivok (ing? auch S. 118) schnarcht.
kammik Stiefel.
*kåmiutivâ (s. s. utjivok) labet ihn, es oben auf den Kajak.
kamutik Dual, Schlitten.
kammipâ (grlr.) löscht es aus: s. s. ist ausgelöscht.
kâne draußen.
kanga wann (kångu seine Oberfläche, Oberes).
kangåvok fällt ab, der Schnee von den Kleidern, ob. die Haare fallen aus.
107. *kanga — ober kårngasor= pait (s. s. suivok) streut, säet sie aus.
kangårpok ist empfindlich, ver= drießlich c.
kangasinûk Lippe (nach Kisch m. wohl eine Zusammensetzung aus kanek u. sinâ sininga).
kångerpok und c. s. (grlr. kängerpâ) geht, fährt (an ihm) vorüber.
kangåttarpok (= grlr.) hebt sich empor c.
kangerdluk Bucht (= grlr.).
kangia seine Landseite.
108. kangêsukpok wird etwas ge= wahr; c. s. — givâ.
kangiak (= grlr.) Bruders Kind, Sohn, Tochter.
*kangmartorpok lockt die Hunde zusammen.
kångusukpok (= grlr.) schämt sich.
kanane unten, im Osten.
*kanajok (= grlr., nicht nai) Ulke.
kannåk (= grlr.) das ganze vor= dere Bein, Schienbein f. Wbch.
kannak (= grlr.) Zeltstange.
kånaujak Kajüte im Boot. Im Schiff dagegen akoksoak.

kannek (grlt. kanek) Mund.
kännerpok (grlt. kangnerpok) es schneit.
*kannik (grlt. kanik) Pl. kannit, (nicht kánnik) Schneeflocken.
kanimavok (= grlt.) ist krank (in 110. seinem ganzen Befinden).
kanningajârpok ist böse 2c.
*kannìngaummajârpok ist sehr böse 2c.
kannipok (grlt. kanigpok) ist nahe.
kannilârpok und *c. s.* begleitet ihn ein Stück, in die Nähe. Von manchen verdreht in kallinârpok
kanok wie.
kanoktôk, kanortôk o daß doch!
kannujak (grlt. aber kangnúsak) Kupfer.
kappiartipok es (Land, Schiff, Berg) erscheint in der Ferne groß. zieht sich auseinander, durch Einfluß der Luft.
káppiasukpok (= grlt.) hat Angst, ist beklommen, in Not.
káppiaktoavok hat anhaltende große Angst.
*káppiasárpá ähnlich wie kappiasuktipá macht ihm Angst 2c.
kappipok (grlt. kapipá) hat über dem Attige den Pelz ob. den Kollitak an. s. Wbch. (kappitipá).
kappitak (= grlt.) Oberpelz (Kisch. Verdoppelung eines Kleidungsstückes).
kappivá (= grlt.) sticht ihn.
kappütivá steckt es hinein, z. B. einen Stock, Stange, Pfahl in die Erde.
112. kappömitârpok und *c. s.* steckt (es) auf einen Stock, Spieß, Gabel.
*kapuk (= grlt., nicht ok) Schaum.
kapoakivok es schäumt, das Meer, der Fluß.
kapsit (grlt. kavsit) wie viele?
kardlok (= grlt.) Unterlippe.
karâlek (grlt. kalâlek) Grönländer.
karkok getrocknetes Eingeweide. Stammwort zu kakkôjak.

karlik (grlt. kardlik), nur im *Dual* karlik ein Paar Hosen.
karmak (= grlt.) eine Mauer.
kárpok (= grlt.) es platzt. Auch *c. s.* er sprengt, platzt es.
kurritak (grlt. karasak) Gehirn.
karzjok (grlt. karssok) Pfeil.
karzjusak Fischangel.
kassėpok ist boshaft, böse.
kasiglak (= grlt.) eine Seehundsart, phoca annellata.
kassilivok (grlt. kasilivok „ist beißend für die Gefühls- od. Geschmacksnerven") schmerzt ihn, beißt ihn, z. B. eine hautlose Stelle schmerzt.
kassilinarpok ist beißend, macht beißende Schmerzen (auch für den Geschmack).
kassukpok u. kassuvok hat nachgelassen, ist still (Wetter), schlaff (Tau Strick).
kátek der Knochen am Ende des Seehundsstechers (unâk) mit einer Höhlung, worin der igimak festsitzt.
katjârpok verlangt, sehnt sich.
114. katjukpok und *c. s.* er klopft, zerstampft (es).
katsikpok (= grlt.) ist höckricht.
kattaipok (grlt. kataipok) er, es hat eine hohe, feine Stimme, Ton.
kattitovok (grlt. katituvok) er, es hat eine tiefe Stimme, Ton.
katsungaipok ist im Ernst auf eine Sache gestellt, ist eifrig.
kattak (grlt. katak ähnlich) untere Teil der Thür (etwa Schwelle) im Eskimohau : (oder Thürpfosten?).
káttak (= grlt.) Eimer.
kattakpok (grlt. katagpok) fällt herunter; *c. s.* wirft es herunter, mit Fleiß.
kattararpait (nicht kattorarpait) läßt sie fallen, wirft sie herunter, streut, säet hin.
kattakpok ist blaß.
kattalungavok ist niedergeschlagen, nicht vergnügt.

ḱáttaŋŕut (grlr.) Geſchwiſter b. h. Bruder od. Schweſter.
kattipait (grlr. katipai) thut, fügt ſie zuſammen.
kattersorpait ſammelt ſie.
kattigak (— grlr.; andre gak) Dual: kattigäkka mein Rumpf, Körper, ſoweit die Rippen gehn.
kattivok ſtößt ſich an den Kopf.
kattinek eine Beule vom Stoßen.
kattut. kattute das Band, womit Sachen zuſammengebunden ſind; u. a. m.

116. kaukpâ ſchlägt, klopft ihn (einmal).
kauktauvok wird geklopft, durch Klopfen gequetſcht.
kautak hölzerner Hammer, Knüppel. *An manchen Orten auch: Flintenhahn.
kaugarpâ zerſtößt, zerk[...]pft es (mehrmals ſtoßend). Von manchen nicht mehr gekannt. Gleich kauktorpâ oder katjukpâ.
kaujivok, kaujimavok er weiß.
kau (auch kauk = grlr.?) Tag, Tageslicht.
kauk (grlr. ḱaok) Stirne.
kauk (= grlr.) Walroshaut, das Weiße des Eies.
kauvâ (= grlr.) und s. s. ſteckt etwas hinein, es (das Loch) ausfüllend. Geſb. 158, 1.
kaumarpok (— grlr.) es wird hell, iſt eben hell geworden; c. s. er (nämlich das Licht, die Sonne) leuchtet ihm.
kaumarsarpâ (maksarpâ) jetzt aber wohl meiſt:
kaumaksarpâ (maktipâ) macht es ihm helle.
kaumalak Blitz.
118.
kaurulek Käfer, Motte.
kauserpok (= grlr.) iſt naß.
kavangarnek S. O. wind.
kavângovok hat keinen Appetit zum Eſſen. [ren.
kaveroakTrommelfell in den Oh-
kavisek Schuppe eines Fiſches.
*kavisilâk Hering.
kavisilik Lachs.
kavjek (or. sek; grlr. kavssek) Scheitel, Wirbel.
kavunŋnarpok haut Holz im Walde.
*ḱeavok (grlr.) er weint, heult.
*ḱeaksukpok der Wind brauſt, heult; auch vom Rauſchen, Schwirren der Flügel. Z. B. Offb. 9, 9.
*keanzusâk Streichmaß. Im Wbch. kengasuk?
kebbik (keppik, kipik — grlr.) Decke, Oberbett.
keblariktok Tanne.
keblerpok (grlr. kivdlerpok) glänzt.
kejuk (grlr. kissuk) Holz.
kelerpok ſ. u. kėpok.
kellaumnujak Kette.
*kéllak, lait Knoten. Der 1 Laut (tdl) ganz wie in killak, kéllok ſ. u. Dagegen einfaches l in folgenden:
kellakpâ (grlr. kilerpâ) bindet ihn
120. (einmal herum).
kellaksorpâ bindet ihn (mehrmals herum). Jetzt wohl bei den meiſten (?) ſo. Doch auch kellakpâ, kellaksorpâ, mehr dem grlr. kilerpâ entſprechend. Aber allgemein:
kellarut Band, Strick zum Binden.
kellarutjârpâ bindet ihn los; s. s. iſt losgebunden.
kellaluzak Weißfiſch.
*kellersipâ macht ihr die Haare; bindet ihr die Haare auf; s. s. ſich.
kellertit Haarzopf der Weiber.
kellersiut, kelleksiut Haarband.
kéllok, kigdlok (= grlr.) Landaas. Im Süden kaum mehr bekannt.
kellularak Drücker an der Flinte, Guitarre.
*kellokut Riegel.
*kellokuserpâ riegelt es zu.
*kellokutjârpâ riegelt es auf.
kelluvâ (grlr. kiluvâ) zieht ihn heran u. ſ. w.
kemakpâ (grlr. kimagpâ) verläßt ihn.

kemávok (= grlr.) flieht. Auch c. s.
flieht ihn, von ihm.
kemerdluk (grlr. dlok) Rückgrat.
*kemeriak (= grlr.) Augenwimpern.
122.
kemergóvok und c. s. (grlr. kimer-
dlörpâ) betrachtet (ihn, es).
kḗmitikpok sehnt sich, verlangt.
kemukpok (grlr. kimugpok) zieht
am Schlitten, Hund od. Mensch.
kemukserpok fährt Schlitten ɾc.
kénak Angesicht; Schneide eines
Messers. Aeltere wohl genauer
sprechende Esk. sprechen dann
die Ableitungen von der Bedeutung Schneide mit geschärfter Silbe:
*kḗnarpok ist scharf.
*kḗnnaksarpâ macht es scharf.
*kḗnnarikpok ist schön scharf
s. bei -gikpok § 402.
*kénávok, mehr kenájarpok sucht
scharf nach etwas (od. ähnlicher
Sinn: gehört zu kennerpok,
nicht zu kénak).
kengasak s. keangusâk.
kḗngaingok Dampf in der Bucht
von Kälte und Wind.
kenajukpok ist wütend vor Schmerz
u. sonst, Mensch u. Tier.
kennerpok und c. s. (grlr. kiner-
pok) sucht (ihn).
kennerdlek (vgl. grlr. kinersek)
Mandel am Halse.
*kennuajók Bussard.
kennḗpok (und *kennuersârpok)
ist (wird bald) gebuldig. Von:
kennuvok ist ungeduldig, launisch.
kennuksarpâ (saivok s. s.) macht
ihn ungeduldig.
*kennukaivok dasselbe (jmdn.).
124.
kennugivâ schickt ihn fort von sich
(nicht bloß in böser Weise aus
Haß).
kennuvok (grlr. kinuvok) bittet, bettelt.
kennuakipâ (S. 123) gibt ihm das
Erbetene, erfüllt sein Begehren.
kepivâ (grlr. kipivâ) er dreht, windet
es, hat es gedreht; s. s. es ist

zusammengedreht, gewunden. Davon:
*kepjak, kebjak eine Art (zusammen-
gedrehter) Tabak.
kepjalloak, kepsalloak Schraube.
kepḗserpok ist widerstrebend.
kḗpok, kḗdlarpok, kḗlerpok bürstet
schmachtet.
keppik, kipik s. o. kebbik Decke,
Oberbett.
|keppipait dasselbe wie S. 142:
|kippipâ er bindet es.
125.
kepsalîktûtivâ schlenkert es mit der
Hand von sich. Ap. 28, 5.
keptairpok ist ausgeschlafen, munter.
keratavok ist ungeschmeidig, steif.
kerkâ (von kettek, kitok) seine Mitte.
kerkḗterpok hat Frostbeulen (nur
an den Füßen).
kerkoak (= grlr.) Pl. kerkojat
Seegras insgemein.
kerlerpa, kerdlerpâ (= grlr.)
schiebt, drängt etwas hinter oder
unter ihm hinein ɾc.
*kerdlâkarpok findet Hindernisse,
kommt nicht durch. Nur im
126. Negativ gebraucht, s. Wbch.
kerngut, mehr aber kingut (=
grlr.) Fernrohr, von kennerpok.
kernerpok (= grlr.) ist schwarz.
kḗrtovok hat graue Haare (von kḗk
== grlr.).
kertuserpâ versieht es mit etwas,
das es steif macht, einer Schiene ɾc.
*kévâ (grlr. kivâ) beißt ihn;
auch von Mücken: sie sticht ihn
(aber von Bienen ɾc. kappivâ).
*kessertût Reisig, Zweige von Nadel-,
nicht Laubholz.
kessuk, kissuk Dampf auf der
See vor dem Zufrieren (vgl.
grlr. kisuk).
kesserpok und c. s. (grlr. kiserpok)
er spuckt (ihn an, auf ihn), einmal; gilt für etwas weiter hin,
während oriarpok das Dichtvor-
sichhinspucken oder Auslaufen-
lassen des Speichels bezeichnet.

ketserarpâ (= grlr.) spuckt ihn an, mehrmals, bespuckt ihn.
ketsipok, ketsitak s. kitsipok bei kissik.
kessukpâ (grlr. kisugpâ) kratzt ihn; *s. s.* sich: kessungnikpok jmdn.
*ketsukpâ (grlr. kitsugpâ) Wbch.: in Nain ketsuarpâ kratzt ihn, mehrmals; *s. s.* sich: ketsuarnik-
128. pok jmdn.
kêterpok ist nahe am Tode.
kêtitak ein Zugekniffenes z. B. Fuchsfalle, Beißzange.
kêlerpok beißt die Kinnladen zusammen, d. h. ist tot. Vgl. dagegen oben kêlerpok bei kêpok.
ketjerivok hat mit Holz zu thun, d. h. macht dgl. klein ob. holt es aus dem Busch.
ketjlorpok macht Holz klein.
*ketjlogak *Pl.* kat ob. gait ein kleingemachtes Stück Brennholz, ein Scheit, Scheitel.
kettek (grlr. kitek) Mitte von allen Sachen (kerkâ) z. B. Kreuz des Menschen (kettinga).
ketterarpâ (= grlr.) teilt es in der Mitte durch; *s. s.* er (Tag, Nacht) ist in der Mitte.
ketterdlek der mittlere, bes. der Mittelfinger. Davon:
ketterdlermik, mit Fingerring. § 448 Anm.
kettikpok (grlr. kitigpok) ist leichtsinnig, scherzt. Ps. 104, 26. Das Wbch. sagt: nicht grade aufs Böse gehend. In manchen Teilen Grönlands wird es für das (von Europa gekommene) Tanzen gebraucht.
kettukpok (grlr. kitugpok) ist geschmeidig, weich.
kêvâ f. o. Seite 126 (Wbch.).
kêujavok (grlr. kiavok) er friert.
kêovok (grlr. kiuvok) ist erfroren;
129. desgl. friert sehr.
keverpok (= grlr.) biegt den Kopf rückwärts, biegt sich zurück; die Thür dreht sich herum, zurück;

c. s. er spannt, zieht den Hahn auf.
keviarpok (grlr.) wendet sich um, sieht zurück.
kevipok ist verwirrt vor Zorn, Bosheit ic.
kla, kina wer.
kiak Wärme, Hitze.
*kiaktipkarpok andre kiaptikarpok schwitzt.
kitjljârpok schwitzt.
kiasik Schulterblatt, Schulterbein.
*kiat, oft kiate ober kiatik gesprochen, Oberkörper (bei Menschen und Tier) bis zum kottek. Auch: ein anliegendes Kleidungsstück bis dahin gehend (bei den Frauen), Taille mit Aermeln. (Eine losere Jacke nur ullik ob. kiat ullik.)
kiblikpâ (grlr. kivdligpâ) durchbringt es, bringt in es hinein, thut seine Wirkung.
kiblingnarpok (von kiblikpok in passiver Bedeutung § 450 c.) es ist durchdringend, eindringlich z. B. auch Worte.
*kibligutivok nach längeren Versuchen oder stetem nur Wollen oder öfteren Unterbrechungen thut er etwas nun völlig; (oktuinardlune, nokkakattardlune tagvainak pilaungikune, tâva piloruno: kibligutivok). Bezieht sich auf alle Thätigkeiten leiblicher und geistiger Art (arbeiten, helfen, reden, sich entschließen ic.)
kiblorpâ (vgl. grlr. kivdlorpâ) schneidet es (beim Holz mit einer Säge).
kiblormiktorpok und *c. s.* schneidet (es) mit der Säge.
*kiblut Säge (vgl. kibluit von kibluivok für Sichel Offb. 14, 14).
kibviarpok und *c. s.* (grlr. kivfiarpâ) füllt, stopft (es) aus; z. B. auch stopft ein Tier aus.

Vgl. unter kiverpok.
*kibviarak ein dgl. Ausge=
stopftes.
kigerpok der Hund frißt, zer=
beißt etwas Hartes, z. B. Strick,
getrocknetes Fell.
kiggerpok (grlr. kigsserpok) springt,
hüpft in die Höhe.
kiggertarpok dasselbe, wiederholt.
kiggorpâ, s. s. guivok (grlr.
kigdlorpâ) hinterbringt, verrät
ihm dies und das über ihn
Gesagte 2c.
131. kigiak Biber.
kigikpok steht stille, wird ge=
stillt, Blut 2c. (grlr. kigipok).
kigle (grlr. kigdlik) Grenze,
Rand.
kiglok (grlr. kigdlok) das Ver=
kehrte; jetzt mehr allgemeiner:
132. das Gegenteil. § 131.
kiglukpok rächt sich. Wohl wenig
gebraucht (vgl. grlr. kigdlugpok).
Röm. 12, 19.
kigusivok = kiovok und r. s.
antwortet (ihm).
*kigut (= grlr.) Zahn, von kêvâ
(das wohl zusammengezogen
aus kigivâ).
kigutangernak (grlr. kigutaernak) Heidelbeere. § 450 Anm. 5.
kigutangernakut, Pl. tit Hei=
delbeerengesträuch.
kijikpok, kijilorpok scheut
sich.
kikkarpok steht stille, thut nichts,
ruht.
*kikkergak das Geräusch, Knistern
beim Gehen, im Schnee u. sonst.
Aber auch Geräusch überhaupt,
das jemand macht.
kikkertak, kikertak (grlr. kekertak)
Insel. So wird es wohl von
den meisten gesprochen. Aber
doch auch von manchen (etwa im
Norden mehr?) dem grlr. gleich:
kikertak.
kikkertaukat Pl. mehrere bei einan=
derliegende Inseln, Inselgruppe.
Doch wohl hauptsächlich als Eigen=

name gebraucht für bestimmte dgl.
kikkiak, kikiak (= grlr.)
Eisen, Nagel.
*kikiangniut (mit vorstehen=
dem ulloksit ob. ohne) Meißel.
kikkêngavok (grlr. kikingavok)
hat die Hände auf dem Rücken.
*kikkek Scharte, Riß, Sprung
in einem Messer 2c.
kikkivâ (grlr. kikivâ) es (das
harte Holz, Eisen) macht ihm
Scharten: s. s. bekommt Schar=
ten.
kikkipâ übergeht ihn.
kikkulek (= grlr.) Seehunds=
loch, durch das der Seehund
heraus aufs Eis kommt.
*kiklak Sägezahn, Feilenhieb.
So im Wbch. Wohl ganz
gleich dem unten folg. killak,
kiglak. Was die Bedeutung
betrifft, so bezeichnet das Wort
auch eben nicht die Sägen=
zähne, sondern die Vertie=
fungen („ittersangit") da=
zwischen. Davon z. B. killa=
kipok, kiglukipok. S. mehr
§ 12 Fußn. und § 463 pak.
134. kiklo (grlr. kigdlo) Feuerstelle
(von Steinen 2c., auch Dreifuß).
kikparpâ u. pok (grlr. kiparpok)
rückt es an den Rand; f. § 465
Uebersicht.
kiksarpok ist betrübt (dagegen
grlr. kigsarpok wünscht, daß).
kiktitautik Dual eine Wage
(ins Ganze).
kiktorârpâ (= grlr.) reißt ihn
ab, zerreißt ihn, einen Strick 2c.
s. s. er, der Strick 2c. reißt.
*kiktorâvâ desgl., nur mehrere
Mal.
kiktoriak Mücke, Moskite.
kilak, anb, ait 1) Himmel (= grlr.)
2) Gaumen (grlr. xilak in dieser
Bedeutung).
killak, wohl aus kigdlak Loch.
Vgl. vorher kiklak u. bes.
§ 12 Fußn.
kigla— ob. killapatâk (auch

mit lik) etwas mit vielen Löchern, z. B. Gitter, Hobel. 2, 9. 2 Kön. 1, 2.
*kilakpâ (-- grlt.) mit einfachem 1 Laut: macht ein Loch in es. Mt. 2, 4. *. *. es ist in es ein Loch gemacht.
killaut (grlt. kilaut) Trommel und dgl.
killamik (grlt. kilamik) über eine Weile, in kurzem.
*killanârpok (grlt. kilanârpok) verlangt sehr.
killek (aus kitdlek? kigdlek? grlt. aber kilernek) Wunde, Ritz, Schnitt.
killerpâ (kitdlerpâ? kigdlerpâ? grlt. nur kilerpâ) verwundet ihn mit einem schneidenden Werkzeug; *. *. sich; —sivok imdn.
killek S. 136. (grlt. kitdlek) der östliche. Davon:
killersoak die Insel Hillsbury bei Nain, wegen ihrer Lage.
killermêk Dual zwei zusammengebundene Kajake. Aehnlich grönl.
136. *killigarpok u. c. s. (grlt. kiligarpâ) schabt die Haare von einem Fell trocken ab, die Schlittenkuffen oder sonstiges Eisen rein. In Nain nicht von allen gekannt, u. dann nur allg. vom Abschaben, Abkratzen irgendwelcher Unreinigkeiten gebraucht.
killikpâ (vgl. grlt. kiligpâ) schneidet, spaltet es zu Riemen 2c.
killulek (s. grlt. kilo) der Hinterste (im Zelt u. überall).
killuk (grlt. kiluk) Naht.
*killukpok (grlt. kilugpok) bellt, c. s. bellt ihn an.
kimaktût (= grlt.) Heft am Ulo.
*kimikpâ, andre (= grlt.) kimipâ erwürgt, erhängt ihn (schnürt ihn ein, um; z. B. auch ein ein-
137. zelnes Glied).
kimukjuk, juit schmale Schnee-

weben mit Absätzen. s. Wbch.
kinnáttagut. kingnáttagut Hemmschuh.
*kingak Nase (- grlt.), die ganze äußere. Im Dual die zwei Nasenlöcher, z. B. kingákka meine Nasenlöcher, kingángma iglua das eine meiner Nasenlöcher.
*kingarak. So im Wbch. In Nain aber nur kingorak angegeben, u. zwar nicht das Schienbein, sondern der untere Teil des Beines von der Wade bis zum Gesäß.
kingarpok es blendet ihn, er ist geblendet.
*kingek (-- grlt.) Lücke in der Zahnreihe, u. wohl Lücke überhaupt. Neh. 4, 7.
kingerpok schneidet ein Loch ins Schneehaus.
kingikpok (-- grlt.) ist hoch. Wohl nicht mehr sehr gebraucht.
kingmautik Dual, Beißzange.
kingmek, mit (-- grlt.) Hund. Vgl. kullánge.
kingmekaut Hundefutter.
138. kingmiarpok u. c. s. (-- grlt.) trägt, hält (es) im Munde 2c.
kingmik (-- grlt.) Ferse.
kingminak (grlt. kingmernak „wovon man die Zähne zus. beißt") Preißelbeere. § 450. Anm. 5.
kingmingnak Samenköpfe von Lärchen u. Tannen.
kingnivok (= grlt. ähnl. Sinn) verwahrt Fleisch 2c. unter Steinen oder Schnee.
kingnersût Brechstange u. dgl.
*kingok (-- grlt.), kingua sein der Mündung entgegengesetztes Ende, z. B. einer Bucht; s. u. kingo u. mehr § 117, 7. 6.
kingok (-- grlt.) Stelle zw. den Augen.
kingordlukpok (= grlt.) macht ein finsteres Gesicht, runzelt die Stirn.
kingorak s. o. kingarak.
*kinguk (-- grlt., nicht ok) Seefloh.

*kingukpak eine Art Seekrebs
ohne Scheren.
*kingômavâ (s. s. klerpoᴋ)
vermißt es, fehlt ihm sehr
(was er früher hatte s. Wbch.);
jedenfalls vom folgenden:
139. *kingo (= grlr.) das nach hinten
zu Liegende, in der Längsrich=
tung, von Ort und Zeit. Siehe
§ 117, 6. 7. u. oben kingoᴋ,
welche zwei Wörter im Wbch.
nicht auseinander gehalten sind.
S. im Wbch. viel Ableitungen,
z. B.
kingorleᴋ der hintere, nachfol=
gende, letzte.
kingoraivoᴋ er kommt hinter=
her, zu spät.
kingorugane nach, hinter ihm,
hernach § 124.
140. kinâvoᴋ es läuft aus, macht
naß, schmierig.
kinnakpoᴋ, kinnagiarpoᴋ ist ver
drießlich, böse.
*kinneᴋ der vordere Zipfel am
Attige oder Pelz (zunächst der
Weiber).
*kinnermikpoᴋ und c. s. (vgl.
grlr. kinerfigpoᴋ) trägt (es)
im Schoßzipfel (auch von
Männern).
kinnerpoᴋ (grlr. kinerpoᴋ) ist
hübsch dick, breiartig, nicht
wässrig, z. B. Mehlsuppe,
Erbsen.
kinnipâ (grlr. kinipâ) weicht es
ein; s. Wbch.
kinnivâ (grlr. kinivâ) hält es,
ein Kind, ab, zum Notdurft=
verrichten.
kinnuaᴋ das ganz dünne, erste
Schlickereis, wenn es anfängt zu
frieren.
*kiovoᴋ antwortet; c. s. ant=
wortet ihm, und: beantwortet es.
kipkarpoᴋ nagt einen Knochen
ab, Mensch oder Tier.
kippalo Knecht, Matrose ꝛc.
kippalivoᴋ ist widerstrebend,
aufrührerisch, gewaltthä=

thätig.
kippilukpoᴋ und c. s. schlägt (ihm)
etwas ab.
*kippipoᴋ (grlr. kipipoᴋ) stirbt
ob. wird bald sterben vor Sehn=
sucht nach Verstorbenen oder
Abwesenden; auch nur: ist elend
aus Verlangen, Heimweh nach
jmdn., ist stark verlangend nach
jmdn. ob. etwas (mut), z. B.
142. komunionemut.
kippipâ, keppipâ (S. 124) bin=
det es.
kippivâ (grlr. kipıvâ) hat es
abgeschnitten, abgehauen. Klein=
schmidt: „eigentlich: hat ihm
ein Stück abgeschnitten" (in
der Länge).
*kipjarpoᴋ und c. s. (grlr. kiv-
ssarpâ) schneidet (ihm) die
Haare vorn an der Stirn.
Vom Kurzschneiden des ganzen
Haupthaares aber sallivâ.
kipjautik, Dual von kipjaut,
eine Scheere.
kipjaumiktorpoᴋ und c. s.
schneidet (es) mit der Schere
(nicht Haare).
kippujungavᴇᴋ fehlt oft beim
Hersagen des Gelernten, stößt
an beim Reden, weil er die
Worte nicht recht weiß (stam=
melt).
kipput Damm quer über einen
Fluß.
*kissak (grlr. kisaᴋ) Anker, von
143. kivivoᴋ.
kissik Seehundsfell (mit Haaren).
*kitsipoᴋ, ketsipoᴋ und c. s. er be=
kommt von einem Seehund (c. s.
von ihm) nur das Fell (kissik),
aber nicht Fleisch und Speck;
puijit kitsitauvut;
*kitsitat, ketsitat Seehunde, von
denen die Leute nur das Fell
bekommen.
kissiane (grlr. kisiâne) s. § 322.
nur, allein. Und sonst mancher=
lei Ableitungen.
144. kitjakejarpoᴋ wärmt sich.

kitjijârpok schwitzt.
kit (= grlr.) kittâ seine Seeseite.
kitsukpok der Seehund sinkt, wenn er getroffen ist.
kittipait (grlr. kisipai) zählt sie.
kittitsivok zählt, auch: buchstabiert.
kitornrak Kind (nicht in Bezug aufs Alter, sondern im Verhältnis zu den Eltern). (Grlr. kitornak.
145. kiverpok und c. s. füllt (ihn) den Sack (orksût) mit Speck. Vgl. oben kibviarpok.
kiverpok (= grlr.) s. c. keverpok.
kivrak (grlr. kivsak) Diener, Knecht, Magd.
kivraluk Moschusratte.
kivikpâ (= grlr.) hebt es in die Höhe.
kivivok (= grlr.) sinkt unter.
kivilerpok die Hosen rutschen, fallen ihm herunter.
koajakut (vgl. grlr. kuajaut) das schwarze Moos auf den Felsen.
koak (grlr. aber kuak) Gefrornes, Fleisch, Beeren u. dgl.
koipok (grlr. kuaipok) rutscht aus und fällt hin auf glattem (sonst ebenem) Boden.
koitârpok rutscht aus und fällt beinahe hin.
koitârnarpok, koitäjârnarpok es ist glitschig, zum Ausrutschen.
koasak (vgl. grlr. aber kuasak) Glatteis.
*koajòk Opodeldok.
146.
koakjuk (grlr. kuagssuk) Kante.
koakjulik mit Kanten Versehenes, z. B. geschnittenes Bauholz.
kuánnek eine Art eßbares Seegras (grlr. kuánok Angelika).
*koaktak, tat (grlr. kuartak) Eingeweidewürmer, die sich bes. am After zeigen u. Jucken verursachen, Spulwürmer.
koïksârpok, koärsârpok (grlr. kuârsârpok) fährt zusammen, erschrickt. Vgl. u. kuksanarpok.
koarak (vgl. grlr. kuarak) eine ganz kleine Weide. In Nain wohl nicht allg. bekannt.
kótovok geht einwärts.
*koertorpok (grlr. kuersorpok) hustet (öfters), hat Husten.
korjuk (grlr. kugsuk) Schwan. Jetzt hier unbekannt.
koivok (grlr. kuivok), koilerpok (mehr als koisivok) läßt sein Wasser, harnt.
kōk (= grlr. kûk) Fluß, fließendes Wasser.
kōkpok (grlr. kûgpok) fließt.
kōrlòrpok (grlr. kordlorpok) läuft, träufelt stark herunter in ununterbrochenem Strome, z. B. vom Dach, Felsen rc. Davon:
*körlortok Wasserfall. (Nicht wie im Wbch.: körluktok. Dagegen:)
körlukpok der Fluß ist, fließt schlecht "..kōk piungitōkpat, attorlugo ajornarpat umiartornermut kemuksernermullōnét".
147. kōkilivok wird klein, enger s. Wbch. (Vgl. kōpâ.)
kòrliorpok, kòkliorpok ein Mensch, Tier drängt sich durch etwas Enges durch.
*korliak Tannenbalsam, ausgelaufenes Harz (auch Terpentinöl).
korliarpok er geifert: das Harz fließt aus. 1 Sam. 21, 13.
kōkoviarpok pfeift mit dem Munde.
kōk — oder kuksalávok (grlr. kugsalavok) fährt zusammen, erschrickt, ist verzagt. Auch von der Erde, Haus, Stein rc. Das Gegenteil:
kuksalaipok (= grlr.) ist nicht so, d. h. ist leichtsinnig, wild rc.
*kuksasukpok (grlr. Seite 188 andre Bedeutung), kuksagivá c. s. Die Bedeutung scheint zu sein: ist besorgt, ernst gestimmt, bedenklich (stets im Blick auf Kommendes, wie es werden wird, ob. wie man sich verhalten wird). Berührt sich so mit illimasukpok. Z. B.

kuksasudlalaukpogut perk-
tuksamik. Davon
*kuksanarpok ist Besorgnis,
Bedenken, ernste Gedanken er-
regend (im Blick auf die Zukunft: „piniarkórtomut illingavok". З. B. silla kuk-
sanarmat, während konksâr-
narpok auf die Gegenwart
geht („attulertomut illingavok"): es ist Schrecken er-
regend, zum Erschrecken.
koksukpâ, pok (к? grlr. kugsugpá
mit ähnl. Sinn). Doch bloß Aeltere kennen es in dieser Form.
Jetzt nur: tuksukpá welches s.
kórksukpok s. u. in der alph. Reihe.
*koktorak (grlr. kugtorak), andre
koktorak Oberschenkel (vom Knie
an).
*kollänge s. kulláuge.
kollarpok (grlr. kularpok) zweifelt.
148.
kollû (grlr. kulá) sein Oberes. § 116.
Viel Ableitungen, z. B.
kóllek (grlr. kutdlek) der obere,
Lampe. § 134.
konginut (grlr. kúmut) hinauf, auf-
149. wärts.
*kollék Rücken s. Wbch. kollèga
mein R., andre: meine eine
Rückenseite. Dann kollèkka
Dual mein (ganzer) Rücken.
kollekulīak Regenpfeifer.
kolléligak. kut Strömling.
kollítak (grlr. kulitsak) Oberpelz
von Renntierfell.
kolluksugut Kiel eines Fahrzeugs.
kollusuk (grlr. kulusuk) Vogelrücken
*komak. ait Laus „u. laus-
ähnliche Schmarotzertierchen".
*komak. ait (grlr. kumäk) Ein-
geweidewurm, desgl. Wurm in
Teichen oder der See (S. 150).
komikpâ er juckt, reibt ihn
(grlr. kumigpá); s. s. sich.
komérpok (grlr. kumikpok) er zieht
den Arm in den Aermel zurück
an den Leib; e. s. er ihn ihm.
koměngavok (grlr. kumingavok)

steht ec. geht so mit eingezogenen
Armen und herunterhängenden
Aermeln.
kómikpok macht die Beine zusammen, eine Schere, Zange 2c. zu;
c. s. faßt es mit der Zange ec.
150. dgl.
komiovok) hebt etwas auf für
komerguserpok jimbn. (vgl grlr. kue).
kommuníone Abendmahl.
kongasek. kungasek (grlr.) Hals
(Nacken).
kongměngak der Haarstrauß der
Weiber, wenn die Haare alle nach
hinten gebunden, u. vorn bloß
kleine Zöpfe sind.
kongměngaut Haarband dazu.
kongolek (grlr. kungulek) Sauer-
rampfer.
kongoliujak Löffelkraut.
*kongnâk Spalte im Fels oder der
Erde (grlr. kuvnek - kupinek
Felsspalte, -kluft).
kongnek. nit Spalte im Eis, aber
nur die am Strande hin, vgl.
151. ájorak.
kôpâ (grlr. kúpá), auch kôtipâ macht
es enger, kleiner.
koppiva (grlr. kupivá) spaltet es,
(einmal), teilt es in zwei Teile
der Länge nach; s. s. ist gespalten, hat einen Riß.
kôppak (grlr. kúpak) 1) Spalte,
Sprung, in Erde, Holz, Teller 2c.
2) das abgespaltene Halbteil (der
Länge nach), überhaupt die Hälfte
von etwas: pinjih koppanga die
Hälfte des Seehunds, der Länge
nach geteilt; járekarpok attautsemik koppakasámiglo er
ist fast 1½ Jahr alt.
koppako (grlr. kúpako) 1) ein („kleinerer") abgespaltener Teil; 2) die
Hälfte von einer in der Länge ge-
spaltenen Sache („doch hauptsächlich als Abfall betrachtet").
koppakovâ gibt ihm die Hälfte.
koplorpâ (grlr. kuvdlorpá) er spaltet es, wiederholt d. h. in mehrere Teile oder (koplorpait) meh-

rere Dinge; *. *. ist mehrfach
152. gespalten, hat mehrere Risse.
*kopannak ein kleiner Vogel. Andre
wohl auch kopanuak, aber scheints
allgemein pa und nicht per wie
im Wbch.
*kopergok (grlr. kuperdllok), nicht
bloß rok, Made.
*koppugak. gåt Riesen, Streifen
der Länge nach an etwas, an
Tuch, Kaliko 2c.
kopput. tit Milchstraße, desgl. weiße
oder schwarze Streifen, die sich
wie Spalten an den Felsen hin=
ziehn.
kôrkok irgend ein schmales, enges,
hohes Gefäß von Blech u. sonst,
*ohne Henkel.
kôrkupâ schießt links an ihm
(dem Ziele) vorbei.
körlorpok 2c. s. o. bei kôk.
kôrok enges Thal, auch Nut
u. dgl. So scheints von den
meisten gesprochen. Bei man=
chen hört man auch korok
wie im Grld., abgeleitet von
kôpâ.
koroktok ein gezogenes Gewehr,
Risle, s. tôk § 483.
korksukpok ist gelb (grlr. korsuk
grün, gelblichgrün).
kôrksukpok (Seite 147) schreit laut
(— kaigarsukpok).
korvik (grlr. kugfik) Nachttopf.
kôgvik Fließstelle, Graben 2c.
koterorpok (grlr. kuterorpok) geht
am Strande auf dem Lande hin,
z. B. während andre zu Boot
fahren, *aber auch überhaupt.
kôtsek (grlr. kütsek) Hüftgelent
s. Wbch. Vgl. kütsinek.
*kôtsikpok (grlr. kutsigpok) ist hoch
oben, ist in der Höhe.
koversak (grlr. kuerssak) das Weiße
im Auge.
koverte weißer Fleck im Auge (grlr.
kuertek).
153. *kovivâ (grlr. kuivâ) gießt,
schüttet es aus; *. *. es ist
ausgeschüttet ob. geschüttet; *. *.

ebenso aber, wie im deutschen
Wbch. richtig angegeben, auch
vom Menschen: er verschüt=
tet (Flüssigkeiten), aber NB.
nur, wenn es ohne Absicht
„pijārigano" geschieht.
koverarpâ (vgl. grlr. kuerarpâ)
begießt ihn, es (mehrmals).
koverivâ desgl. (einmal).
kublo (kuvdlok) Daumen.
kuglualakpok er zuckt ein wenig.
kuglugiak Wurm (Schlange).
kuglukpâ (grlr. kugdlukpâ) macht
es doppelt, bricht etwas z. B.
Fell, Papier einmal zusammen.
kuglungavok ist so zusammen=
gebrochen, gelegt.
kuglungajok Knospe.
kugjautak ein Keil.
kugve (grlr. kuvdle), mehr kug=
viornek Thräne.
kugviorpok weint.
*kuinagivâ verebscheut ihn, es.
*kuinagosukpok *. *. jmdn.
*kuinakpok er ist kitzlich, empfindet
Kitzel (grlr. kuinagpok).
*kuinaksârpâ (- grlr.) er kitzelt ihn.
kuinivok ist fett.
*kuiglak fett (das gl sehr weich).
kuingengek Schwein. Ebenso
im grld. kuingingêk. Klschm.
sagt im Wbch.: „Bedeutung
hier unbekannt, wie es scheint,
schon seit 100 Jahren. Aber
das Wort kommt vor als Na=
men auf einem Felsen bei Na=
uortalik, dessen Spitze eine un=
verkennbare Aehnlichkeit mit
einer emporstehenden Schweins=
schnauze hat."
kujalivok (grlr. kujavok) dankt.
kujagivâ dankt ihm.
154. kujapizak (— grlr.) Rückgrat.
kukkerpok schießt (vgl. grlr. koker=
pok „wird verwirrt im Kopf oder
wird betäubt von einem Getöse,
Knall 2c.").
kukkiut Flinte u. s. w.
kukkik (grlr. kukik) Nagel
an Finger oder Zehe der

25*

Menschen, *Klave bei den Tieren.
155. *kulläuge Hund mit herabhängenden Ohren im Unterschied vom eck. kingmek.
*kullnarpunga. kullurarpunga (grlr. kuluavok) es kollert, poltert mir im Leibe. Nach manchen das erste nur von einmaligem, das zweite von mehrmaligem Kollern. Andre machen diesen Unterschied nicht.
kungavok lächelt, lacht (nicht lautes Lachen).
*kungok, kungok der weiße Widerschein vom Treibeis. Aehnl. b. grld. kúngok.
kunigok, kut Eiderdunen.
kunikpâ er hält das Vordere des Gesichts daran, beriecht ihn, küßt ihn.
*kunüllerpok. besser kunorlerpok es verwelkt.
kunuvok ist unwillig etwas zu thun (grlr. =, aber andre Bedeutung).
kunulerpok fängt an unwillig zu sein.
kussekslak Zinn, Lötzinn.
156. kusserpok (grlr. kuserpok) es tropft.
kutte (grlr. kute) ein Tropfen.
kutjarpok viele aber (ob die meisten?) kutjerpok, was zu kutjangavok nicht stimmt: fällt mit dem Kopf unterwärts nach vorn, kopfüber ꝛc.
kutsinek (= grlr.) Lendenwirbel. Vgl. kötsek.
kutsertak eine Flukenart.
kutjiorpok macht einen Wassergraben. *Auch c. s. z. B. nuna kutjiortauvok.
kutsuk (= grlr.) aber meist kutsok Harz, Kolophonium, Pech.
kutsorpâ (auch ukpâ?) er verpicht es, das Boot ꝛc.
kutakpok (== grlr.) spricht undeutlich, fehlerhaft, *lallt, kann einzelne Buchstaben nicht recht

herausbringen od. setzt andre dafür.
kuviasukpok (grlr. kuiasugpok) ist vergnügt, fröhlich, freut sich.

M.

158. mâktorpok hat keine Schmerzen mehr, die Wunde ist zugeheilt. Vgl. maipok.
*mâkpok, mârpok (= grlr.) er heult, schreit, ein Hund od. Fuchs, wenn er gebissen od. geschlagen wird.
majorkak (grlr.) Anhöhe, wo es hinaufgeht.
majorkakullak kurzer, steiler Aufstieg, Anhöhe.
makkaipok. besser makaipok (vgl. grlr.) ist nicht da, ist abwesend.
makknerpok ist abgedeckt, ohne obere Schale ꝛc., von:
159. makkak der obere Teil der Hirnschale eines Menschen.
*makivok (= grlr.), besser als makkovok es öffnet sich, bricht auf, ein Geschwür gibt die Materie heraus. Davon:
*marnek (aus makinek, wie mingnek aus mikinek zus. gezogen) Eiter.
makkiarpok (grlr. makiarpok) es reißt ein, splittert ab, das Holz beim Hobeln ꝛc.
makkikpok, besser makikpok (== grlr.) trägt den Kajak auf dem Kopf.
*makkipok (grlr. makipok) steht auf vom Liegen (ein Tier „vom Liegen auf der Seite" Klschm. In Labrador?); ein Kajak, Boot, das gekentert, richtet sich auf, ein (längliches) Gefäß wird aufgestellt.
makkitek (grlr. mukisek) Hüfte, Lende.
160. makko—, besser makojukpok (grlr. maujugpok) er ekelt sich.
makkutivâ ist stärker als er ꝛc.
makpakpok, Wbch. makpárpok (vgl. grlr. magpárpok) es ist

flach, platt, zusammengedrückt.
Auch c. s. f. Wbch.
*makpatak (vgl. grlr. magpatak)
wohl: ein Teil einer Sache, der
flach ist, z. B. gewisse Blätter, das
Ende der (Eisen) Nägel, die eine
flache Spitze haben u. f. w.
makperpâ (= grlr. magperpâ) er
hebt es (etwas Flaches) mit einer
Seite auf, z. B. Brett, Stein,
wie man einen Deckel aufmacht:
macht ein Buch, einen Kasten
auf ꝛc.
makpilitak Schindel ꝛc.
161. maksuavok ist mutig, aufgelebt.
*maksujârpok = maksuajungnaer-
poᴋ. 2 Chron. 20, 15. 17.
maktak ob. máttak Haut eines
Weißfisches ob. Walfisches.
máktorpok f. o. zu Anfang des m.
mallik (grlr. malik) Welle.
*mállikpok (grlr. magdlerpok) er,
es hat gr. Wellen. Z. B. Joh.
6, 18.
mallikpok und c. s. (grlr. maligpâ)
er folgt (ihm).
162. mamakpok, mamarpok (=
grlr.) schmeckt gut, *auch: riecht
gut.
mamaitoknt. tit Rosmarin.
*mángok (= grlr.) Wurzel der Haare
u. Zähne. In Nain nicht bei
Gewächsen gebraucht, wo nur
amâk. Vgl. beide Wörter im
Wbch.
164. *mangukpok auch (mehr?)
mangnvok (vgl. grlr. mángug-
pok) es steckt fest, Haare, Borsten
in der Bürste, Gewächse in der Erde,
Splitter im Fleisch ꝛc. (In Nain
aber nicht z. B. von einem Beil-
stiel.)
mannek (grlr. manek) Moos, das
zu Lampendocht gebraucht wird.
mánnik (grlr. mánik) Ei.
mannikpok (grlr. manigpok) ist eben,
glatt.
manniksarpâ (grlr. manigsarpâ)
macht es eben, gleich, glättet es.
mannoak Thürschwelle, z. B. 1 Sam.
5, 5. Wohl nicht allg. gekannt.
*manuɢak (gebildet aus dem engl.
man of war) Kriegsschiff. Danach auch Name eines Berges
auf dem Kiglapait-Lande, am
Wege von Nain nach Okak.
massak weich, naß fallender Schnee.
(grlr. masak Feuchtigkeit).
*massakpok ob. massavok es fällt
nasser Schnee, schneit und regnet
durcheinander (grlr. masngpok
ist feucht).
marnek Eiter f. o. bei makivok.
167. merkok (= grlr.) Feder (nicht
aus dem Flügel), Haar von Tieren,
Wolle u. f. w. S. Wbch.
merkut (= grlr.) Nähnadel.
168. mikkakpok und c. s. (grlr. aber
mikagpok) nagt, benagt; nur
von Mäusen.
mikkikpok und c. s. (grlr. aber
mikigpok) beißt ab, d. h. reißt
mit den Zähnen ꝛc. ab, Mensch,
Hund, Rabe ꝛc. Aehnlich:
mikkiarpok beißt davon ab, Rabe,
Hund ꝛc. *In Nain auch vom
Menschen.
mikkigak Ungekochtes, f. Wbch.
(Grlr. mikiak or. mikigak Fleisch,
Fisch, in Gährung übergegangen ꝛc.)
mikkigiak Fuchsfalle, Trittfalle.
mikkivok (grlr. mikivok) ist klein.
mikliak Nabelschnur (= grlr. mig-
dliak nebst andern Bedeutungen).
miksekârpok es ist wahr ꝛc.
170. milliârpâ schlägt ihm, einem Geschirr, am Rande ein Stück aus;
s. s. es ist so am Rande aus-
gebrochen.
millak (grlr. milak) Fleck eines (ge-
fleckten) Seehundsfells, desgl. im
Gesicht des Menschen, Sommer-
sprossen ꝛc.
*millorpâ wirft ob. trifft ihn mit
einem Stein ob. dgl. (milût),
besser milorpâ (= grlr.); s. s.
nicht milorpok sondern millornikpok (jmbn.).
*millorpâ, mitdlorpâ (grlr. mit-

dlorpa) wirft ihn mit Steinen ec. vgl., mehrmals: *s. s.* **millornikpok.** Im Wbch. sind diese zwei Wörter nicht unterschieden.

***millugâk** (Wbch. кaк) Schwanzflosse des Fisches.

milluziak (grlr. milugiak) eine schwarze Fliege, die zu fangen pflegt. Von:

millukpâ, besser **milukpâ** (grlr. milugpok und pâ) saugt ihn, es aus.

millnarpok und *e. s.* (vgl. grlr. mitilluarpok) saugt wiederholt.

***milluksiut** von milluksivok z. B. Löschblatt.

mimmek Keule eines Tiers, Schenkel eines Menschen.

171. **mingeriak,** *Pl.* itsat, itjat ob. iat (kleinerer) Fisch im allgemeinen.

172. **missarpok** (grlr. misarpok) schmatzt mit dem Munde.

***missarpalukpok** macht einen schmatzenden ob. platschenden Ton, z. B. wenn man mit der Hand aufs Wasser schlägt, ob. ein Fisch halb übers Wasser springt. (Manche, aber wohl die wenigeren, brauchen auch das einfache missarpok vom Platschen aufs, ins Wasser.)

missiarpok (grlr. misiarpok) leugnet.

missikpok und *e. s.* er springt wo (auf es) herunter ob. hinauf mit beiden Füßen zugleich.

missúkpâ (grlr. miangpâ) taucht, tunkt es in etwas (mut): *s. s.*

missuksivok (einmal) und **missukterivok** (mehrmals).

mitsuksoak der Tau.

mitsukpok es ist feucht, betaut, auch z. B. (bes. wollne) Kleider.

mittek (grlr. mitek) Entenvogel.

***mittilik** Gespenst. Jetzt kaum mehr viel gebraucht. Soll mehr etwas Fürchterliches, ein schreckliches Tier, Ungeheuer bezeichnen,

während ijoro einen abgeschiedenen Geist, Gespenst bedeute.

174. ***morjukpok** (grlr. morssugpok) es ob. er geht, fährt tief (ob. ganz) hinein, in Schnee, machak. Fluß, eine Spalte zc.

morjuktipâ steckt, versteckt es hinein, in vgl.

mumikpâ (grlr. mumigpâ) er dreht, wendet es um; *s. s.* ist umgekehrt, umgewendet. (Genaueres über die Bedeutung s. Wbch. *Auch bildlich: ist verkehrten Sinnes, z. B. Phil. 2, 15.

N.

174. **nachovok** (grlr. narruvok) *e. s.* nachogivâ er verachtet (ihn).

naggovok (grlr. nardluvok) ist gerade.

***nagvârpok** und *e. s.* (grlr. navssárpok) er findet (ihn, es).

naiperkonarpok u. a. m. ist bedauerungswürdig.

177. **nâk** (= grlr.) Leib, Bauch. *Dual* natsakka, natjakka ob. nâkka mein Leib.

nakipok (grlr. nakigpok) ist niedrig. Im Süden scheints nicht gebraucht. S. u. nakkitarivok zc., was nicht von diesem Wort zu trennen.

näkilersivok ist unbeständig, nicht fest.

***nakimarnivok** (vgl. grlr. nakimarpok) der Wind dreht sich von allen Seiten her, ein Mensch ist wetterwendisch, doppelherzig.

nakkak Wurzelknollen.

nakkatának. **Pl.* naît weiße Rübe.

nákkarpok (= grlr.) bricht ein, fällt (überhaupt) ins Wasser.

178. **nakkáppa** (vgl. grlr. nakâpâ) er haut es ab: *s. s.* er fällt ab.

nakkasuk (grlr. nakasuk) Urinblase.

nakkasungnâk (grlr. nakasungnâk) Wade.

nakki—. besser **nakitarivok** schnürt Sachen auf den Schlitten. Vgl. o. nakipok. —

Es folgen nun mehrere verwandte

Wörter, bei denen auch die Bedeutung **siegeln, versiegeln** angegeben. Dem Esk. ist aber diese Bedeutung im täglichen Leben ganz unbekannt, und erfordert immer wieder neue Erklärung. Sie brauchen vom Versiegeln eines Briefes **nĭpĭtĭpâ** (zukleben). Die in der Schrift gebrauchten Worte sind etwa: **nakĭterpâ** 1 Kön. 21, 8. **nakĭterpok** *s. s.* 2 Sam. 7, 12. (Gesb. 9, 2. **nakĭtjut** Petschaft, Siegel ꝛc. 1 Kön. 21, 8. Offb. 6. **nakĭtjuserpâ** versieht ihn damit, versiegelt es Joh. 6, 27. Offb. 7, 4; desgl. **nakĭtjutĭpâ** Offb. 7, 5 ff. **nakĭtĭtsĭvok** **nakĭtsĭvok** Eph. 4, 30.

nakkok (grlr. narkok) eiserne Spitze am Pfeil, *auch am Ladestock.
nakkovok (grlr. nakuvok) verdreht die Augen.
nakkungavok (grlr.) schielt.
179. **nâklĭvâ** (vgl. grlr. nâgdlerpâ) hatt ihm den Fuß an was, beim Gehen.
*__nakokpok__ (grlr. nakorpok), jedenfalls ganz dasselbe wie das Wbch. S. 186 angegebene **nekkokpok** es ist gut, hat keinen Fehler; es ist gut, schön, daß es so ist; er, der Mensch ist stark, hat Kräfte.
nakudlarpok es ist sehr gut, schön (dankenswert, daß es so ist).
nakormêk, andre **nakungmêk** o wie gut, dankenswert! danke schön!
nakoksĭvok S. 186. ist gestärkt, erquickt.
nakorĭvâ (grlr. nâkorâ) er ist ihm recht, mag ihn gut leiden. Daher oft mit: „preist ihn, lobt ihn, dankt ihm" übersetzt.
naksak Thal (grlr. narssak Ebene).
naksuk, nakjuk (grlr. nagssuk) Horn eines Tieres.
180. **naktorpok** schnupft Tabak.

nakterpâ bringt ihn (*s. s.* sich) um. Es scheint die Schnelligkeit darin zu liegen „inôsingata nokkarsaraininga", wie z. B. beim Erwürgen, Einbrechen ꝛc. Aehnlich wie nâtĭpâ.
nâlekpok (mit mik od. mut) und *r. s.* (grlr. nâlagpok) folgt, gehorcht (ihm), hört (ihm) zu.
nâlegak (grlr. nâlagak) ein Herr.
nâmakpok (grlr. nâmagpok) ist gut, genügend, wohlgethan.
182. **naugmakpok** (= grlr.), mehr wohl **naugmarpok** und *r. s.* er trägt (es) auf dem Rücken.
183. **nâpkĭgĭvâ** (grlr. nâkiga) er erbarmt sich sein.
(napkarpâ scheint im Süden nicht bekannt.)
185. **naukĭarpok** (grlr. nâgkiarpok) wirft mit einem unâk od. dgl. nach einem Tier (ob er es nun trifft od. nicht), auch bloß so vor sich hin zur Uebung. Auch *r. s.*
naukĭutĭvâ (grlr. nâgkiupâ) er wirft sie, die Harpune oder Stange. Das *s. s.*
naukĭutĭvok er bleibt hängen, stolpert und fällt. Auch S. 183.
naulak die eiserne Harpunspitze. S. u. mehr bei unâk 2.
*__naulikpâ__ (grlr.) harpuniert ihn, den Seehund ꝛc., d. h. hat ihn getroffen, u. die Harpune sitzt fest.
*__naulik__ das männliche Glied.
186. **navĭkpâ** (grlr.) bricht es ab, einmal; *s. s.* ist abgebrochen. (nappĭvâ).
nekokpok, nekoksĭvok s. o. bei nakokpok.
neksarpok u. *r. s.* (grlr. nagsarpâ) nimmt (ihn, es) mit.
187. *__neksĭvok__ (nagsĭvok) er, der Mensch, bleibt mit dem Angelhaken an etwas auf dem Grunde hängen. Auch: sie, die Angel, bleibt hängen.
189. **nellĭkâk** es zwischen den Beinen.
191. **nellonaĭkutak** (grlr. nalunaerkutak) Zeichen ꝛc.

nellopkotivok ist kleinlaut, beschämt (*c. s.* seinetwegen), fühlt sich unwürdig. NB. nicht: ist unwürdig, wie es wohl öfters aufgefaßt worden, vgl. § 500 Anm.

nellok (grlv. natallok) Renntierweg in einen Teich hinein ꝛc. Jetzt wohl wenig gebräuchlich.

nellukpok ein Tier watet, schwimmt im Wasser (grlv. nalugpok schwimmt, Mensch od. Landtier). S. Wbch.

192. ***nenneroak** (grlv. nanoruak) etwas zum Leuchten, Licht, Span ꝛc., um etwas Gewünschtes zu finden, von

nenniva (grlv. nanivá) findet das Gesuchte.

***nenneroarvik** Leuchter od. sonst ein Platz, wo man das brennende Licht ꝛc. hinstellt.

nerka— od. wohl **nekāgasak, sait** Renntiermoos.

nerklingovok will alles alleine haben, teilt niemandem mit.

***nerkerksorpok** hat eine od. mehrere Stellen, wo die Haut fort ist und das bloße Fleisch zu Tage tritt, z. B. ist zerfleischt, hat Striemen.

nerke (? grlv. neko) Fleisch, Speise, Nahrung.

***nerkeniarpok** frißt, ißt Fleisch, ist fleischfressend.

***nerchekipok** (nicht nerkipok) ißt wenig, d. h. pflegt wenig zu essen.

***nerchetovok** (vgl. grlv. nerrorsŏk) nicht neritovok ißt viel, frißt.

nerchevik (grlv. nerrivik) S. 192. Ort, woraus ein Tier frißt, Krippe u. dgl. mehr s. § 498.

nerlek (grlv. nerdlek) Gans.

194. **nerripkarpa** er füttert es, ein Tier, Hunde, Schafe.

nerripkaut (aber kingmekaut) Hundefutter.

nerrliktak (grlv. neriligtak) Zäpfchen im Halse.

nerrinkpok (grlv. neriugpok) hofft.

196. **nerrubkak** (grlv. neruvkak)

Magen vom Renntier (od. Wiederkäuern) u. dessen Inhalt.

nessak (grlv. nasak) Mütze, desgl. Kappe am Männerpelz.

***nessauligāk** (Wbch. gäk?) lappländischer Distelfink.

netsek (grlv. natsek, it) *Pl.* notsit eine kleine Art Seehund *phoca vitulina*. Desgl. Pelz von Seehundsfellen.

198. **nettakkoak** Nasenflügel.

nettakkok (natarkok grlv.) Knorpel.

nettarkonnak (oder naluk; grlv. natarkornak) Hagelkorn.

nettek, nattek (grlv. natok) Fußboden im Hause ꝛc.

nettāk Boden in einem Faß ꝛc. (grlv.)

niakok (grlv.) Kopf.

199. **nierkorpok, nėrkorpok** (— grlv.) kracht, knackst. (Auch knirscht mit den Zähnen. In diesem Sinn aber jetzt wohl bloß:)

nier— od. **nėrkolārpok.**

nigak (— grlv.) Schlinge, um Tiere zu fangen.

nikkagivā (grlv. nikagā schätzt es gering) schont ihn.

nikkipok (grlv. nikipok) verrückt sich, ist ungleich mit anderm, womit es vorher in gleicher Linie war.

nikkisultok Polarstern.

nikkovipok (grlv. nikuipok) steht auf vom Sitzen („ein Tier vom Liegen auf dem Bauch" Klschm. vgl. makkipok).

200. **nikpārpok, andre nippāppok** lauert bei einem Seehundsloch; *c. s.* auf ihn, den Seehund.

niksārpok (grlv. aber nigsāgpok) es stößt ihm auf, er rülpst. Davon:

niksartok die kleine Ripper-, Schneehuhn-Art.

niksik (== grlv.) Hafen.

***niksuk, nikjuk** *Pl.* uit (nicht wie im Wbch. niksut, tit) Spinne. Hiob 8, 14.

nillak (grlv. nilak) ein helles Stück Süßwassereis *z. B.* Eiszapfen

ob. an andre Dinge angefrornes Waſſer.
nimmakpok der Fiſch zappelt. (nimmávok grlt. nimárpok der Menſch wirft ſich herum ſ. Wbch).
ningarpok (vgl. grlt. ningagpok u. ningarpok) iſt zornig, zürnt.
ningaksarpá, jetzt wohl mehr: **ningaksarpá** macht ihn zornig.
ningauk (grlt.) Schwager, Schwiegerſohn. Beim Zuruf, Vokativ: ningauk!
ningek eine Schneewand außen ums Haus.
*****ningerpok** und c. s. er ſetzt (ihm) dem Hauſe eine Schneewand. Die erſte Silbe in dieſen Wörtern alſo NB. geſchärft, das ng zweimal zu ſprechen: ning-ngek, ning-ngerlugo. Dagegen
ningek (ein ng) Teil, Stück vom Erworbenen, das einer bekommt, der dabei iſt.
ningerpok und c. s. bekommt etwas von dem (c. s. von ihm), das andre erworben haben.
ningiok (grlt.) alte Frau.
202. **ningojōkivok** iſt zähe, ſchleimig, Waſſer, Blut u. dgl.
niórarpait (grlt. niórarpai) oder **niórkarpait** od. **kápait** (grlt. niórkarpai) er ladet ſie (viele Dinge) aus.
203. **niorkpá, niorpá** (s. s. sivok) nimmt einen Schluck von ihm (von etwas) und
niórkáppok und c. s. mehrere Schlucke ſ. Wbch.
niparpok, nipakpok iſt verſchwunden.
nipko (grlt. nivko) getrocknetes Fleiſch.
nippalárpok (lákpok) das Meer brauſt.
204. **nipperkivok** tunkt (mit irgend etwas) Näſſe auf.
nipperkut, tit Schwamm, Sägeſpäne, Schnee u. dgl., was Näſſe einſaugt.
*****nippltinerkut** (nicht ko) Klebſtoff, d. h. Kleiſter, Leim, Siegellack c.

207. **nlviuvak, vait** (grlt.) Schmeißfliege.
nochak (grlt. norrak) Renntierkalb, Kalb überhaupt.
nokarpá (= grlt. ähnlich) ſpannt ihn an, den Bogen.
nokakserak Violinſaite.
nokkipok. beſſer **nokipok** und c. s. (grlt. nokipá) zieht an einem Tau c. ſ. Wbch.
nokkarpok hält inne mit etwas, hört auf.
208. **nuak** einer Frauen Schweſter-Kind.
nuek (= grlt.), nur im Pl. **nuggit**, mit Vogelpfeil, dreiſpitziger.
nujak (andre = grlt. **nujak**) Haar.
nukak (grlt.) eines Mannes jüngerer Bruder, einer Frau jüngere Schweſter.
nukardlek der jüngere, jüngſte von mehreren.
nukáppiak (grlt. nukagpiak) Knabe.
nukke (grlt. nukik) Sehne, Kraft.
211. **nullok** (nulok) der Hintere, das Geſäß; nullōgik.
212. **nunivakak** eine kurzſchwänzige, dicke Art Mäuſe.
nunivakpok und c. s. (grlt. nuniagpok) ſucht Beeren (ſie).
*****nukterpá**, andre nur **nuktipá** meiſt mit ganz gleichem Sinn angegeben wie nútipá er verſetzt es c. (vgl. grlt. nugterpai).
*****nukterpok**, andre **nuktipok** wie nípok verſetzt ſich, rückt weiter c.
nussukpok und c. s. (grlt. nusugpá) zieht etwas (es), z. B. auch reißt was, etwa eine Pflanze ab, aus; ſ. Wbch.
Auch: es zieht, der Wind durchs Haus, der Ofen.
nutsukpait (grlt. nutsugpai) reißt mehreres nacheinander aus, z. B. Gebüſch, zieht ſie an ſich.
nuták (= grlt.) neu, ein Neues.
nuvak (grlt. nuak) Schleim, Auswurf, Schnupfen.
214. **nuvuk** (grlt. nûk) Spitze an einem Gegenſtand, desgl. Laubſpitze.

*nuvuklek der nach der Spitze zu ist, liegt („kannitönersak nuvungmut").
*nuvuklerak Bajonett einer Flinte.

O.

215. ôgak (grlr. ûvak) *Pl.* ūkkat ob. ôgait Dorsch, Cob.
216. okak (grlr.) Zunge.
okarpok (grlr.) spricht, redet.
*okălagalâvok, galakpok redet verschiedenes, über verschiedenes (?).
*okâlagalautivâ, *s. s.* -tjivok redet über ihn, verschiedenes, gutes oder böses. Viele wohl nur in letzterem Sinn -- okalokiutivâ.
okalokivok murrt, redet schlechtes.
*okâpilukpok redet schlechtes, schlechte Worte.
219. o—, besser ukamarpok (345) und *e. s.* geht am Lande u. zieht ein Fahrzeug, Baum 2c. im Wasser am Strick nach. (Grlr. andre Bedeutung).
*okípok (= grlr.), nicht okivok, ist leicht.
okigéserpok springt, hüpft leicht herum, tanzt herum.
okkiak, ukiak (grlr.) Spätherbst.
okkiok, ukiok (= grlr.) Winter.
*okkiorpok es wird, ob. wohl mehr: ist Winter geworden („ukiok innerpat").
okkijivok sieht lang starr auf einen Fleck.
220. okkinek 2c. s. ukkinek.
(okkipâ bohrt ein Oehr — nicht im Süden bekannt. Vgl. grlr. ukipâ.)
okkivok, ukivok (= grlr.) wie oerivok hat eine Sache gern, hat Lust nach mehr.
okkoalinek (und uâk) ein vor dem Wind geschützter Ort; von ókkok § 130, grlr. orkok.
ókkomikpok (grlr. orkumigârpok) er hat beim Gehen, Fahren den Wind von hinten, segelt vor dem Winde (das Gesicht im Schutz).
okkok, besser okok (grlr. aber okuk) die kleinen weißen Tierchen an verschimmelten Sachen.
okko—, besser okómerpâ (= grlr.) steckt, nimmt es in den Mund.
okómlarpâ (= grlr.) er hat es im Munde (länger).
okkorpok, besser okorpok (= grlr.) ist weich u. hält warm, Kleider, Betten.
okkoksé, ukoksé (grlr. ukorsé) hört!
okkovok, ukuvok (grlr.) neigt, bückt sich.
okkungavok ist in dieser Stellung, d. h. er steht gebückt.
ôklivok und *c. s.* (grlr. ågdlivâ) macht Fleisch 2c. zum Kochen zurecht, „schneidet es in kleine Stücken zum Kochen". Vgl. 2 Kön. 4, 39.
okperpok, ukperpok (grlr. ugperpok) glaubt.
222. okpat, ukpat (= grlr.) Schenkel.
*okipok, ukipok fällt kopfüber (s. Wbch.), mehr:
*okpikarpok fällt so, sich einmal überschlagend.
*okpikâvok desgl., sich mehrmals überschlagend, z. B. eine Lawine.
okpik, ukpik (= grlr.) Eule.
ôkpâ (grlr. agpâ) versucht, probiert, kostet, mißt es, ihn.
oksek (grlr. orsek) das knöcherne Oehr am Ende einer Hundeleine.
okumaipok (grlr. okimaipok) ist schwer.
223. okumaiksarpok (*s. s.* givâ) hat etwas (mik) zum Schweren, es ist ihm etwas schwer.
okntsek, ukutsek diese Stelle da.
ômak (grlr. ûmak ob. ǎmak) grüner, lebendiger, nicht abgestorbener Baum.
224. ômajorpok bekommt, erlegt ein Tier.
ômaterokpâ trifft ihn durchs, ans Herz.
225. opakpok, upakpok und *c. s.* geht wohin, s. Wbch. (ähnl. grlr. upagrpok). Davon u. a.
opalukpok s. Wbch. In Nain kaum gebraucht.

226. **opalokpok, opalorpok** (grlr. upalorpok) ist nicht fertig, nicht vorbereitet.
opernŋâk (grlr. upernâk) Frühjahr.
opernŋasâk (grlr. upernagssak) Anfang desselben.
opínnarnak kein Wunder, daß du: s. § 341.
orksok, orssok (grlr. orssok) Speck, Thran, Oel.
***orksəkammak** Wurzelknollen der Fettehenne (tuglerunak).
orpîk (= grlr.) aber mehr:
orpigak, galt Weidengesträuch. Aber jetzt wohl allg. nicht mit Kehllaut, sondern **ukpigalt.**

P.

229. **pagrearpok** und s. s. geht (ihm) entgegen.
231. **pakkârpok,** mehr aber:
*****pakkârserpok** der Frost schlägt aus etwas heraus beim Auftauen.
pakkôjak Talg- od. dgl. Licht.
(**pakkomigivâ** scheint im Süden nicht bekannt. Vgl. grlr. pakumigâ).
paksärpok ist bekümmert (grlr. parsarpok, parsangavok ist schwächlich, wird leicht krank).
paksârpok der Hund läuft nachts auf den Häusern herum.
pâlakpok er fällt, ein Mensch, (nicht Tier). Aber auch von Sachen, die "âkisimajut" z. B. aufgestapeltes Holz (hier auch ochovut).
pállakpâ macht es nicht fest zu.
232. **pâmakpok, pâmakterpok** legt sich aufs Angesicht, fällt nieder.
pangmakpok ist eng, spannt, Kleider, Stiefeln.
paŋgalikpok (grlr. pangaligpok) läuft, ein Tier.
pánnak dürrer Baum, der noch Rinde hat.
pannîk (grlr. panik) Tochter.
234. **pappâk** Nachgeburt. So Wbch. Im Süden nur als Name einer Insel bekannt.

pappikáttok (or. kaktok; grlr. papikatsuk) stutzschwänziges Tier, ein Hund, dem der Schwanz zum Teil abgehauen.
*****pâttak** Ball.
pâttakpâ (vgl. grlr. pâtagpâ) schlägt mit der flachen Hand auf es, einmal. Auch s. s. auf etwas.
pattikpâ (grlr. patigpâ) legt die flache Hand (kurz) auf ihn.
*****pattiŋmivâ** desgl. (länger).
pattikût (oder gût) europäischer Frauenrock vom engl. petticoat.
236. **pauktorpâ** und s. s. spannt es, ein Fell, auf der Erde aus mit Pflöckchen.
paurpok (grlr. paorpok) und c. s. rudert im Kajak; c. s. ihn, den Kajak.
pârokpok rudert schnell (im Kajak).
237. **pekârpok,** mehr **pekâŋavok** kann nicht gut, nicht weit gehen, z. B. beim Schlittenfahren.
pekarpok (= grlr.) er hat, es hat, gibt.
pekka—, besser **pekalujak** Eisberg.
pentekoste Pfingsten.
*****pergâk** 1) geflochtener Renntierzwirn, von pergaivok er flicht (grlr. perdlaivok, perdlâk). 2) Knochen- und Eisenbeschlag unten an den Schlittenkufen (von dem in Grlr. noch gebrauchten „perragpok es geht glatt, ein Fahrzeug", woraus dann im Labr. **piakpok** geworden während pergâk sich nicht verändert hat).
perlakak (karpok) ein Knie, eine Krümme im Holz.
perkappijak eine Art Moos.
238. **perkovâ** er heißt ihn, befiehlt, erlaubt ihm.
perkut (gesprochen wie merkut, grlr. aber pekut) Eigentum.
perkserpok, perserpok (= grlr.) es stöbert.
perktok, pertok (grlr. persok) Stöber.
piakpok (grlr. s. o. bei pergâk) ist glatt, rutscht gut fort, ein Fahr-

§ 579. Die Zahlen links weisen auf

zeug, hauptsächlich nur vom Schlitten gebraucht.

240. **plarak** ein Junges, von Tieren.

pijngarpâ. andre – **rakpâ** trachtet ihm nach dem Leben, verfolgt ihn. Nicht sehr gebräuchlich.

242. **pikkablavok** und **blarpok** macht unnützes, verdirbt etwas, beträgt sich in der Weise schlecht, z. B. im Aufruhr ꝛc.

pikkane, takpikkane oben, im Westen § 182 ff.

*****pikkarikpok** ist geschickt (suliaksamut und mik) u. s. w.

*****pikkalukpok** der Gegensatz zum vorigen: ist ungeschickt (im allg.), richtet nicht viel aus, z. B. auf der Jagd, bei der Arbeit. Davon unterschieden, ohne Schärfung der ersten Silbe:

*****pikalukpok** begeht ein Ungeschick im einzelnen (hat Pech, tölpelt), z. B. wenn man etwas unversehens zerbricht, verschüttet. Einem solchen wird zugerufen pikalvâluk! Desgl. ez zeigt, benin,: sich schlecht, kommt in unbegründeten Zorn, böse Reden.

(**pikkiarpok** entgeht ꝛc. s. Wbch. Im Süden scheints nicht bekannt. (Grld. pikiarpok taucht auf, empor, nur von Seevögeln).

pikkingavok (grld. aber pekingavok) geht krumm, gebückt, bucklig, ein Mensch; ein Holz ꝛc. ist krumm.

pikkivok springt plötzlich auf von seinem Sitz, ein Vogel fliegt plötzlich auf von seinem Nest. (Grld. pikivok macht sich fertig, rüstet zur Reise, dagegen pikigpok springt plötzlich auf ꝛc.).

pikkiorpok bekommt Eier.

pikkok das Genick.

pikkuminarpok (= pigijominarpok) es ist wünschenswert, das zu haben.

244. **pilakpâ** (grld. pilagpâ) schneidet ihn, d. h. er schneidet Seehund das Fell ab (s. s. er, der Seehund, ist abgezogen), schneidet

ihm, einem Menschen, einen Schwär auf.

pingak Platz neben der Thüre in einem Eskimohause.

246. *****pingôk** eine sehr juckende Stelle, sehr juckender Ausschlag.

249. **pisukpok** und c. s. er geht (auf ihm, dem Lande, der Strecke).

pitikipâ übertrifft ihn.

250. **pitokak** ein altes.

pitsakipok hat wenig Kraft, Stärke.

251. **pitikse** Bogen; – u. a. m.

pittarpâ stößt, wirft irgend etwas durch es. 2 Kön. 25, 4.

pittukpâ (grld. pitugpâ) bindet es an, fest: (an etwas: mut).

252. **piuliklerpok** er errettet ꝛc.

254. *****pôgutak** (= grld.) Schüssel, Schale.

pôk (= grld.), Mod. **pôrmik** Sack, Behältnis.

255. **pôrpâ** (= grld.) steckt es in den Sack, die Hülle.

*****pôkpok** es klappt zusammen, eig. nur von einem Taschenmesser u. ähnlichem, wie einer Schmiege; auch von einem Tiere, das beim Geschossenwerden gleich zus. fällt (,,pôtumarpok"): auch von einem Kinde, das beim Schlafen so mit dem Kopf herunter nickt. S. u. pôktartok. Zu einem mit einem offenen Taschenmesser spielenden Kinde sagt man: pôgviginiarnuk (nämlich illingnik)!

pôktipâ er macht es, das Messer ꝛc. zu.

pôkaktarpok es wird von den Wellen auf u. nieder gehoben.

pôktavok, puktavok (grld. pugtavok) es schwimmt auf dem Wasser Boot ꝛc.

pôkipok, pukipok (grld. pukipok) ist niedrig.

pôktovok, portuvok (= grld.) ist hoch. *****NB.** nicht bloß niedrig, hoch über dem Wasser, sondern überhaupt. Im Wbch. sind diese 2 Wörter doppelt aufgeführt.

pokikpok, wohl auch **pokippok**

(grlr. pokerpok) begreift, lernt leicht.

pokepok (grlr.) begreift, lernt schwer.

poktajok Taschenmesser, und poktartok, poktáttok Flintenhahn (von pokpok j. o.). Diese zwei Wörter so wohl nicht mehr allg. gebraucht, besonders nicht das erste poktajok, wofür allg. sonst saviarsuk.

256. pullakpok ein Fisch springt übers Wasser, einmal (*—lávok mehrmals).

257. pulvjorarpok er schwimmt, ein Mensch.

pulpkalávok die gehörten Worte, Gedanken steigen immer wieder empor, kommen immer wieder u. s. w.

*pulsukpok ist ungläubig, traut nicht, jmdm. (mik).

pukäk. andre pukak (grlr. pukak) der lose, nicht aneinanderhängende wie Salz aussehende Schnee.

*pukek (= grlr.) das Weiße, die Bauchseite an Fellen von Renntieren, Seehunden rc.

pukipá (= grlr.) er, der Mensch, flaubt es auf (einmal).

pukumálukpok und c. s. er, der Vogel, pickt (es) auf.

258. púnnek ausgeschmolzenes Nierenfett. (Grlr. púnek Walrat, Butter).

putsuk, putjuk (grlr. púsuk) die beiden Finger, mit denen man greift, klemmt, d. h. Daumen u. Zeigefinger; putjúkka meine Greif-, Klemmfinger.

putjukpá (grlr. púsugpá) er kneipt es, klemmt es, hält es fest mit Daumen u. Zeigefinger ob. einer Zange.

puttugok (= grlr.) große Zehe.

puttukoarpok thut sich weh an der gr. Zehe.

S.

260. (sachak) saggak kurzhaariges Fell.

sagzarpok und c. s. scharrt, macht ein Loch in die Erde. S. Wbch.

saglisarpok hat sich dünn, luftig gekleidet.

saglokipá belügt ihn.

262. *saipakut Zufriedenstellungsmittel.

saiparsarpá, mehr wohl saipaksarpá beruhigt ihn, stellt ihn zufrieden.

sakka (= grlr. sarká) seine sichtbare Seite.

*sakkerpok und c. s. (vgl. grlr. sarkarpok) er, es kommt zum Vorschein; sakkerpá c. s. 1) ähnlich wie sakkortipá er bringt es zum Vorschein, zeigt, erzeugt, macht es. Z. B. Mat. 2, 11. (Gesb. 581, 1. 2) wie sakkervigivá er kommt ihm zum Vorschein, erscheint ihm. Z. B. (Gesb. 31, 1. 577, 1.

*sakkijárpok (vgl. grlr. sarkissárpok) ist sichtbar (schon ganz zum Vorschein gekommen) Sonne, Land, auch eines Menschen Thun, Denken; c. s. er, es ist ihm sichtbar.

264. sakke (grlr. sake) Schwiegervater ob. Schwiegermutter; auch Schwager d. h. der Frau Bruder.

sakkiak (grlr. sakiak) die Rippen vorn, soweit die Brust geht.

sakkikpá, besser sakikpá schleudert, schiebt, stößt es mit der Hand ob. dem Fuß vor sich her rc. (grlr. sakigpá rückt es weg, wo anders hin).

sákko (= grlr.) Werkzeug zu etwas, besonders Schießbedarf, Waffen.

sakperkopá schießt rechts an ihm vorbei.

saksaglak Birkenzeisig.

saksárpok (vgl. grlr. sarsarpok) treibt sich herum, liegt herum, ein Ding ol. Mensch.

sâlak der Besiegte: sûlaga mein B.,
sûlagivâ er besiegt ihn.
266. sannik. *Pl.* nit Staub, Un=
reinigkeiten auf ob. in etwas,
z. B. Kehricht auf dem Fußboden,
Blätter u. dgl. in gepflückten
Beeren, Seegras in den Netzen.
sannikut *Plur.* Kehricht.
267. sannikterivok ist bekümmert
u. s. w.
sapkak Schimmel.
sapkatak etwas Verschimmeltes.
sapkupâ läßt ihn, es aus der Hand
fahren, läßt ihn los.
268. sappangak (grlr. sapangak)
Perle.
269. sargvak (grlr. sarfak) Stellen
im Fluß, die schneller fließen.
sarralikitâk Schmetterling.
270. saugak *Pl.* saukkat Schaf (grlr.
sava nach einem isländischen Wort).
272. sekkinek, besser sekinek (=
grlr.) Sonne.
sêkpâ schneidet, schlitzt es in der
Mitte auf, ein Renntier, einen
Seehund (grlr. sigpâ).
sêmikpâ er quetscht ihn.
273. sennerak (grlr. sanerak) die
Seite; sonnerkapkut durch meine
Seite.
sennerkârpâ (S. 274) schlägt, stößt
ihn, thut ihm weh an der Seite.
274. sennerkopok und *c. s.* geht,
fährt neben (ihm) vorbei; auch
bildlich: umgeht ein Gebot u. s. w.
sennerkearpok er hat Seitenwind,
beim Segeln ob. Gehen.
sennerkeakattarpok kreuzt hin u.
her (eig. hat öfters Seitenwind).
sennerkivok der Wind kommt von
der Seite.
275. *sennerkerivok hat Seiten=
schmerzen.
sennerkungavok und *c. s.* sieht da=
neben, sieht (neben, an ihm) vor=
bei, achtet (ihn) nicht.
(sennerkivâ fällt ihm ins Wort;
soll hier im Süden nicht bekannt
sein.)
senneroak Knopf, Stecknadel, Wir=

bel ꝛc.
serkallvâ zermalmt, zerstückelt, zer=
stößt es.
serkattarpâ wirft ihn ins Wasser
(mehrmals ob. mehrere Dinge).
serkerarpâ } bespritzt ihn, es.
serkijarpâ ꝛc.
276. serkittivait er zerstreut sie.
sêrkok (= grlr.) Knie des Menschen.
serkok (= grlr.) Hinterflosse des See=
hunds.
serkomipâ (grlr. sekumipâ) zerbricht
es.
serkorpok (= grlr.) es knallt, gibt
einen Knall, auch: er knallt, näm=
lich mit etwas, z. B. einer Peitsche,
beim Klauen des kutsok ꝛc.
serlak nur soeben.
serlekivok hat große Schmerzen.
slakput (= grlr.) sie stehn in einer
Reihe.
278. siardlerpok (weniger siakler=
pok) sorgt, ist bekümmert.
*sibviak (sifviak grlr.) Hüftgelenk.
279. sigguk, uit (= grlr.), andre
siggok Schnabel, Schnauze u. s. w.
sikkipok ist schön grade gerissen,
abgeschnitten.
sikkivok trinkt aus einem Fluß,
Faß ꝛc. ohne Becher, beugt sich
darüber hin u. trinkt (grlr. sikig=
pok schöpft sich u. sikivok bleibt
einige Zeit so gebückt).
sikko (grlr. siko) Eis auf dem Wasser.
280. sikkoak (grlr. sikuak) ganz dün=
nes Eis; dasselbe: sikkoagalak.
sikkullak neues, junges Eis,* (nicht
bloß an der Seekante).
sikkorlak Glatteis.
sikkungilakpok blickt (einmal) mit
den Augen, blinzelt (die Augen
zumachend).
*sillakörpok geht durch die Luft,
sillakut.
*sillarkopâ (*s. s.* —kotsivok) geht
an ihm vorbei, außen herum ꝛc.
s. Wbch.
sillakerpok ob. —kipok (grlr. silla=
gipok) es ist schönes Wetter.
sillaluk (grlr. sialuk) Regen.

282. **sillapāk** das (dünne) Oberkleid der Estimos (aber sillapäksak).
sillikpok (grlr. siligpok) ist breit: bei runden Sachen: ist dick.
284. ***sillukpok** (grlr. silugpok) holt aus zu Schlag ob. Wurf, droht. 2) Der Hahn der Flinte ist gespannt. 3) Die Uhr hebt aus, zum Schlagen. (Wie die Anwendung auf das Wetter? wohl nicht allgemein gebräuchlich.)
simmikpā (grlr. simigpā) stopft es zu; s. s. ist zugestopft.
285. ***simniko** (grlr. sivnek) Ueberbleibsel d. h. Ueberschuß, der nicht gebraucht wird. Kisчm.: „Der „Unterschied zw. diesem und „amiako ist der, daß amiako „den Rest bezeichnet, das, was „noch vorhanden ist, nachdem das „andre verschwunden; sivnek da „gegen den Ueberschuß, das, was „augenblicklich keine Anwendung „finden kann."
singaluko ein Zurückgesetzter, den man nicht mehr beachtet.
286. (**siktak** ein verdrängter Nagel an Hand ob. Fuß, ein verdrängter Zahn. Soll im Süden unbekannt sein).
288. **sinnikpok** (grlr. sinigpok) schläft.
***sinnaksarpā**, **sinnasarpā**. Wbch. **sinnersarpā?** (grlr. singnagsarpā) schläfert ihn, es ein.
***sinnek**—, besser **sinnaktŏmavok** (grlr. singnagtorpok) er träumt; sinnaktŏmavunga umianik tikkitunik, — — maggungnik anguvlunga ich träumte, daß das Boot gekommen sei, — — — daß ich zwei Seehunde bekommen.
siorak (= grlr.) Pl. siorkat ober siorait Sandkorn, Sand.
sioraujak Salz (Sandähnliches).
***siuk** Gesang einiger kleiner Vögel.
siukpok der Vogel singt (einmal). (Ob im Norden siok, siorpok?)
sipkerpok die Flinte knallt los, geht los, der Mensch platzt aus, lacht (einmal). (Grld. sivkerpok springt,

platzt auf, eine Blumen= ob. Blattknospe; platzt aus, ein Mensch.)
sissak (grlr. sisak) Stahl.
sissakpā (grlr. sisagpā) härtet es.
290. ***sittörpok** (grlr. sisörpok) es rutscht herunter, Schnee vom Dach, Steine vom Berge ꝛc.: nicht aber vom Menschen gebraucht. Da: sittovok (grlr. sisuvok etwas anders).
***sittörpok** (grlr. sitsorpok) streckt das Bein ob. die Beine aus: auch: es, das Bein streckt sich aus. Manche dann auch e. s. er streckt es, das Bein, aus. Dafür aber doch wohl meist sittortipā.
291. **siuterkörtöjok** (grlr. siutitŏk) Langohr d. h. Esel.
siuterok (= grlr.) Schnecke.
294. **soggok**, ūk, uit (? grlr. aber sorruk) Geschwür, Beule ohne Oeffnung.
sōkkak (grlr. sorkak) Walfischbarte, Fischbein.
sokko—, besser **sokotauvok** übt einen Einfluß, eine Wirkung auf ihn, es (mut) aus, ist wirksam, von sokut (= grlr.).
sokko—, besser **sokoserpā** er hat es verändert: s. s. er hat sich verändert.
sollorak (grlr. sulorak) das Dünne, die Schmitze an der Peitsche. Vgl. u. sulluk.
295. **sorlok**, nur im Pl. **sorlut** (grlr. aber sordluk) die Oeffnungen der Nasenlöcher in den Gaumen.
sorlukŏrpok es geht vom Munde aus durch die Nase, z. B. Rauch ꝛc.
sorluktok (k kaum hörbar) Brillenente, anas perspicillata.
sorsukpok, **sorjukpok** (grlr. sorsugpok) und e. s. kämpft, streitet mit (ihm), fällt (ihn) an: mit mik ob. auch mut.
suakpok (grlr. suagpok) uno e. s. schilt, schmält (ihn). Also auch in den Ableitungen überall suak, suang statt suar, wie im Wbch.

steht, u. vielleicht von manchen gesprochen wird.

296. **suarutak** Regenschauer.

sugaluksarpok (c. s. givä) es ist ihm irgend etwas (mik) zu arg.

297. **sujukpok** es ist verdorben, ob. beschmiert, unrein ꝛc.: c. s. er verdirbt, beschmiert ꝛc. es.

*sutjok etwas Schlechtes, Verborbenes, aber noch „attortuksak", während

sujuktok = „attoraksaungitok" ist. S. Mat. 27, 59.

súkkavok (pok?) und **súkkalivok** (grlr. sukavok, sukalivok) er, es ist, geht schnell.

súkkaipok (grlr. sukaipok) er, es ist, geht langsam.

sukkappá (grlr. sukápa) zieht, spannt es scharf an.

sukkarpá (grlr. sukarpa) stützt es, von:

sukkak (grlr. sukak) Stütze.

súkkípok (grlr. sukípok) sticht einen Splitter (súkkiut = grlr.) ein.

sukkok einer, der nichts taugt, der nichts Ordentliches zuwege bringt ob. viel krank ist ꝛc.

298. **sulluk, uit** (grlr. suluk) Feder aus dem Flügel, Federkiel. *Plur.* ein abgeschnittener Vogelflügel.

*sulluksukpok braust, der Wind (nicht vom Meeresrauschen), rauscht, schwirrt, summt, vom fliegenden Vogel u. Insekt.

*sulluksuk ein dgl. Brausen, Sausen, Schwirren, Summen.

sukutsek (f. § 212 = grlr.) die Stelle irgendwo an jmdm. oder an etwas.

300. **suârpôk** (nicht suakpok s. o.) er sagt sua. § 470.

sunatuinalerxivok der Wind kommt von verschiedenen Seiten; der Mensch redet verschieden, ist doppelzüngig.

sungak (== grlr.) Galle.

302. **suvak** (grlr. suak) Fischrogen.

*suvek Zugwind durch ein ganz kleines Loch oder Oeffnung. Dies Wort für sich allein wohl selten gebraucht; auch vielen wohl nicht bekannt, wie auch ebenso:

[*suverpok wofür andre:

[suvâvok es ist (in dieser Weise) zugig, luftig; z. B. wenn eine Hauswand nicht dicht ist, sondern Spalten hat, wenn Kleider und Betten nicht dicht schließen, sondern hie u. da Luft ob. Wind durchlassen. (Vom Zug durch gr. Räume, offne Thüren ꝛc., ebenso vom Ziehen des Ofens dagegen nussukpok).

T.

303. **tachak** (grlr. tarrak) Schatten von einer Sache, Norden.

tækkovok, takuvok und c. s. (grlr. takuvá) er sieht (ihn).

304. **tækkorngiorpok** (pok? Wbch.) sieht jmdn. nach langer Zeit wieder zum ersten Male.

*takpaga (nicht ra) s. § 190; da oben, da im Westen!

takpikpok (grlr. tagpigpok) sieht gut, scharf.

tautukpok und c. s. sieht, schaut (ihn) an: ähnlich wie tækunârpok. (Grlr. tautupá „faßt sein Aussehen == tautua — auf, so daß es sich ihm einprägt".)

tautuk hätte ich's doch ꝛc.! § 336.

306. **tagiukpok**
*tagiuksavok } er niest.

*taglo. uk. ut runbe (Indianer) Schneeschuhe; taglúkka meine Schneeschuhe, *Dual.*

talku ba südlich! § 190

taimuktarpok und c. s. sagt (es) das auswendig Gelernte auf.

308. **taigorpá** (grlr. etwas andrer Sinn) er erzählt, nennt etwas von ihm, einem Abwesenden.

tajak Pulswärmer, Müffel. (Grlr. tajak Armband, tajakut Müffel.)

takkak, besser (== grlr.) **takak** (nicht lautend wie kakkak) eine Ader.

tákkɛk Mond.
tákkɛrsorpâ (grlr. takkigssorpâ) putzt, stochert sie, die Lampe od. das Licht.
tákkɛrsut. tákkut Lampenstocher ꝛc. 2 Chron. 4, 21.
takkivok (grlr. takivok) ist lang.
309. takkoak. besser takoak (grlr.) Reiseproviant. Aber takoaksak.
takkormórpok heuchelt.
takkordllimavok hat kein gutes Gewissen ꝛc.
takkopsoarpok. andre —soakpok, auch —soavok ist gütig, wohlthätig ꝛc.
takkovok f. o. tækkovok.
tåk (grlr.) Finsterniß, Dunkel.
tårpok (grlr.) ist finster. Auch e. s. er macht es ihm dunkel, steht ihm im Lichte; tárpagit. tákpagit ich stehe dir im Lichte: vgl. u. tákpagit.
*tåvligåk Morgendämmerung.
táktok, tártok (grlr.) finster, Finsterniß.
310. táktok Nebel.
tåkto (grlr. tarto) Niere.
*tákpâ (grlr. tagpâ) zieht ein doppeltes Kleidungsstück auseinander, Pelz aus dem Ueberzug, od. das Oberkleid vom unteren, Strümpfe aus den Stiefeln: kamīkka, auch allertîkka táklugik (auch táksilugik)! zieh die Strümpfe aus meinen Stiefeln. Ferner: er zieht ihm, dem Menschen, das Oberkleid aus; (tákpagit ich bir). Sind nun auch diese Formen alle bei einzelnen Leuten scheint's nicht mehr so im Gebrauch, so ist jedenfalls noch allg. gebraucht das reflexive:
tákpok er zieht sich den Oberpelz, das Oberkleid aus. (Kisch.): „Eigentlich: zieht sich mit den unteren Kleidern aus dem Oberkleide heraus".)
tákpårpok (aber grlr. tarparpok) ist an einem Ende breiter, weitet sich aus in Trichterform. Davon
takpangavok hat eine solche Form,

ist weiter am einen Ende.
taksak Flecken auf irgend etwas, z. B. Papier u. s. w. (Grlr. tarssak „etwas Dunkeles auf or. in Hellerem".)
313. tápkutsɛk diese Stelle hier. §212.
tapperkutarḗkpuk (ähnlich wie tappitarḗkpuk) es ist doppelt, bes. wohl, wenn etwas zur Verstärkung so ist, z. B. Kleid mit Futter.
315. tauksɛrpâ (grlr. taorserpâ) er bezahlt es, das Bekommene, mit eben solch einer Sache (Tausch).
tautukpok s. o. hinter tækkovok.
316. taulukut Würze zum Essen: *aber das Salz nicht so genannt.
terkalåk (vgl. grlr. terkalavok) Wimpel, Windzeiger auf Haus od. Schiff.
*terkɛak, nicht jak (grlr. terkiak) Schirm vor, für die Augen, an der Mütze od. für sich allein an einem Band.
terlikpok (grlr. terdligpok) glaubt od. fühlt sich sicher, Mensch od. Tier.
terliarkattarpâ (s. n. kattaivok) hintergeht ihn (oft), erzählt was Schlechtes von ihm in dessen Abwesenheit.
318. terrɛkok Ecke, Zipfel von etwas, vom Haus, Tuch ꝛc.
terriak Wiesel (= grlr. Da in Grlr. aber keine Wiesel, ist es dort auf Maus, Ratte übertragen worden).
*terriánnɩak (grlr. teriangniak), oft mit eingeschobnem g: terrigánniak. Nach §459 Anm. 1 könnte es bedeuten: „Wieselfänger", welcher Sinn aber den Esk. in Labr. ganz fern liegt. Hätte terriak auch hier die grlr. Bedeutung (s. o.), so würde diese Herleitung den Leuten nicht fremd sein. Denn es wäre dann „Mäusefänger".
tessiorpok und c. s. (grlr. tasiorpâ) führt (ihn).
*tessigoarpok und c. s. führt ihn gewaltsam, gegen seinen Willen (mit der Hand fassend ob. am Strick ꝛc.). Z. B. Ap. 19, 29. 33.
320. tiggak, nicht tigak (grlr. aber tiggak) männlicher Seehund.

tiglerpok (grlc. tigdl-rpok) ber Puls schlägt.
*****tiglertâk** Pulsader, Puls.
tiglikpok (grlc. tigdlligpok) stiehlt.
tiglukpâ (grlc. tigdlugpà) schlägt ihn mit der geballten Faust.
*****tiglûjarpok** (grlc. tigdlússarpok) hat blaue Flecken (tiglûjak) vom Schlagen, aber auch vom Stoßen od. Fallen.
*****tigumiagak** (- grlc.), nicht rak, Pl. kat was man in der Hand hat, z. B. auch: eine Handvoll. 1 Kön. 17,12; tigumiagakarama. ajornarpok ich kann nicht, denn ich hab was in der Hand; ajaupiak attaniub tigumiaganga etwa für: Zepter.
tigumiksarpâ hält ihn fest, daß er nicht davongeht. Ob noch allg. gebräuchlich?
322. **tikjukpok** es, das Wasser ꝛc. kocht ein in einem Gefäße.
*****tikkâgut** (grlc. tikágut) Handgriff, Stift am Schaft des unâk.
*****tikkâgulik** eine Art Walfische (Pottfisch?), die eine dem tikâgut ähnliche Rückenflosse haben. In Grld. der sog. Heringsschöpfer, die kleinste dortige Walfischart. Nach andern eine Delphinart (?).
tikkek (grlc. tikek) Zeigefinger, Fingerhut.
tikkerak Landspitze.
tikkipok (grlc. tikipok) und c. s ist (zu ihm) gekommen.
tikkiutivâ (grlc. tikiúpâ) s. s. —utjivok ist damit angekommen, hat es gebracht.
*****tikkiutivok** (grlc. tikiúpok) kommt, ist gekommen, eig. hat sich gebracht.
tikkoarpok und c. s. (grlc. tikuarpâ) zeigt mit dem Finger (auf ihn). Von tikkek.
tiklak (grlc. sigdlak) Pickart.
*****tikpakpok**, andre **tippâppok** das Eis ist schön klar (hat keinen Schnee u. Wasser mehr).
324. **tiktauvok** fliegt davon, d. h. wird durch den Wind fortgeführt.

tilliklerpok schickt.
*****tillikliutivâ** (auch —utigivâ), s. s. —utjivok schickt jmdn. mit ihm b. h. schickt es, eine Sache.
tillukpâ n. —torpâ (grlc. tilugpâ) er klopft ihm (einem Menschen, Kleidern, Fellen ꝛc.) den Staub, Schnee ꝛc. ab.
tingmikâvok es spritzt im Bogen wo heraus, Blut, Oel, Materie, Milch aus der Brust ꝛc. (Vgl. grlc. tingmigpok hat Durchfall.)
tinguk (grlc.), andre **tingo** Leber.
tinguktorpok ißt Leber.
tinnakpok friert arg, zittert vor Frost.
326. **tipjarluk, tipjaluk,** andre —lok etwas Angeschwemmtes, Holz, Treibholz ꝛc. (Grlc. tivssak, tivssardluk - tipissak von tipivâ.)
(**tipsalok** Renntierstiefeln, an denen die Haare auswendig sind. Im Süden scheints nicht gekannt.)
*****togak** (grlc. tûgak) Walroßzahn, Horn des Narwal, Elefantenzahn.
toggovok ist langhaarig, dickhaarig, Mensch od. Tier.
tôkarpâ?? soll vielleicht sein:
*****toggurpâ** er bestößt es, es öfters mit einem Werkzeug stoßend, etwas Hartes, das entzwei od. von etwas anderm abgehen soll.
*****tokpâ, tôrpâ** (vgl. grlc. tôrpâ) er stößt wider es (mit der Hand ob. mit dem Längsende dessen, das er in der Hand hat); es (ein Gegenstand mit seinem Längsende z. B. ein Stück Holz) stößt auf es, gegen es; z. B. wenn ein Scheit Holz herunterfällt: ittigangit kejungmut tôrtavinit. Die s. s. Form doppelt:
*****1) tôrpok**
a) er, es stößt (ohne Absicht „pijárilugane") in der besagten Weise gegen etwas (mut). Z. B. obiges auch so: kejuk tôrtovinek ittiganginut. Auch biblich: stößt an, reicht bis; kilangmut

tôrpok reicht bis an den Himmel (vgl. grlr. tugpok).
b) er hantiert mit dem tŏk, bes. speziell: auf dem Eise, stößt mit dem tŏk aufs Eis, ins Eis.
*2) tôrnikpok er stößt in der besagten Weise gegen etwas (mik). NB. dies aber beabsichtigte, bewußte Thätigkeit: z. B. tôrnikpunga illinguik (dagegen nach Nr. 1 torpunga illingnut) 2 Kön. 6, 6. Vgl. auch tûpok S. 338 (fällt dahin —mut—, fällt auf: etwas Geworfenes ꝛc. „ununga pivok ᵒrkănullōnĕt"); ebenso vgl. grlr. tugpok.
327. *tŏk (= grlr.) ein langer Stab mit etwas Scharfem, Eisen od. dgl. am Ende, entw. um Löcher ins Eis zu stoßen, od. um etwas damit abzustoßen.
tŏkak s. tŭkak (= grlr.).
tŏkkavok es hagelt, gräupelt, schneit, s. Wbch.
tŏkkarpâ sagt ihm grade heraus.
*tŏkkavik Heimat. Allerdings drückt das esk. Wort nicht ganz genau den Begriff von unserm „Heimat" aus, wenn's auch wohl ganz passend so übersetzt werden kann. Als Erklärung wird angegeben, es sei etwa sôrlo „torkortaurik" u. ähnlich. Also wohl: ein Ort, wo man gut verwahrt, geborgen ist u. so völliger, sicherer Ruhe genießt („innilangumarigune tokkavekarpok").
tokkipok, besser tokipok es paßt gut, dicht aneinander; eine Fuge ꝛc.
tokko, besser toko der Tod.
328. torklorpok nennt jmdn. bei seinem Verwandtschaftsnamen, z. B. ernik.
torkluk (grlr. tordluk), manche wohl torklok Luftröhre.
torkojâk (grlr. torkussûk) Ende der Luftröhre, Kehlkopf.
torkojâksivâ faßt ihn an der Gurgel.
torkorpâ (= grlr.) hebt es auf, verwahrt es.

*torksŏk (grlr. torssŏk aber oft im Pl.) Hausgang. Meist aber nur im Dual torksŭk (seltner im Pl.) gebraucht, z. B. torksŭngne auf, in dem Gang: torksŭgik (daneben seltner auch torksûnga) sein, des Hauses, Gang.
*torksukáttak Dual. Meist wohl: Vorhaus der europäischen Häuser. Andre wohl auch: der Hausgang in europäischen Häusern.
*tôrngak (grlr. tôrnak) der böse Geist, Hilfsgeist der Zauberer.
*tuavilukarpok 1) er geht schnell (zw. Gehen u. Laufen); 2) von der Arbeit: macht (zu) schnell, schludert, macht's drum nicht sorgfältig. Davon tuavilukautivâ.
330. tŭkak (= grlr.) die mit einem Messer versehene Knochenspitze an der Harpunstange (dem unâk), die eigentliche Harpune, die im Tier stecken bleibt. Vgl. mehr über dies Werkzeug bei unâk.
tukke (grlr. tukik) Längsrichtung, Sinn, Meinung. S. § 128 Fußn.
tukkisivok und r. s. er versteht ꝛc. (es).
tukerpâ (= grlr.) im Gegensatz zum folg. nur mit einem k: er tritt (einmal) gegen ihn, es; gibt ihm einen Fußtritt.
tŭkkarpâ (= grlr.) tritt ihn (mehrmals) mit den Füßen, stampft es mit den Füßen.
tukkipok (grlr. tukipok) und —kingavok kommt, liegt in der Länge hin (d. h. im Verhältnis zu etwas anderm, in dessen Längsrichtung von ihm fort).
tŭkkovok (ähnl. grlr. tûkuvok) ein Kind schläft nicht bei seiner Mutter.
332. tuksiarpok (grlr. tugsiarpok) 1) bittet, 2) betet, 3) singt geistliche Lieder.
tuksiaralausek, tsit kleines Lied (nicht Choral).
tuksiarkipok bittet, betet lange.
tuksiakipâ gibt ihm das Erbetene.

*tuksukpâ s. s. tuksuksivok preßt, drückt es (flacher) zusammen, z. B. ein Blechgefäß ꝛc.: tuksukpok es ist so flach gedrückt. NB. früher kuksukpâ s. o. Vgl. in Bezug auf die Bedeutung Wbch. 147: koksukpok.
tukto (grlr. tugto) Renntier.
tuktuvak für: Ochse, Kuh, Rind.
tuktujok Sternbild des gr. Bären.
334. tullakpok kommt, geht vom Schiff, Eis ans Land ꝛc.
tulllmak, mâk eine Rippe von größeren Tieren: Walfisch, Walroß, Eisbär, Uksuk ꝛc.; *aber nicht von Menschen. (Vgl. grlr. tulimak und mâk.)
tulllmâk, mât desgl., von kleineren Robben u. Landtieren; *auch vom Menschen.
tullugak (grlr. tuluvak) Rabe.
tumak ein steifes Glied ꝛc.
tumarpok (= grlr.) wird steif u. s. w. *aber tumângavok mit langem â.
335. *túnnek (ob. tunnek) Pl. jedenfalls túnnit die früheren Bewohner der äußeren Inseln Labradors, der Sage nach von den Vorfahren der jetzigen Labrador-Eskimos vertrieben, dann nach Norden geflüchtet und von da nach Grönland übergesetzt. Von ihnen berichtet die Sage, daß sie Seehundsfelle, woran noch der Speck befindlich, als Betten gehabt („aumitekalaungmatta kissiugnik orksulingnik"). Darum wird auch jetzt noch einer, der besonders beschmiert ist — hauptsächlich eben wohl durch Speck — („salumailuarpat"), ein tunnek genannt: „tunneng-una!"
Interessant ist, wie auch in der grld. Sage dies Wort eine Rolle spielt. Es heißt im grlr. Wbch. „tunek ein Indianer (wahr= „scheinlich von einem bestimmten „Stamme, vielleicht dem, mit „welchem die Vorfahren der Grön= „länder zuerst in feindliche Be=

„rührung kamen).
„In dem Jahrtausend, in dem „nun die Grönländer von ihnen „getrennt gelebt haben, hat die „Sage sie zu fabelhaften Inlands= „bewohnern umgebildet, die hier „im Lande sich aufhalten sollten: „sie seß ihnen außer einer ge= „waltigen Größe und Stärke auch „oft europäische Tracht bei; dies „vielleicht durch Vermengung mit „den Nordbewohnern in der ersten „Zeit der Kolonisation."
337. túnnok (= grlr.) Talg. (Bei tunno Rücken dagegen die erste Silbe nicht scharf.)
338. tuppakpok er erwacht. (Grlr. tupagpok fährt zus., erschrickt 2) erwacht von Geräusch, dann wohl auch: erwacht überhaupt.)
*tuppârpâ (wie tuppaktipâ) er weckt ihn auf.
tussarpok und e. s. (grlr. tusarpok) hört (ihn, es).
340. tussiakpok hinkt (tussiangnok).
tuvak, vait altes, dickes Eis.
tuvarpok, tuvadlarpok und bei vielen mehr:
*tuvarorpok es ist dick, das Eis.

U.

343. ugjuk, *uit (grlr ugssuk) der große, bärtige Seehund. phoca barbata.
*uittartôk (uiktartôk?), ein andrer Name für den kleinen Dorsch ôgârsuk; doch nur im Sommer gebraucht.
uivarpok geht ob. fährt um ein
ulbvak eine Landspitze, ein Kap vor der offnen See.
345. ujakpok der Seehund ist halb über dem Eis sichtbar. Im Süden wird wohl nur diese Bedeutung gekannt? (Vgl. grlr. ujagpok streckt sich über etwas, über seine gewöhn= liche Höhe hinaus.)
ujarak (aber grlr. ujarak) Stein.
*njorok, ruit eines Mannes Schwes-

die Seiten des Wörterbuchs hin.

terlinb. Die im Wbch. angegebne Form ujoruka ꝛc. läßt aber auf ein ujoruk (= grlr.) schließen, was vielleicht von manchen auch gesagt werden mag.
ujúkkuak (= grlr.), ujúkkuajak Fischleine, Schnur.
ukbik, ukpik (grlr. ugpik) Schnee-Eule.
ukkalek (grlr. ukalek) Hase.
ukkamarpok s. okamarpok.
ukkinek eine Wunde, wunde Stelle ohne Haut, von:
ukkipok und c. s. s. Wbch.
346. ukknak (grlr. ukuak) Schwiegertochter.
úkkusik Kochtessel (vgl. grlr. uvkusik).
uksuk, ukjuk s. ugjuk. Davon
*uksunak, ukjunak Spitzmaus. Kischm. sagt dabei: „Ironisch, „wie es scheint, ist: der Name des „kleinsten Säugetiers, das die Est. „kennen, nämlich eine Spitzmaus „(in Labr.) von diesem Namen „des größten Seehunds gebildet, „nämlich ugssungnak; u. daß „diese ihren Namen gerade auf „Grund ihrer Kleinheit führt, „ersieht man noch deutlicher daraus, „daß die kleinste Art ugssungna-„vik genannt wird." (s. vik 500). Doch wollen unsre jetzigen Est. nichts Rechtes von dieser Herleitung wissen.
ullajujak Wirbelwind.
*ullajutjerarpok es hat dgl. Wind (mit vielen, häufigen solchen wirbelnden Stellen).
ullapkut ꝛc. Zufriedenstellungsmittel.
ullikpâ (grlr. uligpâ) bedeckt es. [Vgl. ullipâ (grlr. ulipä) wendet es um, das Inwendige nach außen; und ullipok (grlr. ulipok) es ist Hochwasser, Flut.]
348. ullipkipâ er macht es, ein Gefäß, ganz voll; s. s. es ist ganz voll.
*ulloksit Stemmeisen: ulloksipok und c. s. er stemmt (es) mit einem solchen Eisen. S. auch kikiang-niut.
349. ullukpok und c. s. (grlr. ulugpá) auch ulluktorpâ (z. B. Mk. 5, 4.) reibt mit den Händen ein Fell ob. sonst etwas.
*úmmak, malt die Nähte an den Stiefelsohlen.
umiak(torpok fährt) Boot (= grlr.)
umiakovik Boots-, Schiffshafen.
umik (grlr.) Pl. umgit Bart(haar).
umikjukpok hat den Bart voll Eis und Schnee.
umingmak (= grlr.) Moschusochse.
*unâk (= grlr.) Harpunstange. Wohl manchmal auch im allg. die ganze Harpune so genannt, eig. aber nur der Schaft ohne die letzte eigentliche Harpunspitze (tukak, naulak s. u.)

Es gibt zwei Arten unâk:
1) kajaksiut. Dieser besteht aus dem Schaft (kejuktanga), woran das aus Knochen gearbeitete Ende, der katek; daran der bewegliche igimak, woran die Spitze, der tukak befestigt ist. An diesem ist der Wurfriemen, allek, befestigt, dessen anderes Ende an der Schwimmblase, avatak, befestigt ist. Beim Harpunieren trennt sich der im Tier steckende tukak (s. o. dies Wort) mit dem Wurfriemen daran von dem anderen Gerät.

2) nikparniut (ob. nippániut s. nikparpok) für den Erwerb auf dem Eise; wird aber jetziger Zeit, da man sich beim Erwerb der Fluten bedient, mehr u. mehr auch auf dem Kajak gebraucht. Besteht aus dem hölzernen Schaft mit einer längeren Eisenspitze (unàktak, unàktanga), auf der die naulak (Harpunspitze von Eisen) gesteckt wird. An diesem ist der Riemen (bei diesem Gerät kaum je allek, sondern ipperak genannt) befestigt. Beim Stechen ob. Werfen trennt sich dann dieser im Tier steckende naulak mit

Riemen daran von dem Harpunschafte.
351. **únnersiorpok** (vgl. grlr. únersiorpā) geht u. sagt es judm., sucht Schutz.
352. **unikpok** (grlr. unigpok) bleibt da, geht nicht dahin, wohin er erst wollte, thut nicht, wie er erst gedacht („gibt es auf" Elsner). Scheint aber nicht mehr üblich u. bekannt, wenigstens im Süden.
unipkárpok (grlr. univkárpok) er erzählt.
unnek (grlr. unek) Achselgrube.
354. **únnuak** (= grlr.) Nacht.
únnuk (= grlr.) Abend.
únnukpok (= grlr.) es ist Abend (geworden).
unnukput, unukput (= grlr.) es sind viele.
unuktut (= grlr.) viele.
NB. Aber viele Eskimos — ob etwa gar die meisten? sagen mit Kehllaut: **unokput** (wie ajorput) u. bilden danach z. B. unoralloarmatta ganz wie ajoralloarmatta, während die ersteren unugalloarmatta (wie in únnugalloarmat obwohl es Abend ist) sagen.
Das Eigentümliche nun ist, daß die ersteren nicht, wie folgerichtig wäre, **unungningit** sagen, sondern daß von allen nur **unurningit unorningit** gebraucht wird. Die, welche unoktut sprechen,

reden wenigstens folgerichtig.
upko Scheidewand im Hause.
upkoksoak große Scheidewand, z. B. vom Vorhang im Tempel.
upkuak (vgl. grlr. uvkuak) Thüre.
usslarpá (grlr. usiarpok) er ladet ihn ab. es hinter sich auf den Kajak.
356. **utsokamak** Wurzel der Fettehenne.
utakkivok und c. s. (grlr. ntarkivok) er wartet auf ihn.
359. **uvílok** (grlr. uilok) *Pl.* luit eine schwarze, eßbare Muschel.
uviloksiorpok sucht Muscheln.
*****uvinik, it** (— grlr.) das (von der Haut bedeckte) Fleisch („eines Lebendigen" Kleschm.). Wenn aus der Wunde eines Menschen das Fleisch herauswuchert, wird also nicht uvinik gebraucht, sondern gesagt: nerkinga annivok. Uvinik wird wohl hauptsächlich in Bezug auf den Menschen gebraucht, doch nicht allein. Wenn z. B. ein Hund ꝛc. fett ist, so wird gesagt: uvinekadlarpok, wenn er mager wird: uvinerutivok.
uvlák (grlr. uvdlák) Morgen.
uvlok (grlr. uvdlok) Tag.
uvlokipok (— grlr.) es ist kurzer Tag.
uvloksiorpok braucht, begeht, feiert den Tag (ein Fest).
*****uvloriak** (grlr. uvdloriak) Stern.

Allgemeines Register.

NB. Die Zahlen weisen auf die §§ hin.

Vgl. im besonderen zum Nachschlagen auch die alphabetische Uebersicht der Partikeln § 345 und das deutsch=esk. Verzeichnis der Anhänge § 510, sowie vorn das Inhaltsverzeichnis.

f. = der folgende, ff. = die folgenden.

Ablativ § 42. Syntax 517. — bei Zeitbestimmungen mit = nit 49. 312.

Abstrakte Begriffe, dafür konkrete Ausdrucksweise z. B. durch das Nom. Part. 420 Anm. 5. — bei neᴋ 452 Anm. 1. — vgl. 513.

Adjektiva — deutsche, wie esk. ausgedrückt 28. 29. 34. 361. — Steigerung (Komparation) 98 ff. — Beiordnung (neben dem Hauptwort) Synt. 569. — im Mod. als nähere Bestimmung 523, 4. — als nähere Bestimmung bei -uvoᴋ, -ngorpoᴋ 523, 4.

Adverbia, deutsche — durch Partikeln 28, 3. 295. 307 ff. 344. — durch den Mod. 45. 524. — durch Ortsw. 113. — durch dgl. mit mut 127. — durch örtliche Deutewörter 185 ff. — durch Anhänge 374. — durch ᴋissiane 155.

Affixa f. Anhänge.

ait (Endung = augit pass. Imp. 259.

ajortullivoᴋ, Bedeutung 443 Fußn.

ajugauviojotôjoᴋ Offb. 5, 13. — 500 Anm.

aᴋᴋáne = attingane 94 Fußn.

Akkusativ, deutscher, durch Intr. und Mod. 36. 45. 523, 2.

Aktives Partizip f. Partizip.

Allavik (Atdlavik) Insel, Bedeutung 500 Anm.

Alle illûnatik ꝛc. tamaita 140—156.

Allein ᴋissiat ꝛc. 140—156.

Anderer assia 179.

angervivik (2 versch. vik) 500 Anm.

Anhänge od. Affixa 346—510. — bewegliche und feste 347. — fortbildende 348. 361. 372 ff. — umbildende 348. 360. 363 ff. — an andere als an Nenn= und Zeitwörter, d. h. an Ortswörter, Deutewörter, Partikeln und Appositionen 350 ff. 383. — Regel über das Anfügen 353. — Reihenfolge 356 ff. — Derselbe Anhang wiederholt 356 Fußn. — Verzeichnis nach der inneren Verwandtschaft 360—383. — Alphab. Hauptverzeichnis 384—510. — ausnahmsweise an die Suffixform der Nennwörter: 347 Fußn.; bei -ᴋarpoᴋ 420 Anm. 4; bei -ᴋsaᴋ 432 Anm.; bei tårpâ 481 Anm.; bei -uvoᴋ 162. 497 Anm. 2. — Alphab. Register der Anhänge, deutsch=esk. 510.

Appositionen 35. 40 ff. — in rechter Weise an den Stamm anzuhängen 48. — zwei hintereinander 49. — Anhänge an Appositionen 350. 383.
Artikel, bestimmter und unbestimmter 30. 34. 223. 523, 2.
assla ein andrer als er 179.
Aussprache 1—26. — r und g 385 Fußn.
Ausrufe, dabei letzte Silbe gedehnt 25; — mehr f. Interjektionen. — Anhängung von é und ó 303. 433 Anm.
b für das esk. Organ nicht versch. von p 2.
Bedingungssätze durch den Subjktv. 217. — unwahre 449 Anm. 552.
Beschuldigungen, wie zu übersetzen, 450 Anm. (naroĸ).
Betonung 22—26.
Besitzer und **Besitz** durch c. s. Nennwort 32.
Beugung d. h. **Deklination** und **Konjugation** 28.
Bewegliche oder freie Anhänge 347.
Bild, nach seinem Bilde schaffen 519 Fußn.
Bindecharakter 235. 236. 244.
bis, durch den Term. 519, 3. — durch tikidlugo (lune) 567. 519, 3. — == **bis daß** -tsiaurivlugo, -rĸáraue, -rĸártinnago 260 Anh. II. 506 f.
Bruchzahlen 112.
c. s. (cum suffixo mit Suffix) 33. — Zeitwörter 221 ff. — bei Daßsätzen das regierende Hauptverb nicht bloß s. s., sondern öfters auch c. s. 547.
Charakter, beim Verb 235.
Composita 346 Fußn.
d für das esk. Organ nicht versch. von t 2.
Damit, auf daß, durch -rĸovlugo 260 Anh. II. 506. — 548.
Dativ, deutscher 44. 519.
Dehnung der Vokale — bei Ausrufen u. Fragen (Interrog.) 25. 242. — wohl immer bei ma-

ngát ꝛc. 275. — suma, kina 207. — öfters wohl beim Imp. (lo, lit) 252*. — bei môk, tautûk 303. 336. — bei -dlartuarpoĸ 391. — wohl meist nicht im Transf. (z. B. nunavit) 76, 2**. — nur scheinbar in geschärften Silben (z. B. -inaĸ, perúmik) 17. 413 und Anm. — vor falscher Dehnung gewarnt 17. 26. 94 Fußn.
Dein (Suffix) auf t und it 91. — durch igvit 139.
Deklination — der einfachen Nennwörter 34 ff. — der mit Suffix 71 ff. — der Ortswörter 114. — der Personwörter 137 ff. — der Deutewörter 185. 198 ff.
Denn 344.
Deutewörter 28. — Uebersicht 181 f. — örtliche 185 ff. — persönliche 197 ff. — Anhänge an Deutewörter 350. 383.
Dingskirchen 359 Anm.
Dieser, dieses 198 ff.
Doppelvokal (ob. langer V.), Einfluß desselben — beim Transf. 66. — bei Anhängen wie -uvoĸ 497: -áluk 385 f.; -ársuk 388 f. — (auch -inarpoĸ, -itorpoĸ 413. 414).
Dritte Person nimmt im Esk. eine hervorragende Stellung ein 75. — bei Ortswörtern 113. — beim Verb 215. — beim Nennw. 511 Schluß; auf neĸ 515 c. — vik und Nom. part. 515 a.
Du igvit 137 ff.
Dual — beim Nennwort 31. 34. — Bial. des Dual doppelt 40 (= tut 46). — bei Suff. 84. — Weiteres eben dazu 95 —97.
Durch — durch den Vial. 43. — durch den Term. 44. Synt. 520, 7 bis 522.
é und **ó** bei einigen Ausrufen angehängt 303. 433 Anm.
Ehe oder bis, durch -rĸárane, -rĸártinnago 260 Anh. II. 506 f.
Eigen, selbst nangminek 176.

Einander 174. 496. 398.
Einige illangit 163.
Ein Teil von illanga 163.
Er, sie, es wie auszudrücken 137.
Ermaŋzitŏk, nicht Ermiktŏk 59 Fuß=
    note.
erκa, erκane, erκane 94 Fußn.
Erwählen zu (zum König ꝛc.) 519
    Fußn.
Feste ob. gebundene Anhänge 347.
Flußaufwärts, abwärts 123. 184.
Fortbildende Anhänge 348. 361. 372.
Frage im Esk. (am liebsten neg.) u.
    Beantwortung 343. — Synt.
    570. — abhängige ob. indirekte
    276. — desgl. eine solche mit
    καnoκ 314 Anm. 2. — mit
    tigivoκ 482 zweite Anm.
Für, wegen, in betreff pivlugo 567.
Futur (Zukunft) 219.
-gælloarune 560.
-gællugo (ne) für -givlugo (ne) 249.
-gaκ Nebenform des paff. Part. 288.
    — 293 c.
Ganz tamât, illûnât 140—156.
gangat, gaikpat so oft als, jedes=
    mal wenn 272 ff.
Gegenstandswörter 28. 576.
Gegenwart f. Präsens.
Genus ob. Geschlecht 34.
Genitiv, deutscher, durch den Transf.
    u. folg. Suff. 37. — wo nicht
    durch den Transf. u. wo der Transf.
    zulässig 511 f. — der Gen. „dessen,
    deren" 542 Schluß. — durch
    Anhänge 362. (vgl. siut 475.)
Geschärfte Vokale (Silben) 15 ff.
Gewicht der Silben 22.
-givâ, nähere adj. Bestimmung dabei
    im Intr. (ob. Mod.) 523, 4.
    (Z. B. du bist mein „starker"
    Fels.)
Hauptcharakter 235. 240—242.
Hauptwörter, deutsche, durch Nenn=
    wörter 28.
Herde 397. Anm. 456 Anm.
heilsam 450 Anm. 1 (narpoκ).
Hilfsverben — durch Anhänge 372 ff.
    — durch pivok 277.
Hilfsvokal nach t, gewöhnlich i (e),

bei manchen a 19. 34. 56. 234.
    bei den Anhängen 355 a.
Hier mâne, ovane, tagvane 186.
Hinzuzählen f. unter -κassintivâ 421.
Hörbare und erhörliche Worte 450
    Anm. 1. (narpoκ).
Ich uvanga 137 ff.
igvit bu 137 ff.
illâne bisweilen 167.
illanga, ŋgit 163.
illivoκ *s. s.* und *e. s.* Bedeutung, und
    Gebrauch bei κanoκ 314. Anm.
    2 und Fußn. — bei tut 526.
    Anm. 1.
illûnane (u. nâne) 149.
illûnât ꝛc. ganz, alle 140—156. —
    Unterschied zw. illûnane u. illû=
    nât, zw. illûnatik u. illûnaita
    151.
imaipoκ das ist: in 194, 4. 577
    Schluß. (Vgl. 315 u. Anm. auch
    317.)
Imperativ, Bildung desselben 252 ff.
    — mit mivok (auch, wieder) 255.
    406. — mit Ausdruck des Futuri
    (mit givoκ) 256. — negativer
    270. — durch andre Modi (Inf.)
    ob. Wendungen ausgedrückt 270,3.
    4. 545.
ina Endung für it 257.
In betreff, wegen, für pivlugo 567.
Indem = während tillugo 260 Anh. II.
    506.
In der Meinung daß (nasugivlugo)
    506.
Indikativ — Bildung desselben 240
    ff. — negativer 265.
Indirekte Frage · (mangât) 276. —
    mit κanoκ 314 Anm. 2. — und
    tigivoκ 482 zweite Anm.
Infinitiv — Bedeutung des Namens
    218. — Bildung desselben 245 ff.
    — statt andrer Modi 250. 545.
    — negativer 269. — in Daß=
    sätzen nach Verben, die ein Sagen
    ꝛc. u. Wahrnehmen ꝛc. ausdrücken
    547. — Synt. zum Inf. 561—567.
    — bei neg. Hauptverb 566. —
    durch den Inf. manche unsrer
    Konjunktionen und Präpositionen

410   Register.   Die Zahlen

ausgedrückt 567.
Inga Endung des Interrog. für ik 243.
Ingergut (garme) 157.
Ingergavok wie zu schreiben (rg =
   rr) 158.
Ingmikkörtartut für „Chöre" 482
   Fußn.
Ingminik (migut) 169 ff.
Interjektionen (Ausrufsw.), deutsche
   28, 3. 295. 300 ff. 328. ff.
Interrogativ (Frageform), Bildung
   desselben 242. — negativer 267.
Intransitiv, der 34. 36. zur Bezeich=
   nung einer bestimmten Zeit 516.
   — nähere adj. Bestimmung bei
   „er ist, wird" im Intr. 523, 4.
Intransitive Verba 224.
It statt t Pluralendung 57. 66.
It Endung = t beim 91.
Jedesmal wenn gaikpat 273 f.
Jemand — durch nelliat 159. — durch
   kina 207 ff. — durch Nom.
   part. von -karpok 420 Anm. 1.
Je mehr — desto mehr 464 Anm.
Jener 198 ff. — bei Anwesendem,
   Sichtbarem durch ikingna 203.
к und k wie unterschieden 3. 13. —
   Verzeichnis der dahingehörigen
   Wörter 579.
kanok — wie unterschieden von sorlo
   314 Anm. 1. — in abhängigen
   Sätzen 314 Anm. 2. — mit ob.
   ohne tigivok 482 letzte Anm.
kappianartovik u. kuvianartovik
   500 Anm.
Kasus 35—45. Synt. 511—528.
Kausen, Wertangabe durch tut 210.
   527. — durch Term. 519, 4.
Keiner s. niemand.
керкä, керкäne 94 Fußn.
kina wer 207 ff.
kingornugagut wie unterschieden von
   kingorngane 125.
kissiane Adv. 155.
kissiat, me allein 140—156. —
   Unterschied zw. kissime u. kissiat,
   zw. kissimik u. kisséta 151.
коllек (kotdlek) Lampe 114 Fußn.
Komparation (Steigerung) 98 ff. —
   (nek 452, 3). — nersak 455. —

luarpok 444. — rkijak 468.
Konjugationstabelle 260.
Konjunktionen, deutsche, durch Par=
   tikeln 28, 3. 295. 296 ff. vgl.
   344. — durch Konj. u. Subjstv.
   244. — während, indem, nach=
   dem, ehe, bis, damit, ohne daß,
   durch Inf. von Anhängen: tillugo rc. 506. 567.
Konjunktiv, Bildung desselben 244.
   — negativer 268. — Synt. 546
   bis 555. — öfters statt des
   deutschen Ind. 549. — in welchem
   Falle „wenn" durch den Konj. zu
   geben 554.
Konsonanten 2—13. — regelmäßiges
   Ausstoßen und ebenso bloßes
   Verschlucken der Konf. 12. 354.
Kopula (= Verbindungsglied) 576 ff.
   192 ff.
-kut, -kot (eigen). Gebrauch dieses
   Anhangs u. des einf. besitzanzei=
   genden Suffixes 426 Anm. 1.
-kut u. ut (Mittel) Verschiedenheit
   u. Aehnlichkeit dieser 2 Anhänge
   427 Anm. 2.
-kutsek (ein Anhang) besprochen 212.
Laute der Esk. sprache s. Einl. 1—20.
Lautversetzung, Wörter ohne 51—63.
   — mit 64—70. — letztere mit
   Suff. 82—87.
-ll (ungenaue Schreibung) 12, 3.
-larme, -lät Wiederholungsendungen
   des Inf. 271.
Lokalis 41. Synt. 514 ff.
Macht, arbeitet etwas von, aus
   (z. B. Holz, Lehm) 517 Anm.
   458 Anm. 1.
Man, durchs Passiv. — ob. 420 Anm.
   — ob. mirpok 150.
mäne, ovane (tagvane) hier 186.
mangit in der abhängigen Frage (mit
   ob. ohne ob) 275 f.
mánna, makkoa 198 ff. 204.
Mehrheit s. Plural. — Mehrfache
   Mehrheit 110.
mein durch Suff. 71. — durch uvanga 139.
mit ob. nit (gleichbedeutend) als Abl.
   an Deutwörtern rc. 49. 213. —

weisen auf die Paragraphen hin.

— an Zeitpartikeln 312.
Modalis 45. Syntax 523 ff.
Modus, Uebersicht 217. — Modus=
 bildung u. Moduscharakter 235
 ff. — die Modi im einzelnen
 239—259.
Nachdem durch -ʀĸárdlune (lugo)
 506.
Nähere adj. Bestimmung bei -uvok,
 -ngoʀpoĸ, -givá (z. B. er wird
 ein „guter" Mensch) im Intr.
 ob. Mod.) 523, 4.
najoʀpâ Bedeutung u. Part. 291 u.
 Fußnote. 288 Beispiele.
nâlegavik u. nâlegauvik 500 Anm.
nane wo 196.
nauŋminek selbst 176.
nelle (nelláne, nelliat) 120 Anm.
nelliat irgend welcher 159.
nellopĸotiŋsivitôjoĸ Offb. 5, 12.
 500 Anm.
Negative Zeitwörter 265 ff.
Nennwörter 28. 31 ff. — einf. Dekli=
 nation 34 ff. — ohne Lautver=
 setzung 51 ff. — mit Lautver=
 setzung 64 ff. — mit Suff. 71
 ff. — Nennwörter im besonderen,
 d. h. Zahl=, Orts=, Personwörter
 102—180. — Anhangsnenn=
 wörter 360—371. — Syntax
 zum Nennw. 511—543. — Nenn=
 wörter mit Verbalbegriff 540 bis
 543.
ng, Aussprache 9. — Verwandlung aus
 k (unregelmäßig auch aus k) inner=
 halb u. am Ende der Wörter 18.
 21. — Weglassung desselben in der
 Suff. endung nga (z. B. via =
 vinga, timâne = timiŋane) 94.
 — ng statt r 436 zweite Fußn.
ngak u. gik (ihrer beider ein, zwei) 97.
ngata = ngat Suff., Trans. sein 92.
-ngikkune Subjttv.: vielleicht, etwa
 560.
-ngoʀpoĸ nähere adj. Bestimmung
 dabei (z. B. wird ein „guter"
 Mensch) im Intr. (ob. Mod.)
 523, 4.
nichts, durch suna 207. 208. — durch
 Nom. part. mit -ĸangilaĸ 420

u. Anm. 1.
niemand, durch nelliat 160. — durch
 kina 207. 208. — durch Nom.
 part. mit -ĸangilaĸ 420 Anm. 1.
Nominalpartizip s. Partizip.
Nominativ, deutscher, durch Trans. u.
 Intr. 34—37.
Numerus (Zahl) 31. 216. — versch.
 Num. möglich 96. 97.
ô und ê bei einigen Ausrufen ohne
 Veränderung des Sinnes ange=
 hängt 433 Anm. 303.
ohne zu, durch neg. Inf. 567. —
 Beisp. 507, 7.
Optativ u. Imp. 217. Bildung des=
 selben 252 ff. — negativer 270.
 — für den Interrog. 258. 545 b.
opinuarane 341.
Orthographie — im allg.: im Vor=
 wort, bes. Fußn. Oefters in der
 Einl. 1—26. — im einzelnen:
 -lek 115 Fußn. 133 Fußn. u.
 437. — rg 158 Schluß. — ge=
 schärfte Silben 184. 435 Fußn.
 — lune, vlune, dlune 247. —
 achâne 309 Anm. u. 579 Einl.
 Fußn. — r im Verhältnis zu
 g 385 Fußn.
Ortswörter 28. 113—136. — Dekl.
 mit Suff. 114. — ohne Suff.
 mit naut 127. — mit dem Anh.
 -lek, dlek 133 ff. — Anhänge
 an Ortswörter 350. 383.
ovane u. mâne hier 186.
Partizip, Bedeutung des Namens
 218. — die versch. Part.: Nom.=,
 akt. u. pass. Part. 260 Anh. I.
 279—292. — statt des Ind. 282.
 289. 544. — mit ksaĸ (tuk=
 saĸ, taksaĸ ꝛc.) 293 f. — ins=
 besondere das Nom. part. mit
 Personendungen 281. — statt ab=
 strakter Begriffe 420 Anm. 5.
 — die Partizipien unsre Relativ=
 sätze (welcher) ausdrückend 541
 ff. — in Daßsätzen nach Verben,
 die ein Wahrnehmen, Sagen ꝛc.
 ausdrücken 547. — wie ein Part.
 (als Adj.) neben dem Substantiv
 zu stehn hat 569.

Partikeln 28. 295—345. — Alph.
Verzeichnis derselben 345. —
Anhänge an P. 350. 383.
Pārkavik (bei Окак) Bedeutung
419 Anm.
Passiv, wie zu bilden 228. 229. —
durch viovok 499 b. — durch
tigivâ, -jigivâ 287. 405, 1. —
verstecktes Passiv 228. 230. —
mit nek (taunek, vionek) Bedeutung 452 Anm. 3. — Pass.
Bedeutung des Stammwortes beim
Anhang simavok 474 Anm. 1.
— desgl. bei Anhängen wie -rkovâ
u. dgl. 502.
Einfluß der Passivform: in Bezug auf kissiat, kissime ꝛc. 152.
— in Bezug auf die refl. Form des
Nennworts 532 (wenn in Verbindung mit -rkovlugo 536).
— in Bezug auf die refl. Form des
Konjktv. u. Subjktv. 558. — in
Bezug auf den (e. s. ob. x. s.) Inf.
564. — in Bezug auf -rkovlugo
(lune) 508. 564. — in Bezug
auf mut und -kut 520 Fußn.
Passives Partizip s. Partizip. — bei
Verben auf pok 466 Anm.
pe, pip wie heißt er doch gleich, wer
ist's doch gleich, Dingskirchen
359 Anm. — als Trage(Stamm=)
wort 359; auch in 441 Anm. 1.
Perfektum (Vollendung der Handlung)
219. 220. — simavok 474. —
manche Verba von Natur mit
Perf. bedeutung: s. bei torpok
484 b. — pok II 466. -erpâ
im Gegensatz zu -ijarpâ 392.
porgâk, Erklärung der Doppelbedeutung in 579.
Person 214. — die drei Personen 32
Fußn. — die dritte P. wichtig,
s. dritte Person.
Personwörter (wie: ich, dieser, allein,
ganz ꝛc.) 28. 137—180.
piulijok für „Heiland" falsch 226
Fußn.
pivok (auch po) als Hilfsverb 270, 4.
277. — als Trage(Stamm=)wort
359. — pivlune u. pilune 248.

— pivlugo in betreff, wegen,
für 567 (248).
Pluralis, Wörter nur im Pl. (pluralia tantum) 31 Anm. — Mehrfache Mehrheit 110.
Präpositionen, deutsche, durch Appositionen 40. — durch Ortswörter
113 ff. — die Präp. ohne durch
neg. Inf., wegen durch pivlugo,
bis durch tikidlugo 567.
Präsens (Gegenwart) 219. — durch
-torpok 439 Anm. 476 Anm. 2
bei sivok. — durch nasuarpok
451 Anm. — durch torpok 484 b.
439 Fußn. (auch 466 pok II.)
— öfters durch -erpâ im Gegensatz zu -ijarpâ 392 (409).
Präteritum (z. B. kam, ging) nicht
durch eig. Beugung des Verbs
gegeben 219. 220 u. Fußn. vgl.
439 Anm.
Pronomen ob. Fürwort, deutsches,
durch die Suffixe 32. 71 ff. —
durch Personw. 137. — durch
persönliche Deutew. 197 ff.
r und **g** im Verhältnis zu einander
(Aussprache u. Schreibung) 5. 6.
385 Fußn. 395 Fußn. 401 Fußn.
u. Anm. 2.
Redewörter s. Zeitwörter.
Reflexive Verba (z. B. sich loben)
226. — der Anhang nek an
dgl. 452 Anm. 2. — mit Anhängen wie -rkovâ, tipâ 502. —
— mit narpok 450 c.
Reflexivform — des Nennwortsuffixes
dritter Person (z. B. ernine
seinen Sohn) 75. Synt. 529 bis
539. — des Konj. u. Subjktvs.
(une, une) 244. Synt. 556—560.
Relativsätze, deutsche (welcher, wo ꝛc.)
durch Partizipia 260 Anh. 1
Synt. 541—543. 569.
-rkârane, -rkârtinnago ꝛc. ehe, bis
260 Anh. II. 506 ff.
-rkovâ mit pass. Sinn des Trage=
(Stamm)wortes 502.
-rkovlugo = damit er 260 Anh. II.
506 ff. — -rkovlugo und -rkolugo 509. — in Bezug auf die

refl. ob. nicht refl. Form damit verbundener Wörter 536.
Sagen; Verba, die ein Wahrnehmen (Glauben) u. Sagen ausdrücken, mit folg. daß. — Reflexiv im abhängigen Daßsatz 535 (536). — Nom. part. in diesem Daßsatz 547.
Salben zu (zum König ꝛc.) 519 Fußn.
samunga 187.
Sâtanasivik 500 Anm.
sâkujâk Brett 490 unter -ujak.
Satz, einfacher, zuf.-gesetzter, mehrgliedriger 572—575.
Scharfe Vokale (Silben) 15—17.
Scheint's, wie es scheint, 469 Anm.
Sein (Transf.) ngata — ngat 92.
Siegeln, versiegeln f. hinter nakitarivok in 579.
Singular statt Plural 96. — bei ingminik, ingmigut 170. 174. — beim Refl. überhaupt 533. — bei Wert- u. Maßangaben mit tut 527.
s. s. (= sine suffixo ohne Suffix) 33. — Verben 221 ff.
sivornga- gut und **-ne**, wie unterschieden 125.
so daß 548.
soll, muß (ihn) tuksauvok, -juksauvok, taksarivâ 294.
so oft als gangat 272 ff.
sôrlo, Unterschied von kanok 314 Anm. 1.
Speck, die früheren Preisbezeichnungen nach Speck 527 Fußn.
Spiele z. B. dêlukak 445 Fußn.
Sprachfehler der Esk. selbst: Neigung Verba auf vok statt rpok ꝛc. enden zu lassen 234 Anm. 3. — nicht nachzuahmende Verbalendungen mit mânga 262. — tigêkput statt -jigêkput 398 letzte Anm. — utipâ für utivâ 496 a. — f. bei -rkovlugo, tillugo für lune 508. — bei tikidlugo für bis 519, 3. Anm. — beim Refl. 530. — bei so daß 548. — (vgl. auch Subjtv. 555).
Steigerung f. Komparation.

Stumpfe Vokale (Silben) 15—17.
sua 211.
Subjunktiv, Bildung desselben 244. — negativer 268. — Synt. 546—555.
Suffixa, allgemeines 32. 33. — Vergleichung der Nennwort- u. Verbalsuffixa 264. — Dekl. der Nennwörter mit Suff. 71—97. — Doppelformen 89—94. — Verba mit Suff. (e. s.) 221 ff. — Anhänge direkt an Suff. 347 Fußn. (350 auch.)
sugame, sugavit ꝛc. für warum 313 Anm.
sukutsia. —ane 212.
suna .oas 207 ff.
Superlativ 98—101. — nek 452, 3). — nerpâk 453.
suvâ, suvêt, sujôk (von suvok) 211. — Konj. sugame ꝛ. für warum 313 Anm.

Tabelle der Verbalendungen 260.
tagga, tagva, tamadja 192 ff. Synt. 576 ff.
tagvane ba, bort, hier 186.
taikane ba, bort 189.
taimak — wie unterschieden von imak 315. — wie von taima 316.
taimma jener 197 ff. — wo nicht für jener zu brauchen 208. — für jmd., dessen Name einem nicht gleich einfällt (= pe, pip) 200 Fußn. 359 Anm.
taipsomane 201.
taksauvok, taksarivâ soll (gethan) werden; soll, muß ihn 294.
tamaita nur = illûnaita, nicht = illûnatik 151 Schluß.
tamâmit 147 Fußn.
tamât 140—156.
tamauna (auch tamattomane) 197 ff. 204 ff.
tâmna dieser 197 ff.
Teilwörter (bei den Zahlwörtern) 106.
Tempus (Zeit) 219.
Terminalis 44. Synt. 519 ff. — Verhältnis zum Vial. 520, 7 und Fußn. — -galloamut 396 Anm.

Thäter (Subjekt) u. **Thatziel** (Objekt) wie durch den Intr. u. Transf. bei *s. s.* u. *c. s.* Verben auszudrücken 32. 36. 37.
-tigivâ manchmal -utigivâ 405 Anm.
tillugo während, indem er 260 Anh. II. 506 ff. — im Verhältnis zum einf. Inf. (lune) 563.
time Grundbedeutung (timinga und timâ) 122, 17.
Tragewort 347. — pc u. pivoĸ als Tragewort 359.
Transitiv 36—39. — Endung desselben wenn ub 57. 66. — Synt. 511 f.
Transitive u. intr. Verba 224.
tukke (kia, kinga, sivoĸ) 128 Fußn.
tuksauvoĸ, -juksauvoĸ soll, muß 294.
tut wie 46—48. — tut zu wiederholen 47. 569. — am Dual doppelte Form 46. — an Deutewörtern tunaĸ 197. — bei Suff. 90. — ob dabei refl. 531. — Synt. 526. ff. — bei Wert- u. Maßangaben Sing. statt Plur. 527.
ub = b als Endung des Transf. 57. 66.
Umbildende Anhänge 348. 360. 363. ff.
una dieser 197 ff.
unáĸ Beschreibung dieses Jagdgeräts der Eft. in 579.
Unklarheit des Ausdrucks leicht möglich, aber doch zu vermeiden: — bei Uebersetzung von weil und denn durch den Konj. 344. — von so daß 548. — beim Term. 522. — bei tut 526 Anm. 1. (531.) — beim Inf. mit neg. Hauptverb 566 u. Anm. — durch richtige Wortstellung 571—575.
-úngitoĸ nicht, adv. 497 Anm. 1.
-úngikune vielleicht, etwa 560.
unuktut, mehr wohl unoktut viele, s. in 579.
ut, wie unterschieden von **usiaĸ** 473 Anm.
uvanga ich 137 ff.

uvlome u. **uvlorme** 58.
-uvoĸ, nähere adj. Bestimmung dabei (z. B. dies ist „gutes" Holz) im Intr. (ob. Mod.) 523, 4. — direkt an Suffixformen 497 Anm. 2.
Verba s. Zeitwörter.
Verdienstlich 450 Anm. 1 bei narpoĸ.
Verführerische, betrügerische Worte 450 Anm. 1 bei narpoĸ.
Vergangenheit 219 f.
Vergleichung, dabei unser „als" durch den Abl. 99 c. Synt. 517, 4. — tut „wie" zur Vergleichung in allen Fällen 526 Anm. 1.
Verneinende Zeitwörter 265—270. — Inf. mit vern. Hauptverb 566.
Verstecktes Passiv 228. 230.
Verwandeln in 519 Fußn.
Vialis 43. Synt. 518. 520.
Vielleicht, etwa durch -ungikkune, -úngikune 560.
Vokale 14—17. Einfluß eines Doppel- — ob. langen Vokals s. Doppelvokal.
Vokativ 50.
Vollendung der Handlung (Perfekt) s. Perfekt.
Von == in betreff, nicht durch mit, sondern mik 523, 3.
Von jeher, von Natur, sofort ingergát 157.
Wählen zu (z. B. zum König) 519 Fußn.
Während durch tillugo 260 Anh. II. 506 f.
Wahrnehmen. Verba, die ein Wahrnehmen (Glauben) u. Sagen ausdrücken, mit folg. Daßsatz. Refl. in diesem Daßsatz 535 (536). — Nom. part. in diesem Daßsatz 547.
Was suna 207 ff.
Wegen, in betreff, für durch pivlugo 567.
Welcher? irgend welcher nelliat 159 ff.
Welcher, das deutsche pronomen relativum, wiederzugeben durch die Partizipia 260 Anh. I. Synt. 541—543. 569.
Weltgegenden bezeichnende Ortswörter 123. 127. 136. — Deutewörter

183. 206. — Wind von da u.
da -ngåk 455.
Wenn, durch den Subjktv. 217. —
in unwahren Bedingungssätzen 449
Anm. 552. — in welchem Falle
„wenn" nicht durch den Subjktv.
zu geben 554.
Wer kina 207 ff.
Weshalb, weswegen (in Relativsätzen)
auszudrücken durchs Part. (von
-utigivå) 541 f.
Wie, sörlo u. kanok wie unterschieden
314 Anm. 1.
wie wenn 553.
Wiederholungsformen des Inf. (-låt,
-larme) 271.
wo, womit, wodurch, worüber zu
übersetzen durch Part. von Anhängen (-utigivå u. vigiva) 541 f.
Wortklassen, die 10 der deutschen
Sprache 27. — die 3 (4) der
est. Sprache 28.
Wortstellung 571—575.
Wortton 23.
Wunsch, wenn die Erfüllung noch ganz
zweifelhaft od. unbekannt, so in
Bezug auf Vergangenes, nicht
kunoktōk 326 Anm. Dagegen
attauk (attauk taima) 337 c.

Zahl s. Numerus.
Zahlwörter 28. 103—112.
Zeit (Tempus) 219.
Zeitbestimmung — im Lok. 515. —
im Jntr. 516. — im Abl. 517, 3.
— im Dial. 518, 2. — im Term.
519, 3. — im Mod. 525, 8.
Zeitwörter od. Verba 28. 214—294.
s. s. u. e. s. Verba 221 ff.
— reflexive (sich) 226. — passive
228 f. — 4 Verbalklassen 232 ff.
— negative (verneinende) 265 ff.
— Hilfsverben, durch pivok 277;
durch Anhänge 372 ff. — Synt.
zum Verb 544—567. — Aus-
lassung des Verbs 544. — Stellvertretende Verbformen 545. —
Zeitwörter, die den Begriff des
Wahrnehmens (auch Antreffens)
u. Sagens 2c. ausdrücken. Einfluß derselben auf den Nebensatz
(Refl. u. Nōm. part.) 535. 538.
547.
Zusammengesetzte deutsche Wörter (wie
Pulverhorn, Mittagsessen, Vaterlandsliebe) — durch Anhänge 362
Einl. — durch sint 475. — in
Bezug auf Ausdruck durch Transl.
mit folg. Suff., unserm Gen. ent-
sprechend. Warnung 511. 512.
Zusammensetzung der est. Wörter
(Wortstämme) 29. 346—510 (bes.
347).
Zukunft (Futur) 219. — Imp. mit
Ausdruck der Zukunft 256.
Zweizahl s. Dual.

Druck von Gustav Winter in Stolpen.

www.ingramcontent.com/pod-product-compliance
Lightning Source LLC
Chambersburg PA
CBHW051727300426
44115CB00007B/497